«*La sinopsis de la Biblia* va a ser tu recurso preferido para ⟶ cómo el carácter de Dios salta de las páginas de la Escritura, y tu corazón y tu ⟶ cambiarán para siempre de la mejor manera posible».

—Jamie Ivey, autor superventas y presentador del pódcast *The Happy Hour with Jamie Ivey*

«Una de las cosas más difíciles de estudiar la Biblia es saber quién puede aportarte discernimiento y sabiduría confiables para interpretarla. Afortunadamente, Tara-Leigh es una diligente y minuciosa erudita de la Escritura, y doy gracias por el tiempo y esfuerzo que ha dedicado a esta completa y concisa mirada a la Palabra de Dios».

—Erin H. Moon, académica bíblica residente, *The Bible Binge* pódcast

«Tara-Leigh hace que me entusiasme leer la Biblia. Punto. He encontrado una guía de confianza que me lleva a una comprensión más profunda de las Escrituras. Humilde, accesible y sabia, Tara-Leigh nos introduce a una narrativa más amplia de la Biblia con humor, veracidad y exactitud».

—Michael Dean McDonald, director de enfoque global y relaciones estratégicas, Bible Project

«Aunque hace años que leo la Biblia, Tara-Leigh ha dado una mayor profundidad y comprensión a mi cita con la Biblia a través de *La sinopsis de la Biblia*. Este recurso es una de mis principales recomendaciones para cualquiera que desee obtener la excelencia de la Palabra de Dios en pequeños bocados. ¡Lee, descubre y disfruta!».

—Lauren McAfee, inversiones ministeriales en Hobby Lobby Corporate y autora de *Not What You Think*

«¡Tara-Leigh tiene el audiocomentario de la Biblia más esclarecedor del mundo! Créeme, este libro es un recurso increíble. Tara-Leigh ha hecho su trabajo a conciencia y ofrece al lector una valiosa guía de la Biblia. La admiro desde hace bastante tiempo porque hace de mí un seguidor más apasionado de Jesús y de su Palabra».

—Jonathan Pokluda, pastor principal, Harris Creek Baptist Church

«Aunque tengo un gran deseo de leer la Biblia, a menudo me cuesta hacerlo porque necesito ayuda para entender lo que estoy leyendo, cómo afecta a mi vida y cómo puedo comprender el carácter de Dios en la Escritura. Doy muchas gracias por *La sinopsis de la Biblia*, primero porque ofrece un plan de lectura, y segundo porque me ha dado una perspectiva profunda a la narrativa de la Escritura y a la presencia de Dios. ¡Ha hecho que mi tiempo con el Señor sea mucho más profundo!».

—Lauren Scruggs Kennedy, autora superventas del *New York Times*, bloguera de estilo de vida y fundadora de LSK, LSK Fundation y Stranded

«El amor de Tara-Leigh por Cristo y su iglesia se derrama en cada página de este libro como el perfume de un frasco de alabastro roto. Como compañera de la Palabra, *La sinopsis de la Biblia* funciona como una llave que abre una habitación tras otra en el corredor de los misterios de Dios. Confío en que este será un potente recurso para quienes buscan y aman a Dios en los años venideros».

—Lee McDerment, pastor del campus universitario de Greenville, NewSpring Church

«Cuando era joven se me enseñó a amar la buena adoración y la buena predicación, pero nadie me enseñó a amar (y entender) la Biblia por mí mismo. *La sinopsis de la Biblia* ha avivado en mí un amor y un deseo por la Palabra de Dios que me habría gustado descubrir antes. Voy a hacer que este sea mi año de la Biblia uniéndome a mi amiga Tara-Leigh, ¡y te animo a hacer lo mismo!».

—Nick Hall, fundador y comunicador principal, Pulse

«Tara-Leigh se acerca a la Biblia con humildad, pasión y un profundo deseo de exaltar a Dios. Con su estilo accesible y riqueza de contenido, *La sinopsis de la Biblia* te ayudará a enamorarte de la Palabra de Dios y de Jesucristo, a quien esta apunta en última instancia».

—David Bowden, fundador, Spoken Gospel

«Entender la Biblia es esencial para nuestras vidas, y Tara-Leigh Cobble tiene una asombrosa capacidad para enseñar a los demás a entender la Biblia y su verdad. ¡Es una lectura obligatoria!».

—Cheryl Scruggs, consejera matrimonial bíblica, presentadora de pódcast
y coautora de *I Do Again*

«¡Me encanta *La sinopsis de la Biblia* porque es eternamente valiosa e inmediatamente práctica! Mi familia ha agradecido de veras este recurso».

—Brad Cooper, pastor principal, NewSpring Church

«Tara-Leigh es una de esas personas con quien podrías sentarte a hablar de la Biblia durante horas y luego quedarte con el alma satisfecha y hambrienta al mismo tiempo. Ahora ha plasmado estas charlas en un formato que podemos llevar con nosotros. *La sinopsis de la Biblia* no solo te dará una mayor comprensión de la Escritura, sino que enriquecerá con toda seguridad tu amor por el Dios que la redactó».

—Davey Blackburn, escritor, orador y locutor de pódcast, Nothing is Wasted Ministries

«Me asombran la pasión de Tara-Leigh Cobble y su don especial para enseñarnos a todos nosotros a entender mejor a Dios. Hay una razón por la que su enseñanza fresca, rápida y vigorosa conecta con millones de personas: ¡es buena! Ha creado una guía cautivadora y fácil de entender que fortalece tu fe y te deja esperanzada y entusiasmada con la Palabra de Dios».

—Valorie Burton, autora del superventas *Las mujeres exitosas piensan diferente: 9 hábitos que te harán más feliz* y directora ejecutiva de CaPP Institute

LA SINOPSIS DE LA BIBLIA

Este libro está dedicado a todas esas personas que han intentado incontables veces leer la Biblia y no lo han conseguido; a quienes casi han abandonado la esperanza de comprender a Dios y su Palabra; y a quienes están ahí intentando de nuevo —con esperanza, temor y escepticismo a partes iguales— acercarse al Dios del universo. Ojalá puedas conocerle y amarle más y entender que, a pesar de todos tus fallos, Él nunca ha dejado de buscarte con amor hasta esta misma página.

> «Estoy convencido de esto: el que comenzó tan buena obra en ustedes la irá perfeccionando hasta el día de Cristo Jesús».
>
> —Filipenses 1:6

Contenido

Una carta de Tara-Leigh Cobble

Aun estando ya plenamente dedicada al ministerio, durante años me costó leer la Biblia. No era solo que comprender la Escritura fuera un reto, sino que este desafío me dejaba sin deseos de leerla. Cada día me sentía derrotada, antes incluso de comenzar, y muchos días ni siquiera lo hacía. Con el tiempo aprendí que estaba cometiendo tres errores básicos que impedían que comprendiera y amara la Escritura.

Error #1

Mi primer error era buscar mi propia gratificación. Veía la Biblia como una larga lista de cosas que hacer, y si conseguía terminarlas y marcar las casillas, Dios respondería cumpliendo todos mis deseos. Me acercaba principalmente a la Biblia para extraer aplicaciones, sentirme como una persona buena y virtuosa, y seguir con lo mío. Leer la Escritura como un relato sobre Dios —no sobre mí— me parecía poco natural al principio, de modo que comencé a hacerme algunas preguntas para enfocar mejor mi perspectiva:

- ¿Qué dice o hace Dios en este pasaje?
- ¿Qué revela esto sobre lo que agrada a Dios?
- ¿Qué revela esto sobre lo que Dios detesta?
- ¿Qué revela esto sobre lo que motiva a Dios a hacer lo que hace?
- En todo esto, ¿qué atributos de Dios se presentan?

Las preguntas que le hacemos a la Biblia determinan la sabiduría que cosechamos de ella. Leer la Biblia no es una forma de autoayuda o de ganarnos el favor de Dios. Es una oportunidad para contemplar su belleza y ser cautivados por Él.

Error #2

Mi segundo gran error estaba íntimamente relacionado con el primero. Puesto que lo único que perseguía era dar los pasos necesarios para apaciguar a Dios y tener una vida perfecta y llena de alegría, mis lecturas siempre gravitaban sobre los mismos pasajes de la Escritura e ignoraban el resto. Me aburrían y confundían aquellos pasajes que hablaban sobre un montón de leyes antiguas que ya no seguimos y de personas con nombres imposibles de pronunciar. Pero mi forma habitual de acercarme a la lectura me llevaba a irrumpir en mitad de la película, leer cinco minutos sin ninguna idea clara de la línea argumental o de quiénes eran los personajes, ¡y esperar entenderla! No solo es imposible entender algo cuando lees de este modo, sino que se hace también imposible que te guste lo que lees.

Para corregir este error, decidí leer la Escritura cronológicamente, no de principio a fin. Quería ver la línea general del relato o metanarrativa. Comenzaba cada libro identificando a su autor, cuándo lo escribió, quién era su receptor o receptores y cuál era el estilo del texto. La Biblia tiene sesenta y seis libros individuales que juntos cuentan una historia; sin embargo, lo hacen desde una gran variedad de estilos y puntos de vista —historia narrativa, poesía, profecía—, y para mi gran consternación inicial la mayor parte del texto no son promesas o pautas de acción. En su mayor parte me cuenta una historia sobre Dios y su imperturbable amor por su pueblo.

Leer la historia en orden y prestar atención al contexto me ayudó a comprender versículos que parecen contradecirse. También aprendí a analizar los pasajes confusos para encontrar en ellos el carácter de Dios.

Error #3

Mis dos primeros errores se combinaron entre sí para crear el tercero: sacar conclusiones sobre Dios antes de leer toda la Biblia. Puesto que al principio había leído la Escritura principalmente por razones egoístas, estaba impaciente y no me tomé el tiempo de leerla entera. Este era un acercamiento peligroso porque no tenía toda la información. Tenía la tentación de construir una teología alrededor de un solo versículo sin saber lo que aportaban al tema otros versículos. Tenía la tentación de leer todos los versículos como mandamientos, aunque el texto en cuestión se limitara a describir lo que estaba sucediendo. Quería respuestas rápidas, y no dedicaba el tiempo necesario para considerar el contexto o evaluar los versículos en vista del resto de la Escritura para ver todo el consejo revelado de Dios.

La Biblia es la historia de Dios yendo tras su pueblo a pesar de su pecado. Poco a poco, le vemos dándoles más información sobre quién es Él y en quién les está convirtiendo. Pero no se lo revela todo de una vez, porque no podrían sobrellevarlo. Es paciente con ellos y les lleva pasito a pasito. Por ejemplo, es fácil leer ciertas secciones del Antiguo Testamento y concluir que Dios es un ser irascible y que quiere matar a todos los que le desobedecen. Pero cuando nos distanciamos y leemos todo el relato, vemos un hilo conductor de gracia, misericordia y redención.

Tuve que tener paciencia para posponer mis preguntas y conclusiones con una actitud abierta y seguir pidiéndole a Dios que me guiara en sabiduría, conocimiento y comprensión en mi lectura diaria. Algunas de las preguntas que me había hecho en Levítico no encontraron respuesta hasta Hebreos. Pero todas las buenas relaciones personales requieren paciencia, y se desarrollan con el tiempo. Vale la pena poner a un lado ciertas cosas con una actitud abierta y esperando que Dios nos revele más de Sí mismo.

Me pasé años intentando construir mi vida alrededor de un libro que no había leído sobre un Dios que no conocía. ¡Pero ahora que de verdad le conozco, quiero ayudar a otras personas a que también le conozcan mejor!

Por cierto, no vengo de un trasfondo académico. No fui al seminario, y solo de vez en cuando menciono lo que el original hebreo puede significar, pero aun en estos casos, es muy probable que no sepa pronunciar la palabra en cuestión. He aprendido mucho de lo que sé estudiando y escuchando a algunos eruditos, de modo que la sabiduría que encontrarás en este libro no la he descubierto yo, pero si descubres algún error, sí será probablemente mío.

En términos generales, mi acercamiento en este libro no será tanto el de un comentario bíblico académico, sino el de una perspectiva general y una secuencia de mejores momentos, todo en uno. Esto significa que soy menos proclive a hablarte de detalles arqueológicos y más a señalar el carácter de Dios tal como se revela en la lectura de aquel día. Quiero ayudarte para que aprendas a encontrar, ver y conocer a Dios y su carácter más que ninguna otra cosa. No estoy muy interesada en que sepas el año en que se construyó y destruyó el templo o en el que se reconstruyó y volvió a destruir; estos son detalles estupendos, pero nunca te serán tan útiles como el conocimiento personal de Dios. Son datos que nunca te infundirán alegría o te sostendrán en las pruebas. Nunca te cautivarán para que pases más tiempo con Dios por pura alegría y deleite.

Esto es lo que proyecto para ti este año: imagínate siendo atraído/a hacia Dios y su carácter en lugar de sentirte alienado/a del Dios del Antiguo Testamento. Imagínate comprendiendo los motivos que subyacen tras sus acciones en lugar de sentirte confuso/a o hasta frustrado/a por lo que hace. Imagínate aprendiendo de manera genuina sobre Dios, directamente de su Palabra y sintiéndote más cerca de Él y con una mayor intimidad que nunca antes, solo porque te has comprometido a pasar con Él el primer uno por ciento de cada día. Aunque lo único que consiguieras con esto fuera una nueva percepción de Dios, dicha percepción podría cambiar el resto de tu vida y tu relación con Él. Y aunque tus circunstancias cambien, creo que tu alegría se hará más profunda y más rica, porque estarás pasando tiempo con Él, ¡y es en Él donde está el júbilo!

Por el evangelio,

Tara-Leigh

Cómo usar este libro

Este libro está organizado según un plan cronológico de un año, pero esto no significa que tengas que comprarte una Biblia cronológica. De hecho, te animo a que no lo hagas, porque posiblemente su distribución no coincidirá con nuestro plan. La lectura diaria está puesta en la parte superior de cada día del libro. A diferencia de los planes basados en el orden habitual (canónico), o de los que te llevan a leer cada día porciones del Antiguo y el Nuevo Testamento, el plan cronológico te lleva por la historia de la Escritura en el orden en que esta se produjo. Puesto que las Biblias no siguen este orden, nuestro plan te llevará de vez en cuando a leer páginas anteriores o posteriores. Puedes dirigirte a thebiblerecap.com/start para descargarte un calendario imprimible y gratuito con el que podrás trazar tu progreso.

Por lo que respecta a las traducciones de la Biblia, parece que todas las personas tienen una preferida entre un gran número de opciones. Algunas personas prefieren la legibilidad, mientras que otras dan preferencia a la precisión. Por nuestra parte vamos a citar principalmente la NVI (Nueva Versión Internacional), que tiene una buena mezcla de ambas cosas.

Cada día leerás los capítulos asignados en la Biblia. Cuando algo de lo que leas te parezca especialmente significativo o alentador, anótalo en tu diario de lectura. Cuando lo que leas te parezca confuso, escribe una pregunta al respecto en tu diario para que puedas estudiarlo más adelante.

Cuando acabes de leer los capítulos del día, vuelve a este libro para leer un resumen y escena destacada junto con ciertas explicaciones de las partes más complicadas del texto. El equipo de D-Group también ha elaborado una lista de recursos en inglés gratuitos para ti en nuestra página web que corresponden con los días de este plan: thebiblerecap.com/links.

En este libro, cada día termina con una sección llamada Vistazo de Dios, que apunta a un lugar de la lectura del día donde se muestra algún atributo de Dios. Se llama Vistazo de Dios porque es una mirada instantánea del carácter de Dios. Te animo a que tú también procures hacer tu propia mirada de Dios cada día. Él está en cada página de la Escritura, así que presta atención a las cosas que le revelan: lo que dice y hace, lo que le gusta y lo que aborrece, y lo que le motiva a hacer lo que hace.

A medida que nos movemos por estos libros, el tono y el ambiente irán cambiando. Esto se debe a que estos libros se han escrito en una amplia gama de géneros literarios, como la historia narrativa, la poesía y la literatura sapiencial, la profecía y la carta. Fueron escritos a lo largo de varios centenares de años por decenas de autores distintos, pero todos ellos tienen un tema cohesivo en la metanarrativa. Al comenzar cada libro, dedica un tiempo a investigar quién lo escribió, a quién se dirige, cuándo lo escribió y cuál es el estilo literario en que lo redactó. Aunque estos detalles pueden parecer sin importancia, de hecho configuran la escena para poder leer el texto como fue concebido, que es la única manera para entenderlo de verdad, ¡y esta es nuestra meta! ¡Comencemos!

LAS
SINOPSIS
Y EL
PLAN
CRONOLÓGICO
DE LECTURA

GÉNESIS 1–3

Génesis es un libro de la ley, no es un libro científico o un libro histórico, pero nos cuenta mucho acerca de historia. Mientras que la Escritura es cien por ciento real, no es siempre cien por ciento literal. Es importante mantener nuestras conclusiones científicas u opiniones con una mente abierta. Incluso es importante hacer preguntas con una mente abierta, porque este libro no está aquí necesariamente para responderlas, sino para revelar a DIOS. La lectura de hoy es un buen ejemplo. Algunas personas creen que los días de la creación fueron prolongados periodos de tiempo que duraron decenas de miles de años. Esta es llamada la teoría del "día-era" y es respaldada por muchos creacionistas que creen en un mundo antiguo. Muchos de los creacionistas que creen en un mundo-joven creen que Dios creó la tierra en seis días literalmente. Lo que está claro en las Escrituras es que Dios es el Creador, nada fue un accidente.

En 1:26, Dios se refiere a Sí mismo en forma plural: "Hagamos al ser humano a nuestra imagen y semejanza". Las tres personas de la Trinidad están presentes y activas en la creación: Dios el Padre, Dios el Hijo y Dios el Espíritu Santo. El Padre da las órdenes a la creación, el Hijo hace el trabajo manual de la creación (Juan 1:3); y el Espíritu Santo se desplazaba sobre la creación sosteniéndola y aprobándola. Ellos trabajan en conjunto hacia la misma meta. Es importante notar que Jesús no solamente aparece en la escena cuando Él nace en un pesebre en el Nuevo Testamento. Antes que Dios el Hijo tomará el nombre de Jesús, Él residía en el cielo con el Padre. Él ha estado aquí desde el principio. De hecho, lo vamos a ver bastante en el Antiguo Testamento. ¡Estén atentos!

En 2:4, la palabra *SEÑOR* está en mayúsculas. Es diferente a cuando vemos la palabra *señor* deletreada en minúsculas o con solo la S mayúscula. La palabra *señor*, con minúsculas, se refiere a alguien que está a cargo, como el jefe o patrón. Cuando tiene la S mayúscula, *Señor* significa *"Adonai"*, la palabra griega para *Maestro*, el cual es el nombre propio de Dios; y no solo un término general. Cuando lo ves todo en mayúsculas: *SEÑOR*, representa al hebreo deletreado YHVH. No tiene vocales, así que cuando tratamos de pronunciarlo suena como "Yahvé" o "Jehová". Este es el nombre personal de Dios. Al decirnos Su nombre, Él nos está enseñando *desde el principio* que Él quiere ser personal con Su creación. Él no se está apartando para ser alguien a quien no hay que conocer o con quien no se puede hablar. ¡Él le dice a la humanidad Su nombre! Pero a pesar de eso, Él no se pone a nuestra altura. YHVH es el Señor (Maestro) después de todo.

Después, vemos la caída de la humanidad con el pecado de Adán y Eva. Porque Dios es soberano y no está restringido al tiempo, ¡nada de esto le sorprende! Sus pecados no impiden Su plan, Su plan considera los pecados de la humanidad. En 2:17 Él les dice: "*El día que de él comas* (del árbol del conocimiento del bien y del mal), ciertamente morirás". Él no les dijo *si es que*, Él les dijo *cuando*; esto implica certeza. El resto de las Escrituras apoyan esto, dejándonos saber que Dios no estaba relegado a un plan B después que ellos comieran de la fruta, siempre fue el plan A.

Cuando Eva cuestiona la bondad de Dios, ella se cree la mentira que Él le estaba ocultando algo y decide que ella sería un mejor dios. Ahí es por primera vez cuando el mundo se fractura por el pecado y hoy continúa fracturándose. No solamente nosotros creemos y actuamos en las mismas mentiras, sino que la maldición declarada sobre Adán y Eva sigue resonando en el mundo hasta el día de hoy. Parte de la maldición de Eva es que su deseo será controlar y dominar a Adán. Parte de la maldición de Adán es que lo que él estará a cargo de cultivar, se pondrá en su contra. Vemos esta tensión el día de hoy: En general, las mujeres tienden a controlar y los hombres tienden a ser pasivos.

VISTAZO DE DIOS

Dios es nuestro Creador y el Señor de todo, pero a pesar de Su señorío y Su perfección; Él es *misericordioso* hacia los pecadores con los que Él tiene relación. Él dijo que ellos morirían si comían de la fruta, pero ¡Él los deja vivir! ¡Él no los mata al instante! Cada vez que vemos que Dios evade sus promesas, es siempre para inclinarse a la *misericordia*. Él no rompe promesas, sino que las *sobrepasa*. Lo vemos de nuevo en 3:9-10 cuando ellos se esconden y le mienten. Incluso antes de que se arrepientan, ¡Él los busca con Su gran amor! En medio de sus pecados, Él continúa mostrando misericordia y disciplina. Es un gran regalo para ellos *y* para nosotros que Él no se rinde en buscarnos, porque ¡Él es donde el júbilo está!

GÉNESIS 4–7

Ayer cuando Dios finalizó la creación Él la declaró como *muy buena*, pero eso es diferente a ser perfecta y completa. El hombre imperfecto no puede vivir con los estándares de Dios de perfección y eso es evidente con el asesinato de Caín a Abel. Esto ocurrió como dos mil quinientos años antes de que Dios le diera a Moisés los Diez Mandamientos, pero Caín sabía que matar estaba mal, inclusive él temía ser asesinado por otros por lo que él hizo (4:14).

La gente a menudo se pregunta con quién se casó Caín. Adán y Eva tuvieron muchos hijos después de Caín y Abel, así que es probable que se casó con una de sus hermanas o sobrinas. La razón científica por la que el incesto no es un problema aquí es porque no hay carga genética todavía. Dios no prohíbe el incesto hasta mucho después y hasta ese momento sirvió para poblar la tierra. Esto no significa que Dios cambió, sino que demuestra que Él tiene un plan ordenado. Solamente Él puede saber cuándo las mutaciones genéticas van a ser un problema. Así que solamente Él va a saber cuándo el incesto cumplió su propósito y cuando ha cruzado a un territorio peligroso.

La frase *hijos de Dios* (6:4) es una forma en la que las Escrituras se refieren a los ángeles. La opinión predominante de los judíos antiguos era que *hijos de Dios* se refería a los ángeles caídos, quienes, en este texto, tomaron esposas humanas y tuvieron hijos con ellas creando un cruce entre ángeles y humanos conocido como Nefilim. La Escritura dice que los ángeles en el cielo no se reproducen, pero eso puede ser porque: a) los ángeles en el cielo son elegidos y viven debajo de las reglas de Dios y no se rebelan en contra de Él, y/o; b) los ángeles mencionados en las Escrituras son masculinos, así que no se pueden procrear entre ellos. Pero si ellos se procrean con mujeres humanas, entonces teóricamente este tipo de mezcla puede ser posible. Si ese es el caso, hay una fuerte posibilidad que la presencia de los Nefilim contribuyera a la creciente maldad en la tierra.

¿Por qué harían esto los ángeles caídos? Esta es la teoría: los ángeles que vivían en el cielo con Dios sabían que Su plan, desde antes de la creación, era enviar a Dios el Hijo a la tierra como un humano llamado Jesús para redimir y restaurar todo. Pero ellos se *rebelaron* en contra de Dios y Su Reino, así que trataron de *frustrar* y *falsificar* Su plan tratando de engañar a Su pueblo. Es posible que el enemigo esté tratando de corromper la línea sanguínea humana para prevenir el nacimiento del Mesías, falsificando la unión sobrenatural y natural. No tenemos toda la información aquí, así que lo sostenemos con mente abierta. Pero si esto *en verdad* ocurrió de la forma en que los judíos antiguos lo entendieron, tiene sentido que Dios haya eliminado, por medio del diluvio, a la población mezclada. Con este escenario, la única familia en la que la línea sanguínea no ha sido infiltrada por los ángeles caídos es la de Noé, así que Dios los preserva. Independientemente de lo que haya pasado, Dios separa esta familia, estos descendientes particulares de Adán, como la familia con la que Él tiene relación.

El arca que Dios hace que Noé construyera es de un campo y medio de fútbol americano de largo, el ancho es de una carretera de seis carriles y la altura de un edificio de cuatro pisos. Noé probablemente agarró el animal más pequeño de cada especie, aunque hay más especies de animales hoy en día. Pero Dios sabe que el arca es del tamaño perfecto para sustentar lo que Él necesita sustentar. Aunque probablemente no huela muy bien.

Luego Dios menciona la palabra *pacto*, por primera vez. Él señala a Noé como el comienzo de Su pacto. Él continúa Su trabajo por medio de esta familia de personas. Antes que el diluvio llegara, Él le dice a Noé que ese era solo el principio de su relación; que él no iba a morir en las aguas. Si la cronología es correcta, el diluvio ocurrió mil seiscientos cincuenta y seis años después de que Adán fue creado.

VISTAZO DE DIOS

La soberanía de Dios se refleja aquí. Nada puede impedir Su voluntad. Nada puede detenerlo de Su plan para rescatar a la gente con la que Él tiene relación. Los intentos del enemigo para impedir la línea sanguínea de Cristo no prevalecerán. Dios es soberano hasta con el clima y la creación. Él está trabajando con todo para restaurar a la humanidad caída que tiene relación con Él. Qué noticia más increíble. ¡Él es donde el júbilo está!

GÉNESIS 8–11

Como resultado del diluvio, todo en la tierra ha sido destruido, excepto lo que está en el arca. Después del diluvio Dios establece el pacto con Noé que prometió antes que el diluvio ocurriera. Él se compromete con esta familia y promete ser fiel con ellos a pesar de que todos los aspectos de su mundo han cambiado dramáticamente. Todas las personas que ellos conocen están muertas. El mundo está lleno de barro y está asqueroso, viven en un nuevo lugar. Todo ha cambiado. Hasta su promedio de vida va a cambiar. Dios les avisó en 6:3 que ya no esperaran largos promedios de vida. El ambiente cambió dramáticamente y ellos están a un par de milenios separados de la perfección genética de Adán y Eva. Así que es de esperar que bajen a un promedio general de ciento veinte años. Otros dicen que este período de tiempo se refiere a los años entre la advertencia de Dios sobre el diluvio y el tiempo de su cumplimiento.

A pesar de los cambios Dios promete algo que *no* cambia. En Su pacto Él promete jamás destruir la tierra con un diluvio. Más adelante en las Escrituras (2 Pedro 3) Él dice que algún día destruirá la tierra con fuego, pero no con un diluvio. Y de la misma manera que la tierra existió después de haber sido destruida por agua va a existir después de ser destruida con fuego. De hecho, en el Reino Eterno, todos los que han sido adoptados en la familia de Dios reinarán con Cristo en la tierra nueva (Apocalipsis 5).

Esto es interesante, especialmente en lo que respecta a los límites máximos de destrucción de la tierra y del clima. Dios, quien es soberano sobre todo, promete que hay *límite* a esa destrucción. Van a haber estaciones y cosechas a lo largo de la existencia de la tierra (8:22). Sin embargo, Sus promesas de sostener la tierra no anulan Su llamado hacia nosotros de ser buenos mayordomos de Su regalo de la creación.

Dios llama a Noé para que se integre a Sus planes. Noé juega un papel importante, hay solamente ocho personas en la tierra y Dios enviará al Mesías en dos mil años. Estás ocho personas tienen un papel que cumplir para los propósitos de Dios (9:1). Él les dice que sean fecundos y que se multipliquen para llenar la tierra. Ellos obedecen parcialmente, pero se limitan a la parte de llenar la tierra. Se multiplican, pero prefieren quedarse donde están (11:4); rechazando con arrogancia Sus órdenes. Pero Dios, siendo soberano, hace que Su plan se efectúe a pesar de la resistencia. Él los dispersa sobre la faz de la tierra dividiendo su lenguaje. Dios siempre cumple Sus planes, nosotros no podemos impedir Su voluntad a pesar de nuestros esfuerzos pecaminosos. Esto es un alivio y no una amenaza, no podemos echar a perder Su plan.

Hay muchas teorías acerca de 9:18-27. La conclusión general es que Cam hace algo descaradamente contrario a las órdenes de Dios. Esto es mucho antes de los Diez Mandamientos; sin embargo, existe un entendimiento de lo que es correcto e incorrecto; simplemente no ha sido aún escrito. Como resultado de lo que Cam hace, Noé lo maldice a él y a sus descendientes. Una línea de descendientes maldecida que veremos a través de la Biblia, los cananeos. Ellos son los enemigos del pueblo de Dios. Pero Dios hace cosas maravillosas al redimir a las personas fuera de su clan, como a Rajab la prostituta; quien era una cananea pero está en la lista del linaje de Jesús. Esto nos muestra cómo Dios actúa sobre todos nosotros a quienes Él redime. *Todos* somos enemigos de Dios por nacimiento, pero somos hijos de Dios por adopción.

VISTAZO DE DIOS

Dios bendijo mucho en los primeros capítulos. Es verdad que Dios es amor, pero esto también es un resumen incompleto de Su carácter. No solamente reparte bendición. Él es mucho más complejo que eso. Él es un Dios que bendice y maldice. Pero, aun así, Él es un Dios que bendice a Sus *enemigos*. Ahí es donde todos nosotros iniciamos, para aquellos de nosotros quienes hemos sido adoptados en Su familia; Él nos persiguió como Sus enemigos y nos vistió con la justicia de Cristo. Esto es recordatorio de cuando Él buscó a Adán y Eva, quienes corrían de Él y Él los persiguió; no para castigarlos, pero para vestirlos. Él hizo lo mismo con nosotros. Es evidente cada día en estas páginas que ¡Él es donde el júbilo está!

JOB 1–5

La lectura de hoy nos lleva a unos cuatrocientos años después de la inundación y conocemos a un hombre llamado Job. Inicialmente, se parece mucho a Noé; es intachable, honesto y teme a Dios. En la historia de Noé, las cosas se pusieron muy oscuras; y luego hubo algo de alivio al final, vamos a ver el mismo patrón en la historia de Job.

Después de lo que cubrimos el Día 2, es posible que notaras que el 1:6 se refería a los ángeles como "los hijos de Dios," incluso a Satanás, quien, en su forma creada es un ángel. Dios inicia una conversación sobre Job con Satanás. La palabra *satanás* significa "adversario, el que resiste, acusador". Algunos estudiosos creen que no es necesariamente un nombre completo que se refiere a un ser en particular, sino que es un término general refiriéndose al adversario de Dios, que, en este caso, es un ángel caído en oposición al reino de Dios.

Posteriormente en las Escrituras, hay referencias a un ángel caído llamado Lucifer, pero hay razón para creer que la palabra *satanás* no siempre se refiere a Lucifer. Hay muchos ángeles caídos que son adversarios de Dios. De hecho, muchas personas creen que Apocalipsis 12 indica que un tercio de todos los ángeles creados por Dios se rebelaron contra Él y fueron expulsados del cielo, entonces hay muchos satanases.

Después que Dios inicia la conversación sobre Job con uno de Sus enemigos, el enemigo inventa un plan para probar a Job y Dios se lo permite. Hay algo notable aquí: Dios no crea el plan para probar a Job, pero sí lo permite. Él no es el agente activo en el mal perpetrado por Satanás, pero sigue siendo soberano sobre ello. Y en Su misericordia, Él lo *limita*. Satanás está atado. No se le permite tomar la vida de Job.

Satanás ataca a Job en una variedad de formas. Las pérdidas de Job vienen dos veces de actos perpetrados por hombres (los sabeos y los caldeos) y dos veces como actos de la naturaleza (fuego del cielo y viento). Dios le da a Satanás la oportunidad de influir en ambas cosas: los actos del hombre y los de la naturaleza. Que Dios permita que Satanás influya en esas cosas significa que Dios mismo es quien *tiene* el control sobre ellas, porque no puedes darle a alguien influencia sobre algo que no está en tu dominio.

La respuesta de Job es humilde aquí. "A pesar de todo esto, Job no pecó ni le echó la culpa a Dios" (1:22). Admite que *todo* viene de la mano de Dios, y lo recibe (2:10). Está manejando su duelo muy bien *hasta que* tres de sus amigos aparecen en la escena. Vienen a mostrarle simpatía y a consolarlo, y hacen un gran trabajo durante los siete días en que se sientan en silencio con él. El problema es cuando empiezan a hablar. Quizás has tenido amigos así. O quizás tú has *sido* un amigo así.

Hay algunas buenas lecciones para nosotros aquí sobre cómo consolar a alguien quien ha experimentado un trauma o una pérdida. Solo siéntate con ellos en silencio, es una apuesta segura. Pero los amigos de Job empiezan a darle malos consejos. Escuchamos del primero hoy, Elifaz, quien asegura que tiene una palabra de Dios sobre lo que Job ha hecho mal (4:12-16). Insinúa que Job se ha traído esta dificultad, pero sabemos por la historia que Elifaz está equivocado. Mañana veremos cómo le responde Job a su amigo opinador.

VISTAZO DE DIOS

La soberanía de Dios sobre el mal debe servir como un gran consuelo para Sus hijos. Dios limita las acciones del enemigo. Y cada acción del enemigo contra Job sirve a los grandes propósitos de Dios como los vemos en el resto de su historia. Esta historia se oscurece, pero tiene un final feliz. Sigue buscando a Dios en los puntos oscuros de esta historia, ¡porque Él es donde el júbilo está!

JOB 6–9

Después de perderlo todo, Job tiene que seguir escuchando y respondiendo al mal consejo de sus tres amigos. En respuesta a Elifaz, Job se defiende. Está desesperado, pero no maldice a Dios. Sabe que su dolor no es el resultado de actos pecaminosos. Un par de las preguntas que los consejeros te entrenan a preguntarte en las dificultades son: "¿dónde está mi pecado en esta situación?" y "¿de qué puedo tomar posesión?" Estas son preguntas importantes para hacer, especialmente porque muchas veces estamos ciegos a nuestro propio pecado. Sin embargo, hay tiempos cuando la vida simplemente es difícil, o cuando han pecado contra *ti*, y tus problemas no son el resultado de algo a lo que hayas contribuido. Por ejemplo, jamás le diríamos a alguien que ha sido violado o abusado físicamente que piense en lo que hizo para merecer o causar eso. No siempre es verdad que nuestras circunstancias son el resultado de nuestras decisiones; algunas veces son el resultado de nuestro mundo caído.

Muy parecido a Elifaz, Bildad da un mal consejo. Dice que Job necesita arrepentirse. Pero el capítulo 1 nos dijo que Job era intachable y honesto, y que estos problemas ocurrieron *por* su rectitud, no como el resultado del pecado. Los amigos de Job están atacándolo en medio de su duelo, pero realmente creen que están en el camino correcto. Piensan que están ayudándolo y que, si pueden convencerlo de arrepentirse, todos sus problemas disminuirán. Mantente en sintonía para ver cómo se desarrolla.

Job contesta a Bildad con mucha verdad sobre Dios. Job dice que pedirá misericordia a su acusador (9:15). ¿Quién es su acusador? Mientras esto puede ser una referencia a Dios, también puede referirse a Satanás, cuyo nombre significa "el acusador, el adversario". Sin embargo, una de las otras formas en las que el hebreo puede ser traducido es "debo apelar por misericordia a mi juez". Si eso es lo que él dice, entonces parece que se refiere a Dios.

Independientemente de si Job se refiere a su acusador, Satanás, o a su juez, Dios, este es un buen lugar para destacar algo de la palabra *misericordia*. Muchas veces usamos las palabras *misericordia* y *gracia* indistintamente, pero en realidad significan cosas muy diferentes. Son como un par de opuestos que trabajan juntos.

Misericordia es cuando no recibes lo que mereces. Por la humanidad caída, todos merecemos el infierno. Hemos pecado contra un Dios Santo y hemos tratado de elevarnos a Su rango. No merecemos nada más que castigo. Que ahora respiremos es la misericordia de Dios hacia nosotros. Justo como Él les mostró misericordia a Adán y Eva cuando pecaron en el jardín, Él no nos ha dado la muerte inmediata que merecemos por nuestra rebelión.

Por otra parte, la gracia es cuando *recibes* lo que *no* mereces. Es todo por encima y más allá de no ser aniquilado. Es lo delicioso de la comida, es la alegría que trae la música y, sobre todo, es que podemos entrar en una relación con Dios a pesar de nuestra maldad.

Job no ha hecho nada incorrecto en esta situación, pero sigue siendo un humano pecador y caído como el resto de nosotros. Sabe que merece la aniquilación, pero también sabe que Dios puede seguir mostrándole misericordia, porque conoce el carácter de Dios.

VISTAZO DE DIOS

El poder de Dios se muestra en la historia de Job. Job habla de Su poder en múltiples versículos. Dios le manda al sol, Él hace cosas buenas, Él es sabio de corazón y poderoso en fuerza. Pero este Dios enorme también se acerca para intimar con la humanidad, como Job dice en 7:17: "¿Qué es el hombre, que le das tanta importancia, que tanta atención le concedes?". Dios creó y está a cargo de todo, pero Su corazón no está fijo en las montañas ni en Orión o las Pléyades; está fijo en la humanidad. ¡Qué regalo tan impactante! ¡Él es dónde el júbilo está!

JOB 10–13

Ya escuchamos de Elifaz y Bildad, que dieron sus razones por las que la vida de Job se desmorona. Hoy conocemos al tercer amigo de Job, Zofar. La parte difícil de escuchar a estos tipos y discernir qué es aplicable, es que algunas veces dicen cosas verdaderas; no todo es incorrecto. Por ejemplo, cuando Zofar habla de Dios, dice: "Sabrías entonces que buena parte de tu pecado Dios no lo ha tomado en cuenta" (11:6). Esto es verdad para *todos* nosotros. Todos merecemos la muerte, pero Él es *misericordioso*; nos deja vivir. Hasta podemos vivir en Su tierra y respirar Su aire y comer Su comida, esto es mucho más de lo que merecemos. Eso es Su *gracia*.

Zofar dice muchas cosas que son verdad acerca de *Dios*. Es cuando empieza a sacar conclusiones de *Job* que las cosas toman un giro a la izquierda. En este punto, parece que Job está exhausto por los ataques de sus tres amigos y empieza a ponerse sarcástico con sus respuestas para ellos. Dice: "¡No hay duda de que ustedes son el pueblo! ¡Muertos ustedes, morirá la sabiduría!" (12:2). Tal vez está esperando que por lo menos uno de sus amigos entenderá, pero ninguno de ellos lo hace. Todos han unido fuerzas contra él.

Ofrece algunas palabras de sabiduría para los que queramos consolar a amigos afligidos. "Dice la gente que vive tranquila: '¡Al daño se añade la injuria!', '¡Al que está por caer, hay que empujarlo!'" (12:5). Él está señalando que aquellos que no están pasando dificultad no entienden a los que sí; de hecho, sienten desprecio por ellos, no compasión. Job está empezando a sentir su desprecio por él. Tal vez algo de esto está arraigado a los celos. Suena loco estar celoso de Job en *este* punto, pero es un hombre que lo tenía todo y que era honorable. Este periodo después de los recientes desastres podría ser la primera vez que sus amigos se han sentido superiores a él, y saltan a la oportunidad de tratar de señalar sus pecados.

En 12:9, Job admite que Dios es el autor de todo, aún cuando Él no es un agente activo en lo que está pasando. Dios no cometió estas acciones contra Job, pero Dios pudo haberlas detenido y no lo hizo, ¿no sigue siendo una especie de final para Él? Esto es un aspecto misterioso del carácter de Dios; Él no es un agente activo del mal, pero es una parte necesaria de la historia que está escribiendo. Hablaremos más de esto a medida que avanzamos en las Escrituras, así que no te obsesiones con esto. Mientras tanto, resiste al impulso de sacar conclusiones de Dios basadas en lo que tú piensas que merecen los humanos, a menos que primariamente recuerdes que merecemos nada más que el infierno y la muerte. Ese tipo de privilegio es una trampa peligrosa. La mayoría de, si no es que todas, nuestras frustraciones sobre las acciones de Dios están arraigadas a la mentira de que merecemos algo.

La palabra *merecer* está saturada con el veneno de privilegio. Las empresas lo usan en la publicidad para atraer y alimentar nuestro egocentrismo. Los anunciantes saben lo ingenuos que somos cuando se trata de nuestra comodidad y placer. Por la misericordia y la gracia de Dios, lo que Sus hijos tienen como promesa es que *no* recibimos lo que merecemos— y eso es algo bueno.

VISTAZO DE DIOS

"¡Aunque él me mate, seguiré esperando en él!" (13:15). Job sabe el único lugar donde está su esperanza. Después de todo lo que ha pasado, aún como un hombre justo que está siendo erróneamente llamado a cuentas por sus amigos, sabe que la misericordia de Dios es su única salvación. Si estás en un lugar oscuro, cava profundo en la historia de Job. Él lo entiende. No solo es Dios nuestra esperanza en la noche más oscura, sino que al final, ¡Él es dónde el júbilo está!

JOB 14-16

Hoy el mal amigo número uno está de vuelta con su teología deteriorada. Pero antes que Elifaz empiece a hablar, Job tiene algunas cosas buenas que decir. Dice: "los días del hombre ya están determinados". ¿Conoces la frase "tus días están contados"? Si has escuchado alguna vez a alguien decir eso en una conversación, probablemente lo estaba usando como una amenaza: "tus días están contados colega". Pero en el gran esquema de las cosas, esto no es una amenaza; ¡es una promesa y un consuelo! Job le dijo a Dios: "Le has puesto límites [al hombre] que no puede rebasar". ¡Dios es Soberano sobre nuestra duración de vida! Cada día está designado y nuestras vidas durarán la cantidad de tiempo exacto que Él ha determinado, no más, no menos.

En la segunda parte del capítulo 14, Job se pone melancólico mientras está hablando de su futuro, lo que tiene sentido dado a todo lo que le ha estado pasando. Es duro no querer acelerar su sanidad; es duro sentarse con él en su dolor.

En el capítulo 15, Elifaz habla otra vez. Está acusando falsamente a Job, malentendiendo su corazón y sus motivos. Él piensa que el duelo de Job es una señal de que no confía en Dios. Pero esas dos cosas no son mutuamente exclusivas. Después de todo, Jesús se afligió y lamentó y Él *es* Dios. Es duro sentirte solo en tu dolor, pero aún más duro sentirte desconocido en tu dolor.

En la versión RVR de la Biblia, el capítulo 16 se titula "Respondió Job, y dijo: Muchas veces he oído cosas como estas; Consoladores molestos sois todos vosotros". Job habla muy directamente. Les echa en cara el ser amigos terribles. En 16:3 incluso les suplica que guarden silencio y que paren de aconsejarle. "¿No habrá fin a sus peroratas? ¿Qué les irrita tanto que siguen contendiendo?". Deberíamos ser sabios y pensar cuidadosamente sobre cuándo y cómo aconsejar a otros. Dios nos llama a llorar con aquellos que lloran, no aconsejar a aquellos que lloran y ciertamente no a condenarlos por su luto.

Job ha estado reconociendo la mano de Dios en todo esto. Él reconoce que Dios juega un papel en lo que le está pasando, sin embargo, uno pasivo. Pero en 16:7 él empieza a atribuir el daño a Dios y a dudar de Su bondad. Él cree que Dios lo odia. Él le echa toda la culpa a Dios por todas las cosas que hizo Satanás.

Si estás en un lugar oscuro, este libro probablemente te está sirviendo como consuelo. Pero si *no* estás en un lugar oscuro, sé paciente con Job. No te metas en su historia de la misma manera que sus amigos lo hicieron; ellos querían que él se arrepintiera o cambiara para que ellos pudieran seguir con sus cosas. El sufrimiento siempre dura más de lo que queremos. Pero involucrarse en el sufrimiento de otros nos enseña paciencia y compasión. Y esas son realmente la clase de cosas que queremos que otros muestren hacia nosotros cuando nosotros estemos luchando. Permite que este libro te ayude a fortalecer tu paciencia y compasión.

VISTAZO DE DIOS

Dios es soberano sobre nuestra duración de vida. Esto debería servir como un gran consuelo, ¡porque Dios es confiable! Job reconoce que Dios es soberano sobre su vida y las muertes de los miembros de su familia (14:5). Hemos visto la soberanía de Dios sobre muchas cosas esta semana, y es apropiado que observemos todas estas áreas separadas, porque, *soberano* realmente significa que Dios es la autoridad suprema sobre *todas* las cosas, que todo está bajo Su control. Nota si y cuando te parece ofensivo que Él esté a cargo. ¿Dónde quieres ser el dios de tu propia vida? ¿Dónde sientes que está infringiendo tus derechos con Su soberanía? Sigue buscándolo en estas páginas, ¡porque Él es donde el júbilo está!

JOB 17–20

Hoy Job les dice a sus amigos: "Mi espíritu está roto". ¿Alguna vez has estado ahí? Entonces Bildad, el amigo número dos, habla otra vez: él es el que le dijo a Job que tenía que arrepentirse. Hoy él está duplicando con recordatorios de que Dios castiga al malvado. Esto es una trampa; no solo significa que el sufrimiento de Job era un castigo por su maldad, sino que, si él no cambia sus caminos, ¡más castigos vienen en camino!

Job señala la participación y rescate de Dios en sus problemas. Él dice: "Dios me ha cerrado el camino, y no puedo pasar; ha cubierto de oscuridad mis senderos" (19:8), y aún así también dice: "Yo sé que mi Redentor vive, y que al final triunfará". Este no es solo un deseo, es de hecho profético. No solo señala la primera venida de Cristo, que ya ha pasado, sino también la segunda venida de Cristo, que está por venir. Incluso en sus momentos más oscuros, Job señala verdades eternas sobre Dios.

Entonces Zofar, el amigo número tres, habla otra vez. Él asegura que un espíritu le habló y él cree que fue palabra de Dios. Elifaz aseguró la misma cosa la primera vez que habló (4:12-16). Zofar y Elifaz hacen esto posiblemente para añadir más peso a sus palabras y forzar a Job a escucharlos y cumplir. Pero aquí está lo interesante: este "espíritu" (o espíritus) referido en el capítulo 4 y en el capítulo 20 nunca se identifica a sí mismo. Las Escrituras no nos dicen quien es. Quédate con este pensamiento mientras continuamos leyendo, porque puede que saques algunas conclusiones sobre quién era este espíritu.

La última parte del discurso de Zofar hoy refuerza la idea de que él podría estar celoso de Job, porque acusa a Job de ser codicioso y egoísta. Dice: "porque oprimió al pobre y lo dejó sin nada, y se adueñó de casas que nunca construyó... su ambición nunca quedó satisfecha; ¡nada quedó a salvo de su codicia!" (20:19-20). Pero cuando comparamos las palabras de Zofar sobre Job con lo que dice *Dios* de Job, no coinciden. Estos pasajes con los amigos de Job son ejemplos de por qué no deberíamos tomar las Escrituras fuera de contexto. Si sacaras algunas de sus citas fuera de esta sección, pensarías que Job era una persona horrible. Las declaraciones están en las Escrituras y las Escrituras son Palabra de Dios, pero este pasaje es una cita personal dentro de la Palabra de Dios: es Dios citando a otra persona. Tenemos que prestar mucha atención al contexto, o perderemos lo que realmente nos está siendo comunicado por Dios.

VISTAZO DE DIOS

Job dijo: "yo sé que mi Redentor vive, y que al final triunfará sobre la muerte". Mucho del carácter de Dios es evidente en este versículo. Primero, vemos la naturaleza de la relación de Dios con Job incluso en sus peores días. Job no solo llama a Dios *un* Redentor o *el* Redentor, sino *mi* Redentor. Es personal, íntimo. Segundo, ¡vemos que Dios es un Redentor! *Redimir* significa "comprar de vuelta". Job tiene la esperanza que este no es el fin de su historia, incluso si este es el fin de su vida. Job confía que Dios redimirá esto de alguna manera. Tercero, vemos que Dios está vivo: mi Redentor *vive*. Muchos de los que Job amaba fallecieron, pero no Dios. Él sabe que Dios todavía está con él y que estará por siempre: "Al final triunfará sobre la muerte". Almacenando verdad sobre Dios, como lo estamos haciendo mientras leemos, es una forma de asegurarnos que nuestros pies están en tierra firme cuando las tormentas vengan, ¡porque Él es donde el júbilo está!

JOB 21-23

Los amigos de Job se mantienen señalando que todas estas cosas malas *deben* de estar pasando porque él está actuando con malicia. Esta clase de pensamiento está incrustado en nuestra naturaleza: *Si haces cosas buenas, Dios te dará lo que quieres; si haces cosas malas, Dios te castigará.* Cuando las cosas no se hacen a tu manera, te has preguntado alguna vez ¿si Dios te está castigando? O si no puedes pensar en algo que hayas hecho mal para ganar este trato de parte de Dios, puedes empezar a preguntarte por qué Él no está manteniendo Su parte del trato. Si no tenemos cuidado, nos podemos encontrar con la misma mentalidad de los amigos de Job, pensando que, si andamos honestamente, podemos usar eso como instrumento de negocio para conseguir lo que queremos de Él. La historia de Job señala el error en nuestra manera de pensar y esto señala la auténtica maldad que descansa en el corazón de nuestras motivaciones cuando intentamos usar a Dios como el medio para nuestro final deseado.

Job rebate las declaraciones de sus amigos. "A Dios increpan: '¡Déjanos tranquilos! No queremos conocer tu voluntad. ¿Quién es el Todopoderoso, para que le sirvamos? ¿Qué ganamos con dirigirle nuestras oraciones?'. Pero su bienestar no depende de ellos. ¡Jamás me dejaré llevar por sus malos consejos!" (21:14-16). La gente malvada prospera; amasan fortunas y viven sus vidas de ensueño, todo mientras maldicen a Dios. La realidad que Job trae a la luz aquí es que nuestra suerte en la vida no es un buen barómetro para medir el estado de nuestro corazón. Cosas buenas le pasan a la gente malvada y ¡no parece justo!

Pero si recordamos lo que hemos aprendido sobre la gracia y la misericordia y lo que merecemos, veremos cuanto *no* queremos lo que es justo. En el gran esquema de las cosas, ¿no *quieres* que Dios te rete en tu pecado? ¿Quieres perderte en tu insensibilidad, haciendo cualquier cosa que deseas sin consideración por Dios, como la gente malvada que Job describe aquí? Es Su bondad la que nos provoca arrepentirnos. Cuando Dios realmente le permite a la gente malvada seguir su camino, olvidándose de Él completamente. *Esto es* a lo que el castigo se parece, no a los problemas en que nos encontramos. Aquellos nos enseñan a depender de Dios y sirven para conformarnos a Su imagen.

Elifaz habla otra vez e insinúa que sus palabras vienen directamente de Dios: "Sométete a Dios; ponte en paz con Él, y volverá a ti la prosperidad" (22:21). ¡Ostras Elifaz! Estás bastante seguro de ti mismo. No hay humildad en sus palabras.

Entonces Job se lamenta de la distancia de Dios. Él quiere defender su caso delante de Dios. En medio de su lamento, dice: "Si me dirijo hacia el este, no está allí; si me encamino al oeste, no lo encuentro" (23:8). Job confía que Dios está ahí, trabajando en medio de todo, incluso aunque él no lo percibe en ninguna parte. Él dice: "Hará conmigo lo que ha determinado; todo lo que tiene pensado lo realizará" (23:14). Está aterrorizado de lo que esas cosas pudieran ser. Quizás tú has estado ahí, esperando que Él haga lo peor, anticipándose a ello porque odias el clima frío. Él te hará un misionero en Siberia, porque Él es así de cruel. A pesar de este temor, Job todavía no maldice a Dios. Él continúa rindiéndose a Él y reconociendo Su soberanía. Dice: "Él es inmutable y ¿quién puede darle la vuelta? Lo que desea, es lo que hace". Job lucha contra su propia pérdida de control mientras se rinde al control definitivo de Dios sobre su vida.

VISTAZO DE DIOS

Dios está trabajando incluso cuando no podemos ver lo que está pasando. Él todavía está en control; Él todavía está activo. A pesar de que quizás tengamos que luchar contra nosotros mismos por temores acerca de lo que pueda venir y quizás tengamos que rendir nuestros deseos para tener todas las respuestas, es evidente que Él está trabajando. Job sabe esto también. "Si me encamino al oeste, no lo encuentro". Y Job quiere hablarle a Dios; quizás para obtener respuestas o quizás para intentar decir algo importante; pero con suerte, un poco de lo que crece dentro de su deseo de hablar con Dios es el conocimiento de que Dios lo entiende cuando ninguno de sus amigos lo hace. Dios *sabe* lo que está sucediendo y no es solo suposición. Job confía en Dios a pesar de todo. En el fondo, Job sabe que ¡Él es donde el júbilo está!

JOB 24–28

Hoy Job concluye su respuesta al tercer discurso de Elifaz. Continúa señalando que a los malvados les suceden cosas buenas y agrega que a los justos les suceden cosas malas. La respuesta de Job puede sonar como una queja, pero parece estar consolándose con estos detalles, recordándose a sí mismo que sus juicios no niegan su condición de hombre justo ante Dios, mientras trata de convencer a sus amigos también.

Job señala algunas *cosas realmente importantes* aquí. Si seguimos las creencias de sus amigos hacia su conclusión lógica, es probable que pensemos que todos los que están sanos y son ricos viven vidas justas; y que los pobres, enfermos y necesitados sufren debido a su pecado. No hay escasez de personas que se apunten a esta creencia hoy. Uno de los peligros de esta creencia es que cada vez que hay un desastre —un incendio o inundación o un ataque terrorista— algunas personas públicas dicen que es el juicio de Dios, *como si conocieran la mente de Dios*. Son culpables del mismo reduccionismo que los amigos de Job. En la historia de Job, se nos da una idea de los motivos de Dios ya que están grabados en las Escrituras; pero en la vida cotidiana del siglo XXI, no tenemos acceso a esa información. Seríamos sensatos al no sacar conclusiones precipitadas sobre por qué ocurren los huracanes y los asesinatos en masa donde lo hacen, porque los motivos de Dios no siempre se nos revelan claramente.

Bildad presiona, diciendo que no solo Job es injusto, sino que es imposible para un hombre ser justo. Si bien hay algo de verdad en esto —que no podemos ser perfectos— podemos ser declarados justos por Dios a pesar de nuestras acciones, debido a la obra terminada de Cristo. En las Escrituras, la *justicia* se usa a menudo como una especie de término legal; es más una decisión y una declaración del juez que el resumen acumulado de nuestras acciones. Para cada uno de nosotros que somos adoptados en la familia de Dios, Dios el Juez nos ha declarado justos a todos los que somos adoptados en Su familia —no porque lo hayamos engañado y no porque hagamos más cosas buenas comparadas a lo que nos equivocamos, sino porque Dios el Hijo, Jesús, nos concedió Su justicia. Es una transacción legal; Él cambió nuestra pecaminosidad, de la cual estábamos *completamente* en posesión, por Su justicia. Tomó nuestra pena de muerte y nos otorgó Su reino. Si quieres hablar sobre lo que no es *justo*, ¡ese es el mejor lugar para comenzar! ¡Es injusto de la manera más bella que te puedas imaginar!

Job tiene una reverencia por el misterio de Dios que parece que sus amigos no pueden comprender. Él dice que el cielo tiembla ante la reprensión de Dios. Esto es una reminiscencia de Génesis 6 y los "hijos de Dios" rebelándose contra Él. Y nuevamente, ¡Job profetiza acerca de Jesús sin siquiera saberlo! "Por Su poder, calmó el mar". ¡Sabemos quién hizo eso (Marcos 4:35-41)!

Job continúa manteniendo su integridad e incluso les dice que, a pesar de todas sus reprimendas, no siente condena. "Mientras viva, no me remorderá la conciencia" (27:6). Su conciencia está limpia ante Dios y el hombre. Está seguro de que esta prueba no es un castigo de Dios. Job sabe cómo vivir en la tensión —puede estar enojado y triste; y aún así no desconfiar del corazón de Dios cuando las cosas se desmoronan.

A pesar de todo, Job señala a Dios como la fuente de toda sabiduría. "He aquí, el temor del Señor, eso es sabiduría, y apartarse del mal es entendimiento". Salomón, el hombre más sabio que jamás haya vivido, hace eco de muchas de las palabras y pensamientos de Job. Job también tenía mucha sabiduría. Él "teme a Dios y se aleja del mal". Ya sabemos que Job es sabio y lo está demostrando aquí a través de su conocimiento de Dios.

VISTAZO DE DIOS

Job señala a Dios como la fuente de toda sabiduría. Al fijar nuestros ojos en Él, buscarlo y leer Su Palabra diariamente, estamos aprovechando esa fuente. Entonces, incluso cuando te estés dando cuenta de lo poco que sabes de Dios hasta ahora, se necesita sabiduría para darte cuenta de eso. Al poner tus ojos en Su Palabra todos los días, creces en sabiduría todos los días. Él te está cumpliendo Su promesa —que aquellos que lo buscan con todo su corazón lo encontrarán. Y la mejor noticia para todos nosotros es que no solo está donde la sabiduría está, sino que ¡Él es donde el júbilo está!

JOB 29-31

Hoy, mientras Job continúa el discurso que comenzó ayer, nos muestra cuánto anhela el pasado, específicamente el área de su relación con Dios. Reflexiona sobre un tiempo en que sintió la cercanía de Dios de una manera que describe como —amistad—. Dice: "La amistad de Dios estaba sobre mi tienda". Saber acerca de alguien, o incluso conocer a alguien, es diferente a tener una amistad con ellos. Y ciertamente es diferente a decir que sientes que su amistad habita en tu casa contigo.

Job también lamenta la pérdida de su reputación. La gente solía escuchar cuando hablaba y se asombraban de su sabiduría; ahora no dejan de aconsejarlo y piensan que es un tonto. Pero su sabiduría no ha desaparecido; lo único que ha cambiado son sus circunstancias. Las personas a su alrededor están evaluando su sabiduría y justicia en función de las circunstancias de su vida.

Anteriormente, los amigos de Job lo acusaron de maltratar a los pobres, pero aquí nos cuenta todas las formas en que extendió sus manos a los necesitados y luchó por la justicia. Ahora, no solo sus amigos no están luchando *por* él, sino que están luchando contra él. Y debido a que Dios nos reveló Su punto de vista en el primer capítulo de este libro, sabemos qué escenario es verdadero; sabemos que sus amigos están equivocados.

Este es el punto más bajo de la desesperación de Job. Todo el tiempo ha reconocido que Dios es responsable de sus circunstancias, a pesar de que Dios no es el agente activo, de todas formas, es soberano y lo ha permitido, por lo que hay algo de verdad en eso. Pero Job no tenía toda la información que tenemos; los motivos de Dios eran en gran medida desconocidos para él. En el capítulo 30, Job parece comenzar a sacar sus propias conclusiones sobre lo que sus juicios dicen sobre los motivos y el carácter de Dios. Él dice: "Implacable te vuelves contra mí; con el poder de tu brazo me atacas".

Después de todo esto, los problemas de Job lo hacen cuestionar el carácter de Dios. A pesar de que Job es justo, tiene orgullo y sentido de derecho dentro de su corazón. Job es inocente de las cosas de las que sus amigos lo acusan, pero Dios usa esta prueba para revelar estas otras cosas en su corazón, cosas que no podrían haberse revelado de otra manera sino a través de esta prueba. Ahora que estos pensamientos del corazón de Job han surgido, estamos llegando al punto de inflexión de la historia. Dios ama a Job y no quiere que Job piense cosas sobre Él que no son ciertas —al igual que Job no quería que sus amigos pensaran cosas sobre él que no eran ciertas. ¿Alguna vez alguien no te ha entendido? ¿No quieres ayudarlos a ver la verdad, especialmente si es alguien a quien amas? Dios quiere ayudar a Job a ver la verdad para que Job ya no crea mentiras sobre Él. Dios siempre está en el proceso de Revelarse a Sus hijos.

VISTAZO DE DIOS

Job considera a Dios su amigo. A pesar de que no siente la cercanía de Dios en ese momento, es alentador saber que incluso es posible tener ese nivel de intimidad con Dios. La amistad no solo implica el *conocimiento* de una persona, sino la *confianza* en una persona. Solo puedes confiar en alguien que *conoces* y solo puedes *conocer* a alguien *con quien pasas tiempo*. Que nuestro conocimiento de Dios y nuestra confianza en Dios siempre estén aumentando, para que nuestra amistad con Dios se haga más rica y profunda todo el tiempo. ¡Él es donde el júbilo está!

JOB 32–34

Por primera vez en casi una semana de lectura, alguien nuevo aparece en escena. Este hombre, Eliú, está muy enojado, no solo con Job sino *también* con los tres amigos de Job, porque todos creen ser moralmente superiores. Parece que él ha estado allí todo el tiempo (32:4), escuchando el ir y venir de todos, pero ha estado conteniendo su lengua. Después de escuchar a todos hablar, se da cuenta que los tres hombres mayores no tienen nada bueno que decir, por lo que habla. Eliú señala que a través de Dios —no el tiempo— es como una persona adquiere sabiduría; la sabiduría no solo viene a través del tiempo y la experiencia de la vida. La edad no siempre equivale a sabiduría y la juventud no siempre equivale a tontería. Eliú cree que Dios ha avanzado su sabiduría más allá de sus años; tendremos que esperar un poco más para ver si tiene razón.

Primero, reprende a los tres amigos de Job y dice que nunca pudieron ofrecer una refutación adecuada a Job. Luego reprende a Job, pero es un poco más amable que los demás. "Mi presión no será pesada sobre ti", dice. "Yo también fui pellizcado de un pedazo de arcilla". Su enfoque es más humilde que el de los otros amigos de Job. Sin embargo, no es perfecto. Erróneamente dice que Job afirmó estar sin transgresión. Sin embargo, Job ofreció sacrificios a Dios, lo que significa que sabe que no es inocente ante Dios. Sabe que, si tuviera que sentarse ante Dios el Juez, habría demandas contra él.

Eliú dice que a veces Dios trae dificultades en lo temporal para traer sanidad en lo eterno: "Todo esto Dios lo hace una, dos y hasta tres veces, para salvarnos de la muerte, para que la luz de la vida nos alumbre" (33:29-30). Es cierto que Dios a veces hace cosas así, pero al agregar esta idea a su discurso, Eliú comienza a abordar los mismos temas que presentaron los amigos de Job. Básicamente está diciendo que Dios permitió que todo esto sucediera "para salvar al alma de Job de la muerte", o en términos más directos, para que Job se apartara de sus pecados. Todo comienza a sonar muy familiar. Comienza a acusar a Job de caminar con hombres malvados, de ser tonto, de pecar y también de rebelarse contra Dios. Esto es como un disco rayado.

¿Estás cansado de las formas en que Job es mal entendido? Imagínate que acabas de perder tu trabajo y tu hogar, tu familia fue asesinada, Dios se siente distante y tus amigos te reprenden ¡pero no tienes idea de qué podrías necesitar arrepentirte! Además de eso ¡estás cubierto de llagas! En todos nuestros dolores, la historia de Job nos recuerda que no estamos solos. Y él demuestra cómo saber sufrir.

VISTAZO DE DIOS

Mucho de lo que estos hombres dicen acerca de Dios es verdad; es cuando hablan de *Job* cuando se equivocan. Eliú señala que a veces Dios nos permite tener dificultades cuando sirve para cambiar nuestros corazones de la oscuridad a la luz. Tal vez esto parezca cruel, pero ¿no es eso lo que todos los buenos padres hacen a veces? Un buen padre deja que su hijo grite durante el terror de una clase de natación porque sabe que significa que no se ahogará cuando lo lleve al océano. Dios sabe cuánto durará la lucha, lo dolorosa que será la prueba y la fuerza que necesitaremos tener al otro lado. ¡Él es donde el júbilo está!

JOB 35–37

A pesar de que Eliú comenzó su discurso humildemente, él se vuelve más seguro de sí mismo mientras continúa hablando y comienza a ser más duro en su reprensión con Job, casi hasta el punto de la crueldad. Como los otros, dice estar hablando en representación de Dios y a veces hasta se refiere a sí mismo como "la sabiduría en persona". Guau.

Tal como los otros amigos de Job, la parte difícil de procesar las palabras de Eliú es que mucho de lo que dice de Dios es verdad. Por ejemplo, él dice que ni nuestro pecado ni nuestra justicia afectan la posición o perfección de Dios. Eso es verdad. Él le dice a Job que su justicia no puede ser usada para hacer un trueque con Dios. Eso también es verdad. Pero en donde Eliú se equivoca es en asumir que Job está *tratando* de usar su justicia como herramienta para hacer un trueque con Dios.

Él dice que las personas sin Dios aprecian la ira, lo cual es interesante porque lo primero que leemos acerca de Eliú es que él estaba muy airado. Ciertamente hay cosas por las cuales es bueno enojarnos– por ejemplo – Dios se enoja en contra del pecado y ese es un enojo justo. Estar enojado en contra del pecado y la opresión se alinea con la piedad. Pero la mayoría de las razones de nuestro enojo son egoístas, a lo que se le llama enojo *injusto*. ¡"Apreciar" ese tipo de enojo suena horrible! Cuando apreciamos el enojo; poco a poco nos convertimos orgullosos. No tenemos deseo de perdonar a la persona con la que estamos enojados. Comenzamos un camino hacia la amargura y nuestro corazón comienza a endurecerse en contra de Dios y de las personas. Nos volvemos cínicos y arrogantes. No conocemos el corazón de Eliú, pero pareciera que esta es la trayectoria en la que él está, especialmente dada la manera en la que su discurso continúa.

Él repite algunos de los temas anteriores y dice cosas de Dios como "A los que sufren, Dios los libra mediante el sufrimiento; en su aflicción, los consuela" (36:15). Eso es verdad. ¡Dios usa la adversidad y la aflicción para atraer a las personas hacia Él! ¡Esta tribulación que Satanás quería para mal, Dios la usa para purificar a Job y para glorificarse aún más!

Muchas veces, cuando en la vida abundan las riquezas y la comodidad, es fácil sentir que no necesitamos a Dios. Solo Su misericordia puede abrir nuestros ojos a la verdad de que esas cosas no nos satisfacen a la larga. Los tiempos oscuros pueden hacer que la luz de la verdad brille más fuerte. Aun el ladrón que fue crucificado a un lado de Jesús tuvo un momento así en sus horas finales. Y, por otro lado, si en verdad hemos visto el valor y la belleza de una relación íntima con Dios, seguramente diríamos que esos tiempos difíciles valieron la pena porque así lo llegamos a conocer mejor. Repetiremos las palabras de Filipenses 3:8, "Y ciertamente, aun estimo todas las cosas como pérdida por la excelencia del conocimiento de Cristo Jesús". Una frase atribuida a Charles Spurgeon lo explica así: "He aprendido a besar la ola que me golpea en contra de la roca eterna". La frase "Roca eterna" es una referencia a Dios. Porque cuando todo lo demás es variable, Dios nuestra roca, es constante.

Cuando Eliú concluye, alaba la gloria y majestad de Dios, pero en una manera que intenta lastimar a Job; usa su poesía como un martillo. Termina diciendo: "Él no toma en cuenta a los que se creen sabios" (37:24). Dios se acerca al humilde, lo que significa que Dios se está acercando a Job en este momento, porque Eliú por seis capítulos ha hablado de lo malo que es Job y Job jamás lo contradice. Tal vez Job se queda callado humildemente o tal vez está tan derrotado que no tiene fuerza para contradecirlo.

VISTAZO DE DIOS

"Unas veces por azote, otras por causa de su tierra, otras por misericordia las hará venir". Esta es la providencia de Dios —Su amor cuidadoso y Su preparación para el futuro. Él tiene Sus propósitos y aunque puede que se mantengan como un misterio para nosotros, siempre podemos confiar que Él está trabajando. En Su providencia Él está atento a cada detalle y tiene la intención de cumplir Su plan. Tal vez es un plan para corregir los corazones de los que se han alejado, tal vez es un plan para establecer y bendecir a Su gente, o tal vez es un acto de amor más allá de nuestro entendimiento. Pero podemos descansar sabiendo que Él está trabajando todas las cosas para Su gloria y nuestro gozo, sobre todo sabiendo que ¡Él es donde el júbilo está!

JOB 38–39

Finalmente ¡Dios habla! Algunas veces cuando Dios ha estado silencioso, no importa lo que dice ¡uno está contento de oírlo hablar! Las palabras de Dios aquí no son la excepción, estos capítulos son un tesoro.

La primera, quizás recuerdes lo que aprendimos en el primer día de Génesis 1-3 acerca de la palabra "SEÑOR". Cuando la vemos toda en letras mayúsculas, se refiere a YHVH, que frecuentemente se pronuncia "Yahvé" o "Jehová"; es el nombre personal de Dios. Así que hoy justo fuera del portón, Dios está interactuando con Job en un nivel personal profundo. Esto contradice totalmente lo que los amigos de Job le dijeron que pasaría. Ellos dijeron que Job seguiría recibiendo el silencio de Dios y que sus consecuencias aumentarían todavía más si no se arrepentía. Bien, él no se arrepintió. Y de todas formas Dios se aparece aquí, hablándole directamente, íntimamente.

Cuando Dios comienza a hablarle a Job, Sus palabras no tienen nada que ver con los problemas de Job. Empieza estableciendo *quién es Él*. Esto es porque todo lo demás es secundario. Se establece a Sí mismo como el Creador y comandante de todo. Él inicia, sostiene y cumple todo de acuerdo con Su plan. Y deja claro que Su atención no solo cae en las cosas que consideramos de máxima importancia; de hecho, incluso decreta y ordena los detalles de la cadena alimenticia del reino animal. El león caza a Sus órdenes. Él es quien alimenta a los cuervos. Él les dice a las águilas donde construir sus nidos. Él está atento a donde las aves construyen sus hogares con palos y paja, así que ciertamente está atento a lo que le está sucediendo a Job.

Hablando de paja, hay una posibilidad de que encontremos una profecía acerca de Jesús en Job 39:9: "¿Crees tú que el toro salvaje se prestará a servirte? ¿Pasará la noche en tus establos?". Unos pocos miles de años después, Jesús nace en una cueva donde se mantienen a los animales en la noche y María lo acuesta en un pesebre, que es un comedero para animales. Hay una buena posibilidad de que un buey le hiciera compañía a Jesús esa noche. Y por supuesto, el Dios soberano del universo, quien está fuera del tiempo, sabría todos esos detalles antes de que se desarrollaran, así que parece que nos está dando una pequeña pista aquí.

Otra cosa que quizás recuerdes es que anteriormente en este libro, Job fue sarcástico con sus amigos. En Job 38:21, Dios le habla a Job en su propio lenguaje usando un poco de sarcasmo también. Le ha estado preguntando a Job toda clase de interrogantes acerca de la creación del universo y dice: "¡Con toda seguridad lo sabes, pues para entonces ya habrías nacido! ¡Son tantos los años que has vivido!". No está llamando a Job viejo, está denunciando a Job por no ser eterno. Es como si estuviera diciendo: "Escucha, ¿estuviste allí? No recuerdo haberte visto allí. Oh, claro... es porque no te había hecho todavía". Dios pone a Job en su lugar, y con razón. Él *inventó* a Job, el que lo está cuestionando. Así que Job recibe una sutil pero firme reprensión, ¿pero saben lo que no recibe? No recibe la ira de Dios. Dios no lo golpea muerto. En vez, pacientemente le recuerda a Job la verdad.

VISTAZO DE DIOS

Dios se acerca a Job a pesar de lo que todos dicen. Y Dios *responde* a las preguntas de Job, aunque Él no las *conteste*. Nosotros *podemos* cuestionar a Dios; después de todo, eso es parte de lo que sucede en una relación. No se siente amenazado por nuestras preguntas, pero tampoco está obligado a darnos ninguna de las respuestas que estamos buscando. La historia de Job nos recuerda que hagamos nuestras preguntas con humildad y con reverencia. Incluso tus preguntas son un lugar para recordar quién te creó y quién te ama. Él es el Dios quien suspendió los cielos y alimenta a los cuervos. Él es el Dios que se acerca a Job incluso después que Job lo cuestionó. Él es tu Creador, es tu Padre, y ¡Él es donde el júbilo está!

JOB 40–42

Hoy, Job da una breve respuesta a Dios, que básicamente equivale a: "Yo creo que voy a mantener mi boca cerrada". Dios le ha pedido a Job que le responda, y él no lo hizo, así que Dios insiste un poco más: "¿Vas a caso a invalidar mi justicia? ¿Me harás quedar mal para que tú quedes bien?" (40:8). Algunas veces nos sentimos tan frustrados por nuestras circunstancias que llevamos un trasfondo sutil de creer que Dios es cruel por dejarnos soportar las pruebas. Eso equivale a llamar a Dios un Dios malo e injusto; es básicamente la creencia de que nosotros podemos ser un mejor dios, porque si fuéramos dios, nuestros planes serían perfectos.

Dios señala la titularidad de Job. Sí, Job glorificó a Dios, hizo sacrificios y honró a Dios con su vida y con sus acciones, pero él valoró sus acciones justas demasiado alto, quizás creyendo que Dios le debía algo. Finalmente, Job se arrepintió. Algunas versiones dicen, "me aborrezco", pero la palabra hebrea aquí también significa "negar o rechazar", así que es posible que su declaración sea más como "Me retiro de mí mismo". El tono que usa es más sobre humildad que vergüenza. La vergüenza se siente como una acusación sobre quién eres como persona, alguien que no merece amor. La humildad, por otra parte, es ver correctamente quien eres como una persona que es amada a pesar de no ser merecedora. La humildad es la zona delgada donde no te estás edificando o perjudicando, porque te das cuenta de que *no se trata de ti.*

Después que Job se arrepiente, Dios reprende a sus amigos. Nosotros finalmente obtenemos confirmación oficial de Dios sobre cuán equivocados estaban esos tipos. Él dice que no han hablado de Él lo que es correcto. Mientras que muchas cosas de lo que ellos dijeron sobre Dios era cierto, otras se quedaron cortas. ¿Se acuerdan como ellos dijeron que estaban expresando las mismas palabras de Dios, como ellos fueron visitados por un espíritu quien les dijo cosas? Es posible que esto se conecte al capítulo uno donde Dios se dirige a "los hijos de Dios", una referencia potencial a ángeles y en este caso los ángeles caídos. Si los amigos de Job estaban diciendo la verdad sobre ser visitados por espíritus, estos espíritus probablemente eran espíritus malignos, ángeles caídos disfrazados de ángeles de luz.

Ya sea que los amigos de Job estaban mintiendo o si fueron engañados y pasaron esos engaños a Job, sus declaraciones no fueron de Dios. En medio de todas las cosas verdaderas que dijeron sobre Dios, sus discursos estaban salpicados de mentiras acerca de Él. Esa es una razón por la cual es importante para nosotros ver la visión completa de Dios en las Escrituras en lugar de sacar uno o dos atributos en los que queremos centrarnos, omitiendo otros. ¡Dios les dice a los amigos de Job que se disculpen, luego Dios le dice a Job que los perdone y que ofrezca un sacrificio por sus pecados! Dios obra para purificarlos y humillarlos a todos. Entonces, Él obra para restaurar, no solo relaciones, pero todo en la vida de Job. ¡Job recupera todo en una porción doble!

En las genealogías sucede algo interesante. Este es un momento poco común donde las mujeres se mencionan en el linaje y no así los varones. Esto es lo opuesto de la mayoría de las genealogías antiguas. No solamente las mujeres están mencionadas en vez de los varones, pero ellas también obtienen una herencia junto con los varones, lo cual era relativamente sin precedentes en aquellos días. Esto es un gesto de generosidad extrema de parte de Job, que también revela mucha humildad. Habrá muchos momentos en que las culturas antiguas ignoren a las mujeres, así que si eres una mujer, sostente de este momento para cuando sientas que las Escrituras te pasan por alto.

VISTAZO DE DIOS

El corazón de Dios para la restauración es muy evidente aquí. Él no solo restaura la fortuna de Job y su familia, pero Él restaura también la relación de Job con sus amigos. Y lo más importante, Dios restaura la visión de Job de Dios y de sí mismo. Él arregló las cosas. Si alguna vez te has sentido distante o aislado de Dios, sabes lo confuso que es y lo paralizante que puede ser. Y aquí está el Dios que se acerca a las mismas personas que lo vieron equivocadamente, lo malinterpretaron, dijeron mentiras acerca de Él y lo acusaron de ser cruel; y luego Él los restaura en relación unos con otros y con Él mismo. Job probablemente valora esto mucho más que seis mil camellos, porque Job ha descubierto finalmente que ¡Él es donde el júbilo está!

GÉNESIS 12–15

Cuando estuvimos por última vez en Génesis, un hombre llamado Abram había acabado de nacer a través de la línea de sangre de Adán y Noé, a través del hijo de Noé, Sem. De acuerdo con la línea de tiempo que Génesis señala, Abram nació casi dos mil años después de Adán, pero solamente como trescientos años después del diluvio. Así como Adán y Noé antes de él, Dios continúa Su relación única con esta familia a través de Abram. Él le dice a Abram que Él lo va a bendecir, para que así él *sea* una bendición. Esta bendición no termina con Abram; en definitiva, se trata de mucho más que él, se trata de cómo el Mesías nacerá a través de su línea de sangre. ¡Así es como esta familia será una bendición para todas las familias de la tierra! Todo esto está muy por encima de la cabeza de Abram en este momento; inicialmente Dios solo promete bendecirlo con tierras y posesiones. Pero hay un problema: la tierra que Dios le promete a él está actualmente habitada por los cananeos, enemigos de Dios.

Hay una gran hambruna, así que Abram y su esposa Saray se mudan a Egipto y su sobrino Lot va con ellos, con todos sus siervos y animales y posesiones. Abram tiene miedo de que el faraón egipcio vaya a quitarle a Saray y matarlo, así que Abram la convence de que pretenda ser su hermana y más o menos es así, porque ella es su media hermana. El Faraón *sí* secuestra a Saray y ella es básicamente llevada a su harén de esposas. Dios no está de acuerdo con eso. Él tiene grandes planes para Saray, así que Él saca a la luz la verdad a través de algunas plagas clásicas para liberar a Saray. Por cierto, Saray tiene unos sesenta y cinco años, así que aparentemente, ella y Jennifer López comparten ADN.

Ellos dejan Egipto y van al Néguev, una región del desierto. Dios los ha bendecido con tanto que no hay suficiente pasto para alimentar a todos los animales. Abram y Lot deciden separarse y Abram deja la primera opción de terreno a Lot, quien no pierde nada de tiempo en elegir la tierra que se ve más bella y fructífera. Desafortunadamente, también está cerca de todas las personas malvadas. Establece su campamento cerca del mar Muerto. ¡Tal vez tienes sal o loción de su antiguo vecindario! La guerra estalla un poco después y Lot es secuestrado. Cuando Abram descubre esto, él y los trescientos dieciocho guerreros que viven en su casa los persiguen por más de ciento cincuenta millas hasta que los alcanzan y recuperan a Lot y a su gente.

Entonces conocemos a Melquisedec, rey de Salén. Él ofrece pan y vino. Él es sacerdote del Dios Altísimo. Analicemos esto por un momento. Su nombre significa "Rey de Justicia"; y él es el rey de un lugar llamado Salén, que significa "paz". Así que él es Rey Justicia de Paz. Él ofrece pan y vino, ¿te suena familiar? También, él es un rey y un sacerdote, que son dos funciones que rara vez se combinan. Melquisedec es una imagen de Jesús, un arquetipo, un modelo. Lo veremos unas cuantas veces más mientras leemos la Biblia juntos, así que recuerda su nombre.

¡Entonces, Dios le hace la promesa a Abram que él tendrá un hijo! (Esto es espectacular, a menos que seas Eliezer de Damasco, el heredero original de la fortuna masiva de Abram.) Abram le cree a Dios a pesar de su edad avanzada. Su creencia en la palabra de Dios se cuenta como justicia, no sus acciones, no sus sacrificios, sino su creencia. También esto es consistente con lo que el resto de las Escrituras nos enseña. Incluso en el Antiguo Testamento, la *fe* en la Palabra de Dios es lo que conecta a las personas con Dios, no la obediencia a la ley. Lo que sucede después es bastante peculiar a primera vista, pero es hermoso cuando profundizamos más. A pesar de que Abram le cree a Dios, le pide confirmación. Dios le dice que corte animales por la mitad, entonces, un sueño profundo cae sobre Abram. Luego Dios aparece en la escena, no para entregarle milagrosamente a Abram el niño prometido, sino para hacer un pacto con él.

VISTAZO DE DIOS

Esta extraña escena de una hornilla pasando entre los animales cortados es un ejemplo de un antiguo rito de pacto entre un rey y un siervo. Típicamente, el siervo camina entre los animales cortados como una forma de decir: "Yo tomo la maldición de este pacto que seré cortado por la mitad como estos animales si no cumplo mi parte del pacto". Pero aquí, Dios se aparece en forma de fuego, lo cual es típico de la presencia de Dios en el Antiguo Testamento; y pasa entre las piezas Él mismo. El Rey se compromete a tomar el castigo Él mismo. ¡Esto es *inaudito*! Él es un hacedor de promesas, y ¡Él es donde el júbilo está!

GÉNESIS 16–18

Saray tiene por lo menos setenta y cinco años y todavía no ha tenido un hijo como Dios prometió. Hace lo que muchos de nosotros hacemos cuando sentimos que Dios nos está haciendo esperar de más: Toma cartas en el asunto. En estos días, los sirvientes y sus hijos son considerados posesiones. A veces, como en este caso, las Escrituras son descriptivas, no prescriptivas —nos está diciendo lo que *está* pasando, no lo que *debería* pasar. Las Escrituras nunca aprueban que se trate a las personas como posesiones; solo reconoce lo que está sucediendo en ese momento. Saray, en su lógica, se vale de esa norma cultural para hacer que su sirvienta tenga sexo con su marido. Porque si Agar tiene un hijo, será de Saray. Ella está cansada de esperar. Intenta tomar un atajo y su miedo e impaciencia provocan milenios de guerra y destrucción que siguen sucediendo alrededor del mundo hoy en día.

El hijo de Agar es Ismael, el padre del Islam. Los musulmanes lo consideran un profeta y el antepasado de Mahoma. Años más tarde, Saray tiene a Isaac, de quien descienden los israelitas y ellos son el pueblo judío de hoy. Los musulmanes y los judíos han sido enemigos durante cuatro mil años. El punto es que nuestros pecados afectan a otros. No desaparecen sin más. El pecado de Saray impactó generaciones.

Saray abusa de Agar, quien huye al desierto, embarazada, maltratada y sola. Entonces ocurre algo muy importante. En las Escrituras, la frase "un ángel del Señor" se refiere a un ángel mensajero. Pero en este caso, el versículo 16:7 dice: "*el* ángel del SEÑOR". Muchos estudiosos creen que esta distinción se refiere al Jesús preencarnado, Dios el Hijo apareciendo en la tierra como un hombre *antes* de nacer como un humano llamado Jesús. Veremos esto a lo largo del Antiguo Testamento. ¿Por qué los estudiosos creen que este es Jesús? Hoy vemos dos razones. Primero en 16:10, dice: "De tal manera *multiplicaré* tu descendencia". Los ángeles no pueden hacer eso; no están a cargo de la vida. Segundo, en 16:13 dice que fue *el Señor* quien le había hablado. Cuando Dios aparece en la tierra en una forma física como esta (incluyendo Su aparición en forma de fuego como ayer), se le llama *teofanía*.

Por cierto, olvida lo que sabes sobre los ángeles por las pinturas del renacimiento —la mayoría de esos artistas no habían leído la Biblia. Es por eso que nos dieron a un Jesús rubio de ojos azules, aunque es judío y probablemente usara un turbante. También nos dieron ángeles voladores con aureola y dos alas. Ningún ángel en las Escrituras tiene dos alas; en realidad *no* tienen alas. Las Escrituras los describen como varones probablemente grandes e imponentes, especialmente porque los nefilim, con los que quizás estaban emparentados, eran gigantes. Si los ángeles son gigantes, podría explicar el por qué la gente tiene miedo cuando se aparecen, o podría ser porque parecen materializarse de la nada. Algunas formas de seres creados tienen alas, pero ninguno de ellos son ángeles. Por ejemplo, los querubines tienen cuatro alas y rostros y los serafines tienen seis alas —todas ellas cubiertas por ojos. ¡Nunca verás eso en una pintura del Renacimiento!

Dios le cambia el nombre a Abram y lo llama Abraham y ordena que él y todos los varones de su descendencia se circunciden. Dios también cambia el nombre de Saray por el de Sara y promete bendecirla, aunque no tenemos pruebas de que se arrepintiera por haber maltratado a Agar. Dios aclara que *Sara* será la madre biológica y así se cierra la brecha. Tanto Abraham como Sara se ríen de esta promesa; Abraham se *cae de bruces* y se ríe.

Más tarde, Dios y otros dos ángeles se le aparecen a Abraham. Está tan impresionado que se inclina en reverencia y adora. *No* quiere que Dios se vaya; quiere QUEDARSE en Su presencia. Dios dice que planea destruir el lugar donde vive Lot y Abraham le ruega que lo perdone. Terminamos con un momento de suspenso.

VISTAZO DE DIOS

Si hablamos de lealtad, Dios no tiene motivos para prestar atención especial a Agar. Su compromiso es con una familia específica a la que ella no pertenece. Pero Agar ha vivido con esa familia, así que sabe de Dios y de lo que es capaz. Incluso le da un nombre: El Roi... "El Dios que me ve". El Cristo preencarnado aparece en el desierto en forma de hombre-ángel, para consolar a esta mujer esclava y predecir el nacimiento de su hijo. Y sí, puede ser un poco deprimente porque también le dice que Ismael y su descendencia se convertirán en enemigos del pueblo de Dios, pero en el momento puede que esté más enfocada en que Dios la ve y le habla. Él ve y es misericordioso; y ¡Él es donde el júbilo está!

GÉNESIS 19-21

Hoy, dos hombres-ángeles vienen cara a cara con el quebrantamiento y la maldad de la humanidad. Los hombres de Sodoma demandan tener sexo con ellos. Esto es similar a Génesis 6, pero esta vez son humanos *varones*. Sodoma es recordada por muchos tipos de pecado, incluyendo la homosexualidad, pero no es justo decir que este era *el* pecado por el que eran conocidos en ese tiempo. Ezequiel 16:49-50 dice: "Tu hermana Sodoma y sus aldeas pecaron de soberbia, gula, apatía, e indiferencia hacia el pobre y el indigente. Se creían superiores a otras y en mi presencia se entregaron a prácticas repugnantes. Por eso, tal como lo has visto, las he destruido". Definitivamente vemos esto en cómo tratan a los ángeles; la violación en pandilla es horrible. Incluso Lot responde maliciosamente a la sugerencia malvada de los hombres, ofreciéndoles a sus hijas vírgenes. Es *incomprensible*. Muchos estudiosos piensan que Lot está faroleando o espera que su oferta sea rechazada. Independientemente de cuáles son sus intenciones, el poder de Dios interviene: Sus ángeles hieren a los hombres con ceguera, lo que parece una penalidad apropiada por su lujuria y codicia.

Dios no puede encontrar ni siquiera a diez hombres justos en Sodoma; esto es como en los días de Noé cuando solo ocho personas sobrevivieron. Dios destruye Sodoma y a su vecina Gomorra, pero Él es misericordioso con Lot y sus hijas a pesar de los retrasos rebeldes de Lot. La esposa de Lot muere cuando desobedece las órdenes de los ángeles y mira hacia atrás con nostalgia. Es impactante cuando Dios destruye ciudades o pueblos enteros, pero aquí podemos vislumbrar no solo los motivos de Dios, sino la misericordia de Dios. Lot y sus hijas se mudan a las montañas; y sus hijas se desesperan por su soltería. Ellas toman el asunto en sus propias manos, muy parecido a lo que su tía abuela Sara hizo con Agar. Las Escrituras todavía no prohibían el incesto, pero todavía hay mucho pecado sucediendo aquí. Esto refleja la escena después del diluvio entre Noé y su hijo Cam, quien fue maldecido por sus acciones.

Mientras tanto, Abraham está moviéndose nuevamente. Está en el territorio del rey Abimélec y tiene recuerdos de Faraón robándose a Sara en Egipto. Él vuelve a sus antiguos trucos fingiendo que ella no es su esposa. Luego Abimélec se la roba. Una diferencia muy grande es que Abimélec no se acuesta con ella, mientras que tenemos razón para creer que el Faraón sí lo hizo, ya que la tomó como esposa. El secuestro de Sara podría realmente poner un obstáculo en los planes de Dios para que ella tenga al hijo de Abraham, ¡es algo bueno que los planes de Dios no puedan ser detenidos! Dios *nuevamente* los rescata, apareciéndose en sueños al rey y diciéndole que ¡evitó que él pecara! Abraham continúa haciendo planes para protegerse a sí mismo y a Sara, pero en ambas ocasiones, sus esfuerzos los meten en problemas más profundos, ¡solo es Dios quien los saca de ellos!

Finalmente, el tan esperado Isaac nace. Aunque su nacimiento cumple una vieja promesa de veinticinco años de parte de Dios, echa leña al fuego entre Sara y Agar y su ahora hijo Ismael, de catorce años. Un día Sara escucha a Ismael burlándose de Isaac y ella le pide a Abraham echarlos para que Isaac no tenga que compartir su herencia. Dios le dice a Abraham que haga lo que Sara dice. Pero Dios no se olvida de Agar e Ismael; Él promete hacer *dos* naciones, promete descendientes de la línea de Ismael y promete descendientes de la línea de Isaac *y* territorio. Agar e Ismael huyen al desierto donde Ismael casi muere, pero el Ángel del Señor aparece, escucha su llanto y les provee. Mientras tanto, Abraham quiere ser propietario de un pozo, por lo que hace un trato con algunos lugareños para adquirirlo.

VISTAZO DE DIOS

Cuando Dios le dice a Abraham que ore por el rey Abimélec, quien robó a su esposa, vemos el corazón de perdón de Dios. ¿Recuerdas cómo Dios hizo orar a Job por sus amigos quienes le hicieron daño? Esto es un recordatorio de Juan 17:20, cuando Cristo ora por nosotros, cuyos pecados son la razón de Su muerte. No solo *Dios* perdona, también quiere mostrar Su corazón de perdón a un mundo quebrantado a través de nosotros, Su pueblo. Aunque *todos* los hijos de Dios son hijos por adopción, Él continúa queriendo que Sus hijos se parezcan a Él. Quiere que apuntemos a otros hacia Su corazón, porque solo entonces podrán ver que ¡Él es donde el júbilo está!

GÉNESIS 22-24

El llamado de Dios a ofrecer a Isaac como sacrificio ¡suena como algo completamente fuera de carácter! ¿Dios aprueba el sacrificio humano? El matiz es importante aquí. Abraham es llamado a *ofrecer* a Isaac como un sacrificio, no *a sacrificarlo*; esta es una ofrenda que Dios rechaza. Mientras a Abraham se le da una de las tareas más difíciles de las Escrituras, él no duda en obedecerla. Sabe que Dios no hará que mate a Isaac— o si lo hace, Él lo resucitaría. Esta es una fe enorme, pero no es el tamaño de nuestra fe la que hace que las cosas sucedan —es el *plan de nuestro* Dios. El plan de Dios es preservar a Isaac y probar a Abraham. A menudo nos imaginamos a Isaac como un niño aquí, pero los historiadores judíos dicen que lo más joven que hubiera sido, sería de la edad de un adolescente, pero lo más probable es que haya tenido entre veinticinco y treinta años. ¡Un niño no puede cargar toda esa madera a una montaña! Y cualquiera lo suficientemente fuerte para cargar la madera es lo suficientemente fuerte para defenderse de su asesino de edad avanzada, pero Isaac no se defiende. La madera es puesta sobre él, justo como fue puesta sobre Cristo. Isaac es como Cristo. Esta historia nos apunta hacia algo mucho más grande.

Mientras está en el altar, el Ángel del Señor (probablemente Jesús) le pone freno. Dios provee un sustituto, justo como Abraham dijo. Abraham le da a Dios un nombre cuando esto sucede. En las Escrituras, los nombres están basados en lo que *haces* —estos representan tu actividad. Abraham llama a Dios: "El Señor que provee". Los nombres de Dios revelan Su carácter y acciones. Y dónde Él provee también es notable. Fue en "el monte del Señor". La mayoría de la gente cree que este monte es donde Salomón construye el templo y que también es en este corto tramo de montañas donde Jesús es crucificado. "En un monte provee el Señor". Y así fue.

Dios reitera Su promesa: "todas las naciones del mundo serán bendecidas por medio de tu descendencia". Esto predice el nacimiento de Jesús, quien vino a salvar a personas de cada nación, aún a las personas que no son descendientes de Abraham. Cuando muere Sara, Abraham negocia un sepulcro para ella en *Canaán*, ¡la misma tierra que Dios le prometió! No solo son cuevas y campos y monedas de plata, ¡esto es importante!

Abraham quiere asegurarse que todo está en orden para su muerte, así que hace un juramento con su criado de una forma en que en ese tiempo era costumbre, poniendo una mano bajo el muslo. El significado ampliamente más aceptado, es que es más probable que sea la región general del muslo —donde uno podría jurar por su descendencia. Isaac todavía está soltero y Abraham sabe que él necesita casarse para que la promesa se cumpla. Abraham e Isaac viven en la tierra de sus enemigos, los cananeos, quienes no están circuncidados y no viven de acuerdo con los caminos de Dios. Pero como esta es la tierra que Dios les prometió, Abraham tiene que quedarse. Allí hay *cero* mujeres con las que su hijo se pueda casar, pero tiene que asegurarse que Isaac *solo* se case con alguien que adore a YHVH. Pueden ver el enigma.

Su criado parte hacia la ciudad de Abraham y va directo al pozo donde todas las mujeres jóvenes van a sacar agua. Le pide a Dios ayuda y dirección y *antes que termine de orar*, aparece la respuesta a sus oraciones. Ella es bondadosa y servicial y, lo más importante, es que ella es del clan de Abraham, ¡por lo que adoran al mismo Dios! En lo que se está yendo, ¡su familia ora la misma bendición sobre ella que Dios habló sobre Isaac! Entonces, mientras Isaac de cuarenta años está trabajando en el campo, conoce a Rebeca, quien ha estado trabajando en el pozo. Ambos se están saliendo de su llamado y Dios cruza sus caminos a través de un extraño juramento, la oración de un criado y un montón de camellos.

VISTAZO DE DIOS

Dios habla con Abraham de una forma específica y vaga a la vez, como: "en el monte que yo te indicaré" y "la tierra que te mostraré". Muchos de nosotros queremos que Dios nos diga el plan completo para poder hacerlo, pero el punto no solo es *hacer* lo que Dios quiere sino hacerlo *con* Dios. Es como esto: Digamos que estás yendo de viaje a la casa de playa de un amigo y tienes dos opciones: 1) Le pides a un amigo que te diga el destino, la escribes en tu GPS, luego le dices adiós mientras te vas por tu cuenta o 2) le pides a tu amigo que se suba en el auto contigo y te muestre el camino. Estamos en un viaje *con* Dios mientras nos guía paso a paso. Es mucho más hermoso disfrutar la intimidad que viene de una constante interacción, porque la casa de playa podría ser espectacular, pero ¡*Él* es donde el júbilo está!

GÉNESIS 25–26

Abraham se vuelve a casar después de la muerte de Sara y tiene seis hijos más, para un gran total de ocho. Pero todo su patrimonio va a Isaac, porque Isaac es el hijo de la promesa de Dios. También es el único hijo de la primera esposa de Abraham. Él muere a los ciento setenta y cinco años y Dios se le aparece a Isaac para reiterar Su promesa. Luego, justo después de que Dios se le aparece, ¡Isaac comienza a mentir! Manifiesta los pecados de su padre, llamando hermana a su esposa —pero esta vez ni siquiera es una verdad a *medias*. Algunos estudiosos dicen ¡que este también podría ser el mismo rey Abimélec que robó a Sara! En ambas historias, ¡Abimélec demuestra una visión más elevada de la santidad de Dios que Abraham e Isaac!

En respuesta al pecado de Isaac, Dios lo protege y lo bendice —¡y rápidamente! En el plazo de un año, Isaac siembra y cosecha cien veces. Debido a su éxito, Abimélec intenta deshacerse de él. Cada vez que esta familia en particular comienza a florecer, las personas lo notan; se ponen celosas o les tienen miedo y los quieren muertos y desaparecidos.

Dios se le aparece a Isaac en Berseba, el primer pozo del que tomó posesión su padre. Dios reitera la promesa que originalmente fue para Abraham; *debe* extenderse a través de Isaac, porque él es el hijo de la promesa, el único hijo de Abraham y Sara. Isaac y Rebeca tienen su primer bebé cuando él tiene sesenta años. Ella fue estéril durante veinte años, pero Isaac conoce al Dios que concede la vida, así que intercede en nombre de Rebeca y Dios responde con un sí. A veces Dios responde con un no, pero todas Sus respuestas a nuestras oraciones —sí, no o espera— sirven para establecer Sus buenos planes. En este caso, para que Dios cumpla Su promesa de una gran descendencia a Isaac, Dios tiene que abrir el vientre de Rebeca. Cuando lo hace, ¡Rebeca está embarazada de gemelos!

Rebeca tiene muchas preguntas sobre todo y ella lleva sus preguntas a Dios. Su respuesta es desconcertante, porque Su plan para estos gemelos va en contra de las normas culturales. El hijo menor gobernará en lugar del mayor. A través de un lío enredado de pecado, parte del cual vimos hoy, Dios cumple Sus propósitos para ese fin.

La impaciencia de Esaú y la intriga de Jacob se suman a una primogenitura transferida, que se otorga típicamente al primogénito y señala la herencia y la prominencia. Dios le da vuelta al guion con un plato de estofado. Esta transferencia de la promesa al niño más joven no es una situación única en lo que a Dios respecta. De hecho, es un tema en las Escrituras. Aquí hay otros dos ejemplos que hemos visto hasta ahora: la ofrenda del hermano menor Abel fue aceptada, mientras que la de Caín el primogénito no; y el hermano menor Isaac recibió las promesas que pertenecían al primogénito Ismael. Las Escrituras llaman a Jesús nuestro hermano mayor. Si Él es el primogénito y nosotros somos los hermanos menores, Él debería obtener toda la herencia. ¡Pero Romanos 8 dice que compartimos Su herencia!

Al igual que su padre, Esaú se casa a los cuarenta años. Algunos dicen que la pureza sexual es una idea anticuada porque cuando se escribió la Biblia, la gente se casaba a los 13-14 años. Tal vez algunos lo hicieron, pero no de acuerdo con las edades que hemos registrado. Esaú se casa con dos mujeres hititas. No solo se casa con *dos* mujeres (esto es descriptivo, no prescriptivo), sino que ambas mujeres están fuera de la familia de Dios. Jacob está comprometido con el plan de Dios para esta familia, pero Esaú es indiferente o antagónico. Pero ten por seguro, que incluso su rebelión encaja en el panorama completo.

VISTAZO DE DIOS

Dios no hace acepción de personas. Muestra atención y favor a aquellos que *no están* en posiciones de honor, como los peregrinos y los niños nacidos más tarde. Este aspecto del carácter de Dios se extiende mucho más allá del orden de nacimiento a aquellos que tienen una enfermedad mental o una singularidad física o que se retrasan en su desarrollo. El Dios que creó el cerebro y el cuerpo humano ciertamente no está limitado al número de funciones de las que actualmente somos conscientes. Al parecer hay una forma especial en que Dios se comunica con aquellos en situaciones que parecen menos deseables o imposibles. Se ha fijado en los necesitados, los humildes y esos somos *todos* nosotros, verdaderamente. Cuanto más nos damos cuenta de nuestra necesidad de Él, más nos deleitaremos en Su cercanía y provisión, y así nuestros corazones recuerdan que ¡Él es donde el júbilo está!

GÉNESIS 27-29

Los pecados de Rebeca e Isaac juegan un papel en los planes inusuales de Dios para Jacob. Rebeca engaña a su esposo para que le dé su bendición a su hijo favorito, Jacob, e Isaac va en contra de las palabras de Dios al intentar otorgar su bendición al niño que Dios *no* había elegido para ello. Una bendición es diferente a una herencia. Tiene un significado más espiritual que financiero, una vez que es dada, es irrevocable. Jacob tampoco está libre de pecado, e incluso se refiere a Yahweh como el Dios de *Isaac*, no el suyo. En la bendición de Isaac, él habla las mismas ideas que Dios usó en 25:23. Isaac dice: "Que seas señor de tus hermanos; que ante ti se inclinen los hijos de tu madre" (27:29). Décadas antes, Dios dijo: "El mayor servirá al menor". Pero antes de sentir lástima por Esaú, nota su derecho al negar la responsabilidad de la venta de su primogenitura. Nunca se da cuenta del peso. Él amenaza con matar a Jacob, por lo que Rebeca lo envía a vivir con su hermano Labán en Harán, tierra Cananea. Cuando se va, Isaac le advierte: "No te cases con una mujer cananea. ¡Tienes que casarte con alguien de la familia de YHVH!".

En el camino, tiene un sueño en el que Dios se conecta a la tierra a través de una escalera. Jesús se refiere a esto y se describe a Sí mismo como la escalera, el punto de conexión entre Dios y la tierra, una escalera que Dios descendió, *ningún* hombre subió (Juan 1:51). Dios reitera dos promesas: le dará esta tierra enemiga a la familia de Jacob y las usará para bendecir a todas las familias de la tierra (¡a través del nacimiento de Jesús!). Jacob ni siquiera está casado, pero Dios le promete descendencia. Él no es perfecto, pero es la única opción para llevar a cabo el linaje de la promesa de Dios. Jacob construye un pilar en el sitio; suena bien, pero los pilares suelen ser estructuras paganas levantadas por los cananeos, no por el pueblo de Dios. Luego él dice: "*Si* Dios cumple Sus promesas, *entonces* me rendiré a Él". Todavía no cree realmente; YHVH todavía no es el Dios de Jacob.

Cuando llega a los límites de Harán, va al pozo como cualquier hombre inteligente que busca una esposa. Ve a Raquel, una pastora, trabajo que no es poco común para una chica. De hecho, algunos estudiosos dicen que los pastores a los que los ángeles se aparecieron en la noche del nacimiento de Cristo probablemente eran mujeres —solo otra forma en que las pinturas del Renacimiento pueden habernos engañado. Jacob está encantado de saber que esta hermosa chica es su prima hermana, porque tiene que casarse en la familia. Su padre Labán acepta dejarlo casarse con ella a cambio de siete años de trabajo; pero luego Labán lo engaña con una identidad falsa (Lea), igual que Jacob engañó a su padre con una identidad falsa. Debido a que la consumación ocurre de noche en una época anterior a la electricidad, Jacob no descubre la mentira hasta después de haber consumado el matrimonio. No hay vuelta atrás—algo así como con la bendición que él recibió.

Jacob negocia por Raquel con otros siete años. El truco de Labán les falló a Jacob y Lea, porque Jacob la *odia*; esta palabra a menudo describe un enemigo mortal, alguien con quien *estás en guerra*. Pero como hemos visto antes, Dios tiene una afinidad especial por aquellos ignorados y con falta de amor. Es generoso y atento con Lea. Ella tiene cuatro hijos y los nombres de los tres primeros revelan cuánto dolor hay en su corazón, cuánto quiere que Jacob la ame. Para cuando tiene su cuarto hijo, está empezando a ver a Dios como suficiente; pero ella tendrá que volver a aprender esta lección, así que esto no es del todo un empaque con un lindo moño.

VISTAZO DE DIOS

Ya hemos notado Su soberanía sobre el mal del enemigo, pero aquí vemos otra capa de Su soberanía sobre el mal: está sobre los pecados del hombre, la maldad de nuestros propios corazones y acciones. Al final, la manipulación de Rebeca es una herramienta en las manos de Dios para lograr Su resultado deseado. Incluso el pecado se inclina a la voluntad de Dios, no puede frustrar Su plan. Lo hemos visto desde el Día 1 en el jardín. ¡Romanos 8:28 dice que incluso las cosas que *no* son buenas siguen siendo usadas *para* nuestro bien y para Su gloria! Si crees que has destrozado tu vida con un pecado que no puedes perdonarte a ti mismo, anímate. Dios está fuera del tiempo, sabía todas las cosas que harías mal como humano, padre, cónyuge, amigo, e incluso conoce todos los pecados que aún no has cometido, y *está en esto contigo*, trabajando a través de todo. ¡Él es donde el júbilo está!

GÉNESIS 30-31

Raquel envidia la capacidad de Lea de tener hijos y presiona a Jacob para que quede embarazada. ¡Él le recuerda que solo Dios puede dar vida! Ella sigue los pasos de su antepasada Sara, ofreciendo su criada a su esposo, quien tiene dos hijos para ellos. Lea hace lo mismo y le da a *su* criada, quien también tiene dos hijos. La amargura y los celos están creciendo en los corazones de las hermanas, lo que lleva a la manipulación y represalia. El espíritu de codicia y comparación, más su falta de criterio, impulsa todas sus acciones. Esto no es amor por Dios y no es amor por Jacob. Ni siquiera parece amor por sus hijos. Parece más como el amor por uno mismo que se manifiesta en miedo, idolatría y autopromoción.

Cuando Lea queda embarazada nuevamente, piensa que es la recompensa de Dios por compartir a su criada con Jacob, pero 30:17 simplemente dice que Dios la escuchó. Ella no ganó un bebé por medio del buen comportamiento, especialmente porque obligar a su esposo a la infidelidad *no* es un buen comportamiento. Ella pecó y malinterpretó los caminos de Dios y, aun así, Dios escuchó sus deseos y respondió con un sí.

La esposa favorita de Jacob, Raquel, finalmente tiene su primer hijo, José. Probablemente puedas adivinar cuál de los hijos de Jacob es su favorito. Él concluye sus catorce años de servicio a Labán y pide irse. Se supone que no debe quedarse en Harán, porque Dios le ha prometido la tierra de los cananeos. Labán no quiere que se vaya, porque se entera que Dios lo ha bendecido a través de la presencia de Jacob; Labán obtiene esa información de una fuente perversa, *pero* precisa. No tenemos indicios que Labán adore a YHVH, por lo que no sorprende que busque en la adivinación. Jacob y Labán actúan como si estuvieran haciendo un trato para que Jacob se quede, pero ambos todavía hacen de las suyas con viejos trucos, sin mencionar algunas extrañas técnicas de cría de ganado que Jacob toma prestadas de los magos locales. A pesar de su pecado, Dios lo hace rico en animales. Pero el problema es que Dios no quiere que se quede allí y que siga enriqueciéndose; Él quiere que Jacob vuelva a la tierra que le prometió. Jacob finalmente empaca para irse.

Han pasado unos veinte años desde que Jacob salió de Canaán. Mientras se escabullen, Raquel roba algunos de los dioses de la casa de Labán —lo que probablemente se refiere a ídolos. No sabemos porqué quiere estos dioses, tal vez ella también los adora o tal vez quiere venderlos o tal vez quiere que su padre deje de adorarlos. A Labán le lleva tres días darse cuenta de que se han ido. En su camino tras ellos, Dios se le aparece en un sueño y le advierte que mantenga la boca cerrada. Cuando finalmente los atrapa, actúa amablemente al principio. "¡Ni siquiera pude despedirme!" Luego va directo a su búsqueda: Los dioses que tenía en su casa han desaparecido. Ellos buscan a los dioses, que Raquel esconde debajo de una silla de camello y una artimaña sobre su período.

Labán intenta salvar su honor estableciendo un acuerdo con Jacob. Este pasaje a menudo se toma fuera de contexto: "Que el SEÑOR nos vigile cuando ya estemos lejos el uno del otro" (31:49). Suena entrañable, pero dada la historia entre ellos, es más como si estuviera diciendo: "No confío en ti. Así que recuerda que Dios te ve incluso cuando yo no puedo. No hagas nada sospechoso". Establecieron dos testigos para su acuerdo: un pilar de piedra y un montón de piedras. Estas tienden a ser prácticas paganas, a pesar de que ambos invocan el nombre de Dios. Algunos estudiosos dicen que el pilar único de Jacob representa su adoración monoteísta a Dios, el único Dios verdadero, YHVH, mientras que la pila de rocas de Labán representa su politeísmo, la adoración de *muchos* dioses.

VISTAZO DE DIOS

Recuerdas cuando Lea manipuló a Raquel y Jacob para acostarse con Jacob ¿y luego alabó a Dios por su embarazo? Recuerdas cómo Jacob manipuló los procesos de reproducción ¿y alabó a Dios por su abundancia? Tal vez su sentido de lo correcto y lo incorrecto está comenzando a surgir. Pero veamos más allá de eso para ver lo que podemos apreciar acerca de Dios aquí: Él es amable con los pecadores. Es una buena noticia porque *eso somos todos nosotros*. Lucas 6:35 dice: "Él es bondadoso con los ingratos y malvados". ¿Dios odia el pecado, la injusticia y la ingratitud? Absolutamente. Pero hoy vemos Su misericordia. Hoy vemos Su amabilidad y Su provisión para los niños defectuosos que ha adoptado en Su familia. Hemos sido adoptados por un Padre amable. ¡Él es donde el júbilo está!

GÉNESIS 32–34

Jacob teme cómo sería si se encuentra con su hermano en su viaje a Canaán. Se entera que Esaú viene a su encuentro y tiene cuatrocientos hombres con él. *Oh, oh.* Jacob divide las cosas para que, si Esaú ataca, no pueda tomarlo todo. Puede ser impulsado por el miedo, pero en 32:9, Jacob se dirige a Dios por Su nombre por primera vez. Es humilde y alaba a Dios por proveer. En medio de temer lo peor, recuerda las palabras de Dios y apela a Él con recordatorios de Sus promesas. Envía a Esaú un regalo adelantado para calmarlo, luego envía a sus esposas e hijos antes que él y pasa la noche solo.

Durante la noche lucha con Dios y esto no parece ser una metáfora o una visión, principalmente porque se va con una lesión. Esta es otra teofanía, una aparición de Dios en la tierra. Luchan toda la noche y cuando sale el sol, Jacob le dice que no lo soltará hasta que lo bendiga. Él responde: "¿Cuál es tu nombre?". Dios siempre hace preguntas de las que sabe la respuesta; esas son literalmente el único tipo de preguntas que Dios puede hacer. La respuesta del hombre nos indica que Él es Dios: Primero, afirma que Jacob no solo luchó con los hombres, sino también con *Dios* y segundo, cambia el nombre de Jacob, que es un gran movimiento de Dios. A veces, cuando Dios revela una nueva asignación o dirección para la vida de alguien, los renombra. Jacob es llamado Israel; es la primera vez que vemos esta palabra en las Escrituras. El nombre finalmente no se refiere solo a este hombre, sino también a sus descendientes. Jacob sale con nombre nuevo y cojeando. Este es su momento de transformación: encontrarse con Dios cara-a-cara como lo hicieron su padre y su abuelo. Su fe se está convirtiendo en la suya propia.

Finalmente se encuentran con Esaú ¡que parece emocionado de verlo! Su conversación agradable dificulta saber si están siendo amables o si todavía no confían el uno en el otro. La posición de Jacob se aclara cuando acepta seguir a Esaú, pero luego toma una dirección diferente. Esaú va hacia el sur, y Jacob va hacia el oeste, hacia Canaán. Sigue a Dios, no a Esaú. Compra tierras y conmemora la ocasión. Pero por primera vez, no construye un pilar; construye un altar. No es un monumento cananeo, ni un ritual pagano… un altar. Lo llama "Dios, el Dios de Israel", honrando al Dios que se acercó a él, luchó con él, lo lastimó y lo protegió ¡todo al mismo tiempo!

Lo que sucede después es horrible. Dina, la única hija de Jacob, está encantada con la tierra pagana de Siquem. Un hombre llamado Siquem vive ahí y su padre tiene mucho estatus. Siquem se enamora de Dina —o al menos de su apariencia— y la viola. Quiere casarse con ella y hace que su padre negocie con Jacob. Jacob y sus hijos están indignados y con razón. La violación se toma en serio entre su gente, pero Jacob se sienta pasivamente mientras sus hijos hacen un plan. Lo hacen en gran parte, de la misma manera que Jacob hace planes —es decir, a escondidas. Planean matar a todos los hombres de Siquem en represalia. Dicen que todos los hombres deben ser circuncidados, una especie de conversión forzada y falsa. Siquem y su padre acceden en nombre de todos en la ciudad.

Después de que los hombres son circuncidados, Simeón y Leví, dos de los hermanos de sangre de Dina en su familia combinada, ingresan a la ciudad, matan a todos los hombres y rescatan a Dina. Jacob desaprueba, pero principalmente porque teme represalias. Dios nunca respalda sus acciones; de hecho, veremos más sobre la respuesta de Dios a esto, más adelante.

VISTAZO DE DIOS

Dios cambia los corazones, aunque las circunstancias difíciles son a menudo Su herramienta de elección. Pero muchas veces esa es la herramienta más efectiva. Utiliza una situación aterradora para hacer humilde a Jacob cuando está a punto de ver a Esaú. Cuando Jacob se siente humilde y solo, Dios se acerca a él, lucha con él, lo renombra y lo cambia. Y Jacob pasa de ser el hombre que erige pilares al hombre ¡que construye altares! Pero ten por seguro, que todavía es un trabajo en progreso; todavía miente y manipula, e incluso su respuesta a la masacre sigue siendo egocéntrica. Pero Dios nunca se rinde con él; Dios completará la obra que comenzó en él. Y parece que Jacob está empezando a *querer* crecer en esa dirección, a convertirse en el hombre nuevo con nombre nuevo, el hombre cuyas acciones revelan su confianza en Dios, el hombre que sabe que ¡Él es donde el júbilo está!

GÉNESIS 35–37

Mientras Jacob-Israel y su familia se preparan para salir de Siquem, él le dice a su familia que *solo* van a adorar a YHVH y entierra a todos sus dioses. Cuando atraviesan las tierras, Dios hace que los lugareños les tengan miedo; crea terror en los corazones de quienes se oponen a Él para proteger a Su gente. Este es el único lugar en las Escrituras donde se usa esta palabra hebrea para *terror*. A menudo, cuando nos referimos al temor de Dios, conlleva una connotación de reverencia y asombro, pero esta palabra en particular solo indica puro terror.

Dios llama a Jacob a establecerse en Betel, hogar de su famoso sueño de la escalera. En aquel entonces, Jacob coloca un pilar pagano, pero ahora es un hombre nuevo con un corazón nuevo, por lo que reemplaza el pilar con un altar. Jacob derriba las cosas viejas que deshonran a Dios y ¡coloca cosas nuevas que lo honran y lo señalan! Entonces Dios cambia el nombre de Jacob. Ya hemos visto esto anteriormente, entonces ¿por qué está esta historia aquí? ¿Se repite solo para enfatizar? Posiblemente.

Tal vez también se pregunten por qué Dios sigue cambiando de un nombre a otro entre Jacob e Israel, especialmente después de haber cambiado su nombre *al menos una vez*. Algunos estudiosos piensan que esto es por razones de claridad, ya que cuando se escribió Génesis, el nombre Israel representaba mucho más que solo Jacob. Otros dicen que el cambio de ida y vuelta es una forma sutil de indicar la dirección en la que se enfoca el corazón de Jacob-Israel en ese momento: Jacob es el hombre viejo, que se mira a sí mismo, pero Israel es el hombre nuevo que mira a Dios.

Cuando dejan Betel y se dirigen a Efrata, Raquel tiene un bebé, Benjamín, pero ella muere durante el parto. Jacob coloca un pilar sobre su tumba, pero no dejes que ese pilar te alarme, es una piedra conmemorativa para un humano, no un sitio de culto pagano para un dios falso. Entonces Jacob va a ver a su padre Isaac, a quien no ha visto desde que lo engañó décadas atrás, y poco después, Isaac muere.

José, el primogénito de Raquel, ha sido el orgullo y la alegría de Jacob, lo que lo coloca varios puntos por encima de sus hermanos. No es sorprendente que José y sus hermanos tuvieran una mala relación. Echando leña al fuego, Jacob le hace a José una túnica elegante— y aquí está el debate, ya que la palabra hebrea aquí probablemente describe una túnica larga con mangas largas, *no* una túnica multicolor. Entonces José sueña que sus hermanos lo adoran. En un movimiento que es o tonto o arrogante, o posiblemente ambos, José les cuenta el sueño a sus hermanos y lo odian aún *más* por ello. Ellos conspiran para matarlo, pero su hermano mayor, Rubén, irrumpe y salva su vida. En 35:22, descubrimos que Rubén se acostó con una de las concubinas de Jacob (básicamente su madrastra) y que Jacob se enteró de esto. Algunas personas creen que Rubén ahora está tratando de recuperar la simpatía de su padre, pero otros piensan que solo tiene piedad de José.

Los hermanos de José lo venden a los ismaelitas, descendientes de Ismael. Son parientes de sangre semicercanos, pero no adoran a YHVH. También se les llama madianitas, otra línea de Abraham. Dado que llevan los dos nombres, es probable que haya habido matrimonios mixtos o una asociación entre los dos grupos. Compran a José y lo llevan al sur de Egipto y lo venden como esclavo de Potifar, un hombre de alto rango bajo el Faraón, el rey egipcio. Mientras tanto, los hermanos de José envían su túnica, cubierta de sangre de cabra, de regreso a Jacob, quien queda desconsolado. Esta escena recuerda la época en que Jacob engañó a *su* padre usando una capa robada y una cabra sacrificada.

VISTAZO DE DIOS

Cuando Rubén intenta convencer a los hermanos para que no maten a José, su esperanza es que él pueda "devolverlo a su padre" (37:22). Rubén, el hermano mayor, actúa en nombre del que se ha metido solo en grandes problemas. Le salva la vida, para poder devolvérselo a su padre. Jesús, nuestro hermano mayor, actúa en nombre de nosotros y debido a Sus acciones salvadoras, nuestras vidas son salvadas ¡para que podamos ser devueltos a nuestro Padre! Hoy, Rubén nos muestra una imagen de Jesús imperfecta, sin duda, pero nos señala a la gran mano salvadora de Dios en un mundo donde no podemos salvarnos a nosotros mismos. Jesús toma medidas para restaurarnos al Padre y ¡Él es donde el júbilo está!

GÉNESIS 38-40

Judá, el medio hermano de José, se casa con una cananea y tiene tres hijos. Él organiza un matrimonio entre el hijo número 1 y una mujer llamada Tamar, pero el hijo número 1 es malvado, por lo que Dios lo mata. Dios es justo y misericordioso; y en este caso, se inclina a Su justicia. Entonces Judá le da a Tamar el hijo número 2, porque la falta de esposo e hijos es básicamente una sentencia de muerte. Pero el hijo número 2 no quiere, así que se pone astuto para asegurarse que no quede embarazada. La protección de Dios sobre Tamar entra en acción, y Él mata al hijo número 2. El hijo número 3 todavía es un niño, por lo que Judá le dice a Tamar que espere hasta que tenga la edad suficiente para casarse. Pero Tamar teme que nunca tendrá hijos. Para los descendientes de Abraham, los niños son el signo de la bendición de Dios, porque eso es lo que le prometió a Abraham; no tener hijos era vergonzoso para cualquiera en su línea. Entonces ella toma el asunto en sus propias manos. Hemos visto esto antes y nunca sale bien.

Ella se pone un velo y se sienta a un lado del camino. Algunos académicos dicen que se viste intencionalmente como una prostituta, pero otros dicen que se oculta en su velo como un recordatorio para Judá, que se supone que debería ser una novia. De cualquier manera, él la confunde con una prostituta y ella le sigue la corriente, luego le pide garantías hasta que llegue su pago. Él le da tres artículos personales. Cuando se corre la voz de que está embarazada, él ordena su muerte, luego ella saca el botín de sus cosas. Él está humillado profundamente y la vida de ella es salvada, entonces da a luz gemelos.

Mientras tanto, José todavía está en cautiverio. ¡Pero no está solo! Cuatro veces las Escrituras dicen: "El Señor estaba con José". La cercanía y la bendición de Dios hicieron que Potifar prestara atención y puso a José sobre *más* cosas. Esto coincide con las promesas que Dios hizo a los patriarcas (que es como llamamos a los padres de nuestra fe, que son de esta familia en particular): Dios prometió bendecir a quienes los bendijeran y maldecir a quienes los maldijeran; y ¡está cumpliendo esta promesa con José!

José es atractivo, por lo que la esposa de Potifar lanza una campaña de seducción, pero él se mantiene honorable. Sabe que es un pecado contra Potifar, ella y él mismo, pero principalmente *contra Dios*. Sus planes de seducción fracasan, por lo que se aferra a él, pero él escapa. Ella toma venganza, usando la ropa que le arrancó para acusarlo de intentar atacarla. Esta es la *segunda* vez que José es perjudicado por alguien que usa su ropa para mentir sobre él. En su mentira, se refiere a José como un hebreo, esto es un sutil y prejuicioso golpe bajo; ella se apoya en la tensión cultural entre su gente y la gente de José, a quien los egipcios están esclavizando.

A pesar de la lealtad de José hacia Potifar, él pone a José en prisión. Ni siquiera hay un *juicio*, porque es un esclavo hebreo en Egipto y no tiene derechos. Pero debido a que Dios está con él, José gana preferencia incluso en prisión. Luego aparecen dos nuevos prisioneros: el copero del rey y el jefe de panaderos. Tienen sueños terribles y quieren que alguien los interprete. Ven los sueños como mensajes de Dios y José sabe que *solo Dios* puede proporcionar una interpretación precisa de cualquier mensaje que envía. Ya que Dios está con él, da un paso adelante en confianza. El sueño del copero significa que ¡regresará a su posición en tres días! José le pide que hable bien por él. El sueño del jefe de panaderos significa que lo matarán en tres días. El cumpleaños del rey es en tres días y todo sucede tal como Dios dijo y José interpretó, pero la verdadera decepción es que el copero se olvida de José.

VISTAZO DE DIOS

Esta historia de Tamar y Judá está llena de pecado, pero a pesar de las formas en que las personas le son infieles a Dios, Él permanece fiel a Su promesa con sus familias. Mateo 1 enumera a Judá, Tamar y su hijo Pérez en ¡el linaje de Jesús! Si bien las Escrituras nunca respaldan la mayor parte de lo que sucede en Génesis 38, ¡Dios está trabajando en todo ese lío para llevar a cabo el nacimiento del único que nos redime de pecados como estos! Jesús viene de la línea de Judá, por eso uno de sus nombres es el *León* de Judá. Judá es un hombre quebrantado. Tamar es una mujer quebrantada. Pero a pesar de que somos quebrantados e infieles, Él sigue siendo fiel a cada promesa que ha hecho. Es un cumplidor de promesas y ¡Él es donde el júbilo está!

GÉNESIS 41–42

Hoy el Faraón tiene un par de sueños extraños y llama a sus magos para que los interpreten. Estos no son magos como el ilusionista David Blaine; son más como médiums espirituales que interpretan signos y presagios. Las Escrituras advierten repetidamente en contra de consultas con médiums y espiritistas, pero el Faraón no conoce a YHVH. Sus magos-médiums fallan, lo cual es parte del plan de Dios para refrescar la memoria del copero. Han pasado un par de años, pero el copero recuerda a un prisionero que interpreta sueños. El Faraón llama a José y lo afeitan rápidamente, porque a los egipcios les encanta una cabeza calva.

José deja en claro que la interpretación no es una habilidad que él posee, es un don de Dios. Luego interpreta los sueños: habrá siete años de abundancia en Egipto, luego siete años de hambre en la región y sucederá pronto. Luego José dice que, debido a que esto sucederá pronto, el Faraón debería poner a alguien a cargo de la preparación. Entonces el Faraón decide que, dado que José tiene buen juicio y es sabio, él debería estar encargado de todo. El Faraón le da ropa nueva, un transporte elegante, una cadena de oro y le pone su anillo de sello. Para ese entonces, José tiene treinta años. Sufrió la esclavitud y prisión durante trece años, pero Dios lo ha llevado a un lugar de abundancia. El Faraón hace arreglos para que se case con una mujer de una prominente familia local. Mientras está ocupado preparando todo para el fin del mundo, también tiene dos hijos, Manasés y Efraín; los dos nombres indican su gratitud.

Cuando terminan los siete años de abundancia, José tiene treinta y siete años. Han pasado veinte años desde que sus hermanos lo vendieron. Regresando con Jacob en Canaán con once hijos durante la escasez. Escuchan que Egipto está vendiendo grano, los diez hermanos mayores emprenden la travesía, pero papá mantiene a Benjamín en casa para protegerlo. José y Benja son los únicos hijos que Jacob tuvo con Raquel, la esposa que amaba. Obviamente, Jacob será especialmente protector con Benja, porque cree que José está muerto, aparentemente Benja es el único hijo vivo de su esposa favorita.

Imagínate ser José y un día los traidores de tus hermanos se inclinan ante ti, cumpliendo el sueño profético que tuviste veinte años atrás. Los reconoce, pero actúa con calma. Incluso les habla a través de un intérprete para que no sepan que habla hebreo. Es bastante malo con ellos al principio, incluso acusándolos de ser espías. Inicialmente, es difícil saber si está siendo vengativo o si tiene otros motivos en juego. Les dice que tienen que demostrar que no son espías llevando a su hermano menor. Esto podría ser una prueba para su sinceridad, pero es más probable que solo quisiera ver a Benja, que ahora tiene aproximadamente veinte años. Los encarcela brevemente y dice que mantendrá a uno de los hermanos, Simeón, como rehén mientras hacen el viaje para buscar a Benja. Los hermanos entran en pánico. Su encierro los hace introspectivos; confiesan su culpa y se lamentan el uno con el otro y lo hacen frente a José, en un idioma que no saben que él entiende. ¿Puedes imaginarlo? José se aleja y llora.

Se dirigen a casa y José les da grano gratis metiendo su dinero de regreso en sus bolsas sin que se den cuenta. Esto puede ser una prueba o un acto de generosidad o ambos, pero los hermanos lo reciben como si no fuera nada de eso. Piensan que es el juicio de Dios. Entran en pánico. Le dicen a Jacob que tienen que llevar a Benjamín para que Simeón sea liberado, pero Jacob se niega.

VISTAZO DE DIOS

La abundante generosidad de Dios se muestra no solo en la vida de José, sino también en Su provisión para Sus enemigos. En Egipto, una tierra que no lo honra, una tierra cuyo nombre mismo representa a Sus enemigos a lo largo de las Escrituras, envía a uno de Su gente para advertirles sobre la hambruna y buscar una forma de alimentarlos. *Y luego* está Su generosidad ¡con los hermanos de José! No solo obtienen grano ¡sino que lo obtienen gratis! Lo que parece ser *trágico* y les provoca temor cuando en realidad es ¡una *doble porción* de Dios! Tal vez estás en la hambruna en este momento y no hay un final a la vista. No tienes el beneficio de una línea de tiempo de siete años, y Dios no parece ser generoso. Motívate con la historia de José. Estoy segura que estar en el poder debe ser genial y tener tu propio carruaje, increíble. Pero incluso en el pozo y la prisión, José sabía que era posible tener un *muy verdadero* sentimiento de gozo, *porque Dios estaba con él*, y ¡Él es donde el júbilo está!

GÉNESIS 43–45

Cuando a Jacob y a su familia se les acaba la provisión de grano, él accede a dejar que Benja vaya con sus otros hijos a buscar más comida porque Judá acepta tomar responsabilidad si algo sucede. Cuando llegan, José ve a Benja y les ordena que vayan a su casa. Él está preparando un festín, pero ellos piensan que están en problemas. En su pánico, tratan de explicarle las cosas a su siervo, pero él ya sabe, porque ha estado involucrado. Delante de todos los once hermanos José le da una bendición especial a Benja, luego los sienta en orden de nacimiento exacto. Hay once hermanos, muchos muy cercanos en edad, así que ¿cuál es la probabilidad de que un tipo de Egipto los siente acertadamente de mayor a menor? Ellos se miran los unos a los otros pasmados con los ojos bien abiertos. Entonces José le demuestra a Benja más favor dándole *cinco veces* las porciones. Quizás él quiere bendecir a Benja por ser su único hermano completo, o quizás está probando a los hermanos. ¿Estarán todavía celosos si el menor es honrado? ¿O han aprendido de sus pecados?

Van de regreso a Canaán y José repite el truco del dinero-en-la-bolsa, añadiendo como bono el poner su copa de plata en la bolsa de Benja. Pero esta vez no lo descubren por sí mismos, José envía su escuadrón para acusarlos de robo. El escuadrón abre las bolsas una por una, de mayor a menor para aumentar el suspenso y encuentran la copa en la bolsa de Benja. ¿Se volverán contra su hermano como lo hicieron anteriormente? Judá sabe que él tiene que hacerse responsable por esto, lo que significa que morirá o que se convertirá en un esclavo egipcio de por vida. Todos regresan a la ciudad de nuevo para afrontar las consecuencias y José los confronta.

José brevemente menciona que él puede practicar adivinación. Esto puede ser una amenaza sin fundamento para despistarlos, o puede ser que él sí practica adivinación ya que es una práctica común en Egipto (aunque esto no quiere decir que Dios lo aprueba), o puede que se refiera a su habilidad de discernir la verdad a través de la intervención divina y discernimiento, como en la interpretación de sueños. La adivinación no ha sido prohibida por Dios todavía, pero sigue siendo irrespetuoso en el mejor de los casos y malvado en el peor el buscar respuestas y guía de espíritus en vez de Dios. Muchos eruditos piensan que José estaba fingiendo, como hacen los interrogadores cuando están tratando de hacer que un sospechoso confiese.

Pero no pueden confesar porque son inocentes, al menos del robo de la copa. Judá dice que ellos tienen culpa. Para diez de ellos es la culpa de la supuesta muerte de José. Por parte de Benja, es posible que Judá piense que *sí* robó la copa. Judá da un hermoso discurso que muestra cómo Dios lo ha humillado y trajo arrepentimiento por su parte en vender a José; a perder su esposa y dos hijos; a tener su propia hipocresía revelada cuando se acostó con Tamar. ¡Este es el individuo que originalmente sugirió que mataran a José y ahora se está ofreciendo en lugar de Benja! Este es un retrato de Cristo y es apropiado porque Cristo el hermano mayor, se ofrece Él mismo por nuestra culpa, el hermano menor.

Al final del discurso de Judá, José ya no puede fingir más y les dice que él es su hermano. Él les habla en hebreo sin necesidad de intérprete. Trata de calmar sus temores, pero no puede calmar el asombro en ellos. ¡Es como si estuvieran viendo un fantasma! Les dice que se muden a Egipto para que escapen de la hambruna. El Faraón ofrece proveer todo para ellos, ¡lo mejor de la tierra! Jacob está atónito cuando sus hijos le traen las noticias, pero cuando la caravana llega, le confirma lo que le habían dicho.

VISTAZO DE DIOS

Dios nos invita a libertades que solo vienen al conocerlo y confiar en Él. En 45:5-8, José se apoya en la soberanía de Dios para eliminar los remordimientos de sus hermanos. Ellos no han descarrilado ni los planes ni las promesas de Dios con sus pecados. Dios está obrando *en todas las cosas,* esto no solo nos ayuda a perdonar a los que se arrepienten de pecar en contra nuestra, pero también nos llama a perdonarnos a nosotros mismos. ¡Dios nos ha perdonado y no podemos pecar para salirnos de Su plan! José quiere esa libertad para sus hermanos. Él no quiere que ellos carguen culpabilidad por sus pecados en contra de él; todo ayuda para que el plan de Dios sirva para bien. ¡Dios trajo a José fuera de ataduras literales hacia la libertad, Él trajo a los hermanos de José de atadura emocional a la libertad y Él ha traído a todos sus hijos adoptivos fuera de atadura espiritual a la libertad! Él es la libertad, ¡y Él es donde el júbilo está!

GÉNESIS 46-47

Jacob empaca sus cosas para el viaje de cuatrocientas cincuenta millas a Egipto. Se detiene en Berseba para ofrecer un sacrificio a Dios. Tanto su padre, Isaac como su abuelo Abraham habían vivido allí, por lo que esta puede ser una despedida nostálgica de su tierra natal; él espera morir en Egipto. Mientras está en Berseba, tiene una visión en la que Dios confirma que se supone que debe ir a Egipto. Esto es importante de mencionar, porque Egipto es generalmente considerado como un lugar terrible para que los hebreos vayan; los egipcios son enemigos del pueblo de Dios. Pero Dios consuela a Jacob y promete estar con él.

Cuando se trata de la presencia de Dios, hay una diferencia entre Su presencia general en todas partes, que se llama omnipresencia y Su presencia especial, que se llama presencia manifiesta. Decir: "Dios está en todas partes" es diferente a decir: "Dios está aquí". Incluso si Dios no le hubiera hecho esta promesa a Jacob, podríamos concluir fácilmente que Dios está en Egipto. Pero cuando Dios promete estar con Jacob en Egipto, eso es una señal de Su presencia manifiesta. Es como los filtros en Instagram que aumentan la saturación del color. Tú no inventaste el rojo en tu foto; ya estaba allí. Pero cuando defines la saturación, esta aparece: es más notable, más *manifiesta*.

Da un salto a unos cuantos miles de años y ahora tenemos acceso a Dios el Espíritu, quien habita en todos los creyentes y lo llevamos a ¡donde quiera que vayamos! Pero ese *no* era el caso en ese entonces, la presencia especial de Dios era algo único. Es por eso por lo que David oró: "No quites tu Espíritu Santo de mí", porque esa era una posibilidad real que le preocupaba. Pero hoy, para aquellos que tienen Su Espíritu (que son todos Sus hijos adoptivos), esa oración es un punto discutible. ¡Él nos ha llenado de Su Espíritu y promete permanecer con nosotros para siempre!

Dios promete convertir a Jacob en una gran nación *mientras están en Egipto*. Comienzan como setenta personas, pero no se mantendrá así por mucho tiempo. Cuando llegan, José les dice qué decirle al Faraón. Quiere asegurarse que tengan acceso a un área periférica llamada Gosén, un lugar con tierra fértil para sus animales.

Dado que los egipcios tienen un desdén único por los pastores y prefieren mantenerlos a distancia, José quiere asegurarse que el Faraón sepa que son pastores. El Faraón acepta dejarlos vivir en Gosén. Luego, cuando conoce a Jacob; y vemos cuánta humildad ha desarrollado Dios en Jacob con el tiempo. ¿Recuerdas cómo manipuló las cosas para obtener lo que quería tanto de su padre *como* de su suegro? ¿Recuerdas la mentalidad de escasez que lo condujo a medias verdades y autoprotección? Él lo reconoce ahora y dice: "Pocos y malos han sido los años de mi vida". Es humilde.

La familia de José prospera en Egipto a pesar de que la hambruna empeora. Él hace algunos arreglos comerciales para proveer a la gente, compra su ganado, luego sus tierras e incluso su servicio a cambio de semillas, siempre que le den al Faraón el veinte por ciento de lo que cultivan. Algunos dicen que está explotando a la gente, pero la gente misma parece estar agradecida. Y por lo menos, esto muestra la magnitud de la hambruna.

Después que la hambruna ha terminado durante una década, Jacob y su familia aún viven en Egipto por alguna razón. En preparación para su muerte, Jacob le pide a José que le haga una promesa debajo del muslo. Le está pidiendo a José que jure por la descendencia de Jacob, que incluye al mismo José, que José no dejará sus huesos en Egipto. Dios prometió sacar a Jacob de Egipto y así es como Jacob se asegura que eso suceda. Él cree que las promesas de Dios se cumplirán para él, ya sea que esté vivo o muerto.

VISTAZO DE DIOS

En la tierra de sus enemigos, durante una hambruna, Dios provee para Su pueblo. Él tiene un plan y una promesa de traer al Mesías a través de su línea de sangre, por lo que es imperativo que prosperen. Y no hay un verdadero florecimiento aparte de la presencia de Dios. La gente ciertamente puede acumular cosas y ser feliz sin Dios; las personas malvadas pueden y tienen éxito. Pero no prosperan, no en el sentido más profundo. Construyen castillos temporales y buscan placeres fugaces. Pero sus almas no prosperan como las personas que se acercan a la presencia de Dios, las personas que saben que ¡Él es donde el júbilo está!

GÉNESIS 48–50

Jacob recuenta las promesas de Dios de darle muchos descendientes y darles la tierra de Canaán. Se refiere a Dios como Dios Todopoderoso. Los nombres de Dios representan Su carácter. Nos dicen quién es Él y qué hace. Seguiremos recolectando más nombres de Dios a través de las Escrituras.

José le pide a su padre que bendiga a sus hijos antes de morir. Durante el proceso, Jacob adopta formalmente a los hijos de José como propios; le habían robado el tener cerca a José cuando era niño, pero pasó muchos años con los hijos de José. Compara a los dos hijos mayores de José con sus propios dos hijos mayores, Rubén y Simeón. Esto es realmente un movimiento generoso, una forma de establecer que estos dos niños recibirán una herencia suya junto con los hermanos de José, serán herederos de la tierra y la promesa.

José trae a los niños a Jacob y coloca al mayor frente a la mano derecha de Jacob, que se considera la mano de la bendición y el poder; y al más joven frente a la mano izquierda de Jacob. Pero Jacob cruza sus manos, poniendo su mano derecha sobre la cabeza del más joven. Jacob se está quedando ciego, por eso José piensa que tal vez no puede ver lo que está haciendo, pero es intencional. Él bendice a ambos niños, pero pasa el poder al hermano menor, Efraín, continuando con el tema de Dios de hacer lo inesperado y pasar la bendición a los que no lo merecen. Manasés se convertirá en un pueblo, pero Efraín se convertirá en una multitud.

Jacob reúne a sus hijos para dar su bendición final. Retracta la preeminencia de Rubén, el mayor, que dormía con su esposa. La primogenitura también pasa sobre Simeón y Leví, su segundo y tercer hijo. Ellos son los que mataron a los hombres de Siquem en represalia por violar a su hermana Dina. En cambio, esta bendición llega al cuarto hijo, Judá. Pero no te equivoques, no fue porque Judá era perfecto. Después de todo, él fue quien se acostó con su nuera Tamar. Pero su pecado no amenazó a la unidad familiar como lo hicieron las acciones de los otros tres. Judá tiene preeminencia. Engendró a Fares, que figura en la lista de linaje de Jesús. Y, por cierto, Fares tampoco es el primogénito. Esta ley de primogenitura sigue siendo revocada. Todo esto pinta la imagen de Cristo nuestro hermano mayor, dejando Sus derechos y privilegios para compartir Su herencia con nosotros.

Jacob le da a José una bendición separada que distingue a sus descendientes. Más sobre eso en los próximos días. Luego nos encontramos con la frase *las doce tribus de Israel*. Jacob es Israel y estos son sus doce hijos. Todos tendrán muchos descendientes, y los descendientes de cada hombre pertenecen a su "tribu".

Después que Jacob muere, los hermanos de José comienzan a temerle, pensando que había estado fingiendo hasta que su padre murió y que ahora tomará represalias. Dicen que Jacob quería que José los perdonara. Quizás su historia es cierta, pero José ya los ha perdonado. Su corazón está libre de amargura, así que no les recuerda lo que hicieron o incluso cómo los ha perdonado, sino quién es *Dios*. Él es quien fue antes que todos ellos e hizo un camino, un camino muy difícil, sin duda, pero, no obstante, un camino para que todos estén vivos y sean cuidados.

En los últimos días de José, hace eco de los mismos deseos de su padre; Él no quiere ser enterrado en Egipto. Él sabe que la promesa de Dios de darles la tierra de Canaán se cumplirá y dice: "Cuando llegue ese día, no dejes mis huesos atrás". ¡Él confía en la Palabra de Dios!

VISTAZO DE DIOS

En la bendición de Jacob a Judá, vemos algunas profecías del "León de Judá" acerca de Jesús. Miqueas 5:2 dice que el próximo gobernante de Israel, que es de la tribu de Judá, nacerá en Belén. La bendición de Jacob dice: "lava su ropa en vino; su manto, en la sangre de las uvas" (49:11). El vino es el símbolo designado de la sangre de Cristo y este versículo también hace eco a Apocalipsis 19:13, que dice: "Está vestido de un manto teñido en sangre". Las imágenes y las profecías de Cristo abundan en el Antiguo Testamento —nadie podría haberlas inventado de tal manera que se alinearan tan perfectamente con la venida de Cristo. Algunos dicen que hay más de cuatrocientas. Pero esta imagen de hoy de Jacob bendiciendo a Judá, recíbela para ti, porque a través de Judá, *¡has sido* bendecido! Has recibido la promesa del Mesías venidero, que reina para siempre y el cetro no se apartará de Él. Él es nuestro Rey Jesús, y ¡Él es donde el júbilo está!

ÉXODO 1–3

En Génesis 15:13-14, Dios le dijo a Abraham: "Tus descendientes vivirán como extranjeros en tierra extraña, donde serán esclavizados y maltratados durante cuatrocientos años. Pero yo castigaré a la nación que los esclavizará y … tus descendientes saldrán en libertad; y con grandes riquezas". Actualmente son cuatrocientos años después que Génesis terminó y las setenta personas que entraron en Egipto durante la hambruna se quedaron y tuvieron un montón de hijos. José ha muerto, así como el Faraón bueno que los trató bien. Hay un nuevo rey y el prejuicio contra los hebreos se ha acelerado. El miedo y la autoconservación alimentan al racismo y el tribalismo; y eso es lo que le sucede al Faraón. ¡Se imagina una hipotética guerra futura con un ejército sin nombre y le preocupa que los descendientes de Israel se unan al ejército sin nombre en una lucha contra él!

Como se siente amenazado, obliga a los israelitas a trabajar y les dificulta las cosas porque, si trabajan largos días bajo los incandescentes rayos del sol, ¡no tendrán la energía para luchar en la guerra hipotética! Pero incluso bajo su opresión, prosperan. Una nota importante: en las Escrituras, la esclavitud y el trabajo forzado son a menudo categorías diferentes. La esclavitud fue muchas veces un acuerdo mutuo por un período de tiempo preestablecido para pagar una deuda y los esclavos eran tratados como familia; la esclavitud en la Biblia a menudo era mucho más civilizada que la esclavitud más reciente, como la esclavitud estadounidense de otros grupos de personas, por ejemplo. Sin embargo, lo que los hebreos soportan aquí es el trabajo forzado, aunque a veces se le refiere como esclavitud. El trabajo forzado en las Escrituras está mucho más cerca de nuestra comprensión moderna de la esclavitud.

La opresión del Faraón no afecta a su población, por lo que ordena a las parteras hebreas que maten a los hebreos varones al nacer, pero desobedecen. Son elogiadas y recompensadas por Dios por temerle. Puede que te moleste que sean honradas, ya que mintieron y desobedecieron al rey, pero cuando las pusieron en posición de ser mentirosas o asesinas, tuvieron el discernimiento suficiente para elegir sabiamente.

Faraón insiste y hace de este plan una orden nacional. Una madre hebrea esconde a su bebé durante tres meses, luego lo manda en una canasta en el Nilo. Cuando la hija del Faraón lo encuentra, su hermana hace un trato en el que el bebé vive y ¡le pagan a la mamá por cuidarlo! La hija de Faraón se lo lleva de regreso y se convierte en su segunda madre, renombrándolo Moisés. Crece en casa del Faraón, pero sabe que es hebreo. Cuando tiene cuarenta años, ve a un egipcio golpeando a un hebreo y asesina al egipcio, pero luego otro hebreo va con el chisme. Faraón se entera y quiere matarlo, por lo que Moisés huye trescientas millas a Madián. Su primera parada es el pozo, donde conoce a las hijas del sacerdote local y es amable con ellas. Su padre lo invita a cenar y a casarse con su hija Séfora.

Mientras tanto, el Faraón número 2 muere. Los hebreos ruegan a Dios por rescate; Él escucha y se mueve a la acción. Les prometió cuatrocientos años de opresión, por lo que Su línea de tiempo finalmente está terminando. El Ángel del SEÑOR se aparece a Moisés; esta vez en forma de *fuego* y el fuego está en una zarza. Dios lo llama por su nombre y le dice a Moisés que el plan para rescatar a Su pueblo *lo* incluye como líder. Moisés pone excusas del por qué él es una mala elección; es difícil saber si sus refutaciones se deben a inseguridad o desobediencia, pero a pesar de eso, ninguna de las dos hace mella en el plan de Dios. Dios le recuerda: "Yo soy te envió". Yo soy es un nombre antiguo para Dios que significa "Siempre he sido lo que siempre seré" o más breve, "el Autoexistente". Nadie creó a Dios; siempre ha existido y siempre existirá. Y Dios dice que a pesar de todas las cosas que parecerán ser retrocesos en el camino, Su plan tendrá éxito.

VISTAZO DE DIOS

Dios usa a personas rotas. Moisés es criado en la casa de un malvado, paranoico e intolerante que lo quiere muerto. Asesina a un hombre y se da a la fuga. Es, o inseguro o desobediente o ambos. Pero él es el hombre que Dios designa sobre Su pueblo. Si has tenido una vida loca, o si eres un padre al que le preocupa que sus errores hayan arruinado todo para su hijo —anímate. Dios no tiene más que pecadores con los que trabajar y parece especializarse en usar lo menos probable. ¡Llama a los más alejados de Él y los acerca! Esa es la mejor noticia para todos nosotros, porque ¡Él es donde el júbilo está!

ÉXODO 4-6

Hoy, vemos que Dios le da a Moisés señales que puede usar para demostrar quien es en Egipto, pero Moisés da más excusas y refutaciones. Tiene algunos buenos puntos, pero Dios no se conmueve. Dios pacientemente le da respuestas a cada una de sus preocupaciones, nunca evadiendo Su plan, a pesar de que Moisés es completamente el menos indicado para este llamado. (Prueba A: Cuando Moisés tira la vara al suelo y se convierte en serpiente, ¡él corre de ella! El hombre que le tiene miedo a un reptil probablemente no debe enfrentarse a un dictador).

Pero Dios lo alienta, no con una promesa que todo va a salir perfecto, más bien con estas palabras: "Yo te ayudaré a hablar y Te diré lo que debas decir...Yo mandaré un ayudante" (4:12,14). Moisés duda de sí mismo, pero Dios le recuerda con quién está hablando. Cuestionando el llamado de Dios, ¡es un insulto al Dios que lo creó! Todas las excusas de Moisés son problemas de identidad; dado al ambiente en donde se crio, sería una sorpresa si no tuviera problemas de identidad. Hasta este punto, no parece que conoce o cree en Dios, lo que significa que tampoco puede saber quién es *él* mismo. Dios se enoja con su excusa final porque su duda es una ofensa a la sabiduría de Dios al hacerle el llamado. Sus temores e inseguridades son un ataque al carácter de Dios, pero Dios no se apoya en esta ofensa. Él se apoya en la paciencia y compasión. Le provee a Aarón, el hermano mayor de Moisés, para que vaya con él. Pero Dios no promete un viaje fácil. Le dice a Moisés: "Le vas a pedir al Faraón algo y Yo voy a endurecer su corazón para que diga que no". ¡Es una misión difícil! Pero ayer Dios le prometió que Él obligaría a Faraón a rendirse finalmente.

En el camino a Egipto, Dios se enoja y procura matar a alguien, aunque no es claro a quién o por qué. La mayoría de los eruditos creen que la razón por la que Dios se enojó es porque el hijo de Moisés, Guersón, no había sido circuncidado y la mayoría piensa que la ira de Dios es dirigida hacia Moisés. No habiendo circuncidado a su hijo es una violación del pacto, esto es especialmente importante porque Guersón estará entre la poderosa cultura del enemigo; él tiene que ser apartado. ¡Por tanto, Séfora al rescate! Ella circuncida a Guersón, después con el prepucio toca los pies de Moisés. Una observación aquí: La palabra para *pies* en hebreo ocasionalmente es usada como un eufemismo para genitales. Por cierto, si en verdad *era* Moisés a quien Dios procuraba matar, entonces esta es la segunda vez que una mujer salva su vida. Y si era a Guersón a quien Dios procuraba matar, entonces es un presagio interesante sobre la matanza de los hijos primogénitos que no estaban bajo la cobertura de Dios. Más sobre eso en los días que vienen.

Dios manda al hermano mayor de Moisés, Aarón, para que le ayudara. En Egipto, Aarón les da un discurso a los israelitas, Moisés les demuestra las señales de Dios, ¡y el pueblo está emocionado! Pero cuando Moisés y Aarón se acercan a Faraón, él niega su solicitud. Entonces, vuelven a pedir. Esta vez, no solo dice que no, sino que toma medidas más duras hacia los esclavos israelitas, quienes le echan la culpa a Moisés. Moisés obedece el mandato de Dios, pero las cosas empeoran.

Dios le dice a Moisés que les recuerde a los israelitas de Sus promesas, pero no le creen. El entusiasmo del pueblo fue de corta duración por el aumento de trabajo. La vida es muy difícil para que ellos tengan esperanza. Moisés está conectado a este pueblo, lo podemos ver en la genealogía; después que las Escrituras hacen esta conexión, Moisés ya no duda del poder de Dios. Empieza a encontrar confianza y libertad en Dios, a pesar de sus deficiencias.

VISTAZO DE DIOS

Dios demuestra compasión en Su respuesta a un titubeante e inseguro Moisés. Dios conoce su historia; Él conoce su quebrantamiento. Después, vemos la compasión de Dios otra vez cuando Moisés regresa a los israelitas por segunda vez, después que su trabajo ha aumentado y la emoción anterior se ha convertido en desesperación. No pueden reunir ningún tipo de fe por sí mismos. La angustia y opresión les ha robado la habilidad de tener esperanza y confianza en las palabras de Dios. Él sabe que no tienen ninguna fuerza para pelear, ¡así que manda a alguien para que pelee por ellos! Él manda a alguien que ha recibido Su compasión, alguien se las puede demostrar. Él manda un conducto de esperanza y libertad a un pueblo sin esperanza y que nunca ha conocido la libertad. Él es compasivo, Él es atento y ¡Él es donde el júbilo está!

ÉXODO 7–9

Dios les recuerda a Moisés y Aarón que el Faraón no escuchará; Él endurecerá el corazón del Faraón a su solicitud. Esto revela que Dios es soberano sobre los corazones. Si eres nuevo a esta idea o te causa conflicto, resiste el deseo de interpretar Sus motivos o sacar conclusiones sobre Él, basado en esto. Por ahora, vamos a notar que Él tiene el poder de cambiar corazones. Dios también menciona varias veces que Él está haciendo todo esto para que Israel sepa que Él es el Señor. La palabra *saber* no solo significa una aceptación competente de esta realidad; tiene que ver más con la postura de una persona en respuesta a la verdad. Dios quiere que lo crean en sus huesos, no solo aceptarlo como un hecho. Él quiere que sus vidas lo reflejen. Las plagas servirán el mismo propósito para los egipcios, para que ellos sepan que Él es el SEÑOR. Desafortunadamente, es posible saber que YHVH es el SEÑOR y aun así no rendirse a Él. ¿Recuerdas los hijos de Dios, incluyendo a Satanás, el acusador? La mayoría de los eruditos creen que vivieron con Dios en el cielo antes de su caída, sirviéndole a Él. ¿Quién sabría la verdad más que ellos? Ellos saben la verdad, pero no se rinden a Dios como su Señor.

Moisés y Aarón le advierten a Faraón que Dios va a actuar con poder si él continúa revelándose y Sus acciones van a servir como juicio para Egipto. Ellos ejecutan las señales que Dios les dio, pero Faraón no está impresionado porque sus magos pueden hacer trucos similares. Al enemigo le encanta falsificar la obra de Dios, pero el enemigo no puede parar la obra de Dios. Sus varas de serpientes son devoradas por las de Aarón y el corazón del Faraón se endurece, como lo había dicho el Señor. Después de la señal de las serpientes, empiezan las plagas. Estas plagas no solo son para provocar dolor; cada una es un ataque directo a uno o más de los dioses falsos adorados por los egipcios politeístas. Ellos también adoran al Faraón y estas plagas revelan que YHVH es más grande que Faraón. Toda esta serie de eventos demuestra como todos los dioses falsos de Egipto les fallan.

Después que Dios demuestra Su poder sobre el río Nilo convirtiéndolo en sangre, los magos locales hacen lo mismo; y otra vez, el Faraón no se conmueve. Su corazón se mantiene endurecido, como lo había dicho el Señor. Los magos reproducen también la plaga de las ranas. Curiosamente, nunca pueden *resolver* el problema, solo lo empeoran. "Oh ¿Dios mandó un montón de ranas para agobiar la tierra? No las podemos desaparecer, ¡pero sí podemos añadir más!". ¡Nadie necesita eso, chicos! En medio de todo esto, Faraón promete rendirse, pero en el minuto en que las ranas desaparecen, también desaparecen sus promesas. Faraón endurece su corazón. Pasa lo mismo con la historia de los mosquitos, el corazón del Faraón es endurecido, como lo había dicho el SEÑOR.

Entonces Dios manda una plaga peculiar, Él llama a los egipcios "el pueblo del Faraón" y a los israelitas "Mi pueblo", como un recordatorio de que los israelitas es el único pueblo con quien Él había hecho un pacto. Él mandará moscas, pero no atacarán Gosén donde vive Su pueblo. A pesar de la evidencia de que el poder de Dios es específico en cuanto a ubicación, Faraón endurece su corazón. Después tenemos las plagas del ganado, úlceras y granizo. El granizo es la primera plaga en donde las vidas humanas son amenazadas. Dios le dice a Faraón explícitamente cómo evitarlo, pero él endurece su corazón. Las cosas se van dando exactamente como Dios lo había dicho. Faraón incluso le pide a Moisés que ore a Dios a su favor, pero aún así no se arrepiente. Su corazón siempre está endurecido.

VISTAZO DE DIOS

La paciencia de Dios es evidente en estos capítulos. En 9:15-16, Él le dice a Faraón: "Si en este momento desplegara Yo mi poder, y a ti y a tu pueblo los azotara con una plaga, desaparecerían de la tierra. Pero Te he dejado con vida precisamente para mostrarte Mi poder, y para que Mi nombre sea proclamado por toda la tierra". Él tiene paciencia con los pecadores. Paso a paso, Él está desarrollando Su plan. Su paciencia con Faraón es probablemente frustrante para Moisés y los israelitas, e incluso para los egipcios. Ellos probablemente estarán pensado: *¡Ya déjalos ir, Faraón!* ¡Nosotros a menudo somos menos pacientes con Dios de lo que Él es con *todo!* Tratamos de apresurar Su plan y desconfiamos de Su corazón. Aún así, Él está con nosotros en la lucha y en la espera, lo que significa que aún puede haber júbilo en esos momentos. Porque ¡Él es donde el júbilo está!

ÉXODO 10–12

Hoy Dios abre con: "soy Yo quien ha endurecido su corazón y el de sus funcionarios, para realizar entre ellos mis señales… Así sabrán que Yo soy el Señor". ¡Qué párrafo tan importante! Casi parece que parte del plan de Dios es endurecer el corazón de Faraón contra Su plan. Utiliza a los malvados como herramienta para avanzar Su plan y bendecir a Sus hijos. Esta verdad es difícil y misteriosa y está bien no entenderla completamente todavía, o tal vez nunca. Pero no podemos sacarla de las Escrituras; tenemos que ver cómo encaja. Hemos visto varios lugares donde Dios endureció el corazón de Faraón, en algunos dice: "su corazón fue endurecido", y en otros atribuyen el endurecimiento al mismo Faraón. Pero curiosamente, el endurecimiento del propio corazón de Faraón casi siempre es seguido con la declaración "y tal como lo había advertido el SEÑOR".

Puede sentirse amenazante el darse cuenta que Dios es más grande que nuestros corazones, que Él puede moldearlos para Sus propios propósitos. Es importante no dejar que el miedo conduzca ese pensamiento. El enemigo de tu alma quiere que veas el poder de Dios a través de lentes que te alejan de Él en lugar de atraerte. ¡En cambio, piensa en lo reconfortante que es conocer a un Dios tan poderoso! Probablemente conoces y amas a personas que están lejos de Dios, personas por las que has orado y llorado, personas que te han dicho que nunca quieren volver a oír otra palabra sobre Dios. ¡Él puede ablandar sus corazones y darles un giro de ciento ochenta grados! ¡Eso es lo que hizo con el apóstol Pablo, que no solo *no* buscaba a Dios, sino que estaba activamente en guerra contra Dios y Su pueblo! ¡Que Dios sea soberano sobre los pecados y los corazones significa que nadie está más allá de Su alcance y nunca es demasiado tarde! ¡Qué consuelo!

La determinación de Faraón comienza a debilitarse, pero en lugar de obedecer pide un compromiso, y Dios lo rechaza. Las langostas y las tinieblas vienen, pero aún no hay arrepentimiento. Entonces Dios envía lo que sabe que es la plaga final. Moisés hace que los israelitas le pidan a los egipcios sus objetos de valor. Les dice que sacrifiquen a un cordero y unten su sangre en el lado izquierdo, derecho y la parte superior de sus puertas, marcando sus hogares y familias por la sangre de un sacrificio. Curiosamente, debido a la sangre que gotea al suelo desde la parte superior de la puerta, esto forma la figura de una cruz. Dios dice que cenen rápidamente, ni siquiera hagan pan que se levante y que se mantengan completamente vestidos.

Dios dice que ha planeado una cena para celebrar lo que Él está a punto de hacer. ¡Él ya les está diciendo cómo conmemorar Su liberación antes que Él la cumpla! Los judíos de todo el mundo todavía celebran este evento, ¡y el calendario hebreo está construido a su alrededor! Se llama Pascua porque Dios pasa por encima de las casas marcadas con sangre, manteniendo a todos vivos. Sin embargo, el ángel exterminador viene por Egipto. Su identidad es cuestionable, pero la mayoría de los signos apuntan a que es una teofanía, específicamente una cristofanía, una aparición de Cristo. Después que el ángel (tal vez Jesús) pasa a través, los egipcios expulsan a los israelitas tal como Dios prometió y los israelitas se van con puñados de joyas y ropa fina tal como Dios prometió.

En medio de la noche, de dos a tres millones de israelitas huyen de Egipto. Algunos no israelitas se unen a ellos y más tarde descubrimos que algunos egipcios también se fueron con ellos. Dios dice que los traten como familia mientras estén circuncidados. Han estado en Egipto durante cuatrocientos treinta años, pero no se preocupen, Dios no está treinta años tarde, por dos posibles razones: cuatrocientos años podrían ser una generalidad y no una línea de tiempo al minuto, o los primeros treinta años pueden haber incluido el momento en que José trasladó por primera vez a su familia allí, antes que el segundo Faraón los esclavizara.

VISTAZO DE DIOS

Dios libera la vida de los israelitas, pero también causa el dolor de los egipcios y para asegurar nuestra libertad, sacrificó a Su propio Hijo primogénito. Nunca podríamos pagar nuestra deuda de pecado, incluso con Su ayuda. ¡No necesitamos Su *ayuda*, necesitamos Su rescate total y completo! ¡Y Él lo da! Por medio del plan que inició para sacrificar a Su Hijo, también inició una relación con nosotros y nos salvó de nosotros mismos. Necesitamos un iniciador: Dios el Padre. Y necesitamos un mediador: Dios el Hijo. Y necesitamos a alguien que sostenga y cumpla Su obra en nosotros: Dios el Espíritu. El plan que Él inicia, sostiene y cumple es la única manera en que podemos estar unidos con Él. Y *gracias* a Dios, porque ¡Él es donde el júbilo está!

ÉXODO 13–15

Dios quiere asegurarse que esta experiencia del éxodo se quede con Su pueblo, entonces planea una fiesta anual. Además de la cena de Pascua, ordena la fiesta de siete días de pan sin levadura. Recordar y celebrar les ayudará a mantener a Dios al frente de sus mentes. Recordar y celebrar les ayuda a pasar esta historia a sus hijos. Nuestros corazones son volubles: Cuando las cosas van bien, olvidamos a Dios; cuando las cosas van mal, dudamos de Dios. Pero recordar y celebrar ayudará a los israelitas a vivir de acuerdo con el carácter de Dios. Él dice que todo esto será "como una marca distintiva en la mano o en la frente". Se lo toman literalmente. Si vas a Jerusalén, verás gente con pequeñas cajas de cuero atadas en la frente o atadas alrededor de sus brazos y manos. Estas son filacterias y tienen las Escrituras; es una manera en que tratan de recordar la palabra de Dios.

Los israelitas saben que Dios ha nombrado a Moisés como su mediador, entonces por la forma en que responden a Moisés muestra cómo están respondiendo a Dios en sus corazones. Moisés no se hace ilusiones de estar a cargo. Es el representante de Dios, pero Dios es su líder principal. Inmediatamente, Dios los guía por el camino largo; pero lo hace por su protección y su bien. Sabe que su fe es nueva y no es lo suficientemente fuerte como para enfrentar los horrores de la guerra. El Ángel del SEÑOR los guía y Dios también los guía a través de una nube durante el día y fuego por la noche; tal vez con el ángel al frente y la nube o el fuego por encima.

Una nube puede protegerte del sol en el desierto y a veces proveer agua y el fuego por la noche puede iluminar tu camino o mantenerte caliente o alejar a los coyotes. Con el Ángel del SEÑOR y el fuego y la nube, esto puede ser una doble teofanía. Basándonos en lo que vemos en las Escrituras, es posible que el fuego y la nube sean la presencia de Dios el Padre y el ángel sea la presencia de Dios el Hijo.

Dios le da a Moisés previo aviso que Faraón se está dirigiendo hacia ellos, ¡de hecho, dice que establezcan un campamento en su camino! A estas alturas Moisés confía en Dios, pero los israelitas acaban de conocer a Dios y a Moisés, así que aún ¡no están cerca de confiar en ellos! Cuando ven al ejército, temen a los carruajes más de lo que confían en Dios. Culpan a Moisés por sus problemas y se ponen nostálgicos de su pasado. Ya han olvidado lo que Dios quiere que recuerden y es básicamente la primera semana. A pesar de su incredulidad, Dios los libera a través del mar, matando al ejército de Faraón. Ellos cantan la primera canción de adoración en las Escrituras, todo acerca de la liberación de Dios, ¡como es un guerrero que lucha por Israel! Miriam, la profetisa, lidera el estribillo; es la hermana de Moisés y posiblemente la hermana que ayudó a salvar su vida cuando él era un bebé en una canasta. Antes que Moisés y Aarón, sus hermanos, aparecieran en la escena, Miriam probablemente había estado en cautiverio en Egipto, ¡probablemente era una de las personas que rescataron!

Después que terminan de adorar a Dios y Sus poderes de liberación, tienen sed y se quejan de Moisés por el sabor del agua. De adorar a quejarse en cinco segundos. Dios provee mejor agua y dice que si le obedecen, los librará de las enfermedades que puso a los egipcios. Entonces, Aquel que puede dar y retener la enfermedad se llama a sí mismo su sanador. Es soberano tanto de la enfermedad como de la salud. ¡Finalmente, llegan a un oasis y terminamos con una escena feliz! Disfrútalo durante las próximas veinticuatro horas. No dura mucho.

VISTAZO DE DIOS

No hay amor sin ira. Si realmente amas algo, odiarás lo que lo amenace. Por el gran amor de Dios por Israel, Él lucha por ellos. ¡Y cuando Dios declara la guerra, gana! Tiene soluciones que ni siquiera podemos concebir. ¡¿Quién pensaría orar por un camino a través del mar?! ¡Esa estrategia militar no existe! Pero nuestro guerrero Dios libra Su propia guerra. Él lucha por nosotros contra todas las cosas que amenazan nuestra relación. Y si somos honestos con nosotros mismos, somos nuestro peor enemigo. Nuestra carne es más presente y persistente que cualquier enemigo externo, eso significa que a veces Él lucha *contra* nosotros mientras lucha por nosotros. Él sabe mejor que nosotros. Él ama mejor que nosotros. ¡Ayuda a erradicar las cosas que distraen nuestro corazón de Él para ayudarnos a recordar que Él es donde el júbilo está!

ÉXODO 16–18

Apenas cuarenta y cinco días después de la liberación milagrosa de Dios, los israelitas se quejan y desean estar de vuelta en Egipto, donde la comida era mejor. Pero todas sus quejas contra Moisés son en realidad quejas contra Dios. La queja revela nuestra visión de Dios y Su provisión. Dios oye sus quejas, pero no los castiga por desconfiar de Él. En cambio, promete comida y se da a conocer en la nube, en caso de que se hubieran olvidado que no es solo una nube normal con la que están lidiando. Él promete darles pan por la mañana y carne por la noche. Este *maná* parece servir para un triple propósito: Sirve a un propósito práctico al alimentar al pueblo, sirve a un propósito eterno al glorificar a Dios y mostrar Su poder y sirve a un propósito espiritual al poner a prueba al pueblo, entrenándolos a confiar en Dios.

Él les dice que recojan maná todos los días excepto el día del Sabbat, que es el nombre hebreo para el séptimo día de la semana, lo que llamamos sábado. Dios está probando posibles fallas en sus vidas mentales: *¿Tendré una mentalidad de escasez y trataré de acumular el maná, o confiaré en que estará allí de nuevo mañana? ¿Estoy dispuesto a trabajar el doble de duro en recoger el viernes para descansar el sábado? ¿La comida que recoja el viernes será suficiente para alimentarme hasta el domingo por la mañana? ¿Guardará Dios Su promesa de proveer para mí si me detengo a descansar como Él ha mandado?* Dios aún no les ha dado los Diez Mandamientos, pero ha estado insinuando esta idea de descansar en el Sabbat desde la creación y lo señala de nuevo aquí. Si confían en que Él controla las fuerzas de la naturaleza, responderán obedeciendo.

Cuando se mudan a un nuevo sitio sin agua, Dios hace que Moisés golpeé una roca con su bastón y el agua se derrame. ¡Provisión! Luego vemos Su protección cuando un ejército invasor ¡los ataca de la nada! Moisés nombra a Josué para armar un ejército a última hora para que puedan luchar contra los amalecitas, parientes lejanos a través de la línea de Esaú. Durante la guerra, Moisés se para en la cima de la montaña y sostiene sus manos y su bastón, mientras lo hace, los israelitas están ganando. Pero cuando los baja, están perdiendo. Aarón y Jur le ayudan a sostener sus brazos en alto hasta que Josué y su ejército ganan al atardecer. Dios promete destruir a los amalecitas por atacar a Su pueblo y adivina qué, ya no existen. Nunca más los vemos después de 1 Crónicas, excepto por una breve mención en los salmos.

Después de la batalla, Moisés construye un altar y le da a Dios un nuevo nombre: El SEÑOR es mi estandarte. Un estandarte es un identificador visible que está ahí para ser exhibido. Los estandartes conmemoran una victoria del equipo ganador. Una bandera es un tipo de estandarte. *El SEÑOR es mi estandarte* significa muchas cosas: Dios es victorioso, quiero honrar la victoria de Dios, quiero recordarme a mí mismo lo que Dios ha hecho, quiero que todos sepan que pertenezco a Dios. Dar a Dios este nombre es un acto de adoración y también es una declaración personal que Moisés está haciendo acerca de su propia identidad.

Un día, el suegro de Moisés, Jetro, interviene con algunos consejos: delegar tareas a un liderazgo confiable y escalonado. Moisés podría haber dicho: "Gracias, Jetro, pero tengo una línea directa con YHVH, así que, si necesito consejo, creo que sé a quién le puedo preguntar". Pero no lo hace. Es humilde y conoce buena sabiduría cuando la oye. ¿Podría Dios haberle dado a Moisés ese consejo directamente? Por supuesto. Pero a veces Dios usa a otros como Su portavoz.

VISTAZO DE DIOS

Dios manda a Su pueblo que descanse y confíe en Él para proveer. Han sido esclavos sin días libres, así que les parece antinatural no esforzarse y trabajar. Pero esta es solo una manera más en que Dios les muestra que es un Dios mejor que Faraón. Faraón los mandaba a trabajar, ¡pero Dios los manda a descansar! Sabe que nuestra naturaleza humana anhela ganar cosas, para sentirnos realizados. Pero la naturaleza misma de Su relación con nosotros es que somos los recipientes, no los que ganan, no los hacedores. ¡Él es el hacedor y dice que está hecho! Hebreos 4:9 llama a Jesús "nuestro reposo especial (descanso sabático)"; Su trabajo terminado en la cruz nos libera de tratar de ganar Su aprobación y favor. ¡De todos modos no tenemos nada que ofrecer! Se dice que cuando se le preguntó a Martín Lutero lo que él contribuyó a su salvación, respondió: "El pecado y la resistencia". Dios mismo ha hecho todo lo que nos exige. ¡Que aprendamos a descansar en Él, porque ¡Él es donde el júbilo está!

ÉXODO 19–21

Siete semanas después de haber salido de Egipto, los israelitas llegan al monte Sinaí, también llamado la montaña de Dios. Dios les dice que se quiere encontrar con ellos así que necesitan consagrarse. Esto es lo que Él les dijo que hicieran con los primogénitos, apartarlos y prepararlos para encontrarse con Dios. La consagración usualmente implica un baño y ropa limpia. Moisés también dice que se abstengan de tener sexo— no porque las mujeres son malas sino porque los fluidos seminales y la sangre son símbolos de vida y muerte. El agotamiento de cualquiera de esas cosas apunta al agotamiento de la vida, lo cual no es apropiado para la presencia del Dador de la vida. Tampoco se pueden acercar a la montaña o morirán. Si alguien muere, nadie puede tocar a esa persona porque tanto su sentencia de muerte como el poder de Dios le será transferido. En conclusión: el poder de Dios no es hipotético.

Una tormenta y un toque de trompeta señalan la llegada de Dios. Él desciende como fuego, cubriendo el Sinaí de humo. Después hay un temblor. En medio de la tormenta, fuego, humo, el temblor y el creciente sonido de la trompeta, Dios le dice a Moisés que se acerque, que suba a la montaña que nadie puede tocar, porque Dios tiene algunas cosas que decirle. Los Diez Mandamientos. Dios está hablando con Moisés, pero el pueblo escucha. Dios usa Su nombre personal con ellos y les señala Su amor por ellos: "Yo soy YHVH, tu Dios ... Yo te saqué de Egipto, del país donde eras esclavo". Él empieza con la relación, *antes* de decirles Sus leyes. Después les da diez "palabras"—así es como se llaman en hebreo. Las primeras cinco palabras son verticales, cómo honrar a Dios; y las últimas cinco son horizontales cómo honrar a otros. Aquí hay algunas cosas que valen la pena mencionar:

La segunda palabra, acerca de los ídolos e imágenes grabadas, revelan nuestra inclinación natural de adorar cosas. Todos adoran algo. Principalmente adoramos lo que vemos regularmente. El desafío para nuestros corazones idólatras es que YHVH no tiene forma física. Para adorarlo, tenemos que ir más allá de nuestra naturaleza humana, que significa poner de lado las cosas creadas que podemos ver con nuestros ojos. A pesar de que Dios toma una forma física de vez en cuando, como en las teofanías, Él no está atado o confinado a esa forma. Y cuando Dios dice que está celoso, no es como nuestros celos y envidia. La palabra usada aquí es solo para hacer referencia a Dios. El significado es más como "protector" o "diligente". Él es protector y diligente en Su relación con nosotros. Es un acto de amor.

En la tercera palabra vemos cuán en serio Dios toma Su nombre. Hay muchas capas aquí, pero vamos a enfocarnos en tres: (1) Como personas que han tomado Su nombre, estamos llamados a vivir de manera que demuestren que le pertenecemos, (2) esto prohíbe cualquier tipo de uso insincero o frívolo de Su nombre porque eso sugiere que no lo estamos tomando en serio y (3) Dios toma ofensa personal por cualquier cosa que rebaje Su personalidad o carácter. Su nombre representa Su carácter y Sus acciones. Tomar el nombre de Dios en vano también podría corresponder a la duda de que Él es quien dice ser.

El capítulo 21 nos da un bosquejo general de cómo vivir en una sociedad civil y tratar a otros bien. Esto revela el deseo que Dios tiene de proteger y respetar la vida, incluyendo la vida en la matriz, porque toda la vida señala su Dador.

VISTAZO DE DIOS

Cuando las personas ven el poder de Dios y temen, Moisés dice algo que parece contradictorio al principio "No tengan miedo. Dios ha venido a ponerlos a prueba, para que sientan temor de Él y no pequen" (20:20). Entonces ¿Deberíamos temer o no? Hay una distinción crucial entre estos dos usos de la palabra *temor*. El temor en "no temas" lleva la idea de pavor, este tipo de miedo nos aleja de Dios; es el pecado adyacente. Pero Moisés usa otra palabra diferente cuando se refiere a temer a Dios; esta lleva la idea de reverencia y admiración, es una alegría adyacente y tiene el efecto de acercarnos a Dios. El temor de Dios está compuesto principalmente de deleite y admiración, moviéndonos *hacia* Dios. Es como lo que sentimos en el Gran Cañón, hacemos viajes largos para pararnos en la orilla con nuestros ojos y boca abiertos, abrumados por su belleza, aún sabiendo que podría matarnos. Moisés dice que ese es el tipo de temor que nos impide pecar contra Dios. A mí me gusta el tipo de temor que me acerca a Dios, porque ¡Él es donde el júbilo está!

ÉXODO 22-24

Dios habla más acerca de las leyes de restitución, dirigiendo a Su pueblo a una sociedad civil y justa que trata a otras con respeto y honra la vida. Él desentraña ciertas implicaciones de los Diez Mandamientos. Por ejemplo, un ladrón a menudo debe devolver más de lo que robó, para que las consecuencias sirvan como frenos. Estas leyes pueden parecer intimidantes si eres tú quien está cometiendo el pecado, pero si eres la víctima, es más fácil apreciar por qué Dios estableció estas leyes. Él protege a las mujeres vírgenes amenazando el salario de varios años de los hombres que se aprovechen de ellas. Esto no se refiere a la violación: Deuteronomio 22:25 dice que la pena de la violación es la muerte. Esta ley se refiere a la seducción que lleva al sexo consensual.

Dios también prohíbe cobrar intereses; la mayoría de las tasas de interés en esos días comenzaron en un veinticinco por ciento. ¿Pero adivina quién pide dinero prestado? Los necesitados. Dios dice que es cruel incrementar la carga de Sus hijos necesitados. En cambio, Él enfatiza la compasión hacia el pobre. Dice que se tenga cuidado por los extranjeros, viudas y huérfanos. Muestra atención especial a los más vulnerables. Él le enseña a Su pueblo a amarse los unos a los otros y a no aprovecharse mutuamente. Ellos tienen mucho que desaprender acerca de su conducta, han sido oprimidos, han vivido con una mentalidad de escasez. Así que Él les recuerda que sean compasivos porque Él es compasivo, que den con manos abiertas porque Él es su proveedor.

Después aborda la hechicería, como la adivinación que hemos visto antes. Dios lo toma seriamente; es castigada por muerte. Estas prácticas involucran espíritus de guía y espíritus de poder que no están en el equipo de Dios. Cuando las personas buscan respuestas del enemigo en lugar de Dios, no solo es idolatría, es traición contra el reino de la luz. Dios ordena la muerte para cualquiera que practique esto o que atraiga a otros a su red de maldad. Su objetivo es proteger a Su pueblo de los engaños sutiles del enemigo.

Él también está atento a las tácticas del enemigo que tienen que ver con la tierra que Él les está dando a Sus hijos. Él dice que destruyan los pilares de piedra que los paganos han levantado y que saquen a cualquiera que adore a otros dioses. De hecho, Él también los sacará por Su cuenta. Es importante mencionar que esta distinción no tiene nada que ver con la *raza*, sino con la *idolatría*. Sabemos esto porque los extranjeros son bienvenidos, pero no aquellos que adoran a otros dioses. Dios está preservando a Su familia para el nacimiento del Mesías. Hay muchas personas que dicen que adoran a Dios pero que también reconocen el poder y validez de otros dioses. Esto se llama *monolatría*, un híbrido de monoteísmo e idolatría. Aunque Él nunca niega que existen otros dioses y, de hecho, parece indicar en el primer mandamiento que sí existen, Él continúa señalando que la lealtad de Israel debe de ser solo hacia Él. Él es el único Dios verdadero. Todos los demás dioses son dioses falsos, dioses menores, dioses demoníacos, ídolos y son impotentes ante YHVH. El monoteísmo afirma que YHVH es el único Dios verdadero.

Él ordena tres fiestas que sirven como recordatorio de Su provisión. Hemos visto la fiesta de los Panes sin Levadura y hoy vemos la fiesta de la Cosecha y la fiesta de la Recolección. Ambas son fiestas de agradecimiento y confianza. Ellos celebran la provisión de Dios al principio y al final de la temporada de cosecha y su fiesta demuestra que confían que Dios seguirá proveyendo para ellos en el futuro.

Cuando el pueblo entra en este pacto con Dios en el monte Sinaí, aceptando hacer todo lo que Él dice, Moisés ofrece un sacrificio y arroja sangre sobre ellos. Aunque esto suena perturbador, es probable que sea un símbolo de que están atados al pacto, como cuando Dios hizo que Abraham partiera los animales por la mitad y luego pasó entre ellos. Además, ser rociado con sangre a menudo simboliza ser purificado y expiado —en realidad prefigura la muerte de Cristo cubriéndonos. Después Moisés asciende a la montaña.

VISTAZO DE DIOS

Dios es muy protector con Su pueblo, pero también les ordena que sean amables con los que consideran enemigos o aquellos que los odian. ¡Para empezar, esta es la razón por la que estamos en relación con Él! Todos comenzamos como Sus enemigos y así es como nos ha tratado, con misericordia y compasión, entrando en nuestra necesidad a pesar de que hemos hecho la guerra contra Él con nuestro pecado y rebelión. ¡Es un Dios que persigue a Sus enemigos y los convierte en Su familia! ¡Él es donde el júbilo está!

ÉXODO 25-27

Si disfrutas los programas de arquitectura o en los que renuevan casas, la lectura de hoy te va a interesar. Incluye todo tipo de muebles y detalles de construcción. Tenemos a un grupo de exesclavos viviendo en el desierto y Dios quiere que ellos construyan un tabernáculo portátil en donde Él pueda habitar con ellos en medio del desierto. Les dice que usen toda clase de metales preciosos y telas para este tabernáculo. ¿En dónde podrían conseguir todas estas cosas? ¡Saqueando a los egipcios! Resulta que las cosas con las que Dios los bendijo serán usadas ¡para Su gloria! Las bendiciones no terminan en ellos, estas sirven para un propósito ¡mucho más grande!

Quizás sientes que toda esta información es aburrida y te preguntes ¿por qué tenemos que leer sobre todos estos detalles? O quizás desearías que Dios hubiera sido así de detallado para comunicarte Sus planes para tu vida. ¡Quizás piensas ambas cosas! Pon atención en estos detalles y anímate con saber que nuestro Dios ¡es un Dios detallista! Queremos y necesitamos que ¡Él sea así!

Revisemos estos puntos importantes. Primero, los metales para la construcción son más valiosos mientras más se acercan al Lugar Santísimo en donde Dios habita: oro por dentro, plata por fuera, bronce más afuera. Segundo, el arca del pacto (también llamada el arca del testimonio), tiene casi cuatro pies de largo, un poco más de dos pies de ancho y un poco más de dos pies de alto. Se supone que los humanos no deben tocarla después de su construcción. Así como cuando no podían tocar el monte Sinaí, Dios los está protegiendo de Su poder, porque ellos no pueden sobrevivir el tener contacto con este. Cuando tienen que empacar y trasladar el tabernáculo mientras caminan por el desierto, Dios les dice que lo carguen con postes de madera cubiertos de oro sobre sus hombros.

La tapa del arca se llama el propiciatorio y tiene dos querubines encima. Si han visto alguna pintura de un querubín, probablemente parecía un bebé desnudo con alas. Como siempre, olvídense lo que sepan acerca del arte renacentista y de las figuritas de Precious Moments. No hace mucho que hablamos de los querubines, tienen cuatro alas cubiertas de ojos y posiblemente tengan la forma de un hombre, pero con cuatro caras. La mayoría de las veces aparecen como guardianes de lugares sagrados, como el jardín del Edén. Si tu trabajo es proteger un lugar sagrado, es útil tener cuatro caras para que puedas mirar en todas las direcciones todo el tiempo. El propiciatorio está hecho de oro puro y los querubines están puestos en cada extremo. Este es el lugar de reposo para Dios, básicamente el trono de Dios en la tierra. Dios dice: "Yo me reuniré allí contigo". La palabra hebrea para *encontrarse* también significa "desposarse", y el término *propiciatorio* está relacionado con la palabra que significa "expiación". La descripción del propiciatorio es similar a lo que vemos con los ángeles que aparecen en la tumba de Jesús después de Su resurrección en Juan 20:12. Estaban ubicados en la misma forma, en cada extremo del sepulcro de Jesús.

El candelabro de oro todavía forma parte de la cultura judía. La palabra *menorah* es hebrea y significa *candelabro*. Es un símbolo de la presencia de Dios, por lo que la gente comenzó a tenerlos en sus casas como un recordatorio de Él. El candelabro básico tiene seis ramas y siete lámparas, pero también hay tipos especiales de menorás que se usan para Janucá, estos tienen nueve ramas y se llaman janukías.

VISTAZO DE DIOS

Hay mucha belleza en el hecho que Dios quiere ¡morar con Su pueblo! Estas personas han pecado contra Él, han dudado de Él y continúan olvidando todo lo que ha hecho por ellos. Aún así, quiere permanecer siempre cerca de ellos. Hay muchos detalles en esta sección, pero algo interesante es que el diseño del tabernáculo se asemeja bastante a lo que vimos en el Edén: hay una entrada, la cual es protegida por querubines guardianes, el candelabro encendido simboliza el Árbol de la Vida y el testimonio (la ley) simboliza el Árbol del conocimiento del bien y del mal. Entonces, cuando Dios comienza a decirles estos detalles y dice que vendrá a habitar con ellos ahí, es un paso hacia la restauración del paraíso y de todo lo que se perdió en el jardín del Edén. No veremos el cumplimiento de esto, hasta la venida de Cristo cuando tengamos un nuevo cielo y una nueva tierra. Pero aquí en Éxodo, vemos a Dios avanzando en esa dirección, para habitar con Su pueblo por siempre. No puedo pensar en nada mejor porque ¡Él es donde el júbilo está!

ÉXODO 28-29

Si esta sección se te hace difícil ¡persiste! Nos servirá para aprender más de Dios y de Su historia. En pasajes como este, no trates de recordar todos los detalles, más bien trata de encontrar la idea principal y el propósito de todo esto. Trata de encontrar lo que une a todos estos detalles, luego pregúntate qué es lo que todo esto te revela acerca de Dios. Por ejemplo, ¿por qué pondría este tipo de atención a los detalles? Y ¿por qué incluiría estos detalles en un libro que durará mucho más que el uso de estas cosas? Cualquier cosa que estos difíciles pasajes nos enseñan acerca de Él todavía tiene efecto, aún cuando las ofrendas, sacrificios y vestiduras hayan quedado en el pasado.

Acordémonos de los hijos de Jacob ¿las doce tribus de Israel? En Éxodo 2:1 aprendemos que Moisés y Aarón son de la tribu de Leví. Leví fue uno de los dos hermanos quién mató a los hombres de Siquén para vengarse por la violación de su hermana Dina. Aún así, aquí nos encontramos, con sus descendientes siendo elegidos sacerdotes de Dios. ¡Qué tal redención! Los descendientes de Leví son llamados levitas y el libro que leeremos a continuación, Levítico, habla de todo su trabajo. Dios señala Sus planes para Aarón y sus descendientes en su papel como sacerdotes. Él presta mucha atención a sus túnicas sacerdotales, pero aquí no solamente estamos hablando de ropa, es más como hablar de un equipamiento sagrado. Piensa en el cinturón de un policía o en las rodilleras de un futbolista. Estas prendas sirven para un propósito. Están enumeradas en medio de todos los detalles y equipamiento del tabernáculo y están diseñadas exclusivamente para ser usadas en el santuario por sacerdotes activos, así que no es como que ellos las usen para ir a las carreras de camellos los martes. Estas prendas también están destinadas "para gloria y belleza". Muestran el esplendor y la atención al detalle de Dios; y Él específicamente dotó a personas para que las hicieran, así de serio es con respecto a esto.

El sumo sacerdote es un presagio de Cristo, conectando a Dios con el hombre, así que su vestimenta debe indicar su papel como mediador. Su vestidura representa simbólicamente al pueblo mientras él está en presencia de Dios, de allí los nombres de las tribus en las hombreras y las doce piedras en el efod y representa simbólicamente a Dios ante el pueblo. Luego tenemos el Urim y el Tumim. Realmente no sabemos lo que son, excepto que son parte del efod y parecen ser herramientas usadas para discernir la voluntad de Dios. Algunos dicen que son como dados. Es posible que el Urim, que parece ser el principal dispositivo que usaban, refleja cierta luz sobrenatural, porque su nombre está directamente relacionado con la palabra hebrea para la luz.

Incluso las campanas en el borde de la túnica tienen un propósito. Los sacerdotes tienen muchos deberes y todo ese movimiento mantiene a esas campanas sonando. Si el sacerdote muere mientras está haciendo su trabajo, las campanas se quedan en silencio. Esto es importante porque el sacerdote tiene que entrar solo al Lugar Santísimo y las cámaras de seguridad todavía no existían.

Los sacerdotes pasan por una ceremonia de ordenamiento y consagración intensa que dura siete días, en donde se le salpica sangre en su oído derecho, pulgar derecho y en el dedo gordo de su pie derecho. Sabemos que en estas ceremonias la sangre significa purificación, pero ¿por qué rociarlas en esos lugares? Ya que sus túnicas sacerdotales cubren la mayoría de su piel, la sangre se coloca sobre las únicas partes de piel expuesta y en las más lejanas extremidades expuestas: cabeza, dedo de la mano y dedo del pie. Hacer estas marcas de purificación en estos tres lugares, probablemente simboliza que todo su cuerpo ha sido purificado. Después tienen que hacer ofrendas de animales costosos y sin defectos.

VISTAZO DE DIOS

La ceremonia de ordenación y los sacrificios apuntan hacia la santidad de Dios. *Santo* significa "ser apartado". Dios también establece el altar y los sacrificios como santos, siendo apartados para el uso sagrado por el Divino. Y aún cuando la definición de santidad indica separación, Dios finaliza la lectura de hoy con estas palabras: "Yo me reuniré contigo y te hablaré y donde también me reuniré con los israelitas, habitaré entre los israelitas y seré su Dios". En Su santidad, en Su distinción, hace un camino para acercarse. Nada lo detendrá de estar con Su pueblo, ni Su santidad, ni el pecado de ellos, nada. Ser buscado por Él, es el mejor regalo porque ¡Él es donde el júbilo está!

ÉXODO 30–32

Mientras leemos acerca de ofrendas y sacrificios, no trates de recordar o de entenderlo todo; solo continúa buscando lo que nos demuestra de Dios. Nos revela que ¡Quiere una relación con nosotros! Revela que nuestros pecados necesitaban ser expiados y que ¡Hizo un plan para alcanzar esto!

Dios revela muchos detalles a Moisés y a Josué, incluyendo un censo único con impuesto de medio siclo, aproximadamente tres dólares hoy en día. Uno de los problemas con un censo es que el pueblo puede ser arrogante con los números. De tal manera, que Dios adjunta un recordatorio a este impuesto, que este censo no es acerca de la población, es para recordarles que le deben sus vidas. Está dirigiendo su mirada hacia Su bondad al salvarles la vida, perdonar sus pecados y proveerles un lugar para encontrarse con Él.

La frase "la higiene está junto a la devoción" no está en la Biblia, pero si lo estuviera, sería en Éxodo 30 ¡entre los rituales de higiene! La limpieza es acerca de la pureza y la pureza es algo importante cuando se trata de acercarse a un Dios reservado. Hasta los sacerdotes tienen que asegurarse de estar limpios, lavándose las manos y los pies en un lavatorio de bronce para que no murieran. Esto presagia el momento cuando Jesús se arrodilla y lava los pies de Sus discípulos. Tiene que lavarnos para que no muramos, para que podamos acercarnos a Dios.

Dios elige a dos artesanos para las tareas del tabernáculo y Su Espíritu los llena. Eso es algo importante porque Dios el Espíritu viaja mucho en el Antiguo Testamento. Da poder a la gente para hacer diferentes trabajos y luego continúa avanzando. Dota a Bezalel con habilidad, inteligencia, conocimiento y arte, para ser usados para Su gloria, construyendo las cosas que Él desea en Su tabernáculo. Dios nos equipa para lo que sea que requiera de nosotros, nos da todo lo necesario para las tareas que nos asigna.

Pero Él no solamente inicia el trabajo, inicia el descanso. Le dice a Moisés que el Sabbat es una señal entre ellos, lo que lo eleva al nivel de la circuncisión, como en el pacto de Dios con Abraham. De hecho, esta conversación es llamada el Pacto del Sinaí. El Sabbat es "santo para el SEÑOR" y los llama a que lo honren cada semana.

Este es un requisito mucho más importante que un evento de una sola vez, como la circuncisión; es un recordatorio regular y periódico de quién es Dios para ellos.

Cuando Moisés llevaba seis semanas en el Sinaí, el pueblo empieza a impacientarse. Tienen un gran deseo de adorar algo, así que le piden a Aarón que les haga un dios y él obedece. Quizás está celoso de Moisés y ¿quiere usurpar su liderazgo? Este es el hombre que Dios eligió sumo sacerdote y aquí está, derritiendo aretes para hacer un becerro. El pueblo atribuye su liberación de Egipto a este objeto que, momentos antes, estaba en sus oídos y dedos. Mientras tanto, Dios informa a Moisés lo que está ocurriendo. Dice que quiere destruirlos y comenzar de cero, pero Moisés apela a Él, basándose en Sus promesas irrevocables y Su carácter invariable. ¿Realmente Dios planeaba matarlos? Es más probable que esto haya sido una prueba para Moisés, una oportunidad para que *él* recordara las promesas y el carácter de Dios, porque necesitaría recordarlos en los días siguientes.

Cuando Moisés ve el alboroto, quiebra las tablas de la ley, destruye el becerro y reprende al pueblo. Mientras tanto, Aarón es sospechoso y vacilante por la culpa. Moisés le pregunta al pueblo si su corazón está con Dios o no. Todos los levitas dicen que sí están, pero Moisés ordena la muerte de todo aquel que no lo esté. Solo tres mil mueren, una pequeña fracción comparada con los tres millones que hicieron reverencia al becerro. Esto puede parecer duro, pero este es el pueblo del pacto, el pueblo a través del cual nacerá el Mesías y ahora tres mil de ellos adoraron a sus joyas sin sentir vergüenza. Es misericordioso que Dios dejara vivir a los dos millones novecientos noventa y siete mil restantes.

VISTAZO DE DIOS

El pueblo interpreta el tiempo de Dios como una demora, pero Él dice que ellos se apartaron rápidamente. Lo que ellos perciben como una demora, Él lo llama rápido. Ellos alaban a un becerro de oro, mientras Él está haciendo planes para acercárseles, aceptando salvar sus vidas. ¿Qué tan seguido dudamos de Su tiempo y tomamos medidas con nuestras propias manos? ¿Qué tan seguido encontramos algo a que adorar cuando parece que Él se ha olvidado de nosotros? Que confiemos en Su tiempo, aún en Sus llamadas "tardanzas". Ha salvado nuestras vidas desde nuestro primer respiro y ha hecho planes para lavarnos hasta estar limpios y para salvarnos. Su cercanía es nuestro mejor beneficio, porque ¡Él es donde el júbilo está!

ÉXODO 33–35

Dios y Moisés pasan tiempo juntos con regularidad, reuniéndose cara a cara. Pero Dios el Padre es espíritu, así que técnicamente no tiene cara. Las Escrituras a menudo antropomorfizan a Dios, lo explican en términos humanos que podemos comprender. Así que no te imagines a Dios con una cara de verdad. Esa es solo la manera en que las Escrituras nos muestran el nivel de accesibilidad e intimidad que Moisés tiene con Él.

Hoy Dios envía a los israelitas lejos de Su montaña, hacia Canaán, la tierra prometida. Dice que no irá personalmente con ellos, pero que enviará a su ángel. Si este ángel en particular es *el* Ángel del SEÑOR, entonces parece que Dios el Hijo los acompañará, pero no Dios el Padre. Quiere terminar con ellos por cómo han roto el pacto con Él. Son gente terca, necia y rebelde; y Él está furioso con ellos. No siempre es apropiado comparar las emociones humanas con las emociones de Dios —eso a veces nos puede distraer—, pero a riesgo de eso, puede ser útil recordar cómo te sentirías si alguien rompiera un pacto contigo. ¿Tu reacción inicial fue algo así como una ira ardiente en respuesta al dolor que sentiste? Independientemente, Moisés no está de acuerdo con la respuesta de Dios, le recuerda Sus promesas y que es Su pueblo, apelando nuevamente a las promesas y al corazón de Dios. Moisés sabe que todos están indefensos sin Dios, por lo que quiere asegurarse que Dios los acompañe. De hecho, dice que la razón principal por la que Dios debería ir con ellos es *porque* son un pueblo terco, lo que los hace necesitar de manera especial Su presencia y guía.

Entonces Moisés le pide a Dios que le muestre Su gloria. Nuevamente, vemos mucho antropomorfismo, así que no imagines al Padre con un cuerpo de verdad. Son metáforas. Le dice a Moisés algunas cosas más acerca de Sí mismo, diciendo: "Y verás que tengo clemencia de quien quiero tenerla, y soy compasivo con quien quiero serlo" (33:19). Esto es apropiado, especialmente si recuerdas lo que dijimos sobre lo que son gracia y misericordia y lo que nos merecemos. Misericordia no es recibir lo que te mereces y gracia es obtener lo que no mereces. Dios reparte misericordia y gracia a quien quiere, cuando quiere y ahora mismo, está eligiendo mostrar misericordia a un grupo de personas que acaban de romper el pacto que tienen con Él.

Dios dice que van a rehacer las tablas que Moisés rompió, luego le dice aún más acerca de Sí mismo en 34:6-7: Es clemente, compasivo, lento para la ira, grande en amor y fidelidad, que mantiene Su amor hasta mil generaciones después, que perdona la iniquidad, la rebelión y el pecado: todas estas son las cosas que hemos visto de Él y todas suenan asombrosas. Luego dice que no va a exonerar al culpable y le recuerda a Moisés que los pecados tienen consecuencias generacionales. En la magnitud del carácter de Dios, incluso lo duro es bueno y necesario. *Queremos* un Dios que castigue a los culpables. Nadie confiaría en un juez que no hiciera eso. Sería incriminado. Dios es amoroso y justo; y esas dos cosas no están en desacuerdo. Cuando dice, "que mantiene Su amor hasta mil generaciones después", muchos eruditos creen que esto en realidad se traduce en "mantener un amor constante por mil generaciones". Si eso es cierto y lo comparamos con los efectos del pecado en las generaciones que se extiende hasta la tercera y cuarta generación, entonces el amor inquebrantable de Dios se cumple aproximadamente trescientas veces más. Dios se apoya fuertemente en la misericordia y la gracia.

Cuando Moisés regresa de la montaña, su rostro está radiante de estar en la presencia de Dios, por lo que tiene que usar un velo pues la gente tiene miedo de verlo. Luego, Dios hace que Moisés revise las leyes de su sociedad e incluso establece una donación opcional para el tabernáculo y "todos los que en su interior se sintieron movidos a hacerlo llevaron una ofrenda al Señor" donaron (35:21). ¿Cómo se conmueven los corazones? ¿Quién hace eso?

VISTAZO DE DIOS

En 33:16, Moisés dice: "Si no vienes con nosotros, ¿cómo vamos a saber, tu pueblo y yo, que contamos con tu favor? ¿En qué seríamos diferentes de los demás pueblos de la tierra?". Dios es quien nos da nuestra identidad. A través de Sus hijos, se da a conocer a Sí mismo y Su bondad en toda la tierra. Él brilla con luz en la oscuridad, da esperanza a los perdidos, muestra bondad a los duros, da paciencia a los frenéticos. Él es nuestra identidad, Él es lo más notable de nosotros y ¡Él es donde el júbilo está!

ÉXODO 36–38

Ayer nos quedamos en que Moisés le decía a la gente lo que se necesitaba para construir el tabernáculo, donde Dios moraría en medio de ellos; y en que Dios dijo que cualquiera que quisiera, podría contribuir. Hoy empezamos con Dios poniendo inteligencia y habilidad en los artesanos para que puedan construir el santuario tal como Él lo quiere. Muchas personas traen donaciones y dejan cosas cada mañana. Están haciendo una limpieza profunda de sus carpas como locos... tanto que Moisés tiene que decirles ¡que se detengan! ¡Dios provee de más aquí! Esto revela que parecen estar verdaderamente arrepentidos. Romanos 2:4 dice que la bondad de Dios nos lleva al arrepentimiento y ciertamente ha sido amable con ellos al perdonarles la vida después de la catástrofe del becerro de oro y al renovar Su pacto con ellos.

Algunos de los largos pasajes de hoy pueden parecer redundantes ya que acabamos de leer sobre esto hace unos días. El objetivo de esta repetición es resaltar que las personas que se acababan de rebelar contra Dios en realidad están siguiendo Sus instrucciones al pie de la letra. ¡No lo pierdas de vista! Tendremos muchas oportunidades para sentirnos frustrados con sus pecados, así que tomemos un momento para disfrutar y apreciar este raro momento de obediencia. Puede ser aburrido, pero glorifica a Dios de todos modos.

A menudo hay detalles significativos que no notamos en los pasajes que se sienten secos. Por ejemplo, cada uno de estos muebles e incluso cómo están puestos en el tabernáculo —en forma de cruz— pintan un cuadro divino para nosotros. Todo esto —el tabernáculo, su mobiliario y todos los rituales asociados— es tan solo una sombra de las cosas buenas por venir, de acuerdo con Hebreos 9:1, 10:18. Esto es un presagio de Cristo.

Cada mueble simboliza algún aspecto de nuestra relación con Dios. El altar de bronce, que es la primera pieza que encontramos afuera, representa el sacrificio de Cristo. La fuente de bronce, que es el lavabo, representa el ser lavados. La mesa del pan de la proposición representa darse un festín en la Palabra. El altar del incienso representa la oración. La menorá, o candelabro, representa la luz del Espíritu Santo constantemente encendida en nosotros. Y por supuesto, el arca del pacto y el propiciatorio donde Dios habita, representan Su presencia con nosotros. También son paralelos a los seis días de creación seguidos de un día de descanso. Hay siete muebles, seis de los cuales están relacionados con el trabajo; y la séptima y última pieza es el propiciatorio, en el que descansa la presencia de Dios, así como Él descansó en el día séptimo. Cuando estés leyendo sobre estas piezas, intenta recordar no solo su función, sino también lo que simbolizan.

Este tabernáculo y la presencia de Dios lo valen todo para los israelitas. Donan sus botines, derriten sus siclos, tejen telas y fabrican tiras de cortina, todo para que YHVH pueda habitar en medio de ellos. Seguramente te reconoces un poco en estas personas. Probablemente hayas tenido momentos de rebelión y fiestas de becerros de oro y probablemente también hayas tenido momentos en los que podrías haber regalado todas tus mejores posesiones si eso significara la cercanía de Dios. Basándonos en cómo pasas tiempo en Su Palabra en este momento, probablemente, estés más cerca del segundo lugar que del primero. Estás aquí, leyendo e incluso recapitulando lo que muchos pueden considerar un pasaje muy seco de las Escrituras. Esto revela mucho sobre lo que Dios está haciendo con ese candelabro en tu corazón, ese fuego continuo del Espíritu que arde incluso cuando no puedes detectarlo.

VISTAZO DE DIOS

Él está aquí con nosotros, acercándonos incluso en los días en que no parece haber nada llamativo acerca de Él, incluso en los espacios que se sienten rutinarios o monótonos. Él está en lo ritual y está en lo común. Probablemente habrá días en que los sacerdotes estén mezclando el incienso y matando a los animales, en los cuales no se sientan más cerca de Dios que antes. Podrán preguntarse si esto realmente hace algo, pero continuarán haciéndolo, confiando más allá de su propio entendimiento, que hacer estas cosas una y otra vez realmente sirve para algún tipo de propósito, incluso cuando no pueden verlo. Confían en Su Palabra y espero que tú también lo hagas. Acercarse a Dios, poco a poco, siempre hará que valgan la pena los días lentos, porque ¡Él es donde el júbilo está!

ÉXODO 39–40

Cuando todo en el tabernáculo ha sido creado de acuerdo con el plan de Dios y presentado a Moisés, vemos otro equivalente a la creación. Después que Dios terminó Su trabajo en la creación, Él vio todo lo que Él hizo y vio que todo estaba bien y lo bendijo. Hoy, cuando Moisés ve las piezas del tabernáculo completas como Dios lo ordenó, él las bendijo. Estos equivalentes son intencionales; el tabernáculo es un paso en la dirección de Dios de restaurar lo que se rompió en el jardín del Edén dos mil setecientos años antes. Dios está acampando con un montón de pecadores, porque no puede estar separado de Su pueblo.

Moisés tiene todas las piezas del tabernáculo y su trabajo es armarlo todo, como muebles de IKEA antiguos. Dios hace que Moisés unja los muebles con aceite y los consagre. Todos estos muebles son solamente madera y metal, cosas que Dios creó y que les pertenecían a los egipcios malvados y que luego fueron saqueados por los israelitas quienes por poco se pierden de todo esto por tomar parte del becerro de oro, estas cosas no son nada especiales. Pero están en el santuario de Dios y Él dijo que las *santificaran*, que las apartaran para un uso sagrado. Entonces, ¿cómo se supone que Moisés hará esto? Poniendo aceite sobre ellas. ¿Cómo es que poner aceite sobre algo lo hace sagrado? En las Escrituras, el aceite simboliza al Espíritu Santo, entonces estos muebles están simbólicamente siendo dedicados a Dios, estableciendo su propósito en servirle.

Después de consagrar los muebles, trae a Aarón y a sus hijos, los lava, les pone las prendas sacerdotales y los unge. Luego pasa algo muy importante: Dios establece la línea de Aarón como la familia de los sacerdotes para servir ante Él durante sus generaciones. Si solo estás familiarizado con sacerdotes católicos, por ejemplo, podrías pensar que significa que esta familia de la línea de sacerdotes solo durará dos generaciones, pues Aarón y sus hijos no pueden casarse. Pero esto no es lo que vemos aquí en el sacerdocio; esta línea continuará. Aquí no hay requisito de celibato o soltería. De hecho, ¡estas personas han sido específicamente animadas a multiplicarse!

Todo esto sucede un año después que dejaran Egipto cuando están a poco más de una semana de celebrar su primera Pascua en el desierto. Esta será realmente la segunda Pascua, pues la primera fue en Egipto. Este tabernáculo es un gran regalo de aniversario y será un bello recordatorio cuando celebren la Pascua por primera vez como un pueblo libre. ¡Llegaremos a esa parte muy pronto! El próximo par de libros que leamos no van a ser manejados como historias como lo han sido los primeros tres libros. Continuamos con la misma historia, con la misma familia, pero será menos narrativa por un corto tiempo. No te rindas. ¡Hay cosas buenas para nosotros en los próximos días! Pide a Dios sabiduría, pide que abra tus ojos, y ¡entenderás algo que nunca habías visto!

Ojalá que te hayas encariñado lo suficiente con algunos de estos personajes para que te intereses en cómo son sus vidas en los próximos libros, aún en los lugares secos. Cuando empezamos este libro hace dos semanas, ¡eran esclavos en Egipto! Ponte en sus zapatos: eres un esclavo liberado viviendo en el desierto con tres millones de esclavos liberados, un hombre con una cara resplandeciente que usa un velo está a cargo de todo y estás siendo dirigido por un Dios que vive en una nube. Cuando sea que la nube se mueve, empacas tu carpa y tu familia sigue a la nube, porque te has dado cuenta de que contiene la presencia y la gloria de un Dios que te ama. Te quejas de Su plan, pero Él ahoga a un ejército para salvarte. Dudas de Él, pero continúa dándote maná seis días a la semana. Pecaste contra Él, pero Él no te mata. Y aún Él está allí, en medio de todo. ¿Cómo será esto? ¿Cuándo Dios te llevará a la tierra que prometió darte? Parece que Él es bueno, pero ¿cómo te acercas a Su bondad? ¿Puedes hacerlo? Veremos esto en los días venideros.

VISTAZO DE DIOS

En 40:35 vemos que "Moisés no podía entrar en la Tienda de reunión porque la nube se había posado en ella y la gloria del Señor llenaba el santuario". Hay densidad en la presencia de Dios aquí y esta nube *llena* el tabernáculo. Parece que cada centímetro cuadrado, Su gloria es densa, Su presencia es innegable y ¡Él es donde el júbilo está!

LEVÍTICO 1–4

Levítico es un libro acerca de un Dios Santo y perfecto que desea acercarse a Su pueblo pecador y depravado. Nos lleva a través del proceso complicado que hace esto posible. Hay muchos componentes así que prepara tu mente para seguir adelante en los días cuando no sea tan fácil. Antes que nada, ¿quiénes son los levitas? Son los descendientes de Leví, uno de los doce hijos de Jacob y tribus de Israel. Ayer Dios los designó a ser sacerdotes en el tabernáculo. Este libro describe cosas pertinentes a estos mediadores entre el Dios Santo y Su pueblo pecador para poder hacer que esta relación funcione. Casi todo lo que leemos en Levítico es Dios hablando a Moisés. Estas son Sus palabras y maneras.

Existen tres estados primarios de una persona o cosa: inmundo, limpio y santo. Dios es Santo siempre y el pueblo es generalmente inmundo. Dios establece rituales y leyes para cambiarlos de un estado inmundo a uno limpio o quizás hasta un estado santo. Primero, Dios establece cinco tipos de ofrendas rituales: holocausto, cereal, comunión, expiación y culpa. Te preguntarás ¿por qué estas cosas barbáricas tienen que pasar? ¿Recuerdas como en el jardín del Edén, Dios le dijo a Adán y a Eva sobre la conexión entre el pecado y la muerte? Dios salvó sus vidas, pero algo más tenía que morir en su lugar. En ese caso, Dios mató a un animal para vestirlos. Y aquí vemos que muchos animales van a tener que morir, porque tenemos tres millones de pecadores viviendo juntos en el desierto. Entonces Dios establece un sistema de sacrificios para que los animales puedan morir en lugar de las personas para hacer expiación por sus pecados.

Expiación significa "cubrir". La muerte del animal es la cobertura temporal por su pecado. Mientras el sacrificio de animales puede ser difícil de digerir para muchas personas, es importante que nunca nos enfademos más por la provisión de Dios para cubrir nuestro pecado que por nuestro mismo pecado. El pecado exige la muerte (Hebreos 9:22). Dios sabía que este plan es temporal. Es solamente una curita, no la cura. Esto presagia la solución verdadera que vendrá en forma de Jesús y Su muerte en la cruz. Pero por ahora, tenemos este sistema. Y aprendiendo un poquito de esto debe aumentar nuestra gratitud que ¡vivimos después que todo esto haya sido eliminado!

Otra cosa que vemos tomar lugar aquí no es solamente la provisión de Dios de un sacrificio de sangre, sino también la provisión de Dios con alimento para los sacerdotes. Ya que su trabajo implica mediar entre Dios y las personas, no pueden andar por ahí criando animales para comer y sembrando. Si ellos obedecen Su llamado en sus vidas, tienen que confiar en que Él los va a alimentar. Afortunadamente Él tiene un plan para esto lo cual incluye a otras personas para traerles alimento todo el tiempo, por medio de una ofrenda y Dios llama a esa ofrenda santísima.

Todas las ofrendas deben ser hechas con "la sal del pacto de su Dios" (2:13). La sal implica preservación y simboliza la preservación de su pacto con Dios. La grasa representa la mejor parte del animal, entonces Dios la aparta para Sí mismo. "Toda la grasa pertenece al Señor". Ese versículo merece estar en una camiseta. Aún el pecado involuntario requiere un sacrificio, porque el pecado es pecado independientemente del motivo. Y mientras más alta tu posición, más valioso será el sacrificio requerido. El liderazgo viene con peso extra y responsabilidad. Si un sacerdote peca en contra de la congregación o lidera a la congregación hacia el pecado, él tiene que salpicar la sangre de su ofrenda en frente del velo del santuario, que separa al lugar santísimo del tabernáculo de todo lo demás adentro. Allí están el propiciatorio y el arca del pacto, la representación del trono de Dios en la tierra. Su morada. Nadie puede entrar a esta área excepto el Sumo Sacerdote; y él solo puede entrar un día al año. Cuando la gente común peca, la sangre es tirada a los lados del altar de bronce en el patio exterior. Pero cuando los sacerdotes pecan o la congregación entera peca, la sangre se debe traer del patio exterior, pasando por el tabernáculo, hasta el Lugar Santo y es salpicada en frente del velo, pues los pecados profanan todo el tabernáculo.

VISTAZO DE DIOS

Debe ser pesado cargar sangre hacia la puerta de Dios. Seguramente les recuerda a los sacerdotes que Dios los salvó por medio de la sangre salpicada en sus puertas apenas hace un año atrás. No están muy lejos de escuchar los gritos de las familias egipcias en la noche y escapando mientras Dios los rescataba. Y hoy están parados en frente de Su trono terrenal, profundamente conscientes de su pecado y Su bondad. Él es misericordioso, Él provee el sacrificio y ¡Él es donde el júbilo está!

LEVÍTICO 5–7

Mañana tendremos un descanso de instrucciones de sacrificio y escucharemos de algunos humanos, pero hoy Dios continúa con las leyes para las ofrendas por el pecado. Les muestra la distinción entre cometer un pecado y hacer algo que vuelva inmunda a una persona. Ser inmundo no es un pecado, por lo que no requiere ofrenda o sacrificio, solo requiere que se purifiquen, se bañen o pasen tiempo aislados. Esta ley casi siempre se relaciona con algo higiénico. Hacemos cosas como esto hoy en día, poniendo en cuarentena a las personas cuando son contagiosas. Estas normas de higiene son especialmente útiles en una cultura que precede a la ciencia moderna. Por ejemplo, es una buena idea no tocar los cadáveres ni comer carne después de un cierto período de tiempo.

No todas las leyes de limpieza son así de sencillas y científicamente lógicas, pero algunas lo son. Por ejemplo, algunas de las leyes de limpieza se relacionan con la sangre. Si bien esto puede ser higiénico, probablemente sea más simbólico. La sangre puede ser un símbolo confuso en el Antiguo Testamento: simboliza vida y muerte. La vida es un símbolo positivo, pero cuando la sangre sale del cuerpo, simboliza la muerte y sirve como recordatorio de la caída, lo que hace que una persona se vuelva inmunda. Dios está en el proceso de recrear el Edén, por lo que las cosas inmundas deben distanciarse. Ser inmundo no tiene la intención de ser una situación permanente o un símbolo de vergüenza; todos somos inmundos en algún momento. No es pecaminoso ni terminal. Vemos la frase "esa persona será eliminada de su pueblo" cuatro veces hoy y siempre se refiere a alguien que no respeta las leyes de los sacrificios. Algunos estudiosos piensan que esto se refiere a aislar a esa persona del grupo, mientras que otros dicen que indica una muerte prematura. De cualquier manera, Dios deja en claro que sus leyes de sacrificio deben ser honradas.

A diferencia de la inmundicia, el pecado requiere un sacrificio. Dios también está atento a las necesidades de los pobres en lo que respecta a los sacrificios que les exige. En muchos de estos sacrificios, las personas adineradas deben dar un animal doméstico del rebaño, uno sin defecto, lo mejor de lo mejor. Pero los pobres no tienen animales, mucho menos animales *perfectos*, así que Dios dice que pueden traer pájaros y si no pueden pagarlos, pueden traer harina. Y en ese caso, ni siquiera tienen que ponerles cosas costosas como aceite e incienso. Dios se encuentra con Su gente donde esté, con pobreza y todo.

Los pecados de omisión requieren el mismo sacrificio que los pecados de comisión. Un pecado de omisión es cuando no hacemos algo que se supone que debemos hacer, como hoy donde se menciona que no debemos fallar en dar testimonio en un caso en el que se debe hacer justicia. Un pecado de comisión es cuando hacemos algo que Dios nos ha ordenado que no hagamos. En 6:1-7, Dios muestra Su corazón en lo que requiere de nosotros cuando pecamos en contra de alguien más. Estas leyes de sacrificio son leyes del Antiguo Testamento que ya no se aplican a nosotros porque Cristo ha ofrecido el sacrificio final, pero el corazón detrás de todo esto permanece. El pecar contra otra persona requiere que los israelitas no solo ofrezcan algo a Dios, sino también a la persona contra la que pecaron.

VISTAZO DE DIOS

Muchos cristianos piensan que Dios no puede estar en presencia del pecado. Un versículo, Habacuc 1:13, parece *señalar* eso, pero está fuera de contexto. Por el contrario, lo que vemos aquí y en otras partes de las Escrituras es que Dios le dice a la gente que vengan a Sus atrios cuando pequen y que ofrezcan allí sus sacrificios. ¡Les dice que se acerquen más cuando pequen! Desde el principio de la humanidad, los pecadores han estado huyendo de Dios, tratando de esconderse y Él nos ha estado persiguiendo, diciéndonos que nos acerquemos. Dios, no solo puede estar en presencia del pecado, ¡sino que no puede evitarlo! ¡Está en todas partes! Y en el primer capítulo de Job, los "hijos de Dios" y Satanás vinieron a hablar con Dios en lo que parece ser el salón de ¡Su trono! El mal no lo asusta ni lo amenaza. Todo lo que no es Dios es menos que perfecto, así que está acostumbrado. No se corrompe por la presencia del pecado. Si lo hiciera, tendría que ponerse en cuarentena permanente, lejos de todos nosotros para siempre. En cambio, nuestro Dios construye intencionalmente Su hogar en medio del pecado. Él sabe que los pecadores no pueden arreglarse a sí mismos. Él no te tiene miedo, no le teme a tu pecado. Él pagó por tu pecado porque quiere estar cerca de ti, ¡y Él es donde el júbilo está!

LEVÍTICO 8-10

Hoy leímos acerca de la unción, consagramiento y ordenación. *Ungir* es aplicar aceite a algo. *Consagrar* es apartar para uso sagrado. Y *ordenar* es establecer. Moisés unge, consagra y ordena a Aarón y a sus cuatro hijos en un proceso de siete días en el cual Aarón ofrece el primer sacrificio en el altar. En el octavo día, tenemos el primer servicio oficial del tabernáculo y Aarón y sus hijos ofrecen más sacrificios en el altar. El primer trabajo de Aarón como sumo sacerdote es hacer una expiación o cobertura para él y luego para el pueblo. El orden aquí es importante: Comienza con la expiación del pecado a través de la ofrenda por el pecado, luego pasa a las peticiones y alabanzas en el holocausto, luego a la comunión y al compañerismo en la ofrenda de paz. Aarón bendice a la gente, después él y Moisés, los dos, bendicen a la gente; y luego viene la bendición más grande de todas: La gloria del SEÑOR se manifiesta a todo el pueblo. Desciende un fuego que consume el holocausto, y la gente ¡cae sobre sus rostros y adora! La alabanza es la respuesta apropiada a todas las acciones de Dios.

Después los dos hijos más grandes de Aarón deciden ignorar por completo los mandamientos de Dios y hacen su voluntad. Nadab y Abiú ofrecen incienso en una forma que no es consistente con las normas de Dios. Tal vez ofrecen algo más que el incienso especial de Dios, o lo ofrecen a una hora que no está autorizada, o están borrachos cuando lo ofrecen, o lo más probable es que simplemente lo ofrecieran en lugar que lo hiciera Aarón. Dios envía fuego para matarlos en el acto. Sus acciones son una rebelión arrogante y Dios demuestra desde el inicio que no lo toleraría. Además, siguiendo un tema que hemos visto a Dios establecer, los dos hijos mayores son brincados aquí.

Moisés hace que dos de los primos de Aarón se deshagan de sus cuerpos, porque Aarón no puede tocar un cuerpo muerto o se volvería impuro. Luego Moisés les dice a dos de los otros hijos de Aarón que no realicen las prácticas tradicionales de duelo en respuesta a sus muertes. Otros pueden llorar respetuosamente, pero ellos no. En medio de esto, Dios le habla directamente a Aarón, lo cual es un acontecimiento raro, pero es muy dulce considerando que acaba de perder a dos de sus hijos. Dios le da órdenes específicas sobre cómo él y los otros sacerdotes deben ser apartados. Primero, deben evitar beber en el trabajo. Que este sea el primer mandamiento es una de las razones por las que algunos estudiosos creen que Nadab y Abiú estaban borrachos cuando hicieron la ofrenda. Se supone que los sacerdotes deben proteger el espacio sagrado del tabernáculo y distinguir entre lo puro y lo impuro. También son llamados a enseñarles a todos los demás, lo que Dios le ha revelado a Moisés. La enseñanza es uno de sus trabajos principales.

Moisés les ordena a los dos hijos que quedan, que hagan una ofrenda y que luego se la coman como un regalo de la provisión de Dios. Pero ellos no se la comen y Moisés está furioso. Estas eran las personas que se suponía estarían enseñando a otros a obedecer las cosas que Dios le dijo a Moisés, ¡y ni siquiera pueden obedecer esas cosas ellos mismos! Moisés podía tener miedo de que Dios destruyera a los otros dos hijos de Aarón también; y entonces el sacerdocio se terminaría para siempre una vez que Aarón muriera. ¿Cómo cumpliría Dios Su promesa si matara a los cuatro hijos de Aarón el mismo día? ¡Moisés estaba estresado!

VISTAZO DE DIOS

El carácter de Dios es evidente en la respuesta que Moisés le da a Aarón. Aarón apela a Moisés, recordándole que él *sí* reverencia la santidad de Dios, pero que comer esa ofrenda sería inapropiado hoy dado lo doloroso que había sido. Y Moisés cede. Esto es un recordatorio de cómo Moisés apela a Dios sobre cosas y Dios se inclina hacia la compasión en lugar de ser estricto. Tal vez todo este tiempo que Moisés ha pasado con Dios se lo ha contagiado. ¿Has visto que pase esto en tu propia vida a partir de que empezamos este viaje a través de Las Escrituras? ¿Te has encontrado creciendo en paciencia, bondad y compasión? ¿Tienes más gozo al leer Su Palabra que el que tenías antes de que empezáramos primer el día? Hay una buena posibilidad de que la respuesta sea sí. Porque hoy estás aquí, en medio de la Ley Levítica, deleitándote en Él. Sabes que ¡Él es donde el júbilo está!

LEVÍTICO 11–13

Hoy entramos a una sección de leyes relacionadas con la pureza y la impureza. Dios da instrucciones sobre qué comer y qué evitar. Si sentiste que esto tiene ecos del Edén ("Puedes comer todo esto, pero no puedes comer eso") estás en lo cierto. Lo que Dios empezó en el jardín está siendo recreado en el desierto. Hay varias teorías del por qué hay animales específicos que están prohibidos: higiene, desviación de la norma, afiliación a la cultura cananea. Pero en realidad no sabemos. Mantener estas leyes alimenticias es una parte de lo que en la cultura judía se conoce como "mantener el kosher". Hay muchos otros aspectos para mantener el kosher, pero la ley dietética es uno de los más grandes. Algunos dicen que la parte más triste de la lectura de hoy está en 11:7, sin tocino. De hecho, una de las maneras en que los arqueólogos modernos pueden decir cuándo y dónde vivían los antiguos judíos en Israel es porque no hay huesos de cerdo en esa capa de tierra. Los cerdos eran un alimento muy popular entre los cananeos, por eso hay huesos de cerdo por todo el país pagano. Pero no en donde vivía el pueblo de Dios.

Tampoco se les permite comer nada que muriera por sí solo, tenían que matarlo. Esto probablemente es porque si muriera por sí solo podría tener alguna enfermedad. Por cierto, la palabra *inmundo* que vemos repetidamente aquí, solo aparece dos veces fuera del libro de Levítico y una de esas veces es en referencia a ídolos. Entonces parece que aquí hay una correlación con alejarse de Dios.

En el capítulo 12 hay leyes para las mujeres que han dado a luz y cómo se deben purificar después. Una niña hace que una mujer sea impura por el doble de tiempo que un niño y esto probablemente es porque ha dado a luz a otra persona que sangrará y dará a luz. Algo a destacar en este capítulo, es que Dios hace el sacrificio más accesible para los pobres. Y adivina quiénes eran pobres, los padres de Jesús; María y José. ¿Cómo lo sabemos? Porque en Lucas 2:22-24, mientras intentan guardar esta ley después que Jesús nace, no traen un cordero. Traen la ofrenda de los pobres, dos tórtolas o dos palomas.

Levítico 13 puede ser difícil de digerir, pero es importante. Moisés es un pastor, no un médico, por lo que necesita que Dios comparta todos estos matices específicos con él para que pueda cuidar bien de la gente cuando están enfermos. Por cierto, la lepra como la conocemos hoy probablemente no existía en aquel entonces. La palabra *lepra* en las Escrituras se usa como un término general para una variedad de condiciones de la piel. Cuando alguien tenía alguna de estas condiciones de la piel, era considerado impuro y se iba a vivir fuera del campamento hasta que estuviera limpio para evitar esparcirlo y evitar contaminar la santidad del tabernáculo de Dios. Esto no significa que estuvieran condenados o humillados o que no fueran amados. Y mientras tanto, el mediador de Dios, el sacerdote, los está vigilando. Al hacer esto, el sacerdote estaba sirviendo a Dios manteniendo las cosas santas, sirviendo a las personas sanas protegiéndolas y sirviendo a la gente impura cuidándola y asegurándose que siguieran las reglas de Dios.

VISTAZO DE DIOS

Dios dice que todas estas leyes son una parte de lo que significa obedecerle. Dice: "Yo soy el SEÑOR su Dios". *Empieza con la relación* luego continúa, "Así que santifíquense y manténganse santos, porque yo soy santo" (11:44). Repite esto casi al pie de la letra en el siguiente versículo y una repetición de Dios siempre debe captar nuestra atención. Un aspecto interesante sobre la palabra *consagrar*, que significa "apartar para uso sagrado", es que es una especie de forma verbal del adjetivo *santo*. En hebreo, consagrado es *qadash* y santo es *qadosh*. Entonces Dios está básicamente repitiéndose a sí mismo dentro de esta declaración, incluso antes que lo repita en el siguiente versículo. Es como si estuviera diciendo: "pónganse aparte para uso sagrado. Sean apartados, así como yo soy apartado". Dios les dice que imiten Su carácter. Ha iniciado este proceso mostrándonos quién es Él; ¡no tenemos que convertirnos en algo que no nos haya enseñado primero y que no haya sido para nosotros! Si ser apartado significa ser apartado *con Él*, entonces empecemos nuestra consagración, porque ¡Él es donde el júbilo está!

LEVÍTICO 14–15

Mientras estas leyes pueden parecer muy detalladas y frustrantes de leer, no pierdas de vista el punto de todo esto: Dios es perfecto y santo; y nosotros no lo somos. Y hay muchas formas en que no lo somos. Algunas son la pecaminosidad, mientras que otras son solo porque vivimos en un mundo roto y a veces las casas en un mundo roto tienen moho. Pero incluso ese moho sirve como un recordatorio de la caída y tiene que ser expiado. Tiene que ser cubierto.

Hay muchas ofrendas. La persona leprosa lleva una ofrenda cuando está curada, pero las personas también llevan una ofrenda por su casa cuando la casa está purificada. Con cualquiera de las diversas secreciones, hay una ofrenda. La reproducción y todos sus fluidos afiliados no son asquerosos ni pecaminosos; Dios los ordenó. Pero incluso las mejores partes de los planes de Dios tienen una especie de ruptura ahora. Vimos esto en las maldiciones que Dios dejó caer sobre Adán y Eva. El trabajo del hombre, que le trae alegría, tendría nuevos niveles de esfuerzo adjuntos. La maternidad de las mujeres y las relaciones con sus esposos, que a menudo son una fuente de alegría para ellas también, tendrían nuevos desafíos. Estas cosas en las que intentamos encontrar nuestra identidad y alegría resultan ser menos que perfectas, obligándonos a voltear nuestra mirada a Dios, nuestro Creador, para la verdadera aceptación, amor y gozo.

En el 14:34, Dios es claro en señalar que Él está a cargo de poner la lepra en donde aparece. A algunas personas les gusta atribuir las enfermedades y luchas al enemigo, pero Dios es soberano incluso sobre las obras del enemigo. En medio de todo esto, Dios le hace un recordatorio a Moisés, sobre que no vivirán en tiendas en el desierto para siempre. Dios se adelanta y le dice a Moisés cómo manejarlo si y cuando haya lepra en sus casas algún día en la tierra de Canaán, cuando finalmente lleguen allí. Dios les recuerda que algún día ¡estarán en Canaán y tendrán casas! Esas casas podrían tener moho, así que ni siquiera Canaán es perfecta.

Con todos estos sacrificios y ofrendas, veamos tres aspectos importantes en el corazón de todo esto. Primero, es acerca de dar algo que te cuesta: animales, comida, aceite. Segundo, es sobre el elemento de sustitución. Algo más está cubriendo la deuda por tus pecados. Cuando hacen estos sacrificios, están diciendo esencialmente que las cosas que le hacen a ese animal son lo que realmente se merecen ellos mismos. Tercero, es sobre acercarse. El corazón de las ofrendas de sacrificio es poder acercarse a Dios. Recuerda que Él hace que hagan estos sacrificios a la entrada de Su templo, no afuera en medio de la nada, no en el desierto o muy lejos de donde está manifestada Su presencia. Los pecadores son llamados a acercarse.

En el 14:3-4, vemos que el leproso se cura y luego se purifica. Aquellos que han sido curados deben ser purificados. Esto pinta una imagen de justificación y santificación. *Justificación* es cuando Dios el Juez nos declara justos, aunque somos pecadores, por lo que Cristo hizo a nuestro favor. Es un término judicial, una posición legal. *La santificación* es el proceso en el que Dios nos purifica para vernos más como Él. Es un acto relacional en el que Él nos purifica y es un proceso que dura toda la vida. Aquellos que son sanados luego son purificados y aquellos que son justificados son entonces santificados.

VISTAZO DE DIOS

En 14:3-4 Dios dice: "Si el sacerdote comprueba que la persona infectada se ha sanado de su enfermedad, mandará traer para la purificación de esa persona dos aves vivas y puras, un pedazo de madera de cedro, un paño escarlata y una rama de hisopo". Su frase parece confusa: "El sacerdote mandará traer para la purificación de esa persona". ¿A quién le ordena el sacerdote que haga esto? ¿Conseguir los componentes necesarios para el sacrificio? Esto probablemente se refiere al sumo sacerdote que ordena a otros sacerdotes a conseguir lo necesario para el leproso, porque él no puede conseguirlo para sí mismo. Cualquier cosa que toque se volvería impura e inapropiada para el sacrificio si lo consiguiera por sí mismo. Dios sabe que no podemos limpiarnos a nosotros mismos. No podemos curarnos a nosotros mismos. Así que Él provee todo lo que necesitamos para la sanidad y la purificación e incluso se encarga de que nos lo traigan. Aquí, en medio de las leyes sobre las enfermedades de la piel, vemos a qué gran y generoso Dios servimos. Verdaderamente, ¡Él es donde el júbilo está!

LEVÍTICO 16–18

El Día de la Expiación (también conocido como Yom Kipur) es el "día de cubrir los pecados" y de purgar la impureza; y el pueblo es llamado a ayunar y a descansar. También es el único día en que el Sumo Sacerdote entra al Lugar Santísimo. ¿Por qué Aarón puede entrar en este día en particular? Está presentando sacrificios anuales que cubren los pecados de los sacerdotes y el pueblo. Dado que incluso el mismo tabernáculo se ve afectado por su pecado, los sacrificios deben llevarse a cabo en el corazón del tabernáculo. Pero la presencia y la gloria de Dios están en sus niveles más altos de intensidad allí, por lo que él tiene que crear humo de incienso para nublar sus ojos de ver la gloria de Dios ¡o morirá! Incluso tiene vestimentas ceremoniales para este día.

Los pecados de los sacerdotes son expiados primero en la ceremonia, luego los pecados del pueblo. Para esta parte, hay dos machos cabríos; uno está designado para el Señor y otro para Azazel. *Azazel* podría significar una de dos cosas: podría significar "el cabrío que se va" o podría ser un nombre propio que se refiera a un demonio cabra asociado con los ángeles que cayeron en Génesis 6. Continuaremos viendo las conexiones entre los ángeles caídos y espíritus demoníacos. Al designar esta cabra para Azazel, están enviando simbólicamente los pecados fuera del campamento de Israel a territorio pagano. Cuando la gente confiesa sus pecados en voz alta, son transferidos simbólicamente a Azazel y escapa al desierto. Me arriesgo a decirte algo que ya sabes, este es el cabrío expiatorio. Esta es una imagen de Cristo, quien llevó todos nuestros pecados. Él era nuestro cabrío expiatorio. La otra cabra también simboliza a Cristo, el que se sacrificó al Señor.

Dios emite un mandato sobre los sacrificios específicamente porque están sacrificando a otros dioses. Él llama a estos dioses demonios. Hay una idolatría continua entre la gente a pesar de que YHVH vive en medio de ellos. Él ha provisto una forma de expiar sus pecados, pero no solo lo están ignorando, sino que lo están *despreciando* al confiar en otros dioses y recurrir a dioses demoníacos paganos. Los paganos creen que consumir sangre te hace más fuerte porque estás absorbiendo la fuerza de la vida, pero Dios deja en claro que la sangre de los animales tiene una función para ellos: hacer la expiación de sus pecados ante Él.

Entonces Dios aborda la pureza y la limpieza sexual, pero no se trata solo de higiene; también se trata de acciones rectas. Él toma esto tan en serio que le dedica un capítulo entero. Como de costumbre, comienza con la relación, recordándoles quién es Él para ellos, luego les hace saber cómo ser puros cuando se trata de sexo. Cumplir con Sus reglas es la manera de vivir verdaderamente y encontrar la libertad y florecer. Por cierto, Dios no necesariamente describe los escenarios ideales aquí; simplemente establece el mínimo para vivir éticamente en la sociedad juntos. Lo primero que hace es restringir el incesto. Son alrededor de tres millones de personas en este momento, así que hay muchas opciones para el matrimonio que no son tu tía, es hora de pensar fuera de la tienda del campamento. Prohíbe ofrecer hijos a Moloc, un dios cananeo del sacrificio de niños. Prohíbe el adulterio, la homosexualidad y la bestialidad; y también insinúa la bigamia. Estas acciones ignoran el orden que estableció en la creación, por lo que son una afrenta a Él como Creador. Este es Su pueblo; y deben estar marcados por la santidad y el orden en medio de la perversión pagana.

VISTAZO DE DIOS

El Día de la Expiación nos lleva a Cristo. Hebreos 9:11-14 lo resume: "Cristo, por el contrario, al presentarse como sumo sacerdote de los bienes definitivos en el tabernáculo más excelente y perfecto, no hecho por manos humanas (es decir, que no es de esta creación), entró una sola vez y para siempre en el Lugar Santísimo. No lo hizo con sangre de machos cabríos y becerros, sino con su propia sangre, logrando así un rescate eterno. La sangre de machos cabríos y de toros, y las cenizas de una novilla rociadas sobre personas impuras, las santifican de modo que quedan limpias por fuera. Si esto es así, ¡cuánto más la sangre de Cristo, quien por medio del Espíritu eterno se ofreció sin mancha a Dios, purificará nuestra conciencia de las obras que conducen a la muerte, a fin de que sirvamos al Dios viviente!".

¡Jesús pagó el precio para cubrir nuestros pecados no solo por un año sino para siempre! ¡Él es donde el júbilo está!

LEVÍTICO 19-21

Dios continúa describiendo cómo construir una sociedad estable, explicando la santidad y la limpieza, las leyes verticales y las leyes horizontales. Luego se sumerge en la aplicación de las leyes horizontales y amar a tu prójimo como a ti mismo, lo que realmente sirve para revelar Su corazón: Él provee a los pobres a través de los excedentes de los ricos (esta ley es una de las formas en que Dios une a Rut y Booz), Él habla en contra de herir y abusar de las personas en las áreas de su debilidad, Él dice que no se rijan por las emociones egoístas, sino que sean razonables y se comuniquen abiertamente. Él enfatiza la importancia del corazón detrás de nuestras acciones.

Luego abarca como debemos honrarlo en las leyes verticales. Esta es una sección difícil de analizar; no podemos descartar todo, no podemos suponer que por el hecho que Jesús vino y cumplió la ley, Dios está de acuerdo en convertir a las hijas en prostitutas o sacrificar niños a Moloc. Incluso entonces, esto requería discernimiento. Por ejemplo, ¿podrías hacer que tu hijo se dedique a la prostitución? ¿Podrías sacrificar a tus hijos a un dios falso? Tenían que llegar al corazón de los estatutos para ver cómo aplicarlos. ¿Cómo discernimos cómo honrar a Dios en estas leyes hoy en día? Hay tres tipos básicos de leyes: civiles (comportamientos y castigos de la sociedad), ceremoniales (limpieza, sacrificios, etc.) y morales (cosas que Dios declara correctas o incorrectas, como en los Diez Mandamientos).

Para el antiguo Israel, se aplicaron los tres tipos de leyes. Estaban en una situación única, eran un grupo religioso que funcionaba como una nación, por lo que todas sus leyes se entrelazan unas con otras. No había una separación entre la iglesia y el estado. Pero hoy en día el pueblo de Dios es de muchas naciones, por lo que las leyes civiles que estableció para Israel como nación ya no aplican; algunos de los principios de las leyes aún se aplican, pero las formas en que se abandonan varían ampliamente. Las leyes ceremoniales se cumplieron en Cristo, por lo que ya no las necesitamos. No hay más sacrificios, porque Él fue el sacrificio final y completo cubriendo todos nuestros pecados, pasados, presentes y futuros. Si bien las leyes morales también se cumplieron en Cristo, reflejan el carácter de Dios, así que no van a ninguna parte, el carácter de

Dios es el mismo, sin importar tu nacionalidad y nunca cambia. Jesús no solo enfatiza las leyes morales, sino que también profundiza, señalando que el corazón detrás de nuestras acciones también importa, no solo la acción misma.

Todo eso para decir que, dado que las reglas como no usar prendas mezcladas o hacerse tatuajes se referían a mantenerse ceremonialmente limpio y ser separado de las naciones paganas, esas leyes ya no aplican. Jesús cumplió los requisitos ceremoniales y civiles. Si no sabes con qué tipo de ley estás tratando o si todavía se aplica, busca el motivo y el corazón de Dios en ella. Aquí hay un ejemplo: "Si alguien comete adulterio con la mujer de su prójimo, tanto el adúltero como la adúltera serán condenados a muerte" (20:10). ¿Qué tipo de ley es esta? En la superficie, es una ley civil porque establece un castigo específico que debe ser promulgado. Sin embargo, sabemos por la ley moral que Dios odia el adulterio. Así que mantenemos el corazón lejos de esto, el aspecto moral, —no cometer adulterio— porque está claro cuánto lo odia Dios, pero perdemos los castigos civiles, lo que significa que no matamos a los adúlteros. La razón por la que Dios ordenó eso en el antiguo Israel probablemente fue para preservarlos para el nacimiento del Mesías en medio de una fuerte cultura pagana.

Los sacerdotes deben ser especialmente apartados, más que el pueblo. Los levitas con defectos de nacimiento pueden recibir el pan, pero no ofrecerlo. Esto no pretende señalar las fallas de los sacerdotes, sino señalar la perfección de Dios. Incluso hay reglas como esta para los sacerdotes que no tienen defectos de nacimiento; tienen que usar ciertas cosas, entrar en ciertos momentos y así sucesivamente. Ningún sacerdote puede pasar por alto el honrar la perfección y santidad de Dios.

VISTAZO DE DIOS

En 21:15 Dios dice: "Yo soy el Señor, que lo santifica". Él es quien nos limpia. Hay una gran distancia entre Su santidad y nuestra impureza, pero anímate. ¡Su Espíritu nos santifica! Después de leer todas estas leyes, tenemos un recordatorio alentador: Él ha hecho todo lo que Él requiere para tu salvación y está trabajando en ti para tu santificación. ¡Él está contigo y Él es donde el júbilo está!

LEVÍTICO 22–23

Hoy Dios continúa con Sus leyes para Su pueblo, pero lo que está por debajo de las leyes es lo más importante. Una de las verdades detrás de lo que leemos hoy es que Dios quiere que Su pueblo sea limpio, y les sigue recordando que Él es quien los hace limpios, y nos da continuamente recordatorios tanto de Su santidad como de Su rescate.

También está Su amor por la celebración y la conmemoración. Da instrucciones para siete fiestas y explica su significado. Primero, Dios les recuerda *nuevamente* acerca de una fiesta semanal, el Sabbat, más seis fiestas anuales. Varias de estas fiestas tienen diferentes nombres. Probablemente reconozcas la Pascua, que también se llama la fiesta de los Panes sin levadura. La fiesta de las primicias también se llama la fiesta de la cosecha y la fiesta de las Enramadas que también se llama la fiesta de los tabernáculos. La fiesta que leímos más recientemente es el Día de la Expiación o el Día del Perdón. Una cosa única sobre el Día de la Expiación es que es llamado un festín, pero de hecho el pueblo ayuna ese día. Es parte de lo que significa cuando dice: "se humillarán ustedes mismos". Este es el día más sagrado y solemne del año. En lugar de comer, ofrecen su comida a Dios. En todos los demás días festivos no tienen permitido hacer ningún trabajo regular, pero se les permite hacer el trabajo de ofrecer sacrificios y preparar comidas. El Día de la Expiación, sin embargo, exige cero trabajo. Esto sigue siendo una celebración de provisión, pero un tipo de celebración muy diferente y un tipo de provisión muy diferente.

Solo hay dos fiestas en esta sección que no hemos visto antes. La fiesta de las Semanas, que también se llama Pentecostés porque significa "cincuenta" y la fiesta tiene lugar el día cincuenta después de la Pascua. Se llama fiesta de las Semanas porque cincuenta días son siete semanas y un día, por lo que básicamente es una semana de semanas, siete semanas. En esta fiesta, sucede algo único. Es la única fiesta donde aparece el pan con levadura. Dios les dice que tengan dos tipos de pan: sin levadura y con levadura. Aquí hay un gran simbolismo: el pan sin levadura representa a los israelitas y el pan con levadura es un presagio del día en que los gentiles, no judíos, serán traídos a esta familia.

La fiesta de las Trompetas también se conoce como Rosh Hashaná, el Año Nuevo judío, pero en este caso es una señal de los diez días antes del Día de la Expiación. Los israelitas se refieren a este tiempo de arrepentimiento como "Los días de asombro". Esto hace referencia a lo que aprendimos no hace mucho: el temor de Dios, que consiste principalmente en deleite y asombro, nos acerca a Él y sirve para producir justicia en nosotros. Sus días de arrepentimiento y asombro conducen al Día de la Expiación, cuando son purificados.

A algunas personas les resulta problemático que Dios solo acepte el mejor sacrificio. Parece poco amoroso, tal vez porque en el fondo sabemos que no somos un buen sacrificio. Estamos manchados y ciegos, con costras y aplastados y tememos que Dios nos rechazará. Es difícil enfrentar la realidad de que no somos suficiente. Pero el mensaje de Dios ¡no se detiene allí! Jesús cerró la brecha entre nuestra imperfección y los requisitos de Dios.

VISTAZO DE DIOS

Se supone que todos estos requisitos de perfección son importantes. La ley tiene la intención de recordarnos lo imposible que es todo esto. Nos muestra la perfección de Dios y nuestra gran necesidad. Romanos 5:20 dice: "En lo que atañe a la ley, esta intervino para que aumentara la transgresión. Pero, allí donde abundó el pecado, sobreabundó la gracia". Por cada uno de tus pecados, la gracia abunda. Para cada una de tus imperfecciones, la gracia abunda. Romanos 5:21 continúa, diciendo: "a fin de que, así como reinó el pecado en la muerte, reine también la gracia que nos trae justificación y vida eterna *por medio de Jesucristo nuestro Señor*". Estamos tentados a fijar nuestros ojos en nosotros mismos y buscar la perfección, pero cuando hacemos eso, perdemos de vista que ¡Él ha provisto el sacrificio perfecto en nuestro lugar! ¡Qué hermoso es que todavía quiera estar cerca de nosotros a pesar de que somos imperfectos! Alabado sea Dios por proporcionar el sacrificio perfecto: Jesucristo nuestro Señor. ¡Él es donde el júbilo está!

LEVÍTICO 24-25

Dios continúa explicando cómo las personas deberían vivir juntas en sociedad, ya que no solo es la primera vez que tienen la oportunidad de ser personas libres, sino también es la primera vez que realmente interactúan con Dios. Hasta ahora solo lo conocen desde hace aproximadamente un año, y todavía están aprendiendo a confiar en Él. Sus instrucciones cubren mucho territorio, el mantenimiento del tabernáculo, el cuidado de los pobres y el Jubileo. También le dice a Israel cómo manejar a los blasfemos. Un hombre maldice el nombre de Dios y Dios ordena que sea apedreado. Como esta ilustración involucra a un hombre medio egipcio, probablemente sirvió para mostrar que las mismas reglas se aplican a los extranjeros que viven entre ellos. Y la sentencia de muerte que explica aquí, sirve como un recordatorio a que los israelitas se encuentran en una situación única: son un estado-nación apartado como el pueblo de Dios. Este hombre obtuvo lo que merecía, ya que todos merecemos la muerte y la separación de Dios. Si estamos vivos, estamos viviendo de la misericordia.

La historia del blasfemo es seguida inmediatamente por un verso que dice: "El que le quite la vida a otro ser humano será condenado a muerte" (24:17). Esta es una ilustración de cómo matar es diferente a asesinar. De lo contrario, la persona que mate a un asesino sería un asesino y alguien tendría que asesinarlo; y luego la reacción en cadena continuaría hasta que todo el pueblo de Dios estaría muerto. Dios establece el matar y asesinar como dos cosas diferentes y pone el poder de matar en manos de los jueces. Al menos eso es lo que la mayoría de los comentaristas creen, que estas instrucciones son para los jueces porque son seguidas por instrucciones que parecen ser una guía para las decisiones judiciales. Por ejemplo, un juez ordenaría el reembolso de lo robado; las Escrituras no dicen que la víctima debe ir a tomarlo por sí mismo. Dios describe el orden y la civilidad y establece algunos elementos disuasivos para pecar contra otros.

Luego continúa con un nuevo tipo de mandato sabático, un mandato para dejar que los campos descansen en el séptimo año, al igual que las personas. El siete simboliza la culminación y la perfección, por lo que continuaremos viendo a Dios reiterando eso. Luego expone el plan para el Jubileo, que sucederá el año después de siete "semanas de años". Según lo que hablamos ayer, ¡probablemente ya sepas lo que esto significa! Siete semanas de años significaría siete por siete, que es cuarenta y nueve, por lo que el año siguiente es el año cincuenta, el Año del Jubileo. Este patrón refleja exactamente lo que vimos ayer con los cincuenta días entre las fiestas de Pascua y Pentecostés. La gente tampoco trabaja la tierra durante este año, por lo que tienen dos años consecutivos sin trabajar la tierra, el año sabático y el año jubilar. Realmente tienes que confiar en la provisión de Dios para dejar descansar la tierra durante dos años, porque tu comida tiene que durar hasta que llegue la cosecha del tercer año. ¡El Sabbat requiere fe! Pero Dios promete que dará una cosecha abundante en el año anterior a este descanso.

En el Año del Jubileo, las deudas se cancelan y las personas que se vendieron para pagar sus deudas ¡quedan en libertad! Dios llama a las personas a ser amables con los necesitados y ayudar a otros a ponerse de pie. El Jubileo es un recordatorio de que *todos* son siervos de Dios y que Él provee para todos.

VISTAZO DE DIOS

Hay mucha alegría y libertad en los capítulos de hoy, particularmente en la imagen de Dios como quien defiende a los pobres, provee a los necesitados y llama a los ricos a ser ayudantes al compartir y redimir a otros de la deuda. Él ama la libertad, el descanso, la provisión y a los pobres. Básicamente les recuerda: "Cuando vine a rescatarte, no tenías nada. Soy yo quien te dio todo lo que tienes. Por lo tanto, no seas tacaño con lo que se te ha dado, eso no es un reflejo de Mi corazón". Cuando recordamos la generosidad y provisión inquebrantable de Dios, podemos vivir con las manos abiertas. La acumulación de cosas nunca nos hará felices y nunca puede proporcionarnos seguridad. ¡Solo Él puede hacer eso! ¡Él es donde el júbilo está!

LEVÍTICO 26-27

A medida que Dios concluye la conversación del pacto con Moisés en el monte Sinaí durante su segunda visita, Él hace algo que es bastante común en un acuerdo dentro de un pacto: establece las expectativas de bendiciones y maldiciones en función de si el pacto se cumple o no. Este es un acuerdo estándar en convenios, que enumera las notas al pie de la página. Si Israel permanece fiel a las leyes de Dios y guarda Su Sabbat, los bendecirá de maneras obvias con paz, abundancia y seguridad. Y aunque todavía tendrán enemigos, ¡tendrán la victoria sobre ellos! Pero si no se mantienen fieles a Él, cinco fases de maldiciones seguirán a su rebelión. Si en algún momento se arrepienten, no ejecutará la siguiente fase. Las fases aumentan en intensidad a medida que avanzan y la fase final es el exilio y la dispersión en la tierra que prometió darles. Otras cosas terribles también vienen con esto: corazones llenos de miedo y paranoia, derrota a manos de ejércitos extranjeros y una falta de comida tan pronunciada que conduce al canibalismo. Dios dice que hará que sus cielos sean de hierro y que su tierra sea de bronce, lo que significa que el cielo no lloverá y que la tierra será demasiado dura para plantar alimentos. En ese contexto, la mayoría de ellos morirían y nunca volverían del exilio. Y como resultado de sus pecados, sus hijos serían criados en las tierras de enemigos extranjeros, al igual que ellos habían sido.

Si rompen el pacto, estas maldiciones tienen la intención de despertarlos y provocar el arrepentimiento. *Arrepentirse* significa alejarse de nuestros pecados y *volvernos* hacia Dios. Dios está ejercitando disciplina, no castigo. La disciplina es el acto de cualquier Padre amoroso cuyo hijo camina en rebelión. Si esto no fuera disciplina, si Él estuviera desechando a estas personas por completo, Él no estaría delineando la posibilidad de arrepentimiento y redención.

En el capítulo 26, YHVH hace promesas a la gente y en el capítulo 27 vemos los votos de la gente a Él. Se supone que cada persona debe servir en el templo o hacer un voto financiero; los levitas sirven y las otras tribus pagan el voto. Esto asegura que todos tengan algún tipo de inversión en el trabajo del templo. Nadie se sienta en la banca; todos participan. Los valores de los votos se ajustan en función de lo que esa persona contribuiría con el trabajo físico. Esto nos muestra el cuidado detallado de Dios por las personas y sus circunstancias de vida. Él dice: "el sacerdote fijará el valor a pagar, según los recursos de quien haga el voto" (27:8). Las personas más ricas también pueden pactar sus animales, casas o tierras a Dios. Sin embargo, si dan tierra, se revierte al propietario en el Año del Jubileo. Es menos como vender y más como un contrato de arrendamiento que termina en el Año del Jubileo. No se les permite intercambiar tierras a largo plazo; siempre vuelven a la persona, familia o tribu que Dios pretendía originalmente. Él decide quién recibe qué tierra y no pueden modificar Su plan. En realidad, todavía no tienen esta tierra, pero les está diciendo de antemano cómo planificar lo que Él hará cuando salgan del desierto a la tierra que Él ha prometido.

Hoy, la palabra *diezmo* aparece por primera vez en las Escrituras y la palabra literalmente significa "una décima parte". Es una donación del diez por ciento de sus ingresos al templo, incluso si esos ingresos son en forma de alimentos o animales. Este diezmo ayuda a mantener a los levitas, ya que están haciendo el trabajo duro de ayudar a las personas a acercarse a Dios y para el mantenimiento del templo.

VISTAZO DE DIOS

Cuando Dios les dice cómo responderá si rompen el pacto y luego se arrepienten, eso no es una parte estándar de los antiguos pactos. Un pacto roto generalmente significa un pacto *terminado*, pero Dios no los está dejando a la deriva. Les brinda la oportunidad de regresar, mostrándoles misericordia al siguiente nivel. Incluso cuando se rebelan, si ellos se humillan y se arrepienten, Dios los perdona. Él no romperá Su pacto con ellos; Él lo mantendrá y será su Dios. Él sigue dejando la luz encendida para ellos. Con Dios, es imposible estar demasiado lejos. Cualquiera que sea el medio que Él use o no use para provocar el arrepentimiento y la disciplina, Él está obrando para nuestro bien y para nuestro gozo, para acercarnos de regreso a Él. ¡Qué Dios tan misericordioso! ¡Él es donde el júbilo está!

NÚMEROS 1–2

En hebreo, este libro se llama En el Desierto. Si en realidad no te gustan los números, ten en cuenta que a pesar de que este libro los contiene, también contiene algunas de las historias más subestimadas de las Escrituras. Pero ten por seguro que aprenderemos algo sobre Dios ¡incluso en los días de puros números y nombres!

Este es el cuarto libro de la Torá, también conocido como: los libros de la Ley, los libros de Moisés o el Pentateuco. Este libro continúa con la historia de la familia que hemos estado siguiendo durante dos mil setecientos años, desde Adán en el día uno. Adán eventualmente conduce a Noé y luego Dios borra a la población de la tierra, excepto a las ocho personas de la familia de Noé, que comenzaron de nuevo con borrón y cuenta nueva. A través del segundo hijo de Noé, Sem, eventualmente llegamos a Abraham, y Dios promete hacerlo el padre de muchas naciones a través de su segundo hijo, Isaac. Esa promesa continuó a través del segundo hijo de Isaac, Jacob. Jacob tuvo doce hijos y diez de ellos vendieron a José, como esclavo. Pero Dios amaba a esos doce hermanos y prometió darles la tierra de Canaán donde vivían sus enemigos. La esclavitud de este hermano dio un giro para bien, pero resultó en que toda su familia y sus descendientes fueran esclavos en Egipto durante cuatrocientos años. Hace solo trece meses que Dios los rescató de la esclavitud egipcia a través de la mano de Moisés y su hermano mayor Aarón. Moisés acaba de pasar cuarenta días (más) en el monte Sinaí, donde Dios aprobó las leyes para estas doce tribus de personas que son descendientes de esos doce hermanos que conocimos casi cinco siglos atrás.

Hoy Dios y Moisés se reúnen para hablar nuevamente y Dios le dice a Moisés que haga un censo de todos los hombres de veinte años en adelante de estas doce tribus. Este es el tipo de cosas que alguien podría hacer en preparación para la guerra, contar a sus soldados. Dado a lo que sabemos hasta ahora, ¿contra quién crees que Dios podría estar preparándolos para luchar? La tribu de Judá es la más grande de las doce con gran diferencia, el doble del tamaño de algunas de las otras tribus. ¿Recuerdas en Génesis 49:8-12 cuando Jacob-Israel estaba muriendo y profetizó una bendición sobre cada uno de sus hijos? Lo que aprendemos hoy sobre el tamaño y la preeminencia de la tribu de Judá se alinea perfectamente con lo que Jacob-Israel dijo sobre Judá ese día hace más de cuatrocientos años.

Con José, los números se dividieron en las líneas de sus hijos Efraín y Manasés porque Jacob-Israel los adoptó y los bendijo como sus propios herederos. Entonces, parece que ahora hay trece clanes, ¡que podría desestabilizar todo! Pero no te preocupes, Dios tiene un plan para todo y veremos cómo se desarrollará en los próximos días. Dios le dice a Moisés que no cuente la tribu de los levitas porque su trabajo y sus vidas se centran alrededor del tabernáculo. Trabajan allí, viven alrededor de su perímetro, lo cuidan y protegen, protegen a los demás de morir al entrar en contacto con su santidad, lo desmontan, lo llevan por el desierto cada vez que se mudan y lo vuelven a montar en la nueva ubicación. Su tribu es la escogida de entre las doce originales.

Dios da órdenes sobre cómo organizar a las tribus en campamentos alrededor del tabernáculo. Esta es una estructura completamente nueva y se supone que está en medio de ellos, en el corazón del campamento. El rectángulo interno son los levitas y el rectángulo externo tiene tres tribus en cada lado, dividiéndolos en cuatro grupos. Dios también les da su orden de marcha, grupo por grupo, tribu por tribu, para cuando vayan por el desierto.

VISTAZO DE DIOS

En el censo, vemos que Dios está obrando, construyendo su confianza en Él y Sus promesas. Piensa en todo lo que ellos han pasado desde que Dios le prometió a Abraham que aumentaría su descendencia. Finalmente, aquí están, probablemente llegando a millones. Esta es evidencia que Dios cumple Sus promesas. Hemos visto tanto pecado en su historia, pero no pueden manipular el salirse de Su plan, temer para salir de Su plan, asesinar para salir de Su plan o de ninguna manera escapar del buen plan de Dios por su bien y para la Gloria de Dios. Están ahí, *ese es el plan*. Algunos días es estar en la cima de la montaña y otros es estar en hoyos y cárceles. Pero sin importar que tipo de día sea, ¡Él es donde el júbilo está!

NÚMEROS 3–4

Ahora que Moisés tiene instrucciones sobre cómo construir una sociedad y la gente sabe cómo establecer un campamento, Dios se enfoca en el servicio del tabernáculo recién construido en el desierto. Dios establece a Aarón y sus dos hijos vivos, Eleazar e Itamar, como los principales del tabernáculo. Las otras personas de su tribu, los levitas, están allí para servirles y ayudarlos a servir.

Para establecer estos roles con orden, Dios pide tres censos diferentes. El primero está directamente relacionado con algo que Dios ha estado trabajando durante un tiempo. Típicamente, el primogénito de cada familia es consagrado y apartado para servir al Señor, pero aquí Dios se refiere a los levitas como Su primogénito entre Israel. "Mira, yo me reservo a los levitas de entre los demás israelitas en sustitución de todos los primogénitos —los primeros nacidos— de Israel; los levitas serán, pues, míos" (3:12). Él está haciendo aquí un intercambio: levitas a cambio de primogénitos. Cada uno de los varones levitas sirve como representante de cada uno de los primogénitos de las otras tribus. Para asegurarse que cada primogénito de Israel sea reemplazado por un levita masculino, los primogénitos también deben ser contados, por lo que Moisés hace el segundo censo. Las cifras son bastante cercanas, pero no exactas: todavía les faltan doscientos setenta y tres levitas. Entonces, Dios establece un proceso donde esas doscientos setenta y tres familias israelitas que no están representadas por un levita pueden darle al tabernáculo cinco siclos de plata. De esa manera, aunque la familia no puede beneficiar al tabernáculo a través del servicio de un hijo, pueden beneficiarlo a través de la donación de su dinero.

Durante ese proceso, nos encontramos con tres clanes en la tribu levita: gersonitas, coatitas y meraritas. Estos son los descendientes de los tres hijos de Leví. Cada clan tiene una tarea específica en el cuidado del tabernáculo. Los gersonitas se ocupan de las cortinas y revestimientos y elementos relacionados con la tela. Los meraritas manejan los elementos estructurales como postes, pilares y ganchos de carpa. Los coatitas se encargan de proteger los utensilios sagrados, como el arca y el candelabro. Cada vez que es hora de empacar el campamento y seguir adelante, Aarón y sus hijos empacan los utensilios sagrados, luego los coatitas llevan los elementos a la nueva ubicación. Los coatitas probablemente tengan esta tarea, ya que son los guardias de los utensilios sagrados y este es un momento especialmente importante para protegerlos, dado que los utensilios pueden ser más vulnerables a los enemigos mientras viajan. Se puede decir que los coatitas tienen el papel más importante de estos tres clanes. Moisés y Aarón pertenecen al clan de los coatitas, los de la posición más alta (Éxodo 6:16-25). Y de acuerdo con un tema que hemos estado notando, Coat era el segundo hijo de Leví y Moisés era el segundo hijo de su padre. Aarón fue el primogénito, y esa es posiblemente una de las razones por las que Moisés y Aarón tienen una tensión constante a lo largo de los años y más recientemente con el incidente del becerro de oro.

El tercer censo enumera a los hombres de entre treinta y cincuenta años que pueden transportar artículos cuando el tabernáculo es transportado a un nuevo lugar. Los artículos más pesados se transportarán en carretas de bueyes, pero algunas cosas se transportarán en postes. Es posible que hayas notado que los levitas son significativamente más pequeños en número que todas las otras tribus. En muchas culturas, las minorías son ignoradas, pero aquí Dios les da una posición de honor increíble, colocándolos lo más cercano a Él mismo, designándolos para proteger Su tabernáculo y servir como mediadores entre Él y Su pueblo.

VISTAZO DE DIOS

Así como la tribu más grande, Judá, tiene una posición de honor, también la tiene la tribu más pequeña, los levitas. En la economía de Dios, tanto los más grandes como los más pequeños son bienvenidos y se les otorga honor y un lugar para servir a Su Reino. Ministrar a las personas es una forma de servir y otra forma es hacer el trabajo pesado menos glamoroso. Para que el tabernáculo funcione bien y para que todo el pueblo de Israel sea bendecido, ambos tipos de servicio son necesarios. Las personas que sirven visiblemente a menudo reciben más elogios y atención, pero no pueden hacer lo que hacen sin alguien detrás del escenario. Puedes pensar que todo lo que haces en tu iglesia es amontonar sillas, estacionar autos o servir en la guardería, pero todos los que sirven a la iglesia tienen un papel vital, designado por Dios para el servicio y la edificación de Su Pueblo. Nadie es invisible para Dios, así que "Sirve al Señor con alegría" (Salmos 100:2). ¡Él es donde el júbilo está!

NÚMEROS 5-6

Ayer Dios se centró en el papel de los levitas en el servicio del tabernáculo y hoy se dirige al resto de las tribus, asegurándose que estén viviendo las vidas reservadas de pureza y santidad a las que Él los llamó cuando hizo un pacto con ellos. Al tratar con la impureza, Él comienza con el tipo más obvio: la impureza externa. Él les ordena poner a las personas con enfermedades de la piel fuera del campamento, junto con cualquiera que haya estado en contacto con un cadáver. Esto no significa que ya no sean Su pueblo o que no tengan hogar. Solo tienen que estar en cuarentena para que no contaminen el tabernáculo.

Luego Él se dirige a la impureza interna, incluidos los pecados cometidos contra Dios u otros. Pide confesión, arrepentimiento y en consecuencia restitución legal. Luego llegamos a una sección desafiante. Las palabras de Dios sobre el adulterio o la sospecha de adulterio son, en última instancia, un llamado a la pureza marital y Él les dice cómo manejar la *sospecha* de adulterio. Ya sabemos que la pena por el adulterio es la muerte (Deut 22:22), pero es poco probable que alguien confiese el adulterio directamente ya que recibiría la pena de muerte. Por lo tanto, necesitan una forma de manejar el presunto adulterio para evitar matar a personas acusadas falsamente.

Dios aborda un escenario hipotético en el que un hombre sospecha la infidelidad de su esposa. Se responsabiliza a la mujer en lugar de al hombre y las dos razones potenciales son que: (1) su esposo podría no tener idea de con quién lo engañó y (2) si ella queda embarazada, se podría probar que está mintiendo. En esta extraña ceremonia para ponerla a prueba de adulterio, Dios se ofrece voluntario para testificar como testigo ya que no hay otros testigos. Él es la única persona que podría lograr este tipo de cosas. Es omnisciente, lo que significa que lo sabe todo, Su presencia está en todas partes y Él lo ve todo, por lo que definitivamente Él fue testigo de lo que sucedió o no sucedió. No solo eso, sino que Él es el único que tiene el poder de llevar a cabo las consecuencias correspondientes: Él es el dador de la vida, por lo tanto, aquí Él controla el resultado de cualquier posible embarazo.

Los significados de estas maldiciones no están claros. Algunos eruditos piensan que se refieren al embarazo o a la apariencia de embarazo debido a la inflamación del útero. Otros piensan que significan aborto espontáneo o infertilidad debido a la frase "su muslo se caerá". Y en caso de que haya alguna confusión, 5:31 no se refiere a que el hombre adúltero esté libre de iniquidad; probablemente se refiere al esposo, ya que es el hombre que se ha mencionado más recientemente en el texto. Ya sabemos que Dios responsabiliza a *ambos* adúlteros (Deut 22:22). Este proceso de abordar las sospechas probablemente protege a una mujer inocente de la ira de su esposo y su comunidad. Y para la mujer culpable, lleva consigo la maldición, pero aún recibe la misericordia de Dios, porque no recibe la pena de muerte que merece según la ley. No hay una prueba equivalente para una mujer que sospecha que su esposo está cometiendo adulterio. Eso es probable porque en el antiguo Cercano Oriente las mujeres simplemente lo aceptaban. Incluso hemos visto al menos tres casos en que una mujer le da su esposo a otra mujer. Los hombres que tenían múltiples esposas eran tan comunes que las mujeres no sabían qué esperar más de sus esposos, a pesar de la alta visión de Dios sobre el matrimonio.

Luego leemos sobre los votos nazareos. Juan el Bautista, Sansón y Samuel fueron nazareos de toda la vida, pero el voto generalmente se tomaba por un período de tiempo preestablecido. La mayoría de las reglas para ser un nazareo se superponen con los requerimientos para un sacerdote, pero algunas realmente las *superan*. Por ejemplo, a los sacerdotes no se les permite beber en el trabajo, pero a los nazareos no se les permite beber en absoluto. ¡Ni siquiera pueden comer uvas o semillas de uva! El objetivo del voto es que sean visible y moralmente distintos en formas que muestren que han sido apartados para la obra de Dios.

VISTAZO DE DIOS

Terminamos hoy con la bendición de Dios para el pueblo. Él *quiere* bendecir. Él realmente *ordena* a Sus siervos que bendigan a Su pueblo. Que esto también te bendiga: "El Señor te bendiga y te guarde; el Señor te mire con agrado y te extienda su amor; el Señor te muestre su favor y te conceda la paz" (6:24-26). Y que Él también te dé un júbilo profundo, duradero, que disipe el miedo, calme el caos y desafíe las circunstancias. ¡Él es donde el júbilo está!

NÚMEROS 7

¡Mañana terminamos dos meses de lectura de la Biblia! Hasta ahora has pasado unas doce horas leyendo la Biblia, y todavía estás con ella incluso en las trincheras de Números, ¡así que parece que estás en esto a largo plazo! ¡Que Dios siga atrayéndote a leer Su Palabra!

Abrimos nuestro capítulo más largo y repetitivo hasta la fecha con algunas ofrendas para los levitas, iniciadas por los jefes de las otras tribus. Ellos le dieron a los gersonitas y a los meraritas carretas con bueyes para que las usaran como portaequipaje para el tabernáculo, pero los coatitas no recibieron ninguna carreta con bueyes porque, según el texto, ellos tenían que cargar cosas sobre sus hombros. Esta es una referencia a los postes que ya leímos y comentamos, que van sobre sus hombros. Parejas de hombres caminan con los postes descansando sobre sus hombros y los artículos se llevaban encima de los postes. Esto les permite transportar objetos sagrados que no pueden ser tocados, de una manera que los mantengan bajo su estrecha vigilancia y control. Comprender cómo funciona esto nos ayudará a comprender mejor algo que encontraremos en el futuro.

Después de dar las carretas y los bueyes, ellos organizan una ceremonia de dedicación y Dios establece las ofrendas que vendrán de cada tribu durante ese proceso. A cada tribu se le asigna un día de los doce días de la ceremonia cuando sus líderes llevarán sus ofrendas al tabernáculo.

Comenzando con Judá el primer día, recorren el campamento en sentido horario. Cada una de las tribus, independientemente de su tamaño, aporta a los levitas la misma contribución para demostrar que cada tribu los apoya plenamente. Los levitas no pueden hacer esto solos; ¡necesitan ayuda de la gente! En la economía de Dios, todos se benefician de la contribución de todos. Cuando todos trabajan juntos, dando de lo que Dios ha provisto abundantemente para ellos, entonces el tabernáculo de Dios está siendo cuidado y los líderes de Dios están siendo cuidados. ¡No solo eso, sino que los corazones de los contribuyentes son bendecidos y conformados a la imagen del Dios generoso que los bendijo!

¡Este proceso no se trata solo de la provisión práctica y el orden, se trata del compromiso espiritual a nivel del corazón!

En total, ellos dan doce platos de plata con un peso total de más de mil quinientos siclos, doce tazones de plata con un peso total de más de ochocientos siclos, doce platos dorados con un peso de ciento veinte siclos, aceite, harina e incienso, seis carros y doscientos sesenta y cuatro animales. Estas ofrendas sirvieron no solo para bendecir a los levitas sino también para bendecir a todo el pueblo. También ayudan a conectar los corazones de las tribus con los levitas y lo que estos están haciendo, lo que finalmente conecta a las personas de nuevo con Dios. Jesús dice que el corazón sigue al tesoro (Mateo 6:21), así que cuando todas las tribus le dan estas cosas a esta tribu que les está sirviendo, les ayuda a comprometerse con la realidad de lo que los levitas están haciendo en Su nombre. Dios es eficiente Él usa el don de uno para bendecir a todos y también usa nuestra donación como una carretera de doble sentido por la cual recibimos bendiciones a cambio. Por cierto, eso no significa necesariamente una bendición financiera o que todas tus oraciones sean respondidas con un "sí"; significa el tesoro real y duradero de Su cercanía y la belleza de reflejarlo al mundo que nos rodea.

VISTAZO DE DIOS

Al final de este período de doce días de dedicación, Moisés entra al tabernáculo para escuchar al Señor hablarle. Esta es la culminación de los ochenta y ocho versos anteriores, todos estos, acumulándose para esto. Todos los animales, la ceremonia y los tazones de plata ... nada de eso significaría algo si este momento al final no sucediera: Un Dios Santo se está acercando para hablar con humanos pecaminosos. Ya sea que puedas dar un tazón de oro o no puedas dar nada, que tu corazón esté unido al Señor a través del tiempo que pasas en Su Palabra. Que puedas verlo aún más claramente después de estos dos meses: ¡Él es donde el júbilo está!

NÚMEROS 8-10

Hoy Dios le da a Moisés la orden de purificar a los levitas. Su posición de liderazgo requiere que se sometan a un proceso de limpieza aún más completo que al que se somete el pueblo. Dios reitera Su plan para los levitas y su posición como Su primogénito entre Israel, que también es Su primogénito, por lo que son los primogénitos del primogénito. El pueblo pone sus manos sobre ellos, que es lo que normalmente le hacen a un animal antes de sacrificarlo. Simbólicamente están ofreciendo a los levitas como algo que le están devolviendo a Dios. Este símbolo se repite, pero de una manera diferente, cuando los levitas son dados como una ofrenda mecida. Cualquier elemento que sea mecido en una ofrenda mecida siempre le pertenece a Dios después.

Ya ha pasado un año de la esclavitud egipcia, lo que significa que es hora de celebrar la Pascua. Dios da instrucciones al respecto, requiriendo que todos participen, pero también requiriendo que todos estén limpios para poder participar. Algunos no están limpios, así que están frustrados con Dios porque no pueden celebrar el aniversario de Su rescate. Ellos hablan con Moisés al respecto, Moisés habla con Dios al respecto y Dios dice: "Pueden celebrarlo, solo tienen que esperar un mes". Hay grandes consecuencias, posiblemente la muerte o la excomulgación, si optas por salir de la celebración por completo, porque puedes imaginar lo que eso podría revelar sobre tu corazón hacia Dios. Dios incluso abre esta celebración a los forasteros que viven entre ellos, incluyendo a los egipcios que huyeron con ellos. ¡Dios es tan acogedor y hospitalario!

Celebran la segunda Pascua en el desierto de Sinaí, luego comienzan una nueva temporada en sus vidas como el pueblo de Dios: moviéndose por el desierto. Se dirigen a Canaán, la tierra prometida. Según la mayoría de las estimaciones, es aproximadamente un viaje de once días desde Egipto a Canaán. Entonces, ¿por qué llevan aquí ya un año? ¿Alguna vez has escuchado a alguien decir: "Los israelitas estaban perdidos en el desierto"? No están perdidos en lo absoluto. Están siguiendo a Dios, guiados por Su columna de fuego y nube. Acampan donde Dios acampa, se quedan mientras Dios se quede y siguen a Dios a dondequiera que Él los lleve. Este es un acto de sumisión y confianza y probablemente incluso de desesperación. Para no liberarte y escapar a las colinas cuando los tiempos se ponen difíciles, debes saber que dependes de Él absolutamente para todo.

Mientras se preparan para partir, Dios coloca dos trompetistas con una serie de diferentes tonos de llamada para comunicar cosas específicas a la gente. Algunos llaman a la gente a celebrar y otros se usan como un grito de ayuda a Dios. Una vez que todo esto está en su lugar, se ponen en marcha. Después de casi un año en el desierto de Sinaí, empacan el nuevo tabernáculo recientemente ensamblado y consagrado y se ponen en su formación de marcha diseñada por Dios. Incluso el orden en el que llegan los clanes de levitas está diseñado con la eficiencia en mente.

VISTAZO DE DIOS

Dios consagra a los levitas para Sí mismo, lo que nos da una fracción de visibilidad en la mente de Dios. Dice que consagró a los levitas el día en que exterminó a todos los primogénitos de Egipto. ¿Sabes lo que habían hecho los levitas para llamar Su atención para que les otorgara este gran honor? Por cierto, esto fue antes del momento del becerro de oro cuando ellos mataron a tres mil de los idólatras en su campamento, por lo que no fue eso (según Éxodo 32:29, ese fue el día en que Él los *ordenó*, pero no el día en que los consagró para la ordenación). Cuando Dios exterminó a los primogénitos de Egipto, lo único que los levitas o cualquiera de los esclavos israelitas habían hecho, hasta donde sabemos, era dudar de Dios. No han hecho nada para ser apartados así. Este es simplemente el plan generoso y misericordioso de Dios y Él lo ha estado elaborando todo el tiempo. Dice que Él los consagró, los hizo santos para Sí mismo. Tomó a un grupo de incrédulos y los convirtió en personas que viven y sirven en la proximidad más cercana a Él. ¡Incluso los que dudan están invitados a acercarse y ver que Él es donde el júbilo está!

NÚMEROS 11–13

Hoy empezamos con quejas y parecen ser injustificadas, porque Dios está enojado y envía un fuego alrededor de la orilla del campamento. Luego empiezan a quejarse de nuevo por la comida. Sus quejas no están relacionadas con una necesidad insatisfecha; Dios les ha dado maná. Esto no es desesperación, esto es soberbia. Dios les provee, pero no creen que sea suficiente. Anhelan Egipto, olvidando que lo que Dios te llama a soportar *con Él* es mejor que cualquier tipo de abundancia *sin Él*. ¡No es que tuvieran abundancia en Egipto de todos modos! Están romantizando el pasado y Dios lo llama un rechazo a Él.

Moisés está estresado por su llanto y saca su frustración con Dios. Pero Dios no es su problema, el pueblo es su problema. La solución de Dios implica una delegación de responsabilidad y una distribución del Espíritu de Dios. Cuando Dios el Espíritu se mueve entre ellos, profetizan. Por lo menos, la profecía dice la verdad. ¡Moisés dice que desearía que todo el pueblo de Dios fuera profeta! ¡Es mejor ser alguien que dice la verdad que alguien que se queja soberbiamente! Hasta ahora, Moisés ha sido el único que ha comunicado las palabras de Dios al pueblo, pero aquí, otros también lo están haciendo. Este breve momento de profecía ayuda a establecer confianza y ahora estos líderes en el campamento muestran evidencia de estar conectados con Dios también. Moisés está encantado de compartir autoridad con estos líderes, aunque Dios mantiene que Él y Moisés tienen una relación distinta.

Dios dice que enviará la carne que el pueblo quiere. De hecho, enviará tanta que se arrepentirán de haberla pedido. Él trae un viento que sopla tantas codornices en la zona que sus cadáveres se apilan a tres pies de altura. ¡Los que recogen las menores cantidades de codorniz obtienen más de mil botellas de dos litros! También hirió a algunas personas con una plaga directamente relacionada con su desconfianza en Su corazón. Dios es *justo* con los que hiere; Él conoce los corazones y lo ve todo. Le dan al lugar un nombre que se traduce como "sepultura de la glotonería".

Después de esto, Moisés es golpeado por el drama familiar. Miriam y Aarón rechazan su liderazgo y hacen comentarios prejuiciosos contra su esposa etíope.

Moisés no se defiende. Tal vez confía en Dios para actuar o tal vez está demasiado agotado emocionalmente para lidiar con ello. Pero Dios reprende a Miriam y a Aarón. Castiga a Miriam con lepra, lo que probablemente significa que ella es la que provocó la rivalidad entre hermanos y Moisés le pide a Dios que la sane. Dios lo hace, pero la pone en tiempo fuera por una semana, así que ella tiene que limpiarse fuera del campamento. Pero incluso estas consecuencias repartidas por Dios son un medio de restauración, no solo de castigo. Todo el campamento se ve afectado por el pecado de Miriam de chismes y difamación. Tienen que esperar otra semana más antes que puedan salir de nuevo.

Dios le dice a Moisés que envíe doce espías —un líder de cada tribu— para explorar la tierra que les prometió. Después de cuarenta días de espiar Canaán y ver lo asombroso y fértil que es, solo dos de los líderes creen en la promesa de Dios de que pueden tomar la tierra: Caleb de la tribu de Judá, la tribu más grande y Josué de la tribu de Efraín, posiblemente la más pequeña de las tribus no levitas. El más grande y el menor. Los otros diez líderes dudan de la palabra de Dios. Esto cambia el juego. Cuando los líderes tienen miedo y no confían en Dios, los seguidores tampoco lo harán.

Los espías dudosos informan haber visto anaquitas en la tierra. Pero ¿cómo pueden aparecer de nuevo aquí si Dios los eliminó a todos durante el diluvio? Aquí hay tres teorías: (1) Más ángeles caídos están haciendo los mismos trucos, (2) la leyenda de los anaquitas se ha transmitido a través de generaciones y se ha convertido en un término que utilizan para referirse a cualquier persona particularmente grande, y (3) como los diez espías que dudan tienen tanto miedo, probablemente están exagerando para asustar a la gente para que no tomen la tierra. Su informe de los anaquitas nunca es confirmado por Dios, Josué o Caleb, así que es probable que solo sea el miedo hablando.

VISTAZO DE DIOS

Es hermoso ver a las tres personas distintas de nuestro Dios unificado representadas en el campamento de varias maneras: Dios Padre morando en el Lugar Santísimo, Dios Espíritu descansando en Moisés y los demás que eligió y —probable pero no seguro— Dios Hijo apareciendo como el pilar de nube y fuego. Incluso en medio de las quejas de Su pueblo, Dios está con ellos. ¡Y Él es donde el júbilo está!

NÚMEROS 14–15; SALMOS 90

Hoy la gente responde al informe de los espías. Debido a que diez de los líderes están temerosos, todo el campamento está sumido en caos. Tratan de usurpar la autoridad de Dios eligiendo a un líder que no sea el que Dios designó y yendo a donde Dios no los está guiando: de vuelta a Egipto. "Volver a Egipto" se convierte en una metáfora para dudar y alejarse de Dios. Si no llevamos nuestras dudas *a* Dios, nos alejarán *de* Dios. La duda de los israelitas se convierte en miedo, lo que provoca una rebelión. Moisés y Aarón caen sobre sus rostros; y Josué y Caleb se rasgan la ropa en duelo y tratan de hacer que el pueblo confíe en Dios. ¡Pero su discurso falla, y la gente quiere apedrearlos!

Afortunadamente, durante el motín, Dios aparece. Pero no tiene buenas noticias. Quiere matar a todos y empezar de nuevo con Moisés. Moisés le suplica a Dios que proteja Su nombre delante de los egipcios, incluso discutiendo en nombre del pueblo a su propio costo. Él se mantiene en las promesas y el carácter de Dios, citando a Dios de vuelta a Dios. Dios cede, pero no sin dar consecuencias por la incredulidad del pueblo. Los diez espías que dudaron de Él e hicieron que todos entraran en pánico murieron por una plaga. ¿Y todos los hombres que preferirían morir en el desierto? Dios dice que les dará lo que pidieron. De hecho, todos permanecerán en el desierto durante cuarenta años, tiempo suficiente para que todos los mayores de veinte años, excepto Caleb y Josué y sus descendientes, mueran. Sus muertes serán el resultado de plagas y juicios que vienen debido a su constante rebelión. Ninguno de aquellos cuyos corazones se rebelaron contra Dios verá la tierra prometida.

Entonces Dios les advierte que los enemigos están cerca y dice que empaquen y se dirijan al sur. Pero al pueblo no le gustan Sus consecuencias, así que dicen: "Pensándolo bien, ¡vamos a tomar la tierra después de todo!". Ignoran las instrucciones de Dios y se dirigen al norte. Como era de esperarse, pierden la batalla. Sus corazones se revelan: Quieren los dones de Dios más de lo que quieren a Dios mismo. Están tratando de reclamar las promesas de Dios sin Su poder ni Su presencia. Están dispuestos a desobedecerlo para conseguir lo que quieren. Nota que mientras no creían en Su promesa de darles Canaán, creían en Su promesa de matarlos en el desierto. ¿Por qué es mucho más fácil confiar en Su ira que Su gracia?

Cuando establecen un campamento en un lugar nuevo, Dios les da más leyes. Algunas son para los pecados involuntarios, que aún requieren una ofrenda. Pero las leyes para los pecados intencionales y desafiantes cometidos "deliberadamente" requieren un castigo más severo. Todos los pecados son iguales en su capacidad de hacernos injustos y para aquellos que son hijos de Dios, todos los pecados son *igualmente pagados en su totalidad* por la muerte de Cristo. Pero aparte de eso, hemos visto que algunos pecados son mucho más ofensivos y malvados que otros, e incluso Dios considera los motivos.

Dios les recuerda de nuevo la importancia del Sabbat. Parece pequeño, pero esos pequeños pasos lejos de confiar en Dios se suman. Dejando que cosas como el Sabbat se desplacen, terminan haciendo becerros de oro y creyendo en espías temerosos. El Sabbat les recuerda quién es Dios; es un acto de confianza. Si no nos recordamos a nosotros mismos quién es Dios, corremos el riesgo de convertirnos en personas que mueren en el desierto, estando cerca de Él, pero perdiéndonos del gozo y la paz de honrarlo y confiar en Él. Para ayudar a recordarles a Él y Sus caminos, los hace usar flecos púrpuras en sus ropas. Jesús era un judío respetuoso de la ley que cumplía perfectamente estas leyes, lo que significa que Él llevaba estos flecos púrpuras. Cuando leemos que la gente toca el dobladillo o el flequillo de Su prenda en Mateo 9:20-22 y 14:36, ¡esto es a lo que se refiere!

Moisés escribe un salmo en respuesta a toda esta tragedia. Como resultado del pecado del pueblo, él también sufrirá. No tenía idea alguna en qué se estaba metiendo cuando Dios lo llamó. Probablemente imaginó un trayecto de dos semanas, no de cuarenta años. Así que suplica el favor de Dios. "Días y años nos has afligido, nos has hecho sufrir; ¡devuélvenos ahora ese tiempo en alegría!" (Salmos 90:15).

VISTAZO DE DIOS

Después de la rebelión, Dios podría haber salido balanceándose, pero abre con: "Después de que hayan entrado en la tierra que les doy para que la habiten". A pesar de todo su pecado, les recuerda que no ha cambiado de opinión. Él mantiene Su promesa. Siguen siendo Su pueblo. ¡Qué misericordia! ¡Qué integridad! ¡Qué perdón! Incluso en el desierto durante cuarenta años, ¡Él es donde el júbilo está!

NÚMEROS 16–17

Coré era un coatita, un guardia de las vasijas sagradas. Él y tres rubenitas, sus vecinos de al lado en el campamento, conspiran contra Moisés y Aarón. Incluso como coatita, Coré está insatisfecho con su llamado, quiere más poder e influencia. Reúne a doscientas cincuenta personas en un golpe militar, tal vez esperando que al levantar a otro líder puedan evitar los treinta y ocho años más de consecuencia que dictó Dios ayer. Coré discute que, como la familia escogida por Dios, todos han sido apartados, así que todos deberían ser capaces de hacer las cosas que Moisés y Aarón hacen. Están faltando al respeto al nombramiento de liderazgo de Dios.

Moisés acusa a Coré de ser engreído y desagradecido y luego propone un desafío al equipo de Coré: "Bien rebeldes, vengan a ofrecer su incienso y vean cómo les va". Dos de los rebeldes rechazan su petición, pero no porque se den de cuenta que se han sobrepasado; en vez, están diciendo: "No eres mi jefe". Acusan falsamente a Moisés de sacarlos de "una tierra donde abundan la leche y la miel". Moisés los sacó de la esclavitud, mientras que "la tierra donde abundan la leche y la miel" es el lenguaje de Dios para Canaán. Una vez más, están romantizando el pasado. Después acusan a Moisés de nombrarse a sí mismo como gobernante sobre ellos, como si no fuera evidente que Dios hizo ese nombramiento. Moisés está acostumbrado a ser acusado y sabe cómo manejarlo. No se estresa ni ordena que sean apedreados por su rebelión. En cambio, lo lleva a Dios y deja que Dios lo solucione, es humilde. Pero Dios mismo no tiene razón para ser humilde; la humildad es una postura que adoptamos en respuesta a Dios. Dios está listo para matarlos, pero una vez más, Moisés suplica por sus vidas. Entonces él, los líderes y Dios se dirigen a las tiendas de los dos hombres que se negaron a mostrar sus rostros y Moisés básicamente dice: "Estamos a punto de ver quién es Dios. Si ustedes mueren por causas naturales, entonces me equivoqué y lo admitiré. Pero si Dios abre un sumidero y se los traga ahora mismo, entonces todos sabremos que se equivocaron". A continuación, el *sumidero*. Bajan al sepulcro, que es la frase del Antiguo Testamento para "la tumba" o "el reino de los muertos".

Dios consume a los otros doscientos cincuenta que ofrecieron incienso ilícitamente y luego el hijo mayor de Aarón, Eleazar, reúne sus incensarios de bronce y los convierte en una cubierta para el altar para que sirva como un recordatorio de la santidad de Dios. Seguro que todo está bien ahora, ¿verdad? No. Despiertan con una nueva rebelión en sus corazones, acusando a Moisés de matar al pueblo, como si tuviera el poder de comandar sumideros e incendios aparte de Dios. En este punto, Dios está listo para matar a todos de nuevo, pero Moisés tiene una idea para apaciguarlo. Hace que Aarón saque el incienso y deje que su santa fragancia cubra al pueblo, en un acto de expiación por sus pecados. Algunas personas ya estaban muertas, pero esto detuvo la muerte y la plaga. Este es el comienzo del cumplimiento de la Palabra de Dios cuando dijo que los mataría a todos antes que la próxima generación pueda entrar a Canaán. Está cumpliendo Su promesa en respuesta a su incredulidad, idolatría, autoexaltación y rebelión contra el reino de la luz.

En caso de que sigan dudando, prepara un escenario más para establecer a Aarón como el Sumo Sacerdote. Ordena a los líderes tribales que escriban sus nombres en sus varas, Moisés los pone a todos en el Lugar Santísimo, donde pasan la noche, y por la mañana, al que tiene el nombre de Aarón ¡le ha brotado una flor de almendro! Esas no florecen de la noche a la mañana. El pueblo se arrepiente y reconoce esto como un milagro de Dios, marcando a Aarón como único entre los jefes de todas las tribus. Dios hace que Moisés guarde la vara de Aarón en el arca del pacto como recordatorio para las futuras generaciones.

VISTAZO DE DIOS

Cuando Aarón toma el incienso y se interpone entre los vivos y los muertos, suplicando por la misericordia de Dios, es arriesgado para él. Como el Sumo Sacerdote él no debería estar cerca de los cadáveres en lo absoluto. ¡Podría caer muerto! Pero arriesga su vida para detener la plaga y salvar al pueblo de la muerte a través de esta ofrenda a Dios. Esto nos muestra una imagen de Jesús, nuestro gran Sumo Sacerdote, que intervino, no solo arriesgándose a la muerte, sino enfrentándola y *derrotándola* por nosotros. ¡Su muerte nos hace estar vivos! ¡Él es donde el júbilo está!

NÚMEROS 18–20

Ayer, Dios validó el papel de Aarón como Sumo Sacerdote y hoy se dirige a Aarón directamente. Esto es raro, Él normalmente hace que Moisés le comunique las cosas a Aarón, pero hay algunas veces en las que habla directamente con Aarón. Él habla de cómo se supone que los sacerdotes y los levitas deben cuidar del tabernáculo. Los sacerdotes —Aarón y sus dos hijos, cuidarán el tabernáculo por dentro cerca de las vasijas sagradas y los levitas lo cuidarán por fuera. Si un levita pasa a la parte reservada para los sacerdotes, ambos morirán. Dios dice todo esto en un esfuerzo por ahorrarles la ira que tiene que derramar cuando se rebelan. Dios también revela algo que ya ha insinuado antes: los levitas no tendrán ninguna herencia entre el pueblo de Israel; ni tierras ni ganado, nada para asegurar su futuro aparte de Su promesa de proveer. Las otras doce tribus traen un diezmo de sus ingresos a los levitas y los levitas devuelven el diezmo a Dios, quien lo dirige al sacerdote. Este es el plan de Dios para proveer a todos.

El capítulo 19 nos da leyes correspondientes a la muerte. Esto es oportuno, no solo por todas las muertes que han sucedido en el campamento recientemente, sino también porque aproximadamente dos millones de personas morirán en el campamento en los próximos treinta y ocho años. Ellos necesitan saber cómo manejarlo. Esos treinta y ocho años pasan entre los capítulos 19 y 20 y suceden muchas cosas tristes en este último capítulo mientras nos preparamos para terminar su tiempo. Primero, muere Miriam. Era una profetisa y la mujer más respetada entre las tribus. Después de su muerte, el pueblo llega a otro lugar donde no hay agua y se quejan otra vez. Para la mayoría de estos gruñones, es probable que sea su primera vez quejándose. La generación más vieja ha muerto en su mayoría. Aunque han heredado las quejas de sus padres y anhelan un Egipto que apenas conocían, su queja es real, no hay agua. Así que Dios les dice a Moisés y a Aarón cómo manejarlo: Vayan a buscar la vara (probablemente la vara de Aarón), lleven a toda la gente a la roca, luego mientras todos están mirando, háblenle a la roca y díganle que libere agua. Pan comido, ¿verdad?

Reúnen a la gente junto a la roca y Moisés les dice a todos los rebeldes que presten mucha atención. Pero entonces *él* se convierte en un rebelde, porque golpea la roca, dos veces, en lugar de hablarle. Como líder del pueblo, deja que su enojo, frustración y agotamiento tomen el volante. Él tiene ciento veinte años y parece que esta generación más joven está repitiendo los errores de sus padres. Moisés hace caso omiso a las palabras de Dios —ya sea casual o descaradamente. ¿Quizás incluso razonó que esto fue lo que hizo antes y funcionó? Cuando estaban en esta situación en Éxodo 17, Dios le dijo que golpeara la roca. Pero las instrucciones son diferentes esta vez y Moisés se justifica. Aún así Dios les da agua, pero la desobediencia e incredulidad de Moisés le costó caro. Dios muestra su bondad siendo indulgente con los pecadores que se rebelan contra Él, pero hay consecuencias incluso para una leve desobediencia. Como resultado, Aarón y Moisés también tienen prohibido entrar a Canaán.

En su viaje a Canaán, pasan por Edom, la tierra de los descendientes de Esaú. Los edomitas son los parientes más cercanos de los israelitas. Moisés hace que los mensajeros le pregunten al rey de Edom si pueden pasar, pero él dice que no. Es una respuesta razonable. Con tanta gente pasando, incluso en una carretera en lugar de a través de los campos, agotarían muchos de los recursos naturales que los edomitas necesitan para vivir. Así que Israel tiene que tomar un camino más largo. Después, cuando muere Aarón, es sucedido por su hijo Eleazar como Sumo Sacerdote.

VISTAZO DE DIOS

El carácter de Dios es tan consistente. Una y otra vez, vemos como Él hace Sus reglas y Su pueblo lo desobedece y mientras tienen que lidiar con las consecuencias de sus pecados, Él al final es muy misericordioso. Desde vestir a Adán y Eva mientras los destierra del jardín, hasta dejar que Moisés dirija al pueblo, pero desterrándolo de Canaán, Dios llama a los pecadores a Su familia y luego trabaja con lo que tiene. Su misericordia es un gran consuelo cuando conocemos la maldad de nuestros corazones. Pero lo poco de sabiduría que nos ha dado es suficiente para saber que ¡Él es donde el júbilo está!

NÚMEROS 21–22

Los israelitas se están acercando a la tierra prometida, planeando la ruta con cuidado para evitar Edom porque el reino no les dio permiso para entrar. Desafortunadamente, se enfrentan con otro reino que los ataca y los toma cautivos. Poniéndose a la defensa, Israel le pide ayuda a Dios y le prometen que destruirá las ciudades de los cananeos paganos si Dios les ayuda a ganar. ¡Y Dios lo hace! Luego, se topan de nuevo con escasez de agua y comida. En vez de pedir ayuda a Dios, porque a estas alturas ellos saben lo que Dios puede hacer, se quejan de Moisés y de Dios. No se quejan *con* Moisés — solamente de él. Les llevan sus problemas a todos menos a quienes pueden resolverlos. Aunque no le están hablando a Dios, Él los escucha. Manda serpientes para matarlos, continuando con su plan de eliminar la generación más antigua. Cuando lo confiesan y se arrepienten, Moisés ora por ellos y Dios les muestra misericordia.

Dios le dice a Moisés que haga una serpiente y que la ponga en un poste y que, si alguien es mordido por una serpiente venenosa, puedan ver a esta serpiente y vivir. Parece que Dios está ordenando que Moisés rompa el segundo mandamiento, ¿verdad? ¿Cual es la diferencia entre hacer una serpiente y hacer un becerro? La diferencia es que no están alabando a la serpiente. Es un símbolo de la provisión y el rescate de Dios, ¡apuntando devuelta a Él! Eventualmente, vemos que se vuelve un ídolo para la gente; empiezan a alabarlo y hacerle ofrendas y tiene que ser destruido en 2 Reyes 18:4. En el segundo mandamiento, la parte de "crear una imagen" no parece ser el problema tanto como la parte de "hacerle reverencia". Este mandamiento tiene que ver con el *corazón* hacia el objeto; lo que sea que quite la atención a Dios.

Luego, Israel necesita pasar por la tierra de los amorreos y de Basán, pero sus reyes les niegan el acceso y los atacan. Las israelitas luchan y Dios les da la victoria y mucho terreno. La noticia de esta victoria se difunde y los moabitas se ponen nerviosos. Los amorreos recién los derrotaron en una guerra, así que si alguien puede ganarles a los amorreos… ¡esto los aterroriza! Al rey Balac de Moab se le ocurre una idea: contratará un tipo llamado Balán para lanzarles un hechizo. Balac le teme a Su poder y su miedo provoca control; y cuando sus esfuerzos se ven frustrados, utiliza la manipulación. Balac manda más personas a Balán. No está muy claro si Balán es profeta, adivino, pagano, alaba a YHVH, o alguna combinación. No es israelita, pero podría ser un extranjero creyente, como algunos de los extranjeros que viven con las israelitas, porque se refiere a YHVH como "mi Dios". Sin embargo, Dios dice: "No, no echarás una maldición a los israelitas, porque Yo los he bendecido". Así que Balán los rechaza.

Cuando vuelven a regresar, Dios le da permiso a Balán para ir, pero le recuerda que tiene que obedecer. Entonces, Dios se enoja cuando Balán se va. ¿Por qué? ¡Acaba de darle permiso! Parece ser que el corazón de Balán está más enfocado en el dinero que en obedecer a Dios— y claro, solamente Dios puede saber con seguridad. Parece que Dios no está enojado por las acciones de Balán sino, por sus *motivos*. Balán emprende su viaje y entonces el Ángel del Señor se aparece (probablemente Jesús) pero solamente el burro de Balán lo puede ver. Dios tiene el poder sobre lo que vemos; Él puede ocultar y mostrar cosas a Su voluntad. Cuando Dios abre los ojos de Balán para que vea al Ángel también, se cae, se arrepiente y ofrece volver si es malvado ante los ojos de Dios. La ira de Dios parece estar relacionada con el corazón de Balán y no con sus acciones, es posible que de haber seguido su viaje con el dinero como motivo, es posible que la oferta de más dinero lo habría convencido y guiado a maldecir a Israel en vez de bendecirlo como Dios le ordenó. Todo esto es parte del plan de Dios; Él no cambia el curso del viaje, Balán solamente necesita ser reprendido en el camino. Necesita que su corazón esté alineado con la misión de Dios.

VISTAZO DE DIOS

La serpiente en el poste nos advierte de algo más grande. Es un símbolo de cómo nos afectan la serpiente de Edén y la cruz de Cristo. Hace un resumen de la caída y la redención, presagiando la redención futura a través de Cristo. Jesús cita esto en Juan 3:14-15. "Como levantó Moisés la serpiente en el desierto, así también tiene que ser levantado el Hijo del hombre, para que todo el que crea en él tenga vida eterna". La serpiente en el poste solamente puede salvar a las personas de la muerte física, ofreciendo rescate temporalmente; pero Jesús nos salva de la muerte espiritual, dándonos rescate eterno. ¡Él es donde el júbilo está!

NÚMEROS 23–25

Los cananeos creen que pueden hacer que las cosas existan con solo decirlo, entonces el rey Balac contrata a Balán para maldecir a los israelitas. Pero Dios le da a Balán una palabra para hablar de Israel y para disgusto del rey Balac, es una bendición. Así que el rey dice: "Vamos a echarles un ojo desde un ángulo diferente. Tal vez entonces, verás algo que valga la pena maldecir". Pero sucede la misma cosa; Balán solo puede pronunciar otra bendición. Sus palabras no tienen el poder de deshacer lo que Dios ha hecho. Nada tiene más peso que la voluntad de Dios. No es solo que Balán solo sabe eso ahora, sino que a través de esta experiencia abandona su hechicería y en vez de eso aprende a buscar el rostro de Dios. El Espíritu de Dios está empoderando sus palabras ahora, no los espíritus malignos. Desafortunadamente, es solo temporal.

El rey Balac aún no está satisfecho, entonces dice: "Intentemos esto de nuevo pero esta vez no digas nada bueno o malo". Nuevamente, Balán declara una bendición y, de hecho, sus palabras son aterradoras para Balac porque lo pintan como una futura víctima. "Devorará a las naciones hostiles, a sus adversarios y les partirá los huesos en pedazos". Esta tercera bendición termina con las palabras que Dios habló a Abraham hace setecientos años atrás: "¡Benditos sean los que te bendigan! ¡Malditos sean los que te maldigan!". Esto al final significa que Dios está pronunciando una maldición sobre el rey Balac; lo que él buscaba se volvió en su contra. Balac está furioso, pero también impotente. Ha negociado, manipulado, detenido y amenazado. A pesar de todos sus intentos, la construcción del altar y el sacrificio de animales, Balac no puede cambiar el plan de Dios. A pesar de todo lo que cueste en frustración y esfuerzo, empeñarse de todas formas da como resultado la voluntad predeterminada de Dios.

Después de ser reprendido por su trabajo, Balán da un último oráculo sobre Israel, resaltando algunas futuras victorias militares. Mientras tanto, el pueblo está en idolatría, naturalmente. Los hombres son descarriados por las mujeres paganas y adoran a sus falsos dioses, específicamente a Baal. Después descubrimos que Balán está detrás de todo esto, maquinando y aconsejando a Balac que use a estas mujeres para tentar a los israelitas a la idolatría, probablemente en un esfuerzo por hacer que Israel pierda su bendición. Probablemente hay dinero involucrado, porque el enemigo es astuto. Sabe lo que Balán quiere y usa nuestros deseos en nuestra contra. Aunque Balán está detrás de esto, Israel sigue siendo responsable por ceder. La respuesta de Dios a su idolatría es matar primero a los jefes. Luego ordena a los jueces que maten a los que rompieron el pacto. Están a punto de entrar a la tierra prometida y Dios no quiere que lleven esta impureza ahí. Un hombre, el hijo de un jefe, lleva a la hija de un jefe madianita —el enemigo— a su tienda delante de todos. Esto definitivamente cuenta cómo "pecar deliberadamente", un pecado beligerante, arrogante y desvergonzado.

Como resultado, Dios manda otra plaga. La gente está muriendo a diestra y siniestra. Finés, el nieto de Aarón, probablemente recuerda lo que su abuelito hizo cuando esto pasó antes, cómo intervino, sacando incienso, deteniendo la plaga. Entonces Finés toma una lanza y los atraviesa a ambos y la plaga se detiene. Pero no antes de que veinticuatro mil personas murieran como resultado de la idolatría. Dios honra a Finés por su ira justa, por su alta visión de la santidad de Dios. Dios ordena a Israel que derribe a los madianitas. No se puede dejar a Israel solo ni un minuto o sus corazones se vuelven hacia los falsos dioses. ¡YHVH quiere más para ellos!

VISTAZO DE DIOS

Cuando Dios habla de Israel a través de las palabras de Balán, suena como si llevara puesto lentes de color rosa. Dios dice cosas como: "Él no ha notado iniquidad en Jacob ni ha visto maldad en Israel". La palabra *iniquidad* casi siempre se traduce como "desgracia, injusticia, o maldad", y la palabra *maldad* tiene posibles traducciones similares. Por lo que este verso podría leerse como: "Dios no ha notado la injusticia de Jacob ni ha visto perversidad en Israel". Dios *ha* visto estas cosas en ellos. ¿Recuerdas todas las veces que quiso matarlos? ¡¿Entonces de qué está hablando?! *Esto es lo que el amor ve.* Incluso más de mil años antes de la muerte de Jesús, Su sangre futura pagó por sus pecados del presente. Dios puede pronunciar estas cosas como verdaderas, porque para Él, ¡ya lo son! ¡Él está fuera del tiempo y ve que sus pecados están pagados! Incluso en nuestro pecado, ¡Él ve nuestra redención! ¡Él es donde el júbilo está!

NÚMEROS 26–27

Ayer cerramos con una plaga y hoy abrimos con Dios hablando a Moisés y Eleazar, el nuevo sumo sacerdote debido a la muerte de su padre Aarón. Dios les dice que hagan un censo. ¿Por qué necesitamos otro censo? Han pasado treinta y ocho años desde el último y hubo muchas muertes y nacimientos. Necesitan tener números actualizados porque están a punto de entrar a la tierra prometida y los líderes también necesitan revisar que ya no quede gente del primer censo —que no sean Caleb, Josué y sus familias. Ese es uno de los prerequisitos para entrar a la tierra prometida; todos los de la vieja generación tienen que morir primero. Al final del censo, lo confirman.

Dios indica a Moisés y a Eleazar cómo dividir la tierra que les está dando. Dice que le den grandes porciones de tierra a las tribus grandes y pequeñas porciones de tierra a las tribus pequeñas. Reitera que a los levitas no se les dará tierra como herencia porque Dios en Sí mismo es su herencia.

En el capítulo 27 vemos una situación única. Zelofejad no tuvo hijos varones a quienes darles su herencia antes que muriera, así que sus cinco hijas se acercan a Moisés y Eleazar para pedir consideración. Pero antes que se acerquen a ellos, ya han argumentado su caso frente a otros cuatro jueces. ¿Recuerdas cómo Jetro, el suegro de Moisés, le dijo que la gente se dirigiera a los jueces para tratar algunos asuntos y solo aquellos problemas que los jueces no pudieran resolver deberían presentarse a Moisés? Así es cómo estas cinco mujeres llegaron ahí. Presentan su caso y piden una porción de tierra. Moisés lleva esta petición a Dios y Dios le dice que ellas ¡tienen razón! Le ordena a Moisés que les dé lo que hubiera correspondido a su padre. Y no solo eso, sino que Dios hace una nueva ley. La petición de estas cinco mujeres y su persistencia muestran cómo realmente creían en Dios cuando dijo que daría la tierra a los israelitas —y cómo ellas ¡no querían que se les dejara fuera!

Después Dios lleva a Moisés aparte y le hace saber que está próximo a morir, justo como Dios prometió. Dios dice que Moisés podrá ver la tierra prometida desde lo alto de una montaña antes de su muerte. Dios revelará el cumplimiento de la promesa, pero Moisés no alcanzará a entrar. Sin embargo, no te sientas mal por él, desde dónde estará no la extrañará. Luego, a pesar de lo terrible que estas personas han sido con Moisés los últimos cuarenta años, le pide a Dios que señale a un nuevo líder para que no sean como ovejas sin pastor. Dios le dice a Moisés que comisione para este puesto a Josué, su asistente.

VISTAZO DE DIOS

La respuesta de Dios a las cinco hijas de Zelofejad, nos muestra no solo Su gran compasión y generosidad, pero también Su *sensatez*. Qué reconfortante es que nuestro Dios tiene el balance perfecto entre los aspectos emocionales de Su naturaleza y los aspectos prácticos y lógicos de Su naturaleza. Y todo tiene sentido, porque *por supuesto*, Él es donde la verdad está, pero también ¡Él es donde el júbilo está!

NÚMEROS 28–30

Hoy Dios resume las leyes, fiestas y el calendario religioso que seguirán una vez que estén en la tierra prometida. En ese momento, ellos estarán esparcidos, no reunidos en un solo campamento, así que está diciendo las cosas por adelantado. Aparte del Día de Expiación, cada día del año debe terminar con adoración, un sacrificio al atardecer y uno en la mañana. En la antigua cultura judía el día empieza al atardecer. Lo vimos por primera vez en el transcurso de Génesis 1, donde dice: "y vino la noche y llegó la mañana: ese fue el primer día… y vino la noche y llegó la mañana, ese fue el segundo día".

A medida que continuamos conociendo a esta familia, esta distinción cultural será importante. Es por eso por lo que el descanso de su Sabbat comienza en el atardecer del viernes y termina cuando anochece en sábado. Si alguna vez estás en Jerusalén en viernes, verás gente apurada tratando de terminar las cosas antes del atardecer. Después que comienza el Sabbat, no hay tráfico en las calles, las tiendas y restaurantes están cerrados y la ciudad descansa. Cuando vuelve a ponerse el sol, la gente baila y celebra en las calles, las tiendas abren nuevamente, la música desborda por las ventanas y la ciudad vuelve a cobrar vida. Todavía continúan viviendo este principio antiguo dado por Dios. La razón por la que cubrimos esto en profundidad es porque Dios lo menciona nuevamente hoy. Difícilmente podemos pasar una sección de la ley sin que Él nos diga: "No lo olviden: Descansen un día cada semana". El Sabbat no es solo un día para hacer nada, es un día para reconectarse con Él. Él ordena *el doble* de sacrificios en el Sabbat que en cualquier otro día. El sacrificio no es considerado un trabajo regular; es considerado como adoración.

Todos los sacrificios parecen extravagantes, están matando su comida y la fuente de sus ingresos en cantidades masivas. Pero al requerir sacrificios, Dios refuerza que tiene un plan para proveer. Él provee todo lo que Él requiere. Aunque ya no ofrecemos sacrificios, todavía necesitamos que se nos recuerde que Él es quien provee para nosotros. Hay dos cosas en nuestras vidas que sirven a este propósito: dar a la iglesia (lo que llamamos diezmos) y el Sabbat. Hay ciento sesenta y ocho horas cada semana. Si duermes de siete a ocho horas en promedio cada noche, eso significa que estás despierto de dieciséis a diecisiete horas cada día. Así que tomando una de esas dieciséis a diecisiete horas y apartándolas para descansar, estás devolviendo diez por ciento de tu tiempo. Es como diezmar con nuestro tiempo, no solo con nuestro dinero. Al devolver una porción de ambos, demostramos nuestra confianza en el Dios que nos provee y nos sostiene.

El capítulo 30 requiere un poco de explicación. Algunas veces cuando la gente estaba en una situación desesperada, hacía un voto a Dios. Dicho voto a menudo envolvía el sacrificio de algo de valor económico y este era un voto *en su vida*. Una versión moderna podría ser algo cómo: "Dios, si solo me das un hijo, yo empezaré a ir a la iglesia nuevamente". Cuando un hombre hacía un voto como este a Dios, no tenía salida. Si eres un hombre, esto podría ser frustrante para ti, porque una mujer podría tener un tipo de la carta del juego monopolio "salir de la cárcel gratis",—un hombre en su vida podría dejarla libre si renunciaba a su voto. Es posible que las mujeres se hayan sentido irrespetadas cuando esto sucedía, pero finalmente era una medida de protección para ellas, liberarlas de un voto que probablemente no fueran capaces de cumplir, pero que hicieron en un momento de desesperación. El corazón detrás de esta ley es ayudar y proteger, no restringir. El texto no dice: "las mujeres no pueden hacer votos, porque Dios no toma a las mujeres en serio". Las mujeres si hacían votos y eran importantes. Esta opción también protege al hombre de su casa, quién podría sufrir económicamente si ella cumpliera su voto. Aunque estas leyes no están en efecto hoy, muchos de nosotros todavía tenemos personas en nuestras vidas que cumplen este tipo de rol de cancelación de votos, personas que ven nuestro punto ciego y nos piden que reconsideremos, personas que nos detienen antes que tomemos decisiones tontas.

VISTAZO DE DIOS

De todos los Diez Mandamientos, hay dos que Él continúa repitiendo: No tengas otros dioses además de mí, y *descansa*. ¿Qué otro dios manda a descansar? La mayoría de nuestros ídolos demandan más de nosotros, más esfuerzo, más intentos, hacer más. Él dice: "No, no Mi pueblo. La gente de los dioses falsos termina hecha polvo. Pero Mi pueblo tiene provisión inclusive cuando toma un día libre para pasarlo junto a Mí". Él es donde está el descanso, y ¡Él es donde el júbilo está!

NÚMEROS 31–32

Dios le da a Moisés su tarea final: matar a los madianitas. Ellos son quienes llevaron a Su pueblo por mal camino. Moisés reúne a doce mil hombres y matan a todos los hombres madianitas, incluyendo a Balán, quien aconsejó al rey Balac de cómo tentar a los israelitas usando los engaños de las mujeres madianitas. Los guerreros traían a las mujeres y niños al campamento, que es lo que hacían típicamente después de ganar una batalla. Pero esta no solo era cualquier batalla, esta es una batalla cuya causa principal *es* estas mujeres. Así que Moisés ordena la muerte de todas las mujeres que no son vírgenes, aquellas mujeres que provocaron la idolatría y la pérdida de veinticuatro mil vidas. Es posible que algunos de los soldados trajeron a las mismas mujeres que los llevaron por mal camino. Incluso si *no son* las mismas mujeres, este seguía siendo un problema que solo esperaba suceder. Los esposos de estas mujeres idólatras ya están todos muertos, así que las viudas probablemente están buscando nuevos esposos de entre los israelitas, lo que crearía nuevamente el mismo problema. Al ordenar que las maten, Moisés los protege contra otro posible brote de idolatría y plaga.

Los guerreros se purifican a sí mismos y a su botín, luego Dios les dice cómo dividirlo entre guerreros, civiles, sacerdotes y Su porción. También toman treinta y dos mil mujeres vírgenes de la región. Estas vírgenes probablemente eran mujeres jóvenes y niñas, quienes serán absorbidas en la comunidad israelita y eventualmente se les permitirá casarse con los israelitas si se vuelven a Dios. La porción de estas mujeres quienes son el tributo al Señor, probablemente servirá en el santuario.

Más tarde, los israelitas cuentan a sus hombres y se dan cuenta de que ¡ni uno solo murió en batalla! Luego, debido a que hicieron un censo, ellos necesitan hacer un pago de rescate basado en las vidas que Dios trajo a salvo de la guerra, por lo que ofrecen oro de su botín, aproximadamente quinientas libras.

Luego vemos algo de la distribución de la tierra. El río Jordán corre de norte a sur. La asignación de tierra que Dios da para las doce tribus es una franja al oeste del río Jordán, al este del mar Mediterráneo. Este es largo y estrecho aproximadamente del tamaño de Nueva Jersey. Los israelitas se encuentran actualmente en el lado este del río Jordán, no en la tierra prometida. Ellos están en la tierra que ganaron en

Números 21. Esta es una tierra fértil y a dos de las tribus agrícolas, Rubén y Gad, les encanta. Ellos quieren quedarse, aún cuando esta no es la tierra que Dios les prometió. Le preguntan a Moisés acerca de esto y él *no acepta*. Piensa que ellos no creen en la promesa de Dios de darles la tierra de Canaán o que tienen temor de pelear con los cananeos cuando lleguen allí, recuerda de cuando los diez espías dudaron. Pero ellos prometen cruzar el río Jordán junto con los demás y pelear por Canaán si es que pueden volver a esta tierra donde ya todo está dicho y hecho. Moisés está de acuerdo, pero les advierte que, si rompen su promesa, no tendrán la tierra. Su respuesta implica que han hecho un voto con Dios.

Rubén y Gad se asientan ahí, al igual que la mitad de la tribu de Manasés. Esta es la primera vez que vemos el término *media tribu*. En algún momento, la gente de Manasés se dividió. La mitad de Manasés se establece al este del Jordán, fuera de la tierra prometida, junto con Rubén y Gad. Ellos son llamados las tribus transjordanias, ya que están cruzando el Jordán. La tierra prometida siempre ha sido una parcela específica de tierra, así que esto puede que sea o no un problema. Los eruditos tienen diferentes puntos de vista al respecto, que mayormente se reducen a estos dos: 1) Esta no es la tierra que Dios les ha asignado, así que no es tierra santa, o 2) La tierra que se ganó en una guerra santa también pertenece a Dios, entonces es igualmente honorable que ellos vivan ahí.

VISTAZO DE DIOS

Dios toma nuestra fidelidad hacia Él muy seriamente. Moisés manda que las tentaciones de los israelitas sean erradicadas. John Owen dice: "Si no matas el pecado, el pecado te matará".* ¿Tratamos nuestras tentaciones como Moisés lo hace, como si estas fueran un predador en busca de destruirnos? o ¿tratamos de domarlas y guardarlas para nosotros, así como los soldados lo hicieron? Dios está tan atento a nuestros corazones y Él sabe que no es fácil ser fuerte. ¡Él quiere que las tentaciones sean erradicadas si estas nos van a llevar a olvidar que nuestro más profundo júbilo lo encontramos en Él! Que el Espíritu de Dios siempre nos ayude a recordar que ¡Él es donde el júbilo está!

* John Owen, *The Mortification of Sin* (Fear, Scotland: Christian Focus Publications, 1996), p. 28.

NÚMEROS 33–34

Hoy Moisés hace un recuento de todos los lugares donde han acampado. Si tú alguna vez has dudado que la Biblia es real, esta lista debería ayudarte a resolver esa duda. Ningún autor inventaría este tipo de detalles con la esperanza de vender muchos ejemplares del libro. Y nadie que esté tratando de sonar impresionante en cuanto a sus habilidades de liderazgo te contaría todos los pasos de como un viaje de once días le tomó cuarenta años.

Al final del capítulo 33, recibimos direcciones por parte de Dios. Él le dice a Moisés que instruya a la gente acerca de cosas importantes que deberán atender cuando crucen el río Jordán. Ellos deben expulsar a las personas que viven ahí, a todos. Y deben derribar sus altares y sus ídolos. Porque si no se deshacen de todo, algo de eso volverá a perseguirlos y encima de eso, Dios los castigará, un golpe doble. Esto no es necesariamente una orden de matar al enemigo, solo de expulsarlos. Dios sabe que tan fácil se extravían los corazones de Su gente cuando viene la tentación.

En el capítulo 34, Dios da las fronteras de la tierra prometida por primera vez. Hasta ahora las hemos conocido genéricamente como Canaán o la tierra prometida. Hay algunos lugares que quizás conozcas que son usados como referencias en este planteamiento, pero el texto se refiere a ellos por nombres que son poco familiares. Vamos a revisarlos: El *mar Salado* se refiere al mar Muerto, porque mientras un océano normal tiene tres por ciento y medio de sal, el mar Muerto tiene más de treinta y tres por ciento de sal. Es diez veces más salado. ¡Es por eso por lo que flotas! La concentración de sal es también la razón por la que nada tiene vida en el mar Muerto, que es como se le dio el nombre moderno. Pero interesantemente, Ezequiel 47 y Zacarías 14 profetizan acerca de un día cuando habrá agua dulce en el mar Muerto y estará lleno de peces. ¡Así que flota mientras puedes!

El Gran Mar es el mar Mediterráneo. Y el *mar de Cineret* es el mar de Galilea, donde Jesús pasó la mayoría de sus tres años de ministerio. Ten en cuenta que algunas de estas fronteras son estimaciones o generalidades. A veces, es difícil saber donde caen las líneas. Además de eso, los israelitas no ocuparon toda la tierra que les prometieron, incluso ocuparon algunos territorios que *no* les fueron prometidos, como donde se ubicaron las tribus de Transjordania en lo que leímos ayer. Así que nueve tribus y media se asentaron en lo que era originalmente conocido como la tierra prometida y dos tribus y media se asentaron en el territorio *extra*.

VISTAZO DE DIOS

YHVH es superior a todos los otros dioses. Al principio del resumen de Moisés, las Escrituras dicen: "los israelitas partieron de Ramsés. Marcharon desafiantes a la vista de todos los egipcios, mientras estos sepultaban a sus primogénitos, a quienes el Señor había herido de muerte. El Señor también dictó sentencia contra los dioses egipcios" (33:3-4). Dios venció a Sus enemigos, incluyendo a otros dioses. YHVH nunca niega que hay otros dioses; Él solo indica que Él es superior a ellos— esa es la creencia fundamental del monoteísmo. Él es el Rey de los reyes y el Señor de señores— y Él es también el Dios de los dioses. En los Diez Mandamientos, Él dice: "No tendrás dioses ajenos delante de mí". Él *no* dice: "Reconocerás que no existen otros dioses". En cambio, Él dice que ningún otro dios debe recibir nuestro afecto y nuestra atención. Hay dos puntos a resaltar aquí. Primero, cualquier cosa que alabamos puede ser un dios falso o un ídolo para nosotros. Y segundo, hay otros seres espirituales, fuerzas enemigas demoníacas que encabezan otras religiones del mundo. Estos son dioses *demonios*. Hemos visto al dios demonio Baal en nuestra lectura. Hemos visto al dios demonio Molec. Estos son dioses demonios de otras religiones. Ellos no son iguales a Dios y de ninguna manera son una amenaza para Él. YHVH es el único Dios verdadero, Él pone a correr a los otros dioses. Él les muestra sus limitaciones. Él les muestra Su ira. Y Él nos muestra a nosotros, Sus hijos, Su gran amor protector. ¡Él es donde el júbilo está!

NÚMEROS 35-36

Aunque a los levitas no les toca heredar tierra, de todas formas, necesitan un lugar para vivir y guardar sus pertenencias. El plan de Dios para ellos es hacer que cada tribu done un poco del perímetro de su tierra para los levitas —cuarenta y ocho aldeas en total. La tierra no se usa solo para alojar a los levitas, se usa también para instalar seis lugares conocidos como las ciudades de refugio, lugares donde pudieran vivir personas que cometieron un asesinato involuntario. Los levitas están a cargo de custodiar las ciudades de refugio para mantener la tierra limpia de asesinos. Es uno de sus roles como servicio a las personas, por lo que es adecuado que las tribus donen tierra para esta causa.

Dios establece estándares que constituyen la diferencia entre ser un homicida en comparación con ser un asesino involuntario y esto implica sopesar los motivos del asesino. Esto es una cosa difícil de hacer, dado que no podemos ver los corazones de las personas como Dios puede. Por lo que Dios establece algunas cosas que tienden a revelar los motivos: ¿Se conocía que esta persona odiaba a la persona que mató? ¿Usó una herramienta que seguramente podría causar la muerte? Si es así, entonces el *vengador de sangre* debe de vengar el asesinato, cuando hubiera habido dos testigos del asesinato. El papel del vengador de sangre estaba destinado al pariente masculino más cercano, era su trabajo darle muerte al asesino. Un problema que podría surgir era que el pariente masculino más cercano quisiera buscar venganza incluso si la muerte hubiese sido accidental. Aquí, es donde las ciudades de refugio toman parte. Aquellos que hubiesen matado a alguien por accidente podían ir a vivir a la ciudad de refugio, donde podrían estar a salvo del vengador de sangre. Pero si ellos dejaban la ciudad de refugio, la suerte estaba echada, el vengador podría matarlos. Estas ciudades no eran como prisiones, eran más como el programa de protección a testigos. El asesino tenía que quedarse allí hasta que el Sumo Sacerdote muriera. La premisa detrás de esta ley es que solo la muerte puede expiar por el pecado y la muerte, incluso el pecado o la muerte por accidente; y dado que el asesino involuntario no sería ejecutado, la muerte del Sumo Sacerdote se veía como la expiación por la muerte injusta que ocurrió bajo su tiempo de servicio.

Mientras ellos continúan planeando sus divisiones de la tierra, algunos de la tribu de Manasés se dan cuentan de que las cinco hijas de Zelofejad, quien era parte de su tribu, pueden perder su herencia de la tribu si se casan con personas fuera de su tribu, porque entonces las tribus de sus maridos tomarían posesión de la tierra. Esto frustraría el propósito del nuevo decreto que Dios estableció en Números 27. La posesión de la tierra era un asunto serio porque había sido delegada por Dios, por lo que necesitaban una forma de mantener la propiedad de acuerdo con los mandamientos de Dios. Moisés le habla a Dios sobre ello, luego informa a la gente el veredicto: Las personas que estaban preocupadas sobre esto tenían razón y es necesario que exista un plan establecido para ello. Las hijas de Zelofejad deben casarse con alguien de su propia tribu, entonces todo estará en el lugar que Dios planeó. Y las buenas noticias son, que todas se casaron con alguien de su tribu. El libro termina de manera positiva: Todos tendrían provisión en el plan que Dios tiene para Su gente.

VISTAZO DE DIOS

En algunas situaciones Dios da instrucciones con antelación, como con las ciudades de refugio. En otras situaciones, tienen que acercarse a Dios con casos especiales, como con las hijas de Zelofejad. Algunas normas se establecen desde el comienzo y otras son establecidas a medida que progresan. En estas circunstancias vemos cuán accesible es Dios cuando necesitamos dirección y ayuda. Él no dice: "¡Averígualo por ti mismo! ¡Te di un cerebro!" o "¡Estoy muy ocupado!" o "¡Ya te dije todas las cosas importantes! No me importa lo que hagas con estas situaciones insignificantes". Él entra en detalle, en las cosas que aparentemente son pequeñas. Entre los tres millones de personas, presta atención a estas cinco mujeres. Escribe una ley nueva abordando su situación. A Él le importa.

Esta es una de las maneras en que nos mantiene cerca. Con cada nueva necesidad, Él nos incrusta un poco más profundo en esta relación, recordándonos que nuestra principal y constante necesidad es por Él, Su sabiduría, y Su guía. Debemos regocijarnos en que Él nos mantenga yendo a Él por dirección, porque ¡Él es donde el júbilo está!

DEUTERONOMIO 1–2

Deuteronomio es el tercer libro más frecuentemente citado en el Nuevo Testamento y es uno de los más citados por Jesús. *Deuteronomio* significa "segunda ley". Revisaremos algunas de las leyes antiguas, así como sus aplicaciones prácticas. De muchas maneras, Deuteronomio sirve para recapitular todo lo que hemos leído hasta ahora. Le da un vistazo a cosas que nos serán familiares. Este repaso nos llega perfectamente a tiempo, porque después de Deuteronomio nos moveremos hacia porciones narrativas con muchos más personajes nuevos. Cuando leamos algo familiar, intentemos mantenernos firmes ante estos dos desafíos: primero, resistir la potencial frustración que puede venir por ello. ¡Se agradecido porque estás recordando cosas que ya has leído! Segundo, incluso en las historias que son familiares, trata de aprender algo nuevo. ¡Pídele a Él que te dé sabiduría para ver algo que no habías notado antes!

Estos treinta y cuatro capítulos son un tipo de sermones motivacionales de Moisés antes de su muerte. Son sus palabras finales para las personas a las que había estado sirviendo por cuarenta años. Él los ha amado, se ha sacrificado por ellos, ha luchado por ellos, los ha reprendido y pronto él no estará allí para guiarlos nunca más. Mientras él confía en que Dios cumplirá Sus promesas para ellos, él conoce bien a los israelitas y parece estar nervioso a que se extravíen. Cuando el pacto del Sinaí entre Dios y los israelitas se fijó, fue establecido con los padres de las personas que estaban hoy en el desierto. Sus padres no hicieron un gran trabajo en guardar el pacto, por lo que Moisés establece una renovación del pacto. Él quiere recordarles que Dios les prometió esta tierra y que este pacto también requiere cosas de ellos.

Hoy les recuerda lo más destacado de su tiempo en el desierto desde que dejaron Egipto, todo lo que Dios ha hecho por ellos y todas las cosas que han ido mal como consecuencia de su pecado. Relata el tiempo en el que *casi* entran en la tierra prometida hace 38 años, pero los espías se asustaron y su temor fue contagioso. El temor magnifica al enemigo y disminuye nuestra percepción de Dios. Se quejaron en contra de Dios, pensando que Él los odiaba. Esto es un ejemplo de lo que significa tomar el Nombre de Dios en vano, Su nombre es inextricablemente unido a Su carácter y cuando ponemos en duda Su carácter, estamos tomando Su nombre en vano. Dios les prometió pasar 38 años exterminando su incredulidad, entonces ellos trataron de evitar esas consecuencias tomando la tierra sin la bendición y mandamientos de Dios. Este es un recordatorio oportuno para ellos porque están a punto de encontrarse con la tierra que Él no les está dando. Dios les dice que si actúan como si tuvieran derecho solo porque son Sus hijos e intentan tomar la tierra que Él asignó para Esaú y Lot, las cosas *no* van a ir bien. Él no bendice todas nuestras acciones simplemente porque somos Sus hijos y tenemos un sueño en nuestros corazones. Su plan todavía prevalece y encontramos nuestro mayor júbilo cuando lo seguimos, en lugar de cuando seguimos nuestros propios planes.

Moisés los anima sobre las batallas que van a venir. Ellos están más asustados por los gigantes de la tierra, algunos de los cuales ya han sido expulsados por la gente de Esaú. Los gigantes son conocidos por muchos nombres: emitas, refaitas, anaquitas, zamzumitas, los cuales parecen estar todos relacionados con los Nefilim (Génesis 6). *Refa* es la palabra hebrea usada en Isaías 26:14 para referirse a los espíritus de la muerte, por lo que parece que hay algunas cosas sobrenaturales y malvadas sucediendo con estos gigantes, que es posiblemente otra razón por la que los israelitas están aterrados por ellos. Si estos gigantes están relacionados con los ángeles caídos de alguna manera, entonces por supuesto que el enemigo querría ocupar la tierra que Dios ha prometido a Su gente y por supuesto que intentaría frustrar y falsificar el plan de Dios.

VISTAZO DE DIOS

Dios es generoso, incluso ¡con aquellos que no son Sus hijos! Él bendijo a Esaú, a pesar de que la bendición vino a través de su hermano Jacob. Él bendijo a Lot, a pesar de que no era descendiente de Abraham. Dios reparte promesas y bendiciones como Él desea y no están limitadas a Sus hijos. Como Sus hijos adoptivos, todavía podemos regocijarnos cuando Él bendice a otros, Él manifiesta Su abundante generosidad y gracia común. *La gracia común* es cuando la bondad de Dios está expuesta a toda la humanidad, no solo a Sus hijos. ¡Quizás los está atrayendo! Y para aquellos de nosotros que hemos sido adoptados en Su familia, encontramos nuestro consuelo más grande ¡teniendo una relación eterna con Él! Bendiciones temporales como tierra y posesiones quizás brinden algún grado de felicidad, pero sabemos que: *¡Él es donde el júbilo está!*

DEUTERONOMIO 3-4

Moisés continúa relatando la historia de los israelitas a la generación más joven, asegurándose que ellos recuerden de dónde vienen. Ayer cubrió cosas que sus padres soportaron, pero hoy está hablando brevemente de cosas que ellos han pasado personalmente. Él empieza relatando sus victorias sobre el rey Og de Basán y el rey Sijón de los amorreos. Las ciudades de Basán estaban "fortificadas con muros altos, puertas y barrotes", pero Dios les concedió la victoria. ¡Dios es más grande que lo que nos retiene de hacer lo que Él nos ha llamado a hacer! También aprendemos que el rey Og fue un refaíta (un gigante, quizás de origen demoníaco), e Israel lo venció. Tenía una cama que medía más de cuatro metros (trece pies y medio) de largo y casi dos metros (seis pies) de ancho; y estaba hecha de hierro porque, aparentemente, ¡era lo único suficientemente fuerte para aguantarlo! Si era tan alto como su cama era de larga, hubiera hecho que Shaquille O'Neal se viera pequeño. ¡Hubiera sido casi dos veces su altura! Después que Israel derrotó a los reyes Og y Sijón, obtienen el territorio Transjordano que Dios les dio a las dos tribus y media: Rubén, Gad y la mitad de la tribu de Manasés.

¿Recuerdas como Moisés repetidamente le pide a Dios retirar el castigo de los israelitas y Dios lo hizo? Moisés también le pide a Dios que le retire el castigo por golpear la roca dos veces cuando Dios le dijo que le hablara. No sabemos por qué Dios no lo hizo, pero podría ser porque impone estándares más altos a los líderes. También vemos que Moisés reformula este incidente de una manera que lo pinta como inocente y le echa la culpa a la gente. Lo vimos ayer en Deuteronomio 1:37 y lo vemos otra vez hoy en 3:26 y 4:21 cuando dice: "Pero por causa de ustedes el Señor se enojó conmigo y no me escuchó", o sea que ¿podría ser por eso que Dios no cede? Él le dice a Moisés que nombre, anime y fortalezca a Josué para la tarea que tiene por delante, porque Josué será el que lleve a la gente a la tierra prometida. Esto fue probablemente una tarea emocionalmente difícil para Moisés. Nombrar a Josué era un trabajo bastante sencillo, pero animarlo y fortalecerlo envuelve alguna emoción. Moisés tiene que dejar a un lado sus propios deseos otra vez, esta es una de sus últimas labores como líder.

Entonces Moisés pasa de enfocarse en su pasado para enfocarse en su futuro. Él los llama a obedecer las leyes de Dios y ser apartados de en medio de naciones malvadas para que su diferencia apunte a Dios. Los llama a recordar lo que Dios ha hecho y en 4:9 dice: "Guarda tu alma con diligencia". Moisés también señala que su morada en la tierra está supeditada a la adoración única de YHVH. Él les advierte una y otra vez de no crear ídolos, se los repite extensamente y les da muchos ejemplos de qué formas pueden tomar los ídolos en sus vidas: hombres, mujeres, animales, pescado, sol, luna, estrellas. Él sigue con una advertencia de lo que pasaría si ellos *llegaran a* caer en idolatría: ellos morirían o serían echados fuera de la tierra, al exilio, donde adorarán a los dioses a los que están buscando, que serán impotentes para ayudarlos. Pero si esto pasa en el peor de los casos, incluso si pecan por el sendero de la idolatría y son llevados al exilio, Dios no los rechazará como Su gente. De hecho, ¡Él promete volver sus corazones hacia Él!

Deuteronomio 4:32-40 es una llamada de atención a recordar todo lo que Dios ha hecho, ¡y a adorarle por ello! Entonces Moisés establece tres ciudades de refugio en las áreas de Transjordania que ya han sido puestas aparte para Rubén, Gad y la mitad de la tribu de Manasés.

VISTAZO DE DIOS

Dios es muy paciente con nuestra fe diminuta, haciéndola crecer para que sea más fuerte a medida que vemos Su carácter demostrado una y otra vez. De la misma manera que Él les dice a los israelitas acerca de los gigantes y de las batallas que enfrentarán, les recuerda que ya les ha dado la victoria en otras batallas y sobre al menos un gigante hasta ahora. Él no los fuerza a ir desde cero a cien sin conocerlo primero; les da entrenamiento en el volante. Es paciente con nosotros mientras aprendemos Su carácter. Y a medida que lo aprendemos, encontramos más y más que confiar en Él es donde el júbilo está, porque ¡Él es donde el júbilo está!

DEUTERONOMIO 5-7

Hoy Moisés dice que el pacto de Dios no es con sus padres, sino con ellos. Por supuesto, también es con sus padres, pero él enfatiza que ellos tienen su propia relación con Dios; no es ni menor ni de segunda mano. Aunque Dios técnicamente no rescató a estas personas de la esclavitud egipcia, igual lo hizo, porque si no hubiera rescatado a sus padres, ellos también estarían esclavizados.

En el capítulo 6, vemos el comienzo de una oración llamada *Shemá*, que significa "escuchar". Los judíos religiosos rezan esta oración dos veces al día, mañana y tarde; y a menudo se cubren los ojos con la mano derecha para aumentar su concentración. Puede que reconozcas parte de esta oración cuando Jesús la cita. Jesús también dice: "Ama al SEÑOR tu Dios con toda tu *mente*". El hebreo antiguo combina las palabras para corazón y mente, por lo que el significado se incluye aquí. Pero en arameo, que es el idioma que Jesús habla, las palabras para corazón y mente son diferentes, por lo que Él lo agrega a la cita para completar el significado original.

El Shemá dice que las palabras de Dios deben llenar nuestros corazones, bocas, mentes y vidas. Cuando estamos sentados, caminando, acostados o despiertos, debemos tener en cuenta a Dios. Su Palabra debe estar en nuestras manos y ojos. Algunos judíos religiosos hacen esto literalmente a través de filacterias, pero si lo tomas en sentido figurado, podría significar que la Palabra de Dios debería ser el marco de referencia para ver el mundo y vivir. El Shemá también dice que las palabras de Dios deberían estar en nuestros hogares y en nuestras puertas. Algunos judíos religiosos ponen las Escrituras en los marcos de sus puertas en una pequeña caja de pergamino llamada mezuzá, pero en sentido figurado puedes mantener el espíritu de esta ley al tener recordatorios de Dios en tu hogar, al construir tu hogar alrededor de Dios y Su Palabra. Recordar es vital. Debido al pacto que Israel tiene con Dios, su estado-nación tiene consecuencias si no lo cumplen. YHVH quiere su lealtad en acción *y* en pensamiento; este es el tema principal de Deuteronomio. Hoy y mañana, Moisés advierte contra tres pensamientos específicos. En 7:17-18, les advierte que no tengan miedo del plan de Dios ni lo consideren imposible. Cada vez que les advierte contra un pensamiento específico, les recuerda que la forma de evitar que ese pensamiento tome el control es recordar quién es Dios y recordar lo que Él ha hecho por ellos.

Anticipa un día en que tendrán sus propios hijos que pregunten: "¿Por qué tenemos que hacer todas estas cosas?". Es como si los estuviera preparando para que respondan: "Dios nos rescató de la esclavitud y nos dio provisión de manera milagrosa y ese Dios que nos ama ordenó estas cosas y *siempre son para nuestro bien*". Ellos deben expulsar por completo a todos sus enemigos y no casarse con ellos ni compadecerse de ellos. Si algunas o todas las personas con las que se enfrentarán, resultan ser el cruce entre humanos y ángeles caídos, puedes ver aún más por qué esto sería importante. Pero incluso si no lo fueran, esta sigue siendo la forma en que Dios logra muchos aspectos de Su plan. Está castigando a las naciones malvadas por su rebelión y usando a Israel como una herramienta para lograr esa justicia, Él está asegurándose que la línea del Mesías permanezca intacta y está protegiendo los corazones de Su pueblo de dioses inferiores. Moisés dice que destruya todos los símbolos de idolatría en la tierra porque las cosas no saldrán bien si no lo hacen. El plan de Dios es expulsar al enemigo poco a poco. Cuando ellos se impacientan, Él quiere que recuerden que tiene un proceso en mente. Él está en esto a largo plazo.

Moisés básicamente dice: "Dios nos eligió antes que fuéramos personas. Él *inventó* a los israelitas. No nos eligió porque éramos una nación masiva y poderosa y porque lo haría lucir increíble si nos eligiera parte de Su equipo. Éramos cero y teníamos cero que ofrecerle, pero Él puso Su amor en nosotros y nos convirtió en la nación que somos hoy".

VISTAZO DE DIOS

Dios les da ciudades que no construyeron, casas que no llenaron, cisternas que no cavaron y viñedos que no plantaron. ¡Él es increíblemente generoso, pero también quiere que recuerden quién les dio esto! Él no quiere que sus corazones se vuelvan hacia otros dioses cuando reciban estas bendiciones de Él, cuando ya no vivan en tiendas de campaña en el desierto con una nube de fuego para guiarlos. Quiere recordarles la *relación* que tiene con ellos. ¡Él desea nuestros corazones y nuestro júbilo! y ¡Él es donde el júbilo está!

DEUTERONOMIO 8–10

Hoy Moisés continúa su discurso ante la nueva generación de israelitas antes de que entren en la tierra prometida. El desierto fue una prueba para refinarlos y la tierra prometida también será una prueba. No es un lugar donde puedan relajarse y hacer lo que quieran, ellos no retendrán la tierra a menos que respondan a la promesa del pacto de Dios al adorarlo solo a Él. La tierra es un escalón en el proceso de Dios para restaurar la humanidad caída en relación con Él mismo. Él sabe cómo resultará este paso: no los está probando por Su propio bien, Él los está probando por el bien de *ellos* mismos. Esta generación tuvo que soportar el desierto como resultado de los pecados de sus padres, pero aún no han enfrentado sus propias consecuencias. Para ellos, los treinta y ocho años fueron disciplina y entrenamiento, aprendiendo cómo soportar las dificultades y confiar en Dios. La distinción entre castigo y disciplina es importante. Seremos disciplinados por Él, pero nunca veremos su ira o castigo. *Nunca.* ¡Jesús lo absorbió todo en la cruz! Nos merecemos castigo, pero Cristo tomó lo que merecemos y nos dio lo que nunca podríamos ganar: ¡amor eterno y adopción en la familia de Dios para siempre!

Ayer Moisés advirtió contra un tipo de pensamiento equivocado y hoy advierte contra dos más. Primero, dice: "No se te ocurra pensar: 'Esta riqueza es fruto de mi poder y de la fuerza de mis manos'" (8:17). Esta es una advertencia contra el orgullo en sus propios esfuerzos. En su tercera advertencia, dice: "Cuando el Señor tu Dios los haya arrojado lejos de ti, no vayas a pensar: 'El Señor me ha traído hasta aquí, por mi propia justicia, para tomar posesión de esta tierra'" (9:4). Esta advertencia también es contra el orgullo, específicamente el de su propia justicia. Ayer advirtió contra el *miedo* y hoy advierte dos veces contra el *orgullo*. El orgullo nos hace olvidar a Dios tanto como el miedo. En una sociedad que nos fortalece y nos dice que merecemos lo que queremos, haríamos bien en prestar atención a estas advertencias. Ambos tipos de pensamiento equivocado, miedo y orgullo, tienen su origen en olvidar a Dios y fijar nuestros ojos en nosotros mismos o en nuestros enemigos. Luchamos contra estas mentiras recordando quién es Dios y lo que Él ha hecho.

Dios no les da tierra porque son justos, sino porque las otras naciones son injustas. No podemos ganar Sus bendiciones; son un regalo, entregado gratuitamente a los que no lo merecen. ¡Esto es reconfortante y a la vez nos da humildad! ¡Podemos dejar de luchar por Su aprobación, porque nos ha sido concedida en Cristo! Dios nos bendice por Su bondad, no la nuestra. De hecho, justo después que Moisés les advierte que no piensen que es por la bondad que ellos tienen, les da un extenso recordatorio de cuán no tan buenos son realmente al repasar cinco historias de su rebelión en el desierto. Sin embargo, Dios no solo quiere su obediencia; ¡Él quiere su afecto y relación! ¡Moisés les recuerda que las reglas de Dios no se tratan de disminuir su alegría y libertad sino de *aumentarla*! Moisés usa un giro peculiar de la frase cuando describe cómo se desarrolla todo esto. En 10:16 dice: "Circuncida tu corazón". La circuncisión sirve como un signo físico del pacto entre ellos, pero la palabra "corazón" indica una transformación y compromiso total (espiritual, emocional y mental).

Una forma en que pueden mostrar el amor que han recibido de Dios es cuidando a aquellos que no tienen tierra física ni herencia. Su comunidad única de estado-nación es cuidar a los vulnerables. Dios hizo este mismo tipo de provisión para los levitas, que tampoco tienen herencia de tierra. Él es cuidadoso y piensa en todos.

VISTAZO DE DIOS

"Al SEÑOR tu Dios le pertenecen los cielos y lo más alto de los cielos, la tierra y todo lo que hay en ella. Sin embargo, Él se encariñó con tus antepasados y los amó; y a ti, que eres su descendencia, te eligió de entre todos tus pueblos como lo vemos hoy". (10:14-15). Dios posee todo, sin embargo, puso Su corazón en nosotros. No es solamente por *no* tener buenas obras o justicia, sino es a pesar de que nos faltan esas cosas. ¡Ese tipo de amor es magnético! Si recordamos quiénes somos y quién es Él, ¡no podemos evitar sentirnos atraídos por Él! ¡Él es donde el júbilo está!

DEUTERONOMIO 11–13

Hoy Dios inicia con la orden de amarlo. El amor indica sentimiento; es una acción adyacente pero específicamente de emoción. ¿Cómo se ordena un sentimiento? Es imposible amar completamente algo o alguien que no conocemos y solo podemos conocer a lo que le prestamos atención. Moisés también les dice que pongan atención a sus corazones, porque serán inducidos a la idolatría si no están atentos. Si ellos se mantienen fieles a Dios, ninguna nación les tomará la delantera; ¡Dios ya ha demostrado que puede vencer a ejércitos más grandes! Entonces Moisés les presenta un cuadro interesante; les dice que elijan entre bendición y maldición, representada por dos montañas: el monte Gerizim (bendición) y el monte Ebal (maldición). Realizarán la ceremonia para esto más tarde, así que, por ahora mantén este detalle presente.

Dios dice que recuerden Su Palabra cuando se sienten, caminen, se acuesten y se pongan de pie, esas cosas suceden *varias* veces al día. Les recuerda que destruyan la parafernalia de adoración pagana, incluidos Aserá que son postes de madera con muñecas Aserá. Aserá es una diosa de la fertilidad de los cananeos: ellos adoran la fertilidad y según lo que hemos visto de los israelitas, ellos también parecen hacerlo, por lo que esta diosa representa ser una verdadera tentación para ellos. Dios dice que destruya los Aserá y los "lugares altos", que son sitios de adoración paganos que generalmente se encuentran en colinas, cimas de montañas o debajo de árboles específicos.

Habrá un cambio importante en cómo funcionan algunas leyes y sacrificios una vez que ingresen a la tierra prometida. Primero, habrá un lugar específico donde Dios hará su morada. Estará en medio de toda la tierra, que es aproximadamente del tamaño de Nueva Jersey. Si bien los levitas serán asignados a vivir entre cada tribu, el tabernáculo de Dios es el único lugar donde pueden ofrecer holocaustos. Todos los israelitas viajarán a ese lugar, incluso si sus tierras asignadas para vivir están muy lejos; cuando vayan, adorarán a Dios y harán sus sacrificios allí. Además, cuando entren a Canaán, pueden comer carne en cualquier momento que quieran, ¡e incluso las personas inmundas pueden comer carne! Esto significa que, hasta este *momento*, la única carne que cualquier persona podía comer era la carne ofrecida a Dios. Y si acaso tal ofrenda de carne llegara a estar en contacto con una persona inmunda, haría la carne también inmunda, entonces las personas inmundas tenían que ser vegetarianas por este detalle. Con esta nueva situación que se desarrolla en la que tienen que viajar largas distancias para hacer sacrificios, Dios básicamente está diciendo: "Puedes comer carne en tu propia tierra cuando quieras. Ya no tiene que ser sacrificada a mí primero".

Moisés les advierte que no agreguen ni quiten nada de los mandamientos de Dios. Advierte sobre las personas que tergiversarán la verdad con mentiras como un medio de atraerlos poco a poco, dando la imágen de un falso profeta o adivino que proporciona algunas ideas correctas y luego usa ese factor sorpresa para alejar a las personas de YHVH. Solo porque alguien hable verdad, no se convierte en un profeta de YHVH. Incluso un falso profeta puede tener razón, pero eso no significa que debamos seguirlos o buscar su verdad. Los falsos profetas y adivinos obtienen la pena de muerte, no solo porque eso es lo que el pacto requiere para aquellos que rompen el primer mandamiento, sino también como un medio para proteger el pacto de su comunidad ante una mayor propagación de mentiras. Dios también exige que sean leales a Él sobre extraños e incluso sobre amigos y familiares que intentan atraerlos a la apostasía. Estas son intensas medidas preventivas, pero se supone que estas leyes disuaden a las personas de rebelarse o incitar a otros a la rebelión y son un paso necesario en el plan de Dios para restaurar la humanidad en relación con Él mismo. Esto tiene el propósito de proteger a *todos*.

VISTAZO DE DIOS

Tres veces hoy (12:7, 12, 18), Dios dice algo como: "Traerás tus holocaustos y sacrificios ... y allí te regocijarás". Cuando la gente hace sacrificios a dioses falsos, es para apaciguarlos o incitarlos a darles lo que quieren. Es un intento de iniciar algún tipo de respuesta. Pero con YHVH, nuestras ofrendas son una RESPUESTA a lo que Él propició. No se trata de apaciguarlo; ¡Se trata de regocijarse en Su provisión y en Su relación! ¡Qué contraste con cualquier otro dios! ¡Todos esos adoradores paganos se están perdiendo el regocijo, porque están perdiéndose a YHVH y ¡*Él* es donde el júbilo está!

DEUTERONOMIO 14-16

Moisés todavía está dando su último discurso a los israelitas antes que muera y entren a la tierra prometida. Comienza con algunas órdenes peculiares sobre cortes de cabello. Una forma en la que los paganos llevan el duelo es afeitándose la cabeza, así que Moisés lo prohíbe ya que es adyacente a los paganos. Dios dio esta ley a los sacerdotes en Levítico 21:5, pero aquí Moisés se la da a todos los israelitas; deben verse y vivir de manera diferente a sus vecinos. Los paganos también se cortan a sí mismos como parte de sus prácticas rituales de luto, así que Moisés también lo prohíbe.

Cubre las leyes dietéticas, muchas de las cuales hemos visto antes. Una ley que tiene mucha importancia para mantener el kosher es la orden de no hervir un cabrito en la leche de su madre. Cuando los rabinos debaten cómo aplicar estas leyes, a menudo extienden los límites de lo que es inaceptable para asegurarse que no se acerquen a romper la ley real. Lo llaman "construir una valla alrededor de la ley". La "valla" de esta ley prohíbe mezclar leche y carne, por lo que estas dos cosas no se sirven en la misma comida para los judíos que mantienen el kosher. Los hogares kosher ni siquiera usan los mismos platos para carne y lácteos y si eres una familia kosher adinerada, tienes dos cocinas separadas. Si bien la intención del corazón detrás de esto puede ser buena, veremos cómo las personas comienzan a tratar estas "vallas" hechas por el hombre como si realmente fueran parte de la ley de Dios.

Dios establece órdenes sobre cómo sentirse y pensar, no solo cómo actuar. En 15:9-10 dice: "Ten cuidado de que no haya un pensamiento indigno en tu corazón" y "Tu corazón no será rencoroso cuando le des". Él siempre ha estado detrás de nuestros corazones, no solo de nuestra obediencia. Las leyes para el año sabático muestran el corazón de Dios hacia los pobres. Las deudas son perdonadas y los esclavos son liberados de sus contratos. Dios dice que, si son fieles a Sus mandamientos, siempre habrá suficiente para todos; los pobres serán cuidados por el excedente de los ricos. Los bendecirá tanto que otras naciones tomarán prestado de ellos y nunca tendrán que pedir prestado. Esto los mantendrá libres de ataduras financieras a las naciones paganas que podrían resultar en esclavitud.

Aunque la palabra *esclavo* se usa en las Escrituras, este acuerdo para los deudores es diferente de la trata de esclavos del Atlántico, por ejemplo. ¿Recuerdas qué Jacob aceptó servir a su suegro, Labán, siete años a cambio de una esposa? Ese es el tipo de acuerdo que vemos en las Escrituras, trabajar para pagar la deuda. Jacob trabajó por el precio de la novia y luego se quedó voluntariamente con Labán después de pagar su deuda; y luego le pidió a Labán que lo bendijera con algunos animales cuando se fuera. Esto nos da una buena imagen de cómo eran las relaciones de esclavitud. Si a un esclavo le agrada su jefe, puede quedarse con él para siempre y ser absorbido por la familia; marcan esta decisión perforando su oreja. En el arreglo para la liberación de estos esclavos en el Año Sábatico, Dios ordena que no solo sean liberados sino también bendecidos y provistos.

Moisés vuelve a cubrir algunos de los calendarios festivos. Reitera muchas de estas leyes ahora, porque la forma en que hacen las cosas cambiará una vez que se dispersen en la tierra prometida. Allí los festivales requerirán que viajen al tabernáculo central. Dios los llama a recordar de dónde vinieron y lo que Él ha hecho por ellos; lo cual los mantendrá humildes y agradecidos.

El éxodo para los judíos es lo que la resurrección es para los cristianos, es lo más importante en su historia. Miran hacia atrás al éxodo para recordar quiénes son, así como nosotros miramos hacia atrás a la resurrección para recordarnos quiénes somos. Pero también *esperamos* el regreso del Cristo resucitado. Vivimos en el período de tiempo que los teólogos llaman "el ya pero aún no"—el tiempo entre la primera y la última venida del Mesías. La mejor manera de permanecer humildes y adoradores es recordar estas cosas. También nos ayuda a mantenernos *alegres*. Cuando Moisés habla de la fiesta de las Enramadas, dice: "*Te alegrarás* en la fiesta" y "El Señor tu Dios bendecirá toda tu cosecha y todo el trabajo de tus manos. Y tu *alegría será completa*". ¡Dios está detrás de nuestra alegría! En el salmo 16:11 David dice: "Me llenarás de alegría en tu presencia". Y David tiene razón. ¡Él es donde el júbilo está!

DEUTERONOMIO 17–20

Moisés ha estado dando leyes sobre cómo cambiarán las cosas una vez que ya no estén acampando en el desierto. Hoy da leyes sobre la adoración. Están entrando en territorio extranjero donde los dioses paganos son venerados. Si alguien adora a otros dioses, habrá un juicio con al menos dos testigos antes que se aplique la pena de muerte. Y los testigos harán justicia. Si están mintiendo, entonces serán culpables de asesinato. Y como estas situaciones pueden ser complejas y desafiantes, Dios crea un tribunal de apelaciones compuesto por jueces y sacerdotes para manejar los asuntos más difíciles.

Moisés predice que habrá un día en que miren a su alrededor y piensen, "Todas estas otras naciones tienen reyes, ¡nosotros también queremos uno!". Cuando llegue el momento, será importante que sus reyes no se sientan atraídos por la riqueza, el poder, o las mujeres. Se supone que la prohibición de acumular estas cosas los mantiene humildes, confiando en Dios para su provisión y protección. La riqueza puede llevar al corazón de una persona por mal camino. Los caballos representan poder, que generalmente se trata de destreza militar. Y la adquisición de *esposas* extranjeras es a menudo una forma de hacer alianzas políticas con otras naciones, que son todas paganas, lo que también significa que las mujeres pueden desviar sus corazones. El rey necesita tener su propio libro escrito con las leyes de Dios escritas en él para poder leerlo diariamente por el resto de su vida. Su corazón está en juego, el poder tiene una forma de corromper a las personas y de desviarlas del camino de la rectitud. Pero leer la Palabra de Dios diariamente lo mantendrá recto y humilde.

Dios promete levantar un nuevo profeta de entre ellos, alguien que lo escuche y hable Sus palabras. Por eso es una bofetada en la cara de Dios que busquen respuestas de médiums o adivinos, no solo esas personas son malvadas, ¡sino que los mismos israelitas ya tienen acceso a Dios y a Su consejo! Dios hará responsable al profeta por lo que diga y hará responsable al pueblo de escucharlo.

Los esfuerzos militares de este estado-nación en particular son únicos, porque Dios es su comandante en jefe. Él dice que no teman a los grandes ejércitos, de hecho, Él ya ha derrotado a grandes ejércitos en nombre de ellos. Dios siempre es el ejército más grande, siempre la mayoría. Por eso, no le importa en lo absoluto si el ejército de los israelitas es más pequeño. Él les dice a los oficiales que corran la voz: ¿Eres un joven soldado con una nueva esposa o una casa o un jardín? ¡Vete a casa y disfrútalo! No tienes que ir a la guerra con nosotros. Estaremos bien sin ti. ¿Tienes miedo? ¡Eres libre de irte! El miedo es contagioso, ¡así que aquí solo queremos personas que confíen en Dios y en Sus promesas!

Dios da diferentes órdenes sobre cómo tratar con las ciudades fuera de la tierra prometida versus dentro de ella: Acercarse a los que están fuera de la tierra con paz. Si ellos devuelven la paz, tomen la ciudad pacíficamente. Si no cumplen, maten a los hombres y tomen todo y a todos como botín. Para las ciudades dentro de la tierra, Dios está logrando al menos tres cosas a través de Sus procesos: está cumpliendo Su promesa de tierra a Israel, pretende eliminar las señales de idolatría para que no tienten a los israelitas y está usando a Israel como un medio para hacer justicia a las naciones perversas. Él le dice a Israel que elimine por completo a los actuales habitantes. En la superficie, es difícil ver esto como un mandato bueno y justo de Dios, pero a medida que continuamos leyendo, comenzaremos a ver la sabiduría en Sus instrucciones.

VISTAZO DE DIOS

Hoy Moisés dijo tres veces: "Extirparás el mal que esté en medio de ti". Esto indica pena capital. Pablo usa esta frase en 1 Corintios 5:13 cuando da instrucciones sobre la gente que camina en rebelión flagrante dentro de la iglesia. Él le dice a la iglesia que "Expulsen al malvado de entre ellos". Pero en la carta de Pablo, no es un llamado a la pena capital, es una orden para disociarse con la esperanza de que las consecuencias puedan despertar a la persona a la realidad de su pecado, incitando al arrepentimiento. En el largo tramo de la historia de Dios, vemos cuánto se inclina a la gracia hacia Sus hijos, porque Cristo recibió nuestro castigo. Él da tantas segundas oportunidades, tanto tiempo para arrepentirse. A pesar de que merecemos ser extirpados en el sentido original, Él es paciente con nosotros cuando pecamos contra Él y cuestionamos Su corazón. Incluso cuando no creemos o no recordamos, ¡Él es donde el júbilo está!

DEUTERONOMIO 21–23

Hoy Moisés continúa su discurso de despedida, abarcando una amplia variedad de leyes. Veremos algunas de las más desconcertantes, la mayoría de las cuales se refieren a las relaciones entre hombres y mujeres. Pero antes que lleguemos allí, asegurémonos de tener el marco apropiado para lo que estamos encontrando. Dios no está creando una sociedad utópica donde todo es ideal. Se reúne con ellos dónde están y les está dando una base para una sociedad funcional en la que las personas son tratadas con al menos un nivel mínimo de respeto. Cuando Dios se dirige a algo como tener múltiples esposas, no significa que está poniendo su sello de aprobación, significa que está reconociendo que sucede y Él les está dando formas honorables de responder a una situación imperfecta y pecaminosa. Hoy nos encontraremos con algunos pasajes desafiantes y es importante que recordemos no sobreponer nuestras experiencias culturales a las de ellos.

El primer segmento difícil implica casarse con mujeres cautivas. Para cualquiera en la sociedad Occidental de hoy en día, esta idea es realmente una inducción a la aversión. Una de las cosas que debemos recordar acerca de esta sociedad es que el matrimonio rara vez se ajusta a nuestra visión moderna del amor. Era poco común que la gente se casara por amor. Las mujeres a menudo se casaban para obtener provisiones. En este texto, los israelitas habrían conquistado una ciudad, matado a todos los hombres y tomado a las mujeres y niños vivos. Algunas de estas mujeres serían absorbidas por la sociedad, pero si un hombre encontrara a una mujer con la que quisiera casarse, ella probablemente no se opondría. La ley que Dios establece aquí honra a la mujer dándole un período de treinta días para estar de luto y lamentar todo lo que ha perdido antes de casarse con el hombre Israelita. Si las cosas en el matrimonio van mal, Dios protege a la mujer al exigirle al hombre que la trate con honor, no como si fuera de su propiedad. No pases por alto el corazón de Dios en esto, aunque mucho de esto parezca arcaico, todavía podemos ver el plan de Dios de proveer a la mujer a través del hombre y protegerla si el hombre no la honra bien.

Otras leyes corresponden a garantizar la virginidad de la mujer. Uno de los muchos aspectos perjudiciales de la infidelidad sexual es que tiene el potencial de amenazar la economía de la tribu y la herencia de tierra asignada por Dios. Moisés también establece criterios para determinar si una mujer ha sido violada o no. Las partes que dicen, "si sucedió en el campo" y "si sucedió en la ciudad" pueden ser confusas, pero esta es la premisa detrás de ellas: Si el encuentro hubiera ocurrido en el campo, aunque hubiera gritado, nadie habría estado allí para oírla, así que se le ha dado el beneficio de la duda. Si hubiera sucedido en la ciudad, la gente estaría alrededor para escuchar sus gritos de objeción. El corazón de Dios busca la justicia aquí y Él está estableciendo reglas que pueden ayudar a las personas a hacer determinaciones sobre lo que realmente sucedió en cada caso.

Otra sección potencialmente confusa está en las leyes sobre no mezclar cosas diferentes: semillas en un campo, animales para arar, telas en una prenda. Si bien no conocemos todas las razones detrás de estas leyes, los estudiosos sugieren que es para recordarles a los israelitas la importancia de ser apartados de las naciones que no siguen a YHVH. Estas leyes pueden ser pequeños recordatorios diarios de que están llamados a estar separados.

VISTAZO DE DIOS

La ley sobre un hombre que es castigado al ser colgado en un árbol dice: "Su cuerpo no permanecerá toda la noche en el árbol, sino que lo sepultarán ese mismo día, porque un colgado está maldito". Pablo hace referencia a esto en Gálatas 3:13: "Cristo nos rescató de la maldición de la ley al hacerse maldición por nosotros, pues está escrito: 'Maldito todo el que es colgado de un madero'". Cristo tomó la maldición por nosotros. Más tarde en la lectura de hoy, Moisés dice: "El Señor tu Dios cambió la maldición en bendición para ti, porque el Señor tu Dios te amó". Esto se refiere a los esfuerzos del rey Balac para conseguir que Balán maldijera a los israelitas en Números 22-24. Dios revierte nuestro futuro: toma lo que merecemos, lo que hemos ganado completamente, la maldición y lo absorbe Él mismo a través de Su muerte en la cruz para que podamos recibir la bendición, al igual que los israelitas. ¡El Dios que convierte nuestra maldición en una bendición es un Dios digno de adoración para siempre! ¡Él es donde el júbilo está!

DEUTERONOMIO 24-27

En el discurso final de Moisés, nos encontramos con una amplia variedad de leyes, incluyendo la única ley sobre el divorcio en el Antiguo Testamento y es *muy* específica. Las prácticas culturales de la época nos ayudan a ver mas de qué trata esta ley, pero aún no está del todo claro. Algunos creen que esta práctica protege al primer esposo de una esposa adúltera, mientras que otros creen que protege a la esposa de un esposo codicioso. Como el primer esposo obtuvo el dote de la novia y ella heredó la propiedad de su segundo esposo cuando murió, esta ley evita que el primer esposo la explote para obtener ganancias financieras. De una u otra forma, esta ley sirve como un medio de protección. Otras leyes nos muestran cómo Dios protege toda la vida humana: Él desaprueba la esclavitud tal como la conocemos y el secuestro está prohibido y es castigado con la muerte.

También vemos muchas medidas para proteger a los pobres: Devuelve el abrigo de una persona pobre si lo ofrecen como garantía; no tomes sus piedras de moler como garantía, porque las necesitan para moler la comida, paga a los siervos pobres cuando lo necesiten (lo que normalmente significa el mismo día en que hacen su trabajo, porque no tienen ahorros guardados para vivir); recuerda a aquellos que no tienen tierra (suelen ser los más pobres y vulnerables).

En el versículo 3 del capítulo 25 la ley limita el castigo de un hombre culpable a cuarenta azotes. Con el tiempo los judíos lo redujeron a treinta y nueve azotes, en caso de un mal conteo. Ellos "construyeron una valla alrededor de la ley" para asegurarse de no darle accidentalmente cuarenta y un azotes a un hombre. Entonces la ley dada por Dios es de cuarenta azotes, pero la ley enmendada por los rabinos pone el límite en treinta y nueve azotes. Pablo dice que soportó esta paliza de treinta y nueve azotes *cinco veces* (2 Corintios 11:24).

La ley en 25:5-10 se refiere a la ley del Levirato y tiene muchas partes móviles a considerar: mantener la asignación de tierras y la herencia, la protección de casarse con extraños y el objetivo de proveer a las viudas y al mismo tiempo protegerlas de casarse con hombres pocos dispuestos que probablemente las maltratarían. Esto se parece mucho a lo que sucede entre Booz y Rut en el libro de Rut, donde Booz actúa como el pariente redentor. Esto es en realidad nuestro segundo guiño a Rut y Booz hoy. El primero fue cuando leímos acerca de la ley de dejar atrás parte de la cosecha para que los pobres puedan entrar y cosechar (24:19-22). ¡Eso es lo que la pobre Rut estaba haciendo en el campo del rico Booz cuando se conocieron! Mientras que la ley del Levirato sirvió para proteger a una mujer y su posible descendencia, inmediatamente después de esta ley muy específica, sirvió para proteger a un hombre y su posible descendencia (25:11-12).

Hoy Dios también le dice a los israelitas que recuerden lo que pasó entre ellos y los amalecitas. Esta no es una situación de "perdonar y olvidar", en parte porque Amalec no se arrepintió. Si Amalec se hubiera detenido y hubiera dicho, "Tienes razón —YHVH es el único Dios verdadero y nos equivocamos al ir en contra de Su pueblo," entonces las cosas probablemente habrían sido diferentes. Pero no se arrepintieron; están empeñados en destruir a Israel.

Moisés da algunas instrucciones para cuando entren en la tierra prometida, que es en un futuro cercano. Dice que seis tribus subirán al monte Guerizín y seis subirán al monte Ebal mientras los sacerdotes levitas declaran las maldiciones. Allí Dios demostrará "las bendiciones y maldiciones" del pacto. Una de las maldiciones presagia la traición de Judas Iscariote a Jesús. Dice: "Maldito sea quien acepte soborno para matar al inocente". Cristo era inocente de *todo* pecado y Judas lo traicionó por 30 monedas de plata.

VISTAZO DE DIOS

Los versículos 18-19 del capítulo 26 dicen: "Tú eres Su pueblo, Su posesión preciosa... te pondrá por encima de todas las naciones que ha formado, para que seas alabado y recibas fama y honra..." Él llama a Israel Su posesión preciosa, sobre todas las naciones que hizo. Él atesora a Israel y *posee* a Israel. Ha puesto Su nombre en ellos. Que hermoso ser atesorado, poseído y amado infinitamente por un Dios infinitamente encantador. ¡Él es donde el júbilo está!

DEUTERONOMIO 28–29

Mientras Moisés repasa las bendiciones y las maldiciones del pacto, le recuerda al pueblo que las bendiciones les esperan si obedecen a Dios. No solo les dará la victoria en la batalla, también *ordenará Su bendición* sobre ellos. ¡Vaya! ¡Las bendiciones van donde Dios les dice que vayan! Y Él promete dar aquello que solo Él puede dar: vida, crecimiento y lluvia. Cuando lo haga, la gente a su alrededor se dará cuenta de que parece haber una bendición única en el estado-nación de Israel. La protección y provisión de Dios hará que las otras naciones teman a los israelitas; nada es más aterrador que cuando tu enemigo prospera. Cuando Israel prospere, prestará a sus vecinos necesitados y estos vecinos *no* son sus amigos. Estas naciones circundantes se oponen a Israel y rechazan a YHVH. Esta abundancia y bendición seguirá a Israel si siguen a Dios.

Si no siguen a Dios, vendrán las maldiciones. ¡Y suenan terribles! Las maldiciones del pacto normalmente son la antítesis de la bendición. Por ejemplo, la bendición los hace victoriosos sobre sus enemigos, quienes se dispersan en siete direcciones, pero la maldición los hace perder ante sus enemigos mientras *ellos* se dispersan en siete direcciones. Así es como normalmente se escribían los pactos y es una razón por la que algunos de ellos pueden parecer extraduros. Pero esto es más una demostración de pacto que de carácter. Mira 28:63, por ejemplo: "Así como al Señor le agradó multiplicarte y hacerte prosperar, también le agradará arruinarte y destruirte". Este es el típico lenguaje del pacto y es lo opuesto a lo que hemos visto sobre el carácter de Dios en la forma en que aprecia a Su pueblo. No le agrada hacerles daño.

Escuchamos algunas palabras duras de Moisés, pero esta conversación todavía no ha terminado y tenemos que recordar lo que hemos aprendido sobre Dios en otras conversaciones. Resiste el impulso de aislar este texto y construir la teología alrededor de algo sacado del mayor contexto. Por ejemplo, en Levítico 26:44-45 Dios dijo que será fiel incluso cuando ellos no lo sean; los perseguirá cuando se extravíen. Hemos visto que Dios solo envía el mal para hacer el bien al final. Y hemos visto que no queremos un Dios que nos permita rebelarnos sin consecuencias, ¡queremos un Dios que nos llame de vuelta a Él cuando nos desviamos! YHVH es exactamente esa clase de Dios, un Dios de disciplina y protección. Su disciplina nos protege del daño mucho mayor que nos causaríamos a nosotros mismos y a los demás si continuáramos en rebeldía sin control.

A medida que Moisés termina con las bendiciones y maldiciones, insta a los israelitas a mantener este pacto. Dios establece un pacto no solo con los líderes, sino con todos, desde el más grande al más pequeño, incluyendo a los extranjeros y a los forasteros que viven entre ellos, e incluso a los israelitas que aún no han nacido. Moisés les advierte a todos que no piensen que pueden ser la excepción a la regla. Les advierte en contra de un corazón no arrepentido y en contra de presumir la gracia de Dios. Los anima a hacer lo que Dios les ha mostrado (las cosas reveladas) y a confiar en Dios con el resto (las cosas secretas). Pero Moisés también conoce bien a esta gente y sabe que se rebelarán. Dice: "Hasta este día el Señor no les ha dado mente para entender, ni ojos para ver, ni oídos para oír" (29:4). Muchos estudiosos incluso dicen que probablemente por eso pasa mucho más tiempo repasando las maldiciones que las bendiciones, porque es tal la carga que tiene en su corazón, que les ruega que obedezcan. Pero, les adelanto que no lo hacen. Moisés lo sabe y Dios lo sabe, pero aún así Dios los eligió para ser Su pueblo, sabiendo que sus corazones se rebelarían contra Él.

VISTAZO DE DIOS

Dios revela cosas a Su pueblo, pero también mantiene otras ocultas. "Lo secreto le pertenece al Señor nuestro Dios, pero lo revelado nos pertenece a nosotros y a nuestros hijos para siempre, para que obedezcamos todas las palabras de esta ley" (29:29). Lo que Él nos dice es para nuestra obediencia y nuestra alegría, pero también lo que Él nos oculta. Es bueno que no lo sepamos todo. Es bueno que tengamos que caminar junto a Él, confiando en Su bondad. Independientemente de lo que sepamos o no, Él está obrando para nuestro bien. Y una cosa que sí sabemos es que ¡Él es donde el júbilo está!

DEUTERONOMIO 30–31

Moisés tiene buenas y malas noticias para los israelitas el día de hoy: "Van a romper este pacto. Dios lo sabe, yo lo sé, ustedes lo saben, así que esto es lo que deben hacer cuando eso suceda: *Arrepiéntanse*. Regresen a Dios. No los abandonará. Él restaurará todo lo que pierdan cuando se alejen de Él". Cuando pecan y son llevados al cautiverio, Dios usará esas circunstancias para cambiar sus corazones (30:6), luego se volverán hacia Él y ¡comenzarán a obedecerlo! Cuando Dios le da a alguien un corazón nuevo ¡sus *deseos* cambian! La palabra hebrea para *corazón* combina las palabras que usamos para "corazón" y "mente"; y es donde el deseo y la voluntad se cruzan; es lo que impulsa nuestras acciones. Sin un nuevo corazón, es imposible agradar a Dios. Solo cuando Él cambie nuestros corazones le responderemos correctamente, porque no solo quiere ser obedecido —quiere ser conocido y amado.

Moisés no solo quiere que experimenten la tierra que Dios prometió, sino también la vida que solo se encuentra al tener una relación con Dios. Moisés no podrá entrar en la tierra prometida, por lo que solo puede hablar sobre la experiencia de conocer a Dios. Desde el día en que conoció a Dios, su misión ha sido vivir en el desierto con pecadores. Pero debido a que conoce a Dios, esta experiencia contiene una paz sorprendente y una intimidad insustituible. Incluso sin el beneficio terrenal de la tierra, su relación con Dios induce júbilo. ¡Él quiere este júbilo y libertad para los israelitas también!

Cuando les dice que está a punto de morir, probablemente es aterrador para ellos. ¡Es el único líder que han conocido! Probablemente quiera calmar sus temores, porque sabe de primera mano cómo el miedo puede conducir a la rebelión, por lo que comienza recordándoles que Dios es su líder. Dios mismo irá delante de ellos a la tierra prometida. Luchará contra las naciones que viven allí y ganará. Después Moisés llama a Josué al frente y *le* dice que tampoco tema. En ambos casos, no les dice que piensen en lo increíbles que son o que crean en sus sueños. En cambio, les dice que *recuerden la cercanía de Dios*; eso es lo que Moisés ofrece como antídoto contra el miedo.

Luego de comisionar a Josué para su papel de líder, dice que deberán leer la ley en voz alta —toda— cada siete años durante la fiesta de las Enramadas, que tendrá lugar en la ciudad donde Dios establezca el tabernáculo. Todos los israelitas, incluso los extranjeros que viven entre ellos viajarán allí una vez cada siete años y se les recordarán todas las leyes. Entonces Dios convoca una reunión con Moisés y Josué. Dios no tiene buenas noticias: "Moisés, estás a punto de morir. Josué, estás a punto de liderar a estas personas. Y adivina qué —están a punto de rebelarse". Esto es similar a cuando Dios llamó a Moisés por primera vez para hablar con el Faraón sobre la liberación de los israelitas. Básicamente, Dios dijo: "Ve a pedirle al Faraón que haga esto en específico. Por cierto, voy a endurecer su corazón para que diga que no a lo que te estoy diciendo que le pidas que haga". Dice mucho acerca de su confianza en Dios, que hagan estas cosas después que Él les dice primero que fallarán. Es fácil pensar que, si Dios nos dice que hagamos algo, está garantizado que tendremos éxito. Dios dice que bendecirá a las personas con abundancia y luego se sentirán cómodas en sus vidas fáciles y romperán el pacto. Se rebelaron ante la escasez en el desierto y se rebelarán ante la abundancia de la tierra prometida. Dios se enojará con ellos y serán devorados. En lugar de recordar lo que Moisés acaba de decirles y arrepentirse de su idolatría, cuestionarán el amor y la presencia de Dios. Dios comisiona a Josué y le recuerda: "Estaré contigo". Josué necesitará ese recordatorio pronto, cuando su mentor muera y todo se vaya cuesta abajo con la gente que dirige.

VISTAZO DE DIOS

Dios sabe cuánta traición soportará, cómo será dudado, olvidado y acusado falsamente de abandono, pero aún así Su amor persiste. Conocer el futuro, especialmente un futuro como *ese* —podría amenazar fácilmente a un amor menor. Pero no el amor de YHVH. Él entra con pleno conocimiento del dolor que soportará, sabiendo que *no* valdremos la pena y aún así no nos abandona. No podemos hacerlo cambiar de opinión o convencerlo que no elija poner Su corazón en nosotros. Nadie más ama como Él. ¡Él es donde el júbilo está!

DEUTERONOMIO 32–34; SALMOS 91

¡Hoy terminamos de leer la Torá! Ayer, al finalizar, Dios le dijo a Moisés que escribiera una canción sobre el pasado, presente y futuro de los israelitas. Misma que llama a Israel a prestar atención a la grandeza de Dios, luego usa algunos recursos poéticos (símiles, metáforas, personificación, antropomorfización, hipérbole), así que no te asustes cuando leas frases como: "Para vergüenza de ellos, ya no son Sus hijos; ¡son una generación torcida y perversa!" (32:5). Dios *no* se ha deshecho de ellos para siempre; esta es una hipérbole que enfatiza el peso de lo que ha sucedido. El resto del contexto ayuda a aclarar estos versos aterradores. Cada vez que Israel rechaza a Dios, Él comienza a integrar otras naciones a Su familia. Parte de Su plan consiste en enviar a Israel al desastre, pero se mide en todo esto, nunca queriendo que el enemigo obtenga crédito por su victoria sobre Israel. La única forma de obtener la victoria sobre el pueblo de Dios es si Dios lo permite. Pero tendrá compasión de Israel en su debilidad y traerá justicia.

La palabra "Jesurún" que aparece tres veces en esta canción es una referencia a los israelitas. Significa "los rectos" y se usa irónicamente aquí ya que *no* son rectos. Esta es la canción que Dios quiere que la gente recuerde cuando están al *comienzo* de esta historia, *antes* que caigan en la apostasía. Si se niegan a escuchar en ese punto, entonces quiere que lo recuerden cuando estén a la mitad de la historia que cuenta. Quiere que sepan que todavía está allí, amándolos.

Después que Moisés canta su canción, Dios le dice en qué montaña morir. Desde la cima de esa montaña, verá la tierra prometida. Luego ofrece una bendición final a once de las doce tribus. La tribu de Simeón no se menciona aquí, pero —posiblemente Moisés no los olvidó. Probablemente fue un movimiento profético de su parte, dándonos una indicación de lo que Dios tiene reservado. Los simeonitas eventualmente se dispersarán y la tribu de Judá los absorberá. Jacob profetizó sobre estas mismas líneas en Génesis 49:7.

Luego que Moisés los bendice, sube a la montaña, ve la tierra prometida y muere, viejo y fuerte. Entonces vemos algo extraño y hermoso: Dios entierra a Moisés, no en el monte Nebo donde murió, sino en el valle, en un lugar que nadie conoce. Esto probablemente sirve para evitar que construyan un santuario en su tumba que podría conducir a una idolatría futura. Israel llora por él durante treinta días y su nuevo líder, Josué, está lleno del espíritu de sabiduría para guiarlos.

En cuanto al salmo 91, uno de los salmistas le puso música a las palabras de Moisés para que pudieran ser cantadas y recordadas. Es un dulce recordatorio para los israelitas de quién es Dios y por qué situaciones los ha llevado.

VISTAZO DE DIOS

El salmo 91:14 dice: "Yo lo libraré porque él se acoge a mí; lo protegeré, porque reconoce mi nombre". Estas palabras son poderosas. La palabra *"acoger"* en la frase "él se acoge a mí" indica un anhelo y un deseo. La palabra *"reconoce"* en la frase "porque reconoce mi nombre" es la misma palabra que se usa para decir cosas como "Adán volvió a unirse a su mujer"; indica conocimiento íntimo. Y dado que *nombre* indica *carácter*, entonces que Dios diga: "Él reconoce mi nombre", es como decir: "Conoce íntimamente quién Soy realmente". Hay una buena posibilidad de que eso sea lo que está sucediendo aquí mientras lees Su Palabra. Tu corazón está siendo unido a Él de manera más profunda. Probablemente te encuentres *queriendo* leer tu Biblia a veces y tal vez ese sentimiento te haya tomado por sorpresa. Tal vez es completamente nuevo y desconocido para ti. A través de esto, te está enseñando a sujetarte firmemente a Él. Te está mostrando quién es Él, enseñándote a conocer Su nombre. Hay liberación y protección para nosotros en esto; liberación del mundo y de nosotros mismos, liberación hacia una mayor libertad y júbilo, y hacia Él; porque ¡Él es donde el júbilo está!

JOSUÉ 1–4

Hoy entramos al primero de los libros de historia y si bien leen la historia, su objetivo principal es revelar a Dios. ¡Sigue buscándolo! Tanto Dios *como los* israelitas le dicen a su nuevo líder, Josué, que sea fuerte y valiente. Mientras se preparan para entrar en Canaán, les recuerda a las tribus de Transjordania que todavía tienen que cruzar el Jordán y luchar por la tierra como todas las demás tribus y luego pueden regresar al este y vivir en los pastizales que pidieron a Dios en Números 32.

Josué envía dos espías a Jericó, la primera ciudad al otro lado de la frontera de la tierra prometida. Es probable que tenga doble pared y es común que las personas pobres como Rajab construyan sus hogares en el espacio estrecho entre las dos paredes. Los espías tienen dos objetivos principales aquí: mantenerse a salvo y obtener una buena vista del diseño de la ciudad. ¿Qué mejor lugar para lograr ambos objetivos que una azotea en las orillas de la ciudad? Algunos académicos piensan que están en la casa de Rajab por razones que no son honorables, pero otros dicen que es un movimiento estratégico de ubicación. Algunos textos históricos sugieren que Rajab también dirigía un tipo de hotel, por lo que esa podría ser la razón por la que están allí. Las Escrituras no dan ninguna razón para pensar que tienen malas intenciones y sabemos que las Escrituras ¡no tienen miedo de decir verdades feas!

Aunque Rajab es una prostituta cananea, ella teme a YHVH. Parece tener una fe real en Él y sabe de lo que es capaz. Ha escuchado historias de lo que Hizo a cientos de millas de distancia, cuarenta años antes, cómo los condujo a través del mar Rojo en tierra firme. Ella es alabada dos veces en las Escrituras por vivir su fe (Hebreos 11:31; Santiago 2:25), ¡y está incluida en la genealogía de Jesús! Su conocimiento de YHVH le provoca lealtad radical hacia Él. Esconde a los espías y miente a los hombres del rey sobre su ubicación.

Llegan a un acuerdo con ella por salvarles la vida: Cuando conquisten Jericó, ella arrojará una cuerda roja por la ventana para que puedan identificar fácilmente su hogar y salvar a su familia. Recuerda este momento. Encontraremos mucho lenguaje de tiempos de guerra donde Dios le dice a Israel que destruya a todas las personas en la tierra de Canaán y es importante que recordemos que Dios no está llamando al genocidio o limpieza étnica. Esto no tiene nada que ver con su origen étnico, pero todo que ver con que son idólatras que participan en atrocidades como el sacrificio de niños. Dios está trayendo juicio sobre sus pecados, pero siempre está dispuesto a perdonar al arrepentido. *Cada vez* que alguien se arrepiente, es mantenido con vida y bienvenido entre los israelitas. Dios no está llamando a un sacrificio masivo de cananeos; el texto nos muestra excepciones obvias; y Rajab y su familia ¡están entre ellos!

Estos espías creen en la promesa de Dios. Dicen: "cumpliremos nuestra promesa cuando el Señor nos entregue este país" (2:14). No solo creen que Dios los bendecirá como dijo, sino que ¡ya están planeando pasar el pago de esa bendición! Cuando le dan las buenas noticias a Josué, ¡él reúne a todos para cruzar a la tierra prometida! Llegan a un río, ¡pero esta no es su primera vez en cruzar un río! La última vez que tuvieron que cruzar un cuerpo de agua, Dios detuvo el agua *antes de que* entraran. Pero esta vez el agua no se detiene hasta que se meten. Caminar con Dios requiere cantidades *crecientes* de obediencia y confianza. Mientras van cruzando, Dios los llama una "nación" por primera vez, cumpliendo Su promesa de Génesis 12:2, luego les hace levantar doce piedras, una para cada tribu. Estas piedras sirven como un recordatorio para ellos, sus hijos y todos los pueblos de la tierra (4:24). El milagro de la provisión de Dios para Israel es una invitación a *todas* las personas para conocerlo y temerle.

VISTAZO DE DIOS

Dios repetidamente le dice a Josué que sea fuerte y valiente. Pero cada vez que da este mandato, lo precede o lo sigue con la promesa de que estará con él. La fuerza y el coraje no son cosas que reunimos por nuestra cuenta; no son solo una porra mental o una mentalidad en la que meditamos. La verdadera fuerza y coraje se obtienen al ser conscientes de la presencia de Dios en nuestras vidas. Él nunca nos pide que hagamos cosas por nuestra cuenta; Su cercanía es lo que nos equipa para obedecer. Nunca nos pide que seamos nuestra propia fuerza o provisión, Él proporciona todo lo que requiere de nosotros. Él es donde está la fuerza. Y ¡Él es donde el júbilo está!

JOSUÉ 5-8

Los israelitas acaban de pisar la tierra prometida por primera vez como una *nación*. Sus enemigos aún viven allí y la primera ciudad que planean tomar es Jericó, pero Dios los quiere completamente preparados. En las reservas de Dios, prepararse para la batalla tiene muy poco que ver con afilar sus armas y todo que ver con alistar su corazón. Primero circuncidan a todos los varones israelitas, luego, celebran la Pascua. Sus corazones necesitan recordar la Pascua: esto ¡refuerza su fe! Luego, al día siguiente, el maná cesa. ¡Esto es increíble! Esta es la provisión precisa de Dios en exhibición. Les dio el milagro de la comida por 6 días a la semana durante cuarenta años —incluso en la tierra prometida— y esto se detiene el día después que tienen acceso a la comida local. ¡La provisión de Dios no tiene huecos!

Entonces Josué tiene un extraño encuentro con un hombre que sostiene una espada. Esto da miedo, ¡están en territorio enemigo! Josué pregunta si él es israelita o cananeo; y el hombre básicamente dice: "No. Yo soy Dios". Algunas personas dicen que Dios se niega a tomar partido en la batalla, ya que no le da una respuesta directa a Josué, pero sabemos por el contexto que Dios se ha alineado con los israelitas. La respuesta de Dios sugiere que Israel está de *Su* lado más que Él esté del lado de Israel. ¿Cómo sabemos que este es Dios? Primero, recibe adoración. Los ángeles elegidos por Dios no dejan que la gente los adore; ellos *rechazan* esto porque saben que no lo merecen. Segundo, el Ángel de YHVH le dice a Josué que se quite los zapatos, lo que recuerda el encuentro del arbusto ardiente. Los ángeles no hacen santas las cosas; solo Dios puede hacer eso.

Dios le dice a Josué que Jericó es de ellos para que lo tomen, porque se los está dando. Pero da instrucciones extrañas sobre cómo lograr esto: marchen alrededor de la ciudad con el arca, tocando trompetas, una vez al día durante seis días, luego el día siete, marchen alrededor *siete* veces; en ese séptimo viaje, que toda la gente grite, luego los muros caerán y tendrán una apertura para entrar y destruir todo —excepto la familia de Rajab. Los dos espías están encargados de salvarla. Derrotan a Jericó con cero estrategia militar y Josué pronuncia una maldición sobre cualquiera que la reconstruya. Por cierto, ha sido reconstruida, así que ¡recuerda esta maldición!

Josué prohíbe que los soldados tomen botín; está dedicado a Dios como una ofrenda de primeras frutas. Pero un tipo llamado Acán toma en secreto un botín valorado en la cantidad de ingresos de por vida de un trabajador. Mientras tanto, Josué envía a su gente a tomar otra ciudad, Ai, pero no consulta a Dios primero. No solo pierden, sino que treinta y seis hombres mueren en el proceso. Josué se aflige y comienza a dudar de Dios, pensando que los traicionó. Él apela a Dios, pero Dios señala con el dedo a los israelitas; los ve como una unidad, por lo que el pecado de un hombre afecta a todos. Acán es responsable personalmente de su adulterio espiritual, pero toda la comunidad se ve afectada. Como el pecado de Acán representa adulterio espiritual contra Dios, requiere la pena de muerte. Acán es de la tribu más estimada, pero es rechazado por el pueblo de Israel porque su corazón no está dedicado a YHVH. Esto es importante. A través de Rajab y Acán, ya estamos viendo que ser parte de la gente de Dios, los israelitas, no tiene nada que ver con la raza o los genes, y tiene todo que ver con el corazón. La familia de Dios está formada por personas con corazones nuevos, no con ADN similar.

Dios les dice que regresen y conquisten a Ai y les dice que pueden quedarse con su ganado y saquear para sí mismos; y que luego deben prenderle fuego. Este es el juicio de Dios sobre sus habitantes por su maldad. Luego Josué construye un altar a Dios y sigue las instrucciones de Dios, pronunciando maldiciones del monte Ebal y bendiciones del monte Gerizim (Deut 11), luego renueva el pacto con el pueblo.

VISTAZO DE DIOS

Mientras realizaban sus primeros seis viajes por Jericó, probablemente pensaron que todo ese caminar era una pérdida de tiempo. Tal vez te sientes así algunos días en nuestro plan de lectura o en oración, pero Él está haciendo *algo*. A veces lo que Dios hace en nuestros corazones a través de la obediencia está más allá de nuestra capacidad de comprender. Él está en el trabajo, incluso en los días de "nada", cuando la obediencia se siente como si estuviéramos caminando en círculos. Escucharlo es el mejor lugar para estar, incluso cuando no lo entendemos completamente, porque ¡Él es donde el júbilo está!

183

JOSUÉ 9–11

En Deuteronomio 20:10-18, Dios dio diferentes instrucciones sobre cómo los israelitas debían manejar las ciudades fuera de la tierra prometida versus las ciudades dentro de ella. Para las ciudades fuera de Canaán, debían saludarlos con paz y matar solo a los hombres que se les opusieran. Para las ciudades dentro de Canaán, debían operar según un principio llamado "cherem" bajo el cual todo está dedicado a YHVH y comprometido a la destrucción. Dios usa esto para servir múltiples propósitos, incluyendo juicio y provisión. Los gabaonitas (también conocidos como Hivitas) se enteran de esta estrategia y fingen vivir fuera de Canaán para recibir el tratamiento más indulgente. Le piden a Israel que entren en un pacto de protección y Josué acepta sin preguntarle a Dios, haciendo accidentalmente un pacto con sus enemigos. Los israelitas descubren que han sido engañados y quieren destruir a los gabaonitas. Pero los líderes de Israel dicen que deben mantener su pacto y sufrir las consecuencias de esta decisión pecaminosa. Entonces, en lugar de matar a los gabaonitas, los asignan a trabajos manuales al servicio del templo. Incluso los enemigos de Dios que han engañado al pueblo de Dios ¡terminan sirviendo para los propósitos y la gloria de Dios!

Algunos reyes locales se enteran de esto y declaran la guerra a Gabaón por hacer las paces con los israelitas. Los gabaonitas entran en pánico y piden ayuda a Israel. Josué busca a Dios, quien le dice: "No tiembles ante ellos, pues yo te los entrego; ninguno de ellos podrá resistirte" (10:8). Utiliza tácticas milagrosas (confusión, granizo, eventos cósmicos) y gana la guerra para Israel. Josué sabe cómo proceder porque escucha y cree en Dios. Cita las palabras de Dios a Su pueblo cuando va terminando la batalla. Derrotan a seis ciudades más al sur de Canaán, por lo que los reyes del norte comienzan a ponerse nerviosos. Dios le dice a Josué que al día siguiente los entregará a Israel en la batalla y ¡lo hace! Josué está comenzando a escuchar atentamente a Dios y debido al pacto único que Dios tiene con este estado-nación, continúan viendo victorias en la batalla cuando obedecen. Josué comienza a mostrar obediencia minuciosa y persistente.

También derrotan a los anakim, quienes siempre son un recordatorio de que probablemente hay más cosas de las que se ven a simple vista. Los israelitas están destruyendo a mucha gente, pero es posible que estas personas sean el intento del enemigo de acabar con el linaje del Mesías al mezclarse con los humanos. Es lo que creían los antiguos judíos y ha sido un hilo común de los libros que hemos leído, por lo que no queremos descartar la posibilidad.

Dios endureció los corazones del enemigo (11:20). Esta no es una frase fácil, pero no podemos eliminarla de las Escrituras. En Éxodo 33:19, Dios le dijo a Moisés: "Tengo clemencia de quien quiero tenerla, y soy compasivo con quien quiero serlo". Esto puede irritar nuestro sentido de justicia o hacernos sentir que Dios no es justo. Es importante recordar que todos somos pecadores que merecemos la muerte y la separación de Dios. Para aquellos de nosotros que *no* entendemos eso, somos para quienes las cosas no son justas, *no* obtenemos lo que merecemos. Aquí hay un misterio que no entenderemos de este lado de la eternidad, está bien tener un momento difícil con esto, luchar y cuestionar, sostenerlo con la mano abierta y pedirle a Dios que Se revele. El enemigo de tu alma no quiere nada más que desconfíes del corazón de Dios. Espero que hasta ahora ya hayas visto suficiente de Su corazón para confiar en Él, incluso cuando haya partes de Él que no entiendas. Hay una posibilidad de cien por ciento que no siempre te guste lo que Dios hace, porque es una persona diferente a ti. Como dice Tim Keller: "Si tu dios nunca está en desacuerdo contigo, podrías estar adorando una versión idealizada de ti mismo".*

VISTAZO DE DIOS

Josué puso su corazón para obedecer a Dios, pero Dios no le otorgó una victoria inmediata. De hecho, Dios alargó su día. Josué pidió algo imposible y Dios se lo concedió, pero no llegó de manera fácil. El tuvo que luchar más tiempo. Incluso cuando parece que Dios está alargando nuestros días, todavía está trabajando por nuestro bien. Podemos pedirle cosas imposibles y podemos confiar en Él y alabarlo incluso cuando Su respuesta es no, o si Su sí toma más tiempo del que preferimos. Porque, finalmente, Sus *respuestas* no son lo que buscamos, lo que buscamos es a *Él*, porque ¡Él es donde el júbilo está!

* Timothy Keller, Facebook, 15 mayo 2014, https://www.facebook.com/TimKellerNYC/posts/if-your-god-never-disagrees-with-you-you-might-just-be-worshiping-an-idealized-v/754367937936428/.

JOSUÉ 12–15

Ayer los israelitas ganaron muchas guerras y tomaron mucha tierra, así que hoy comenzamos con un resumen de qué tierras han adquirido y con fronteras desconocidas, que parecen no ser importantes. Sin embargo, fueron sumamente importantes para la gente en aquel tiempo y estas listas han servido a nuestra fe histórica y arqueológicamente. Aguanta ahí durante estos puntos aburridos; sirven a un mayor propósito más que solo entretenimiento.

La tierra que ellos conquistaron cuando Moisés aún estaba vivo es el área este del río Jordán donde viven dos tribus y media de las tribus transjordanas (Gad, Rubén, y la mitad de la tribu de Manasés). Desafortunadamente, las tribus transjordanas no expulsaron a toda la gente que vivía ahí. Veremos cómo este acto de desobediencia les causa problemas a través de los años. Cuando cruzamos el río Jordán dirigiéndonos al oeste en la tierra prometida, vemos las áreas conquistadas por Josué. Luego de toda esta conquista, Josué ya está de edad muy avanzada, pero Dios dice que no ha terminado con él. Todavía hay más tierras que tomar, así que él no va a morir todavía. Pero Dios hará el trabajo duro por ellos y Él mismo va a expulsar a los habitantes; y entonces Josué le dará la tierra a las nueve tribus y media. La tribu final, los levitas, tienen a Dios mismo por heredad y serán esparcidos para que vivan entre las otras tribus.

Luego tenemos un encuentro con Caleb; él es el otro espía que junto con Josué cuarenta y cinco años atrás le creyeron a Dios cuando espiaron esta tierra. Le está hablando a Josué de lo que soportaron y lo que Dios les prometió. Recuerda seguir a Dios encarando el temor y está listo para hacerlo nuevamente. Aún a la edad de ochenta y cinco años quiere ir y luchar en contra de los anaquitas (los gigantes en la tierra); y tiene éxito con la bendición de Josué y la dirección de Dios.

Judá es por mucho la tribu más grande, así que les toca la parcela de tierra más grande. Casi todo lo que les toca es desierto, pero por el lado positivo, es que están en el borde con Jerusalén. También les toca la tierra rica en minerales del mar Muerto. Por cierto, cada vez que la palabra *Néguev* aparece, se refiere al desierto. Como Caleb es parte de la tribu de Judá, su herencia cae dentro de lo que les asignaron. Hay una parcela prometida a él por la cual él pide ayuda y promete que quien conquiste esa ciudad se podrá casar con su hija. Probablemente era considerado un honor el ser el premio mayor para el guerrero que conquistó la ciudad más difícil en la tierra. Su sobrino Otoniel la conquista y la hija de Caleb tiene una petición. Ya que su porción incluye desierto, ella también quiere dos manantiales de agua y su padre se los da.

VISTAZO DE DIOS

Josué 13:13 dice que las tribus transjordanias *no* expulsaron a la gente de la tierra, lo que sugiere que ellos ni siquiera trataron. Luego en 15:63 dice: "Los descendientes de Judá *no pudieron* expulsar de la ciudad de Jerusalén a los jebuseos, así que hasta el día de hoy estos viven allí junto con los descendientes de Judá". *No pudieron,* implicando que lo intentaron y fallaron. ¿Por qué? Si Dios estaba con ellos, ¿por qué no podían creer en ellos mismos y hacer que sucediera? ¿Por qué no podían recordar las promesas de Dios para ellos y mantenerlo en Su palabra? Dios no puede ser manipulado por nuestras mantras. Él hizo un trato muy específico con ellos de cómo la tierra tenía que ser tomada y esto envuelve obediencia. Ellos no pueden presentarse con su derecho y esperar que Dios les dé lo que ellos quieren, *aun cuando es lo que Él les prometió personal y directamente*. Esta relación única que su nación-estado tiene con Dios significa que ellos tienen que caminar conforme al pacto que hicieron. Al parecer algo no está bien aquí, algún pecado no les permite adquirir la tierra. ¿Esto significa que Dios les falló? No, la historia aún no se ha acabado. Él está trabajando aún en estos supuestos retrasos para formar sus corazones, hacerles bien, derrotar a sus enemigos a pesar del fracaso presente. Él está con ellos cuando pecan y fallan. Y Él está contigo cuando tú pecas y fallas. Aún en el fracaso la confianza puede crecer, la fe puede ser fortalecida y se puede encontrar el júbilo, porque ¡Él es donde el júbilo está!

JOSUÉ 16-18

Hoy nos encontramos con todo el drama que rodea las asignaciones de tierras. La asignación para los descendientes de José nos lleva al día en que su padre, Jacob, adoptó formalmente a sus hijos, Efraín y Manasés. Con ese intercambio, recibieron el derecho a la herencia de José de parte de Jacob, lo que significa que son líderes tribales y terratenientes. En algún momento, la tribu de Manasés se dividió por la mitad y se convirtió en dos medias tribus. La mitad de ellos quería vivir al este del río Jordán (Transjordania), por lo que los llamaremos Manasés del este. La otra mitad heredó parte de la tierra prometida original, al otro lado del Jordán, por lo que los llamaremos Manasés del oeste. Pero surge un problema durante el proceso de división de la tierra, cuando Manasés del oeste es puesto junto a Efraín y ellos se quejan de esto. Quieren seguir su propio camino y obtener tierras que se adapten al tamaño de su tribu.

Josué está de acuerdo con su solicitud de división y dice que son responsables de limpiar la tierra y expulsar a las personas que están en ella. Pero estamos empezando a ver un tema en el que la mayoría de las tribus *no están* expulsando a los cananeos como Dios lo ordenó repetidamente.

En otras noticias sobre la asignación de tierras, las hijas de Zelofejad se acercan a Josué y Eleazar, para recordarles sobre la tierra que Dios les prometió y los nuevos líderes siguen las órdenes de Dios, asignándoles la tierra.

Todas las tribus se reúnen en Silo, donde levantaron el tabernáculo. Este es el primer lugar en la tierra prometida donde se levanta el tabernáculo. Todavía hay siete tribus esperando saber en qué tierra vivirán, y probablemente se estén inquietando. Josué envía a tres hombres de cada una de esas tribus en una misión para revisar el territorio restante e informarle. Cuando regresan, él divide la tierra como corresponde. Benjamín y Judá tienen asignaciones detalladas de tierras, probablemente porque ambas tribus tienen un protagonismo especial. Benjamín y Judá obtienen la tierra que limita con Jerusalén al norte y al sur, respectivamente. Esto es importante porque Jerusalén se convertirá en la capital, el lugar donde Dios establecerá su tabernáculo permanentemente. Esta es una razón por la cual es un gran problema que no hayan expulsado a los jebuseos que actualmente viven allí. Pero para su crédito, Jerusalén es una ciudad difícil de tomar; está en una colina rodeada por tres valles profundos, por lo que la gente de la ciudad siempre tiene una ventaja militar.

VISTAZO DE DIOS

Jerusalén está rodeada por tres valles que convergen para conformar una forma interesante. Parece un número tres de lado (o si eres un Trekkie, es decir fanático de Star trek, se parece al saludo vulcano). Para un israelita, es claramente la letra hebrea *shin*, que se considera una letra sagrada entre los judíos. ¿Por qué mostrarían honor a una letra? *Shin* es la primera letra de la palabra *Shaddai*, que significa "Dios Todopoderoso", así es como Dios se identifica con Abraham en Génesis 17. Los israelitas consideran esta letra como la inicial de Dios. Lo estampan en sus mezuzá que adornan los postes de sus casas (Deuteronomio 6:6-9).

En Deuteronomio 12, Dios dijo tres veces que Su lugar de adoración elegido donde se ubicaría el tabernáculo era un lugar donde pondría Su nombre. En 2 Crónicas 6:6 (LBLA), Dios dice: "mas escogí Jerusalén para que mi nombre estuviera allí". ¿Podría estar hablando solo en sentido figurado y espiritual? Por supuesto. Pero dada la topografía de Jerusalén, hay razones para creer que Él también está hablando literalmente. Si tienen una vista topográfica de la ciudad de Jerusalén, parece que Dios le imprimió su inicial y la grabó con la letra *shin*. Le pones tus iniciales a las cosas que posees, las cosas con las que deseas identificarte.

Mucho antes de que existieran las fotos aéreas, Dios eligió una ciudad marcada con la letra que Su pueblo consideraría Su inicial. Él baja para morar con ellos allí, la gente marcada por Su nombre en la ciudad marcada por Su nombre. Y aquí estamos hoy, miles de años después, marcados con el mismo nombre, las personas que Él ha elegido adoptar en Su familia a pesar de nuestros pecados y defectos. Él está donde está el *shin* y ¡Él es donde el júbilo está!

JOSUÉ 19-21

Hoy continuamos mirando las asignaciones de tierra para las tribus. Han estado esperando cuarenta años por esto; han estado luchando por esto, literalmente. Estas asignaciones son donde construirán sus vidas y criaran a sus familias. Y para los israelitas, esta no es una ubicación temporal, esta tierra está marcada para ser el hogar de la tribu para siempre, siempre que mantengan su parte del pacto que hicieron con Dios. Dado que muchas de las formas en que se mencionan estos lugares en las Escrituras no significan nada para nosotros, ofreceré una breve descripción de cada lugar que vemos hoy. Imagina que eres una de las siete tribus que aún no ha conseguido su tierra y estás esperando saber dónde vivirá tu familia.

A Simeón se le asigna una tierra en medio de la parcela del desierto de Judá en el sur. Zabulón tiene una pequeña parcela en el norte, es la parcela más pequeña además de la de Benjamín, pero es un área verde y exuberante con muchas plantas y flores. Si miras un mapa, puedes notar que Zabulón recibe la ciudad de Belén, pero es un Belén diferente a donde nació Jesús. Hay dos Belén en la tierra prometida y Él nació en una a las afueras de Jerusalén. Isacar también tiene un área pequeña y fértil cerca del mar de Galilea y el río Jordán.

Aser obtiene la costa mediterránea hacia el norte, parte de la cual pertenece al Líbano de hoy. Neftalí tiene el norte montañoso, que incluye una cadena montañosa que alcanza más de nueve mil pies de altura. Puedes esquiar allí si visitas Israel en invierno. La gente de la tribu de Dan tiene una hermosa zona costera cerca de una importante ciudad portuaria llamada Jope, que se encuentra junto al moderno Tel Aviv. Pero Dan pierde esta tierra más tarde y se trasladan a una parte norte de la parcela de Neftalí (estén atentos para saber cómo y por qué sucede eso). La parcela de tierra a la que finalmente se trasladan, es hoy una hermosa reserva natural, cubierta de árboles, ríos y vida silvestre. Los dos lugares donde vive Dan son lugares privilegiados, pero son una especie de tribu terrible, como veremos más adelante.

Como Josué fue uno de los dos espías que creyeron a Dios cuarenta y cinco años antes, él puede elegir dónde quiere vivir. Como un caballero, deja que todos los demás obtengan su tierra primero. Elige un área montañosa en la tierra de Efraín, justo al norte de Jerusalén, en un área un tanto aislada. Él sabe que sus años están llegando a su fin, por lo que elige un buen lugar para la tranquilidad y la soledad.

La diversidad topográfica de esta pequeña nación es impactante. Puede que solo sea del tamaño de Nueva Jersey, pero cubre una amplia gama de climas y altitudes, desde el monte Hermón cubierto de nieve hasta el punto más bajo de la tierra, el mar Muerto, que está a mil cuatrocientos pies bajo el nivel del mar. La asignación de tierras determina casi todo sobre la vida de los israelitas: su clima y paisaje, la comida disponible para ellos, sus oportunidades de trabajo y qué tan lejos tienen que viajar para llegar al tabernáculo en Jerusalén, su futura capital. La vida de un simeonita en el desierto del sur sería lo opuesto a la vida de un benjamita que vive en una ciudad en las montañas de Jerusalén, o para uno de Neftalí que se despierta con flores y palmeras a lo largo del mar de Galilea, o para uno de Manasés que mira la puesta de sol sobre el mar Mediterráneo todas las noches.

Después que se distribuye la tierra, es hora de establecer las ciudades de refugio, las áreas donde un homicida (alguien que mata accidentalmente a alguien) puede vivir sin temor a represalias. Las ciudades de refugio son menos como cárceles y más como casas de seguridad, pero el homicida involuntario no puede irse hasta que el sumo sacerdote muera. Dios extiende intencionalmente las ciudades de refugio a través de las tribus para que los homicidas involuntarios tengan una buena oportunidad de llegar a una de ellas antes que alguien trate de tomar represalias. ¡Dios piensa en todo! Los levitas también se distribuyen entre las tribus, algo así como pastores locales.

VISTAZO DE DIOS

Dios nos muestra mucho de Su carácter al lograr todo esto para los israelitas. No solo generosidad y fidelidad, sino también fuerza, poder y amor persistente. Perdón, gracia y misericordia. Dios los condujo a esta tierra prometida, a pesar de ellos mismos. Él les ha dado todo lo que necesitan, pero lo más importante de todo es Él mismo porque ¡Él es donde el júbilo está!

JOSUÉ 22-24

Ahora que la tierra ha sido suficientemente conquistada, las tribus de Transjordania han cumplido su promesa de luchar por la tierra con las otras tribus. Josué los afirma, les recuerda que sean leales a YHVH y los envía a casa a través del río Jordán hacia el este. En el camino, construyen una estructura enorme en el lado oeste del río Jordán. Cuando las tribus occidentales se enteran, ¡están listas para pelear! ¡No puedes ir a construir altares donde quieras! ¡Esto parece ser un desafío directo a los mandamientos de YHVH! Envían una delegación encabezada por Finés, hijo de Eleazar el Sumo Sacerdote y acusan a las tribus de Transjordania de alejarse de Dios. Las tribus occidentales temen el juicio de Dios sobre todo Israel debido a esta rebelión. Piden una explicación y ofrecen a las tribus de Transjordania una opción clemente para el arrepentimiento: "¡Vengan a vivir con nosotros en el lado occidental del río en lugar de alejarse de Dios!".

Pero las tribus de Transjordania aclaran las cosas rápidamente. Resulta que no se están rebelando contra Dios ni están armando un altar para la adoración. La estructura es un monumento para mostrar la relación entre ellos y las tribus occidentales, conectándolos. Temían que en el futuro, las tribus occidentales los rechazaran a ellos y a sus hijos, por lo que querían algo que sirviera como señal de su relación. Las tribus occidentales son razonables; están satisfechos con esta explicación, así que regresan a casa, respirando aliviados. ¡Lo último que quieren es perder la tierra en la que acaban de establecerse!

Cuando Josué se acerca a la muerte, llama a todos los líderes de Israel para una charla motivadora. Dios es quien logró estas cosas buenas para ellos y todavía queda trabajo por hacer, es decir, expulsar a los cananeos persistentes. Moisés estaba *muy* nervioso porque los israelitas se alejaban de Dios para adorar a los dioses paganos y aquí Josué tiene las mismas preocupaciones. Dios los ha equipado con todo lo que necesitan para obedecerlo; *pueden* expulsar a la gente, porque Dios les ha prometido esa tierra, ¡así que deben hacerlo! Josué advierte contra la idolatría y los matrimonios mixtos con aquellos que no adoran a YHVH. Si no honran a Dios en esto, se rompe el pacto y Él les quitará la tierra. Dios los ha bendecido, pero les vendrá mal si se apartan de Él.

En el capítulo 24, Josué los guía a través de su historia, comenzando con el padre de Abraham, Téraj. Todos comenzaron adorando a otros dioses. No había tal cosa como un "israelita" hasta que Dios los inventó. Dios los hizo crecer, los rescató, los bendijo, luchó por ellos y cumplió Sus promesas con ellos. Luego dice: "Puedes servir a YHVH o puedes servir a estos otros dioses. ¿A cuál será?" La gente responde con la fuerte promesa, ellos seguirán a YHVH. Josué les recuerda que no son capaces de cumplir esa promesa por sí mismos, pero dicen que lo harán totalmente.

Josué es enterrado en la tierra prometida. Luego, los huesos de José, que habían permanecido en Egipto durante algunos cientos de años y que han estado cargando por el desierto y por toda la tierra prometida, finalmente encuentran un lugar de descanso en el lugar que el padre de José compró cientos de años atrás. Y sucede que está en la parcela de tierra que Dios repartió para las tribus de José. Se completó el círculo. ¡Hemos estado esperando esto desde Génesis 50:25! Eleazar el Sumo Sacerdote muere a continuación. Dado que el sacerdocio se transmite generacionalmente, su hijo Finés está preparado para ser el próximo Sumo Sacerdote. Pero esto señala el final de una era para los israelitas: su líder actual y su sumo sacerdote mueren en la misma página.

VISTAZO DE DIOS

Por primera vez desde que Dios llamó a Abraham, la gente está viviendo en cumplimiento, al menos parcial, de las tres promesas que Él les hizo: se han convertido en una gran nación, tienen una relación bendecida con YHVH y están viviendo en la tierra prometida. El versículo 14 del capítulo 23 dice: "Ustedes bien saben que ninguna de las buenas promesas del Señor su Dios ha dejado de cumplirse al pie de la letra. Todas se han hecho realidad, pues Él no ha faltado a ninguna de ellas". Dios no ha fallado. No les estaba fallando en el desierto cuando estas cosas aún no se habían cumplido y Él no les está fallando ahora. ¡Él es a prueba de fallas! y ¡Él es donde el júbilo está!

JUECES 1–2

El libro de Jueces está lleno de historias sangrientas y malvadas. También requiere que replanteemos nuestro entendimiento de la palabra *juez*, estos no son jueces de la sala de justicia. Son líderes civiles y militares, que son más como un presidente participante quien promulga leyes y ordena el ejército. Israel es una nación-estado teocrático. Eso significa que *Dios* gobierna el país, no un rey o presidente, entonces no hay separación de la iglesia y el estado. Este tipo de sistema puede sonar como una buena idea, pero teniendo a Dios como tu líder, no significa que la gente lo va seguir. El corazón humano no responde a leyes; responde a lo que ama. Y si tú no amas a Dios, encontrarás Sus reglas repugnantes e irracionales y te rebelarás contra Él.

Aunque estén en la tierra prometida, no han conquistado la tierra completamente; hay grupos de cananeos por todos lados porque fallaron en obedecer el pacto con Dios. Él les advirtió repetidamente sobre las consecuencias: los cananeos los enga-ñarán y guiarán a Israel a la apostasía, después serán oprimidos y arrastrados. Hoy emprendemos un viaje largo en el tren expreso de la apostasía, sigue este círculo vicioso: Israel peca; cae en opresión; ruegan a Dios, quien los libera; después se arrepienten, gozan de paz por un tiempo, antes de volver a decidir que les gusta mas el pecado que la paz.

Los israelitas están atraídos por la sofisticación de los cananeos. Después de todo, sus padres vivieron en Egipto como esclavos, vinieron de la nada y han pasado toda su vida viviendo en tiendas en el desierto. !Ahora están en ciudades con arte, arqui-tectura, literatura y puertos de comercio! Y parece que la manera que los cananeos adquirieron esta forma de vida fue adorando a sus dioses donde involucraba tener relaciones sexuales con las supuestas prostitutas sagradas del templo de Baal. Los israelitas hacen concesión tras concesión hasta que sus corazones completamente se apartan de Dios.

En el principio de Jueces, Israel empieza firme después de la muerte de Josué, pidiéndole a Dios dirección. Ellos querían destruir a los cananeos como lo había ordenado Dios. Dios designa a Judá a dirigir el ataque y Judá le pide a la tribu de

Simeón que les ayude. Tienen algunos éxitos, aún en Jerusalén, pero es de corta duración. Titubean con la obediencia completa, dejando que algunos cananeos permanezcan en la tierra. De hecho, nueve de las nueve tribus y media en la tierra prometida original todavía tienen cananeos viviendo allí. La única excepción es Isacar. La otras tribus mantienen a unos cananeos vivos como esclavos, lo cual está expresamente prohibido por Dios. Dios se aparece a ellos como el Ángel del SEÑOR para reprenderlos y decirles las consecuencias de sus acciones: los cananeos serán como una espina en su carne y ellos caerán en idolatría. Están desechos, lloran a gritos y le ofrecen sacrificios a Dios, pero su arrepentimiento es de corta duración.

La lectura de hoy nos dio dos escenas retrospectivas del libro de Josué: la muerte de Josué y la asignación de los manantiales de agua para la hija de Caleb. La escena retrospectiva sobre la muerte de Josué es un recordatorio a un tiempo cuando Israel estaba siguiendo a Dios más de cerca. Pero hasta esa gran generación fallaron como líderes porque no asignaron nuevos líderes. Y tampoco contaron la historia de Dios a la siguiente generación. El pueblo empezó a adorar a los dioses de Baal y Astarté, dioses masculino y femenino de los cananeos. Dios está furioso y trae eso mismo que prometió: disciplina, entregándolos en manos de saqueadores e invasores. Dios levanta jueces dentro de ellos para ayudar a guiarlos, pero ellos rechazan estos líderes y al mismo YHVH, continuando con su maldad. Dios promete no sacar a sus enemigos porque ellos han roto el pacto y servirá como una prueba para ellos. ¿Se arrepentirán? ¿Regresarán a Él?

VISTAZO DE DIOS

Muchas de las características de Dios salen a relucir en este texto: Su fidelidad a Su pacto con el pueblo, (que incluye bendiciones por la obediencia y maldiciones por la rebelión), Su paciencia con ellos, Su disponibilidad para perdonarlos, Su compasión hacia ellos. Pero sobre todo, podemos ver cuánto los ama. No solo está forzando obediencia sin querer una relación. Él está en busca de sus *corazones*. Nada cambia sino cambian los corazones. Ayer, Josué le dijo al pueblo que inclinaran sus corazones hacia Dios y hoy vemos que *Su* corazón también está inclinado hacia *ellos*. !Su amor por nosotros impulsa a nuestros corazones a amarlo a Él, porque ¡Él es donde el júbilo está!

JUECES 3-5

Hoy conocimos a los primeros cuatro jueces de Israel, quienes fueron bastante buenos en su rol. También nos enteramos de que Dios dejó a unos cuantos líderes cananeos en la tierra, como una prueba para los israelitas, quienes se han olvidado de Dios y están adorando a Baal y Astarté. Dios los vende a la esclavitud, como les advirtió que haría cuando esto empezó. Después de ocho años, claman a Dios y Él levanta a Otoniel para rescatarlos, el primer juez y líder militar. Dios le da la victoria y tienen paz por cuarenta años; hasta que los israelitas deciden que prefieren el pecado sobre la paz y se rebelan otra vez. Dios fortalece al enemigo de Israel, el rey Eglón de Moab, quien reúne aliados para atacar a Israel y recuperar a Jericó, la primera conquista de Israel en la tierra prometida. Como consecuencia, los israelitas son esclavizados por dieciocho años. Cuando Israel clama a Dios para que los rescatara, Él nombra al segundo juez, Aod, de la tribu de Benjamín, que significa "hijo de la mano derecha". Sin embargo, este guerrero zurdo, los guía para llevarle un regalo al rey Eglón como un engaño para apuñalarlo; y luego matan a diez mil moabitas, tomando de regreso la tierra y tienen paz por ochenta años.

Solo se nos da una frase sobre el tercer juez, Samgar. Tanto su nombre como su familia de origen sugieren que es un cananeo nativo que se convirtió a adorar a YHVH. Él los guía en victoria contra los filisteos. Después, el pueblo peca otra vez y Dios los vende a la esclavitud por veinte años bajo el rey Jabín. Esta situación parece imposible para el pueblo, porque Jabín y su comandante militar, Sísara, tienen acceso a novecientos carros de hierro y viven en áreas planas. Si tienes carros de combate, vas a querer pelear en áreas planas. Si *no* tienes carros de combate, vas a querer pelear en las colinas para poder vencer a los carros de combate. Que los cananeos tengan carros de combate y tierra plana no indica nada bueno para los israelitas. Los israelitas están adorando a los dioses de los cananeos, que no valen nada para rescatarlos; no tienen esperanza más que YHVH, entonces claman a Él. Así que Dios levanta a Debora, la jueza que más lo honra y que más se mantiene cerca de Sus mandatos.

Ella es una profeta sabia, valiente y equilibrada, que cumple su palabra y teme a Dios. Es la única juez que veremos que preside sobre casos legales. El único rol tradicional que no realiza es el rol de líder militar. Dice que Dios ha designado a Barac para esa posición. Él accede, pero se niega a ir a la batalla sin ella, aunque ella le hace saber que una mujer será elogiada por la victoria.

Debora manda a Barac a la batalla contra Sísara y sus novecientos carros de batalla con la bendición de Dios. Los israelitas matan a muchos cananeos, pero Sísara huye a pie y va a la carpa de Heber el quenita. Héber tenía una relación pacífica con el rey de Sísara, así que estaban en buenos términos, lo que podría ser la razón por la cual Sísara va a su carpa. Pero aquí hay al menos dinámicas extrañas. Primero, Héber es un quenita, no un Israelita, pero esos dos pueblos estaban relacionados cercanamente y tenían una relación pacífica. Los quenitas incluso se instalaron en la tierra con los israelitas. Entonces Sísara está llegando a un lugar donde es tanto un amigo *como un* enemigo. Segundo, Sísara en realidad llega a la tienda de la *esposa* de Héber. Las esposas a menudo tenían carpas diferentes a las de sus esposos. Es una situación posiblemente incómoda, pero no por mucho tiempo porque ella le clava una estaca de la carpa en la sien, cumpliendo la profecía de Débora. Una vez más, Dios y Su pueblo ganan la victoria sobre el enemigo y tienen paz por cuarenta años.

VISTAZO DE DIOS

Dios escoge y designa líderes improbables: un hombre zurdo de una tribu diestra, un cananeo para guiar a los israelitas y una mujer. Dios usa a los improbables, no para inflar su autoestima, ni para que presuman ante quienes los desprecian, eso es soberbio en el peor de los casos y pasajero en el mejor, pero para revelarse en Su obra, para revelar Su corazón hacia los ignorados. Ni siquiera es porque "Vea potencial" en estos líderes improbables, porque no se trata de su potencial, es una *realidad* y Él la creó, así que ¡Él merece el honor y la alabanza! Nos encantan las historias de campeones desvalidos y líderes improbables; ellos Le dan gloria y nos dan gozo porque apuntan a Él y ¡Él es donde el júbilo está!

JUECES 6-7

Cuarenta años después de Débora, los israelitas caen de nuevo en pecado y son tan oprimidos por los madianitas que se esconden en cuevas y los madianitas ¡comen todas sus reservas de alimentos! Después de siete años, los israelitas claman a Dios. Tal vez esperan que envíe otro juez, un líder militar para rescatarlos. Pero Dios no les debe eso y sabe que necesitan algo diferente en este momento. Envía a un profeta, alguien que habla la verdad y señala sus pecados.

Mientras tanto, un hombre llamado Gedeón está trillando trigo en un lagar, que es un lugar inusual para hacer eso, pero es porque está ocultando el trigo de los madianitas que se roban los alimentos. Aparece el Ángel del SEÑOR (probablemente Dios Hijo). Parece que Dios el Padre también aparece aquí, desencarnado. El Ángel le dice a Gedeón que Dios está con él; y Gedeón básicamente dice: "¿De verdad? ¿Dios está conmigo? Eso es gracioso, porque mi vida es un desastre. De hecho, me siento bastante abandonado y olvidado por Él". Gedeón cuestiona la presencia de Dios ¡a la misma presencia de Dios!

Dios le dice a Gedeón que libere a Israel de la opresión, pero Gedeón retrocede. Es del clan más débil de su tribu y es la persona menos importante de ese clan. Dios promete estar con él, pero Gedeón es escéptico. Le ofrece comida a Dios y pide una señal, entonces Dios Hijo consumió la comida con Su bastón y desapareció. ¡Guau! Gedeón se da cuenta de con quién está tratando y entra en pánico, pero Dios le dice que reciba Su paz. Gedeón construye un altar y lo llama *El Señor es la paz*.

Dios le ordena derribar los altares e ídolos paganos de su padre y construir un altar a Dios y ofrecer un sacrificio a Dios. Obedece a Dios, pero lo hace en medio de la noche para evitar ser atrapado. Cuando *lo* descubren, los hombres locales planean matarlo ¡pero su padre lo defiende! En todo esto, Dios los está preparando para la guerra, liberándolos de ídolos y llamándolos a Adorarlo.

Mientras tanto, los enemigos de los israelitas se están acumulando contra ellos. El Espíritu de Dios viste a Gedeón y su clan decide seguirlo. El miedo de Gedeón siempre está con él, entonces decide poner a prueba el plan de Dios pidiéndole una señal. Dos veces. Sabe que la ley Mosaica prohíbe esto y Dios ya le dio órdenes cara a cara, así que esto es doblemente decepcionante. Pero Dios es paciente, sabe que el hombre que nombró para esta tarea está entregado al miedo. No le reclama ni lo castiga por actuar sin fe. Después de la doble confirmación de Dios, Gedeón y treinta y dos mil hombres marchan hacia la guerra. Pero Dios dice que el ejército es demasiado grande. Hace que Gedeón envíe a casa a cualquiera que tenga miedo y a cualquiera que beba agua de cierta manera que parece indicar que podrían ser más fáciles de atacar. Gedeón se queda con trescientos hombres, el uno por ciento de su ejército original. Dios disminuye el ejército para poder aumentar Su gloria. Gedeón probablemente tiene *mucho* miedo ahora, pero de todas formas Dios no lo reprende. En cambio, ofrece aún más confirmación. Lo envía a espiar a los madianitas para que pueda oír lo que dicen, porque por supuesto, Dios sabe lo que dirán. Dios da un sueño a un soldado madianita, asigna a otro soldado para interpretarlo y organiza que el momento de esa conversación suceda en el mismo momento y lugar donde Gedeón se acerca al campamento. La interpretación del sueño es que Israel derrotará a Madián.

Así que Gedeón prepara a sus soldados con armas ¿correcto? No. Consigue frascos, velas y trompetas para sus soldados, ubicándolos alrededor del campamento y a las diez en punto, hacen ruido. Algunos de los madianitas huyen, pero otros se confunden y accidentalmente se matan entre sí. Gedeón llama a la gente de otras tribus para capturar y matar a los madianitas que huyeron y en la lectura de mañana descubriremos qué ciento veinte mil madianitas mueren en esta batalla.

VISTAZO DE DIOS

Gedeón duda *mucho* de Dios y Dios nunca se enoja con él por ello. Dios lo encuentra en sus cuestionamientos. Nunca es impaciente con las dudas y miedos de Gedeón. Lo acompaña para incentivarlo, sabiendo que lo que Gedeón más necesita no es "Eres increíble. ¡Lo lograrás! ¡Cree en ti mismo! Puedes ser lo de menos en tu familia, pero es solo porque ¡están celosos de ti!". No. Gedeón necesita oír *quién es Dios*. Dios no contrarresta las dudas de Gedeón con un discurso motivacional positivo. Él dice: "Estoy contigo". Y está contigo. Y ¡Él es donde el júbilo está!

JUECES 8-9

Ayer, el quinto juez de Israel lleno de temor, Gedeón, derrotó a los madianitas, pero ahora la tribu de Efraín está furiosa por no haber sido invitados a la guerra porque se enorgullecen de ser guerreros. Se calman cuando Gedeón alaba sus victorias militares anteriores. Luego cruza el río Jordán en busca de dos reyes madianitas para que puedan terminar la guerra. Le pide al este de Manasés que alimente a su ejército. Él es del Manasés del oeste, así que técnicamente son de la misma tribu, pero no ofrecen apoyo entonces, les promete destruir su ciudad. Luego se dirige a Gad, la tribu vecina al sur. También le niegan la comida, así que promete destruir su torre. Su ira está justificada, porque se supone que estos compañeros israelitas deben ofrecer ayuda, especialmente en los esfuerzos de guerra. Pero la respuesta de Gedeón parece un poco extrema, como si estuviera operando por inseguridad.

Finalmente mata a los dos reyes madianitas y roba los adornos que sus camellos llevaban en el cuello, luego regresa para cumplir sus amenazas al este de Manasés y Gad. Las conquistas de hoy se sienten diferentes a las de ayer, probablemente porque no hay mención de Dios. Gedeón parece estar actuando por sus propios impulsos. Cuando Israel trata de hacerlo rey, dice: "¡No, yo no! ¡Dios es su rey!", pero inmediatamente les pide todas sus joyas de oro. Ahí es cuando las cosas empiezan a sentirse muy familiares. Se hace un efod dorado. Solo el Sumo Sacerdote tiene permitido usar el efod, así que esto va contra los mandamientos de Dios y es un acto de extrema arrogancia.

La inseguridad y la arrogancia son diferentes caras de la misma moneda del orgullo. Ayer la moneda estaba en cruz, Gedeón estaba lleno de miedo y dudas de sí mismo. Pero hoy la moneda se ha dado la vuelta y él está lleno de sí mismo. Su tiempo como juez de Israel nunca ha sido acerca de Dios, ni siquiera ha sido acerca de *Israel*, siempre ha sido acerca de Gedeón. Y se nota. La gente se prostituyó ante su efod, que puede *sentirse* menos pecaminoso que adorar a los dioses paganos porque Jehová estaba adyacente, pero no lo es; sigue siendo idolatría.

Tiene muchas esposas, concubinas e hijos y nombra a un hijo Abimelec, que significa "mi padre es rey". Todo su discurso que dice que Dios es rey es solo de dientes para afuera; quiere ser rey y parecen verlo como rey, pero nunca es ordenado por Dios. Abimelec es divisivo e intrigante, tratando de asumir el papel de su padre a pesar de que otros hijos están en fila antes que él. Pero a la gente le encanta su confianza. Le dan dinero del templo pagano y lo usa para contratar a su séquito. Mata a los otros hijos de Gedeón en una piedra, posiblemente un altar, lo que probablemente significa que los está sacrificando para Baal. En medio de este asesinato en masa, su hermano menor, Jotán ¡escapa!

Los líderes de Siquén lo hacen "rey" pero no es real. Jotán va a la cima del monte Guerizín y les dice una parábola para ilustrar que Abimelec no es un rey digno y será destructivo. Básicamente es una maldición profética, declarada desde el monte de la bendición. Después de advertirles, huye. No escuchan, pero Jotán deja las consecuencias a Dios. Dios envía un espíritu maligno que causa división entre Abimelec y su pueblo, mostrando que incluso el mal cede a la voluntad de Dios. Mientras tanto, el pueblo de Siquén comienzan a buscar el reemplazo de Abimelec, lo que causa más combates. El pueblo de Siquén prepara una emboscada, pero Abimelec los mata y destruye la ciudad por completo, a pesar de que ¡él vivía allí! Algunos huyen a una fortaleza militar, pero él la quema. Jotán profetizó ¡esto mismo! Ahora Abimelec necesita un nuevo lugar para vivir, así que va a conquistar Tebes, pero una mujer lanza una piedra, hiriéndolo mortalmente. Hace que un hombre termine el trabajo en un intento fallido para preservar su legado. Su manipulación nunca cesó.

VISTAZO DE DIOS

La justicia de Dios se muestra con Abimelec, mata a todos sus hermanos en una piedra, luego muere por una piedra. La ira y la justicia de Dios están *adyacentes* a Su amor, no en contraste con él. Cuando amamos algo, tenemos ira hacia cualquier cosa que lo amenace. Queremos defenderlo y protegerlo. Cuando se trata de Su nombre y Su pueblo, JHVH es un protector vigilante. Incluso en medio de su iniquidad y de sus caprichos, Sigue promulgando justicia para purificarlos y protegerlos del mal. En el amor y en la justicia, ¡Él es donde el júbilo está!

JUECES 10-12

Hoy continuamos la espiral descendente de Israel con seis jueces malos. Los israelitas están cayendo en apostasía de nuevo, adorando a siete grupos de otros dioses. Parece que ¡adoran cualquier cosa! Dios se enoja y los vende a dos grupos de personas, los filisteos y los amonitas. Los oprimen en el lado este del río Jordán y luchan contra ellos en el lado oeste. Finalmente ¡Israel se arrepiente! Pero esta vez, Dios dice que las cosas van a suceder de manera diferente. No va a designar un juez para salvarlos como lo ha hecho en el pasado. En cambio, dice que clamen a esos otros dioses por ayuda. La respuesta de ellos sugiere que realmente han entendido esta vez, están de acuerdo en que no merecen ser salvados y aceptan Sus palabras, mientras siguen suplicándole misericordia y ayuda. Saben que Él es su única esperanza. Entonces abandonan a sus ídolos y ¡adoran a JHVH!

Mientras tanto, los amonitas en Transjordania quieren guerra con Israel. Los israelitas tratan de obtener a un sargento para su ejército para que puedan luchar, pero en lugar de pedirle a Dios por dirección, se preguntan el uno al otro. Nombran a Jefté apresuradamente, que se parece mucho a Abimelec. Para ser un forajido y un marginado, es bastante razonable cuando intenta negociar con el rey de los amonitas. El rey está enojado porque Israel le quitó algo de tierra, pero Jefté explica por qué está equivocado: "Se la quitamos a otra persona, no a ti, porque no era tuya cuando la conquistamos. Además, JHVH es quien nos la dio, así que no puedes tenerla". No es posible razonar con el rey de los amonitas y Jefté sabe que tiene una guerra en sus manos.

El Espíritu de Dios viaja con él a su paso por la tierra, protegiéndolo. A pesar de que no fue designado por Dios como juez sobre Su pueblo, de todas formas, tiene ese rol de oficio y Dios llega a ayudarlo. Pero Jefté se precipita y hace un juramento a Dios en un esfuerzo para ganar la guerra. Si Dios concede la victoria, sacrificará lo primero que salga de su casa. Probablemente esperaba un animal, pero este juramento es insensato por algunas razones. Primero, Dios prometió a Israel la victoria si guardaban Sus leyes. *Ese es el* camino a la victoria, no los juramentos apresurados.

Segundo, cuando la hija de Jefté sale, ese era el momento de cancelar el juramento y hacer una ofrenda por el pecado a Dios en su lugar (Levítico 5:4-6). Cuando dice que no puede retractarse en su juramento, se equivoca. Tercero, el sacrificio humano está estrictamente prohibido en al menos cuatro lugares en los libros de la ley. Lo que Jefté dijo es inconsistente con lo que Dios ha dicho.

Una advertencia: Mucha gente cree que Jefté no sacrificó a su hija, sino que la consignó para vivir como una mujer soltera para el resto de su vida. Esto lo habría salvado de la agonía de asesinar a su hija mientras que lo hubiera dejado con una consecuencia consistente. Ya sea que muriera o viviera como una mujer soltera, su nombre muere con él ya que ella es su única hija. Y sin importar lo que fuera, ella lamenta su suerte en la vida. El lamento es apropiado; incluso consigue tiempo para ello y lo hace en comunidad, no sola.

Efraín, la pequeña tribu que siempre está buscando una pelea, está enojada porque Jefté no los llamó para luchar con él, pero él dice que sí lo hizo. Amenazan con incendiar su casa, así que lucha contra ellos. Lanzan insultos y tratan de engañarse entre ellos. Los efraimitas tratan de hacerse pasar por galaaditas, pero su acento los delata. Esta es la primera batalla interna entre las tribus de Israel y es una señal de que las cosas van cuesta abajo rápidamente.

VISTAZO DE DIOS

"Y el Señor no pudo soportar más el sufrimiento de Israel" (10:16). Qué Dios con corazón sensible. Dios sufre a nuestro lado. Quiere lo que es mejor para nosotros ¡aún más que nosotros! Cuando los israelitas siguen eligiendo el pecado, los deja tocar fondo, pero todo el tiempo Su corazón le duele por su rebelión. Se aflige cuando Sus hijos están en la miseria y Se acerca. El salmo 34:18 dice: "El Señor está cerca de los quebrantados de corazón, y salva a los de espíritu abatido". Si te sientes como los israelitas, miserable por tu propia rebelión, o si te sientes como la hija de Jefté, llorando tus circunstancias de vida, que puedas sentir la cercanía del Señor en tu estado desconsolado y que tu espíritu se sienta de alguna manera menos destrozado al recordar Su gran salvación. Está contigo y ¡Él es donde el júbilo está!

JUECES 13-15

A pesar de la imagen de superhéroe de Sansón, probablemente es el más retorcido de todos los jueces. Los israelitas han caído en pecado otra vez y son oprimidos por los filisteos por cuarenta años. Después el Ángel del SEÑOR (posiblemente Jesús), se le aparece a la mujer estéril de Manoa y le dice que tendrá un hijo que ayudará a rescatar a Israel; le ordena que lo críe bajo el voto Nazareno, que significa no beber alcohol, no cortarse el cabello y no tocar cosas muertas. Dios le asigna a Sansón este voto de por vida, el cual comienza desde el vientre, así que también su mamá lo tiene que cumplir durante el embarazo.

Manoa y su esposa parecen creer esta profecía, cuando le hacen referencia, dicen "cuando se cumplan tus palabras" no "si se cumplen". Ruegan a Dios por instrucciones y consejo, ofrecen holocausto y adoran a Dios como "El que hace milagros". Después del nacimiento de Sansón, el Espíritu del Señor comienza a instigarlo acerca de su llamado. La primera decisión que toma —exigir casarse con una filistea— parece ser torcida y tonta, pero tras esta exigencia hay un plan puesto en marcha por Dios. Sansón es sigiloso, actúa bastante de manera independientemente, así que incluso sus padres no saben que está haciendo camino para derrocar a los opresores de Israel.

También en secreto asesina a un león con sus propias manos con la ayuda del Espíritu. Lo mantiene en secreto porque va en contra de su voto nazareno acerca de tocar cosas muertas. No solo toca al león muerto mientras lo mata, pero días después lo toca cuando toma miel de su cadáver. Comenzamos a ver que es orgulloso y creído, dirigido por la lujuria y sus deseos impulsivos; y toma decisiones tontas. También quiebra todas las reglas de su voto nazareno. Su orgullo asoma la cabeza en la celebración de su boda, en donde lo más probable es que haya tomado alcohol que no debía haber tomado. Provoca a treinta filisteos con una adivinanza. Cuando no la pueden resolver, persuaden a su esposa para que obtenga la respuesta de él. Aquí vemos su primera señal de debilidad, las mujeres. Cuando los hombres le dan la respuesta, se enfurece y se avergüenza. Perdió la apuesta y fue traicionado por su nueva esposa ¡durante su propia celebración de boda! Mata y toma sus ropas, lo que ciertamente involucra tocar cuerpos muertos. Algo extraño de este texto es que el Espíritu del Señor lo equipa para esta tarea.

Después, cuando regresa e intenta consumar el matrimonio, su suegro le dice que le ha dado a su nueva novia a su padrino, pero le ofrece casarse con la hermana en cambio. Sansón se enfurece. Caza trescientas zorras, ata sus colas juntas en parejas, les prende fuego y luego las suelta en los sembradíos para quemar todos los cultivos. Los filisteos toman venganza quemando a su esposa y suegro hasta que mueren. Sansón, una de dos, mata a más filisteos o les da una paliza en venganza, el texto no es claro. Ellos continúan luchando hasta que la tribu de Judá decide capturar a Sansón, *¡su propio juez!* y lo entregan a los filisteos como soborno. Mientras hacen la transacción, Sansón se libera y mata a mil hombres, lo más probable es que hayan sido filisteos, con la quijada de un burro, que es volver a tocar algo muerto.

Una de las cosas que puedes haber notado es que los otros jueces lucharon con ejércitos, pero Sansón no. Sansón *era* el ejército. Cada filisteo que murió cuando él estaba, murió por su mano. El no fue un líder, fue un vigilante solitario. Es difícil no quedar impresionado por él de todas formas y definitivamente podemos ver a Dios trabajando, iniciando y sosteniendo el llamado de Sansón, pero puede ser un texto difícil de procesar teológicamente.

VISTAZO DE DIOS

En la complejidad de Dios, usa a personas pecadoras con motivos torcidos para cumplir Su plan justo. Usa el orgullo y enojo de Sansón para vencer al enemigo de Israel. Cuando el Espíritu de Dios le da poder a Sansón para hacer algo, no está respaldando el pecado de Sansón, pero a veces está *usando* el pecado de Sansón para vencer a un enemigo mayor. Cada vez que Dios utiliza pecadores (p. ej., cualquiera de nosotros), algo está destinado a fallar en nosotros, pero alabado sea Dios, porque nuestros motivos pecaminosos y acciones ino son lo suficientemente grandes para arruinar Su plan! ¡Eso ya lo tiene considerado! Nos usa a pesar de nosotros mismos e incluso nos trae a gozo en el proceso. ¡Él es donde el júbilo está!

JUECES 16–18

Ahora Sansón visita una prostituta en Gaza, una ciudad filistea, así que esto es muy malo en diferentes niveles. Las personas que viven allí planean emboscarlo, pero él se va temprano y ¡se lleva parte de las puertas de la entrada de la ciudad! Después se enamora de una filistea llamada Dalila pero los sentimientos no son mutuos, ella solamente es una agente encubierta que ha sido contratada. Los jefes de los filisteos le pagan cinco mil quinientas monedas de plata para descubrir el secreto de su fuerza. Su curiosidad sugiere que él no es musculoso, de otra forma ellos *sabrían* de donde proviene su fuerza. Pero si realmente es flaco, sus demostraciones de fuerza sirven para glorificar a Dios y no a su propio cuerpo.

Hoy aprendemos mucho acerca de Sansón: duerme profundamente, tiene siete trenzas, está cegado por la lujuria o arrogancia y asume que no puede ser dominado (o las dos cosas), además *no* aprende de sus errores. Dalila intenta tres veces descubrir de donde proviene su fuerza y, o no sabemos si no confía en ella o está siendo cauteloso como siempre. Miente constantemente. Cuando finalmente explica que está bajo un voto con Dios, se refiere a Dios con Su nombre genérico, Elohim, no su nombre personal YHVH. Esto nos muestra cómo ve a Dios; es la diferencia entre conocer a Dios y conocer *de* Dios.

El no parece tomar el llamado de Dios en su vida en serio. Su desobediencia lo deja vulnerable. Dalila gana el dinero, un hombre le rapa la cabeza y el Espíritu lo abandona; en este punto en la historia esto es posible, ya que el Espíritu de Dios no habita en las personas todavía. El enemigo se apodera de Sansón y lo despoja de todo aspecto de su identidad; sus trenzas, su fuerza y el Espíritu. Los castigos de los filisteos son apropiados porque corresponden a sus dos áreas principales de pecado. Le arrancan los ojos, una de sus grandes debilidades y lo obligan a hacer un trabajo de mujer, moler en el molino, que debe de ser una afrenta a su orgullo. Sin Dios, él no tiene la fuerza para hacer trabajo de hombres.

Pero conforme su cabello crece, también crece su fuerza. Ellos lo sacan a un festival pagano como entretenimiento, en donde usualmente se burlan o golpean al prisionero. Probablemente no involucre demostraciones de fuerza, porque según lo que ellos saben, ahora es débil. Clama a Dios, *llamándolo* YHVH y pide que le de fuerza. ¿Podrá ser que se haya arrepentido? Dios le da fuerza y Sansón empuja dos columnas centrales, destruyendo el templo y matando a todos, incluido él mismo.

Después en los siguientes versículos vemos pura anarquía en Israel. Micaía de la tribu de Efraín, le roba a su mamá y luego lo confiesa y ella le hace un ídolo a YHVH en respuesta. Esta es una de las primeras instancias en donde la gente muestra su falta de conocimiento de las leyes de Dios y desprecio total por aquellos que sí la conocen. Sin líderes las personas hacen lo que les parece mejor, pero usualmente es demasiado subjetivo para ser lo correcto. Micaías hace un santuario en su casa y consagra a su hijo (que no es levita) como sacerdote; este lugar sagrado secundario, es perverso y desafiante. Cuando el conoce a un levita llamado Jonatán que es asignado a vivir en Judá, Micaía se da cuenta de que esta es su oportunidad para tener un sacerdote levita y trata de usar a Dios para su beneficio egoísta, también hace su propio efod. Es bueno que quiera conocer la voluntad de Dios, pero lo hace en maneras que deshonran a Dios. Está más interesado en obtener respuestas y ser poderoso, que en acercarse a Dios.

Vemos en el capítulo 18, que la tribu de Dan nunca sacó a los cananeos, así que están buscando un nuevo hogar. Ellos le preguntan a Jonatán si pueden abandonar la tierra que Dios les asignó. Él les da un consejo esperanzado pero malvado, así que ellos se van a un pueblo llamado Lais y asesinan a personas inocentes en una tierra que *no* les fue asignada antes de pedirle a Jonatán que sea su sacerdote no asignado en tierra no asignada.

VISTAZO DE DIOS

Sansón no llama a Dios por su nombre sino hasta el final y Dios encuentra a este hombre ciego y rebelde en su momento de necesidad. Él no dice: "¡No, tú ya fallaste muchas veces! Dios responde a la oración de Sansón con un sí y utiliza esta trágica historia como un paso para liberar a Su pueblo de la opresión. Él quiere intimidad con nosotros. Aun en prisiones o en lechos de muerte, Él está listo para acercarse. Y esas son buenas noticias para nosotros, estemos en necesidad o en tiempo de abundancia, porque ¡Él es donde el júbilo está!

JUECES 19-21

Israel está viviendo en una anarquía total y es muy evidente en la lectura de hoy. Un levita tiene una concubina, que básicamente es una sirvienta de la casa con menos derechos y menos estable que una esposa y su trabajo principal es acostarse con el jefe y tener hijos con él. Ella desea dejar este arreglo, pero él va a conquistarla nuevamente. Conoce a su padre, quien los invita a quedarse con él, pero al quinto día el levita está listo para regresar a su hogar. Por el camino, su criado sugiere que pasen la noche en una ciudad cananea, pero el levita desea continuar avanzando hasta llegar a un área Israelita. Ellos hicieron una parada en Guibeá en medio de la tribu de Benjamín y un anciano les ruega que se queden en su casa. Las autoridades del lugar se aparecieron en esta casa y demandaron tener sexo con el levita, pero el anciano les ofrece a su hija virgen y a la concubina del levita en su lugar. Los lugareños se disgustaron con esta oferta pero el levita se salva a sí mismo enviándoles a su concubina. Dios nunca aprueba esto, esto es el resultado del pueblo de Dios *apartándose* de Él.

Los hombres la violan y la golpean hasta matarla. El levita no parece conmoverse con la suerte de ella. Es doloroso e indignante a la misma vez. Él la lleva a su casa, la descuartiza y luego envía pedazos de su cuerpo por todo Israel, probablemente un pedazo a cada tribu. La mayoría de los eruditos opinan que hizo esto para comprobar que su historia es verdadera y que los benjaminitas son culpables. En respuesta, los hombres de todas las tribus con edad para pelear se unen, excepto los de la tribu de Benjamín. (La frase desde *Dan hasta Berseba* se refiere a todo Israel, puesto que la nueva ciudad que Dan recientemente conquistó está en el extremo norte y Berseba está en el extremo sur). También se unen las dos tribus y media transjordanias. Casi medio millón de hombres de las once tribus se reunieron para hablar de lo que los benjaminitas le habían hecho a la concubina. El levita cuenta la historia, dejando convenientemente el papel que le tocó jugar a él de lado y pregunta qué va a pasar en respuesta a esta abominación. Ellos deciden confrontar a la ciudad de Guibeá.

Primero, tratan de razonar con los lugareños, pidiéndoles que entreguen a los responsables para que ellos puedan enforzar la pena de muerte. Pero la ciudad no los entrega; estos protegen a sus líderes malvados y rehúsan hacerlos responsables. Como resultado, los benjaminitas van a la guerra contra el resto de Israel. Esta es su primera guerra civil. Pelean por tres días, y cada día Israel le pide guía a Dios, Él se las da y ellos obedecen. No pueden entender porqué están perdiendo, pues están siendo obedientes a Dios. Pero en los primeros dos días Dios no les promete la victoria; Él solo les dice lo que tienen que hacer. La obediencia no nos garantiza el resultado deseado. A veces el propósito es enseñarnos fidelidad a Dios, en vez de nuestros deseos. En el tercer día, Dios dice que vencerán y derrotan a todos los hombres de Benjamín excepto a seiscientos que se esconden.

Israel incendia Guibeá, tratándola como a una ciudad cananea. Dios nunca manda a hacer esto, pero ellos lo hacen. Mientras ellos se reúnen afligidos, ofreciendo sacrificios a Dios, pasan dos cosas casi simultáneamente: ellos están tratando de encontrar la manera de cómo evitar que la tribu de Benjamín desaparezca por completo y se dan cuenta de que hay un clan que no respondió al llamado para ir a pelear, Jabés-Galaad. *Sin consultar a Dios*, Israel forma el plan más eficiente: ellos envían hombres a matar a todos en Jabés Galaad con excepción de las mujeres vírgenes, luego traen a cuatrocientas vírgenes para dárselas a los seiscientos benjaminitas sobrevivientes. Pero como les faltan doscientas mujeres, fabrican un plan para que los benjaminitas rapten a algunas mujeres mientras estas bailaban en un festival. Este pasaje es *descriptivo*, no *prescriptivo*. Este es el plan malvado del hombre para componer las circunstancias en que se encuentran por el pecado. Cuando fallamos en consultar a Dios y confiamos en nuestro razonamiento, casi siempre causamos un problema más grande.

VISTAZO DE DIOS

No hubo mucho júbilo en la lectura de hoy, porque no hubo mucho de Dios. La última línea nos recuerda que "cada uno hacía lo que le parecía mejor" y el libro termina con el aumento de su maldad. En donde Dios no es temido ni honrado, en donde el pueblo hace lo que quiere y persigue sus propios deseos, pudiera haber una solución temporal o un cumplimiento de sus deseos, pero no hay un júbilo profundo, duradero o sostenible. Pues este no se encuentra con seguir cada anhelo de nuestros corazones, este se encuentra en ÉL. ¡Él es donde el júbilo está!

RUT 1–4

La historia de Rut se desarrolla en el tiempo de los jueces, cuando todo tipo de maldad llena la tierra de Israel. El libro empieza con una pareja de esposos, Elimélec y Noemí, que dejan el pueblo donde nacieron para escapar de una hambruna. Se establecen en Moab un pueblo pagano, al otro lado del río Jordán. Después que ellos y sus dos hijos llegaron a Moab, los hijos hicieron lo único que Moisés les advirtió que no hicieran. Se casan con mujeres que adoraban a otros dioses. Eventualmente, Elimélec y sus hijos mueren, dejando a Noemí y a sus nueras moabitas que se valgan por sí mismas. Noemí está en una situación desesperada, como viuda sin ningún hijo, no hay manera para que ella sea provista, especialmente no en una tierra extranjera que no tiene leyes para proveer a las viudas como las tiene Israel. Afortunadamente, le llega la noticia de que la hambruna ha terminado, así que empaca su equipaje. Les dice a sus nueras paganas que se regresen a su casa, en donde pueden comenzar de nuevo.

Orfa se va a casa, pero Rut toma una decisión impactante: ella se apega a una viuda desamparada y deprimida y deja su país para mudarse a una tierra extranjera. Mientras le hace este compromiso a Noemí, Rut invoca un juramento a Dios y se refiere a Él como YHVH. Esto nos deja saber que algo ha ocurrido en su corazón; su lealtad se ha transferido de sus dioses paganos al Dios de Noemí.

Ellas regresan a Belén, pero Noemí está amargada, piensa que Dios la está maltratando. Ella no tiene idea de lo que le espera. Aún mientras ella se queja, las bendiciones de Dios están en camino, y cada detalle del tiempo y el lugar es orquestado para su bienestar. Manda a Rut a trabajar en el campo de un familiar, confiando en la ley de Dios que los israelitas no deben cosechar los perímetros de sus tierras para que los pobres y los peregrinos puedan juntar a lo largo del borde (Levítico 19:9-10). Booz, el familiar de Noemí y dueño de la tierra, ve a Rut trabajando y pregunta sobre ella. Está muy lejos de su alcance; ella es una viuda extranjera y él es un adinerado líder en la comunidad. Pero su ética de trabajo y su gentileza llamaron su atención; su belleza podría ser implícita, pero Booz solo alaba su carácter. Él dice que su reputación de amor, humildad y gracia la preceden. Y la trata con una extra dosis de generosidad, aún más de lo que la ley requiere.

Noemí se da cuenta del potencial y juega a la casamentera. Le dice a Rut que pare de vestirse como viuda y la envía a visitar a Booz de noche. Hay mucha ambigüedad en este pasaje. Quizás ella destapa sus pies para que se enfríen y él se despierte, pero algunos eruditos señalan que la palabra *pies* es muchas veces un eufemismo para las partes privadas de un hombre. Es posible que Noemí haya enviado a Rut a seducir a Booz, pero dada la forma que la Escritura continúa describiendo a ambos como derechos y virtuosos, deberíamos concluir que ellos se abstienen de cualquier cosa inapropiada. De hecho, Booz llama a Rut una mujer digna, la frase usada en Proverbios 31:10 en referencia a una mujer virtuosa o una excelente esposa.

Rut básicamente le propone matrimonio a Booz. Él está interesado, pero le dice que hay un problema. De acuerdo con las leyes de un matrimonio levirato, alguien más tiene el derecho de opción exclusiva. Booz hace un juramento, que si el hombre que es un familiar más cercano dice no, él se casará con ella y luego le da más alimentos y la manda a su casa, prometiéndole encontrar una solución. Él va al lugar de encuentro local y le informa al otro individuo. Ese individuo no está interesado, porque cualquiera que redime a una viuda es responsable de darle un heredero y este individuo no quiere aminorar la herencia de sus hijos teniendo más descendientes. Booz se casa con Rut, tienen un hijo ¡y todos están encantados!

VISTAZO DE DIOS

Esta familia muestra el corazón de Dios para atraer al forastero. La madre de Booz es Rajab, la prostituta cananea quien dejó su vida pagana para seguir a YHVH. Este hijo de una extranjera se casa con otra extranjera y se convierte en el bisabuelo del rey David. ¡Todas estas personas están en el árbol genealógico de Jesús! Esta historia no es solo un cuento de hadas de la joven soltera que finalmente se casa y tiene hijos, esta historia es acerca de como Dios trabajó a través de la pérdida, depresión, nostalgia y hambruna para avanzar Su plan para redimir a Su pueblo, aún cuando los israelitas se tornan en la maldad cada día más. Resiste Israel. Tu rey está en camino. Primero uno terrenal, luego uno divino. Y ¡Él es donde el júbilo está!

1 SAMUEL 1–3

Es casi el año 1050 a. C. y los israelitas han estado haciendo lo que han querido. Las cosas han empeorado continuamente en la tierra prometida y están seguros que sus problemas se resolverán si tienen un rey. Elcana y Ana eran un matrimonio de Leví, la tribu de los sacerdotes y Ana es estéril. Elcana tiene otra esposa, Penina, quien no es estéril, pero él ama más a Ana. Cada año cuando van a ofrecer sacrificios al tabernáculo, Penina intimida a Ana. Es costumbre que cada esposa tenga su propia carpa, así que estos viajes son la ocasión poco común donde ellas conversan.

Elcana ve que Ana está afligida y en 1:8 dice algo que va en contra de todo lo que su cultura valora, "¿Acaso no soy para ti mejor que 10 hijos?". Diez hijos le darían un prestigio increíble, así que es notable que piense que su amor es más valioso. Pero sus sentimientos no consuelan a Ana. Después de la cena, ella va al tabernáculo para clamar a Dios. Ella jura que sí Él le da un hijo, ella lo apartaría como un Nazareo, como Sansón. Es una oración tan apasionada que el sacerdote Elí piensa que está borracha. Ana le explica su situación y él la deja con unas palabras alentadoras que la alegran. La bendice y le da algo así como profecías, que Dios responderá a su oración con un "sí".

Poco después de esto, Ana resulta embarazada de Samuel. Fiel a su voto, ella lo trae de regreso a la casa de Dios, ofrece un sacrificio extravagante, busca al sacerdote Elí y le deja saber: "Soy la mujer que le pidió un hijo a Dios. ¡Él dijo sí! ¡Y aquí está el niño! Se lo estoy trayendo porque su vida está dedicada a servir a Dios". Eli se compromete a criar a Samuel en la casa de Dios, después Ana adora a Dios con una canción. La canción tiene tres temas importantes que serán demostrados mientras seguimos leyendo: Dios valora la humildad y se opone al orgullo, Dios trabaja en medio de Su pueblo a pesar de todos los problemas que los rodean y Dios ungirá y fortalecerá un rey futuro.

Elí cría a Samuel, pero también tiene dos hijos, Finés y Ofni, quienes son horribles. Son sacerdotes, pero "tomaban en cuenta al SEÑOR" (2:12). Las Escrituras los llaman "hombres perversos", *hombres de Belial* en hebreo (o "hijos del demonio").

Tomaban más de lo que la ley permite, muchas veces tomando las cosas a la fuerza; apartaban para sí mismos en vez de ofrecer a Dios primero; y son sexualmente promiscuos. Esto no es una indiferencia casual hacia Dios y Sus leyes, es desprecio. Ellos realmente odian las leyes de Dios. Mientras tanto, Samuel sirve humildemente. Elí tiene la autoridad de remover a sus hijos del poder y aún Dios le ha dado a Samuel como alternativa, pero lo único que hace es reprenderlos. Nada cambia. Como Elí no los remueve, Dios lo hace. Él envía a un profeta a reprender a Elí y le dice que todos en su familia morirán jóvenes, incluyendo a sus dos hijos, quienes morirán el mismo día. Solo un hombre en su familia sobrevivirá. Dios no está rompiendo Su promesa a los levitas; el pacto que Él estableció con ellos siempre ha estado supeditado a su obediencia. *Ellos* lo rompieron.

Mientras Samuel sirve en el tabernáculo, Dios le habla auditivamente, pero no tiene idea de lo que está pasando. Aún no ha conocido a Dios, así que esto es confuso; es fácil ver porque piensa que Elí era quien le hablaba. Elí eventualmente se da cuenta de que es Dios y entrena a Samuel en cómo responder. Dios hace eco de Sus palabras al profeta, la familia de Elí pecó deliberadamente (Números 15:30-31) y serán apartados de Dios. Samuel se siente nervioso de darle la noticia a Elí, pero le dice todo cuando Elí lo amenaza. Elí se rinde al plan de Dios diciendo: "Él es el Señor; que haga lo que mejor le parezca". Samuel continúa sirviendo y escuchando a Dios y todas sus profecías se cumplieron.

VISTAZO DE DIOS

Ana es la única mujer que las Escrituras mencionan que fue al tabernáculo, tiene una intimidad verdadera con Dios. ¡Le entrega su dolor a Él! Esto resalta en contraste con Raquel (quien también fue estéril) cuando le gritó a Jacob "¡Dame hijos! Si no me los das, ¡Me muero!" (Génesis 30:1). Ana le entrega el problema a aquel que lo puede resolver y sabe que a Él le puede confiar el cuidado de su corazón, independientemente del resultado. Ana va hacia Dios, porque ella sabe que ¡Él es donde el júbilo está!

1 SAMUEL 4–8

Israel pierde una batalla con los filisteos y le atribuyen la pérdida a Dios. Pero en lugar de consultar con Él, pensaron que solo necesitaban un amuleto de la buena suerte: El arca del pacto. Los hijos malvados de Elí ayudan a cargarla hacia el campo de batalla, pero Israel pierde. Un mensajero le dice a Elí: "Perdimos la batalla, tus hijos están muertos y el arca fue capturada". Elí sabía que sus hijos morirían el mismo día, así que mientras es muy doloroso, no lo sorprende. Sin embargo, el robo del arca es una tragedia inesperada ¡para la nación entera! Elí muere al escuchar esta noticia.

Los filisteos piensan que han derrotado a YHVH, porque han capturado lo que *piensan* que es Él. Han confundido a Dios con la caja dorada que sirve como Su trono terrenal. Ponen el arca en su templo pagano junto al dios a quien ellos adoran, Dagón. Luego YHVH les hace una broma pesada. Repetidamente empuja a Dagón haciéndolo caer de cara frente al arca, una postura de adoración, aún más, ¡le corta las manos y la cabeza! YHVH continúa afligiendo a los filisteos donde sea que el arca vaya, a algunos les crecen tumores, otros mueren. Están angustiados y quieren devolver el arca a Israel, así que piden consejo a sus sacerdotes y adivinadores. Estos sugieren enviar una ofrenda para apaciguar al Dios Israelí y que todo esto sea empujado por vacas lecheras. ¿Porqué vacas lecheras? Porque estas vacas son inexpertas y tienen terneros que alimentar, así que sus instintos naturales harán que estas vayan de regreso a sus terneros. Pero si van en *contra* de sus instintos naturales, entonces algo *súper* natural está ocurriendo, comprobando que el Dios de Israel debe estar en control de todo lo que está pasando.

Las vacas van directamente por el camino, cuando estas y el arca llegan a Bet Semes en Judá, los israelitas ofrecen las vacas como un holocausto a Dios. Suena bien, pero solamente animales machos son los que pueden ser usados para holocaustos (Levítico 1:3). También, setenta personas vieron el arca, violando la ley de Dios de protegerla de la vista del público (Números 4:5-6). Los levitas deberían saber estas cosas, entonces ellos o están ignorando las leyes de Dios, o no las conocen, pero el pecado involuntario sigue siendo pecado. Dios los derriba, espantando al pueblo de Bet Semes. Piden a sus vecinos de Quiriat Yearín que tomen el arca y ellos la tienen por veinte años. El hecho de que no fue regresada al tabernáculo en Silo significa que Silo probablemente fue destruida por los filisteos, quienes probablemente gobiernan sobre Israel en este tiempo. Como siempre hacen cuando son oprimidos, los israelitas comienzan a arrepentirse.

Por ahora, Samuel es su líder, su profeta, sacerdote y juez. Los alienta a arrepentirse completamente y a adorar solo a YHVH, entonces Dios los liberará de los filisteos. Ayunan, oran, hacen sacrificios y se arrepienten. Cuando los filisteos se acercan para atacarlos, Israel tiene miedo. A pesar de su fe débil, Dios les da la victoria. Samuel levanta una piedra conmemorativa que dice: "El SEÑOR no ha dejado de ayudarnos". Vencen a los filisteos. Samuel se mantiene vigilante para asegurarse que todo continúe de acuerdo con los mandamientos de Dios. Dos personas que no están obedeciendo a Dios son sus hijos, a quienes Samuel estableció como jueces para presidir en los casos. Estos aceptan sobornos y son indiferentes a la justicia. Los lugareños advierten a Samuel que las cosas se van a descarrilar si él no interviene. Él ya es anciano y sus hijos no están preparados para liderar a Israel cuando él muera. El pueblo quiere un rey como lo tienen las otras naciones. Dios ha provisto a un rey pero todavía no lo ha *llamado*. Dice que el pueblo lo está rechazando a Él pero le dice a Samuel que le dé al pueblo lo que ellos quieren. Samuel les advierte que de esto nada bueno saldrá para ellos. Este rey será indiferente a los mandamientos de Dios de Deuteronomio 17:14-20, le rogaran a Dios por ayuda y Él no la enviará. Sin embargo, Israel no presta atención a la advertencia.

VISTAZO DE DIOS

Dios ha separado a esta nación para diferenciarla, para que otras naciones puedan reconocer Su gloria. Pero cada vez que esto pasa, Israel quiere un plan diferente. Los filisteos reconocieron Su poder, pero los habitantes de Bet Semes no y ienvían el arca a otro lugar! YHVH los guía, pero ellos desean a un rey como su líder para ser como las otras naciones. Ellos continúan rechazando lo mismo que los hace iúnicos!. Él es su identidad, pero estos quieren encajar y ser respetados. Son dirigidos más por el miedo del hombre que por el amor de Dios. Pero la aprobación del hombre es fugaz, entonces que esta verdad ilumine nuestros motivos: ¡Él es donde el júbilo está!

1 SAMUEL 9-12

Dios le dice a Samuel que designe al primer rey de Israel y arregla las circunstancias de su reunión perfectamente: Hace que se pierdan unos burros, pone una idea en la mente del sirviente y una moneda de plata en su bolsillo, sitúa a unas jóvenes en un pozo en lo que probablemente era una hora inusual del día para estar allí; y lo tiene todo alineado no solo con la llegada de Samuel, sino también con el festín y con la llegada del futuro rey. ¡Guauuu!

El nuevo rey es un benjamita, la tribu que casi fue eliminada por completo no hace mucho tiempo atrás. Además de su apariencia, Saúl es un candidato poco probable para ser rey. Es alto y guapo (y probablemente moreno porque *es* el Medio Oriente, después de todo). Samuel lo invita a la fiesta y le da el trozo de carne más deseable, que está reservado para el sacerdote. Invita a Saúl a dormir en la azotea, el lugar más deseable para dormir debido a la brisa. Y mientras se dirigían a las afueras de la ciudad, Samuel lo unge en la calle derramando aceite sobre su cabeza y diciendo: "Dios tiene un plan para que rescates a Su pueblo. En caso de que no me creas, aquí hay tres cosas distintas que te sucederán camino a casa". Le dice a Saúl que vaya a Guilgal y lo espere por siete días, luego le dará instrucciones sobre qué hacer.

Todas las profecías de Samuel se hacen realidad en el viaje de regreso a casa de Saúl, incluyendo la profecía que el Espíritu del SEÑOR llegaría sobre él y que el mismo Saúl profetizaría. En el Antiguo Testamento, Dios el Espíritu, trabaja de esta manera, apareciendo para capacitar a alguien para una tarea o llamado específico, esto significa que Dios estaba con Saúl para permitirle cumplir su tarea. Y hay un cambio notable para aquellos que lo conocieron de antemano, que solo se puede atribuir a la presencia de Dios en su vida.

Samuel llama a todos a reunirse. Había ungido a Saúl en privado, pero sabe que es útil que la gente vea que él es la elección de Dios, no solo suya, especialmente porque Saúl es de una tribu de mala reputación. Samuel continúa con el típico reparto de lotes y Saúl es sorteado, ¡pero no pueden encontrarlo! Dios señala que se está escondiendo junto al equipaje. Saúl parece temeroso y reacio, no tiene un gran comienzo. Pero cuando Samuel lo saca, la mayoría de la gente lo aprueba. Samuel escribe los detalles del reinado para él.

El rey amonita Najás está oprimiendo a algunos israelitas y cuando la noticia llega a Saúl, el Espíritu del SEÑOR se apresura sobre él para equiparlo para la acción. Lleno de ira justa, corta bueyes y envía las piezas a todas las tribus con el mensaje de que son requeridos para luchar. ¡Y ellos ganan! Saúl tiene una increíble primera victoria, es el único momento brillante en su reinado. Incluso muestra gracia a aquellos que inicialmente se opusieron a su reinado cuando otros quieren matarlos. Se gana a la gente y ellos renuevan su reinado.

Mientras tanto, Samuel se ha retirado como juez, pero sigue siendo un profeta. Le da a la gente la oportunidad de señalar cualquiera de sus errores, pero las Escrituras lo consideran honorable y la gente lo confirma. Como todos los líderes buenos antes que él, les recuerda todo lo que Dios ha hecho por ellos y les suplica que obedezcan a Dios. Si lo hacen, las cosas irán bien; si se rebelan, las cosas no irán bien. Luego básicamente dice: "Cuando pidieron un rey, pecaron. Si tengo razón, Dios hará que llueva ahora mismo, en un día despejado en el que normalmente estarían cosechando sus cultivos". *Y llueve*. Le ruegan a Samuel que ore por ellos y les dice que no es demasiado tarde para ellos. Aunque han pecado, aún pueden recurrir a Dios. Él no se ha apartado de ellos.

VISTAZO DE DIOS

En el 12:22, Samuel dice: "Él se ha dignado hacerlos a ustedes su propio pueblo". ¡Eso es increíble! Él realmente se deleita en ellos, ¡en nosotros! Después de todo lo que ha hecho por ellos, lo han rechazado como Rey y aún así, Se complace en haberlos elegido. Sabía en lo que Se estaba metiendo, adoptando a un grupo de pecadores en Su familia y dándoles un asiento en Su mesa. Sabía que derramarían la comida, mancharían la alfombra y robarían la copa de vino. Y aún así, Él sabe que está enviando al Redentor para pagar todo eso. Sabe todo el mal que has hecho y el que harás; y, de todas formas, se complace en llamarte Su hijo. No importan los remordimientos que estén en tu pasado, no importan los pecados que aún vayas a cometer, ¡Cristo ha pagado el precio por todos los pecados de todos los hijos de Dios! ¡Él es donde el júbilo está!

1 SAMUEL 13-14

El hijo de Saúl, Jonatán, está ganando batallas contra los filisteos, pero cuando regresan para tomar represalias, traen a miles de guerreros y carros y los israelitas huyen a Transjordania. ¿Recuerdas ayer cuando Samuel le dijo a Saúl que lo esperara en Guilgal durante siete días? Es casi seguro que corresponda directamente a lo que sucede hoy. Saúl está en Guilgal, gran parte de su ejército se ha ido y los filisteos le están respirando en el cuello. ¡Debe sentirse en pánico! Pero este es Israel, un estado-nación del pueblo de Dios y se supone que sus líderes deben tomar decisiones consultando con Dios. Específicamente, se supone que Saúl debe esperar para escuchar al profeta Samuel de Israel, pero han pasado siete días y Saúl está perdiendo el control de la gente, por lo que hace lo que solo el sacerdote puede hacer: ofrece un holocausto a Dios.

Tan pronto como termina, aparece Samuel. La impaciencia de Saúl le cuesta caro. Tomó el asunto en sus propias manos, desobedeciendo no solo al profeta de Dios sino la ley de Dios. No se arrepiente de sus acciones, las justifica. Dios mantiene a los líderes de Israel ante un alto estándar, se supone que son los primeros seguidores, no los que toman las decisiones. Saúl muestra que no tiene lo necesario para liderar bien a Israel. Este pecado le cuesta el reino; Dios está levantando a su reemplazo.

Mientras tanto, todavía tiene a los filisteos en su espalda. Su ejército es pequeño en comparación al de ellos ¡y tienen armas de metal! Pero Jonatán y su siervo planean un ataque furtivo contra los filisteos. Mientras que Saúl está marcado por el miedo, Jonatán está marcado por el fervor, coraje y confianza en Dios. Él y su siervo matan a veinte filisteos. Los hombres de Saúl ven el alboroto y hacen un recuento para ver quién está luchando contra los filisteos. Saúl exige que se traiga el arca (o tal vez el efod, según algunos textos), porque quiere hacerle una pregunta a Dios. El sacerdote trata de preguntarle a Dios por él, pero Saúl lo calla. En lugar de esperar la respuesta de Dios, actúa por su propia voluntad nuevamente y va a la batalla. Saúl muestra, otra vez, que no es apto para ser el rey de Israel; en lugar de ser dirigido por las palabras de Dios, es manejado por sus propios impulsos y miedos. En medio de la batalla, vuelve a ser impulsivo, haciendo un voto a Dios y maldiciendo a cualquiera que comiera antes del atardecer. Es un movimiento tonto porque los soldados luchan mejor si tienen sustento y no todos están cerca para escuchar el voto, incluido Jonatán, que come un poco de miel.

Vencen a los filisteos, se pone el sol y tienen tanta hambre que matan a los animales y se los comen rápidamente, antes de drenar su sangre. Esto viola la orden de Dios de no comer sangre, porque representa la vida (Deuteronomio 12:15-16). Saúl interviene para tratar de resolver el problema, luego después que comen, construye un altar a Dios. Es un momento alentador, pero de corta duración. En el siguiente enunciado, comienza a tomar decisiones por su cuenta nuevamente y planea saquear el campamento filisteo. El sacerdote dice que deberían quedarse. Entonces Saúl pregunta a Dios, que es un gran movimiento, pero Dios no responde. Saúl asume que el silencio de Dios significa que hay algún tipo de pecado con el que deben lidiar, por lo que echa suertes para descubrir lo que está sucediendo. Jonatán confiesa haber probado miel y se ofrece voluntariamente para morir. Está arrepentido de su pecado involuntario, lo que demuestra su integridad y confianza en la soberanía de Dios. Saúl está listo para seguir adelante, pero la gente lo detiene. Saben que Dios ha usado a Jonatán y que el voto de Saúl fue tonto y torcido. De todas formas, es un voto que Dios toma en serio, pero lo correcto es no cumplir el voto y lidiar con el pecado menor de romperlo. A pesar de su maldad, Saúl continúa ganando batallas y salvando a Israel como Dios lo prometió.

VISTAZO DE DIOS

Dios es soberano sobre el tiempo. El pequeño detalle en el que Samuel aparece justo después que Saúl termina de ofrecer los sacrificios e incluso el tiempo de la demora de Samuel, todo se acomoda en el plan de Dios para el sucesor de Saúl. Dios incluso usa el miedo y la impaciencia de Saúl para llevar adelante Su plan, doblando el pecado y la rebelión para servir a Su voluntad suprema. Es un gran consuelo para nosotros, que nada puede arruinar Su plan y que Él está activo en cada segundo del reloj. David lo dice así: "Mi vida entera (tiempos) está en tus manos" (Salmos 31:15). Él es dueño de cada momento y ¡Él es donde el júbilo está!

1 SAMUEL 15-17

Los amalecitas fueron los primeros en atacar a Israel en el desierto. Dios le ordenó a Israel que los eliminaran por completo, pero eso todavía no ha sucedido así que Samuel le encarga a Saúl esa tarea. Saúl y su ejército ganan la batalla, pero mantiene al rey y a muchos animales vivos. La obediencia de Saúl está lejos de ser total, lo que demuestra aún más que no es apto para ser rey. Dios habla con Samuel acerca de Saúl y algunas traducciones dicen que Dios se arrepiente de haber hecho rey a Saúl. Pero el 15:29 dice que Dios no puede arrepentirse de las cosas. Entonces, ¿qué será? La palabra también se traduce como "estar afligido", así que es posible que esto signifique que Dios estaba afligido por haber hecho rey a Saúl. Dios no está diciendo que eligió mal; Él ha dicho todo el tiempo cómo terminaría esta elección para Israel y ahora está diciendo que sucedió exactamente como dijo; y está afligido por ello.

Cuando Samuel va a confrontar a Saúl, ve que Saúl ha levantado un monumento a sí mismo, no a Dios. Mientras Saúl se jacta de su obediencia, suceden dos cosas notables: (1) Se refiere a YHVH como "tu Dios" no "mi Dios" o "nuestro Dios" y (2) Samuel escucha animales. Él confronta a Saúl, pero Saúl no se arrepiente; le dice una serie de mentiras acerca del por qué los animales están allí: "Obedecí… desobedecí pero fue por una buena razón… El pueblo fue en realidad quien desobedeció". Samuel lo calla. Cada vez que Saúl hace las cosas por su cuenta, es tan malo como si estuviera siguiendo a un dios falso, ¡se ha convertido en su propio dios! Ha rechazado a YHVH, así que YHVH lo rechaza a él como el líder de Su pueblo. Dios ha levantado a un nuevo rey. Cuando Saúl escucha esto, confiesa. Siente el pellizco, pero parece que solo responde a las consecuencias. Samuel tiene que terminar el trabajo de Saúl por él, matando al rey de los amalecitas. Pero Samuel se siente mal con todo esto, es como si se sintiera responsable del fracaso de Saúl. Dios dice que todo saldrá bien y que él será parte de ello, porque ¡ungirá al nuevo rey!

Samuel va a conocer a Isaí y a sus hijos, pero Dios les dice que no a todos ellos, ¡incluso al más alto! Dios dice que la elección es sobre carácter e integridad, no sobre apariencias. Da el visto bueno a David, quien había estado trabajando en la granja familiar. Samuel en privado lo unge como rey. Luego Dios el Espíritu deja a Saúl y va a David, llegando como lo hace en el Antiguo Testamento para equipar y capacitar a una persona para una tarea específica. Dado que el tiempo de Saúl en el trono está terminando y David está siendo elevado, esta es una transición natural de la ubicación y el poder del Espíritu. Después que deja a Saúl, Dios manda un espíritu maligno sobre él. Aunque Dios nunca es el agente activo del mal, utiliza la obra de los espíritus malignos para Sus propios fines.

Los hombres de Saúl ven que no se siente bien y sugieren contratar a un músico, a saber, David. ¡Cuando David toca, el espíritu maligno se va! Mientras tanto los filisteos están de regreso, tratando de ganar más territorio. Esta guerra es diferente. Cada lado escoge a su hombre más fuerte y el ganador se llevará todo. Los filisteos tienen a un gigante llamado Goliat, al que nadie se quiere enfrentar, ni siquiera los hermanos de David que están en las filas. Un día el papá de David le pide que les lleve el almuerzo a sus hermanos y llega justo cuando Goliat se burla de Israel. Cuando David pregunta por la recompensa del ganador, Saúl trata de desanimarlo, pero David insiste y Saúl cede. La armadura de Goliat por sí sola probablemente pesaba más que David, pero David rechaza usar armadura y va con lo que conoce, una honda y un poderoso grito de batalla. Se levanta en marcado contraste con Saúl, quién está consumido por el miedo. David mata a Goliat con el golpe de una honda, lo decapita y conserva su cráneo como trofeo. Entonces Saúl se interesa más en David, queriendo saber todo sobre él. Puede sonar muy bien que el rey se apegue a ti, pero probablemente no sea tan genial si ¡está atormentado por un demonio!

VISTAZO DE DIOS

Las emociones de Dios son evidentes hoy, como cuando está afligido por haber hecho rey a Saúl. Aunque lo sabe todo y está fuera del tiempo, también está *en el tiempo*. Está en cada momento con nosotros. Odia que las cosas estén pasando de esta manera con Saúl, a pesar de que lo puso en marcha *y* sabe que todo saldrá bien al final. El hecho que tenga emociones, que no está alejado, distante y genuino, nos invita a acercarnos más a Él en cada momento. No solo Se sienta con nosotros en nuestro dolor, sino que también es el lugar donde accedemos a la comodidad y la alegría, porque ¡Él es donde el júbilo está!

1 SAMUEL 18–20; SALMOS 11, 59

Ahora que David es un héroe local, Saúl está *muy* interesado en saber más acerca de él. Jonatán también está muy impresionado con David. Su sociedad opera bajo la tradición de la primogenitura, donde el primogénito toma la posición del padre eventualmente, pero no es una regla. Jonatán probablemente asumió que tomaría la posición de su padre como rey, pero hoy le da a David algunos regalos que parecen indicar que piensa que David debería ser rey en lugar de él. Las mujeres locales también elogian a David y le acreditan el haber ganado la guerra. Normalmente este crédito se dirige al rey, así que cuando va a David, Saúl se siente amenazado. Cuando Saúl recibe una visita de un demonio, trata de matar a David dos veces y tratará por lo menos otras catorce veces más. Pero Dios frustra todos los planes de Saúl. Saúl le teme a David porque Dios está con David, no con él. A Saúl no le interesa la gloria de Dios o lo que es mejor para la nación, solo busca servirse a sí mismo. El autoenfoque es como un fertilizante para el miedo.

El plan B de Saúl es que maten a David en la guerra; pero David triunfa y todos lo aman aun más. Saúl avanza al plan C: atraer a David para casarse con su hija Mical. Se supone que esto era uno de los premios por matar a Goliat, pero aparentemente Saúl no lo cumplió y ahora pide que maten a cien filisteos más para casarse con Mical, esperando que David sea asesinado en el proceso. Pero David lo duplica, matando a doscientos. Los esfuerzos de Saúl por destruir a David solo lo fortalecen. Saúl puede esperar que Mical aleje a David de YHVH, porque ella practica la idolatría (19:13).

El plan D es hacer que Jonatán y sus siervos maten a David. Pero Jonatán no está de acuerdo. Trata de razonar con Saúl y Saúl pretende entrar en razón. Jonatán le dice a David que todo está bien, así que David vuelve a trabajar para Saúl. Después que David gana otra guerra, Saúl le arroja otra lanza. Su demonio siempre se manifiesta después que David tiene una gran victoria en los términos de Dios: ser ungido como rey, matar a Goliat, derrotar a los filisteos. David corre y Saúl manda asesinos a la casa de David, pero su esposa, Mical, trama un plan para salvarlo y miente a los asesinos mientras David corre a la casa de Samuel. Saúl manda tres grupos de asesinos allí e incluso termina yendo él mismo. Pero la broma es para él, porque Dios los desvía a todos con alabanzas y profecía. Dios es soberano, incluso sobre los esfuerzos de un rey malvado. Saúl es humillado.

Jonatán todavía cree en la promesa de su padre de no matar a David, pero hacen un plan para que David escape si Saúl, de hecho, sigue tras su vida. David promete a Jonatán favorecer a él y a su familia a pesar de todo. Cuando hay un banquete al que se espera que David asista y no se aparece, Saúl sospecha. Jonatán miente sobre el paradero de David y así como la vez de Mical, es una mentira para proteger la vida de un humano, lo cual parece ser la opción más honorable. Pero Saúl no le cree y amenaza con quitarle el reinado a Jonatán. Pero Dios ya le había dicho a Saúl que el reino ha sido designado a otra persona, así que a Saúl no le toca dárselo a nadie. Luego Saúl intenta asesinar a su propio hijo, el aparente heredero. Ahora Jonatán sabe que su padre le ha estado mintiendo y David no estaba paranoico. Jonatán comienza con su plan para el escape de David. Ellos toman caminos separados con lágrimas, bendiciones, y el beso santo que sirve como un antiguo saludo del Cercano Oriente. Después leemos dos salmos que David escribió durante o sobre todo esto.

En el salmo 11, David confía en Dios en medio de los ataques en su vida y no duda del amor de Dios, a pesar de la prueba que está enfrentando. Declara su inocencia respecto a los ataques de sus enemigos. En el salmo 59, hace un recuento de la fidelidad pasada de Dios, recordándose a sí mismo quién *es* Dios en el presente y quién *será* en el futuro. Se predica la verdad a sí mismo.

VISTAZO DE DIOS

En el salmo 59:8, David habla sobre sus enemigos, quienes también son enemigos de Dios y dice: "Pero tú, Señor, te burlas de ellos". La única circunstancia en la que la Escritura menciona a Dios burlándose es de Sus enemigos. Su burla hacia ellos debería ser un consuelo para Sus hijos; sirve como recordatorio que Él no se preocupa. Él ha derrotado a Sus y nuestros enemigos. Nos está protegiendo y defendiendo Su nombre al mismo tiempo. Dios se burla de Sus enemigos porque sus planes nunca tendrán éxito contra Él. Él es victorioso, es protector y ¡Él es donde el júbilo está!

1 SAMUEL 21–24

Como fugitivo, David hace una parada en Nob porque necesita comida y armas. El sacerdote Ahimelec parece sospechar y David miente para proteger su propia vida. Esto es menos como la mentira de Rajab para proteger a los espías y más como la mentira de Abraham al decir que Sara era su hermana, es sobre salvarse a sí mismo, no a otros y eso sugiere que no creía en la promesa de Dios de hacerlo rey. Quebranta otra ley cuando come el pan consagrado, que es solo para los sacerdotes; Ahimelec hace una concesión aquí —la gente sobre el proceso— y es difícil saber cómo sentirse al respecto en ese momento. Sin embargo, Jesús hace referencia a esta flexión de la regla como un recordatorio que, inherente en la ley está el espíritu de la ley, lo cual es que Dios valora la misericordia por encima de la ley (Mateo 12:1-8).

Doeg el edomita también está ahí, probablemente como prisionero de guerra. Observa de cerca, tal vez pensando que cualquier información que obtenga le puede servir como boleto para su libertad. Ve a David tomar la espada de Goliat y huir a territorio enemigo, para escapar de Saúl. David conoce a Aquis, rey de Gat, quien lo reconoce. Puede que David haya querido ofrecerse como mercenario, pero los habitantes de Gat sospechan de él, así que actúa como un loco y huye de regreso a Judá. Él y su familia viven en una cueva; sus vidas también pueden correr peligro por su culpa. Reúne a un grupo diverso de seguidores marginados: cuatrocientos hombres en apuros, endeudados, amargados y descontentos. Se dirigen al este de Moab al otro lado del Jordán y David deja a sus padres; son viejos e incapaces de vivir en la fuga. Los moabitas y los israelitas son enemigos, pero Rut la bisabuela de David era moabita, así que él tiene raíces en la tierra. Además, él y los moabitas ahora comparten a un enemigo en común: Saúl. Se dirige de nuevo al oeste cruzando el Jordán y se queda en un refugio en el desierto hasta que un profeta le advierte que se vaya y entonces se traslada a un bosque.

Saúl sospecha que todos sus sirvientes y tropas lo han traicionado, entonces Doeg el edomita aprovecha la oportunidad de probar que no es un traidor y suelta la sopa. Saúl convoca a Ajimélec y al sacerdote de Nob y lo acusa, pero él se declara inocente e ignorante. Aun así, Saúl le ordena a Doeg que los mate a todos, incluyendo ochenta y cinco sacerdotes que mueren. El ejército de Saúl también mata a todos en Nob, incluyendo a los animales, pero Abiatar un hijo de Ajimélec escapa e informa a David. David le promete lealtad y Abiatar se convierte en su sacerdote de por vida.

Mientras tanto, Queilá en Judá es atacada por los filisteos, entonces David consulta con Dios, quien promete y concede la victoria. Saúl se entera del paradero de David y trata de perseguirlo, pero Dios le da a David la primicia, así que Saúl no puede encontrarlos. A continuación, David y su tropa van al desierto de Zip, aparece Jonatán y reconoce que tanto él como su padre saben que David es el próximo rey de Israel. Mientras, algunos habitantes de Zip le avisan a Saúl que David está allí. Saúl se dirige hacia allá, pero tan pronto como David está a la vista, Saúl se entera que los filisteos han atacado y tiene que volver a la guerra. ¡Frustrado otra vez! Nunca conseguirás lo que Dios no te da.

Luego David se mueve a un oasis llamado Engadi. Cuando Saúl va a buscarlo, lleva a tres mil hombres. Mientras David y sus muchachos están en una cueva, Saúl entra para hacer sus necesidades. Los hombres de David citan las promesas de Dios como una razón para tomar acción, pero en realidad no vemos que Dios le haya dicho a David estas cosas, entonces es posible que estén inventando promesas o aplicando mal algo que han escuchado. David sabiamente se resiste a sus palabras. Su confianza en Dios le permite esperar bien. David corta un pedazo del manto de Saúl, lo que le permite probar sus intenciones hacia Saúl (ver 1 Samuel 15:27-28).

David no tiene fe en el rey, pero muestra respeto por el rey y fe en Dios todo de una sola vez. Confía en la soberanía de Dios incluso durante todo el reinado de este malvado gobernante. Sabe que llegará a su fin en el tiempo perfecto de Dios.

VISTAZO DE DIOS

Los tiempos de Dios son increíbles. Desde el ataque sorpresa de los filisteos que aleja a Saúl de último minuto, hasta la necesidad de Saúl de hacer sus necesidades al acercarse a la misma cueva donde se esconde David, todo lo que vimos hoy fue coordinado tan perfectamente que casi se lee como una coreografía. Dios nos invita a este baile con Él en el que guía a Sus hijos, haciendo siempre el camino para cumplir Sus planes sin importar los ataques que el enemigo tenga en mente. Él nos guía tan bien y ¡Él es donde el júbilo está!

SALMOS 7, 27, 31, 34, 52

Hoy leemos varios salmos que David escribió durante o en respuesta al tiempo que estuvo como fugitivo.

El salmo 7 es un lamento. Como refugiado, David declara que Dios es su refugio. Puede estar huyendo, pero mantiene su inocencia, al igual que Job. David, invita a Dios a dejar que sus enemigos lo castiguen si es culpable. Y si es inocente, entonces quienes lo acusan falsamente son los culpables, por lo que le pide a Dios que los castigue. Él sabe que Dios es un Dios de justicia y apela a Él a ese nivel. Cerca del final, hace algunas referencias generales a los términos del pacto de Dios con Israel con respecto al pecado y al arrepentimiento y le pide a Dios que los actos de los impíos les sean devueltos como parte de Su plan para traer restauración a la tierra.

El salmo 27 también es una canción de lamento y de confianza en Dios. David llama a Dios su luz, su salvación, su fortaleza. Puede que incluso haya escrito esto mientras estaba en la fortaleza en el desierto. A pesar de tener un lugar seguro para vivir, lo que realmente quiere es la cercanía de Dios. En 27:5, cuando dice: "en lo secreto de su tienda me ocultará" (LBLA), la palabra para *tienda* es la misma palabra usada para la Tienda de Reunión, donde habitaba la presencia especial de Dios. En lugar de morar en la fortaleza, él quiere morar en la tienda de Dios. Entonces David dice que ofrecerá sacrificios y gritos de júbilo. Estos son probablemente los mismos gritos de victoria que Israel dio cuando derrotaron a Jericó. Es como si estuviera contando la relación de Dios con Israel a través de los años, recordando quién es Dios antes de pedirle ayuda. Él cree que verá la bondad de Dios en *esta* vida, no solo en la eternidad. Él tiene la promesa de Dios de su reinado a la cual aferrarse, por lo que cree en Dios incluso cuando su vida parece estar en juego. Él se predica la verdad a sí mismo nuevamente, diciéndole a su corazón que sea fuerte y valiente y que espere al Señor.

En el salmo 31, es posible que ya estés viendo un patrón en cómo estos lamentos tienden a ir. Comienza con elogios, presenta sus quejas y solicitudes y termina con elogios nuevamente. Al sujetar sus lamentos con alabanzas, David está cubriendo sus necesidades con recordatorios de quién es Dios. Él llama a

Dios su fortaleza de nuevo, una roca de refugio. Algunos eruditos creen que David vivió en Masada cuando escribió esto, ya que se ajusta a muchas de sus imágenes. Masada es una enorme roca en el desierto donde el rey Herodes luego construirá su fortaleza del desierto.

En la cruz, Jesús citó el versículo 5: "En tu mano encomiendo mi espíritu". David confía en Dios con su vida. Esa confianza proviene de la experiencia personal y de recordar el pacto de Dios con Su pueblo.

David dice: "mis fuerzas se agotan a causa de mi iniquidad" (31:10) LBLA. Tal vez él se cuestiona si ha hecho algo para provocar esto o tal vez está de luto por las muertes que causó al mentirle a Ajimélec. Aunque esa mentira no fue la causa de su angustia, fue una respuesta pecaminosa en medio de su angustia. David sintió que Dios se olvidó de él, pero ahora se da cuenta de que era solo su miedo el que hablaba. Dios lo rescató en Su tiempo.

El salmo 34 es de acción de gracias. David alaba a Dios por liberarlo e invita a otros a confiar también en Dios. Le recuerda al oyente que mirar a Dios nos libera de los miedos, no necesariamente de las cosas que tememos, sino del miedo mismo. En el versículo 13 dice: "que refrene su lengua de hablar el mal y sus labios de proferir engaños". Tal vez aquí David se está predicando a sí mismo, sobre la forma en que le mintió a Ahimelec. Dios atiende a los justos, y aunque sus vidas no estarán libres de problemas, tiene la costumbre de liberar a Sus hijos. Tanto los justos como los malvados tendrán problemas, pero a los justos se les promete un final diferente.

El salmo 52 tiene palabras duras para Saúl y posiblemente para Doeg el edomita, pero también enfatiza la justicia y la fidelidad de Dios, en oposición al deseo de venganza de David. Él confía en que su relación con Dios sea todo lo que necesita en medio de los problemas.

VISTAZO DE DIOS

El salmo 34:5 dice: "Radiantes están los que a él acuden; jamás su rostro se cubre de vergüenza". Tú estás acudiendo a Él. Él está cambiando y ampliando tu comprensión de Sí mismo. Llevas una nueva luz y esperas que sea más brillante que hace ciento cinco días. Seguramente hay un nuevo resplandor para ti porque estás fijando tus ojos en Él y ¡Él es donde el júbilo está!

SALMOS 56, 120, 140–142

A través de más canciones, David responde a Dios a raíz de sus circunstancias. Y como repaso, le fue prometido el trono, pero el rey actual lo ha estado persiguiendo hasta hace poco y él está viviendo en el desierto. La mayoría de estos salmos tienen algo de lamento entretejido, pero también contienen mucha esperanza.

En el salmo 56, David se recuerda a sí mismo lo que es eterno y fija sus ojos en eso, en Dios, en medio de sus problemas. Es fácil pensar que Dios es distante o insensible cuando atravesamos pruebas, pero David sabe que eso no es cierto. Dios toma en cuenta sus lamentos y registra su llanto en Su libro. Dios sabe y Dios ve. No está distante. David sabe que Dios está a su lado, a pesar de lo que digan sus circunstancias.

El salmo 120 es diferente de la mayoría de los lamentos, ya que es breve y no termina con esperanza o alabanza. Son sus pensamientos honestos, el clamor de su corazón a Dios, sin pulir y aparentemente incompleto, pero está preservado en las Escrituras. Probablemente refleja nuestras oraciones más de cerca que muchos de los otros salmos que escribió. Este salmo sirve como un recordatorio que Dios nos invita a conversar incluso cuando nuestras oraciones no están pulidas y nuestros corazones están confundidos.

El salmo 140 es otro salmo inusual. David pide liberación de las palabras, manos y planes de hombres malvados. Le pide a Dios que esté atento y lo alaba por ser su cobertura. "Señor Soberano, mi Salvador poderoso que me protege en el día de la batalla" (140:7). Esto nos recuerda el casco de la salvación al que Pablo hace referencia en Efesios 6:17. Con Dios como su cubierta, David tiene protección y salvación. Y esa es también nuestra única esperanza: Cristo como nuestra cubierta. David le pide a Dios que impida los planes de los impíos, reconociendo el control soberano de Dios sobre los planes del hombre. Cuando ora por la destrucción de sus enemigos, puede ser difícil tolerar estos pasajes, pero estos también son enemigos de Dios, no solo de David. David sabe que Dios es un Dios de justicia y que los justos lo alabarán por sus acciones en Su nombre.

En el salmo 141, David continúa con una solicitud para que Dios lo escuche y actúe rápidamente. No está cerca del tabernáculo, está en el desierto, así que no puede estar allí para ofrecer sacrificios y hacer quema de incienso. Todo lo que tiene para ofrecer son sus oraciones y sus manos en alabanza, por lo que le pide a Dios que acepte esas ofrendas. También le pide a Dios que guarde su corazón y sus palabras. Él sabe cómo el corazón humano puede desviarse fácilmente, así que más que pedirle a Dios que lo proteja de sus enemigos, le pide a Dios que le otorgue integridad personal. Quiere rodearse de justos y anhela poder rendir cuentas y ser responsable ante otros. Si alguna vez has estado sin una comunidad cristiana fuerte, probablemente te identifiques con sus deseos. David está rodeado de seiscientos hombres, pero es probable que aquí ninguno de ellos esté al mismo nivel que él. Puede que no conozcan a Dios como él o pueden estar demasiado impresionados por el asesino del gigante como para hablar honestamente con él. Probablemente se sienta muy solo.

El último capítulo de hoy, el salmo 142, retrata un dolor muy profundo mezclado con una esperanza abundante. David dice: "Ante él expongo mis quejas; ante él expreso mis angustias". Esto nos recuerda a Ana cuando lloró al SEÑOR en 1 Samuel 1:9-18. David se siente completamente solo, pero no sin la fe en que Dios cambiará pronto las cosas por él.

VISTAZO DE DIOS

Dios almacena las lágrimas de David, contando y registrando todos sus lamentos, estando atento a todo. David ha vivido en el palacio, es un héroe de guerra, ha adorado en el tabernáculo, tiene un mejor amigo que arriesgó su vida por él, pero aquí está, viviendo en una roca en el desierto con seiscientos hombres que no lo entienden realmente. Mientras se aferra a un Dios al que no puede hacer sacrificios. No puede mantener el calendario festivo en la ciudad. No puede traer su diezmo. No tiene nada que ofrecerle a Dios sino oración, alabanza y lágrimas. *Y Dios atesora cada parte de ello.* David sabe que viene a Dios con las manos vacías y que él está profundamente necesitado de todo. Él clama a su única esperanza, que también es nuestra única esperanza. Nuestro Dios sabe que no tenemos nada que ofrecerle, pero Él todavía se deleita en nosotros. Puedes llevar tus necesidades y tu nada a Él. ¡Él es donde el júbilo está!

1 SAMUEL 25–27

Saúl ha reconocido que David es el próximo rey, por lo que es el momento adecuado para que Samuel muera, que es como nuestra lectura comienza hoy. Mientras tanto, David y su grupo de hombres están protegiendo los rebaños de un hombre rico llamado Nabal mientras está fuera de la ciudad. Le piden a Nabal provisiones para mantener la fiesta, pero él se niega e incluso insulta a David, por lo que planean atacar su propiedad y tomar lo que se negó a darles. David hace un voto de matar a todos los hombres en su casa. Es interesante ver cuán diferente es la respuesta de David hacia Nabal que su respuesta a Saúl. Uno de los sirvientes de Nabal lleva esta información a la esposa de Nabal, Abigaíl, y le dice cuán honorables y serviciales han sido los hombres de David con ellos.

Ella obtiene mucha comida y vino y se la lleva a David, sin mencionarle nada a su esposo. Cuando deja los suministros, se humilla y acepta la culpa de todo lo que salió mal, a pesar de que no es su culpa. Esto apaga la ira de David. Ella razona con él, le desea lo mejor e indica que conoce el pasado y el futuro de David. A diferencia de Nabal, quien insultó a David, ella hace referencia a cómo mató a Goliat con una honda y parece saber que será el próximo rey de Israel. Ella cree en él y lo apoya; y esto calma a David. David cede, lo cual significa que está rompiendo su voto a Dios, pero ya hemos aprendido que es mejor romper un voto que quitarle la vida a alguien. David se da cuenta de la bendición que ella ha sido para él y que Dios la envió en el momento justo, antes de matar a un grupo de hombres inocentes en un acto de venganza.

Cuando Abigaíl le cuenta a Nabal al respecto, él responde físicamente con un ataque al corazón, un derrame cerebral o un coma, entonces Dios lo mata. David regresa y se casa con ella y ella continúa mostrándole respeto. Abigaíl está dejando atrás su rico patrimonio para casarse con un hombre que se mueve por el desierto; en este momento, esto no es una mejoría de estilo de vida. Antes de todo esto, el primer matrimonio de David, con Mical, terminó sin su consentimiento. Saúl se la dio a otro hombre cuando pensó que David lo traicionó. Más tarde descubriremos que David no estaba de acuerdo con eso.

David regresa a Zif y la gente local le llevan nuevamente esta información a Saúl. A pesar de la conversación que tuvieron fuera del baño de la cueva, Saúl sigue cazando a David. David y uno de sus hombres, Abisay, se filtran en el campamento de Saúl mientras él duerme. Al igual que los hombres de la cueva, Abisay alienta a David a matar a Saúl en ese mismo momento: sería rápido y fácil. Pero David se niega a hacer el trabajo de Dios por Él. En cambio, toma la lanza de Saúl y la jarra de agua y cuando está a una distancia segura, los llama para dejar en claro su punto. Le llama la atención diciendo: "Si Dios te envió aquí, yo recibo esto. Pero si estás aquí por las palabras de los hombres o el miedo al hombre, entonces desiste. ¡Esos hombres están condenados! ¡Incluso dijeron que debería adorar a dioses además de YHVH!"

Saúl entiende y bendice a David, pero esto hace que David se pregunte si llegará el día en que no tenga que huir de Saúl. La última vez que hablaron, pensó que estaba libre, pero nuevamente se desquició. Las pruebas prolongadas siempre conducirán a la desesperación y al pecado si no confiamos en Dios. Y ese es el camino que David recorre. Él comienza a pensar que Saúl prevalecerá, por lo que deja Israel y regresa al rey Aquis en Filistea para pedir asilo. Le pide a Aquis tierra para vivir y dirige su atención a asaltar pequeños pueblos en las afueras de Filistea, como deberían haber hecho los israelitas hace mucho tiempo atrás. David está avanzando para cumplir el mandato de Dios, pero en lugar de matar al botín, los trae de vuelta a Aquis y miente sobre el origen de este. Finge que sus redadas están en Israel para ganarse la confianza de Aquis. Esta es una guerra santa, pero aún así no es una buena apariencia para David.

VISTAZO DE DIOS

Dios obra bellamente a través de Abigaíl. Él le otorga Su sabiduría para saber cómo reducir una situación que está a punto de salirse de control. Se necesita verdadera confianza en Dios para entrar en el caos y crear paz. Las Escrituras la marcan como una mujer de discernimiento, que es dado por Dios. Proverbios 16:21 dice: "Al sabio de corazón se le llama inteligente; los labios convincentes promueven el saber". Los sabios de corazón también saben que el júbilo no se encuentra en salirse con la nuestra, se encuentra en rendirse a Su camino, porque ¡Él es donde el júbilo está!

SALMOS 17, 35, 54, 63

Desde que Samuel ungió a David como rey, la vida solo se ha vuelto más dura para él, por lo que vuelve sus palabras hacia Dios. En el salmo 17, afirma que sus labios están libres de engaño. Hemos visto su patrón de mentirle a Aquis (aunque eso puede considerarse aceptable según los estándares de tiempos de guerra), pero David no dice ser moralmente perfecto, dice que es inocente de las cosas de las que Saúl y probablemente otros lo han acusado. En este caso, Saúl es el mentiroso. David confía en que Dios vendrá a su rescate y reconoce formas sutiles que Dios ya lo ha hecho. Él dice: "En cuanto a las obras de los hombres, por la palabra de tus labios yo me he guardado de las sendas de los violentos" (LBLA). Esto ha sido cierto para él con Nabal y dos veces con Saúl. El versículo 10 en particular recuerda su encuentro con Nabal: "Han cerrado su insensible corazón, y profieren insolencias con su boca". Afirma que los hombres mundanos a menudo ven beneficios en esta tierra (tanto Saúl como Nabal ciertamente lo vieron), pero es todo lo que obtendrán. Ellos no tienen un tesoro eterno. David sabe que la presencia del SEÑOR es el único lugar donde existe la verdadera plenitud.

En el salmo 35, las oraciones de David toman un giro militar. Él usa imágenes de batalla, algunas de ellas son literales, algunas son espirituales y algunas incluso pueden ser ambas. Por ejemplo, le pide al Padre que envíe al Ángel del SEÑOR (probablemente Dios el Hijo) a su rescate. A veces, cuando aparece el Ángel del SEÑOR, está ahí para dar protección contra los enemigos o como una fuerza en la batalla. Si bien es cierto que Dios el Hijo es gentil y humilde cuando camina sobre la tierra, Él también es un guerrero.

David habla de promesas de alabanzas futuras y se predica la verdad a sí mismo. Él sabe que Dios está atento a los necesitados y a los débiles, y el propio David ha demostrado características piadosas hacia sus enemigos cuando estaban enfermos y de luto. Pero ahora lo acusan falsamente, por lo que le pide a Dios que lo rescate. Si alguna vez has sido mal interpretado o tergiversado, probablemente puedas relacionarte con muchas de sus súplicas. Le pide a Dios que lo defienda de acuerdo con la justicia de Dios, no la suya y por el nombre de Dios, no el suyo. David actúa con humildad mientras ora audazmente por justicia. Esto no es una contradicción, es confianza en el carácter de Dios.

El salmo 54 es sobre el encuentro de David con los habitantes de Zif, quienes lo han expuesto dos veces a Saúl. ¿Será difícil para él servirles bien cuando finalmente los gobierne? ¿Será difícil no guardar rencor? En el versículo 5, dice: "y hará recaer el mal sobre mis adversarios. Por tu fidelidad, SEÑOR, ¡destrúyelos!". Parece que no solo quiere que sepan la verdad, sino que quiere que sean destruidos. Y, por supuesto, algo de esto puede ser un lenguaje hiperbólico o exagerado, después de todo, es poesía. Así que tenemos que tomarlo de forma abierta.

El salmo 63 irradia confianza en Dios, a pesar de que se abre con anhelo. Es probable que David esté viviendo en el desierto cuando escribe esto y dice: "Mi alma tiene sed de ti; todo mi ser te anhela, cual tierra seca, extenuada y sedienta". Él cuenta los días en que no vivía en el desierto, cuando podía adorar a Dios en el santuario. Recuerda esos días con cariño y nostalgia. La mayoría de nosotros tenemos fácil acceso a las comunidades cristianas y a una iglesia en cada esquina, pero David no tiene idea de cuánto tiempo pasará antes que pueda adorar a Dios de la manera que la ley requiere de él. Anhela el día en que pueda participar en fiestas y ofrendas de sacrificios nuevamente en lugar de ser un fugitivo y un desterrado.

VISTAZO DE DIOS

David se aferra a Dios, porque aunque está lejos del tabernáculo, la presencia de Dios todavía está con él. En el desierto, cuando todo lo que Dios le prometió parece imposiblemente distante, David sabe que Dios lo está defendiendo: "El rey se regocijará en Dios; todos los que invocan a Dios lo alabarán pero los mentirosos serán silenciados" (63:11). Su fe se fortalece y sabe que estas tres cosas son ciertas: (1) Será el rey, porque Dios lo prometió, (2) Dios es confiable y digno de alabanza y puedes apostar tu vida en eso y (3) al final, ese Dios digno de confianza y alabanza obrará justicia. En el páramo del desierto de David, él abre su boca seca para alabar a Dios. David sabe que ¡Él es donde el júbilo está!

1 SAMUEL 28–31; SALMOS 18

Los filisteos quieren atacar a los israelitas y el rey Aquis confía en su amigo David para que lo ayude. Después de todo, David ha estado haciendo redadas en Israel por un tiempo, ¿cierto? Oh-oh. ¿Qué hará David? La narrativa nos deja en suspenso.

No hace mucho, Saúl tuvo su segunda experiencia cercana a la muerte con David. Cuando has visto la muerte cara a cara, tu antiguo mentor muere, estás siendo atormentado por un demonio, estás a punto de perder tu trabajo y uno de tus poderosos enemigos te está atacando, eso es mucho con que lidiar. Sin embargo, esto no excusa las acciones de Saúl. Por el contrario, muchas de sus pruebas son las consecuencias de sus propias acciones. Trata de preguntarle a Dios, pero esto falla, lo que resalta un patrón interesante que vemos en las Escrituras: cuando alguien le pide a Dios dirección, pero no está siguiendo Sus instrucciones existentes, a menudo Dios no les dice nada nuevo. Saúl experimentó esto antes en 14:37. Él no se arrepiente, y por eso Dios lo rechazó como rey: todo está conectado. Entonces, cuando le pregunta a Dios qué hacer con los filisteos, Dios no responde. En lugar de arrepentirse, Saúl redobla su pecado. Se disfraza y consulta a una médium, lo que Dios prohíbe. Está buscando respuestas de un enemigo de YHVH, pidiendo ayuda para comunicarse con los muertos, en este caso, con Samuel.

Lo que sucede no es una ocurrencia normal para esta médium, porque cuando ella llama a Samuel, él realmente aparece y ella está sorprendida, ¡la médium grita! Por lo tanto, podemos asumir que cualquier medida de poder con la que ella opera normalmente, ya sea falsa o demoníaca, esta rara ocurrencia está fuera de su control. El narrador nos deja asumir que Dios realmente ha intervenido aquí. ¿Qué obtiene Saúl por todos sus esfuerzos? Las mismas viejas profecías pero con dos pedacitos extra de malas noticias: él y sus hijos morirán mañana y los filisteos vencerán a Israel.

Luego volvemos a Aquis, que está llevando a los filisteos a la guerra con David a cuestas. Los señores de las otras ciudades filisteas no confían en David y le dicen a Aquis que lo envíe de vuelta a casa. A través de su desconfianza hacia David, Dios lo salva de tener potencialmente lealtades divididas, lo cual podría descalificarlo de servir como rey de Israel. Regresa a su hogar en Filistea y ve que los amalecitas han atacado mientras los filisteos están en guerra. Su ciudad ha sido quemada, su familia ha sido llevada cautiva y su gente quiere matarlo. En medio de esta trágica pérdida, él sabe a dónde acudir en busca de esperanza y fortaleza: le pregunta a Dios. Dios dice que persiga a los amalecitas y que ganará. En el camino, se encuentra con un egipcio que lo ayuda. David había huido de su tierra natal para escapar de su enemigo, e hizo un hogar en medio de sus otros enemigos, que fueron atacados por un tercer enemigo, luego recibe ayuda de otro enemigo. ¡Guau!

Tiene cuatrocientos hombres con él cuando ataca, pero otros doscientos están demasiado cansados y se quedan atrás. Ataca a los amalecitas y recupera todo, luego comparte el botín con todos, incluso con los doscientos que estaban exhaustos. Algunos de los cuatrocientos no están contentos con esto, pero David los calla. ¡Él demuestra la generosidad de Dios aquí, reconociendo que todo esto es un regalo de Dios que puede compartir libremente!

Cuando Saúl lucha contra los filisteos, pierde y él y tres de sus hijos mueren. Primero de Crónicas 10:13-14 dice que Saúl murió por haberse rebelado contra Dios y hace referencia a su visita a la adivina. ¿Y recuerdas cuando Dios decapitó la estatua de los filisteos de su dios Dagón? Según 1 Crónicas 10:10, parece que los filisteos tomaron la cabeza de Saúl y la colocaron en el cuerpo sin cabeza de Dagón. Después de la batalla, los israelitas en las ciudades aledañas huyen y los filisteos se apoderan de sus pueblos.

VISTAZO DE DIOS

David escribió el salmo 18 el día que Dios lo salvó de todos sus enemigos. Él testifica de la bondad de Dios a través de sus pruebas. Mientras hace muchas afirmaciones sobre su justicia, también dice que todas sus bendiciones, son dones de Dios. Es Dios quien hace su camino sin culpa y es Dios quien lo equipa, lo libera y lo protege. Primero de Samuel 30:6 dice: "Pero cobró ánimo y puso su confianza en el SEÑOR su Dios". Él no se fortalece a sí mismo. ¡Se fortalece en el SEÑOR su Dios! Dios es la fuente de todas las cosas buenas que le ofrecemos. Y ¡Él es donde el júbilo está!

SALMOS 121, 123–125, 128–130

Estos siete salmos se encuentran entre los quince capítulos conocidos como los Cánticos de Ascenso. Para comprender su propósito, necesitamos una visión del paisaje de Israel. Jerusalén eventualmente será la capital de Israel, sirviendo como sede principal del tabernáculo y del templo. Jerusalén está a gran altura, así que no importa de dónde vengas, tienes que *subir* para Jerusalén, de ahí el ascenso. Más de tres veces al año, todas las tribus de Israel que han sido dispersadas por toda la tierra se unen para celebrar los días santos. Los académicos dicen que cantan estas quince canciones mientras hacen su peregrinación. Estos son sus himnos para el viaje, algunos incluso hacen referencia a viajar o a cosas que los viajeros deben tener en cuenta. El salmo 121, por ejemplo, es un salmo de confianza en cómo YHVH nunca está cansado o distraído, a diferencia de los dioses paganos, que requieren dormir y, según se dice, regresan al inframundo por la noche. Dado que los israelitas tienen que dormir en las carreteras mientras viajan a Jerusalén, probablemente es reconfortante que recuerden que YHVH está despierto y velando por ellos. David también dice que Dios les proporciona sombra, lo cual es especialmente agradable si viajas por el desierto de Judea.

El salmo 123 llama a Dios en medio de la angustia y la opresión, con lo cual los israelitas continuarán lidiando por mucho tiempo. En su viaje, es probable que pasen por áreas donde viven sus enemigos, por lo que le piden piedad a Dios. Esto fluye directamente al salmo 124, que dice que la protección de Dios es la única manera en la que han sobrevivido a la angustia y la opresión hasta ahora. Sus pruebas han sido abundantes, pero Dios es su ayuda. Es bueno para ellos que tengan que cantar esta canción varias veces al año, porque sabemos lo fácil que es para ellos olvidar a Dios.

El salmo 125 afirma las bendiciones que recibirán aquellos que recuerden a Dios y confíen en Él y dice que Dios desarraigará a los injustos. Por cierto, el monte Sión, al que se hace referencia en este salmo, es el punto más alto de la antigua Jerusalén, justo afuera de las puertas de la ciudad. Como es tan notable, se vuelve una forma de referirse a Jerusalén; los dos nombres a menudo se usan indistintamente.

En el salmo 128, vemos referencias al pacto de Dios con los israelitas. Él les ha dicho que si mantienen el pacto, vivirán en la tierra, serán fructíferos y bendecidos, pero si rompen el pacto, serán oprimidos y exiliados. Esta canción los anima con las bendiciones de mantener el pacto.

He aquí una advertencia importante para capítulos como este: estos textos nos presentan detalles sobre el carácter de Dios y cómo actúa en general, pero es algo engañoso al tratar de aplicarlos con la misma proporción uno a uno hoy en día. Por ejemplo, el tener hijos no está garantizado para todas las personas que son obedientes. Estas promesas se basan en el pacto de Dios con los israelitas, un pacto específico con un pueblo específico. Es importante para nosotros honrar el contexto por algunas razones: (a) Nos ayuda a comprender el carácter de Dios correctamente, (b) nos salva del error de sentirnos con algún derecho y (c) en este caso específico, también nos impide juzgar a otros como obedientes o desobedientes según sus circunstancias.

Mientras que el salmo 128 señala las bendiciones que Dios trae al hogar, el salmo 129 destaca todas las formas en que Dios bendijo a Israel como un todo. Y en el salmo 130, cuentan la bendición final: no solo paz en el hogar o paz en la tierra, sino paz con Dios mismo. ¡Él es quien perdona sus pecados y los redime!

VISTAZO DE DIOS

"Pero en ti se halla perdón, y por eso debes ser temido" (130:4). El temor de Dios consiste principalmente en deleite y asombro. Si eso no fuera cierto, las dos mitades de este versículo no encajarían. Tendría que decir: "Sabemos que vas a ser duro con nosotros y por eso debes ser temido" o "Contigo hay perdón, por lo que nos sentimos atraídos hacia ti". En cambio, vemos que el perdón de Dios a nuestros pecados inspira respeto, asombro y deleite, ¡nos atrae hacia Él! ¡Así es como se ve el temor a Dios! No importa cómo hayamos caminado en iniquidad y rebelión, podemos acudir a Él para que nos perdone, sabiendo que tenemos perdón y redención gracias al pago total por nuestros pecados de Cristo en la cruz. El temor del SEÑOR mejora nuestras vidas en todos los sentidos. ¡Él es donde el júbilo está!

2 SAMUEL 1–4

Samuel designó al nuevo rey antes de morir, pero no hay precedente de esto y no hay un plan para avanzar. Mientras tanto, David ha estado viviendo en su hogar de refugiados en Filistea y acaba de derrotar a los amalecitas. Estaba a tres días de distancia de la batalla que Saúl estaba peleando, pero un mensajero emocionado llega a decirle a David lo que cree serán buenas noticias: "¡Tu enemigo está muerto y yo lo maté!". Este tipo obviamente no conoce el carácter de David. Además, su historia es inconsistente con las Escrituras. Primero, 1 Samuel 31:4 dice que Saúl cayó sobre su propia espada, pero como David no tiene acceso a 1 Samuel 31, le cree al mensajero. Matar al rey garantiza la pena de muerte, por lo que David lo ordena.

David le pregunta a Dios qué hacer a continuación y Dios lo envía a Hebrón en Judá. Judá es, por mucho, la tribu más grande; tienen su propio ejército y David es un judaíta. Ellos hacen a David rey, pero solo sobre su tribu. Todo va bien hasta que algunas personas de Saúl quieren mantenerse en el poder. Ungieron a uno de sus hijos sobrevivientes, Isboset, como rey sobre las otras once tribus. Después de unos dos años de tener dos reyes en la tierra prometida, los comandantes de los dos ejércitos se reúnen para charlar junto a la piscina. Abner es el comandante del equipo Isboset y Joab es el comandante del equipo David. Luchan múltiples batallas y finalmente Abner pide una tregua. Es una jugada inteligente, porque este equipo perdió casi veinte veces más hombres que el equipo David.

El poder de David crece, al igual que su familia. Tiene seis hijos, seis esposas y concubinas. Mientras tanto, Abner también acumula poder. Pero luego sucede algo que lo cambia todo: Isboset acusa a Abner de acostarse con una de las concubinas de Saúl. Saúl tiene tiempo de haber muerto, entonces, ¿por qué puede ser esto un gran problema para Isboset? Dormir con la esposa o concubina de un exrey a menudo es una muestra estratégica de poder, una jugada para tomar el trono. Isboset está esencialmente acusando a Abner de intentar un golpe contra él. Nunca descubrimos si es verdad, pero Abner está tan ofendido por la acusación que hace un juramento para ¡ayudar a David a convertirse en el rey de las doce tribus! Dios está desarrollando su plan ¡incluso a través de estas acusaciones!

Abner le dice a David que quiere unirse a su equipo y David básicamente dice: "¿Recuerdas cuando tu primo Saúl me quitó a mi primera esposa, Mical, sin mi consentimiento? Puede que ahora tenga otras esposas, pero la quiero de vuelta. Haz que suceda o no hay trato". Mical vuelve con David, pero todavía está casada con su segundo esposo. Cuando Abner consigue que las otras tribus estén de acuerdo con David como rey, le da a David las buenas noticias. Pero el momento es terrible porque Joab, el comandante militar de David, no está allí en ese momento. Cuando Joab se entera que el excomandante militar de Saúl está actuando bien, se vuelve desconfiado y lo mata. El rey Isboset se molesta por la muerte de Abner, a pesar de que son enemigos recientes. Las cosas comienzan a desmoronarse para Isboset y finalmente es asesinado por sus capitanes militares, que luego se jactan con David al decir que han matado a su enemigo. David ordena la pena de muerte, pero incluso a través de sus acciones malvadas, el plan de Dios para posicionar a David como rey da un paso hacia adelante.

El único sobreviviente masculino de la familia de Saúl es su nieto Mefiboset, hijo de Jonatán. Es poco probable que intente alcanzar el trono porque es joven y quedó lisiado en un accidente. En este punto, parece que estamos preparados para que ¡David sea el rey sobre todas las doce tribus de Israel!

VISTAZO DE DIOS

La gente piensa que están complaciendo a David al matar a sus enemigos, pero él dice: "aunque me han ungido rey, soy todavía débil" (3:39). La posición de rey hace que la gente le tema como alguien que puede ser duro y despiadado, pero David dice que no es ese tipo de rey. Dios se refirió a David como "un hombre más de su agrado" (1 Samuel 13:14); y su carácter aquí nos muestra vislumbres del corazón de Dios. De hecho, Dios dice algo sobre Él mismo precisamente en estas líneas: "No me complace la muerte de los perversos. Solo quiero que se aparten de su conducta perversa para que vivan" (Ezequiel 33:11 NTV). Aunque es el Rey, es gentil, el tipo de Rey al que podemos acercarnos, en lugar de huir. Y ¡Él es donde el júbilo está!

SALMOS 6, 8–10, 14, 16, 19, 21

Los salmistas a menudo usan figuras poéticas e hipérboles para expresar cómo se sienten y David no es la excepción. Es importante reconocer cuando se están mostrando las emociones de un salmista, para no edificar teología sobre figuras poéticas e hipérboles. Esto significa que tenemos que hacer algunas preguntas del texto. Más allá de su contexto literario (poesía), tenemos que mirar su historia y su contexto en las Escrituras.

Por ejemplo, en el salmo 6, David parece temer que su pecado y eventual muerte lo separen de Dios. Si eso es lo que está diciendo, este salmo contradice el resto de las enseñanzas de la Biblia sobre este tema, entonces, ¿qué hacemos con él? En este punto de la historia, Dios no ha revelado mucho de la vida después de la muerte a Su pueblo. Los ha estado ayudando a construir una sociedad y a conocerlo en *esta* vida, sin hablar de lo que sucederá en la que sigue. Hemos leído sobre el Seol, pero eso es principalmente una referencia a la tumba, no a la otra vida. Y cuando Saúl visitó a la médium, Samuel parecía existir aún después de la muerte, lo que contradice lo que la poesía de David implica aquí. Todo lo anterior para decir: debemos tener cuidado acerca de edificar teología desde los Salmos *a menos* que se pueda respaldar en otra parte de las Escrituras. La buena noticia es que las cosas realmente importantes están respaldadas repetidamente en otros lugares. Para este ejemplo, el resto de las Escrituras dejan en claro que la muerte de Cristo ha cubierto nuestros pecados y que para los hijos de Dios, la muerte es algo que une, no que divide.

En el salmo 8, David se maravilla de la creación de Dios y del hecho que al hombre se le haya dado dominio sobre ella. En el salmo 9, alaba a Dios por rechazar los esfuerzos de sus enemigos. Hemos leído algunos salmos donde David pidió a Dios que hiciera eso y aquí vuelve al tema para alabar a Dios por contestarle con un sí. Está claro que David no solo está en esta relación por lo que puede obtener de Dios. Está en esto por la intimidad con Dios, no solo se dirige a Él de manera egoísta con quejas y necesidades. ¡Se dirige a Él con alabanza!

El salmo 10 implica que Dios se encuentra distante y escondido, porque los malvados prosperan mientras oprimen a los pobres y se burlan de Dios. Es fácil concluir que

Dios no está atento cuando ese tipo de cosas suceden, ¿no es así? Pero David mantiene sus sentimientos respondiendo a la verdad: "Pero tu ves la opresión y la violencia, las tomas en cuenta y te harás cargo de ellas" (10:14). Vuelve a sus acusaciones sobre la distancia de Dios y las corrige. Este salmo expresa dos ideas contradictorias, pero ambos sentimientos pueden estar en el corazón humano simultáneamente —es útil saber qué sentimiento es verdadero.

El salmo 14 aparece en la carta de Pablo a los Romanos. David y Pablo dicen que los humanos no son buenas personas; no tenemos nada que ofrecer a Dios. Estos versículos pueden parecer duros, pero si los leemos a la luz del evangelio, inducen a la alabanza: "Soy un pecador corrupto que no puede actuar bien por mucho que lo intente". Los mantras y las afirmaciones me han fallado. Pero alabado sea Cristo, he sido hecho justo sin ningún esfuerzo propio. ¡Fue Su regalo para mí, como Su hijo! Dios nos busca, nos persigue, inicia ... ¡Él toma a los injustos y les otorga la justicia de Cristo!

El salmo 16 se siente más accesible después de haber caminado de cerca con David. Sabemos por qué está agradecido por los santos en la tierra ¡porque hemos conocido a sus enemigos! Sabemos lo que significa que Dios protege su tierra prometida y que sus límites estén colocados en buenos lugares ¡porque estudiamos asignaciones tribales! El salmo 19 tiene un impacto similar. En el versículo 7, David dice: "La ley del Señor es perfecta, infunde nuevo aliento. El mandato del Señor es digno de confianza, da sabiduría al sencillo". Escribió esto acerca de la Torá. ¡Seguramente has sido sorprendentemente revivido por pasajes en los libros de leyes del Antiguo Testamento! ¡Seguramente has visto a Dios haciéndote más sabio!

VISTAZO DE DIOS

En el salmo 21, David dice que lo tiene todo, todos los deseos de su corazón, una corona de oro fino y una larga vida. Pero en el versículo 6, cuando está hablándole a Dios y refiriéndose en tercera persona como lo hacen a veces los reyes, nos dice de dónde proviene su verdadera alegría: "Tu presencia lo ha llenado de alegría". Leemos algo similar en el salmo 16:11: "Me llenarás de alegría en tu presencia". A pesar de todas las bendiciones terrenales de David, sigue señalándonos a Dios, recordándonos que ¡Él es donde el júbilo está!

1 CRÓNICAS 1-2

Vamos a quedarnos en este libro y 2 Crónicas por los próximos meses. Estos dos libros eran uno, pero fueron divididos por la longitud del pergamino. Fueron escritos para registrar una crónica de siglos de la historia de Israel, de ahí el nombre. El libro 1 empieza justo en el principio, de hecho, la primera palabra en 1:1 es *Adán*. Este repaso nos ayudará a retener más de la historia en nuestra memoria además de suscitar cosas nuevas en nuestros corazones. No te des por vencido si se siente repetitivo, ¡por medio de las repeticiones desarrollas fuerza! También es alentador darte cuenta de que oíste algo antes, porque significa que se te está pegando. Sigue buscando a Dios cada día, aun en los sitios que se sienten conocidos o lentos. ¡Él está allí!

Crónicas, de hecho, hace un poco más interesantes las cosas; incluye historias que no están documentadas en otro lugar. Generalmente añade historias positivas y sustrae las negativas. Puede sonar engañoso, pero las Escrituras no liberan por completo a Crónicas. Dios nos dio otros libros para ayudarnos a hacer la historia más sustanciosa. Por ejemplo, cuando leemos una historia en 2 Samuel un día y en 1 Crónicas al siguiente, muchas veces hay detalles que saltan de la página en una narración que no estaban en la otra narración.

Hoy encontramos la historia de la familia que hemos seguido desde el primer día. Para la mayoría de las personas, las genealogías no son una lectura entretenida. Parece que la mitad de los nombres suenan a enfermedades y la otra mitad suena a medicamentos, pero si esto es difícil para ti, intenta que la aplicación de la Biblia o Bible.com ¡te lean los pasajes en voz alta!

Las genealogías antiguas están muy comprimidas; algunas ni siquiera son frases completas. Es posible que Nimrod haya llamado tu atención en 1:10 porque el versículo dice que él fue la primera persona en la tierra en ser un hombre poderoso. Primero leímos de Nimrod en Génesis 10:8-12, que menciona que fue un cazador poderoso ante el Señor. Hay dos cosas que vale la pena resaltar aquí: (1) Algunos analistas piensan que eran un grupo entero de cazadores-guerreros, no una sola persona y (2) el nombre Nimrod se convirtió en una jerga para alguien que era tonto. Fue popularizado por Bugs Bunny que usaba el nombre para referirse a Elmer Gruñón, que era un cazador. ¿Los dibujantes de cómics en Looney Toons podrían ser mejores teólogos que los pintores del Renacimiento?

En 1:19, vemos una nota sobre Péleg: "En su tiempo se dividió la tierra". ¿A qué se refiere esto? Primero conocemos a Péleg brevemente en Génesis 10:25, justo antes del incidente de la Torre de Babel, cuando Dios creó múltiples idiomas, separando a la gente. Es posible, pero no seguro, que esta sea la división que nos refiere el texto. Sin embargo, algunos académicos piensan que esto señala a la teoría de la deriva continental y cómo las placas tectónicas han impactado al mundo.

El segundo capítulo ronda mayormente sobre el linaje de la tribu de Judá, porque David viene de esta tribu. El autor quiere recalcar su línea familiar porque son realeza israelita. Mientras que estas genealogías siguen en los capítulos siguientes, algunas de las otras tribus apenas son mencionadas. ¡Neftalí solo tiene un fragmento de una frase!

De acuerdo con 2:7, Acar es "quién provocó los problemas de Israel". Lo conocimos en Josué 7. Después que los israelitas completaran su primer asalto en la tierra prometida y tomaran la ciudad de Jericó, robó cosas consagradas a Dios y las escondió en su carpa. ¿Cómo fue que eso causó problemas a toda la nación? En su próxima batalla, contra Hai, perdieron treinta y seis hombres y Dios dijo que fue porque había pecado en el campamento. Acar confesó y lo apedrearon. Pero docenas de hombres murieron por su codicia.

VISTAZO DE DIOS

Los detalles pequeños de las vidas de estos tres hombres nos revelan más sobre Dios el día de hoy. En este trío, tenemos alguien que parece ser alabado —Nimrod el cazador poderoso, alguien identificado más por las cosas en su alrededor que por cualquier cosa que haya hecho personalmente, Péleg el poco notable y alguien conocido por atraer dificultad y muerte a la gente de Dios con su idolatría, Acar. Dios usa cada historia, desde el grande, al terrible, a la persona que nunca hace algo significativo históricamente. Todos estamos escritos en Su historia de redención. Nos ve a todos y las genealogías nos recuerdan eso. Podrían ser aburridas, pero Él no lo es. ¡Él es donde el júbilo está!

SALMOS 43-45, 49, 84-85, 87

En el salmo 43, David tiene dificultades y se siente lejos de Dios, pero le recuerda a su alma la verdad: "¿Por qué voy a inquietarme? ¿Por qué me voy a angustiar? En Dios pondré mi esperanza, y todavía lo alabaré. ¡Él es mi Salvador y mi Dios!" (43:5). Le dice a su corazón y mente qué hacer. Esto es exactamente lo que Moisés les dijo a los israelitas que tenían que hacer en tiempos difíciles: recuerden quién es Dios y lo que ha hecho. David pone este consejo en práctica ¡cientos de años después!

En el salmo 44, David alaba a Dios por las cosas que ha hecho por sus antepasados, no solo por él. Recuerda que Dios es el único que concede la victoria, no el brazo de un hombre fuerte, ni una espada o arco, especialmente porque a veces Israel ¡no llevaba armas a la guerra! Otra vez, David se toma a pecho las palabras de Moisés, porque esto apunta a su advertencia en Deuteronomio 8:17-18: "No se te ocurra pensar: 'Esta riqueza es fruto de mi poder y de la fuerza de mis manos'. Recuerda al Señor tu Dios, porque es Él quien te da el poder para producir esa riqueza; así ha confirmado hoy el pacto que bajo juramento hizo con tus antepasados". Caminar en humildad lleva a alabar a Dios.

Pero David está confundido porque Dios no parece conceder el tipo de victoria que ha concedido en el pasado. Desde la perspectiva ventajosa de David, parece que Dios no ha mantenido Su parte del pacto, entonces lleva esta preocupación a Dios. ¿Hay algún tipo de pecado que esté provocando el silencio de Dios? Las Escrituras no lo dicen. Pero es interesante que esto está escrito para ser una canción colectiva, porque cuando la gente lo canta, es posible que provoque a algunas personas a la reflexión individual, lo que puede después provocar el arrepentimiento de algún pecado inconfeso entre las personas. Por cierto, la frase al principio "*Al director musical*" es cómo sabemos que es una canción colectiva. Las canciones personales suelen decir algo como *de David* o *de Asaf*.

El salmo 45 fue escrito para la boda del rey, no fue escrito por David, pero es posible que sea sobre David o por lo menos sobre uno de sus descendientes. Incluso en el contexto de una boda, la canción de todas formas empieza con alabanza a

Dios. Está escrito para dos personas específicas, pero el salmo 49 está dirigido a todos; todas las personas de la tierra, ricas y pobres, bajas y altas, sabias y tontas. El salmista tiene un mensaje importante para todos ellos: van a morir. Es un llamado a recordar lo que es importante en la vida, porque eso expulsará al miedo. En el versículo 5 dice: "¿Por qué he de temer en tiempos de desgracia?" y apunta a que Dios ha liberado su alma, así que ante la opresión de este mundo o incluso la muerte, ¡puede alegrarse!

Mientras el salmo 49 termina con su enfoque en la muerte, el salmo 84 se enfoca en la vida; específicamente la vida de un siervo de Dios. El salmista dice que nunca se ha sentido más en casa que en la casa de Dios. Cuando está lejos de esta, se siente débil, pero cuando está allí, se siente vivo. Valora la cercanía a Dios por encima de todo y está dispuesto a servir en posiciones humildes solo para acercarse a Dios.

El salmo 85 es un lamento colectivo. Apunta a la fidelidad de Dios en el pasado y le pide bendecir de nuevo a Israel. Una de las características por destacar de este salmo es lo mucho que llama al carácter de Dios y el nombre de Dios. Dios le dijo Su nombre a Moisés en Éxodo 34:6-7 y muchas de las palabras que usó para describirse a Sí mismo están repartidas en esta canción: perdona la iniquidad y el pecado, muestra el amor firme y la fidelidad, no deja sin castigo al culpable. Luego termina con imágenes hermosas, Israel promete dejar que su fidelidad se eleve desde el suelo y confiar que la justicia de Dios mirará para abajo desde el cielo y estas dos cosas se encontrarán en un beso sagrado.

VISTAZO DE DIOS

El salmo 87 no solo alaba a Sión o Jerusalén, revela algo importante sobre Dios. La persona y ciudades que enlista son todas gentiles: Rahab, que es posible que sea un apodo para Egipto; Babilonia, una ciudad malvada; Filistea, su enemigo; y Tiro, otra ciudad malvada. Este salmo celebra que ¡todas esas personas son bienvenidas en Sión! Nos muestra la relación única que Dios tiene con Israel, pero también muestra que Él invita a otras naciones a hacer una casa entre Su gente. Termina con una celebración de canto y baile en homenaje al Dios quien provee para Su gente y quien invita a los de afuera a ser Su gente. Tanto si eres judío o gentil, ¡todos tus manantiales están en Él también! Porque ¡Él es donde el júbilo está!

1 CRÓNICAS 3-5

La genealogía de hoy empieza con David, cuyo reinado es el foco del libro. En 4:9 el texto va de enumerar nombres a contar un breve narrativo sobre Jabés. Él es un hombre honorable que busca a Dios, aunque su nombre significa "tristeza" o "aflicción", lo que es todavía más interesante, dado que pide a Dios que le evite aflicción. Los nombres muchas veces apuntan hacia el carácter, entonces podrá estar pidiendo que Dios le proteja de sí mismo, lo convierta en un hombre nuevo, haga algo diferente que lo que indica su nombre. Sabe que parte de evitar la aflicción y la tristeza es evitar el pecado y el mal, ¡entonces pide que Dios lo libre de esas cosas también! También pide a Dios una frontera ensanchada, que es probable una oración literal para más tierra, porque como vemos, ese es el enfoque actual. Dios contesta su oración con un sí.

El capítulo 4 revela que la tribu Simeón se está encogiendo. Jacob insinuó esto en su profecía de Génesis 49:7: "¡Malditas sean la violencia de su enojo y la crueldad de su furor! Los dispersaré en el país de Jacob, los desparramaré en la tierra de Israel". Moisés también lo insinuó cuando bendijo las tribus antes de su muerte y no le dio ninguna bendición a Simeón. Dios ha dejado pistas de esto por unos miles de años. Esto tiene sus raíces en Génesis 34:25-29, cuando Simeón y Leví mataron a los hombres de Siquén para vengar la violación de su hermana Dina. Cuando Jacob profetizó: "Los dispersaré en el país de Jacob y los desparramaré en la tierra de Israel", fue para los dos: Simeón y Leví. Leví se ha dispersado y desparramado también. No tienen su propia tierra; viven esparcidos entre las otras tribus. Dios cumplió la profecía de Jacob para las dos tribus.

El capítulo 5 recuenta los pecados de Rubén, otro hijo de Jacob. Él durmió con la concubina de Jacob y se le ha quitado su derecho de nacimiento. A pesar de la maldad de Rubén, sus descendientes han sido bendecidos. Los rubenitas son principalmente pastores y sus rebaños se están multiplicando. Viven en Transjordania con las tribus de Gad y Manasés del este. Estas dos tribus y media parecen tener un tipo único de unidad, quizás provocada por su aislamiento en el otro lado del río Jordán. Se respaldan uno al otro, por lo menos hasta este momento. ¡Buscan a Dios juntos y aún entran en guerra juntos y ganan! Pero al final, es breve. Sus amados líderes eventualmente caen en la idolatría y empiezan a adorar a los dioses paganos, entonces Dios levanta un enemigo para sacarlos, justo como lo habían hecho con sus enemigos.

VISTAZO DE DIOS

Hoy hemos leído dos oraciones y las respuestas de Dios nos muestran algo sobre Él. Las tribus de Transjordania clamaron a Dios durante su guerra contra los agarenos y "Por cuanto confiaban en Dios, clamaron a él en medio del combate, y Dios los ayudó a derrotar a los agarenos y a sus aliados" (5:20). ¿Su oración está centrada en sí mismos o en Dios? El pedir ayuda para ganar la guerra podría ser considerado automotivado, pero quizás está centrado en Dios dado que esto podría ser una guerra santa que involucre la tierra ocupada por las tribus (aunque Transjordania no era parte de la tierra prometida original). En 4:10, Jabés oró: "Bendíceme y ensancha mi territorio; ayúdame y líbrame del mal, para que no padezca aflicción". Esta oración tiene elementos de justicia, pero algunos elementos pertenecen a los deseos personales. Entonces, ¿es una oración egoísta o es una oración centrada en Dios? ¿Y es eso importante?

Dios no regaña a Jabés por pedir más tierra y Él no dice a las tribus de Transjordania que tienen que quedarse con la tierra prometida original si quieren ganar batallas. Para muchas personas es difícil orar por sí mismas, por el miedo a que parezca uno egoísta. Jabés nos muestra que no solo son los dos tipos de las oraciones aceptables a Dios, sino los dos son honorables a Él. Estas oraciones vienen de un corazón que conoce a Dios, confía en Él y clama a Él como la fuente de todas las cosas buenas, de las victorias, a la tierra, a la justicia. Podemos confiar que Dios toma todas nuestras oraciones, las filtra y nos responde con lo que es mejor en cada situación única. Cuando se trata de Sus hijos, Dios no deja ninguna oración sin respuesta, no hay tal cosa como una oración sin respuesta. Él las escucha, las recibe y siempre responde, con un sí, un no o un espera. Podemos confiarle a Dios todas nuestras oraciones y ¡Él ama oír de nosotros! Él jamás está ocupado y Él jamás está aburrido, ¡Él es donde el júbilo está!

SALMOS 73, 77 Y 78

En la primera mitad del salmo 73, el salmista Asaf se queja de la prosperidad de los impíos cuando los ve progresar. Teniendo en cuenta lo que conocemos acerca de la naturaleza humana, esto probablemente nos diga algo de lo que está pasando en la vida de Asaf cuando escribe este salmo. Es muy probable que sienta que no está prosperando o progresando. Quizás está comparando su vida con las vidas de los impíos y está frustrado que ellos consiguen lo que él cree que se merece. Su perspectiva cambia cuando empieza a alabar a Dios, es ahí donde él recuerda las cosas que tienen valor eterno y que la prosperidad terrenal no está en esa lista. La cercanía a Dios es lo que realmente alimenta su alma. Tiene que dejar de mirar a los demás y posiblemente a sí mismo antes que su corazón pueda cambiar. Antes que su corazón tuviera un cambio, su amargura moldeaba su visión de Dios: "Cuando mi corazón se llenó de amargura y en mi interior sentía punzadas, entonces era yo torpe y sin entendimiento, era como una bestia delante de ti" (73:21-22 LBLA).

A menudo, la amargura es el resultado de una herida profunda y lleva el dolor de una esperanza sin realizar. La amargura es un problema emocional que a menudo rechaza el razonamiento. Lo bueno es que Asaf se convierte en salmista y pasa de ser una persona que acusa a Dios a ser una persona cuyo objetivo absoluto es adorar a Dios y servirle. La cercanía de su corazón a Dios determina su visión del mundo. La proximidad nos da perspectiva y la vista es mejor cuanto más cerca estás de Dios.

El hecho de que el salmo 77 sea un lamento colectivo nos revela que Dios quiere que su pueblo se acerque a Él con sentimientos sinceros, incluso a nivel público. Asaf escribió este cántico que habla de sentirse atormentado por la ansiedad y los problemas, hasta le cuesta encontrar descanso al dormir. Cuando los hijos de Dios pasan dificultades, no tienen por qué pasar por eso solos. La congregación de creyentes debería ser un lugar seguro para traer nuestras preocupaciones y miedos sabiendo que nos van a escuchar y amar y que van a orar por nosotros; y también debemos saber que nuestras emociones cambiantes y nuestras circunstancias inciertas no alteran la verdad. Asaf finalmente se tranquiliza al hablar del pasado en su circunstancia presente. Se recuerda a sí mismo que Dios ha sido fiel en el pasado. Destaca que puede confiar en el carácter de Dios, pues las ocasiones anteriores tampoco fueron fáciles, sin embargo Dios estuvo ahí. De hecho, el versículo 19 dice: "Te abriste camino en el mar", *en* el mar el camino parece imposible, el duro pero milagroso camino, el camino que da más gloria a Dios y el camino que nos deja una historia inolvidable de Su amor y provisión. Todo esto recuerda a Asaf que Dios se toma en serio su relación con Israel.

Asaf nos da una parábola en el salmo 78. Cuenta la historia de Israel, incluyendo muchas de las historias que Dios les ha dicho que cuenten a sus hijos. Al escribir este cántico, Asaf no solo está adorando a Dios por su fidelidad, sino que también está creando una herramienta de enseñanza. Algunos eruditos dicen que ese es el significado de la palabra "masquil" (que se encuentra encima de algunos salmos) significa un cántico para enseñar e iluminar y captar la atención de nuestra mente.

En este salmo, los de la tribu de Efraín son el centro de atención, pero realmente sirven como ejemplo de idolatría para todo Israel. Efraín es el ejemplo de idolatría debido a lo que ocurrió en Jueces 17 y 18 cuando Micaías creó su propio santuario, hizo su propio efod, contrató a su propio sacerdote y tuvo sus propios ídolos. Ese fue el primer episodio más grande en el que un israelita intenta falsificar lo que Dios hacía en su tabernáculo.

VISTAZO DE DIOS

Los tres salmos de hoy se refieren a la dirección de nuestra mirada. Si nuestra mirada está centrada en los demás o en nosotros mismos o nuestros deseos, inevitablemente perderemos de vista a Dios. En el salmo 73, la mirada de Asaf está en sí mismo y en los demás. Algunos dicen que la comparación es el ladrón de la alegría, pero aquí parece que la comparación también es el ladrón de la fe. Esto nos lleva a dudar de la bondad de Dios. En el salmo 77, la mirada de Asaf está en sí mismo y en sus dificultades, pero se arrepiente, redirecciona su mirada y se recuerda a sí mismo de la fidelidad de Dios. Predica la luz de Dios a su oscuridad. En el salmo 78, la mirada de los israelitas está en sus ídolos y sus deseos actuales. Asaf les anima a enseñar a sus corazones la historia de quién Dios ha sido para ellos. Que Dios quite nuestra mirada de los demás, de nuestros problemas, de nosotros mismos y de nuestros deseos y la fije en Él, porque tanto Asaf como nosotros sabemos que ¡Él es donde el júbilo está!

1 CRÓNICAS 6

A estas alturas te preguntarás si Crónicas se trata solo de genealogías. No te preocupes, solo tenemos un día más de genealogía y ese día de lectura también entramos a la parte de narración del libro. Pero las genealogías nos sirven para algunos propósitos importantes, no solo por historia, ¡sino también para nosotros! Hoy encontramos una porción que revela uno de los propósitos históricos, pero también es un adelanto de lo que sucederá con Israel. De todas maneras, este adelanto probablemente no venga como sorpresa, entonces hablemos de esto.

El verso 15 dice: "Josadac fue llevado al cautiverio cuando el Señor deportó a Judá y a Jerusalén por medio de Nabucodonosor". Dios prometió enviar a Israel al exilio si ellos no cumplían con el pacto, por lo que esto nos deja saber que Israel no cumple el pacto y Dios eventualmente levanta un enemigo para llevarlos al exilio. Eventualmente estarán dejando la tierra prometida a la que tanto tiempo les costó entrar. Pero no se preocupen, cuando esto sucede, Dios no los está abandonando. Él ya nos ha dicho como irá todo esto y Él dice que todo esto es parte de Su plan de traerlos al arrepentimiento y para restaurar todo. El exilio es menos como el castigo de una deidad enojada y más como la disciplina de un Padre amoroso.

Israel estará en el exilio por largo tiempo, pero luego se arrepentirán y Dios los traerá de vuelta a la tierra prometida. Cuando esto suceda, estas genealogías serán una parte necesaria de la restauración de tribus y familias a sus tierras asignadas respectivamente. Esto será vital para saber quien corresponde a cada tribu para que así puedan volver a la parcela de tierra correcta. Otra cosa que necesitarán es saber quién es de la tribu de Judá y de la línea de David, porque Dios ha designado esta como la línea de reyes. También necesitarán saber quiénes son levitas, de acuerdo con el clan de los coatitas y meraritas y guersonitas, porque ellos necesitan configurar de nuevo todo el templo de acuerdo con el trabajo específico de cada clan. Por cierto, te diste cuenta que Gersón aquí es llamado Guersón, pero no te preocupes, es lo mismo.

Todas estas listas sirven para el importante rol de verificar la identidad del pueblo, para que ellos puedan restablecer las cosas cuando retornen a su tierra. Pareciera ser aburrido para nosotros, pero esto es vital para su obediencia y prosperidad. Para ellos, no solo es una lista, ¡es su vida!

En el versículo 31 vemos que David ha establecido nuevas posiciones para el servicio del templo. En Números 4, Dios estableció roles para los tres clanes de los levitas (coatitas, guersonitas y meraritas), pero aquí David añade un cuarto rol de entre estos clanes: los músicos. Asaf, el coatita, fue incluido entre ellos. Hemos estado leyendo algunos de sus salmos.

Después de las genealogías y de las asignaciones de trabajo, los levitas son divididos en sus clanes, y las ciudades de refugio son anunciadas.

VISTAZO DE DIOS

El hecho que este capítulo exista nos cuenta algo acerca de Dios y Su carácter. Él intencionalmente lo puso aquí para ayudar a restablecer a Su pueblo en la tierra que Él les dio y que un día ellos abandonaran y a la que Él, eventualmente, los traerá de vuelta. Esto no solo nos muestra Su previsión, pero nos muestra Su pasión por la restauración y redención. Él es tan paciente y generoso con ellos, aun cuando ellos rompen Su corazón. Pero justo como estas genealogías, esta clase de amor no es solo histórico, este nos impacta hoy mismo. Así es como Dios interactúa con cada uno de Sus hijos. Él nos ha hecho, nosotros nos extraviamos, luego, Él pagó el precio final para comprarnos de vuelta, muerte en la cruz. Él lo planeó todo antes que siquiera sucediera, ¡justo como con los israelitas! Este capítulo de genealogías es mucho más que solo nombres, es un testamento de Su abundante bondad y Su plan de restauración y redención. ¡Él es donde el júbilo está!

SALMOS 81, 88, 92 Y 93

El salmo 81 es una canción comunitaria de alabanza, pero también tiene algunos elementos de advertencia profética. Empezamos con un llamado a los músicos a tocar sus instrumentos. Arpas, panderetas, trompetas, ¡a Dios le gustan todos! En este tiempo, la trompeta no está hecha de metal; está hecha de cuernos de un carnero y es típicamente conocido como un *shofar*. Los músicos están señalando el comienzo de la fiesta a fin de reunir a todo el pueblo junto. Esencialmente ellos están sirviendo como una campana antigua para llamar a la cena pero con un significado más espiritual. La gente viene de todo Israel a la sede religiosa, porque ¡Dios les ha encomendado a mantener estas fiestas como un recordatorio y celebración de lo que Él ha hecho por ellos!

La letra de la canción cuenta el rescate de Dios de Egipto, Su provisión en el desierto y Su mandamiento para que ellos sean fieles solo a Él. Este también cuenta su rebelión y termina con Dios pidiendo a Su pueblo que se arrepientan. La palabra *escuchar* es repetida varias veces en este salmo. Para todo el sonido que Dios los llama a hacer con sus instrumentos al principio, Él está más interesado que ellos lo escuchen y hagan lo que Él les dice.

Hemán escribió el salmo 88 y aparentemente está en un momento oscuro. Libremente expresa sus emociones a Dios, lo cual demuestra que Dios puede manejar nuestras frustraciones y cuestionamientos sin sentirse ni un poco amenazado. Hemán abre dirigiéndose a YHVH como "el Dios de mi salvación", nos deja saber que tiene una relación con Dios. Le pide a Dios que ponga atención a su oración. Esto suena a que está cerca de morir o *siente* que está muriendo emocionalmente, es difícil decir con certeza. En los versículos 6 al 8 y nuevamente en los versículos 16 al 18, señala a Dios como la fuente de sus aflicciones; pero también pone en claro que Dios es la única solución para estas. Este salmo no tiene un gran moño al final, lo deja con un final abierto. Este tipo de salmos nos muestra que nuestras oraciones no tienen que ser perfectas y pulidas, podemos traer nuestros corazones al Dios que fortalece nuestros corazones, sabiendo que Él nos encontrará en nuestra confusión. Si tienes temor de orar, deja que el salmo de Hemán calme tu corazón. Hay solo una muy pequeña probabilidad que le digas algo peor a Dios de lo que él ya le ha dicho.

En mi Biblia, el subtítulo del salmo 92 es: "Salmo para cantarse en sábado". Los israelitas tienen cantos para las fiestas, por lo que no debería de sorprendernos que también haya una canción para el Sabbat. Él comienza con un llamado a adorar, recordando a los escuchas que comiencen y finalicen sus días con adoración. Luego contrasta al insensato y al necio con el justo y el sabio. El insensato parece prosperar en la vida, pero sus bendiciones son temporales. Y este tipo de verdad probablemente sirva como un recordatorio oportuno en el Sabbat, cuando el pueblo de Dios podría ser tentado a volver a trabajar en el día que Él los llamó a descansar para que pudieran continuar con los cananeos.

El salmo 93 es un hermoso canto de alabanza por el reinado de Dios sobre la creación. Él siempre ha sido Rey de la tierra ¡y toda la tierra lo sabe!. En el antiguo Cercano Oriente, las aguas eran vistas como un enemigo formidable, estas eran caóticas, desconocidas y aterrorizantes. El salmista nos recuerda que hasta las aguas adoran a Dios y se inclinan ante Su reino.

VISTAZO DE DIOS

En el salmo 92, vemos que los rectos son como palmeras plantadas en la casa de Dios, ellas crecen y florecen, dando frutos siempre. ¿Cómo podemos ser como esas palmeras? ¿Qué tenemos que hacer para ser justos? Uno de los nombres de Dios es Jehová Tsidkenu, que significa "el SEÑOR nuestra Justicia". Él no solo es el que nos hace justos, pero Él es nuestra justicia. Jesús dice algo similar en Juan 15:5: "El que permanece en mí, como yo en él, dará mucho fruto; separados de mí no pueden ustedes hacer nada". Las palmeras no marchan hacia la casa de Dios y se plantan por si solas. Y las palmeras no pueden sostenerse por sí solas, ellas necesitan agua y sol para desarrollarse y dar fruto. Ellas tienen que mantenerse en contacto con el que suple el sustento. Gracias a Dios, Él hace todo lo que se requiere para que nosotros seamos hechos justos y seamos plantados en Su casa; y ¡demos mucho fruto! ¡Él es donde el fruto está y Él es donde el júbilo está!

1 CRÓNICAS 7–10

Hoy hemos terminado las genealogías en esta sección, pero empezamos con una dosis doble. En el capítulo 7 vemos la genealogía de la tribu de Benjamín, después en el capítulo 8 tenemos una *segunda* genealogía de Benjamín que es diferente casi por completo. Hay algunas cosas que están sucediendo aquí que contribuyen a esta doble genealogía. En el capítulo 8 la genealogía se enfoca específicamente en la dinastía de Saúl. Quizás te preguntes ¿por qué no la podrían haber incluido en la versión del capítulo 7 en lugar de abordarlo por separado? No profundizaremos en esto completamente, pero en algún momento en el futuro de la historia, parece que la tribu de Benjamín se había separado. Y como el autor escribió esto 500 años después del tiempo en el que estamos en este momento, quizás se hubiera dado cuenta retrospectivamente quién fue en qué dirección en esta separación. No es una información vital para que nosotros la retengamos, pero nos ayuda a entender por qué la genealogía está dividida de esta manera.

Recuerda cómo estas genealogías sirven para seguir la pista de quién es parte de cada tribu para cuando ellos vuelvan del exilio. En el capítulo 9 podemos entrever esto. Nos dice quién vuelve y en qué orden y dónde van a vivir. Se enfoca especialmente en Jerusalén, porque es su capital religiosa. Este capítulo también muestra brevemente cuántas personas están envueltas en hacer funcionar las cosas en el templo una vez que está construido. El trabajo del templo no es solo sobre hacer sacrificios; envuelve mezclar incienso, contar los utensilios y dirigir la adoración y guardar las puertas y hacer pan. Hay muchas cosas que intervienen para mantener las cosas funcionando sin problemas y todas las personas que trabajan allí son consideradas líderes, independientemente de su tarea específica.

El capítulo 10 nos da un repaso rápido de la muerte de Saúl. En caso de que hubiera alguna duda, esto confirma la descripción anterior de cómo Saúl se mató a sí mismo en la batalla. Así es como fue registrado en ese momento y es como fue recordado quinientos años más tarde. El visitante amalecita que fue a David como mensajero en 2 Samuel 1:6-10 y declaró que había matado a Saúl estaba mintiendo, aparentemente para ganar algún beneficio. Ni siquiera mencionado en este texto.

Los dos versos finales de la lectura de hoy resumen la triste historia del final del reinado de Saúl. Fue el líder de la gente de Dios, aunque no estaba buscando a Dios. De hecho, estaba buscando consejo de gente a la que Dios le había ordenado matar, personas que eran enemigas del Reino de Dios. Y de esta forma, Saúl fue un traidor e idólatra; y dada la manera en la que Dios retrata su relación con Su gente como un matrimonio, Saúl también fue un adúltero. A pesar de que Saúl se lanzó sobre su propia espada, el versículo 14 dice que Dios le quitó la vida. A Dios ha menudo se le refiere como "el Dios de la matriz y el Dios del sepulcro", Él es el que da y quita la vida. Esto puede ser un concepto difícil de aceptar, pero es lo que vemos en las Escrituras, por lo que no podemos descartarlo solo porque nos hace sentir incómodos o vulnerables. El hecho que Dios tome el crédito por la muerte de Saúl podría ser algo difícil de procesar por diferentes razones, pero si lo vemos correctamente, esto puede ser reconfortante por lo que nos muestra sobre el corazón de Dios.

VISTAZO DE DIOS

Dios protege a Su gente. Dios no defiende a un líder que está haciendo las cosas a su manera, ignorando lo bueno de su gente, traicionando al Dios del universo y buscando el beneficio propio. Dios no permite que esa persona continúe dirigiendo este estado-nación en el que Dios ha puesto Su propio nombre. La naturaleza protectora de Dios nos ayuda a confiar más en Él. Y aunque nosotros no éramos parte de este estado-nación, Él también nos protege. ¿Sufren daño los hijos de Dios? Totalmente. Pero Él preserva lo que es más importante: nuestras almas y nuestra relación con Él. Él está atento cuando se trata de las cosas que tienen valor eterno. Él nos ha hecho Suyos para siempre y Él es quien nos guarda. ¡Él es donde el júbilo está!

SALMOS 102–104

Aunque el salmo 102 es un lamento personal, el salmista también aplica sus oraciones y preocupaciones por Israel en general. Está seguro de que Dios lo escuchará y le pide a Dios que conteste rápidamente. Se siente completamente solo y su cuerpo se está desmoronando debido al estrés y la tristeza. No sabemos la razón de su aflicción y parece que él tampoco. De esta forma, este salmo probablemente es un consuelo para todo aquel que no logra darle sentido al porqué las cosas están sucediendo de la manera que lo hacen. El salmista atribuye su dolor a la ira de Dios. Quizás está equivocado y Dios no está enfadado y esto es solo una expresión de emoción, pero si tiene razón y Dios está enfadado con él, podemos discernir más del porqué de su dolor. La única cosa que enfada a Dios es el pecado, por lo que podemos asumir que las circunstancias del salmista son resultado de su pecado y que está siendo disciplinado para que se arrepienta.

Yuxtapone su aflicción temporal con el reino eterno de Dios. Esta transición a fijar sus ojos en Dios parece consolarlo. Al recordar la relación de Dios con Su gente, se recuerda a sí mismo que Dios lo rescatará de alguna manera, algún día. Sabe que YHVH ayudará a Israel y que como resultado ¡otras naciones serán llevadas también a Sión!

Mientras que el salmo 102 mira hacia adelante con esperanza, el salmo 103 mira hacia atrás, alabando a Dios por Su bondad hacia Su gente a través de los años. Aquí, David alaba a Dios por cosas que él no experimentó personalmente, pero de las que se beneficia. Realmente capta la metanarrativa, la trama dominante de Dios y Su gente. Empieza ordenándose a sí mismo como pensar, sentir y actuar; y lo hace por medio de recordar quién es Dios y todas las formas que Dios ha sido bueno con él. Da tributo a Éxodo 34:6-7, donde Dios le dice a Moisés Su Nombre. Esto da una demostración muy densa y rica del carácter de Dios: es misericordioso, benévolo, tardo para airarse y abundante en un amor inalterable y no nos paga conforme a lo que merecemos, es compasivo hacia nosotros como un padre, todas estas ideas son un copia y pega de Éxodo 34 a este salmo, lo que muestra que ¡David conoce bien las Escrituras! Termina resaltando que la vida es corta y seremos olvidados, pero Dios y Su Reino continuarán por siempre.

El salmo 104 es otro salmo anónimo de adoración. Adora a Dios como Creador y muchos temas de la creación se repiten aquí, por lo que es posible que en líneas generales esté basado en Génesis 1-3. Dios no solo creó todo; estableció sistemas en su lugar para la supervivencia de Sus creaciones, así como para sus muertes. Los versículos 14 y 23 nos recuerdan que el hombre fue creado para trabajar duro. El trabajo no es un resultado de la caída, precede a la caída. Y en el versículo 15, vemos que Dios no solo creó lo básico para la humanidad. Nos da bendiciones por encima y más allá de lo que necesitamos: el vino y los aceites faciales son lujos, no necesidades. En esa misma línea, Dios también creó algunas criaturas en la tierra solamente para Su disfrute. Algunas de ellas son criaturas con las que nunca nos encontraremos o apreciaremos. Hay criaturas marinas que han vivido en el fondo del océano desde la creación y que nadie ha visto nunca, pero Dios los creó y se deleita en ellas. No sabemos si Leviatán fue un monstruo marino mitológico o uno real o solamente un cocodrilo antiguo, pero el salmista lo retrata como un cachorro. Dice que Dios lo hizo ¡para jugar en el agua!

Hace una transición suave de mostrar la soberanía y poderío de Dios sobre toda la creación a pedirle a Dios que use Su poder para aniquilar al malvado. Mientras que esto puede sonar duro, probablemente lo podríamos ver menos como una venganza personal y más como un deseo que la gloria de Dios sea engrandecida.

VISTAZO DE DIOS

El salmo 104:20 dice: "Tú traes la oscuridad". La oscuridad parece ser la ausencia de algo, no la presencia de algo. ¿Cómo puede Dios crear una ausencia? Quizás sea solo lenguaje poético para mostrar que Dios creó todo, pero ya sea que es una gran verdad o que es una gran poesía, le da gloria a Dios. Las Escrituras comparan a Dios con luz, por lo que es fácil pensar en la oscuridad como la ausencia de Dios, pero el salmo 18:11 dice que Él hace de la oscuridad Su cubierta y el salmo 97:2 dice que nubes y densa oscuridad lo rodean. E incluso cuando salimos de las partes poéticas de las Escrituras, 1 Reyes 8:12 dice: "SEÑOR, tú has dicho que habitarías en la oscuridad de una nube". Parece que nada se escapa de Él. Está en todas partes. Y ¡Él es donde el júbilo está!

2 SAMUEL 5; 1 CRÓNICAS 11–12

Cuando leemos Crónicas, a menudo estaremos leyendo historias por segunda vez, pero con un lente diferente. Aquí hay un repaso sobre dónde nos encontramos en la historia de David: ha sido rey de Judá por unos siete años. Las otras tribus estaban siguiendo al hijo de Saúl, Isboset, hasta que dos de sus líderes militares lo asesinaron. Justo antes que esto pasara, sus comandantes militares dejaron su puesto y se dispusieron a convencer a todas las otras tribus que, en cambio, deberían seguir a David.

Finalmente David es ungido como rey sobre las otras tribus, unificando la nación de Israel. Tenía treinta años, lo que significa que esperó aproximadamente quince años entre ser ungido como rey sobre Israel y *ser* rey sobre Israel. Había estado reinando en Hebrón pero tenía en su corazón mover la capital religiosa a Jerusalén. Solo que había un problema: los jebusitas vivían allí. Los intentos anteriores de los israelitas para echarlos fuera habían sido fallidos, en parte porque el paisaje de Israel es como una fortaleza topográfica con una fosa natural, está en una colina rodeada de valles, rodeados de montañas.

Los jebusitas provocan a David. Dicen que Jerusalén está tan fortificada que podrían elegir gente ciega y coja como sus guardias de seguridad y aún así él no podría ingeniárselas para entrar. Entonces, así como hizo en la batalla contra Goliat, David opta por inteligencia más que fuerza. Es más listo que ellos subiendo a través del pozo de agua en lugar de atacar los muros y puertas. (Por cierto, David no odia de verdad al ciego y al cojo, a pesar de lo que dice, es probablemente una referencia general a los jebusitas en conjunto, porque ellos dijeron que el ciego y el cojo serían los que le impedirían la entrada). Para resumir la invasión, 1 Crónicas 11:5 dice: "Estos le dijeron a David: ¡No entrarás aquí!". Pero David se apoderó de la fortaleza de Sión, que también se conoce como la ciudad de David". Le prohibieron a David entrar en la ciudad que ahora lleva su nombre. David toma Jerusalén y hace de ella la nueva capital, así que trasladan todo desde Hebrón a Jerusalén. David construye su castillo allí y si visitas Jerusalén, puedes ir allí, ¡fue descubierto hace pocos años!

Poco después que David es hecho rey sobre todo Israel, los rumores llegan a los filisteos. ¿Recuerdas cómo David se mudó a Filistea cuando Saúl estaba tratando de matarlo y fingió estar conquistando ciudades israelitas pero en realidad estaba conquistando ciudades filisteas y mintiendo sobre ello? Bueno, ahora los filisteos finalmente se dan cuenta de que el muchacho que pensaron que estaba de su lado ¡es en realidad el rey de sus enemigos! Cuando lo persiguen, él le pregunta a Dios qué hacer; y Dios promete y da la victoria. Las Escrituras dicen que El SEÑOR de los ejércitos estaba con él. *SEÑOR* se refiere a YHVH y *ejército* se refiere a un grupo, lo que significa que podría ser tanto un ejército (humano) como un ejército de ángeles, o quizás los dos. En batalla, David tiene el hábito de preguntarle a Dios y obedecerle; y ve el éxito en esta área. Pero en su vida privada, como cuando se trata de mujeres no le pregunta al Señor y el resultado revela que se descarrila. Obtiene grandes victorias, pero las Escrituras dejan claro que no es perfecto. Empieza a acumular nuevas mujeres y concubinas inmediatamente, a pesar del mandamiento de Dios en contra de esto en Deuteronomio 17:17.

Además de acumular mujeres, acumula un ejército de hombres fuertes (poderosos), que incluye a tres guerreros principales, un grupo central de treinta y unos pocos muchachos extra que se unen de vez en cuando. Son a menudo poderosos y victoriosos, pero también hacen algunos movimientos tontos por lealtad a David.

VISTAZO DE DIOS

Segundo de Samuel 5:10-12 deja claro que la grandeza de David no se origina en David y no termina con David. Dice que se hace más grande porque Dios está con él, de la misma manera que ha estado desde que David fue ungido como rey. Dios exalta el reino de David por el bien de Su gente, Israel. Esto se trata de algo mucho más grande que solo David. ¡Dios es la fuente, el suministro y el objetivo de todo esto! Como dice Romanos 11:36: "Porque todas las cosas proceden de él, y existen por él y para él". Tanto las victorias de David como sus defectos nos apuntan hacia un Dios eterno quien está trabajando todas las cosas juntas de acuerdo con Su voluntad, que es también para nuestro júbilo. Porque ¡Él es donde el júbilo está!

SALMOS 133

Aunque es breve, hay mucho más en el salmo 133 de lo que parece. Esta es una de las Canciones de Ascenso, una de las canciones que los israelitas van cantando mientras viajan a pie —desde donde sea que haya sido asignada la ubicación de su tribu— hasta Jerusalén, tres veces al año. Todos estos son salmos de alabanza triunfantes y esperanzadores, pero cada uno tiene un motivo diferente por el que alaba a Dios. Entonces, ¿acerca de qué están cantando en esta canción?

Aquí hay información de contexto sobre el origen más probable de este salmo. ¿Recuerdas en Génesis 13:6 cuando Abram y Lot tuvieron que separarse porque en la tierra no cabrían ambas familias, con sus rebaños y posesiones? Esto sucedió nuevamente en Génesis 36:7 con Jacob y Esaú, quienes se acababan de reconciliar después de años de pelear y estar separados el uno del otro. Pero tenían tantos miembros en sus familias y ganado tan grande que la cantidad de tierra requerida para alimentar a todos era demasiado grande, por lo que tuvieron que separarse. En ambos casos, la frase utilizada es la misma usada para *morar en unidad*.

En 133:1 cuando David dice: "Qué bueno y cuán agradable es que los hermanos convivan en armonía (unidad)", no es solo un asentimiento a una situación pacífica entre los hermanos. También es un asentimiento a la provisión de Dios: esta no es una tierra desértica que no puede alimentar a muchas personas como la que Abram y Lot, Jacob y Esaú encontraron, ¡esta tierra está floreciendo y puede proveer para todos! Este versículo también señala la buena relación entre ellos y Dios. Muestra Su fidelidad al darles la tierra que prometió.

Esto no disminuye el hecho que sí habla a la unidad pacífica entre las personas. ¡Solamente eso es un gran punto! Imagina a toda la nación de Israel caminando juntos hacia una ciudad. Todos esos millones de personas de varias tribus, realizando viajes de semanas tres veces al año, a veces con sus hijos y animales a cuestas, suena como una pesadilla. Todos se dirigen a Jerusalén, van a tener un banquete para Dios y van a recordar su provisión y protección, pero ese tipo de viaje seguramente incitará algunas peleas familiares. Es por eso por lo que este salmo ¡probablemente es una buena canción para esa situación!

El versículo 2 también apunta hacia el primer sacerdote de Israel, Aarón, al día que fue consagrado. A Dios le complació apartarlo y marcarlo como siervo, para demostrar Su presencia con Aarón. Y este salmo señala que vivir en paz en la tierra prometida es muy parecido a eso, ser apartado por Dios, deleitarse en Dios, ser marcado como siervos de Dios y experimentar la cercanía de Dios.

La comparación final de David es con el rocío que cae en el monte Hermón, que es la montaña más alta de Israel y en el monte Sión, que es el punto más alto de Jerusalén. Es casi como si la nación y su capital religiosa estuvieran consagradas por Dios también, pero con rocío en lugar de aceite. Ese rocío también es un medio para mantener la tierra verde y fructífera, que es otro aspecto de la bendición de la provisión de Dios.

VISTAZO DE DIOS

En Deuteronomio 28:8, Dios dijo que ordenaría Su bendición sobre Israel en la tierra prometida si guardaban el pacto. Vemos eso nuevamente hoy en la línea final de este salmo: "El Señor concede bendición y vida eterna". Las cosas que David menciona en este salmo representan las mejores cosas de la vida en la tierra: unidad, generosidad, paz, bendición, provisión. Pero las bendiciones de Dios para Sus hijos no se detienen allí. De hecho, este verso final parece mostrar que lo que Dios considera la verdadera bendición es la vida eterna. La vida eterna con Dios, donde vivamos bajo las bendiciones de Su presencia, ¡ese es el verdadero regalo! Una vida pacífica de provisión en la tierra es genial, pero es como la flor de un día. Sin embargo, el futuro que le espera a Sus hijos cuando Él restaure todas las cosas y vivamos en ese espacio restaurado *con Él*, ¡ahí es donde se encuentra la vida real! ¡Él es donde el júbilo está!

SALMOS 106-107

Los salmos de hoy se centran en la unidad del pueblo de Israel, señalan la infidelidad colectiva a Dios, el arrepentimiento y el perdón colectivos. Y ambos tienen aspectos de lamento y alabanza.

En el salmo 106, el salmista relata los pecados de la historia de Israel y confiesa un patrón de infidelidad a Dios. A pesar de su ciclo de rebelión e incredulidad, Él no se ha dado por vencido con ellos, porque es un Dios de amor firme y constante. Sin embargo, el versículo 8 dice algo acerca de los motivos de Dios que parece contradecir eso: "Pero Dios los salvó, haciendo honor a su nombre, para mostrar su gran poder". Entonces, ¿cuál es? ¿Los salvó por Su amor firme y constante? o ¿los salvó por el bien de Su nombre? Este es uno de esos momentos en que la mayoría de los teólogos simplemente dirían "Sí". Estas dos cosas no están en conflicto; pueden vivir en el mismo espacio.

El versículo 23 dice que Moisés "se puso ante él en la brecha e impidió que su ira los destruyera". Aquí, Moisés es tipo de Cristo, cerrando la brecha entre el hombre y Dios, absorbiendo Su ira en su nombre, para que no fueran destruidos. Este es el evangelio y Moisés dio a los israelitas un susurro de esto mucho antes que Cristo lo cumpliera.

Luego entran a la tierra prometida, pero el patrón que han establecido no cambia y continúan en la idolatría, olvidando su relación con Dios. Y Dios hace lo que prometió hacer: levanta las naciones enemigas para oprimirlos. Pero Dios los escucha cuando claman a Él y los salva una vez más. Mantiene el pacto incluso cuando ellos lo rompen.

El salmo 107 continúa el tema de la respuesta comunitaria. Enumera 4 tipos diferentes de personas y sus problemas; y las cuatro historias comparten un ciclo común: el problema, el grito de ayuda, la liberación por parte de Dios y un llamado para alabar.

La primera persona en problemas es la persona perdida, quien deambula por el desierto, sin esperanza y con hambre. No vemos indicios que hayan sido causantes de sus propios problemas; parece que así está siendo la vida con ellos. Pero claman a Dios por ayuda y Él los guía y satisface sus necesidades. La segunda persona en problemas es el prisionero rebelde que ahora está siendo oprimido por otras personas. Su sufrimiento es definitivamente el resultado de sus propias acciones, lo vemos en el texto. Sin embargo, cuando clama a Dios, ¡Él lo salva! La tercera persona es el pecador necio que cae en pecado porque no parece aprender. No busca sabiduría y por eso se enferma físicamente. Pero cuando clama a Dios, ¡Él escucha, sana y restaura!

Finalmente, están los hombres en los barcos. Los estudiosos dicen que algunos escritores bíblicos tenían una visión negativa del comercio internacional y de los empresarios marítimos, posiblemente porque su actividad comercial sugiere que creían que Dios no les había dado todo lo que necesitaban en la tierra prometida. En cualquier caso, esto es lo que sabemos: Dios envía una tormenta para destruir el barco, claman a Dios con profunda tristeza y Él calma la tormenta.

Todas estas personas claman a Dios y Él tiene misericordia de todos ellos, independientemente o ya sea que hayan llegado a sus circunstancias a través de opresión, del mal, del dolor o alguna combinación de estos. El salmista le dice a toda esta gente que agradezcan al Señor por Su amor infinito por el trabajo que ha hecho por su bien.

VISTAZO DE DIOS

El salmo 106:7 dice: "Cuando nuestros padres estaban en Egipto, no tomaron en cuenta tus maravillas; no tuvieron presente tu bondad infinita y se rebelaron junto al mar, el mar Rojo. Es vital recordar las obras de Dios y Su amor por nosotros, esto es lo que nos mantendrá perdurando en Él y obedeciéndole. Él no dice: "Recuerda las leyes". Dice: "Recuerda que eres amado". Olvidar que Dios nos ama deja un vacío en nuestros corazones donde el pecado y la rebelión se meten. Es por eso por lo que leer Su Palabra todos los días y buscarlo en esas páginas tiene una manera de moldear nuestros corazones y nuestras vidas. ¿Algunas de estas lecturas se sentirán repetitivas? Sí. ¿Verás algunas de las mismas cosas acerca de Dios de vez en cuando? Por supuesto. Pero ¿aún así necesitamos escuchar el evangelio todos los días? Absolutamente. Porque vemos cuán rápido se aparta el corazón humano del Dios que amamos, cuando no lo recordamos activamente. Él te ama, a pesar de ti mismo. Y ¡Él es donde el júbilo está!

1 CRÓNICAS 13-16

A medida que de vez en cuando regresamos a los libros de Crónicas, los eventos no siempre están en el mismo orden que en los libros de Reyes, así que prepárate para ajustarte como corresponde. Hoy iniciamos con David haciendo planes para trasladar el arca del pacto a Jerusalén, ciudad que ha sido recién tomada y recién nombrada capital. Después que los filisteos devolvieron el arca a Israel, se mantuvo en la casa de Abinadab. Permaneció allí mientras Saúl fue rey, probablemente porque Saúl no entendía lo valiosa que era espiritualmente. Sin embargo, ¡David sí lo sabe! Planea llevar el arca a Jerusalén y reúne a toda la nación para este evento. Pero desde el principio hay un problema: tiene mucho entusiasmo, pero falla en atenerse a las reglas de Dios sobre cómo tratar el arca. Se supone que solo deben moverla los levitas y que se debe mover en postes de madera, no en carreta. La decisión de moverla en una carreta puede no ser un desprecio descarado a los mandatos de Dios, pero en el mejor de los casos, es descuido. Los filisteos la habían enviado de regreso a Israel en una carreta, pero ellos no poseían la ley de Dios. Y no deberíamos tomar consejos sobre cómo obedecer a Dios de personas que no lo conocen ni lo aman.

Durante el trayecto las vacas tropiezan y Uza, quien probablemente no es levita, toca el arca. Dios lo mata en el acto. Esta es una escena difícil de procesar, así que echemos un vistazo a algunos recordatorios importantes. Primero, Dios les dijo en Números 4:15 que la pena por tocar el arca es la muerte. Segundo, Dios es santo. Nosotros no. Pero ¡Él quiere estar cerca de nosotros! Dio instrucciones sobre cómo manejar este tipo de relación desafiante. No podemos esperar que haga excepciones. Ya es gracia suficientemente grande para nosotros, que se involucre con nosotros. A veces, cuando las personas violan Sus reglas, puede elegir ser misericordioso, pero no podemos exigirle misericordia ni decir que es demasiado severo si elige respetar Sus reglas cuando las violamos.

David también tiene dificultades con esto. Se enoja con Dios e incluso llega a sentirse un poco avergonzado, pues es su primera gran reunión siendo rey de Israel y ¡esto es lo que sucede! Su corazón está en el lugar correcto con el deseo de llevar el arca a Jerusalén, así que debió sentirse especialmente derrotado al haber dejado semejante falta en cuanto a obedecer los detalles de los mandamientos de Dios. Está tan desanimado que decide abandonar la misión y deja el arca en la casa de un hombre llamado Obed-Edom.

El capítulo 14 repasa la familia de David y cómo derrota a los filisteos, pero también revela que el rey de Tiro aprueba su reinado. Si bien no siempre es importante tener una validación externa, probablemente es útil saber que otros reyes en el área apoyan a David como rey. El versículo 17 dice que Dios hizo que las naciones alrededor de Israel temieran a David; aparentemente Dios puede crear emociones, no solo en Sus hijos, sino incluso en Sus enemigos. Hasta los corazones de las personas que no se rinden ante Él están bajo la sombra de Su control soberano.

Para el capítulo 15, David se ha recuperado del desánimo ante la muerte de Uza y está listo para terminar de llevar el arca a Jerusalén. Tiene cuidado de asegurarse que las cosas se hagan bien, en vez de seguir adelante solo con el entusiasmo. Confiesa su culpa del primer intento e incluye a los levitas en esa culpa. No participaron activamente, pero parece que sí tienen algo de culpa debido a su pasividad, su fracaso en asumir el papel que Dios les asignó. Traen el arca a la ciudad y todos están encantados, excepto Mical. Cubriremos más de esto en los próximos días. Ofrecen sacrificios, y David los bendice y alimenta, nombra levitas y canta un canto de alabanzas que es un remix de otros salmos.

VISTAZO DE DIOS

"Hay caminos que al hombre le parecen rectos, pero que acaban por ser caminos de muerte" (Prov. 14:12). Tanto David como Uza hicieron lo correcto ante sus propios ojos, pero sin buscar a Dios. Como Dios ya les había dicho qué hacer, ni siquiera requerían búsqueda, solo atención y obediencia. Dios nunca requiere algo de nosotros, acerca de lo cual nos mantenga en la oscuridad. En Su Palabra están descritas muchas cosas para nosotros, pero para las instrucciones que no están cubiertas aquí, Su Espíritu sirve como nuestra Guía y Ayudante, mostrándonos cómo aplicar los principios de las Escrituras en cada situación diferente. Nunca nos deja solo con nuestros recursos ¡porque conoce Su plan y lo comparte! ¡Él es donde el júbilo está!

SALMOS 1–2, 15, 22–24, 47, 68

El salmo 1 contrasta al hombre malvado con el hombre justo: piensan, actúan y se relacionan con el mundo de manera diferente. Una cosa en la que piensa el hombre justo es la Palabra de Dios: ¡se *deleita* en ella! Este deleite hace que prospere en cada área que es de importancia. Sin importar las circunstancias a su alrededor, será sostenido y levantado por la Palabra de Dios como su fuente de vida.

En el salmo 2, las naciones del mundo se han alzado contra el nuevo rey, probablemente David. Quieren derrocar el poder de Israel, pero Dios mira a los enemigos de Israel, que son *Sus* enemigos, y se ríe. Debemos de tener cuidado de no imaginarlo con carcajadas maníacas, frotándose las manos y entrecerrando los ojos hacia ellos. Él no es *cruel*; Él es *justo*.

El salmo 15 hace que parezca imposible acercarse a Dios, pero David está hablando específicamente sobre el estado del corazón de un hombre cuando entra al tabernáculo o a la presencia de Dios. Dios es santo y nosotros no lo somos. Sus estándares son más altos de lo que podríamos alcanzar. ¡Él muestra tanta misericordia al acercarse a nosotros y tanto amor al querer morar con nosotros!

La línea de apertura del salmo 22 a menudo es sacada fuera de contexto. Es importante verlo correctamente, porque informa nuestra visión de Dios. Jesús citó la primera línea en la cruz: "Dios mío, Dios mío, ¿por qué me has abandonado?". Algunos dicen que esto se refiere a una separación entre Dios el Hijo y Dios el Padre, diciendo que el Padre no puede mirar el pecado. Incluso hay un himno que dice: "El Padre apartó su rostro".* Pero veamos el contexto histórico. David escribió el salmo 22 y partes de este son declaraciones proféticas que señalan al Mesías. En ese momento, los libros de la Biblia no se habían dividido aún en capítulos, por lo que cuando querían hacer referencia a cierto salmo, no podían decir: "Cantemos el salmo 5" o "Busquen en su himnario la página 23". Los eruditos dicen que hacían referencia a los salmos citando la línea de apertura. Dada esta información, esto es lo que pudo haber estado sucediendo: cuando

* "How Deep the Father's Love for Us", por Stuart Townsend, Thankyou Music, 1995.

Jesús está en la cruz, citando la primera línea de este salmo, es casi como si Él estuviera diciendo: "¿Recuerdas ese salmo sobre el Mesías venidero? ¿Esa profecía que escribió David? Es sobre Mí. Es esto. ¡Heme aquí!"

Nuestra fe se basa en quién es Dios y la doctrina de la Trinidad es central: Dios el Padre, Dios el Hijo y Dios el Espíritu. Estas tres personas del único Dios verdadero tienen las mismas características y personalidad pero con diferentes funciones y roles. Son eternamente distintos, pero también eternamente unificados. Es teológicamente imposible que cualquier persona de la Trinidad se separe de las demás ni siquiera por un momento. Y de hecho, el versículo 24 dice: "No esconde de él su rostro".

La idea que Dios no puede mirar el pecado proviene de Habacuc 1:13 tomado fuera de contexto. Dios ve todo pecado, así es como sabe a qué dirigirse. En el libro de Job, Dios incluso tiene conversaciones con Satanás. Es importante tener esto en cuenta, porque si creemos en un Dios que no puede mirar el pecado y que se aleja de *Sí mismo*, eso puede traducirse en el corazón humano como una vergüenza que nos aleja de Dios cuando pecamos en lugar de alentarnos a correr hacia Él. Es la misma mentira que Adán y Eva creyeron cuando se escondieron del Dios que vino a vestirlos.

Los salmos 24, 47 y 68 celebran el regreso del arca a Jerusalén. En el salmo 24, David personifica las puertas de la ciudad y les dice que miren y tomen nota, ¡porque la presencia de Dios se acerca! El salmo 47 dice que Dios es el rey de la tierra, no solo de Israel. ¡Aquí, la derrota de sus enemigos no es tan grande como el hacer que sus enemigos *se unan* a ellos! ¡La única forma de ser más que un conquistador es que tus enemigos se unan a tu lado! Y el salmo 68 repite nuevamente toda la trayectoria, comenzando en el desierto. ¡Muestra la victoria de Dios sobre sus enemigos, pero termina señalando a Dios como Rey sobre todos los reinos!

VISTAZO DE DIOS

En el salmo 23, Dios sigue reiterando la quietud y la falta de movimiento. Él dice que te acuestes, no frente a Netflix, sino junto a las aguas tranquilas. Es interesante que Él tenga que hacernos recostar. Es fácil despreciar la quietud y la espera, pero Dios nos invita a la calma y la quietud. Es donde Él puede llamar nuestra atención el tiempo suficiente para restaurar nuestras almas y consolarnos. ¿Y acaso no es esta la razón por la que estás aquí en estas páginas? Si es así, estamos en el lugar correcto, porque ¡Él es donde el júbilo está!

SALMOS 89, 96, 100–101, 105, 132

El salmo 89 tiene algunas partes confusas, así que vamos a darle una mirada.

Primero, el versículo 10 dice que Dios, "Aplastó a Rahab como a un cadáver". Esto no se refiere a Rahab la cananea. Aquí, lo más probable se refiere a Egipto o a una bestia mitológica que causa caos. Este versículo muestra la victoria de Dios sobre un poder mundial o sobre el caos mismo. La segunda parte está en el versículo 27 cuando David es llamado el "primogénito". Como hemos hablado anteriormente, *Jesús* es el primogénito. Entonces, tenemos dos primogénitos, en realidad tres, porque Israel es llamada el primogénito. Israel es el primogénito de un grupo de gente, David es el primogénito de la línea real que Dios ha establecido y Jesús es el primogénito de toda la creación, lo que significa que Él es preeminente. Hay muchos niveles de elementos proféticos en este salmo, por lo que puede referirse a algo en el tiempo presente de David, mientras que simultáneamente se refiere a algo más y algo más grande. Tercero, en los versículos 38 al 45, Dios es acusado de abandonar a Israel. Pero, si miramos hacia atrás a los versículos 30 al 32, vemos lo que realmente está sucediendo: este es un tiempo de disciplina por el pecado, que Dios prometió que sucedería cuando fuera infiel. Con el tiempo, Dios se mostrará fiel. E incluso, el salmista lo sabe en su corazón, porque termina todas sus acusaciones con un llamado a bendecir al Señor para siempre.

El salmo 96 es similar a la "canción de alabanza" que leímos en 1 Crónicas 16 cuando trajeron el arca a Jerusalén. El versículo 5 dice: "Todos los dioses de las naciones no son nada", pero el hebreo tiene un ingenio verbal humorístico que básicamente se traduce en: "¡estos seres poderosos son muy inútiles!".

El salmo 100 celebra el reinado y la bondad de Dios y nos recuerda que le pertenecemos. No solo somos Su creación (todas las cosas y la gente son Su creación), sino que también somos Su pueblo y Sus ovejas. Nos invitó a Sus atrios, lo cual es digno de alabanza dado que nosotros somos pecadores y Él es santo. ¡Esto es digno de ser celebrado! David pasa mucho tiempo recordándose a sí mismo que debe alabar a Dios, así que cuando la música comience el domingo y no lo sientas, recuerda a lo que Él te ha invitado. ¡Recuérdale a tu alma celebrar!

En el salmo 101, David nos dice qué tipo de rey quiere ser. Está decidido a ser considerado e intencional sobre todo lo que hace. Él promete no poner cosas inútiles ante sus ojos y cortar la maldad de la tierra. Las personas que están permitidas hablar en su vida son las personas que conocen y aman a Dios y él estará atento a proteger su hogar y la ciudad de Jerusalén. Quizás su deseo de ser consciente proviene de cómo murió Uza cuando David actuó precipitadamente.

El salmo 105 relata la historia de los israelitas desde Abraham hasta la tierra prometida. Es posible que hayas notado que las plagas están en desorden y falta una por completo. Probablemente sea porque se trata de una canción de alabanza por lo que su propósito es enfocarse en la bondad del carácter de Dios, no en los detalles históricos precisos.

El salmo 132 recuerda las promesas de Dios a David y al pueblo de Israel. Sin embargo, deja de lado la promesa que dice que si los reyes en la línea de David son infieles al pacto de Dios, Israel sufrirá. Se enfoca principalmente en la bendición. Algunas personas creen que este salmo fue escrito cuando los israelitas estaban en cautividad, lo que significa que este enfoque en la bendición de Dios probablemente les sirva de esperanza para aferrarse cuando los tiempos fueran difíciles.

VISTAZO DE DIOS

El salmo 89:22-23 corresponde a una promesa que Dios le hizo a David. Dice: "Ningún enemigo lo someterá a tributo; ningún inicuo lo oprimirá. Aplastaré a quienes se le enfrenten y derribaré a quienes lo aborrezcan". Cuando Dios estableció las futuras victorias de David, también estableció las futuras pérdidas de los enemigos de David. Él no solo tiene cosas planificadas para David y para nadie más o para Israel y nadie más, Sus planes tienen que incluir *todas* las cosas. De lo contrario, algo fuera de esos planes podría ir mal y arruinarlos. Si Dios no tuviera el control de todos los detalles, la profecía sería prácticamente imposible; Él estaría simplemente adivinando. La cantidad de detalles que esto requiere para planificar para toda la humanidad, desde la creación en adelante, ¡es asombroso! Nuestro Dios es soberano sobre todos los detalles y ¡Él es donde el júbilo está!

2 SAMUEL 6–7; 1 CRÓNICAS 17

Hoy leemos más de la historia en la que David trae el arca a Jerusalén y Mical no está contenta. Después que Dios mata a Uza, David le tiene miedo a Dios. Como hemos aprendido, el temor apropiado al Señor es completamente diferente a *tenerle* miedo a Dios. El temor apropiado a Dios (del tipo que entiende correctamente Su corazón) consiste en deleite y asombro; y te atrae hacia Dios. Pero el tipo de temor que parece sentir David es el que aleja a una persona de Dios. David no trae el arca a Jerusalén. En vez de eso, la guarda en la casa de Obed Edom. Pero entonces, una vez que David ve cómo Dios está bendiciendo a las personas que están cerca de Él, sus temores se disipan, él recuerda quién es Dios y trae el arca a Jerusalén.

Cuando David entra en la ciudad, se encuentra con Mical y su descontento. Es interesante que el texto se refiere a ella como la hija de Saúl y no la esposa de David, a pesar de que ella es ambas. Este enfoque nos da una idea de su relación. Ella y David tienen un pasado difícil; en un momento dado, su padre incluso se la dio a otro esposo, pero luego David exigió tenerla de vuelta. Y la brecha entre David y Saúl puede estar afectando cómo ella ve a David e incluso cómo ve el arca. El arca nunca fue importante para su padre cuando era rey, por lo que tal vez ella se pregunte por qué David está haciendo un gran alboroto al respecto.

Cuando David entra bailando en la ciudad, está vestido con un manto de lino y un efod de lino, por lo que en realidad está bastante cubierto y nada desnudo, a pesar de lo que Mical dice. Ella parece estar disgustada porque él no está cubierto con el ropaje real. Tal vez eso va en contra del protocolo real que mantuvo su padre, o tal vez ella cree que David está tratando de parecer humilde, o tal vez todavía está amargada por todo lo que sucedió en su matrimonio o incluso por su matrimonio con otras mujeres. No tenemos idea. David le dice que no le preocupa lo que la gente piense porque esto se trata solo de él y del Señor, *esa* es su motivación y él se humillará de otras formas que no encajarán a las expectativas de la realeza. Entonces las Escrituras señalan que Mical no tuvo hijos. Esto *podría deberse* a que Dios la avergonzó, pero también podría sugerir que la brecha entre ella y David nunca se resuelve hasta el punto de la intimidad.

Segundo de Samuel 7 es unos de los capítulos más importantes de todas las Escrituras. Se abre con David queriendo construir una casa para Dios. Habla con el profeta Natán al respecto, quien básicamente dice: "¡Sí! ¡Haz lo que quieras!". Pero resulta que Natán habló demasiado pronto y no buscó a Dios. La gente suele decir que sigas a tu corazón, pero incluso el hombre conforme al corazón de Dios no puede seguir su corazón. Y tampoco consigue todo lo que quiere siempre. De hecho, más tarde esa noche, Dios corrige el consejo de Natán, por lo que tiene que regresar y decirle a David: "¡Ay! No sigas a tu corazón, sigue a tu Dios. Y por cierto, Dios dice que la respuesta a tu oración es 'no'".

Sin embargo, este "no" es seguido por buenas noticias, incluido lo que se conoce como el pacto Davídico, que tiene dos partes: la dinastía de David y el templo de Salomón. Dios le hace saber: "Sé que quieres construirme una casa, pero Yo voy a construir una casa *para ti*. No es una casa de verdad, sino una familia. Y uno de tus hijos en esta dinastía Davídica construirá una casa de verdad para Mí". También hay partes de esta profecía que apuntan a Cristo y a Su reino eterno y es por eso por lo que este capítulo es tan importante.

David responde: "¿Por qué eres tan amable conmigo? Quiero que todos en la tierra presten atención a lo amable que eres, para que puedan ver cómo eres realmente, porque esta promesa que me hiciste nos muestra mucho sobre quién eres". ¡La humildad y la confianza de David se combinan maravillosamente aquí!

VISTAZO DE DIOS

El rey David, el hombre conforme al corazón de Dios, recibe un "no" en respuesta a su oración. Dios no responde a nuestras oraciones con un "no" porque está ocultando algo de nosotros. Si Dios dice que "no", posiblemente es Su respuesta más amable. Un "sí" sería una bondad menor porque no encaja con Su gran plan: glorificarse a Sí mismo y bendecir a Su pueblo al mismo tiempo. Su "no" es siempre para un mayor "sí". Probablemente no siempre será una obvia mejora como lo es para David aquí, pero si confiamos en Su corazón, podemos creerlo incluso cuando no podemos verlo: ¡Él es donde el júbilo está!

SALMOS 25, 29, 33, 36, 39

El salmo 25:8 dice: "Bueno y justo es el Señor; por eso les muestra a los pecadores el camino". Jesús dijo algo similar en Lucas 5:31-32: "No son los sanos los que necesitan médico, sino los enfermos. No he venido a llamar a justos, sino a pecadores para que se arrepientan". Su bondad y rectitud no lo alejan de los pecadores, ¡Lo atraen hacia ellos, hacia nosotros! David es un pecador. En el versículo 11 admite su culpa, lo cual requiere humildad. Él dice: "Por amor a tu nombre, Señor, perdona mi gran iniquidad". David vincula la sabiduría y la humildad a lo largo del capítulo. Confesar muestra sabiduría. Nótese que también pide perdón por amor al nombre de Dios, no por el suyo. Seguramente también es por su propio bien, pero esto nos muestra que cuando Dios perdona a los pecadores, muestra Su carácter como alguien que es amoroso, perdonador, paciente y misericordioso. En el perdón de los pecadores, el pecador es bendecido y el carácter de Dios es exaltado. Notarás esta frase "por amor a tu nombre" unida a muchas oraciones en las Escrituras; es un llamado a Dios para demostrar quién es Él para el mundo.

El versículo 14 dice: "El Señor brinda su amistad a quienes le honran". Otra traducción (La Biblia de las Américas) dice: "Los secretos del Señor son para los que le temen". A medida que nos acercamos a Él, ¡Su amistad y Sus secretos son atesorados en nosotros!

En el salmo 29, David representa a Dios como una tormenta que se mueve por la tierra, sin dejar nada intacto por Su presencia y poder. Luego, en medio de Su voz estruendosa, Sus rayos y Sus inundaciones, Dios le da a Su pueblo fortaleza y paz. Él es a la vez *poderoso y pacífico*.

El salmo 33 dice que alabar a Dios concuerda con los justos. No solo es bueno; ¡es correcto y adecuado! ¡Cuando dejamos de alabarlo, estamos actuando *en contra* del propósito por el cual fuimos creados! También vemos que el ojo de Dios está en aquellos que le temen. Para aquellos que le tienen miedo, eso probablemente suena como una amenaza. Pero para aquellos que le temen justamente, que se deleitan en Él y lo admiran, ¡esto es un consuelo!

El salmo 36 abre con esto: "Dice el pecador: 'Ser impío lo llevo en el corazón'". Entonces describe a los malvados. Todos hemos estado en esta lista en algún momento. ¿Alguna vez has pensado demasiado de ti mismo? ¿Alguna vez pensaste que podrías salirte con la tuya? ¿Alguna vez mentiste? ¿Alguna vez planeaste pecar? ¿Eso significa que este salmo nos está llamando malvados a todos? Parece referirse a la persona que no se arrepiente, que sigue una trayectoria de pecado y se ha entregado a ella. Sin embargo, los seguidores de Cristo son personas que son para Dios pero que aún pecan. A pesar de que hacemos actos malvados, no estamos definidos por eso; a menudo se nos llama "los justos" en las Escrituras, porque la justicia de Cristo ha sido transferida a nosotros a pesar de nuestro pecado.

En el salmo 39, David ha pecado y admite su culpa. Su pecado le ha traído dolor, por lo que le pide a Dios que ponga fin a su castigo, no porque no merezca el castigo, sino porque la reprensión de Dios es pesada y David siente que ya ha aprendido su lección. David es cuidadoso acerca de cómo y cuándo habla de sus luchas porque no quiere dejar una mala impresión de Dios en las personas que no conocen a Dios. Entonces, en lugar de quejarse en público, se queja en privado con Dios, lo cual es totalmente apropiado y correcto. Él lleva sus quejas al Único que puede resolverlas. ¿Recuerdas cómo los israelitas se quejaron de Dios en el desierto y Dios los reprendió y castigó; y luego Moisés vino con las mismas quejas y no fue gran cosa? Eso es probablemente porque cuando Moisés tenía quejas, se las llevó a Dios; mientras que la gente simplemente chismorreaba y se quejaba con todos los que estaban a su alrededor. Lo que decimos es importante, pero a quien se lo decimos también es importante.

VISTAZO DE DIOS

"En él se regocija nuestro corazón, porque confiamos en su santo nombre" (Salmos 33:21). Si alguna vez te has deleitado en Él, eso seguramente significa que confías en Él. Es difícil, tal vez incluso imposible, deleitarte en alguien en quien no confías porque siempre estás en guardia, tratando de descubrir sus motivos y autoprotegerte. Pero si has confiado en Dios lo suficiente como para bajar la guardia, ¡hay una gran posibilidad que te hayas deleitado en Él! Si aún no estás allí, quédate. Él con el tiempo te revelará Su carácter y aumentará tu confianza en Él y pronto podrás decir con confianza: ¡Él es donde el júbilo está!

2 SAMUEL 8–9; 1 CRÓNICAS 18

La lectura de hoy narra las victorias militares de David. Estas batallas no ocurren necesariamente una tras otra, sino que se agrupan aquí en lugar de aparecer esparcidas cronológicamente. Esta extensa lista nos muestra cómo Dios está trabajando para cumplir Su pacto con David. Crónicas omite algunas historias personales de David que están incluidas en 2 Samuel. La función principal de Crónicas es mostrar la trayectoria del cumplimiento del pacto, mientras que 2 Samuel nos muestra más bien el crecimiento personal y el fracaso de David, nos da una visión más interna de su vida. Crónicas se asemeja a un programa informativo y 2 Samuel a una serie documental.

David gana con frecuencia, pero las Escrituras señalan repetidamente que es Dios quien concede las victorias. En nuestra lectura de hoy aparece tres veces: "el Señor dio la victoria". ¡La victoria la da Dios! David gana gracias al plan y al favor de Dios, no por la fuerza o habilidad de David. Dios es el héroe de la historia. Dadas las circunstancias de David, sería fácil olvidar a quien le pertenece la alabanza. A fin de cuentas, llegó al poder como un héroe de guerra, la persona que derrotó a los filisteos con una honda. Así que las Escrituras nos recuerdan que le demos la gloria a Dios, no a David. Y David también le da la gloria a Dios. Por ejemplo, cuando otros reyes le ofrecen regalos caros hechos de oro, plata y bronce, él dedica esos regalos al SEÑOR.

En 1 Crónicas 18:7-8, cuando regresa con los botines de guerra, los dedica al Señor. En lugar de llenar su oficina con símbolos de sus victorias, los ofrece por el bien de todo el pueblo. Esa clase de humildad y generosidad hacen grande a un rey. ¿Y adivina qué pasa con esas cosas años después? Cuando su hijo Salomón finalmente construye el templo para Dios, Salomón determina que se conviertan en vasos sagrados para su uso en el templo. ¿Te recuerda a algo? Esto nos recuerda a cuando los israelitas huyeron de Egipto y se llevaron con ellos las joyas y las ropas de los egipcios; y luego las emplearon para construir el tabernáculo. ¡Dios continúa bendiciendo a Su pueblo con cosas que pueden usar para Su gloria y para el beneficio de aquellos que los rodean!

En cuanto a los caballos que captura en la batalla, David los desjarreta. Esto se hace a veces para evitar que el enemigo los use en batalla, pero en este caso podría ser porque David está teniendo cuidado a la hora de cumplir con el mandamiento de Dios de Deuteronomio 17:16 que dice que el rey no debe acumular muchos caballos. Las Escrituras nunca nos explican el motivo, pero esas son las dos posibilidades. Y para darle aún más incertidumbre, algunos eruditos dicen que esta palabra hebrea se traduciría mejor como *castrado* y no como *desjarretado*, lo cual podría significar que David castró a todos los caballos de guerra.

David reina con justicia e imparcialidad; y nombra un equipo de líderes de renombre para dirigir sus asuntos, lo que demuestra su sabiduría a la hora de delegar. También denota una gran integridad. Por ejemplo, al recordar y mantener la promesa que le hizo a Jonatán en 1 Samuel 20:12-17. Cumplir tu promesa a un muerto muestra tu carácter de verdad, porque la persona no está ahí para enfadarse si no la cumples. Pero David no solo honra a Jonatán aquí, sino que honra a Dios cumpliendo su palabra. En un esfuerzo por mantener esa promesa, David realmente *busca* a alguien de la familia de Jonatán para mostrarle su bondad. Busca de forma activa la oportunidad de bendecir a otros. Cuando descubre que queda alguien vivo del linaje de Jonatán, responde inmediatamente. El hijo de Jonatán, Mefiboset, está cojo por un terrible accidente que ocurrió cuando era niño, así que David lo lleva a su casa para que viva en su reino. Le devuelve la tierra y lo invita a comer en su mesa por el resto de su vida. Mefiboset ya no tiene que hacer nada, lo que necesita se le da.

VISTAZO DE DIOS

¡La forma en que David trata a Mefiboset por Jonatán es la forma en la que el Padre nos trata a nosotros por el Hijo! ¡Se nos ha invitado a vivir en Su reino y a comer en Su mesa para siempre! Y nunca podríamos llegar allí por nuestra cuenta, estamos demasiado inválidos por nuestro pecado. Así que Él nos lleva. Y todo el trabajo está hecho para nosotros, porque tampoco podemos hacer eso. *¡Consumado es!* Podemos vivir en Su reino y comer en Su mesa para siempre. Alabado sea Dios por eso, porque ¡Él es donde el júbilo está!

SALMOS 50, 53, 60, 75

El salmo 50 revela que algunos israelitas ven el sistema de sacrificios como una compensación por pecar, como una sanción en la que pagas una multa por exceso de velocidad espiritual. Dios dice que nunca se ha tratado de eso. Él no quiere sus toros, cabras y pájaros. ¡Quiere sus corazones! Esto probablemente hizo que algunos de ellos se preguntaran por qué pasó tanto tiempo diciéndoles acerca de los sacrificios. Estaban buscando una lista de verificación y se perdieron los detalles que podrían revelarles Su corazón. Lo veían como codicioso, como si necesitara alimentos para comer como todos los dioses paganos. Mientras tanto, sus corazones están lejos de Él. Hacen cosas malvadas, aprueban a otros que son malvados o simplemente se sientan sin hacer nada cuando se comete pecado. Dios los reprende. ¡Quiere que lo recuerden! Una forma de hacerlo es llevarle su gratitud y acción de gracias.

El salmo 53 trata del necio que descarta a Dios y hace las cosas a su manera. Cuando vivimos sin darnos cuenta de la soberanía y la bondad de Dios, se hace fácil pensar que tenemos el control de nuestro propio futuro. Y si somos los responsables, entonces muchas cosas pueden salir mal. Y si muchas cosas pueden salir mal, entonces el miedo y el esfuerzo son una respuesta natural. El versículo 5 dice: "Allí los tienen, sobrecogidos de miedo, cuando no hay nada que temer". Dios dice que hay una salida para una persona como esta: el camino de la salvación y confianza en la bondad de Dios provoca regocijo y alegría, en lugar de temor y locura. Suena contradictorio, pero la rendición es el camino hacia la libertad. La única tarea por la cual la voluntad humana nunca puede estar fatigada es la rendición.

En el salmo 60, David siente que Dios está enojado y ha rechazado a Israel. En el versículo 3 usa una metáfora popular, que compara la ira de Dios con una copa de vino: "nos diste a beber un vino embriagador", que básicamente se traduce como: "Esta es una ira realmente intensa". Dios le recuerda: "Amo a Israel. Son míos. Soy poderoso y soberano sobre sus enemigos, nuestros enemigos. Los derrotaré". David sigue un poco nervioso, pero finalmente confía en Dios. En el versículo 5 se refiere a Israel como el pueblo *amado* de Dios, a pesar de su aflicción. Sabe quiénes son para Dios, simplemente no lo ve por el momento. Entonces habla con Dios al respecto, Dios pone en orden su corazón y él siente un alivio emocional. Este enfoque suena mucho mejor que la espiral de desesperación, miedo e ira en la que a menudo caemos.

En la traducción original en hebreo del salmo 75, Asaf les dice a los malvados que no levanten sus cuernos. Los cuernos representan fuerza, poder y victoria, por lo que el que alguien "levante su cuerno" sería un intento (y uno probablemente arrogante) de demostrar su poder. Las Escrituras se refieren a Dios como nuestro cuerno, específicamente como el cuerno de nuestra salvación. Y a veces, en los libros proféticos, veremos imágenes de bestias con múltiples cuernos, lo que probablemente se refiere a una coalición con múltiples reyes o reinos poderosos, cada uno representado por un cuerno. Todo esto para decir: el cuerno en sí no es ni bueno ni malo, eso está determinado por quién tiene el cuerno.

El versículo 8 se refiere nuevamente al vino como la ira de Dios: "En la mano del SEÑOR hay una copa de espumante vino mezclado con especias; cuando él lo derrame, todos los impíos de la tierra habrán de beberlo hasta las heces". Los malvados conocerán y experimentarán la ira de Dios completamente, porque Dios ejecuta el juicio. Esta es una gran razón para celebrar: los malvados serán apartados, los justos vivirán; y Dios es justo y ¡se puede confiar y alabar!

VISTAZO DE DIOS

"¡Ustedes que se olvidan de Dios, consideren lo que he dicho; de lo contrario, los haré pedazos, y no habrá nadie que los salve! Quien me ofrece su gratitud, me honra; ¡al que enmiende su conducta le mostraré mi salvación! (Salmos 50: 22-23). Dios quiere ser recordado y nuestro recordatorio de Dios está directamente relacionado con nuestra gratitud y acción de gracias. Él quiere ser el lugar donde se concentra esa acción de gracias. La gratitud es un acto de remembranza: no podemos estar agradecidos por algo que aún no ha sucedido o que no está sucediendo actualmente. La gratitud nos conecta con Dios en nuestra historia y también nos obliga a obedecerle en el futuro. Expresar gratitud teje nuestros corazones a Él, lo que significa que tendremos muchas más probabilidades de caminar de cerca con Él. Porque sabemos que ¡Él es donde el júbilo está!

2 SAMUEL 10; 1 CRÓNICAS 19; SALMOS 20

Hoy muere el rey amonita. Ha sido amigable con David, por lo que David trata a su hijo Janún amablemente. Es el probable heredero al trono, por lo que es un movimiento diplomático sabio por parte de David para mantener la paz con sus vecinos. Pero los asesores de Janún muestran sospecha. Desconfían de sus motivos porque no lo conocen. Se sienten amenazados, así que degradan a sus sirvientes afeitándose la mitad de la barba y cortándoles la ropa por la mitad. Ambas cosas son humillantes. La barba se considera una marca de virilidad y el corte a la mitad de sus prendas simboliza la castración, algo que hacen a los prisioneros de guerra para avergonzarlos. Los hombres que fueron para servir a Janún quedan medio desnudos y humillados.

David no está contento con los amonitas, pero no toma represalias. Los amonitas avanzan en la ofensiva y contratan a más de treinta mil mercenarios, incluido un grupo de sirios que ya odiaban a Israel, para luchar contra Israel en su nombre. David envía a su ejército a la batalla, dirigido por Joab, cuya confianza en Dios es evidente. En 10:12, le dice a su hermano Abisay (quien está al mando de otra parte del ejército): "¡Ánimo! ¡Luchemos con valor por nuestro pueblo y por las ciudades de nuestro Dios! Y que el Señor haga lo que bien le parezca". Así es como se ve la confianza y la fe en Dios. Le recuerda a su hermano y a sí mismo que no importa lo que pase, Dios está a cargo y en Él podemos confiar. Y por eso, pueden ser valientes.

Los enemigos de Israel huyen ante ellos, pero se arrepienten y regresan. Cuando David se entera, sale a luchar contra ellos y vuelve a ganar. En el proceso, Israel mata a un grupo de mercenarios sirios y los sirios sobrevivientes deciden que es mejor ya no ayudar más a los amonitas. En cambio, los sirios hacen las paces con Israel y se convierten en sus sirvientes. Aquí los israelitas son "más que vencedores" una vez más, convirtiendo a sus enemigos en aliados. En cuanto a los amonitas, dejaremos pendiente su historia por ahora. Todo esto comenzó porque David estaba tratando de enviar humildemente a quienes pudieran consolar al nuevo rey amonita Janún cuando su padre murió, pero los asesores amonitas desconfiaron de él. Y en ambas batallas, Israel estaba a la defensa, no a la ofensiva.

Es posible que hayas notado una diferencia en el número de carros de los dos relatos de hoy. Segundo de Samuel dice que hubo setecientos carros y 1 Crónicas dice que había siete mil. Tu Biblia puede tener una nota al pie de página sobre esto, pero si no, esto es lo que está sucediendo y el porqué es realmente bueno que se mantenga esta diferencia: hay varios manuscritos antiguos y cuando uno dice algo diferente a los demás, a menudo guardan ambos fragmentos de información, para asegurarse que la verdad se conserve de alguna manera y que no eliminen accidentalmente la versión correcta. Este tipo de cosas son raras, pero ocurren con mayor frecuencia cuando hay números involucrados. Ese tipo de intencionalidad vale el riesgo de confusión. Pero seamos honestos: ninguno de nosotros está aquí para obtener números de carro de todos modos. Nuestra fe no depende de si fueron setecientos o siete mil, así que no pierdas el sueño por el número correcto. Estamos aquí para ver a Dios, no a los carros.

El salmo 20 es una canción colectiva de alabanza por las promesas de Dios al rey David. Aunque las promesas del pacto Davídico son específicas para David, este salmo revela el corazón de Dios para todo Su pueblo. El versículo 2 dice: "Que te envíe ayuda desde el santuario". La palabra traducida como *santuario* se traduce con mayor frecuencia como *santidad* en otras partes de las Escrituras. "Que Dios te envíe ayuda desde Su santidad". La ayuda de Dios se origina en Su santidad, Él viene a nosotros desde Su "santidad" para rescatarnos. Nos encuentra en nuestra necesidad. Sabe que Él es nuestra única esperanza.

VISTAZO DE DIOS

"Que te conceda lo que tu corazón desea; que haga que se cumplan todos tus planes" (Salmos 20:4). David sabe que la única forma en que Dios puede responder a esta oración con un "sí" es si esos deseos y planes se alinean con los deseos y planes de Dios; de lo contrario, eso sería menos que lo mejor, ya que el plan de Dios siempre es el mejor. Esta no es una solicitud general para que Dios se reduzca a ser un genio y haga lo que queramos, tiene que ver con estar alineado, de estar tan sincronizado con Dios que ¡oremos por lo que Él ha planeado! Que Él alinee nuestros corazones con el Suyo, porque ¡Él es donde el júbilo está!

SALMOS 65–67, 69–70

Cada línea del salmo 65 es rica. El versículo 3 dice: "a causa de sus perversidades. Nuestros delitos nos abruman, pero tú los perdonaste". Las iniquidades de David son más fuertes que su habilidad para rescatarse a sí mismo; *prevalecen* contra él. Sabe que necesita el rescate de Dios y alaba a Dios por hacer expiación por sus pecados. Dios también es el Creador y Sustentador de todas las cosas. Mientras cosechan los cultivos, David ve la abundancia que Dios les ha dado y alaba Su provisión: "Tú coronas el año con tus bondades" (v. 11).

En el salmo 66, David alaba a Dios por triunfar sobre Sus enemigos. Tiene una visión de las pruebas que ha sufrido que honra a Dios y puede alabar a Dios incluso por las dificultades: "Tú, oh Dios, nos has puesto a prueba; nos has purificado como a la plata. Nos has hecho caer en una red; ¡pesada carga nos has echado a cuestas! Las caballerías nos han aplastado la cabeza; hemos pasado por el fuego y por el agua, pero al fin nos has dado un respiro" (vv. 10-12). No guarda rencor contra Dios por lo que Israel ha pasado; no dice: "Ya no confío en ti". Debido a los parámetros del pacto davídico, David sabe que las dificultades de Israel son el resultado de su rebelión, y aunque atribuye esas dificultades a Dios, sabe que Dios las hizo en respuesta a su pecado. A pesar de su dura historia, David tiene su corazón puesto en la alabanza: "Vengan ustedes, temerosos de Dios, escuchen, que voy a contarles todo lo que él ha hecho por mí" (v. 16). ¡Guauu!

El versículo 18 nos da una idea de la atención de Dios. Como Dios está en todas partes y lo sabe todo, por supuesto que escucha todas las oraciones, incluso las oraciones de aquellos que no lo conocen y que piden cosas que no lo glorifican. Escucha, pero no tiene la obligación de responder a las personas que no lo conocen o lo aman. ¿Es cruel que Dios no preste atención a sus oraciones? No. Aquellos que aprecian el pecado no tienen consideración por lo que es mejor. A menudo, solo oran como un medio para sus fines egoístas. Por lo tanto, no está en el mejor interés *de nadie* que Dios dirija Su oído a sus oraciones. Esto no significa que nunca les responda, solo que no tiene la obligación de hacerlo. Siempre dice que sí ¡cuando sus oraciones se alinean con Su voluntad!

El autor del salmo 67 no sufre de mentalidad escasa. Esta canción presenta a un israelita que le pide a Dios que salve a otras naciones, incluso a las naciones enemigas. Este salmista sabe lo bueno y enorme que es Dios, lo suficientemente grande como para ser bueno con otros sin ignorar a Israel. Dios tiene la bondad suficiente para las personas de ¡todas las naciones!

David escribió los salmos 69 y 70 como el representante del pueblo, para que puedan cantar junto con su lamento. Estos lamentos son personales, pero también son públicos e incluso proféticos en ocasiones. Jesús hizo eco de 69:4 en Juan 15:25: "Me odiaron sin motivo", y se le dio vinagre cuando tenía sed en la cruz (69:21). "El celo por tu casa me consume" (69:9) es palabra profética sobre Jesús volcando las mesas en el templo en Juan 2:17. David está cansado, rodeado de enemigos que lo odian sin causa y mienten sobre Él. Si bien no es del todo inocente, es inocente de lo que se le acusa. No quiere que esto traiga vergüenza a Israel. Ama a Dios y al pueblo de Dios; y confía en que Dios lo rescatará. Nadie lo entiende excepto Dios, todos son crueles, lo que aumenta su dolor. Ora para que sus enemigos sean castigados. Esto, por supuesto, supone que permanecen sin arrepentirse. Nada de lo que hemos visto de David o Dios indica una falta de voluntad para perdonar a los que se arrepienten. "¡Pero que todos los que te buscan se alegren en ti y se regocijen!" (70:4) El castigo que le pide a Dios que entregue a sus enemigos está supeditado a su posición como enemigos de Dios, no solo *sus* enemigos, y aquellos que se arrepienten ya no son enemigos de Dios.

VISTAZO DE DIOS

"Dichoso aquel a quien tú escoges, al que atraes a ti" (Salmos 65:4). ¿Te das cuenta de lo bendecido que eres? Si conoces a Dios, es porque ¡te eligió y te acercó! Estábamos lejos de Él, enemigos de nacimiento. Pero se inclinó y nos adoptó en Su familia sin ningún esfuerzo de nuestra parte. Nos acercó y nos sentó a Su mesa. No pudimos llegar ahí por nuestra cuenta. Pero vino y nos tomó. Y puso a Su Espíritu dentro de nosotros ¡como garantía de la relación que tenemos con Él! Es la mayor bendición de nuestras vidas, porque ¡Él es donde el júbilo está!

2 SAMUEL 11–12; 1 CRÓNICAS 20

Hoy es un día oscuro en la historia de David. Los reyes suelen participar en hazañas militares, pero cuando llega el momento de la guerra, David se queda en casa, exponiendo una discrepancia en su liderazgo: la pasividad. Rehúye la responsabilidad. Mientras Israel está en la guerra, ve a Betsabé bañándose en un techo, que es donde la gente se bañaba porque el agua de lluvia se acumulaba allí. Ella está cumpliendo el mandato de Dios, purificándose a sí misma. No tenemos ninguna razón para pensar que está tratando de seducir a David. Probablemente asume que el rey está en guerra como se supone que debe estar, ya que ahí es donde está su esposo, Urías. Mientras está siendo obediente, guardias armados aparecen en su puerta y la llevan al palacio de David. La creencia común es que tuvieron una aventura amorosa, pero las Escrituras nunca culpan a Betsabé por lo que sucede. Dios aborda el pecado aquí, pero siempre se atribuye únicamente a David. Parece probable que Betsabé fue violada mientras intentaba ser obediente a la ley de Dios. La *violación* es una palabra fuerte, pero no siempre apunta a un acto de violencia. No podemos andar con rodeos respecto a las Escrituras solo porque nos hace sentir incómodos o porque pinten a David de manera negativa. Urías está en la guerra y Betsabé está embarazada, así que obviamente no puede ser su bebé. El castigo por el adulterio es la muerte, por lo que Urías podría mandarla a matar. Ella está a merced de estos dos hombres. No puede apelar a la ley, porque el rey es su infractor.

David trama un plan para llevar a su esposo a casa y que así haya una excusa para el embarazo. Pero subestima el compromiso de Urías con el estándar de celibato en tiempos de guerra de Israel. Urías se niega a ver a su esposa, por lo que David avanza al plan B: hacer que asesinen a Urías en la batalla. En un movimiento cruel, David envía a Urías de regreso al campo de batalla con la carta que ordena su muerte. Betsabé es violada, está embarazada y enviuda. Ella lamenta la pérdida de su esposo. "Lo que David había hecho le desagradó al Señor" (2 Samuel 11:27). Otra traducción dice: "Fue malo a los ojos del Señor". (LBLA) No hay evidencia de su complicidad aquí. Solo se menciona a David. Es obligada a casarse con su infractor quien asesinó a su esposo, así que toma su lugar en su harén de mujeres.

Dios envía al profeta Natán para contarle a David una parábola *acerca de David*, pero es tanto su autoengaño que no se da cuenta; piensa ya sea que no ha pecado o que su pecado no será descubierto. Pronuncia juicio sobre sí mismo al exigir un reembolso cuádruple. Natán expone a David y Dios tiene palabras duras para él: se siente con derechos y es ingrato. Esto equivale a despreciar las palabras de Dios; y lo llevó a hacer el mal. David se ganó la pena de muerte dos veces, pero Natán dice que Dios ha quitado su pecado. ¡Qué increíble acto de misericordia!

Mientras que hay perdón, el pecado no queda sin consecuencias. El juicio cuádruple que David exigió se le entrega: (1) Habrá división y muerte en su familia, (2) sus esposas serán separadas de él de una manera humillante, (3) Dios levantará mal contra él desde su propia casa; y (4) su hijo con Betsabé morirá. Él ayuna y ora por la enfermedad de su hijo. Dios es el único a quien puede recurrir. Pero Dios dice "no". El bebé muere. Dios sabe lo que es la muerte de un hijo; David comparte ese dolor. En verdadero arrepentimiento, se posiciona con humildad. Incluso después de la muerte de su hijo y de escuchar palabras tan duras de parte de Dios, confía en la bondad de Dios y se acerca para adorarlo. El arrepentimiento está marcado por la adoración. Cuando David va a consolar a Betsabé, vuelven a concebir y el niño es Salomón. Israel derrota a los amonitas y a los filisteos. Estas victorias militares también son un acto de misericordia. Dado que David rompió el pacto, Israel debería haber perdido. Pero él regresa a la guerra, asumiendo la responsabilidad que eludió anteriormente y Dios le otorga la victoria.

VISTAZO DE DIOS

En 2 Samuel 12:8, Dios enumera todas las cosas que le ha dado a David. Dice: "¡Y por si esto hubiera sido poco, te habría dado mucho más!". David se vuelve codicioso, porque olvida cuán rico y generoso es Dios. Olvida el corazón del Padre. Dios ya lo ha bendecido con más que suficiente y ¡todavía está dispuesto a dar más! Dios es un Padre bueno que quiere ¡prodigar regalos a Sus hijos! Jesús dice: "No tengan miedo, mi pequeño rebaño, porque es la buena voluntad del Padre darles el reino" (Lucas 12:32). En un día lleno de tristeza, sigue siendo cierto que ¡Él es donde el júbilo está!

SALMOS 32, 51, 86, 122

Mientras David alaba a Dios por Su perdón y misericordia, podemos ver su arrepentimiento. El salmo 32 da gracias a Dios por cómo bendice a Sus hijos aún cuando pecamos. No bendice nuestro pecado, sino que nos bendice cuando pecamos cubriendo nuestros pecados y convenciéndonos de nuestros pecados. Si nosotros tratamos de cubrir nuestros propios pecados, usualmente esto significa que los estamos escondiendo. Pero cuando Dios cubre pecados, hace expiación por estos, por todos tus pecados y rebeliones; pasados, presentes y futuros. Al principio del salmo, David es el que está haciendo la cobertura, pero al final, David destapa su pecado y Dios lo cubre. ¡Esto es lo que Dios hizo por nosotros en la cruz! Dios Espíritu juega un rol distinto. Él vive en los creyentes y señala puntos en los que nuestro pecado nos ha atrapado, para poder guiarnos hacia afuera. Juan 16:8 llama a esto "convencer"; y es diferente de condenar. Los hijos de Dios nunca van a ser condenados porque nuestros pecados han sido cubiertos por Jesús (Romanos 8:1). Por otro lado, convicción o convencimiento es cuando Dios el Espíritu nos insta a afligirnos por nuestros pecados y cambia nuestros corazones y acciones para que se alineen con Su voluntad.

Cuando la convicción del Espíritu llega, no hay verdadero descanso ni felicidad hasta que nos arrepentimos. David ha estado experimentando la pesadez del convencimiento del Espíritu y es agotador, así que finalmente confiesa. Dice: "Mientras guardé silencio, mis huesos se fueron consumiendo por mi gemir de todo el día. Mi fuerza se fue debilitando como al calor del verano, porque día y noche tu mano pesaba sobre mí. Pero te confesé mi pecado, y no te oculté mi maldad. Me dije: 'Voy a confesar mis transgresiones al Señor', y tú perdonaste mi maldad y mi pecado" (vv. 3-5). Utiliza casi todas las palabras posibles para describir sus malvadas acciones: pecado, iniquidad, transgresión. Es tan liberador para él que alienta a todos a confesar sus pecados a Dios.

En el salmo 51 demuestra la confesión. Es su salmo de arrepentimiento. En el versículo 4 dice que solo ha pecado contra Dios. Sabe que pecó contra Betsabé, Urías y toda la nación de Israel, pero en este salmo en particular su enfoque está en restaurar su intimidad rota con Dios. Nada se puede restaurar hasta que su intimidad esté restaurada. Ha sido pecador desde que nació —aún desde el vientre— porque nació dentro de la caída del hombre. Desde el primer momento de su existencia el pecado moró en él. No está pasándole la culpa a otro, si no que más bien está diciendo: "Esta no es la primera vez que meto la pata. ¡Mi vida entera está llena de cosas así!". Pide a Dios que cree en él un corazón nuevo, que lo cambie. La palabra *crear* significa "formar desde la nada". Cuando Dios nos da un corazón nuevo de carne, no es del mismo material que el corazón de piedra con el que nacimos. ¡Recibimos un nuevo ADN espiritual! Luego le pide a Dios que no remueva Su Espíritu. Esta era una oración legítima en aquel tiempo porque el Espíritu de Dios se movía mucho de un lado a otro. Pero ahora que Dios mora *en* las personas, la fecha de expiración de esa oración ha pasado. Si eres un hijo de Dios ¡nunca tendrás que orar por eso ni preocuparte por eso!

En el salmo 86, le pide a Dios que le enseñe la verdad y cambie su corazón. Sabe que tiene un corazón dividido y le pide a Dios que lo arregle, que lidie con su duplicidad y una su corazón.

Salmos 122 es un salmo de Ascenso enfocado en la relación de Dios con toda la gente sobre la que David reinaba. El pecado de David tuvo consecuencias nacionales, así que ora por la ciudad y por su gente; por paz y seguridad; y promete que buscará el bien de ellos.

VISTAZO DE DIOS

"El Señor dice: 'Yo te instruiré, yo te mostraré el camino que debes seguir; yo te daré consejos y velaré por ti. No seas como el mulo o el caballo, que no tienen discernimiento, y cuyo brío hay que domar con brida y freno, para acercarlos a ti'" (Salmos 32:8-9). ¡Dios nos quiere cerca! Y nos dice cómo luce eso: (a) Ofrece guía a Sus hijos; y no nos deja para entender las cosas por nosotros mismos. Él nos instruye, nos enseña, nos aconseja y vela por nosotros; y (b) Nos dice que no seamos tontos ni tercos en respuesta a Él y que prestemos atención y cedamos a Su dirección, la convicción de Su Espíritu. Mientras más soltemos nuestro agarre en las cosas que hemos estado tratando de controlar, más fácilmente sentiremos y seguiremos Sus indicaciones, que nos mantienen cerca de Él. ¡Aleluya! ¡Ahí es donde queremos estar! ¡Él es donde el júbilo está!

2 SAMUEL 13–15

Amnón, el primogénito de David, se enamora de su media hermana Tamar. Su primo le da un consejo que no solo es malo, es malvado: Amnón debe fingir que está necesitado para poder aprovecharse de Tamar y violarla. Amnón pone en marcha el plan y Tamar le dice que no e intenta razonar con él, pero él la domina. La lujuria es impaciente, egoísta, no está abierta a la razón, es lo *contrario* de lo que leemos sobre el amor en 1 Corintios 13. Cuando el llamado amor de Amnón se convierte en odio, él la echa, lo que aumenta su maldad. La ley le exige que se case con ella o la honre con un precio de novia (Éxodo 22:16-17), pero él elude la responsabilidad.

La vida de Tamar está arruinada. Nadie se casará con ella ahora, no en esta cultura. Está consignada a vivir sin hijos y sola. Mientras llora, le cuenta todo a su hermano Absalón y él comienza a odiar a Amnón, por lo que trama un plan para asesinarlo. Absalón lo engaña para que venga en un viaje por carretera, lo emborracha y hace que sus sirvientes lo asesinen. Ahora él es el mayor de los hijos de David. David recibe un informe de noticias falsas que dicen que Absalón mató a todos sus hijos y llora. Aunque solo mató a uno de sus hermanos, Absalón sabe que no le irá bien con su padre, por lo que huye para vivir con su abuelo materno entre las tribus de Transjordania. David lo extraña y quiere arreglar las cosas. Ya ha perdonado a Absalón en su corazón, pero Absalón nunca se arrepintió y no busca reconciliarse. Quiere asumir el control. Está esperando que David muera. De hecho, ¿recuerdas cómo intentó convencer a David para que hiciera el mismo viaje por carretera, pero David se negó? Es probable que también estuviera planeando asesinar a David, para poder deslizarse sin problemas al trono.

Mientras tanto, el sobrino y comandante militar de David, Joab, contrata a una actriz para contarle a David una historia falsa sobre tener un hijo que mató al otro, para que pueda continuar diciéndole que traiga a Absalón de regreso. David sabe que Joab la motivó a hacer eso, así que llama a Joab y le dice: "Está bien, trae a Absalón a casa, pero no lo veré". Absalón regresa a casa y no hablan durante dos años. Absalón intenta llamar a Joab dos veces, pero Joab no responde, por lo que Absalón quema su campo para llamar su atención. Esto funciona. Absalón le dice que quiere hablar con David aun si David intenta matarlo. Pero David no lo mata, lo besa. Es una señal de reconciliación, pero todo es una artimaña de parte de Absalón. Está adquiriendo un carro y caballos y otros símbolos de riqueza y poder. Está dando grandes pasos para tomar el trono. Incluso debilita el reino de David interceptando a las personas que quieren consejos de David y poniéndose de su lado en cada disputa. Ellos caen por su engañoso carisma. Finalmente le pide permiso a David para "cumplir un voto", pero es otra artimaña; está organizando un golpe de estado con doscientos hombres, incluido Ajitofel, el asesor personal de David.

Cuando David se entera, escapa de Jerusalén. Mientras huye, deja el arca atrás porque espera que Dios lo traiga de regreso a Jerusalén. Le pide a un sacerdote levita y a Ajitofel que lo mantengan informado, pero luego se entera que Ajitofel es un traidor y ¡está en el equipo Absalón! Ajitofel es el abuelo de Betsabé, por lo que es posible que esté buscando venganza por lo que hizo David años antes. David ora para que cualquiera que Ajitofel aconseje no lo escuche. Dios trae un "sí" a esa oración casi de inmediato. El amigo de David, Husay, aparece y acepta desempeñar el papel de informante y llega a Jerusalén justo cuando llega Absalón.

VISTAZO DE DIOS

En esta disputa familiar, el tiempo de Dios es muy favorable. David ha sido traicionado por su mentor, quien ahora ha unido fuerzas con su hijo distanciado y encima de eso, parece que David podría perder todo: su palacio, su reino, incluso la ciudad que lleva su nombre. Pero Dios le hizo una promesa a David y aunque David rompió su pacto, Dios aún muestra misericordia y honra Su lado de las cosas. Él aún está trabajando en Su plan para traer al Mesías a través de la línea de David, a pesar del pecado de David. Y como solo Dios puede hacerlo, calcula el momento preciso para que David reciba noticias de la traición de Ajitofel y se encuentre con Husay; y luego que Husay se encuentre con Absalón. No importa cuántas personas el enemigo reclute en su conspiración contra el plan de Dios y el pueblo de Dios; nada supera Su soberanía. ¡Qué alivio! Él todavía tiene el control y ¡Él es donde el júbilo está!

SALMOS 3–4, 12–13, 28, 55

David escribió el salmo 3 cuando huyó de Jerusalén durante el golpe de estado de Absalón. Las personas que una vez dirigió están hablando mal de su alma, diciendo que ya no tiene salvación. No solo es doloroso para David, sino que es una afrenta al carácter de Dios. A Dios le encanta salvar incluso a los más malvados y viles, ¡muestra Su misericordia y perdón! David no tiene idea de a cuántas personas Absalón puso contra él, pero por lo menos son cientos, sino miles, especialmente teniendo en cuenta todos aquellos que Absalón ganó cuando estaba halagando a las personas en las puertas de la ciudad. A pesar de eso, David sabe quién es Dios. Confía en Dios y le pide que lo rescate. Estas circunstancias no han atenuado el brillo de la bondad de Dios hacia él.

El salmo 4 tiene temas similares, excepto que está escrito para la adoración corporativa, no para la adoración personal. Expresa confianza en Dios y señala que la ira que siente David por ser maltratado también tiene que someterse a Dios, eso es parte de lo que es poner tu confianza en Dios. David sabe que, en última instancia, la cercanía de Dios es donde encontrará la paz, no en las circunstancias. Tiene más gozo en conocer a Dios que todos sus enemigos en su prosperidad y abundancia. Dios no puede ser quitado como el vino, el grano y las bendiciones materiales, por lo que David no permanece despierto por la noche, ansioso por perderlo todo. Todo lo que importa es seguro, por lo que duerme tranquilamente.

El salmo 12 aborda la total falta de personas justas en el mundo. David está especialmente molesto por las mentiras que la gente dice, su orgullo y arrogancia; y cómo ignoran la difícil situación de los pobres y necesitados. Dios se distancia de mentirosos y personas orgullosas; y dado que el maltrato a los pobres y necesitados tienen línea directa con Dios, David espera que Dios entre en acción cuando las personas son oprimidas. Le pide a Dios que los proteja de los malvados que los rodean.

El salmo 13 es otro ejemplo de cómo los sentimientos no siempre se alinean con la verdad. David se siente olvidado, pero Dios no lo ha olvidado. Anhela la cercanía y el consejo de Dios. Se siente desesperado, al tener que ser su propio consejero. Termina recordando a su alma que la esperanza está por venir: ¡sabe que Dios es digno de confianza y lo va a alabar por lo que ya ha hecho mientras espera a ver qué es lo que Dios hará a continuación! El salmo 28 reitera muchos de estos temas. Cuando Dios parece distante, David siente que se está muriendo, descendiendo a la fosa (LBLA). *La fosa* probablemente se refiere a la tumba o el reino de los muertos, al igual que la forma en que se usa *Seol*, aunque algunos dicen que se refiere a la prisión, que a menudo termina en la muerte en estos días. Además de querer la cercanía de Dios, David quiere castigo para los malvados.

El salmo 55 se adapta bien a las circunstancias de David: ha sido traicionado por su hijo y su mentor, ha huido de su palacio y su ciudad, su hijo está intentando un golpe de estado y no puede decir con certeza si hay una recompensa por su cabeza. Quiere escapar de todo. Ora: "Destrúyelos, Señor, confunde su lenguaje" (v. 9). Esto apunta a la Torre de Babel, donde Dios dividió sus idiomas en muchos, causando confusión y división que frustraron su misión. Los enemigos de David son personas que alguna vez consideró amigos. Jesús ciertamente sabe cómo es eso: pues tenía a Judas, así que puede compadecerse. David confía en que Dios humillará a sus enemigos y mientras tanto, se recuerda a él mismo confiar en Dios con el resultado.

VISTAZO DE DIOS

"Y cual pastor guíalos por siempre" (Salmos 28:9). Jesús se llama a sí mismo el Buen Pastor (Juan 10:11) y el salmo 23 dice: "El Señor es mi pastor" (v. 1). Es apropiado que se nos compare con las ovejas. Ellas tienen muchos enemigos externos, como ladrones y lobos, pero su enemigo más peligroso, el que siempre está presente, son ellas mismas. Y no se puede confiar en las ovejas; son animales tontos con vista terrible y poca memoria. La única forma en que la oveja está a salvo de sus enemigos externos *y* de sí misma es si el pastor la lleva. David lo sabe; él era un pastor. Decir: "Sé su pastor y llévalos para siempre" es como orar: "Protégelos de sus enemigos externos y protégelos de ellos mismos". A pesar de lo difícil que fue para David ir a la batalla contra un gigante o que el rey Saúl intentara matarlo, las peores cosas que le han sucedido son las cosas que *él* inició. "Sé su pastor y llévalos para siempre". Nuestro Buen Pastor: ¡Él es donde el júbilo está!

2 SAMUEL 16-18

Mientras David sigue huyendo, se encuentra con Siba, un sirviente de Mefiboset. Siba le trae regalos y dice que Mefiboset intentará asumir el trono que David le robó a su padre, Jonatán. Después de todo lo que ha hecho por Mefiboset, esto es impactante. Y Dios le dio a David el trono; ¡él no lo tomó! Entonces David entrega todas las bendiciones de Mefiboset a Siba. Luego se encuentra con Simí, quien lo está maldiciendo y llamándolo asesino, lo cual es cierto, pero no sobre Saúl. El sirviente de David quiere matarlo, pero la confianza de David en Dios le permite recibir el insulto sin contraatacar; humildemente recibe lo que le llega como si fuera de la mano de Dios. Simí es de la tribu de Benjamín, pariente de Saúl. Los benjamitas nunca aceptaron tener a David como rey, porque es de la tribu de Judá y piensan que la línea real debería continuar a través de su tribu. Aun así, maldecir al rey es ilegal y se castiga con la muerte; pero David lo perdona.

Mientras tanto, en Jerusalén, Absalón se encuentra con Husay, el doble agente de David. Absalón sospecha de él, pero Husay finge estar en el equipo Absalón. Cuando Absalón busca el consejo de Ajitofel, el consejero que le robó a David, este le aconseja que se acueste con las concubinas de David. Dormir con la esposa o la concubina de un rey es una forma de reclamar el trono. El consejo de Ajitofel es muy apreciado, por lo que Absalón lo sigue. Sin siquiera saberlo, provocan el cumplimiento de una de las cuatro consecuencias del pecado de David: "y ante tus propios ojos tomaré a tus mujeres y las daré a otro, el cual se acostará con ellas en pleno día" (2 Samuel 12:11).

Después de esto, Ajitofel desenvuelve su plan para matar a David para que Absalón pueda tomar el trono. Absalón le pide a Husay una segunda opinión. Husay critica el consejo de Ajitofel y se le ocurre un plan elaborado que le dará tiempo a David para escapar o tomar represalias. Husay es astuto en su presentación; elogia a Absalón mientras explica su plan, al tiempo que le recuerda sutilmente que su padre y sus hombres son realmente buenos guerreros, lo que probablemente provoca dudas en la mente de Absalón. Absalón toma el consejo de Husay en lugar del de Ajitofel y Ajitofel ve la escritura en la pared. Dios no está con su consejo y Dios no está con Absalón, porque David es el hombre de Dios para el trono. Ajitofel también sabe que esto significa que lo matarán por traición cuando David regrese inevitablemente a Jerusalén, por lo que se ahorca.

Husay designa secretamente mensajeros para informar a David, pero alguien del personal de Absalón los ve. Ellos se esconden en un pozo, pero finalmente alcanzan a David y le dicen que huya a través del río Jordán. Mientras David huye, tres hombres le traen comida, provisiones y camas desde lejos.

Siguiendo el consejo de Husay, el ejército de Absalón busca a David. David envía al ejército, pero les dice que no le hagan daño a Absalón si lo encuentran. Mientras Absalón está montando su mula por el bosque, su cabeza queda atrapada en un árbol. Los eruditos piensan que esto se refiere a que su grueso cabello queda atrapado en una rama. Su mula se aleja, así que él se queda colgando. Un soldado informa de esto a Joab y se enoja porque el soldado obedeció las órdenes de David dejando a Absalón con vida. Joab encuentra a Absalón y lo apuñala en el corazón y declara el final de la batalla. Cuando los mensajeros le traen las noticias a David y oye que Absalón ha muerto, se va para estar solo, a llorar y lamentarse.

VISTAZO DE DIOS

Dios obra a través del consejo de Ajitofel. La primera vez que le da un consejo, Absalón lo toma, lo que trae el cumplimiento de las palabras de Dios en 12:11. La segunda vez que da un consejo, Absalón no lo toma, lo cual es una respuesta a la oración de David en 15:31. Ambas respuestas se alinean perfectamente con el plan soberano de Dios. "Esto sucedió porque el SEÑOR había determinado hacer fracasar el consejo de Ajitofel, aunque era el más acertado y de ese modo llevar a Absalón a la ruina" (17:14). Dios está en el momento aparentemente coincidente del encuentro de David con Husay. Está en el inusual momento en que Husay y Absalón llegan a Jerusalén simultáneamente. Él está en la indecisión de la mente de Absalón cuando obtiene una segunda opinión. Él está trabajando en todas las cosas, visibles e invisibles, para lograr Su buen plan. Se le puede confiar en el tiempo, se le puede confiar en los encuentros casuales, y se le puede confiar incluso en los pensamientos y planes de nuestros enemigos. Él está en control y ¡Él es donde el júbilo está!

SALMOS 26, 40, 58, 61–62, 64

Parece que David está presumiendo de su justicia al principio del salmo 26, pero después dice que la fuente de su justicia es el firme amor de Dios, *eso* es lo que lo equipa. Él está caminando en la fidelidad de Dios y no en la de él, esta es una distinción crucial. Muchos de sus amigos lo traicionaron y unieron fuerzas con Absalón, su hijo distanciado; entonces las referencias a hipócritas y a hombres de falsedad son adecuadas. Él quiere ser notablemente diferente como un hombre íntegro para la gloria de Dios. Quiere ser vindicado mientras se disocia de los hacedores de maldad.

Si alejamos el enfoque de los acontecimientos cronológicos de la vida de David, el salmo 40 encaja perfectamente; Él espera pacientemente al SEÑOR, como cuando esperó quince años para ser rey. Dios lo sacó del pozo de la destrucción cuando Saúl trató de matarlo. Él continuó alabando a Dios y Dios continuó bendiciéndolo. Él proclamó la bondad de Dios para que todos oigan, en cántico, en conversación, entre grupos de personas, ¡no puede parar de hablar de la bondad de Dios! Pero las cosas toman un giro brusco en el verso 12, así como lo hizo su vida. Su iniquidad y pecado, como el de Betsabé y Urías, lo han dominado. Él le pide a Dios que lo rescate de las consecuencias de su pecado; algunos de sus enemigos quieren tomar su vida, como Absalón y Ajitofel. Cuando el dice ser pobre y necesitado, él está señalando la condición de su corazón y no el tamaño de su cuenta bancaria. En el Sermón del Monte, Jesús dijo: "Dichosos los pobres en espíritu" (Mateo 5:3) y es así como se ve la pobreza espiritual. Sabe que no tiene nada que ofrecerle a Dios. Es humillado por sus pecados y por sus enemigos, Dios es su única esperanza.

Su ira alcanza su punto máximo en el salmo 58 pero él nunca cruza hacia una venganza egoísta. Lo único que quiere es justicia. Nunca pretende lograrlo por sí mismo, aunque como rey, podría justificarlo. Sabe que Dios es un juez soberano y confía en que Él actúe. Las cosas se calman en el salmo 61. Dios ha sido un refugio para él en el pasado, como cuando Saúl trató de quitarle la vida, entonces David se recuerda a sí mismo la provisión de Dios en medio de las circunstancias desoladas.

Quiere regresar a Jerusalén, a la ciudad donde Dios ha puesto su nombre, para poder acercarse a Dios.

En el salmo 62 los que lo traicionaron tratan de derrumbar su posición, pero él sabe que Dios es su Roca, su estabilidad. Ha sido rodeado de hipócritas y mentirosos y acaba de conocer la verdad y prefiere callar que hablar de ella, porque ¿quien sabe en quién se puede confiar? Entonces él derrama su corazón a Dios, porque en Dios sí se puede confiar. El rango y posición de una persona es cambiante, pero Dios es tierra firme. Él es tanto amoroso como poderoso, y en Él se puede confiar en que hará lo que es correcto.

El salmo 64 cuenta los pasos de los enemigos de David. Sus palabras describen cuando Absalón solicitó consejo de Ajitofel y Husay: "Maquinan injusticias" (v. 6). Absalón estaba tratando de establecer el mejor plan para llevar a cabo el mal. Pero "Dios les dispara Sus flechas" (v. 7). ¿Recuerdas las tres flechas que Joab usó para atravesar el corazón de Absalón? Al final del cántico cuando David dice: "Que se regocijen en el SEÑOR los justos," es como si se estuviera predicando a sí mismo. Cuando lo vimos por última vez, estaba de luto, pero tal vez pronto puede regocijarse en medio de la tragedia. Se regocijó incluso cuando perdió a su primer hijo con Betsabé, entonces es posible. Él sabe cómo llevar su tristeza a Dios; él sabe que la alabanza y el lamento no son mutuamente exclusivos.

VISTAZO DE DIOS

"A ti no te complacen sacrificios ni ofrendas, pero has abierto mis oídos para oírte; tú no has pedido holocaustos ni sacrificios por el pecado... Me agrada, Dios mío, hacer tu voluntad; tu ley la llevo dentro de mí" (Salmos 40:6, 8). ¿Qué es lo que revelan estos versos de Dios en el Antiguo Testamento, el lugar donde todos los sacrificios y ofrendas son citados como mandatos? Revela que el sistema de sacrificios que Dios estableció nunca fue plenamente suficiente y nunca tuvo la intención de serlo, porque la muerte de Jesús siempre fue el plan. Cabras y toros nunca han sido suficientes. Dios siempre ha estado en busca de nuestro corazón, no de nuestros sacrificios. Él no se deleita en que la gente le ofrezca animales muertos; en cambio, Él se deleita en ser el Dador, dándole a la gente oídos para que lo oigan y corazones que sepan que ¡Él es donde el júbilo está!

2 SAMUEL 19-21

David está de luto por la muerte de Absalón. Joab lo reprende por no ser más agradecido por la victoria y por dejar que la muerte de su enemigo lo agobie. David responde a la represión, poniéndole un alto a su duelo y regresando a su casa en Jerusalén para aparecer ante el pueblo, pero parece que guarda resentimiento por las palabras duras de Joab. El pueblo de Israel no sabe qué hacer con David ahora. ¿Todavía lo van a considerar su rey? Las respuestas están divididas entre las tribus: la tribu de David, Judá, tiene una opinión y el resto de Israel tiene otra. Judá duda en reintegrarlo. Mientras que está tratando de convencer a los líderes que lo reintegren, inesperadamente reemplaza a Joab, el comandante de su ejército, con Amasá, quien era el comandante del ejército de Absalón veinticuatro horas atrás. Esto puede ser motivado por el enojo que tiene David hacia Joab por reprenderlo o por el deseo de ganarse otra vez a Judá. Independientemente de esto, Judá lo reintegra. Esto probablemente se sienta como una bofetada a la cara para Joab, pero se queda al lado de David.

Una vez que David es rey otra vez, perdona a muchos de sus enemigos. Simí, el hombre que lo maldijo, llega arrastrándose ante él y David hace un juramento para no matarlo. Después Mefiboset le cuenta a David una historia diferente de la que escuchó de Siba cuando le llevó regalos a David en 16:1-4. Mefiboset dice que él no trató de quitarle el reino a David y al parecer David le cree. David ya le había dado a Siba todas las bendiciones de Mefiboset, entonces ofrece partir a la mitad las cosas para poder honrar su compromiso con los dos hombres, aunque uno de ellos está mintiendo. También le hace una generosa oferta a Barzilay, uno de los hombres que le llevó comida y provisión cuando estuvo en el exilio. Barzilay la rechaza y sugiere que David se lleve a otro hombre de regreso a Jerusalén, probablemente su hijo.

Judá y el resto de Israel todavía están divididos por causa de David, pero las cosas han cambiado: Judá defiende a David y las otras tribus se oponen a él. Los benjamitas, la tribu de Saúl, piensan que un benjamita debe de ser rey. Un benjamita llamado Sabá pide a los hombres de Israel que abandonen el ejército de David y lo hacen. David sabe que esto es un problema, por eso llama a su nuevo comandante militar, Amasá, a que reúna su ejército y ataque. Amasá se demora, entonces David llama a su segunda cadena, que incluye a Joab, su excomandante. !Que incómodo! Cuando Amasá se presenta, Joab finge saludarlo pero lo apuñala. Con Amasá muerto, Joab reasume su posición como comandante y va detrás de Sabá. Asedia la ciudad donde se estaba escondiendo Sabá. Está listo para destruir toda la ciudad pero una mujer pacífica y leal razona con él: "No hay necesidad que nos mates a todos. Solo dinos qué es lo que quieres". Joab le dice que solo están ahí por Sabá y ella promete arrojar su cabeza sobre la muralla, lo cual cumple, eliminando la amenaza más reciente al trono de David. ¡Ella es alabada por su sabiduría y salva una ciudad entera!

Cuando David le pregunta a Dios sobre la hambruna que están sufriendo, Dios dice que es por los pecados de Saúl. David no solo ha heredado el reino, sino también las consecuencias de las decisiones del rey anterior. Saúl mató a unos gabaonitas después de prometer que no lo haría, entonces David pregunta cómo puede arreglar eso. Ellos quieren matar a siete descendientes de Saúl. No parece que David haya consultado con Dios sobre este asunto y decide que es mejor que mueran siete personas a que mueran muchas personas más por la hambruna. Dios nunca respalda la decisión de David, de hecho, la hambruna continúa incluso después que matan a los hombres y no termina hasta que los hombres son enterrados, lo que algunos eruditos consideran como una señal que indica que Dios está disgustado con las acciones de David.

VISTAZO DE DIOS

Dios toma el pecado en serio. Israel está sufriendo por las promesas rotas de un rey muerto. Su pecado aconteció hace mucho tiempo, pero a Dios le interesa la justicia. Se puede confiar que Él se encarga de esas cosas, lo que significa que no tenemos que actuar por nuestra propia cuenta. Podemos buscar a Dios en vez de buscar venganza. Podemos amar tanto a nuestros enemigos como a Él. Cuando somos perjudicados, podemos confiar que Dios va a obrar a nuestro favor en los corazones de los que nos perjudican. Y cuando hemos perjudicado a otros, Él obra en nosotros a favor de ellos. Él está obrando para restaurar todas las cosas, incluyendo no solo nuestras historias sino ¡también nuestros corazones! ¡Él es donde el júbilo está!

SALMOS 5, 38, 41-42

En el salmo 5, David el rey, llama a Dios *su* Rey. Es un acto de humildad y adoración reconocer que aunque él es gobernante de una nación, de todas formas está subordinado a Dios. En el versículo 7, después de señalar que el mal no morará en la casa de Dios, reconoce que la única razón por la que llegará a estar en la presencia de Dios no es porque sea bueno, sino porque Dios es bueno. Dice: "Pero yo, por tu gran amor, puedo entrar en tu casa; puedo postrarme reverente hacia tu santo templo". David conoce su propia iniquidad; no lo ha olvidado. No cree que sea perfecto, solo sabe que ha sido perdonado por sus pecados debido a su relación con Dios. Y de nuevo vemos que su temor a Dios lo acerca a Dios, no lo aleja.

En el versículo 10, cuando le pide a Dios que castigue a sus enemigos, no le pide a Dios que lo haga en respuesta a su mal contra él, sino en respuesta al mal contra Dios. Dice: "... ¡Recházalos por la multitud de sus crímenes, porque se han rebelado contra ti!" El amor de David por la justicia está adyacente a su amor por Dios.

Probablemente todos hemos experimentado una situación como la de David en el salmo 38. Está soportando todo tipo de dolor y sufrimiento simultáneamente —físico, emocional, espiritual, relacional y sabe que es el resultado de su propio pecado e insensatez. Se arrepiente de su pecado y acepta que estas son sus consecuencias, pero le pide a Dios que le dé alivio, específicamente, alivio en la forma de Su cercanía y salvación. Cuando has conocido la cercanía de Dios como David, sentirte distante de Él es mucho más doloroso que cualquier otro tipo de sufrimiento. En el penúltimo versículo, dice: "Señor, no me abandones; Dios mío, no te alejes de mí".

David abre el salmo 41 con una línea interesante. Dice que los que consideran a los pobres son los que son bendecidos o felices. Dios está atento a los que están atentos a los necesitados. Tal vez lo señala porque ha sido amable con los pobres y ahora ve cómo Dios está atento a él, especialmente en su enfermedad. Este es posiblemente el mismo sufrimiento físico que menciona en el salmo 38. Los enemigos de David creen que está al borde de la muerte, pero David le está pidiendo a Dios que lo restaure. Sin embargo, no hay ningún sentimiento de derecho en esta solicitud; ¡es humilde, no exigente! En el versículo 10 dice: "Compadécete de mí; haz que vuelva a levantarme". Sabe que la sanación física sería gracia de Dios, algo que no merece. Cierra dando gracias a Dios por sostenerlo hasta este punto y sabe que el bien principal es estar en la presencia de Dios.

En el salmo 42, sigue clamando por la cercanía de Dios. Está desesperado por Dios. Se retrata a sí mismo como un animal que está muriendo de sed. Recuerda lo que es sentirse cerca de Dios. Habla con su alma desesperada y le ordena que espere en Dios, al mismo tiempo, expresa sus sentimientos al decir que Dios lo ha olvidado, aunque sabemos que esto es imposible. Confía en que habrá restauración y ¡alaba a Dios en espera de ese tiempo!

VISTAZO DE DIOS

Estos salmos son tan reconfortantes cuando estamos en situaciones como las de David, cuando nos sentimos distantes de Dios. Si alguna vez te has sentido seco en el desierto, si alguna vez has sentido la provocación del enemigo, probablemente sepas lo que es esperar a que la cercanía y la salvación de Dios se hagan evidentes. En esos lugares, podemos responder como David lo hizo, recordando las maneras en que nos ha librado a través de las pruebas en el pasado. Cada salmo que leímos hoy termina con una petición a Dios para que actúe y una creencia sincera de que lo hará. ¡David repasa el carácter de Dios y ordena a su alma que lo crea! A veces es en nuestras horas más oscuras y cuando lo sentimos más lejos de nosotros que finalmente nos damos cuenta de que ¡Él es donde el júbilo está!

2 SAMUEL 22–23; SALMOS 57

Hoy nos acercamos al final de la vida de David, así que estamos empezando a mirar en retrospectiva las muchas maneras en que Dios ha trabajado en su vida a través de todos los altibajos. David también está haciendo esto, en forma de canción. Su canción en el capítulo 22 tiene mucha similitud con el salmo 18, así que aquí un recordatorio de lo que hablamos ese día:

David escribió el salmo 18 el día en que Dios lo salvó de todos sus enemigos. Testifica de la bondad de Dios a través de sus pruebas. Aunque hace muchas afirmaciones acerca de su justicia, también dice que eso y todas sus bendiciones son dones de Dios: es Dios quien hace su camino sin culpa, y Dios es quien lo equipa, libera y protege. 1 Samuel 30:6 dice: "…puso su confianza en el Señor su Dios". No se fortaleció en sí mismo. ¡Se fortaleció en El SEÑOR su Dios! Dios es la fuente de todas las cosas buenas que le ofrecemos de vuelta a Él.

En el capítulo 23, David comienza identificándose humildemente, como el hijo de Isaí, luego señala maneras en que Dios exaltó al humilde, elevándolo y ungiéndolo. Dios le habla y habla a través de él y David sirve como profeta a Israel, no solo como rey. Dios es como la luz del sol y la lluvia que da vida y luz a David, mientras gobierna por el temor a Dios, que es un marcado contraste con Saúl, que gobernó por el temor al hombre.

Dios hizo un pacto con David y continúa tratando con David de acuerdo con ese pacto; no ha cambiado y todo lo que ha ocurrido en la vida de David ha sido una parte inalterable del plan preciso e inquebrantable de Dios. Cerramos contando hazañas y victorias de sus hombres poderosos, incluyendo el incidente cuando David mencionó que quería un poco de agua de casa, que justo estaba rodeada por filisteos. Los hombres de David eran tan leales que tres de ellos arriesgaron sus vidas para ir a buscarle el agua a la que se refirió casualmente. Pero cuando se la llevaron, la derramó en el suelo, no porque fuera mal agradecido, sino porque quería demostrar que sus vidas eran más valiosas que el agua o cualquiera de sus deseos fugaces. Esto puede parecer irrespetuoso hacia ellos, pero es una manera de mostrarles lealtad de vuelta. Al final de la lista, sin embargo, vemos al hombre al que él no fue leal: Urías, el esposo de Betsabé.

David escribió el salmo 57 cuando se escondió de Saúl en la cueva. Gran parte de su vida ha implicado clamar ayuda a Dios y ha visto a Dios liberarlo en las circunstancias más improbables. Al prestar atención a la liberación constante de Dios, ha crecido en confiar en Dios con el tiempo; por lo que cuando se encuentra con nuevas pruebas o nuevos leones o enemigos, su respuesta es alabar a Dios y esperar que Dios lo libere. Puede preguntar, "cuánto tiempo, oh Señor" de vez en cuando, pero siempre parece confiar en que hay una respuesta. Sabe que, a pesar de lo que suceda, Dios está trabajando en todo para cumplir Su propósito. En el versículo 2, dice: "Clamo al Dios Altísimo, al Dios que me brinda su apoyo". ¡Qué reconfortante es recordar que Dios está trabajando en nuestro nombre y que Sus planes para nosotros no pueden ser impedidos, porque es Dios Altísimo!

VISTAZO DE DIOS

La lectura de hoy nos muestra algunas cosas únicas acerca de Dios que no habíamos visto en otra parte, al menos no con el tipo de poesía que David usa aquí. En 2 Samuel 22:36 David dice: "Tu bondad me ha hecho prosperar". La bondad de Dios no recibe mucha cobertura, pero David dice que esta corresponde directamente a lo que lo ha hecho fructífero en la vida. David ha sido el receptor de la bondad de Dios, particularmente en cómo Dios le mostró misericordia a pesar de sus pecados. Y David también ha mostrado la bondad de Dios. No dominó desde su poder o posición sobre los demás, perdonó la vida de Saúl, cuidó de Mefiboset, perdonó a sus enemigos. Así es como se ve la mansedumbre. La mansedumbre no es debilidad; es fuerza que ha sido disciplinada por la humildad, y se manifiesta en David como bondad. Para Dios mismo mostrar bondad es notable y digno de mención. Dios es bondadoso con nosotros y ¡Él es donde el júbilo está!

SALMOS 95, 97–99

El salmo 95 abre con alabanza, recordándonos que Dios no es solo supremo en el reino terrenal; también es supremo en el reino espiritual. Es digno de adoración, especialmente la adoración de Su pueblo. El versículo 6 dice: "Vengan, postrémonos reverentes, doblemos la rodilla ante el Señor nuestro Hacedor". No es del todo evidente por la traducción, pero este verso corto describe tres posturas diferentes para adorar a Dios: *postrarse* y *hacer reverencia* son dos actos separados y *arrodillarse* es el tercero. Estas posturas humildes demuestran honor y sumisión, que es como todos debemos relacionarnos con Aquel que nos hizo. Luego continúa describiendo otro aspecto de nuestra relación con Dios. No es contradictorio al postrarse con humildad a nuestro Creador, es complementario. Muestra a Dios como nuestro Pastor, Aquel que está atento a nosotros, nos alimenta y vela por nosotros. Nos llama *las ovejas de Su mano*. Es un panorama mucho más íntimo de la relación. Ambas cosas son verdaderas de nuestra relación con Dios: es nuestro Creador y es nuestro Pastor. No solo nos hace y luego nos deja a un lado para pasar a otras cosas. Está con nosotros todo el tiempo, cuidándonos.

El salmista ruega a los oyentes que no endurezcan sus corazones a esas verdades tan grandes y hace referencia a los israelitas que sí tenían corazones endurecidos. No conocían los caminos de Dios y se perdieron la hermosa complejidad de este tipo de relación con Él, que trae descanso y restauración.

En el salmo 97, el salmista reitera la supremacía de Dios sobre todo lo que existe. Representa a Dios como una tormenta eléctrica con rayos que atacan y consumen a Sus enemigos. Dice que Dios derrite las montañas como la cera, que es una ofensa directa a todas las antiguas deidades paganas que se creía vivían en esas montañas. Dios los avergüenza al bajarlos. Mientras tanto ¡el pueblo de Dios se regocija!

El salmo 98 tiene mucho en común con Isaías 52, que es una profecía sobre el Mesías venidero; así que no es de extrañar que este salmo haga referencia repetidamente a la salvación de Dios. Cuando esta canción fue escrita, es probable que el salmista solo se refiriera a la versión militar de la salvación, la liberación de enemigos grandes y pequeños. Pero parece que aquí hay algo más de lo que el salmista pudo percatarse en ese momento. Por ejemplo, cuando escribe: "Todos los confines de la tierra son testigos de la salvación de nuestro Dios" en el versículo 3, es probable que se refiera a cómo todos vieron la forma en que Dios trabajó a nombre de Israel en batallas militares o incluso Su provisión milagrosa, como enviar Su maná en el desierto. Pero a la luz de la promesa Mesiánica de establecer una relación entre Dios Padre y el pueblo de cada nación, este versículo adquiere un significado completamente nuevo: "Todos los confines de la tierra son testigos de la salvación de nuestro Dios". El salmista probablemente no tenía idea de cuánto más abarcaría este versículo ¡cómo Dios estaba colocando la verdad sobre la verdad a través de Su canción!

Terminamos con el salmo 99, otro salmo alabando el reinado de Dios. El versículo 1 coloca a Dios por encima de los querubines en el arca del pacto, que es considerado como Su trono terrenal. A diferencia de muchos reyes, gobierna con equidad y justicia. Esta canción nos recuerda el gran privilegio que hemos experimentado en que Dios haya venido a la tierra para establecer una relación con la humanidad. Ha establecido mediadores, habla a través de ellos, nos ha dado Su presencia en la tierra y nos ha dado Su Palabra. Tenemos todo lo que necesitamos para ¡conocerlo mejor y responderle con adoración! ¡Incluso nos perdona cuando pecamos! ¡No nos falta nada!

VISTAZO DE DIOS

El salmo 97:11 dice: "La luz se esparce sobre los justos, y la alegría sobre los rectos de corazón". Tal vez te preguntes dónde está Dios en esta oración. Su presencia nunca se declara, pero está bellamente implícita. ¿Quién crees que se esparce? ¡Es Él! ¡Está esparciendo luz y alegría para los rectos de corazón! Si estás en una época oscura, la luz y la alegría podrían no haber florecido todavía, pero Dios los ha plantado. A veces toma un tiempo para que las cosas que se plantan crezcan y den fruto, pero confía en que han sido sembradas para ti por Su mano. Que Su luz amanezca sobre ti para que puedas decir con confianza: ¡Él es donde el júbilo está!

2 SAMUEL 24;
1 CRÓNICAS 21–22; SALMOS 30

Tal vez hayas notado una discrepancia entre los dos relatos del censo de David. Segundo de Samuel dice Dios incitó a David a tomar el censo y 1 Crónicas dice que Satanás lo incitó. Así que ¿cuál de las dos es? No resistas esta tensión, está ahí por una razón. Este es el ejemplo bíblico perfecto de cómo la maldad trabaja ¡*dentro* del plan de Dios! Tal como en el libro de Job, el enemigo de Dios quiere perpetrar la maldad en contra del pueblo de Dios y Dios lo permite. Debido a que lo permite, aún cae dentro de Su soberanía. Y cómo en todas las cosas, promete usarlo para nuestro bien y Sus propósitos.

Hacer un censo no tiene nada de malo; a veces hasta Dios lo ordena, como lo hemos leído. Pero aquí David lo hace por su propia voluntad no por orden de Dios. Joab sabe que es mala idea y trata de disuadir a David pero David sigue adelante. Inmediatamente, siente culpabilidad. Muchos académicos piensan que el problema es que el censo pone el enfoque en los números en lugar de en Dios. Como las naciones ponen su confianza en el tamaño de su ejército, los censos son una manera de planear para la batalla. Israel ha estado bajo ataque por los filisteos y David puede querer confiar en sus números pero Dios quiere que su confianza esté en Él.

Cuando David se arrepiente, Dios le ofrece una variedad de consecuencias: hambre, espada o pestilencia. David escoge tres días de peste y setenta mil personas mueren. El Ángel del SEÑOR viene con su espada desenvainada para aplicar justicia, pero cambia a misericordia cuando el Padre lo ordena. Preserva a Jerusalén. David se ofrece a sí mismo en lugar del pueblo pero Dios le ordena que mejor construya un altar. Tal como lo hizo cuando le proveyó a Abraham un sacrificio en lugar de Isaac, le provee a David una alternativa. El único problema es: que se supone que deben ofrecer holocaustos en el sitio del tabernáculo, que actualmente es Gabaón. La buena noticia: Dios instruye que ofrezcan el sacrificio en la parcela de Arauna el jebuseo. La mala noticia: ahí es donde se encuentra el

Ángel del Señor, que es algo aterrador. ¡Hasta los hijos de Arauna corren y se esconden cuando ven al Ángel!

David hace su sacrificio y algo significativo sucede; Dios envía fuego del cielo sobre el altar del holocausto, señalando su aprobación del sitio como nueva ubicación para Su hogar. Ahora este es un lugar aceptable en donde se harán sacrificios, justo aquí en la parcela. Pero le pertenece a Arauna y es jebuseo, una de las personas que vivía en Jerusalén antes que fuera conquistada por David. Cuando el rey quiere tu tierra, tú se la das. Pero David insiste en pagar por ella y compra la tierra al precio que Arauna se la vende. ¡Aquí es donde el primer templo es construido! Salomón aún es muy joven pero David lo pone a cargo. Le dice a Salomón cómo quería construirle un hogar a Dios y que Dios dijo que no, pero lo consoló con la promesa que un día tendría un hijo llamado Salomón quien construiría el templo. También le dice a Salomón que la línea real de reyes descenderá a través de él.

VISTAZO DE DIOS

Dios trabaja para bien; aun a través del pecado y la maldad. El pecado de David de ordenar un censo marca el camino para que tuviera una razón para ofrecer el sacrificio que establece el sitio del templo. A pesar de que un espíritu malo lo incita, Dios usa los motivos malvados del espíritu malo para cumplir Sus planes para Su pueblo. Y ¿recuerdas en *qué* momento de la historia Dios le dice a David que tendría un hijo llamado Salomón que construiría Su casa? Fue antes que David conociera a Betsabé, la madre de Salomón, antes que pecara contra ella y asesinara a su esposo. Antes que cometiera esos horribles pecados, Dios ya le había dicho como planeaba trabajar a través de esos pecados para el bien de todo el pueblo, como lo redimirá *todo* al final. ¡Dios es tan generoso y misericordioso! ¡Y es poderoso! El pecado nunca gana en contra de Dios ni de Su pueblo, al final y de alguna forma siempre les sirve a los propósitos de Dios. Esto no nos da una excusa para pecar y no significa que nuestros pecados y los pecados de otros no provoquen terribles cantidades de dolor mientras tanto. Pero sí significa que podemos cantar las palabras de David del salmo 30: "Convertiste mi lamento en danza; me quitaste la ropa de luto y me vestiste de fiesta... Señor mi Dios, siempre te daré gracias". ¡Él es donde el júbilo está!

SALMOS 108–110

Es útil saber que los lugares que menciona David en el salmo 108:7-9 forman un círculo alrededor de Jerusalén. Está indicando que a Dios le pertenece todo el espacio alrededor de la ciudad, asignaciones tribales, territorio enemigo, lo que te imagines, todo es Suyo. A algunos de ellos los usa para propósitos respetables y a otros como a Moab, los usa como Su lavamanos. Edom es Su banquillo. Estos lugares le pertenecen pero aparentemente no son Sus posesiones más valiosas. Y en cuanto a Israel, David siente que Dios los ha rechazado y ya no está peleando a favor de ellos. Clama a Dios por ayuda, confiando que ¡Él vendrá a su rescate!

En el salmo 109, David llora a Dios y no se contiene. Hay algunas cosas que recordar aquí: a) David no está contraatacando personalmente. Le pide a *Dios* que actué; podemos confiar en que Dios hará lo correcto aunque nuestros sentimientos sean incorrectos. David está poniendo esto delante del Único que ¡va a resolverlo de manera justa! b) Solo porque esta oración está en las Escrituras no quiere decir que Dios está de acuerdo con ella o que la responderá con un "sí", solo muestra que Dios puede manejar la efusión honesta de nuestras emociones, aun aquellas que no lo honran o se alinean con Su plan. Él es nuestro espacio seguro. c) A pesar de que estas ofensas son principalmente en contra de David, también van en contra de Dios, porque David es el ungido de Dios sobre este singular estado-nación. David trató a Saúl con respeto cuando Saúl se encontraba en esta posición, pero aquí David sufre la traición y ataques de varios israelitas, pueblo del pacto, que están actuando en contra de Dios y Su pacto. Con desprecio en sus corazones, han rechazado tanto a David como a Dios, así que David le pide a Dios que actúe por honor a Su nombre, no al de David.

Muchas personas comparan la situación de David aquí con la situación de Jesús antes de Su crucifixión. Este no es considerado un salmo profético pero tiene elementos proféticos. Por ejemplo, Jesús es un hombre inocente que es acusado y tratado con desprecio. Y los apóstoles de Jesús, incluso hacen referencia al versículo 8 cuando buscan reemplazar a Judas después de su muerte. Dice: "y que otro se haga cargo de su oficio". Algunos académicos dicen que no puede ser profético porque no pueden imaginarse a Jesús diciendo la mayoría de las cosas que David dice aquí. Pero otros señalan que las Escrituras solo registran a Jesús orando por los soldados para que sean perdonados, no por Pilatos o Judas, quienes también participaron en Su muerte. Como es difícil saber cuánto de esto aplica proféticamente, probablemente es más sabio leerlo solo como una oración emotiva de David.

Sin embargo, el salmo 110 claramente nos señala a Jesús. Es un salmo real con dos secciones: una profecía y un juramento divino. Al menos seis veces, en el Nuevo Testamento, se hace referencia a este salmo, incluyendo en tres de los cuatro Evangelios, ¡donde Jesús lo cita! Jesús dice que el versículo 1 se trata de Él: "Así dijo el Señor a mi Señor: "'Siéntate a mi derecha hasta que ponga a tus enemigos por estrado de tus pies'". YHVH sienta a Jesús a Su derecha, el lugar de honor, mientras YHVH trabaja en poner a sus enemigos como estrado a sus pies. Y esto tiene que ver con lo que leímos acerca de Edom en el salmo 60:8: "Sobre Edom arrojo mi sandalia". Dios está trabajando incluso en medio de Sus enemigos.

En Israel, los roles de reyes y sacerdotes deben estar separados, pero en esta situación única, han sido fusionados, el rey y el sacerdote son la misma persona. El versículo 4 dice que YHVH ha jurado: "Tú eres sacerdote para siempre según el orden de Melquisedec". ¿Lo recuerdas? Era sacerdote y rey, de un lugar llamado Salem. (Por cierto, "Salem" también era un nombre antiguo para Jeru-*salem*). Aquí vemos estos roles fusionados nuevamente, el Rey que vendría de la línea de David y se sentaría en el trono de David, también sería un Sacerdote. El libro de Hebreos repetidamente se refiere a Jesús como nuestro ¡Gran Sumo Sacerdote!

VISTAZO DE DIOS

El salmo 108:12 dice "de nada sirve la ayuda humana". Eso es verdad en muchos niveles. No podemos poner nuestras esperanzas en otros, ni siquiera podemos poner nuestras esperanzas en nosotros mismos. No podemos salvarnos a nosotros mismos. El evangelio no es autoayuda. No podemos hacer nada para lograr nuestra salvación, pero Él nos salva, a pesar de nosotros mismos. El versículo 13 nos recuerda que aunque con Dios hagamos proezas, es Él quien está trabajando: "Con Dios obtendremos la victoria; ¡él pisoteará a nuestros enemigos!". ¡Él realiza la acción! ¡Como nuestro protector, nuestro Salvador, nuestro Sacerdote, nuestro Rey! ¡Él es donde el júbilo está!

1 CRÓNICAS 23–25

Cuando dejamos la historia de David, estaba ayudando a Salomón a prepararse para construir el templo en Jerusalén y hoy continúa equipando a Salomón para que sea su sucesor. Primero, lo hace rey. Esto solo toma una frase en la lectura de hoy, luego pasamos a las cosas más importantes: los planes para la casa de Dios. Quizás pareciera que esta transición al reinado necesita recibir más atención y sí lo cubriremos más en los próximos días. Pero la razón por la que el autor no le da más tiempo aquí, probablemente, es porque en realidad es secundario al templo. Mientras que la relación entre un rey y su pueblo siempre será temporal, la relación entre Dios y Su pueblo es para siempre. Para nosotros es difícil captar la importancia del templo hoy en día pues ahora *nosotros* somos el lugar de la morada de Dios, pero es difícil sobrestimar cuán importante es el templo para los israelitas. Es absolutamente el epicentro de su relación con Dios, ¡al igual que el Espíritu es para nosotros hoy en día!

Ya que esto tiene tanta importancia, David ofrece su consejo experto y sus conexiones para ayudar a Salomón a prepararse para la renovación masiva que la morada de Dios está a punto de experimentar: de tabernáculo (una carpa) a templo (un edificio). David es meticuloso con todos sus detalles, lo que muestra que David no solamente es un planificador, sino también que el templo es un gran proyecto. Es similar a cuando Dios dio las instrucciones originales para el tabernáculo, excepto que este ¡será permanente! Aunque el tabernáculo ha estado parado por un buen tiempo, esta noticia probablemente sea más emocionante para los levitas, quienes no tendrán que preocuparse de moverlo nunca más. Si alguna vez has sido parte de una iglesia móvil que finalmente se mudó a un edificio ¡puedes entenderlo! Ahora los levitas solo tienen que preocuparse del pan consagrado, ofrendas, incienso, alabanza diaria, sacrificios y fiestas y bueno, todavía es bastante. Así que, David prepara veinticuatro equipos de sacerdotes para manejar las cosas. Al principio, comienza con el requerimiento de edad mínima, que es treinta años, pero más adelante la baja a veinte años. O necesitaba más personas de las que tenían disponibles en esa edad, o se encuentra con jóvenes de veinte años que comprenden la responsabilidad de estos cargos.

David organiza a todos los músicos. De la misma manera que los levitas tienen tres divisiones, los músicos tienen tres divisiones. Están divididos bajo Asaf, Jedutún y Hemán, cada uno de los cuales, escribieron uno o más salmos. Hay cantantes, salmistas, personas que tocan instrumentos de cuerda y percusionistas. Una de las cosas especiales de los músicos del templo es que solo se les requiere tocar música. No tienen otras tareas. Los compositores son considerados profetas musicales. De acuerdo con 25:3, ellos profetizaban en dar gracias y alabar al SEÑOR. Hay doscientos ochenta y ocho músicos en total, separados en veinticuatro divisiones como los sacerdotes y el grupo incluye una gran variedad de edades. Algunos son maestros y otros son estudiantes, posiblemente personas que recién están aprendiendo a tocar sus instrumentos.

VISTAZO DE DIOS

En 23:25 David dice: "El SEÑOR, Dios de Israel, estableció a su pueblo y estableció su residencia para siempre en Jerusalén". (En la RVR1960 "Jehová Dios de Israel ha dado paz a su pueblo Israel, y él habitará en Jerusalén para siempre".) Piensa en el peso, la belleza y el alivio que esta frase significa para ellos. YHVH es el Dios de Israel. Y Él los ha sacado de la esclavitud. Y en vez de eso les ha dado descanso. Y ¡ellos son Su pueblo! Y ¡Él ha venido a vivir entre ellos! ¡Y Su casa con ellos no está en el desierto donde tienen que trasladarse todo el tiempo! Está en Jerusalén, el lugar más glorioso en toda la tierra prometida, ¡el lugar donde Dios ha puesto Su nombre! Esta frase es un ¡Aleluya! gigante: "El SEÑOR, el Dios de Israel, estableció a su pueblo y estableció su residencia para siempre en Jerusalén". Dios es bueno, está con ellos y ¡Él es donde el júbilo está!

SALMOS 131, 138–139, 143–145

El salmo 131 es un Cántico de los Peregrinos o de Ascenso. Pareciera que David hubiera escrito esta canción de confianza durante un tiempo de incertidumbre. Quizás está confundido con todas las cosas que suceden a su alrededor o con por qué están sucediendo, pero decide confiar en Dios con las cosas que sí sabe y dejar lo desconocido para Dios. Una cosa que sí sabe es que Dios es soberano sobre todo y se puede confiar en Él con el resultado.

En el salmo 138:1 David dice: "cantarte salmos delante de los dioses". La palabra para *dioses* se refiere a seres espirituales de algún tipo. Algunos académicos creen que es mejor comprendido como ángeles, pues David está en la casa de Dios cuando esto sucede y probablemente hay ángeles presentes. Otros creen que está bien traducido como *dioses* y que David está alabando a YHVH, el único Dios verdadero, frente a todos los dioses falsos que existen en el mundo —dioses paganos y demoníacos, ídolos, seres creados— pues quiere que todos estos vean su alabanza a YHVH. Reconocer la existencia de otros dioses no está en conflicto con el monoteísmo. La idea detrás del monoteísmo es que nosotros *adoramos* a un Dios. Él es el único Dios verdadero. Este capítulo da ricas descripciones del carácter de Dios. Algo que nos ayuda a comprender mejor Su personalidad es buscar en las Escrituras lo que Él ama, lo que odia y lo que le motiva a hacer lo que hace. ¡Este capítulo tiene todo eso! El versículo 2 nos enseña lo que ama y qué lo motiva: "Has exaltado tu nombre y tu palabra por sobre todas las cosas". El versículo 6 nos enseña lo que ama y lo que odia, y Santiago 4:6 reitera esta idea: "Dios se opone a los orgullosos, pero da gracia a los humildes". El versículo 8 nos enseña lo que lo motiva: "El Señor cumplirá en mí su propósito. Tu gran amor, Señor, perdura para siempre".

El salmo 139 es personal, íntimo. David dice que Dios lo conoce totalmente. Eso puede sentirse amenazante si moras en la vergüenza. ¡Pero no para David! ¡Él adora! Aprecia lo que Dios piensa de él: "¡cuán preciosos, oh Dios, me son tus pensamientos!" (v. 17). Incluso invita a Aquel que mejor lo conoce a ayudarlo para conocerse mejor, a revelarle sus puntos ciegos, a que dirija sus pasos. Si David no confiara en Dios, ciertamente no le pediría esto de Dios. Pero parece que entiende que ser conocido y amado es la mejor combinación posible, una sin la otra queda corta.

El salmo 143 es un salmo de Penitencia. David está en una situación desesperada y se da cuenta de que algunos de sus problemas pueden ser el resultado de su propio pecado. La humildad de David y su adecuada comprensión de Dios se demuestran aquí, *antes* de pedirle a Dios que lo libere de sus enemigos, pide a Dios que lo libere de sí mismo y de su propio pecado.

En el salmo 144, David le atribuye sus victorias en tiempos de guerra a Dios, quien lo ha entrenado para pelear. Se siente humilde por el hecho que un Dios tan enorme y poderoso le preste atención a la humanidad en absoluto. Luego, sabiendo que tiene la atención de Dios, le pide que lo bendiga nuevamente y promete alabarlo. ¡Tiene gran esperanza en la salvación de Dios!

El salmo 145:3 dice que Su grandeza es insondable. Esto no significa que no la podamos hallar, ¡la estamos encontrando ahora mismo!, solo significa que nunca llegaremos a sus profundidades por completo. ¡Siempre hay más grandeza que encontrar!

El versículo 9 dice que Dios es bueno con todos; esto es lo que los teólogos llaman "gracia común". El hecho de que todos podamos respirar Su aire y probar Su alimento ¡es Su gracia! También dice que Su compasión está sobre toda Su creación. Así que aun Sus enemigos experimentan Su misericordia; no los aniquila en el momento que se rebelan contra Él. Esto es una forma de gracia común.

VISTAZO DE DIOS

El salmo 145:17 dice: "El Señor es justo en todos sus caminos y bondadoso en todas sus obras". Justo y bondadoso. Lo es en Su *sí*, lo es en Su *no*, lo es en Su *espera*: cada respuesta que da a cada oración que hacemos es Su respuesta más amable posible. Si dice *no* a algo que hemos pedido, entonces Su *sí* sería menos amable. Es bondadoso y Sus planes son buenos. Intenta leer el salmo 138:8 en voz alta poniendo el énfasis en una palabra diferente cada vez. "El Señor cumplirá en mí su propósito". Él lo hará, lo está haciendo. Y ¡Él es donde el júbilo está!

1 CRÓNICAS 26-29; SALMOS 127

David continúa haciendo preparaciones para el primer templo. Aunque es la casa de Dios y David está planeando todo, es comúnmente conocido como "El templo de Salomón", pues es él quien lo construye. Los porteros tienen un increíble e importante puesto; hay puertas por todo el alrededor de la muralla que rodea la ciudad, sirviendo como la principal línea de defensa, así que estos hombres tienen que ser ágiles y vigilantes. Las Escrituras consideran al este como la dirección de santidad, entonces no solamente el templo mismo se orientaría hacia el este, sino también la puerta de más alto honor —y la que requiere la mayor cantidad de guardias— es la Puerta del Este, también llamada la Puerta del Rey. Esta es la puerta por donde Jesús regresará cuando vuelva a la tierra en Su segunda venida.

David también establece tesoreros para el templo. No solamente están a cargo del dinero; están a cargo de cualquier regalo dedicado a Dios y también de los botines de guerra. David tiene sus propios tesoros también, así como jardineros, agricultores, encargados de las viñas y pastores. Algunos levitas tienen el trabajo de manejar las relaciones entre las tribus, lo cual suena como ser un diplomático o embajador. Hay muchas personas involucradas en todos estos cargos rotativos, veinticuatro mil por mes, por un total de doscientas ochenta y ocho mil personas.

En caso de cualquier duda, 27:23-24 nos dice por qué David no debía tomar el censo de hace algunos días. Fue un acto de incredulidad a las promesas de Dios en hacerlos una gran nación. David sintió que tenía que verificar las cosas y revisar el progreso de Dios.

En el capítulo 28, David da sus instrucciones a todo Israel y a Salomón. Les recuerda buscar y obedecer a Dios y establece que Dios ha elegido a Salomón para este proyecto y para ser rey. Instruye a Salomón que ceda su corazón y mente a Dios en todas las cosas. David ha sufrido las consecuencias de manejar su propio destino. Le dice a Salomón que Dios estará con él en todo este trabajo y no lo dejará hasta que haya terminado de construir el templo. Pero esto no significa que Dios está abandonando a Israel. Cuando el templo esté terminado, habitará sobre el propiciatorio ¡en el Lugar Santísimo!

David dona mucha de su riqueza personal para construir el templo, incluyendo más de doscientas mil libras de oro y más de medio millón de libras de plata. Es un ejemplo de generosidad hacia la casa de Dios y lidera el camino en hacer donaciones y sacrificios antes de invitar a las personas a que se unan. Están contentos de participar, se regocijan y dan voluntariamente con todo su corazón. David bendice a Dios, luego le pide a Dios que continúe dirigiendo sus corazones hacia Él y que guíe el corazón de Salomón. Pasa el trono a Salomón y luego muere después de gobernar Israel por cuarenta años. (Pero todavía morirá una vez más en nuestra lectura, así que ¡no te aflijas todavía!)

Hoy terminamos con el salmo 127, un Cántico de los Peregrinos o de Ascenso probablemente escrito por Salomón. El primer versículo toma mucho más significado a la luz del llamado de Salomón para construir el templo: "Si el SEÑOR no edifica la casa, en vano se esfuerzan los albañiles". Pero esto también podría referirse a la descendencia de Salomón y a la dinastía de David. Dios está estableciendo a Su familia como se lo prometió a David, para lograr traer al Mesías. Este salmo sirve como un recordatorio que dice que solo lo que Dios inicia será sostenido y cumplido. Dios está atento y envuelto en todas las áreas de nuestra vida, desde algo tan insignificante como nuestro sueño hasta algo tan importante como la guerra con el enemigo. Podemos esforzarnos cuanto queramos, pero no ganaremos nada ¡sin Él trabajando por nosotros!

VISTAZO DE DIOS

Dios es la fuente de todas las cosas. En 29:12 David dice: "de ti proceden la riqueza y el honor... en tus manos están la fuerza y el poder y eres tú quien engrandece y fortalece a todos". El versículo 14 dice: "tú eres el dueño de todo, y lo que te hemos dado, de ti lo hemos recibido". El versículo 16 dice: "SEÑOR y Dios nuestro, de ti procede todo cuanto hemos conseguido para construir un templo a tu santo nombre. ¡Todo es tuyo!". Esto es cierto, no solamente del dinero, sino también de los talentos, tiempo y servicio. Todo lo que le devolvemos se originó con Él. Dios es la fuente de todo lo bueno y a Él es adonde todo esto apunta. Él es la fuente, suministro y meta y ¡Él es donde el júbilo está!

SALMOS 111–118

El salmo 111:2 dice: "Grandes son las obras del Señor, estudiadas por los que en ellas se deleitan". ¡Estamos estudiando Sus obras! ¿Estás encontrando más formas de deleitarte en Él? El deleite también nos conecta al versículo 10: "El principio de la sabiduría es el temor del Señor; buen juicio demuestra quienes cumplen sus preceptos". Como acabamos de ver, el temor de Dios consiste principalmente en el deleite y el asombro. Y mirar a Dios correctamente es donde comienza la sabiduría, aquellos que practican deleitarse en Él ¡tienen buen juicio! El salmo 112 apunta a lo mismo. El versículo 1 dice: "Dichoso el que teme al Señor, el que halla gran deleite en sus mandamientos". La palabra *dichoso* también puede traducirse como *feliz*. ¡Hay felicidad en perseguir a Dios! Aquellos que se deleitan en Sus mandamientos seguramente viven de acuerdo con ellos, ¿correcto? Así es como la justicia se apodera de la vida de una persona, inicia en nuestro corazón y encuentra su camino a través de nuestras acciones. No creamos nuestra propia justicia. Esto sucede cuando Dios ¡transforma nuestros corazones!

El versículo 4 dice: "Para los justos la luz brilla en las tinieblas". Dios envía Su luz y trae el amanecer en el momento justo. Para aquellos que caminan en los mandamientos en los cuales se deleitan, los versículos del 7 al 10 sirven de guía, recordándonos que Él nos mantiene firmes mientras tanto y que nada nos puede sacudir mientras estemos enraizados en Cristo. "No temerá recibir malas noticias; su corazón estará firme, confiado en el Señor. Su corazón estará seguro, no tendrá temor".

El salmo 113 correctamente coloca a Dios muy alto sobre la tierra, pero esto no es tanto una descripción de Su ubicación física, sino que se refiere a Su soberanía sobre esta. Él es la máxima autoridad. Aunque es distinto y está aparte, se inclina para conectarse con Su pueblo. "¿Quién como el Señor nuestro Dios, que tiene su trono en las alturas y se digna contemplar los cielos y la tierra? Él levanta del polvo al pobre y saca del muladar al necesitado; los hace sentarse con príncipes, con los príncipes de su pueblo" (vv. 5-8). Desde las alturas, dirige sus ojos hacia nosotros, nos contempla. Pero no solamente nos contempla, *se inclina*, nos levanta y ¡nos sienta con la realeza! Esto describe exactamente lo que hizo al dejarnos compartir la herencia ¡del Rey Jesús!

El salmo 114 mira al pasado hacia la historia de los israelitas con un resumen tan poético que es fácil olvidar todas las dificultades que soportaron. Se ausentan completamente todas las historias de deshidratación y del tornado de codornices. Las historias que pasaron —aquellas que se alojaron en su recuerdo colectivo— fueron las de ¡la provisión de Dios!

En el salmo 115, Israel está siendo burlado por las naciones que lo rodean. A diferencia de los dioses de otras naciones YHVH no tiene una estatua o un ídolo que lo represente, entonces da la impresión de que Israel no está adorando a nadie o nada. Israel responde a las burlas diciendo: "Nuestro Dios está en los cielos y puede hacer lo que le parezca" (v. 3). Si conocemos y confiamos en Dios, este es uno de los versículos más reconfortantes en las Escrituras. El hecho que Él haga lo que le parezca no es una amenaza sino una bendición, porque ¡lo que a Él le agrada es bueno para Sus hijos!

El salmo 116 narra un tiempo cuando el salmista necesitaba la ayuda de Dios desesperadamente. Alaba la liberación que Dios le dio contra todo pronóstico. No hay manera de pagarle a Dios lo que ha hecho, pero del desbordamiento de gratitud en su corazón, se compromete a alabar y a servir a Dios ¡por siempre!

El salmo 117 nos señala hacia la grandeza, fidelidad y firme amor de Dios y hacia Su cariño por la gente de cada nación, no solamente de Israel.

VISTAZO DE DIOS

El salmo 118 nos da algunas profecías acerca de Jesús. Jesús se llama a sí mismo "la puerta" y dice: "el que entre por esta puerta, que soy yo, será salvo" (Juan 10:9). Cuando el salmista habla de la puerta de justicia, definitivamente está refiriéndose a las puertas de Jerusalén, pero aquí hay una capa de profecía también. El versículo 20 dice: "Son las puertas del Señor, por las que entran los justos". Jesús es el camino. Es la puerta al Padre. El versículo 22 también profetiza acerca de Jesús: "La piedra que desecharon los constructores ha llegado a ser la piedra angular". Él fue rechazado por los líderes religiosos de Su tiempo, pero es justo el cimiento de nuestra fe. Todo está construido sobre Él y Su trabajo. Y es el único fundamento sólido, todo lo demás se desmoronará, pero Él está estable por siempre. Y ¡Él es donde el júbilo está!

1 REYES 1–2; SALMOS 37, 71, 94

David está viejo, tiene mala circulación y las almohadillas térmicas aún no existen, por lo que traen a una mujer cuyo único trabajo es mantenerlo caliente. Las Escrituras son claras en cuanto a que no ocurre nada sospechoso a pesar de que es incómodo de leer. Mientras tanto, a pesar de lo que ya leímos en Crónicas, Salomón aún no ha sido ungido como rey en este libro. Todo lo que sabemos hasta aquí es que David está próximo a morir y se supone que uno de sus hijos será su sucesor. El mayor de sus hijos vivos, Adonías, quiere el trono. Joab, el consejero de David y Abiatar, uno de los sumos sacerdotes, están de acuerdo con esto, pero la mayoría de los líderes no, incluido Natán el profeta y Sadoc, otro sumo sacerdote.

Adonías monta sus caballos y carros por la ciudad, que es como declararse rey, luego ofrece un sacrificio público, pero solo invita a aquellos que no se oponen a él. Natán y Betsabé saben que Dios ha elegido a Salomón como rey. David también lo sabe, pero es viejo, así que cuando Adonías se autoproclama rey, ni siquiera llama la atención de David. Natán se pone creativo e influye sutilmente en David para que obedezca. Si David no interviene, Adonías probablemente matará a Betsabé y a Salomón para eliminar la amenaza que representan para él. David acepta hacer las cosas bien. Un grupo de líderes unge a Salomón como rey y cuando se corre la voz a Adonías, se aterroriza. Va a agarrarse de los cuernos del altar, un gesto que indica que ha cometido un pecado accidental y está buscando asilo. Le ruega a Salomón que no lo mate y Salomón dice que vivirá si actúa dignamente.

En su lecho de muerte, David tiene algunas palabras finales para Salomón. Le ordena que guarde los mandamientos de Dios, pero luego hace un giro brusco y ordena a Salomón que se vengue de sus enemigos. Le dice que mate a Joab, quién mató a dos de sus comandantes y a su hijo Absalón y que mate a Simí, el hombre que una vez lo maldijo pero se arrepintió y se convirtió en su sirviente. David juró a Simí que no lo mataría y puede que haya encontrado una laguna legal al hacer que Salomón lo haga, pero Dios no se deja engañar. Al igual que con Urías, David consigue que alguien más haga su trabajo sucio. Muere con asesinato en su corazón.

Después que David muere, Adonías quiere que Abisag sea su esposa. Le pide a Betsabé que haga la solicitud en su nombre, ya que Salomón la escucha. Pero como Abisag está en el harén de David, esto se ve como un intento de Adonías por derrocar a Salomón. Salomón hace que lo asesinen. Después Salomón continúa cumpliendo los deseos finales de David, matando a Joab y a Simí. Técnicamente, ambos merecen la pena de muerte porque uno asesinó y otro maldijo al rey, por lo que parece que esto no se considera perverso por parte de Salomón.

En el salmo 37, David dice que Dios concede los deseos de aquellos que se deleitan en Él, ¡y esto proviene de un hombre que recibió un "no" en respuesta a una de sus oraciones principales! Algunos académicos dicen que el significado detrás de este versículo tiene más que ver con que Dios nos da el deseo en sí mismo, al poner los deseos correctos en nosotros mientras nos deleitamos en Él. Otros señalan que si nos deleitamos en Dios, entonces Él y Su voluntad son ¡lo que nuestros corazones desean!

El autor del salmo 71 está viejo y cansado, pero Dios lo ha llevado a lo largo de su vida. Habla de triunfo sobre aquellos que intentaron dañarlo. Esto suena mucho a como si fuera David, ¿no? El salmo 94 continúa con este tema: "Él les hará pagar por sus pecados y los destruirá por su maldad; el SEÑOR nuestro Dios los destruirá" (v. 23).

VISTAZO DE DIOS

El discurso del lecho de muerte de David nos deja con cierta tensión. ¿Qué hacemos con sus palabras llenas de odio? Nuestro objetivo no es descubrir quién es David, sino averiguar quién es Dios. Entonces, ¿qué nos muestra esto acerca de Dios? ¿Qué sucede si uno de los hijos de Dios muere con pecado en su corazón y no se arrepiente? ¿Arruina todo? ¿Y si es venganza o incluso asesinato? Hebreos 11:1 y 12:2 responden a nuestras preguntas: David está enlistado en el "salón de la fe" y se cuenta entre los antepasados de nuestra fe. Nuestra posición en la familia de Dios no es y nunca ha sido sobre nuestras obras o nuestra perfección. Incluso en el Antiguo Testamento, se trata de la fe en el Dios que cubre *todos* nuestros pecados. A través de David, Dios demuestra su inmensa misericordia y gracia. ¡Qué regalo saber que todos los pecados de todos los hijos de Dios, pasado, presente, futuro, intencional, confesado y accidental, están cubiertos por la sangre de Cristo! ¡Él es donde el júbilo está!

SALMOS 119

Este es el capítulo más largo de la Biblia, así como el capítulo central de la Biblia. Está escrito como un poema acróstico hebreo y cada una de las veintidós secciones comienza con la letra subsecuente del alfabeto hebreo y cada uno de los ocho versículos dentro de una sección también comienza con esa letra. Para nosotros, eso sería como ocho versículos que comienzan con A, luego ocho versículos que comienzan con B y así sucesivamente. Esta fue una labor de amor. Nadie sabe quién lo escribió, pero muchos estudiosos piensan que fue Ezra el sacerdote y escriba. Todo lo que sabemos es que este salmista ama la Palabra de Dios. Este tipo de composición de canciones detallada y exigente no se realiza de manera poco entusiasta.

Mientras el salmista ama la Palabra de Dios, ¡quiere amarla aún más! No es un hombre perfecto, incluso termina el salmo diciendo que es una oveja perdida que se ha extraviado y le pide a Dios que vaya a buscarlo, pero en todo esto, muestra una profunda comprensión de Dios y Su carácter. De hecho, el salmo señala al menos siete atributos dignos de alabanza de Dios y Su carácter: justicia, confiabilidad, veracidad, fidelidad, inmutabilidad, eternidad y luz.

En los versículos 9-11, nos muestra cómo poseer un conocimiento a nivel del corazón de Dios y Su Palabra lo mantiene caminando cerca y obediente a Dios. Desafortunadamente, somos incapaces de cambiar nuestros propios corazones. ¡Afortunadamente, este capítulo muestra a Dios como el agente activo en dar sabiduría y cambiar el corazón! El versículo 18 dice: "Abre mis ojos", el versículo 27 dice: "Hazme entender", el versículo 32 dice: "Tú ensancharás mi corazón", y el versículo 36 dice: "Inclina mi corazón". ¡Estas son todas grandes oraciones para orar! *¡Dirige mi mirada, enséñame, dame entendimiento, guíame, inclina mi corazón!*

En los versículos 15-16, se entrena a sí mismo con el tipo de comportamiento que quiere mostrar. Dice: "En tus preceptos medito y pongo mis ojos en tus sendas. En tus decretos hallo mi deleite, y jamás olvidaré tu palabra". Quiere concentrarse, atesorar y recordar a Dios. Si este salmista hiciera un tablero de visión, la Palabra de Dios es lo que estaría en él.

En los versículos 71-75, incluso le agradece a Dios por las aflicciones que Dios usó para acercarlo. Reconoce que Dios tiene un propósito eterno en mente: "Me hizo bien haber sido afligido, porque así llegué a conocer tus decretos… Señor, yo sé que tus juicios son justos, y que con justa razón me afliges". Pero incluso este salmista, un hombre cuya esperanza está firmemente plantada en el Señor y que conoce y ama la Palabra de Dios, sabe lo que es sentir dolor y anhelo. En el versículo 82 ora: "¿Cuándo vendrás a consolarme?". Amar a Dios no evita sentir dolor y pérdida, significa que tenemos una persona segura para estar con nosotros en nuestro dolor. ¡Podemos pedirle a Dios que se acerque y nos consuele! Según el salmo 34:18, ¡le encanta hacer eso!

VISTAZO DE DIOS

El salmo 119:105 dice: "Tu palabra es una lámpara a mis pies; es una luz en mi sendero". La palabra usada para *lámpara* en "una lámpara a mis pies" se refiere a una lámpara de pie, que es cómo una sola vela. Este tipo de lámpara solo da suficiente luz para el siguiente paso. Puedes hacer todo el viaje, paso a paso, con la vela, pero debes seguir dependiendo de ella, al igual que con la Palabra de Dios. La palabra para *luz* en "una luz a mi camino" es una palabra diferente. Es un reflector. Es el amanecer. Es el tipo de luz cuando "Dios dijo que haya luz". ¡Esto es increíble! La Palabra de Dios es ambos tipos de luz: toda la tierra se inundó con la gloriosa verdad absoluta como si fueran mil soles *y* la guía personal individual, paso a paso que necesitamos en cada momento. Es todo lo que necesitamos. Segunda de Timoteo 3:16-17 dice: "Toda la Escritura es inspirada por Dios y útil para enseñar, para reprender, para corregir y para instruir en la justicia, a fin de que el siervo de Dios esté enteramente capacitado para toda buena obra". Tenemos todo lo que necesitamos, la luz brillante, la luz personal, todo iluminando las mismas verdades que necesitamos para la vida y la devoción; y para todo buen trabajo. ¡Dios nos lo ha dado todo generosamente! Su Palabra es donde está el júbilo, porque Él está en ella … ¡y Él es donde el júbilo está!

1 REYES 3-4

Salomón comenzó su reinado matando a unas cuantas personas, tal vez justamente, tal vez no; y casándose con una mujer extranjera, lo que definitivamente no es correcto. Este matrimonio es una alianza política, lo que sugiere que no confía en Dios para actuar en nombre de Israel. Hace alianzas que involucran casarse con las mujeres que Dios dijo que no se casaran. Ser rey no significa que se pase por alto la obediencia. De hecho, como el líder, debería ser el que pone el ejemplo. Desafortunadamente, como su padre, las mujeres son su punto débil y eventualmente eso causa que su reino se desmorone.

Salomón ama a YHVH pero también le gusta ofrecer sacrificios a dioses paganos. Tiene un corazón dividido. Esto no es nada raro en sus días, o incluso hoy en día. Se le llama *sincretismo*, donde la gente trata de cubrir todas sus necesidades sintetizando dos creencias religiosas. Esto funciona bien con casi todos los dioses excepto con YHVH, porque todos ellos están en el mismo equipo. Cada religión falsa se opone al reino de la Luz, incluso la religión falsa de la moralidad que vemos en la cultura cristiana de hoy en día. En Gálatas 5:4, Pablo dice que aquellos que creen en Jesús pero confían en sus propias buenas obras para añadir algo a su salvación están separados de Cristo: "Aquellos de entre ustedes que tratan de ser justificados por la ley han roto con Cristo; han caído de la gracia". YHVH no sintetiza con nada más, incluso nuestros mejores esfuerzos personales por vivir una vida buena y limpia. Y Él ciertamente no sintetiza con dioses paganos.

Salomón ofrece mil sacrificios, probablemente a Dios, aunque es difícil decir con certeza; luego Dios se le aparece en un sueño y dice: "Pídeme lo que quieras, y es tuyo". Él sabe lo que Salomón va a pedir y todo esto es parte de Su plan para usar a Salomón para liderar a Su pueblo y avanzar en los planes del nacimiento del Mesías. Salomón sabe que esto es algo grande y no confía en sí mismo, es lo suficientemente inteligente para saber que es joven y tonto. Así que le pide a Dios sabiduría. (Por cierto, cuando dice que él es un "muchacho", eso es una hipérbole, a estas alturas él ya es padre). Dios se complace en la petición de Salomón y le concede sabiduría ¡y algo más! Le dará riquezas a pesar de todo y le dará una larga vida si camina en obediencia.

Después viene la primera prueba de su sabiduría recién concedida. Dos mujeres están peleándose por un bebé y nadie sabe qué hacer. Salomón es perspicaz y un tanto astuto; y descubre la verdad. Todo Israel ve que tiene sabiduría divina. Vale la pena señalar que a estas dos mujeres, quienes tienen un estatus social más bajo, debido a sus trabajos como prostitutas, se les permite presentarse ante el rey. ¡Esto nos muestra cómo la antigua sociedad de Israel valoraba a las mujeres mucho más de lo que la mayoría de nosotros nos inclinamos a pensar!

El padre de Salomón peleó muchas batallas y adquirió mucho territorio, ¡e Israel está disfrutando la abundancia! No solo el propio Salomón es rico, sino que todo el pueblo es feliz y está bien provisto. ¡De hecho, él y su grupo comen más de ciento treinta animales al día! ¡Y tiene cuarenta mil caballos! ¿Notaste algún problema aquí? ¿Recuerdas Deuteronomio 17:16-17, donde Dios prohíbe a los reyes de Israel que acumulen tres cosas: riquezas, mujeres, y caballos? En la lectura de hoy, hemos visto una tarjeta amarilla en la riqueza, una tarjeta roja en las mujeres y una tarjeta roja en los caballos. Israel está prosperando pero el reinado de Salomón ha tenido un comienzo incorrecto.

VISTAZO DE DIOS

Justo después que Salomón hace mil ofrendas a Dios, vemos que también adora a otros dioses. Eso es lo que está haciendo justo antes que Dios aparezca y le diga: "Salomón, ¿qué es lo que quieres? Sabes que solo vas a obtener eso de mí, ¿verdad? ¡Ven a mí! ¡Tengo todo lo que necesitas! No esos otros ídolos. No esos demonios. ¡Yo!". Y vamos a ser claros: Salomón no corrige su acto y camina en total obediencia y perfección de este punto en adelante. No es como que este sea un momento crucial en el que mira a YHVH y nunca se aparta. Falla. Pero no estamos aquí para aprender del corazón de Salomón, estamos aquí para aprender del corazón de Dios. Y lo que vemos es que Dios se aparece al corazón dividido de Salomón para decir: "Yo soy lo que estás buscando". Como todos nosotros, Salomón va a olvidar esto. Y Dios lo seguirá buscando. Salomón lo tendrá todo antes que todo esto esté dicho y hecho: sabiduría, riquezas y mujeres, pero nunca será mejor que la cercanía de Dios, incluso en medio de nuestros pecados. ¡Él es donde el júbilo está!

319

2 CRÓNICAS 1; SALMOS 72

Hoy hacemos un recuento del encuentro que Salomón tuvo con Dios en Gabaón. Dios elogia a Salomón por no pedirle la vida de sus enemigos. Esto se siente como una referencia a su padre David, quien pidió la vida de sus enemigos en su lecho de muerte. Al final del capítulo 1 se nos recuerda que, a pesar de su sabiduría recientemente concedida, Salomón comienza a acumular riquezas y caballos.

La autoría del salmo 72 no es clara. ¿Es de Salomón, como dice en el principio? ¿O de David, como dice en el final? Aquí está el caso para cada posibilidad: si es de Salomón, entonces la línea, "De Salomón" nos está diciendo el nombre del autor y la última línea, "aquí terminan las oraciones de David hijo de Isaí", está profetizando la muerte de David. Si es de David, "De Salomón" nos está diciendo que es sobre Salomón y no de él y la última línea nos está dando la última señal de David antes de morir. Nadie sabe realmente y nada importante depende de ello.

Esto es lo que sí sabemos sobre este salmo: es sobre la bendición sobre el rey y probablemente Salomón en específico, independientemente de quien lo escribió. Dios tiene grandes planes para este rey. Esta es una oración para un rey justo, pero no es una alabanza *para* el rey, es pedirle a Dios que le conceda todas estas cosas buenas *al* rey: un corazón para la justicia, una mano justa, un ojo para ver la pobreza y la necesidad. Las Escrituras le atribuyen todas estas cosas a Dios y le pide a Dios que se las dé al rey. Como hemos visto, estas posiciones del corazón y la mente son concedidas por Dios.

El salmista, que fue rey en algún momento (independientemente de si lo escribió David o Salomón), sabe cuánto necesita el rey oración. En el versículo 15, pide que se ore por él sin cesar. ¿Te das cuenta de lo humilde que es este punto de vista? Si hubiera exaltado al rey al estatus de Dios, entonces el rey no necesitaría oraciones. Sería elevado por encima de la posición de la necesidad humana. Pero como el salmista se da cuenta de que todas las cosas buenas son dadas de la mano de Dios, sabe que el rey necesita la ayuda de Dios y le pide al pueblo que interceda en su nombre.

Termina con una bendición hacia Dios mismo y dice que solo Dios hace cosas maravillosas. Hay tantas cosas que necesitamos y no hay nadie a quien podamos llevar nuestras necesidades más que a Dios. Así que mucha gente teme pedirle cosas a Dios, temen molestarlo. Pero Dios dice que oremos sin cesar. Quiere que sigamos hablando con Él, que sigamos pidiéndole cosas, en parte porque nos ayuda a reconocer que Él es la fuente de todas las cosas y nos ayuda a reconocer lo desesperadamente necesitados que estamos.

VISTAZO DE DIOS

Aún cuando la gente no le pide nada a Dios, Él está ansioso por mostrar Su corazón de generosidad. Salomón ni siquiera le está pidiendo nada y Dios se aparece y dice: "Ey, Salomón, ¿quieres algo?". Luego, encima de eso, Dios decide triplicar la bendición, no solo dándole a Salomón lo que pide, sino también dándole cosas que no pide o merece. Dios está marcado por este tipo de generosidad abundante. Él es dueño de todo y ama bendecir a Sus hijos. Busca oportunidades para hacerlo. ¡Su corazón es tan bondadoso! ¡Él es donde el júbilo está!

CANCIÓN DE SALOMÓN 1–8

Este libro tiene tantas capas y hay incertidumbre sobre varios aspectos de esto. Por ejemplo, no sabemos si fue escrito por o acerca de Salomón (o ambos) o si solo fue escrito durante su reinado. Si es acerca de él, es sobre su relación con su primera esposa porque describe una relación monógama. Eventualmente tuvo un harén de mil mujeres, setecientas esposas y trescientas concubinas, que por cierto no le resulta bien. Los eruditos están divididos sobre si es una historia de amor humano, una alegoría sobre el amor de Dios por Su pueblo o ambas cosas. La mayoría de los eruditos creen que los antiguos judíos consideraban que la poesía de amor pertenecía a la literatura de sabiduría de las Escrituras; de hecho, a los jóvenes hebreos se les prohibía leerla porque era demasiado arriesgada. Por el bien de nuestra conversación, lo veremos como probablemente lo hicieron los antiguos judíos, pero es útil considerar que también puede servir como una ilustración.

Si te atienes a la interpretación romántica, puedes ver que sigue la antigua relación judía, del cortejo a la boda y al matrimonio. Gran parte del libro es una conversación y hay cuatro oradores principales: la pastora, su séquito, el pastor y el rey Salomón. La pastora lleva la mayor parte de la conversación; de hecho, ella habla más que cualquier otra mujer en las Escrituras, seguida de cerca por Ester. Ella comienza expresando su amor por el pastor. También reconoce que no es convencionalmente atractiva, no obstante ella sabe que es hermosa. Ella es morena en una cultura que valora la piel clara. La piel clara significa que no eres de la clase trabajadora o pobre; puedes pasar tus días adentro, no en los campos bajo el sol caliente. Ella le hace saber a este atractivo y solicitado hombre que está interesada y él le corresponde. A pesar de su apariencia que no coincide con los estándares culturales, él la encuentra más atractiva que al resto y se lo hace saber repetidamente y a fondo.

Tres veces, les habla a las mujeres locales y les ruega que no "desvelen ni molesten a su amor, hasta que este quiera". Esto puede ser interpretado de muchas maneras. Tal vez significa, "No inicien cosas con un hombre; dejen que él venga a ustedes," como si se arrepintiera de iniciar cosas con el pastor. Tal vez significa:

"Permanece pura sexualmente hasta el matrimonio". O tal vez significa: "Ocupa tu mente en otras cosas y Dios te traerá una relación a Su propio tiempo". Tal vez significa todas estas cosas; no son mutuamente exclusivas y hay sabiduría en todas ellas. Pero cualquiera que sea su significado, ella está firme en ello. Ella también pasa mucho tiempo elogiando al pastor con los demás. Piensa en él todo el tiempo e incluso sueña que no puede encontrarlo y va a buscarlo de noche por las calles de la ciudad. Después, parece que tiene otra pesadilla. Mientras les cuenta a sus amigos, estos le preguntan por qué este hombre es tan espectacular. ¡Ella habla tanto de él que quieren conocerlo!

No está claro cuándo se celebra la boda exactamente, pero es probable que haya un banquete de boda de una semana durante la mayor parte de este tiempo. Cuando llega el día de la ceremonia, sus hermanos hablan, describiendo a dos tipos de mujeres; una puerta: una mujer que se abre para los hombres sin mucha discreción; y una pared: una mujer que se mantiene cerrada sexualmente a los hombres. Sus hermanos quieren ser capaces de protegerla. Ella les asegura que ha sido una pared, lo que es consistente con el consejo que ha dado a las mujeres locales. El pastor confirma esto cuando dice: "Jardín cerrado eres tú, hermana y novia mía".

VISTAZO DE DIOS

Dios afirma Su buen diseño para el matrimonio y el sexo. Este libro va en contra de dos ideas yuxtapuestas: (1) El sexo es sucio y malo y a Dios le disgusta; y (2) el sexo no es gran cosa.

A pesar del quebrantamiento emocional y espiritual de la sexualidad del mundo, nuestro Creador tenía cosas buenas en mente cuando inventó las relaciones, el matrimonio y el sexo. No está tratando de robar el gozo de las personas poniendo límites alrededor de esas cosas. Él las inventó y como cualquier inventor, quiere que sepamos cómo usar lo que hizo para que no lo rompamos o nos lastimemos a nosotros mismos y a los demás. Gentilmente nos dice cómo estas cosas que inventó pueden funcionar de manera óptima, ¡para Su gloria y nuestro gozo! ¡Él es donde el júbilo está!

PROVERBIOS 1–3

Es importante tener expectativas adecuadas para este libro; es la compilación de literatura de sabiduría escrita por varios autores a lo largo del tiempo, aunque Salomón es el autor principal. La literatura de sabiduría tiene que ser manejada de manera diferente a otros libros de las Escrituras; no son leyes o consejos de Dios y no son profecías o promesas. Los proverbios son la sabiduría acumulada y las percepciones generales de las personas que observaron al mundo de cerca y apuntaron a demostrar la sabiduría de Dios en cada aspecto de sus vidas. Debemos tener cuidado de no tomar estos sabios dichos como promesas a las que podemos aferrarnos, porque hay excepciones a estas reglas y otros libros de sabiduría como Job y Eclesiastés son muestras de esto. Por ejemplo, Proverbios hace que parezca que los sabios y los piadosos evitarán el dolor y el sufrimiento, pero Job demuestra la excepción. Esa es otra razón por la que es importante para nosotros leer todas las Escrituras y no sacar fuera de contexto cosas que nos hacen sentir bien, con poder o con derecho.

Proverbios presenta repetidamente tres tipos de personas: los sabios, los necios y los simples. La persona sabia camina en la justicia y el temor de Dios, el necio se apoya en su propio entendimiento y no busca a Dios o descaradamente se rebela contra Él; y el simple se desvía fácilmente o no presta atención a las realidades más profundas de la vida. Presta atención a esas tres personas. Ajustar tu mentalidad puede ser un desafío, especialmente porque Proverbios se siente en ocasiones como una lista de "cosas por hacer", pero sigue buscando a Dios en este libro. Muchos de los versos son ideas independientes, por lo que cubriremos principalmente los que son potencialmente confusos, problemáticos o útiles.

El libro comienza con un padre que le da instrucciones a su hijo y cierra con una madre que le da instrucciones a su hijo. El padre implora a su hijo que busque y valore la sabiduría, que sea abierto a la enseñanza. Él personifica la sabiduría como mujer; pero ella no es todo rosas y luz de sol. Ella tiene algunas palabras firmes para el necio e inexperto y dice que serán dejados con sus propias intrigas. A veces, dejar que una persona se acueste en la cama que ha hecho es la mejor manera de conseguir que compren un colchón nuevo. Este pasaje también señala que la pasividad es tan perversa y necia como la búsqueda activa del pecado. Tanto los simples como los necios mueren, ya sea como resultado de la acción o la inacción.

El capítulo 2 enumera las cosas deseables que Dios proporciona y nos dice que busquemos: sabiduría, conocimiento, entendimiento y discernimiento. Son como los músculos de tu alma, fortalecidos por el Espíritu de Dios. El capítulo 3 nos llama a confiar en Dios con los detalles de nuestras vidas y caminar en Sus caminos. Cuando caminamos en obediencia a Dios y lo honramos, tenemos más paz que cuando hacemos lo nuestro. Incluso puede ser una paz que no tiene sentido dada su situación, pero la obediencia agrega paz donde el caos parece natural. La sabiduría también puede protegernos de tener miedo en situaciones de temor. Estas bendiciones no son simplemente el resultado del conocimiento o la obediencia, están enraizadas en la cercanía de Dios. Y la sabiduría misma no es lo que nos trae paz. ¡Es la cercanía del Dios de la sabiduría! Y la obediencia no significa nada a menos que nuestros corazones estén comprometidos con el Dios al que obedecemos. De hecho, la obediencia se puede sentir como un esfuerzo si lo hacemos para ganar algo en lugar de hacerlo en respuesta al Dios que nos ama a pesar de nosotros mismos.

VISTAZO DE DIOS

"Confía en el Señor de todo corazón, y no en tu propia inteligencia. Reconócelo en todos tus caminos, y Él allanará tus sendas. No seas sabio en tu propia opinión; más bien, teme al Señor y huye del mal" (Proverbios 3:5-7). Dios quiere que le hablemos sobre todo. ¡Quiere salvarnos de la tiranía del yo! Ni nuestros corazones, ni nuestras mentes deberían guiarnos en última instancia. No tenemos que confiar en nuestros corazones, ¡tenemos que *confiarle* nuestros corazones a Dios! No tenemos que apoyarnos en nuestra propia comprensión, ¡tenemos que apoyarnos completamente en la Suya! No tenemos que hacer lo nuestro, ¡tenemos que reconocerlo en todos nuestros caminos! No tenemos que ser sabios en nuestros propios ojos, ¡tenemos que afirmar que necesitamos Su ayuda! Él hace nuestros caminos rectos. Se preocupa por cada detalle y nunca está demasiado ocupado para hablar sobre lo que estamos pasando. Después de todo Él está pasando por esto con nosotros. E incluso aquí, en medio de eso, ¡Él es donde el júbilo está!

PROVERBIOS 4-6

El padre le dice a su hijo más verdades generales sobre vivir y caminar en el temor del SEÑOR, involucrándose con Dios a través del deleite y el asombro. Proverbios 4:7 dice: "La sabiduría es lo primero. ¡Adquiere sabiduría!". Reconocer que necesitas sabiduría es sabio y cuando buscas sabiduría, te vuelves ¡aún más sabio! Una relación con Dios es muy similar; a veces cuanto más te acercas a Él, más te das cuenta de que eres de Él. Estar más cerca de la luz de Dios ilumina los lugares oscuros en nosotros y sentimos convicción por pecados que nunca nos habían molestado y vemos cambios positivos en las actitudes negativas que solíamos apreciar. Él realiza un cambio en nosotros que no podemos hacer con nuestro propio poder. ¡Él hace el hacer! Romanos 11:36 aborda este misterio circular y espiritual: "Porque todas las cosas proceden de él, y existen por él y para él". Él es la fuente, el suministro y el objetivo. Él inicia, sostiene y cumple. Así que aquí estamos, a mitad de ciclo, aprendiendo y creciendo gracias a ¡Su trabajo en nosotros!

En los versículos 14-15, el padre expresa una preocupación específica. Seis veces repite la forma de manejar el camino de los malvados: "no sigas, no vayas, evítalo, no sigas, apártate, pasa". El versículo 23 a menudo se aplica a las relaciones de pareja: "Por sobre todas las cosas cuida tu corazón, porque de él mana la vida". Hay sabiduría en tener buenos límites, pero este no es un versículo sobre cómo desconectarte de tus emociones o tratar de no tener esperanzas en que las cosas funcionen con tu interés amoroso. Este versículo está rodeado de versículos acerca de aferrarse a la sabiduría y mantener alejada tu lengua de las mentiras, tus ojos del mal y tus pies de los caminos malvados. Proteger nuestros corazones parece estar más relacionado con erradicar la amargura y la malicia de nuestros corazones, no con los sentimientos románticos.

Por otro lado, el capítulo 5 tiene mucho que decir sobre las relaciones. El padre es enfático sobre evitar el adulterio y a la adúltera. La describe como una insensata, alguien que no reflexiona sobre su camino. No piensa en las consecuencias y los resultados, porque si lo hiciera, nunca tomaría la decisión de cometer adulterio. El padre básicamente está diciendo: "Ella no está pensando, así que será mejor que tú sí estés pensando. Y cuando pienses, recuerda lo que te estoy diciendo ahorita: no lo hagas. No vale la pena". Alienta a su hijo a ser fiel a su esposa, declarando una bendición sobre su matrimonio y su vida amorosa.

En el capítulo 6, el padre le dice al hijo que no preste dinero a la gente. Como recordatorio, la literatura de sabiduría no es ley. De hecho, las Escrituras dicen que debemos ser generosos con los necesitados y Dios incluso prohíbe a los israelitas cobrar intereses a otros israelitas a quienes les prestan dinero, así que sabemos que los préstamos no están en contra de las leyes de Dios. Esto es solo un padre que transmite su sabiduría por experiencias a su hijo. También lo alienta a desarrollar una fuerte ética de trabajo y a tratar honestamente con los demás.

Después el padre tiene más que decir sobre el adulterio: si su hijo camina con sabiduría, naturalmente evitará a la adúltera. Pero si por casualidad se siente tentado, debe recordar que no puedes poner carbón en tu regazo sin quemarte. Caminar en sabiduría y cercanía con Dios da paso a la paz, pero caminar fuera de Sus caminos da paso a la destrucción.

VISTAZO DE DIOS

En 6:16-19, el autor enumera siete cosas que son una abominación para Dios y seis cosas que odia: "los ojos que se enaltecen, la lengua que miente, las manos que derraman sangre inocente, el corazón que hace planes perversos, los pies que corren hacia el mal, el falso testigo que esparce mentiras y el que siembra discordia entre hermanos". Mucho de eso nos aplica, lo que debería provocar una inmensa gratitud porque Jesús pagó nuestra deuda por el pecado y porque el Espíritu de Dios obra en nosotros. La compasión, generosidad y perdón de Dios son evidentes aquí, adopta pecadores en Su familia a pesar de que sabe que hacemos muchas cosas que odia y que son una abominación para Él. Como todos nosotros, Dios odia las cosas que son una afrenta a lo que ama. Entonces, ¿qué es lo que Dios ama? Lo opuesto a estas cosas son: humildad, honestidad, inocencia y justicia, pureza, rectitud, verdad, pacificación y unidad. ¡Esas cosas son tan hermosas! Y son un gran resumen de lo que hemos visto de Él en las Escrituras. ¡Que Su Espíritu nos dé poder para ser más como Él! ¡Él es donde el júbilo está!

PROVERBIOS 7–9

Hoy continuamos nuestro progreso a través de Proverbios, seguimos en el consejo del padre a su hijo y su advertencia sobre el adulterio. Quiere que estas palabras estén en la línea de visión, manos y corazón de su hijo. Las tres áreas (ojos, manos y corazón) son aspectos importantes de caminar en santidad y pureza. Si el hijo tiene esta sabiduría al frente de estos lugares, no se sentirá atraído por la adúltera.

Es fácil escuchar la frase "la adúltera" y pensar en alguien que intencionalmente busca seducir. Si bien eso es posible, no se refiere exclusivamente a eso. Podría ser alguien a quien el hijo buscara y persiguiera; de hecho, 7:8 hace referencia al hijo caminando a su casa por la noche. Ella lo encuentra en el camino, pero parece que él va por su propia voluntad. A medida que ella aumenta la adulación, el tonto se la cree. El padre advierte a su hijo repetidamente que este es el camino a la muerte. No es una advertencia sutil; lo repite una y otra vez, usando lenguaje diferente, e incluso lenguaje violento a lo largo del pasaje, solo para asegurarse que él entienda el punto.

Describe a la adúltera como una mujer ruidosa que se acerca al hijo y lo seduce en la calle. Luego describe a otra mujer que grita en la calle, pero esta mujer es la sabiduría personificada. Ella levanta la voz para gritar también. Les dice a los tontos y a los necios que la escuchen. Comienza a describirse a sí misma: vive con prudencia, conocimiento y discreción y odia al orgullo, la arrogancia, el mal y el discurso pervertido. Habla sobre los beneficios que ofrece a cualquier persona que tenga una relación con ella: consejo, sabiduría confiable, perspicacia, fortaleza, liderazgo, justicia, amor, abundancia, honor, riqueza duradera y rectitud. Ella era una herramienta en la mano de Dios cuando creó la tierra.

Y así como el tonto persiguió a la adúltera yendo por el camino hacia su casa, la mujer Sabiduría puede ser perseguida de la misma manera. Ella dice: "Dichosos los que me escuchan y a mis puertas están atentos cada día, esperando a la entrada de mi casa. En verdad, quien me encuentra halla la vida y recibe el favor del Señor". (8:34-35). Ella no aborda al hijo como lo hace la adúltera ni hace un ataque furtivo;

ella pide ser perseguida. Y mientras la adúltera es el camino a la muerte, la sabiduría es ¡el camino a la vida! Y amar a Dios es odiar el mal. Estas yuxtaposiciones son obvias e intencionales. El padre presenta dos opciones para su hijo y está indicando claramente qué camino es el correcto. El capítulo 9 personifica tanto la sabiduría como la locura y ambos claman a la persona de mente simple. La locura suena mucho como la adúltera del capítulo 7. La sabiduría ofrece al hijo algo duradero y la adúltera toma algo duradero de él.

El consejo del padre concluye y es interesante observar qué porcentaje se centra en alentar al hijo a evitar el pecado sexual y buscar la sabiduría. Esas búsquedas son opuestas entre sí; no puedes perseguir simultáneamente a ambas. Los resultados de esas persecuciones también se yuxtaponen. El padre parece saber mucho sobre esto, tal vez cometió este error en su propia vida y por eso es tan enfático al respecto. O tal vez persiguió a la sabiduría y se dio cuenta de lo beneficioso que era para él. O tal vez ambos, porque Salomón fue quien escribió esto. Salomón, el hombre que pidió sabiduría a Dios, tuvo setecientas esposas y trescientas concubinas. En su vida, parece que aprendió ambas lecciones: el valor de la sabiduría y la insensatez del pecado sexual. Probó el mundo y salió con algunos consejos basados en sus experiencias. Espera evitar que su hijo cometa sus mismos errores.

VISTAZO DE DIOS

Proverbios 8:30-31 describe a la sabiduría, pero algunos académicos dicen que también apunta a Cristo. "Allí estaba yo, afirmando su obra. Día tras día me llenaba yo de alegría, siempre disfrutaba de estar en su presencia; me regocijaba en el mundo que él creó; ¡en el género humano me deleitaba!". Las palabras hebreas para *deleite* y *regocijo* llevan las connotaciones de jugar y retozar. Así como la sabiduría se deleita en la humanidad y la creación, Dios se deleita en la sabiduría. ¿Cómo es que Dios *se divierte*? Parece que está positivamente embelesado ante su creación, sonriendo con afecto y diversión. ¿Puedes imaginarlo? Así es como Dios se siente acerca de nosotros y acerca de la sabiduría y así es como la sabiduría se siente acerca de nosotros. ¡Dios es feliz! ¡Él es donde el júbilo está!

PROVERBIOS 10–12

Hoy Salomón da sabiduría para todos, no solo para su hijo. Cómo vivimos impacta a los demás, por lo que implora a todos que sean intencionales en buscar la verdad y vivir de acuerdo con ella. Puede significar más trabajo para empezar, pero a la larga nos bendecirá. Parte de la sabiduría es ser enseñable; una persona sabia se someta al liderazgo y la autoridad: "El de sabio corazón acata las órdenes, pero el necio y rezongón va camino al desastre" (10:8). El necio ni siquiera escucha la corrección en absoluto; solo sigue hablando. Gran parte de Proverbios concierne a nuestro discurso. Si bien nuestras palabras pueden no tener el poder literal de la vida y la muerte, ya que ese poder solo le pertenece a Dios, ciertamente tienen un efecto considerable en nuestras emociones y perspectivas, ya sean las palabras que hablamos o las palabras que escuchamos.

Las palabras que hablamos deben medirse cuidadosamente. Salomón abarca esto a lo largo del capítulo 10: "Fuente de vida es la boca del justo," y "En los labios del prudente hay sabiduría," y "la boca del necio es un peligro inminente," y "el que propaga calumnias es un necio. El que mucho habla, mucho yerra; el que es sabio refrena su lengua. Plata refinada es la lengua del justo... Los labios del justo orientan a muchos" y "La boca del justo profiere sabiduría, pero la lengua perversa será cercenada. Los labios del justo destilan bondad, de la boca del malvado brota perversidad". ¡Y eso está solo en un capítulo!

Como se trata de literatura de sabiduría, no de promesas, profecías o de la ley, tiene que ser ponderada por su contexto y evaluada con el resto de las Escrituras, o seremos inducidos a creer algo que las Escrituras no dicen realmente. Por ejemplo, 10:15 dice: "La riqueza del rico es su baluarte; la pobreza del pobre es su ruina", pero hemos visto repetidamente que Dios hace que la riqueza no tenga sentido y eleva a los pobres. Incluso 11:28 dice: "El que confía en sus riquezas se marchita". Entonces, ¿qué está tratando de decir Salomón? ¿Se está contradiciendo a sí mismo? El mensaje aquí parece ser más sobre ética laboral que riqueza. La pereza está mal vista y la pobreza no debe ser idealizada porque hay muchos problemas enraizados en ella. Si bien el trabajo duro y la pobreza no siempre están reñidos, los proverbios dicen verdades generales. Siempre hay excepciones a la regla. Algunas personas "nacen en cuna de oro", así que aunque puede ser que trabajen duro, es más fácil que tengan oportunidad de avanzar más lejos que alguien que nace en un refugio, por ejemplo.

Otros proverbios requieren que demos lugar a las connotaciones en cuanto a cómo los interpretamos y que nos muestran la atención al detalle y el balance que aporta la sabiduría. Por ejemplo, 10:18 dice: "El de labios mentirosos disimula su odio, y el que propaga calumnias es un necio". Esto tampoco es contradictorio, nos está señalando qué decir y qué no decir: no debemos mentir acerca de nuestros sentimientos, pero tampoco debemos murmurar o chismear sobre las personas.

El capítulo 11 enfatiza las conexiones entre la humildad y la sabiduría; y entre la justicia y la sabiduría. La persona humilde se da cuenta de que lo más sabio es caminar en los caminos de Dios, no en los propios. Los justos no solo se bendicen a sí mismos, sino que también sirven como una bendición para quienes los rodean: "el que reanima será reanimado". El capítulo 12 vuelve a sumergirse en nuestro discurso. El hombre sabio puede mantener la boca cerrada incluso si tiene algo grandioso que decir, pero el tonto parlotea sin cesar y generalmente resulta en error, mentiras y heridas.

VISTAZO DE DIOS

De acuerdo con 11:20 y 12:22, Dios odia un corazón torcido y labios mentirosos. La palabra *torcida* se traduce con mayor frecuencia como "perversa", lo que generalmente significa comportarse de una manera agresiva e irrazonable, rebelándose contra las normas de Dios. Por otro lado, Dios ama a aquellos que son irreprensibles, que actúan fielmente. ¿Qué pasa si te ves en ambas categorías? ¿No todos hemos mentido y nos hemos rebelado? ¿No todos somos un poco como los israelitas que adoramos a Dios y luego nos alejamos, luego regresamos y luego nos alejamos nuevamente? ¿Dios nos ama o nos odia? La buena noticia es: la muerte de Cristo cubre no solo nuestros momentos rebeldes, sino también los motivos egoístas detrás de nuestras llamadas ¡buenas acciones! Como Él ha cubierto nuestros pecados, puede deleitarse en nosotros como Sus hijos justos! Y a cambio, ¡podemos deleitarnos en Él! ¡Él es donde el júbilo está!

PROVERBIOS 13–15

Salomón casi hace que parezca que la persona sabia vivirá una vida encantadora sin problemas. Pero piensa en la persona más sabia que conoces: ¿ha sufrido? Probablemente diría que el sufrimiento es lo que produjo parte de su sabiduría, enseñándoles cosas que de otro modo no sabrían. La sabiduría y el sufrimiento no son mutuamente excluyentes y ¡esas son buenas noticias para todos nosotros! Si estás pasando un mal momento, ¡no significa que seas insensato! Puede ser solo una oportunidad para crecer en sabiduría, y esa sabiduría ¡siempre durará más que el sufrimiento!

El versículo 20 dice que "El que con sabios anda, sabio se vuelve; el que con necios se junta, saldrá mal parado" (13:20). Probablemente has escuchado la frase: "Eres el promedio de las cinco personas con las que pasas más tiempo". Y Pablo lo dice de esta manera: "No se dejen engañar: 'Las malas compañías corrompen las buenas costumbres'" (1 Corintios 15:33). Los sabios no solo están atentos a sus palabras, también están atentos ¡a su compañía! Y ciertamente, leer la Biblia cuenta como ¡caminar con los sabios!

Ahora Proverbios 14:6 nos da un giro interesante en cuanto a la búsqueda de la sabiduría; describe a una persona que parece estar buscando sabiduría, pero en realidad es un burlón disfrazado de buscador: "El insolente busca sabiduría y no la haya; para el entendido, el conocimiento es cosa fácil". Los insolentes prefieren las preguntas a las respuestas; las respuestas son una amenaza, porque requieren algo de nosotros, nos exigen someternos a las respuestas que encontramos. Si alguien realmente está buscando, ¡estará encantado cuando le des lo que busca!

Proverbios 14:11 dice: "La casa del malvado será destruida, pero la morada del justo prosperará". Después de toda esta charla que suena como si los sabios vivieran una vida encantada, la persona malvada tiene una casa y la persona justa solo tiene una tienda de campaña. Este proverbio se siente un poco más como con la realidad que vemos a nuestro alrededor: en general, los malvados sí parecen tener más, o al menos comienzan de esa manera. Proverbios 15:25 reitera esta idea: "El Señor derriba la casa de los soberbios, pero mantiene intactos los linderos de las viudas". El soberbio tiene una casa pero todo lo que la viuda tiene son tierras. Pero Dios ¡bendice y protege lo que ella tiene! Incluso cuando los rectos tienen menos que los malvados, lo que tienen los rectos es bendecido y perdurará. A veces necesitamos tener a la vista la eternidad para verlo; no podemos dejar que nuestra visión se enfoque en esta vida. La realidad mayor y eterna es que los rectos florecerán y la casa de los malvados será destruida. Pobreza no solo no significa ser tonto, sino que Dios ordena a Su pueblo que sea amable y atento con los pobres, lo que indica aún más que los pobres no son tontos ni malvados. Según 14:31, honramos a nuestro Creador cuando somos amables con los pobres.

Proverbios 14:12 dice: "Hay caminos que al hombre le parecen rectos, pero que acaban por ser caminos de muerte". Hemos visto que esto se repite una y otra vez en lo que hemos leído hasta ahora. Cuando el hombre sigue su propio camino y se basa en su propio entendimiento, las cosas terminan mal. E incluso si no lo hacen, Dios no es glorificado ni honrado y eso sigue siendo una pérdida.

El capítulo 15 retoma el tema del uso de la sabiduría en nuestro discurso. El versículo 8 recuerda a Caín y Abel: "El Señor aborrece las ofrendas de los malvados, pero se complace en la oración de los justos". Mucha gente se pregunta por qué Dios rechazó la oferta de Caín pero no la de Abel y tal vez esto tenga algo que ver con eso. Después de todo, Dios conoce los corazones.

VISTAZO DE DIOS

"El Señor se mantiene lejos de los malvados, pero escucha las oraciones de los justos" (15:29). Dios no tiene la obligación de responder a las oraciones de aquellos que no lo conocen, pero si es tu Padre, ¡puedes apostar que te va a escuchar! Repetidamente nos dice cuánto quiere escuchar de Sus hijos. Está cerca de aquellos a quienes ha hecho justos. La cercanía es la bendición, ¡incluso es mejor que un "sí"! Pídele que te acerque más hoy. Probablemente no sucederá de manera dramática. Puede ser solo una sensación de paz cuando sientas que todo es caos o de esperanza cuando las cosas parecen imposibles, o la fuerza para servir a alguien que te molesta. Así es como podrías ver Su cercanía hoy en día mientras Su Espíritu te da poder para parecerte a Cristo. Pídele Su cercanía, espérala, búscala, porque ¡Él es donde el júbilo está!

PROVERBIOS 16-18

¿Descubriste algo bueno en nuestra lectura de hoy? Proverbios 16:20 dice: "El que atiende a la palabra prospera". Reflexiona en la Palabra. Permanece en ella y déjala morar en ti. Sé intencional al respecto. La sabiduría nunca es un accidente. Este capítulo aborda no solo nuestros pensamientos, sino también nuestras palabras. Dice: "Al sabio de corazón se le llama inteligente, los labios convincentes promueven el saber" y "Panal de miel son las palabras amables: endulzan la vida y dan salud al cuerpo". ¡Que podamos pronunciar palabras como esas, amables, dulces y que den vida! ¡Es tan fácil pasar al sarcasmo, calumnia o escepticismo, pero Él puede transformar nuestros corazones de forma que palabras amables fluyan de nuestras bocas! El control del habla y el autocontrol van de la mano: "Más vale ser paciente que valiente, más vale el dominio propio que conquistar ciudades" (16:32). ¡Es más difícil controlarnos a nosotros mismos que ganar una guerra contra los demás! Se demuestra más fortaleza al actuar pacíficamente que al actuar con ira. Y no podemos hacer esto por nuestra cuenta. El autocontrol es parte de los frutos del Espíritu (Gálatas 5:22-23), es evidencia que Dios Espíritu Santo obra en ti. No eres tú; ¡es Él!

El capítulo 17 toca un tema que aún no hemos visto mucho en Proverbios: el perdón. El versículo 9 dice: "El que perdona la ofensa cultiva el amor, el que insiste en la ofensa divide a los amigos". Este versículo no solo obliga a las personas a perdonar, sino que también obliga a la persona perdonada a arrepentirse. Si no hay arrepentimiento, el perdón se interrumpe y en este caso, la relación se arruina.

El capítulo 18 toca algo de lo que hemos hablado anteriormente. Los versículos 10-11 dicen: "Torre inexpugnable es el nombre del Señor, a ella corren los justos y se ponen a salvo. Ciudad amurallada es la riqueza para el rico, y este cree que sus muros son inexpugnables". Su riqueza parece proporcionarle seguridad y protección, pero ¡es una ilusión! Casi todos los días, vemos personas despojadas de todo lo que pasaron sus vidas acumulando: riqueza, poder, aprobación, fama, todo desaparece en un segundo. No hay nada que no se nos pueda quitar, excepto Dios y Su familia. Nos enseña humildad y nos ayuda a mantener nuestro enfoque en las cosas correctas. Proverbios 17:24 dice: "La meta del prudente es la sabiduría; el necio divaga contemplando vanos horizontes". El necio persigue todos los posibles objetivos inalcanzables; pero los sabios tienen la meta de la sabiduría y saben que solo proviene de Dios.

La humildad es otro tema en la lectura de hoy y con frecuencia está relacionada con la sabiduría. "Al fracaso lo precede la soberbia humana; a los honores los precede la humildad" (18:12). "Al orgullo le sigue la destrucción; a la altanería, el fracaso" (16:18). De aquí viene el dicho "El orgullo va antes que el fracaso". La humildad no hace muchas suposiciones. La humildad no se siente con derechos. La humildad da el beneficio de la duda. La humildad se ve en nuestras acciones, pero comienza en el corazón, y ahí es donde también reside la sabiduría. Es por eso por lo que 16:21 usa la frase "sabio de *corazón*" porque la sabiduría está relacionada tanto con la capacidad del corazón como con la capacidad mental.

VISTAZO DE DIOS

En Proverbios 16, Salomón pasa mucho tiempo alrededor de la soberanía de Dios en lo que respecta a varias áreas de la vida, como qué planes se llevan a cabo y a qué propósitos sirven las cosas. Estos son algunos de los lugares donde lo vemos: "El hombre propone y Dios dispone". "Toda obra del SEÑOR tiene un propósito; ¡hasta el malvado fue hecho para el día del desastre!" "El corazón del hombre traza su rumbo, pero sus pasos los dirige el SEÑOR". "Las suertes se echan sobre la mesa, pero el veredicto proviene del SEÑOR". Hemos visto este tema pintado a grosso modo y finas líneas en las páginas de las Escrituras en los últimos ciento cincuenta y nueve días, pero Salomón tiene una forma muy poética para resumirlo. Hay algunos días en que el desánimo amenaza con apoderarse, o el miedo se burla de nosotros, o el arrepentimiento llama a nuestra puerta a cada hora; a veces, el único consuelo es el recordatorio de la dulce soberanía de Dios, que está trabajando en todo para lograr la restauración de todas las cosas que hemos roto, que Él no puede ser derrotado. Está trabajando Su plan para el bien y ¡Él es donde el júbilo está!

PROVERBIOS 19-21

El capítulo 19 ofrece sabiduría sobre las relaciones, incluida nuestra relación con Dios. "El afán sin conocimiento no vale nada; mucho yerra quien mucho corre"(19:2). Si estuvieras en una relación con alguien que dijera que te ama pero no quisiera saber nada de ti, ¿no serías escéptico de su supuesto amor? Muchas personas tienen una relación con Dios que solo es impulsada por la emoción, sin el respaldo de ningún conocimiento de quién es Él. ¡Cada día que abres tu Biblia y fijas tus ojos en quien Dios dice que es, estás mostrando el tipo de sabiduría a la que nos llama este versículo! ¡Conocerlo requiere tiempo y esfuerzo, pero buscar de Él y Su guía es mucho más sabio que avanzar por nuestra cuenta!

"La necedad del hombre le hace perder el rumbo, y para colmo su corazón se irrita contra el SEÑOR" (19:3). Cuando nuestros pecados traen consecuencias negativas, a menudo culpamos a Dios en lugar de a nosotros mismos. Y Él es tan paciente con nosotros, incluso mientras estamos enojados con Él, sigue poniendo Su verdadero carácter frente a nosotros, invitándonos a ver al verdadero Él. Dios perdona. "El buen juicio hace al hombre paciente; su gloria es pasar por alto la ofensa" (19:11). Lo que Salomón está describiendo aquí es Dios; Dios se describe a sí mismo como *lento para la ira* (Éxodo 34:6). Debido a la muerte de Cristo en la cruz, nuestros pecados han sido cubiertos. Hay una gran sabiduría en ser lento para la ira y difícil de ofender. ¿Qué cosas te ofenden? ¿Están relacionados con tus esfuerzos por mantener tu identidad y sentido de valor? ¡Se puede confiar en Dios para manejar esas cosas! Y podemos representarlo ante el mundo estableciendo nuestros llamados derechos y reputaciones como lo hizo Jesús. Según 1 Corintios 13, el amor no se ofende fácilmente, no es irritable o resentido y no guarda ningún registro de errores. ¡Ese capítulo también describe a Dios! Eso significa que si eres Su hijo, Él no está enojado contigo. ¡Todas tus ofensas han sido pagadas por Jesús!

Proverbios 20:15 dice que es raro vivir y caminar con sabiduría: "Oro hay, y abundan las piedras preciosas, pero aún más valiosos son los labios del saber". Las joyas son valiosas porque son raras. Cuando hablas conocimiento y sabiduría a un mundo tonto y simple, agregas valor y belleza a un espacio que lo necesita desesperadamente. Eso no significa que debamos volvernos arrogantes y aprovechar todas las oportunidades para sonar inteligentes; después de todo, este libro nos recuerda en repetidas ocasiones sobre los vínculos entre la sabiduría, la humildad y dominar la lengua.

Salomón habla sabiduría a las esposas, mujeres que esperan ser esposas y cualquier hombre en busca de una esposa. ¡Pero estos rasgos deseables para una esposa también son aplicables para un esposo! "Más vale habitar en un rincón de la azotea, que compartir el techo con mujer pendenciera" (21:9). "La mujer pendenciera es gotera constante" (19:13). Ser pendenciero, antagonista o quisquilloso: esos no son rasgos deseables en ninguna relación y mucho menos en la persona a la que te unes para toda la vida. El versículo 19 del capítulo 21 agrega otra capa: "Más vale habitar en el desierto que con mujer pendenciera y de mal genio". El miedo también es un rasgo indeseable. Cuando estamos gobernados por el miedo o vivimos con una mentalidad de escasez o mentalidad de víctima, perdemos la belleza y la libertad de confiar en Dios para la provisión y protección. Cerramos nuestros puños alrededor de nuestros no negociables. Es agotador para nosotros y para todos los que nos rodean. Primera de Pedro 3:6 muestra una imagen de lo que es no temer a las cosas que legítimamente dan miedo, porque estamos eternamente a salvo en las tormentas temporales.

VISTAZO DE DIOS

En Proverbios 19:17, Dios se identifica con los pobres: "Servir al pobre es hacerle un préstamo al Señor; Dios pagará esas buenas acciones". De hecho, Jesús dice no prestar, sino dar (ver Mateo 5:42 y Lucas 6:35). Eso no impide tomar u otorgar préstamos, solo destaca la generosidad como la actitud correcta del corazón. ¡Dios también se posiciona como Aquel que reembolsa al dador! Y la buena noticia es que por lo general Él paga en una moneda diferente, del tipo eterno, que es totalmente superior. ¡Dios no solo se identifica con los pobres, sino que también es generoso con los ricos! ¡Está atento a los pobres *y* ricos, al necesitado *y* al satisfecho! Nadie está más allá de Su amor y atención. Él es atento, Él es generoso y ¡Él es donde el júbilo está!

PROVERBIOS 22–24

Evitar el pecado implica una atención cuidadosa y una planificación reflexiva; no sucede por accidente. En Proverbios 22, Salomón dice: "el prudente ve el peligro y lo evita" (v. 3), "guarda tu alma" y "aplica tu corazón"; y él alienta a los padres a "entrenar" a sus hijos con sabiduría. "Espinas y trampas hay en la senda de los impíos, pero el que cuida su vida se aleja de ellas" (v. 5). Él dice que evitemos las cosas que nos atrapan. ¿Qué cosas quitan tus ojos y afectos de Dios? ¿En qué trampas caes? Proverbios 22:14 señala una trampa común: "La boca de la adúltera es una fosa profunda; en ella caerá quien esté bajo la ira del SEÑOR". Hay un significado más profundo en la frase "quien esté bajo la ira del SEÑOR": el significado más cercano es "el que está maldito por el SEÑOR", que por supuesto se refiere a la persona que no conoce a Dios. Es importante recordar que estas pepitas de sabiduría no son promesas o profecías; esto no significa que Dios atraiga a las personas al adulterio. ¡Así es como Salomón implora a sus lectores que se mantengan alejados de las cosas adyacentes al adulterio porque son una trampa!

Luego, Salomón, uno de los hombres más ricos de todos los tiempos, nos cuenta algo que solo un hombre rico podría saber por experiencia: la riqueza es fugaz, insatisfactoria y no vale la pena agotarse por ella. En 23:4-5, básicamente dice: "No seas tan tonto como para perseguir estas cosas fugaces. Estarás exhausto y se habrán ido". Con frecuencia apunta a elegir amigos sabiamente. "No te hagas amigo de gente violenta, ni te juntes con los iracundos, no sea que aprendas sus malas costumbres y tú mismo caigas en la trampa" (22:24-25). "...teme al SEÑOR y honra al rey, y no te juntes con los rebeldes" (24:21). "No te juntes con los que beben mucho vino, ni con los que se hartan de carne, pues borrachos y glotones, por su indolencia, acaban harapientos y en la pobreza" (23:20-21). Las personas con las que nos rodeamos tienen una influencia mesurada en nuestras vidas. También advierte contra beber demasiado vino. La mayoría de los eruditos creen que él escribió Eclesiastés, que relata las fiestas que duran varios días con mucha comida y vino, por lo que probablemente experimentó estas consecuencias o vio que muchos otros sufrían a través de ellas.

Luego nos da un curso intensivo sobre lo que significa aprender, usando una casa como metáfora: "Con sabiduría se construye la casa; con inteligencia se echan los cimientos. Con buen juicio se llenan sus cuartos de bellos y extraordinarios tesoros" (24:3-4). ¿Cuál es la diferencia entre sabiduría, conocimiento y entendimiento? El *conocimiento* es tener los hechos. El *entendimiento* es la capacidad de discernir qué significan los hechos y cómo encajan en el panorama general. ¡La *sabiduría* es saber cómo aplicar tu conocimiento y entendimiento, aplicando a la vida cotidiana de un seguidor de Cristo!

Dios se preocupa por aquellos que están lejos de Él, incluidos los tontos y los simples: "Rescata a los que van rumbo a la muerte; detén a los que a tumbos avanzan al suplicio. Pues aunque digas, "Yo no lo sabía", ¿no habrá de darse cuenta el que pesa los corazones? ¿No habrá de saberlo el que vigila tu vida? ¡Él le paga a cada uno según sus acciones!" (24:11-12). Dios designa a los sabios como vigilantes sobre los que tropiezan hacia la muerte. Algunos eruditos creen que estos versículos son literales, refiriéndose a los injustamente oprimidos. Algunos dicen que se aplican también a nivel espiritual. Esta idea se reitera en 24:17-18: "No te alegres cuando caiga tu enemigo, ni se regocije tu corazón ante su desgracia, no sea que el Señor lo vea y no lo apruebe, y aparte de él su enojo". Dios quiere que nuestros corazones se alineen con Su corazón. "Tan cierto como que yo vivo —afirma el Señor omnipotente—, que no me alegro con la muerte del malvado, sino con que se convierta de su mala conducta y viva. ¡Conviértete, pueblo de Israel; conviértete de tu conducta perversa! ¿Por qué habrás de morir?" (Ezequiel 33:11). Dios quiere que los malvados retrocedan, se arrepientan y vivan, no que tropiecen con la muerte eterna. ¿Qué tipo de persona se preocupa por sus enemigos de esa manera? El mismo Dios que los adopta en Su familia paga por sus pecados y los sienta en Su mesa para una fiesta eterna. Todos comenzamos como Sus enemigos, sumidos en el pecado. ¡Pero Él nos dio corazones nuevos, abrió nuestros ojos y nos ayudó a ver y creer que ¡Él es donde el júbilo está!

1 REYES 5-6; 2 CRÓNICAS 2-3

Salomón se está preparando para construir el templo. Quiere los mejores materiales, así que negocia con el rey vecino en Tiro del Líbano, justo al norte de Israel. El rey Hiram tuvo una gran relación con el papá de Salomón, David. Aunque Hiram es un gentil, reconoce y bendice a Dios y Su obra a favor de Israel, por lo que él y Salomón han tenido un buen comienzo. El país de Hiram tiene cedros de renombre; que pueden crecer hasta cien pies de altura, esto es como un edificio de diez pisos, y sus leñadores utilizan técnicas de talado forestal secretas. Mientras Salomón negocia con ellos sobre el uso de sus árboles de cedro, intenta enviar a algunos de sus hombres para que "ayuden" con la tala, pero probablemente está tratando de obtener información sobre sus técnicas. Hiram parece suponer que Salomón está siendo astuto, por lo que aparenta estar sereno. "¡Oh, qué amable de tu parte ofrecerte! Pero solo te lo traeremos y te ahorraremos el viaje. Entonces puedes darnos algo de comida a cambio". Pero de todos modos, Salomón envía treinta mil cananeos de su equipo de trabajo al Líbano y de alguna manera, ¡se sale con la suya! Él también tiene ciento cincuenta mil israelitas trabajando en otras cosas; esto es cerca de doscientas mil personas. ¡Es un proyecto masivo!

El capítulo 5 dice que ponen los cimientos con piedras vestidas. Estas son piedras que se han alisado en cubos o cajas para un ajuste perfecto. Cuando escuches la palabra *piedras*, no imagines rocas pequeñas. La piedra más grande en los cimientos del templo hoy pesa quinientas setenta toneladas, es decir, más de un millón de libras. Puedes ver y tocar esa piedra si haces el recorrido turístico por el túnel debajo de la Antigua Ciudad de Jerusalén. Este tipo de mampostería es impresionante; y para piedras de este tamaño se requieren muchos trabajadores.

Aunque la base del templo es grande, el templo en sí solo mide noventa pies de largo, treinta pies de ancho y cuarenta y cinco pies de alto. Eso es bastante pequeño para los estándares modernos. En caso que no seas bueno para visualizar medidas, es más o menos la mitad de la estructura de un restaurante de comida rápida llamado Chick-fil-A, pero casi el doble de su altura. La construcción del templo lleva siete años y esto ocurre aproximadamente quinientos años después que los israelitas salieron de la esclavitud en Egipto. ¡Esto ha tardado mucho en llegar! Pero finalmente está aquí: la gloriosa morada de Dios, hecha de los mejores materiales de la tierra: oro, cipreses y piedras preciosas. Preparan el Lugar Santísimo para la llegada del arca del pacto colgando una enorme cortina para separarlo del Lugar Santo, bloqueando el área donde morará el trono terrenal de Dios. Esta cortina es importante en la historia que continuaremos siguiendo. El historiador del primer siglo Flavio Josefo puede haberla descrito como de cuatro pulgadas de grosor.*

Detrás de esta cortina o del velo, como se le llama comúnmente, hay dos estatuas de querubines, talladas en madera de olivo. Los querubines tienen cuatro caras y tienen cuatro alas cubiertas de ojos. Estas estatuas son enormes: tienen aproximadamente la mitad de la altura del templo y sus alas se extienden de pared a pared. En las Escrituras, los querubines a menudo sirven como guardias de lugares sagrados, como el jardín del Edén y el Lugar Santísimo. La estructura del templo es magnífica, pero Dios rápidamente le recuerda a Salomón que los edificios impresionantes no garantizan Su presencia con ellos, ni Su bendición sobre ellos. Dios dice que Su relación de pacto se basa en corazones que demuestran su amor por Él, a través de la obediencia (6:12-13).

VISTAZO DE DIOS

El templo está construido en la era de Arauna, que se encuentra en el monte Moria. ¿Recuerdas qué más pasó en el monte Moria? Ahí es donde Abraham ofreció a Isaac antes que Dios lo detuviera y le dijera que Él proveería el sacrificio (Génesis 22). Muchos eruditos dicen que el templo está construido en ese sitio exacto, en el extremo sur del monte Moria. Algo más sucedió en esta montaña que aún no hemos leído. Es donde Dios *proveyó* el sacrificio. En el extremo norte de esta montaña, el punto más alto se llama Monte Calvario o Gólgota y marca el lugar de la muerte de Cristo. Desde el comienzo de la historia hasta el cumplimiento de la historia, esta cima de la montaña ha sido un punto focal. Él no solo ha estado proveyendo todo el tiempo, sino ¡que también ha estado presagiando Su plan para la provisión final! Está escribiendo una hermosa historia con esta cima de montaña como el centro de la acción. ¡Él es donde el júbilo está!

* *The Ryrie Study Bible: New American Standard*, edición ampliada (La Habra, CA: Moody Bible Institute, 1995), nota 133.

1 REYES 7; 2 CRÓNICAS 4

Hoy interrumpimos brevemente la descripción de los detalles del templo para acercarnos a la casa de Salomón, dividiendo la descripción del templo en dos partes. Este es probablemente un movimiento intencional del autor para ilustrar un punto triste: Salomón tiene un corazón dividido. Vimos una pista de esto en la lectura de ayer cuando los trabajadores cananeos trabajaban por turnos, pasando un mes trabajando en el templo seguido de dos meses trabajando en su casa. La casa de Salomón es mucho más grande, pero las casas que albergan personas físicas tienen que ser más grandes que las que albergan el Espíritu de Dios y algunos muebles pequeños, por lo que es razonable que lleve más tiempo, pero esta interrupción en la narrativa probablemente esté ahí para señalar lo que sucede en el corazón de Salomón, no solo en su casa. Utiliza muchos de los mismos recursos para su casa, y no solo construye una casa, ¡construye un complejo de palacio completo! Tiene su propio palacio, el palacio de su esposa, un salón del trono y el salón de los pilares. Si bien David tenía raíces humildes como pastor, la afinidad de Salomón por las cosas finas eventualmente se convertirá en un problema para él.

En cuanto a los muebles del templo, ¡hemos recorrido un largo camino desde el tabernáculo! ¡El templo es hermoso! Salomón contrata a los artesanos más hábiles. Para los artículos de bronce, utiliza un artista llamado Hiram, que no debe confundirse con el rey Hiram de Tiro. Hiram, el artesano de bronce, no solo tiene habilidades, también tiene sabiduría y comprensión. Tal vez recuerdes nuestras largas descripciones del tabernáculo donde Dios empoderó al artesano Bezalel en estas mismas artes: "y lo he llenado del Espíritu de Dios, de sabiduría, inteligencia y capacidad creativa" (Éxodo 31:3). Cuando se tiene una tarea tan importante como esta, es vital elegir no solo una persona con talento, sino una con sabiduría y comprensión. Para un cargo relacionado con el templo, el carácter y la integridad parecen ser aún más importantes que la habilidad. Mientras 1 Reyes dice que Salomón hizo todas las vasijas (7:48), es más probable que comisionó el trabajo. También encarga el trabajo que debe hacerse en todo el complejo del templo. Eso incluye la fuente de bronce, que contiene doce a dieciocho mil galones o setenta y seis mil litros, casi tanto como el promedio de una piscina y que está suspendida en la parte posterior de doce bueyes de bronce.

También hace diez candelabros o menorás, a pesar de que Dios solo pidió uno. Hay muchos otros detalles y decoraciones extravagantes. De hecho, en la década de 1980, alguien descubrió lo que se creía era una de las granadas mencionadas en 2 Crónicas 4:13 y el Museo de Israel, que es como el Smithsonian, lo compró por más de medio millón de dólares. Era del tamaño de un pulgar.

VISTAZO DE DIOS

En 1 Reyes 7:21, leemos acerca de los dos pilares exteriores del templo, los cuales miran hacia el este. Dice: "Cuando Hiram levantó las columnas en el vestíbulo de la nave central, llamó Jaquín a la columna de la derecha y Boaz a la de la izquierda". El nombre Jaquín significa "Él establecerá" y el nombre Boaz significa "con fuerza". *Él establecerá con fuerza*. En el lugar donde entran a la casa de Dios, donde se acercan a Su presencia, a medida que pasan a través de las columnas que lo sostienen, se les recuerda que Dios inició todo esto y que lo está sosteniendo todo. Y lo que Él inicia no solo será sostenido, sino que se cumplirá, porque ¡Él lo está haciendo con fuerza! Pero no te apegues demasiado a este nuevo y hermoso templo, pues eventualmente será destruido. ¿Pero sabes lo que no se destruye? La presencia de Dios en medio de Su pueblo. Este templo siempre tuvo la intención de ser una casa temporal para Él. Él ya no habita más en construcciones. Él habita en Su pueblo. Y ¿sabías que Él nos marca con la misma promesa? Filipenses 1:6 lo dice de esta manera: "Estoy convencido de esto: el que comenzó tan buena obra en ustedes la irá perfeccionando hasta el día de Cristo Jesús". *Se establecerá con fuerza*. Establecido en fuerza. Establecido en Él. Sostenido seguro hasta el día de Cristo Jesús. ¡Él es donde el júbilo está!

1 REYES 8; 2 CRÓNICAS 5

Ayer Salomón terminó de construir el templo y ahora necesita amueblarlo. Hoy él y los levitas mueven todos los muebles sagrados, incluyendo el arca del pacto desde el tabernáculo hacia el templo. Es muy posible que haya escuchado historias del momento cuando su padre causó la muerte de un hombre mientras movían el arca inapropiadamente, así que Salomón se asegura de transportarla de acuerdo con las leyes de Dios, sobre postes y cargada por sacerdotes levitas. Los sacerdotes depositan el arca en el Lugar Santísimo, después la nube de la presencia de Dios se presenta y llena el lugar. Mientras intentan salir del templo, se caen porque no pueden soportar estar de pie ante la intensa concentración de la presencia de Dios. Aunque Dios está en todas partes, ¡Él ciertamente puede incrementar la saturación cuando Él quiere!

En 1 Reyes 8:12-13, Salomón ofrece una bendición, alabando a Dios por cumplir Su promesa a David. Dice: "Señor, tú has dicho que habitarías en la oscuridad de una nube, y yo te he construido un excelso templo, un lugar donde habites para siempre". Aunque es un buen pensamiento que Dios viviría para siempre en este lugar en particular, ese nunca ha sido el plan de Dios. Dios nunca dijo eso. Salomón está adicionando aquí sus propias palabras a las palabras de Dios.

En 8:29, Salomón dice: "que Tus ojos estén abiertos noche y día hacia esta casa, hacia el lugar del cual has dicho: 'Mi nombre estará allí'..." (NBLA), hay dos cosas que debemos comentar en este versículo. Primero, él dice que el nombre de Dios estará en el templo. ¿No Dios mismo? ¿Solo Su nombre? Esta era probablemente la forma en que Salomón clarifica que Dios no está retenido en esta casa. Al decir Su nombre está ahí, como Dios había dicho acerca de Jerusalén en general, él está diciendo que el carácter y la bendición y la presencia de Dios serán evidentes ahí, pero que Dios no está retenido en esas cuatro paredes. La segunda cosa que debemos notar es que el mismo Salomón clarifica esta idea anteriormente en ese versículo: "que Tus ojos estén abiertos noche y día hacia esta casa...". Él clarifica que aunque Dios está dentro de esta, Él también está fuera de esta. Así como Él trasciende al tiempo, Dios trasciende al espacio.

Le pide a Dios que esté atento a todo, desde la cosa más pequeña de los pecados entre los hombres, hasta las cosas más grandes de los pecados de la humanidad hacia Dios y que actúe con justicia y misericordia, ya que solo Dios conoce el corazón de toda la humanidad. Anticipa el día cuando Israel va a pecar en contra de Dios y sabe que cuando ellos pequen, necesitarán las dos cosas, el perdón de Dios y la dirección de Dios, así que le pide a Dios por ambos.

En 8:41-43, ora una bendición para la mayoría de nosotros. Le pide a Dios que difunda Su fama más allá de Israel y transforme el corazón de los extranjeros. ¡Quiere que todas las personas de la tierra conozcan el nombre de Dios y le teman! Él sabe que YHVH es el mejor y ¡quiere que se corra la voz al respecto! Después bendice a las personas y en 8:57-58 ofrece una hermosa bendición: "Que el SEÑOR nuestro Dios esté con nosotros, como estuvo con nuestros antepasados; que nunca nos deje ni nos abandone. Que incline nuestro corazón hacia él, para que sigamos todos sus caminos y cumplamos los mandamientos, decretos y leyes que les dio a nuestros antepasados". Salomón primero les recuerda acerca de la bendición de la cercanía de Dios y también de la bendición de la obra de Dios en esa cercanía: " ... que incline nuestro corazón hacia él, para que sigamos todos sus caminos". Dios no se acerca para condenarnos, Él puede hacer eso desde lejos. ¡Se acerca para cambiar corazones!

Salomón dedica la casa y los israelitas ofrecen tantos sacrificios ¡que desbordan el altar! Después, tienen una fiesta de una semana y el capítulo termina con el pueblo diciendo: "regresaron a sus casas, contentos y llenos de alegría por todo el bien que el SEÑOR había hecho en favor de su siervo David y de su pueblo Israel".

VISTAZO DE DIOS

En este hermoso momento de cumplimiento de la promesa vemos el presagio de una promesa que aún no ha sido cumplida. En 1 Reyes 8:27, Salomón dice: "Pero ¿será posible, Dios mío, que tú habites en la tierra?". *Salomón, ¡no tienes ni idea!* ¡Viene! Y ¡Sana a los ciegos! Y ¡Alimenta a los hambrientos! Y ¡Libera a los cautivos! Y ¡Levanta a los muertos! Y si crees que conoces el júbilo ahora, ¡solo espera! Porque vas a pasar de cero a cien ¡en un abrir y cerrar de ojos! ¡Él es donde el júbilo está!

2 CRÓNICAS 6–7; SALMOS 136

Salomón recuerda que cuando David le dijo a Dios que quería construir el templo, Dios dijo no, afirmó a David diciéndole: "bien has hecho en que estuviera en tu corazón". Dios dijo que David tenía buenas intenciones, pero la respuesta fue "no". A veces incluso una buena intención recibe un "no", pero puede ser reconfortante saber que eso no quiere decir que nuestras intenciones sean pecaminosas. Las buenas intenciones y los "no" de Dios pueden coexistir, David es prueba de eso. Y podemos descansar seguros que cuando Dios dice "no", es Su respuesta más amable posible.

Después vemos más recordatorios que muestran que Dios no está confinado al templo: "si luego ellos oran en este lugar y honran tu nombre y se arrepienten de su pecado... óyelos tú desde el cielo y perdona el pecado de tus siervos" (6:26-27). La gente oraría a Dios hacia el templo y Dios los oiría *desde el Cielo*. Esto refuerza el hecho que YHVH es diferente a otros dioses. Esos dioses solo pueden ocupar un espacio pero YHVH ocupa todo el espacio. ¡Él inventó el espacio! Es omnipresente, siempre presente ¡en todos lados!

Después de la ofrenda de Salomón, Dios envió fuego para que consumiera la comida y las personas ¡respondieron con alabanza! De alguna manera, hemos llegado a ver los relámpagos como evidencia de la ira de Dios pero la gran mayoría de las veces que lanzó fuego sirvieron como señal de aceptación, no de rechazo o de condena. También tendemos a tener una visión errada de la lluvia en las Escrituras. Cuando Jesús dice Dios envía lluvia sobre los justos y los injustos (Mateo 5:45), es fácil escucharlo como "las cosas malas también les ocurren a las personas buenas". Pero estas personas viven en el desierto que solo recibe lluvia unos pocos meses del año, así que la lluvia es una ¡bendición necesitada! Jesús está diciendo que Dios extiende Su bondad y gracia también hacia los malvados ¡no solo los justos! Esto es "gracia común", lo que significa que todos los humanos que Dios creó, no solo Sus hijos, llegan a experimentar por lo menos una experiencia básica de Su bondad, como respirar el aire que Él diseñó, sentir el sol que Él manda a brillar y comer la comida que Él inventó.

Después de la fiesta que duró una semana, Dios se le aparece a Salomón en una visión nocturna y le dice qué es lo siguiente que va a pasar. Ellos tienen este grande y hermoso templo nuevo donde Dios habita y ha habido una majestuosa exhibición de riqueza, maravilla, sacrificios y lanzamiento de fuego, pero aún así, esto no hará que los israelitas amen y sigan a Dios. Ellos se rebelarán y Él les enviará varias formas de disciplina: sequía, saltamontes, enfermedad. Si se arrepienten y lo buscan, Él mantendrá el pacto a pesar de su rebelión.

Con pasajes como 7:14, debemos ser cuidadosos en cuanto a tomar el pacto que Dios hizo con Israel y aplicarlo a nuestros propios países. Seleccionar para nosotros promesas específicas que no fueron hechas hacia nosotros es peligroso. Por ejemplo, para la mayoría de las personas sería obvio que no podemos tomar la siguiente promesa que Dios hace a Salomón (que siempre tendría un descendiente en el trono) y aplicarla para nosotros. Pero lo que sí podemos hacer con estas promesas es buscar qué nos revelan acerca del carácter de Dios. Este versículo nos muestra que es el tipo de Dios que está listo para perdonar y bendecir. Su pacto con Israel depende de su obediencia, sin embargo ya les está diciendo: "romperán este pacto. Pero cuando vuelvan a mí, voy a perdonarlos. He puesto mi nombre en esta familia y en esta ciudad; y no me voy a ir a ninguna parte".

En el salmo 136, el otro pasaje que leímos hoy, el salmista está aferrado, en la mejor manera posible, en celebrar el firme amor de Dios que dura para siempre. Alaba a YHVH por Su poderoso trabajo de la creación y salvación, e incluso por algunos actos de destrucción.

VISTAZO DE DIOS

Hoy Salomón dijo: "No hay ser humano que no peque" (2 Crónicas 6:36). Esto les hace eco a otros pasajes en las Escrituras: "No hay nadie que haga lo bueno, ¡no hay uno solo!" (Salmos 14:3) y "Pues todos han pecado y están privados de la gloria de Dios" (Romanos 3:23). Salomón entrega esta frase en la dedicación del templo de Dios y Dios llega a habitar ahí, el Dios cuya presencia es tan poderosa que aún los sacerdotes entre ellos no podían estar de pie. El hecho que cada ser humano que Dios creó, nació y nacerá en la caída, quebrado desde el principio y entregado al pecado, nos muestra qué tan remarcable es, que Dios baje a vivir con nosotros, a concentrar Su presencia perfecta en medio de nuestra malicia. Está aquí y ¡no va para ninguna parte! ¡Él es donde él júbilo está!

SALMOS 134, 146–150

El salmo 134 es el último de los Cantos de los Peregrinos o de Ascenso. Esta oración ¡se sigue haciendo hoy a modo de bendición! El pueblo de Dios ha profesado estas palabras durante tres mil años: "¡Que desde Sión los bendiga el Señor, creador del cielo y de la tierra!".

En el salmo 146, el salmista nos recuerda que no debemos poner nuestra confianza en la gente. No se trata de ser cínico y desconfiar de todo el mundo, sino de no esperar que la gente nos salve o nos satisfaga. Cuando ponemos en un humano la carga de trabajo que solo Dios puede realizar, a ellos los lastima y a nosotros nos decepciona. El versículo 5 dice: "Dichoso aquel... cuya esperanza está en el Señor su Dios". La persona que pone su confianza en Dios, no en lo que puede hacer por ti o en cómo puede hacer que todos tus sueños se hagan realidad, sino en Dios mismo, será dichosa. Sin embargo, esto no quiere decir que si esperas en Dios tendrás las bendiciones materiales que estás tentado a reclamar. La palabra *dichoso* aquí se traduce a menudo como "feliz". En resumen, confiar en Dios en todas las áreas trae una libertad que no se encuentra en ningún otro lugar. Debido a Su soberanía por sobre todas las cosas, no tenemos que entrar en pánico cuando nos retrasamos por culpa del tráfico o cuando no conseguimos el trabajo para el que pensamos que somos perfectos. Porque podemos confiar en Él, podemos abrir nuestra mano y renunciar al control. Y porque sabemos que obra para bien de alguna forma, podemos tener gozo en Él a pesar de todo. *Esa* es la bendición.

El salmo 147 nos dice que Dios está atento a los de corazón quebrantado— entre muchas otras cosas, incluida la hierba que está bajo tus pies. Pero de toda Su creación, con lo que más se deleita es con la humanidad, específicamente con los humanos que lo conocen y confían en Él. El versículo 11 dice que el Señor "se complace en los que le temen, en los que confían en su gran amor". Le gusta que se deleiten en Él y que confíen en Él. ¿Quién no? Las dos peores cosas que puedes decirle a alguien son: "No me gustas y no confío en ti". Pero amar a Dios y confiar en Él ¡Le agrada! Si batallas con alguna de estas cosas, amarle o confiar en Él, ¡pídele ayuda! ¡Él puede hacer cambios en tu corazón que tú no eres capaz de hacer!

El salmo 148 ordena a la creación que alabe a Dios. El versículo 14 dice: "Él ensalzó el cuerno de su pueblo (JBS)". En las Escrituras, el cuerno representa fuerza, victoria y salvación; y sin duda ¡Dios ha hecho eso por Su pueblo!

El salmo 149 empieza con baile y deleite, pero hay un cambio a mitad del versículo 6: "Que broten de su garganta alabanzas a Dios y haya en sus manos una espada de dos filos, para que tomen venganza de las naciones y castiguen a los pueblos" (vv. 6-7). Pasamos de la alabanza a la muerte ¡en cuestión de segundos! Esto nos recuerda cuando Aod mató al rey Eglón con un puñal de doble filo (Jueces 3). En este pasaje, la idea de venganza puede ser fácil de malinterpretar. Probablemente se refiere a la venganza de Dios, no a la venganza de Israel. ¿Recuerdas cuando Dios les prometió la tierra y les dijo que no se las estaba dando debido a su rectitud, sino debido a la falta de rectitud de los cananeos que vivían allí? ¿Y cómo le dijo a Israel que los usaría como una herramienta para ejecutar Su justicia? El final de este salmo parece un eco de esa idea.

Terminamos el día con el brevísimo salmo 150, ¡con todos los instrumentos y todo lo que respira alabando a Dios por quién es y lo que hace!

VISTAZO DE DIOS

El salmo 146:7-9 dice que Dios es el que "hace justicia a los oprimidos, da de comer a los hambrientos y pone en libertad a los cautivos. El Señor da vista a los ciegos, el Señor sostiene a los agobiados, el Señor ama a los justos. El Señor protege al extranjero y sostiene al huérfano y a la viuda, pero frustra los planes de los impíos". Esta lista de diez tipos de personas incluye a muchos de los personajes con los que Jesús se relacionó: los oprimidos, los hambrientos, los cautivos, los ciegos, los agobiados, los justos, los extranjeros, las viudas, los huérfanos e incluso los impíos. ¿Dónde estás en esa lista? ¿Cómo te ha mostrado Su amor ahí? Si quieres ser una persona de Dios, una forma de hacerlo es reflejar las características de Jesús. ¡Él es donde el júbilo está!

1 REYES 9; 2 CRÓNICAS 8

Salomón pasó veinte años construyendo el templo, su casa y también construyó una casa separada para su esposa porque en sus palabras: "Mi esposa no debe vivir en el palacio de David, rey de Israel, porque los lugares donde ha estado el arca del Señor son sagrados" (2 Crónicas 8:11). Cuando los hombres de estos tiempos tenían varias esposas, usualmente tenían una casa o tienda diferente para cada esposa; pero la primera esposa o la esposa principal vivía en la misma casa con el esposo. Sin embargo, con Salomón, ni siquiera la esposa principal vive en la casa principal. La casa que le construye se localiza fuera de la ciudad porque ella es pagana y él no la quiere cerca del arca del pacto. Honestamente, todo este arreglo suena terrible.

Después Salomón construye veinte ciudades, posiblemente como un regalo para el rey Hiram; pero aparentemente a él no le gustan. Y también es posible que se las devolviera a Salomón, los dos capítulos de hoy no son claros en eso. En toda la construcción de su imperio, Salomón utiliza mucho trabajo forzado. Las leyes de Dios prohíben a los israelitas esclavizar a otros israelitas, así que Salomón aprovecha el tecnicismo y usa trabajadores cananeos. Ellos construyen alrededor de todo Israel y Líbano hacia el norte, donde vive su amigo el rey Hiram. También construye una flota de barcos, en la cual no es un experto. Afortunadamente, el rey Hiram conoce a muchos hombres expertos en lo marítimo, así que reúnen fuerzas para ir y hacer comercio internacional. Los académicos están divididos respecto a si el comercio internacional es aceptable o no. ¿Implica que Dios no ha proveído a Israel y todas sus necesidades en la tierra prometida? ¿Significa que están uniendo fuerzas con naciones malvadas? ¿Se han conducido por avaricia? Las Escrituras no son claras en estos aspectos, así que sostendremos todo esto con la mano abierta.

A pesar de toda la construcción, Salomón mantiene el calendario de festejos y sacrificios. Trata de mantenerse fiel a todas las cosas que han sido claramente marcadas en la ley de Moisés y David.

En 1 Reyes 9:7-8, donde Dios habla sobre lo que va a pasar si los israelitas se rebelan, dice: "yo arrancaré a Israel de la tierra que le he dado y repudiaré el templo que he consagrado en mi honor. Entonces Israel será el hazmerreír de todos los pueblos. Y aunque ahora este templo es imponente, llegará el día en que todo el que pase frente a él quedará asombrado y, en son de burla, preguntará: '¿Por qué el SEÑOR ha tratado así a este país y a este templo?'" Ya sabemos que este templo será destruido eventualmente y todo esto pasará. Dios sabe y nosotros lo sabemos, pero Salomón probablemente no comprendía en su totalidad a lo que Dios se refería en ese momento. Es fácil ver a Dios como severo aquí, como diciendo: "Si no hacen lo que yo digo, agarro mis juguetes y me voy a mi casa". Pero eso no es lo que vemos aquí, por dos razones:

Primero, Dios ya había establecido el plan de redención y restauración. Salomón habló de eso en el día de la consagración. Un dios egoísta no actúa así. Un dios egoísta es inflexible y vengativo. Segundo, la compasión de Dios y Sus prioridades son evidentes aún en estas palabras severas, porque siempre apunta a la relación que tiene con ellos: Él los rescató. Los trajo a esta tierra. Vino a morar en esta casa con ellos. Toda la conversación está sazonada con recordatorios de su relación. Vemos una y otra vez que no solo está en busca de su obediencia, está en pos de sus corazones".

VISTAZO DE DIOS

Dios tiene reglas y la forma correcta en que las cosas deben ser hechas. Estamos quebrantados y necesitamos eso. Pero también es misericordioso cuando inevitablemente fallamos y necesitamos de eso también. Incluso nos dice desde el principio cómo va a trabajar ¡en Su relación con nosotros! Qué regalo que no tengamos que preguntarnos dónde estamos parados con Él. Si tenemos algún problema con este pasaje, debería ser con los corazones malvados de los hombres, no con la respuesta de Dios a su maldad. La maldad merece castigo. Aun así, Dios tiene misericordia. Es recto, justo, amoroso y compasivo en todos Sus caminos. ¡Él es donde el júbilo está!

PROVERBIOS 25-26

Hoy profundizamos nuevamente en la sabiduría de Salomón. El capítulo 25 nos exhorta a no ser presuntuosos en nuestras relaciones con otros. No deberíamos elevar nuestro nivel de importancia con otros, la sabiduría nos ayuda a mantenernos humildes. De la misma manera en que la sabiduría no se admira a sí misma, tampoco degrada a otros o a sus motivos cuando no conoce la historia completa, lo cual requiere humildad y paciencia. Los versículos 9 y 10 nos alientan a un comportamiento sabio cuando tenemos un problema con alguien, habla del problema con la persona que tienes el problema, no con todos los demás. Eso también requiere humildad y paciencia. El versículo 15 dice que los humildes y de lengua paciente ejercen gran poder: "Con paciencia se convence al gobernante. ¡La lengua amable quebranta hasta los huesos!". La paciencia y humildad tienen un impacto más poderoso que la arrogancia y contundencia.

Salomón también ofrece sabiduría en autocontrol, ligándolo con la humildad también. Insta al autocontrol en todo, desde cuánto comemos hasta qué tan seguido visitamos a nuestro vecino. El tema general en estos proverbios es que mucho de algo bueno es algo malo. El autocontrol también nos guía en áreas aparentemente menores como las palabras que decimos a una persona en aflicción o cómo tratamos a nuestros enemigos.

El versículo 24 es similar a otros dos proverbios que hemos visto con anterioridad: "Mas vale habitar en un rincón de la azotea que compartir el techo con mujer pendenciera". Los otros versículos que hemos leído de este tema dicen que es mejor vivir en el desierto y que esta mujer es como un goteo constante. Salomón tiene muchas esposas, así que probablemente tenía su buena porción o su porción innecesaria de mujeres pendencieras. ¡Sabe de lo que está hablando! Y cabe repetir: este pasaje aplica a cualquier género, pero Salomón asume correctamente que la mayoría de sus lectores en esos días son varones. Sin importar tu género, toma mucho autocontrol no ser pendenciero. El capítulo finaliza con un llamado al autocontrol: "Como ciudad sin defensa y sin murallas es quien no sabe dominarse".

Proverbios 26 describe al hombre necio como un desperdicio despreciable. En la superficie, los versículos 4 y 5 parecen contradecirse: "No respondas al necio según su necedad, o tú mismo pasarás por necio. Respóndele al necio como se merece, para que no se tenga por sabio". Este es un buen momento para reiterar que Proverbios no es un libro de leyes bíblicas, es un libro de principios generales para vivir sabiamente. Algunas situaciones llaman a un tipo de sabiduría, otras a otro tipo. Estos pedacitos de sabiduría se complementan a sí mismos. Hay ocasiones en que un necio necesita ser corregido y hay ocasiones cuando corregir a un necio es una pérdida de tiempo y aliento, porque no lo recibirá. Debemos usar el discernimiento para saber qué sabiduría aplica. Este es un buen ejemplo de cómo el conocimiento y el entendimiento trabajan junto con la sabiduría.

La persona necia, por otro lado, puede hablar palabras de sabiduría, pero nunca crece o cambia acorde a ellas. Ellos no retienen las lecciones. Cometen los mismos errores repetidamente y no son lo suficientemente humildes para que les importe. El versículo 12 dice: "¿Te has fijado en quien se cree muy sabio? Más se puede esperar de un necio que de gente así". En otras palabras, la arrogancia es peor que la estupidez.

En lo que el capítulo termina, Salomón nos recuerda de nuevo el poder e importancia de nuestras palabras. El chisme, calumnia e inclusive los halagos pueden ser maliciosos: "La lengua mentirosa odia a sus víctimas; la boca lisonjera lleva a la ruina".

VISTAZO DE DIOS

Proverbios 25:2 dice: "Gloria de Dios es ocultar un asunto, y gloria de los reyes el investigarlo". A veces Dios se glorifica más en el misterio que en revelar todo. Y a veces la única razón por la que buscamos respuestas es porque estamos orgullosos, impacientes o no queremos confiar en Dios. Los líderes de entre los hombres están supuestos a saber todas las respuestas, pero el Líder principal de toda la humanidad es el único que de verdad las tiene, y en ocasiones, simplemente no nos las dice. Esto es humildad para nosotros, pero glorifica a Dios. Cada vez que Él nos oculta cosas, podemos descansar tranquilos sabiendo que es para nuestro mejor interés. No juega al escondite con nada de lo que debemos saber para obedecerle. No es cruel, es intencional con todos los detalles *y* con Su tiempo para revelarlos. ¡Él es donde el júbilo está!

PROVERBIOS 27–29

Proverbios 27 abre con un par de recordatorios para no ser presuntuosos: "No te jactes del día de mañana, porque no sabes lo que el día traerá. No te jactes de ti mismo, que sean otros los que te alaben". Salomón nos aconseja no presumir sobre el mañana y tampoco presumir sobre nuestra importancia en el mundo.

El versículo 6 profundiza en nuestras relaciones: "Más confiable es el amigo que hiere". Cuando alguien te ama y te reprende de manera medida e intencional, el objetivo es servirte bien. Es como un padre amoroso disciplinando a su hijo. El versículo 9 dice: "la dulzura de la amistad fortalece el ánimo" y el versículo 17 dice: "El hierro se afila con hierro". ¿A quién has invitado para que te hiera de manera justa, para afilarte o para aconsejarte? Un buen amigo hará eso, pero un enemigo no dudará en mentir y manipular para mantenerse en buena posición. "Importunos los besos del que aborrece" (v. 6 RVR1960).

El versículo 7 puede parecer un estímulo para no comer en exceso, pero dado su contexto, es probable que signifique algo más que eso. "Al que no tiene hambre, hasta la miel lo empalaga; al hambriento, hasta lo amargo le es dulce". El siguiente versículo dice: "Como ave que vaga lejos del nido es el hombre que vaga lejos del hogar". Puede ser que Salomón esté cubriendo dos ideas separadas aquí, pero también es posible que se relacionen de esta manera: si una persona se dedica plenamente en amar y ser amada por su cónyuge, la tentación externa no tendrá el mismo atractivo, porque "al que no tiene hambre, hasta la miel lo empalaga". Pero si no encuentran satisfacción al invertir en su matrimonio, entonces casi cualquier tipo de atención externa tiene el potencial de ser atractiva. "Al hambriento, hasta lo amargo le es dulce". Es posible que esté alentando a quienes están casados a invertir en su matrimonio. De hecho, gran parte de este capítulo es sabiduría acerca de invertir en lo que tienes, ya sean relaciones, rebaños o frutos.

Proverbios 28 dice que la mentalidad de los justos es y debe ser diferente de la de los impíos. Por ejemplo, ¿te encuentras inventando cosas a las que temer? El versículo 1 es un buen recordatorio que podemos confiar en Dios. Pídele que te recuerde que

Su Espíritu dentro de ti, te equipa para todo lo que Él permita en tu vida. Es casi seguro que es más de lo que puedes manejar, pero nunca es más de lo que ¡Él puede manejar! El versículo 5 toca este tema, recordándonos que no debemos esperar que los malvados y los necios entiendan lo que es correcto y justo. Las personas que no conocen y aman a Dios no actuarán como si lo hicieran. Pero debido a que nosotros lo amamos y confiamos en Él, *queremos caminar* en Sus caminos. Él nos dio nuevos ojos para ver estas cosas y un nuevo corazón para amarlas. Recordar esto nos da más gracia y compasión hacia ellos y nos ayuda a no sentirnos tan inteligentes o justos debido a nuestra perspectiva. No llegamos aquí solos. No nos dimos cuenta de algo ni logramos algo por nuestra cuenta, Él nos hizo nuevos. Fue obra Suya, no nuestra. ¡Eso nos debe hacer humildes!

El versículo 13 aborda cómo los justos deben ver sus pecados: "Quien encubre su pecado jamás prospera; quien lo confiesa y lo deja, halla perdón". El versículo 14 es una continuación perfecta, recordándonos la importancia de tener un corazón blando, que responde a los impulsos del Espíritu cuando nos hace conscientes de nuestros pecados. El temor del Señor va de la mano con un corazón blando.

El capítulo 29 nos muestra los rasgos de la persona orgullosa y tonta. Los orgullosos no se pueden enseñar. El tonto carece de autocontrol y paciencia en una discusión. Pero la sabiduría ¡retiene su lengua y piensa antes de hablar!

VISTAZO DE DIOS

"Temer a los hombres resulta una trampa, pero el que confía en el SEÑOR sale bien librado. Muchos buscan el favor del gobernante, pero solo el SEÑOR hace justicia" (29:25-26). La aprobación de los demás es efímera. Si la buscamos, estaremos encarcelados para siempre al necesitar obtener o mantener su afirmación. Por otro lado, la aprobación de Dios hacia nosotros, en Cristo, es inamovible. Es lo único sobre nosotros que no cambia y es lo único sobre nosotros que perdura. La perspectiva de Dios es fija y Su plan se cumplirá. No es voluble. Él conoce el futuro, porque ya está allí. Él conoce todas las formas en que todavía vamos a equivocarnos, pecar y rebelarnos en Su contra, pero ha puesto Su corazón en nosotros ¡para siempre! Nunca se va a ir y ¡Él es donde el júbilo está!

ECLESIASTÉS 1–6

Eclesiastés es literatura sapiencial escrita por "el Predicador", que probablemente *sea* Salomón o pretende que el lector piense en él. El personaje principal tiene muchos recursos a su disposición y quiere descubrir cómo vivir la vida con más alegría, por lo que realiza un experimento y luego nos cuenta lo que aprendió. Nos hace saber lo que vale nuestro tiempo, energía y dinero. Afirma su tesis por adelantado: "Vanidad de vanidades, todo es vanidad". La palabra para *vanidad* significa fugaz o humo, pero también conlleva la connotación de algo que es difícil de entender. La palabra aparece treinta y ocho veces en este libro; es parte del tema general.

Primero se inclina hacia el trabajo. Todo el trabajo duro finalmente es inútil: los edificios se deterioran, la tecnología se vuelve obsoleta, los ingresos disminuyen con los impuestos. Incluso acumular conocimiento no mejora la vida del predicador y básicamente dice que la ignorancia es felicidad. Ha trabajado duro, ha aprendido muchas cosas, pero aún se siente vacío, y quizás aún peor. Entonces decide probar su corazón, usando cosas que parecen tener otro tipo de valor. Olvídate del trabajo duro y un legado; ¡vamos tras la felicidad y el placer! Él construye una finca, contrata a sus bandas favoritas para tocar en su patio trasero e incluso tiene muchas concubinas. Pero todo es efímero, un placer fugaz que no satisface.

Obtiene sabiduría a través del proceso, pero está frustrado que a pesar de ser más sabio, todavía va a morir. La sabiduría no puede evitar que se encuentre con el mismo final que un tonto. Y cualquier posesión que deje atrás será entregada a otra persona que tal vez no la aprecie. Parece injusto, por lo que decide vivir el momento y encontrar satisfacción trabajando para el Señor y confiando en Él, no tratando de acumular una fortuna o un nombre para sí mismo.

En el capítulo 3, enumera varias etapas que las personas encuentran en la vida. Hay catorce pares de etapas: "tiempo de nacer y tiempo de morir", "tiempo de llorar y tiempo de bailar", por ejemplo. Dos cosas en su lista pueden ser problemáticas, pero encajan con el resto de las Escrituras. Echemos un vistazo a estas: a) "Un tiempo para matar" no sugiere asesinato. Este es el estado-nación de Israel y Dios ha establecido leyes sobre cuándo se debe promulgar la pena de muerte. Así que, de hecho, hay un tiempo para matar, pero la pena capital por llevar a cabo las leyes de Dios para su estado-nación es diferente a la venganza; b) "Un tiempo para odiar" no se refiere necesariamente a los humanos. Dios mismo odia el pecado y nos llama a odiarlo también. Romanos 12:9 dice: "aborrezcan el mal; aférrense al bien". En Proverbios 6:16-19, Salomón enumeró varias cosas que Dios odia. El odio de Dios no significa que no esté amando: Él odia las cosas que amenazan lo que Él ama, como todos lo hacemos. Estos dos atributos de Dios no son contradictorios; son complementarios.

Eclesiastés 3:11 captura la complejidad de la vida y todas sus etapas. Dios está obrando en todo para un propósito específico, es decir, la redención y nos ha dado el deseo de comprenderlo todo, pero también la incapacidad para hacerlo. Dios deja algunas cosas como misterios, incluso para los sabios. Es un recordatorio de que no somos Dios y también es un incentivo para confiarle todo lo que no sabemos. Esto es reconfortante y nos da humildad.

El capítulo 4 dice que gran parte de nuestra ética de trabajo está impulsada por nuestra necesidad de control y superioridad, lo cual no tiene sentido y es agotador. Estamos motivados por la competencia, los celos y el orgullo. Pero la comparación es un terrible capataz, nunca nos deja descansar. ¡En realidad, hay más alegría y sabiduría al trabajar juntos! La codicia hiere al codicioso. Si Dios te ha dado riqueza y puedes vivir con la mano abierta, no centrada en ella, ¡entonces es allí donde se encuentra la verdadera bendición! Estar ocupado con Dios, no con la riqueza, es el camino hacia la alegría. ¡No podemos disfrutar Sus dones si estamos enfocados en ganar más!

VISTAZO DE DIOS

"Sé además que todo lo que Dios ha hecho permanece para siempre; que no hay nada que añadirle ni quitarle" (3:14). Nos esforzamos por ganar cosas fugaces y agotarnos por algo fugaz. Pero aquí vemos que todo lo que Dios pone en movimiento es inamovible, perdura. No podemos agregarle ni quitarle nada. Está fijado para siempre. ¡Qué poderoso es Él y qué débiles somos! ¡Él es donde el júbilo está!

ECLESIASTÉS 7–12

El predicador insta a sus lectores a tomarse en serio la vida y la muerte y dejar que la tristeza haga su trabajo. A pesar de que la vida es fugaz, la experiencia humana y el valor de las emociones que la acompañan tienen peso. Esperar el tiempo de Dios requiere humildad. Confiar en Dios significa que vivimos satisfechos incluso mientras esperamos.

En 7:16, parece fruncir el ceño ante la sabiduría y la justicia: "No seas demasiado justo, ni tampoco demasiado sabio. ¿Para qué destruirte a ti mismo?". La palabra traducida como *justo*, con mayor frecuencia, se refiere al sistema judicial, no a la moral personal. Es como si estuviera diciendo: "No seas la persona que siempre tiene que estar en lo cierto y tener todas las respuestas. Eso es arrogante, y en última instancia, evita que seas el tipo de persona que quieres ser".

Al final del capítulo 7, lamenta lo desafiantes que pueden ser las relaciones humanas. Incluso con toda su sabiduría, parece que no puede comprender a las mujeres en absoluto. E incluso entre otros hombres, solo entiende a uno. ¡Los humanos son criaturas complejas y conectarse es difícil!

En el capítulo 8, aconseja al consejero del rey. Básicamente dice: "Estás tratando con un hombre que casi no tiene restricciones en su poder. Necesitarás mucha sabiduría para saber cuándo hablar y cuándo guardar silencio. Tratará de abusar de su autoridad y tendrás que saber exactamente cómo acercarte a él para dominarlo algunas veces". Pero incluso en esto, el predicador se da cuenta de que el impacto que esto puede tener es fugaz, es solo otro aspecto de cómo podemos rotar nuestras ruedas tratando de controlar las cosas. No podemos determinar el resultado.

El capítulo 9 nos recuerda que todos moriremos algún día, así que deberíamos disfrutar nuestros días mientras los tenemos. En el versículo 10 dice: "Todo lo que tu mano halle para hacer, hazlo según tus fuerzas; porque no hay actividad ni propósito ni conocimiento ni sabiduría en el Seol" (NBLA). Es posible que hayas escuchado a alguien usar la palabra "Seol" como referencia al "infierno", pero apunta más a la muerte o la tumba. Y en este momento, Dios no le ha dado a Su pueblo mucha información sobre lo que sucede después de la muerte, pero tienen una visión general que considera que el cuerpo va al Seol y el espíritu a Dios. Dios continuará revelando información a Su pueblo sobre esto, pero aún no hemos llegado, así que aguarda allí.

En los capítulos 10 y 11, el predicador nos da algunos proverbios al estilo de Salomón: incluso un *poco* de necedad puede conducir a la ruina (10:1), debemos proteger nuestros pensamientos tanto como nuestras palabras (10:20) y Dios es el dador de vida, incluso en el vientre de la madre (11:5). No podemos entender los caminos de Dios, pero ellos gobiernan todo lo que hacemos, por lo que es mejor y más sabio ceder ante Él y confiar en Él.

Al final, el predicador llama al lector a recordar a Dios, especialmente en la juventud, cuando aún no hemos ganado la sabiduría de años que a menudo hace que una persona reflexione sobre la brevedad de la vida. Luego da una metáfora que describe el cuerpo de un anciano que ya empieza a fallar. "Se encorvarán los hombres de batallas" se refiere a la descomposición de sus huesos y articulaciones; "se detendrán las molenderas por ser tan pocas" hace referencia a su deje de comer porque se le han caído los dientes. Y el versículo 7 dice: "Volverá entonces el polvo a la tierra, como antes fue, y el espíritu volverá a Dios, que es quien lo dio". Luego da la conclusión de su experimento: veremos dolor y alegría en nuestras vidas, pero nuestro trabajo es disfrutar y obedecer a Dios independientemente de esto.

VISTAZO DE DIOS

"El pecador puede hacer lo malo cien veces, y vivir muchos años; pero sé también que le irá mejor a quien teme a Dios y le guarda reverencia" (8:12). No existe una fórmula para una vida larga y feliz. Todo lo que podemos hacer es deleitarnos en Dios, obedecerlo y confiar en Él con el resultado. Y así es como parece que las cosas "salgan bien", independientemente de lo que ocurra. ¿De todos modos, no es eso lo que realmente buscas? ¿Un corazón en paz? ¿Y no has visto una y otra vez que conseguir lo que quieres no logra eso para ti? ¿Y cómo esforzarse por conseguirlo produce lo contrario a un corazón en paz? El predicador ha tenido palacios, fiestas, conciertos y dinero en cantidades que nunca podremos tocar, y dice que nada de eso trae el tipo de paz y alegría que proviene de caminar humildemente con Dios. El predicador sabe que ¡Él es donde el júbilo está!

1 REYES 10-11; 2 CRÓNICAS 9

La noticia sobre el imperio de Salomón se extiende rápidamente y la reina de Sabá recorre un largo camino para visitarlo, trayendo muchas personas, camellos y regalos, así como también muchas preguntas. Y Salomón las responde todas. ¡Ella está atónita! Elogia su sabiduría, prosperidad y carisma, ¡incluso las personas que trabajan para él parecen realmente quererlo! ¡Esta reina pagana incluso alaba a Dios por establecer a Salomón como rey, señalando a Dios como la fuente de todo! Esta idea se reitera en 10:24: "... todo el mundo procuraba visitarlo para oír la sabiduría que Dios le había dado". No hay sabiduría aparte de Dios. Él la posee toda y cualquiera que la tenga la obtuvo de Él. ¡Salomón le pidió a Dios esta sabiduría y nosotros también podemos hacerlo! "Si a alguno de ustedes les falta sabiduría, pídala a Dios y él se la dará, pues Dios da a todos generosamente sin menospreciar a nadie" (Santiago 1:5). ¡Dios promete responder esta oración con un "sí"! La sabiduría no es solo de Dios, sino que señala a Dios. Él es la fuente, el suministro y el objetivo de todo.

A pesar de su sabiduría, Salomón no es perfectamente obediente a los mandamientos de Dios para los reyes de Israel. Él acumula más oro y más caballos, desafiando la ley de Dios. También agrega más mujeres a su lista. Se casa y se asocia con mujeres que apartan su corazón de Dios, acumulando setecientas esposas y trescientas concubinas. Pero todo comenzó con una: una sola mujer cuyo corazón no estaba alineado con Dios. Llevamos nuestros propios corazones por mal camino, un acto de desobediencia a la vez. El corazón de Salomón está gobernado por la lujuria, no por Dios y esto lleva a la caída de su reino. Las cosas salen tal como Dios dijo que lo harían: "Tampoco te unirás en matrimonio con ninguna de esas naciones; no darás tus hijas a sus hijos ni tomarás sus hijas para tus hijos, porque ellas los apartarán del Señor y los harán servir a otros dioses" (Deuteronomio 7:3-4). Dios no estaba adivinando, Él lo sabía.

Salomón también construye sitios para adorar ídolos, al menos uno de los cuales, Moloc, es un dios al que los paganos ¡hacen sacrificios de niños! A pesar del pecado de Salomón, Dios está cumpliendo Su promesa a David. Él dice que después que Salomón muera, la mayoría de Israel será arrebatada de su hijo. Dios castiga efectivamente la evidente desobediencia de Salomón mientras mantiene Sus promesas a David y a Israel. ¡Qué eficiencia! Dios levanta un enemigo para oponerse a Salomón, un hombre llamado Jeroboán, uno de los sirvientes de Salomón. Jeroboán ha desconfiado de Salomón por un tiempo, porque el profeta Ahías una vez rasgó su propia ropa nueva en doce piezas, le entregó a Jeroboán diez de esas piezas y luego explicó: Dios quitará diez de las tribus de la línea de descendientes de Salomón y se las dará a Jeroboán! A partir de ese momento, Jeroboán parece esperar ansiosamente su ascenso al poder. Salomón sabe que persigue el reino, así que trata de matarlo, pero Jeroboán huye a Egipto, donde se queda, hasta que Salomón muere. Entonces el hijo de Salomón, Roboán, toma el trono. Como los nombres Jeroboán y Roboán son similares, los llamaremos Jerry y Rob para abreviar. Jerry es el extraño aquí. Rob es el hijo de Salomón.

VISTAZO DE DIOS

La reina de Sabá bendice a Dios en respuesta a la prosperidad y sabiduría de Salomón: "¡Y alabado sea el Señor tu Dios, que se ha deleitado en ti y te ha puesto en su trono para que lo representes como rey!" (2 Crónicas 9:8). Ella no dice que Dios puso a Salomón en el trono de Salomón, sino que Dios puso a Salomón en el trono de Dios. Esto indica que Dios posee posiciones de poder, incluido el trono de Israel. Él está a cargo de quién está a cargo. Este es Su pueblo y Él está estableciendo sus gobernantes para desarrollar Su plan. Esto es fácil de aceptar cuando las personas en el poder son tipos como Salomón, pero ¿qué pasa con todos esos jueces terribles? Es difícil para nosotros ver lo que Dios podría estar haciendo al posicionarlos en el poder. Ahí es donde tenemos que ser abiertos y confiar en que Él está desarrollando algo que no podemos ver. Por ejemplo, ¡usó a esos terribles jueces para producir arrepentimiento en los corazones de Su pueblo! Él tiene propósitos que a veces no podemos entender, pero siempre son justos, buenos y amorosos. Y no importa quién esté en el trono, ¡Él es donde el júbilo está!

PROVERBIOS 30-31

El autor del capítulo 30, Agur, dice que su sabiduría en comparación con la sabiduría de Dios ¡es cero! Utiliza muchas metáforas que son recordatorios de cuando Dios le habló a Job, señalando que Dios es mucho más poderoso y sabio que cualquiera de nosotros y luego termina con una pregunta que podría ser profética: "¿Quién ha establecido los límites de la tierra? ¿Quién conoce su nombre y cual es el nombre de su hijo? ¡Seguro que lo sabes! (v. 4). ¡Eso suena a Jesús totalmente!

El versículo 6 nos recuerda porque nuestro viaje a través de las Escrituras es tan importante: "No añadas nada a sus palabras, no sea que te reprenda y te exponga como a un mentiroso". Si no sabemos lo que Dios dice, ¿cómo sabremos si lo estamos citando mal o agregando a Sus palabras? Muchas ideas se presentan como palabras de Dios, publicadas como mantras en las imágenes de Instagram o como arte en las paredes, clamando Sus promesas, pero están lejos de la verdad de Dios, a veces incluso el contrario a lo que Él dice. ¡Mientras más leamos Su verdad, más podremos detectar las mentiras!

Agur le pide a Dios que haga dos cosas: mantenerlo honesto y protegerlo del pecado. Él conoce el corazón humano lo suficientemente bien como para saber que la bendición y la prosperidad a menudo conducen a ignorar a Dios y a olvidar nuestra necesidad de Él, mientras que la pobreza puede conducir a la desesperación y al pecado. Es fácil ver a este último como un tipo de pecado peor, convertirse en un ladrón o un criminal. La opción más brillante es ser tan rico que te olvides de Dios, pero eso sigue siendo pecado. Él quiere mantenerse alejado de ambos extremos, llama a los arrogantes y a los de ojos altivos a rendir cuentas y alienta el arrepentimiento para aquellos que se han envanecido o que planearon su pecado. Planificar el pecado es una señal que delata un corazón insensible.

El rey Lemuel escribió el capítulo 31, pero la mayoría de los eruditos creen que este es un seudónimo para Salomón. Este capítulo es la sabiduría que su madre le transmitió, por lo que es posible que estas sean las palabras de sabiduría de Betsabé de todo lo que ha soportado. Si estas son las palabras de Betsabé, puedes ver cómo el versículo 3 se ajusta a la situación de Salomón: "No gastes tu vigor en las mujeres, ni tu fuerza en las que arruinan a los reyes". Él deja que su lujuria lo domine y destruya su reino. En los versículos 4-9, alienta a su hijo hacia el desinterés, básicamente diciendo: "Tú estás en una posición de poder, así que no la desperdicies. No abras tu boca para llenarla de vino, pero abre tu boca para procurar justicia para los oprimidos y los necesitados".

Luego ella da la descripción con la que la mayoría de las mujeres están más familiarizadas. Curiosamente, fue escrito por un hombre como el consejo de su madre sobre qué tipo de mujer debería buscar. La última sección de Proverbios 31 a menudo hace que las mujeres se sientan insuficientes porque realmente no pueden cumplir con este ideal, pero anímate, que esta persona es casi con toda seguridad una metáfora. Su madre solo está armando un prototipo para él. Mientras imaginamos cómo debe ser la vida de esta mujer, podemos preguntarnos si es un robot. ¿En algún momento duerme? ¿Cuándo tiene tiempo para ducharse? La buena noticia es que esta lista de cosas podría haber abarcado toda su vida, no un período de veinticuatro horas. Es posible que no haya sido empresaria mientras criaba hijos. Es posible que no haya estado alimentando a su familia mientras alimentaba a los pobres. Si eres una mujer, espero que el recordar que esto es literatura de sabiduría y no una ley te dé libertad. El objetivo de este capítulo no es comparar nuestras vidas con la de ella, sino tomar nota de la sabiduría en su corazón y las cosas que valora, que determinan en qué ocupa su tiempo. Ella es una mujer de sustancia. Ella no es arrogante. Ella tiene una gran ética de trabajo. Ella es solidaria. Y lo más importante, ella confía en Dios: "Fuerza y dignidad son su vestidura y sonríe al futuro" (31:25) LBLA. Vivir con temor al SEÑOR significa que no vivimos con miedo al mañana. Y como dice el versículo 30: "la mujer que teme al SEÑOR es digna de alabanza".

VISTAZO DE DIOS

Si una mujer teme al SEÑOR (se deleita en Dios, confía en Dios, se asombra de Dios), finalmente confía en Él para todo lo que la convierte en la mujer fuerte, digna y merecedora de alabanza como hemos visto aquí. Si profundizamos, eso significa que Dios también debe ser alabado por quién es ella. Esta mujer no es el héroe, ella señala al Héroe. Encuentra su fuerza en el Héroe. El Héroe le ha otorgado su sabiduría y dignidad. Ella es genial, sin duda, pero señala a Alguien mucho más grande y ¡Él es donde el júbilo está!

1 REYES 12–14

¡El rey Rob toma el trono de su padre y el rey Jerry regresa de Egipto porque un profeta le dijo que *él* sería el rey! Reúne personas para acercarse al rey Rob sobre un problema que han tenido: Salomón trató a sus trabajadores como esclavos, por lo que le pidieron al rey Rob que aligerara su carga. Los consejeros de Rob dicen que la gente tiene razón, pero él ignora sus consejos y escucha a sus amigos, que no son compasivos y no tienen sabiduría de liderazgo. Le dicen que debe aumentar la carga de trabajo y Rob lo hace. El texto dice que Dios ordenó que Rob expulsara la solicitud de la gente como parte de su plan para cumplir su profecía a Jerry. Y esto es cuando el reino está dividido.

El reino dividido dura un tiempo, así que aquí hay algunos tips útiles para entenderlo todo: Diez tribus se convierten en el reino del norte conocido como Israel o Israel del Norte. Durante este tiempo de división, la palabra *Israel* se refiere solo a esas diez tribus del reino del norte, no a las doce tribus. Las otras dos tribus (Judá y Benjamín) se convierten en el reino del sur conocido colectivamente como Judá o Judá del Sur.

Rob sigue siendo rey, pero solo sobre Judá. Israel hace de Jerry su rey. Rob no está contento con que las diez tribus se separen de él, por lo que quiere luchar contra ellas, pero Dios dice que sería una lucha contra Él, por lo que Rob lo cancela todo. Al norte, Jerry teme que su gente pueda sentir nostalgia por el templo y decida reunirse con el sur de Judá del Sur, ¡y luego Rob lo matará! Jerry cree que la mejor manera de evitar que la gente haga esa peregrinación al sur del templo es establecer su propio lugar de culto en Israel. Instala dos altares, hace dos becerros de oro, instala sus propios templos, nombra a sus propios sacerdotes no levitas, establece sus propios días para fiestas y sacrificios y generalmente hace lo que quiere sin tener en cuenta a Dios, simplemente porque tiene miedo de perder el poder. El miedo te llevará a fines impíos.

Un hombre de Dios aparece para reprenderlo, pero Jerry no lo acepta. A pesar de que su mano fue marchitada y curada por el hombre, Jerry no se arrepiente. La noticia de todo esto llega a un viejo profeta que rastrea al hombre de Dios. Él le miente: "Dios dijo que se supone que debes venir a cenar a mi casa". Eventualmente, el profeta le dice al hombre de Dios que cometió un terrible error al escucharlo en lugar de escuchar a Dios y que el castigo es la muerte. ¡Guauu! Como resultado, el profeta tiene razón y el hombre de Dios es asesinado por un león ese día. La moraleja de la historia es obedecer la voz de Dios, no la voz del hombre. A pesar de todo lo que ha sucedido, Jerry sigue rebelándose.

Cuando su hijo se enferma, sabe que necesitan ayuda de verdad, no ganado de metal. Envía a su esposa disfrazada para ver a Ahías, el profeta que le dijo a Jerry que sería rey. Dios le dice a Ahías que ella está en camino, así que él la llama y luego le da una noticia terrible: su hijo morirá. La promesa de Dios a Jerry dependía de la obediencia y dado que Jerry no sigue a YVHV, YVHV le quita el reino. Él y muchos otros sufren las consecuencias de su pecado. En Judá, Rob todavía reina, pero las cosas tampoco van bien allí. También son idólatras. La división entre los dos reinos persiste.

VISTAZO DE DIOS

La compasión de Dios aparece en 14:13 cuando el hijo de Jerry muere: "Entonces todos los israelitas harán duelo por él y lo sepultarán..., porque en esa familia solo él ha complacido al SEÑOR, Dios de Israel". Cuando Dios lleva a alguien a la muerte, es fácil pensarlo como un acto cruel y de rabia. Pero aquí vemos una historia diferente: Él toma a quien le agrada. Pero solo para aclarar, Dios no "necesitaba otro ángel", como a veces dicen las personas bien intencionadas, porque: a) Dios no necesita nada: Él es autosuficiente, b) las personas no se convierten en ángeles cuando mueren, c) los ángeles son un tipo de ser completamente diferente y d) los ángeles fueron creados como un ser en un nivel inferior: no están hechos a la imagen de Dios como nosotros, por lo que sería como que nos degradaran si nos convertimos en ángeles cuando morimos. Dios toma al niño porque se deleita en él. Eso es todo. Solo deleite. Lo lleva a casa... a Sí mismo. El niño escapa del mundo malvado que gobierna su padre terrenal y va al hogar pacífico de su Padre celestial. ¡Esa es una compensación fantástica, porque Él es donde el júbilo está!

2 CRÓNICAS 10-12

Durante el Reino dividido, las diez tribus de Israel del Norte rechazan a los levitas como sacerdotes, así que los levitas no solamente son despedidos de sus trabajos, sino que también son desalojados de sus casas. Se van de las tierras tribales a las que habían sido asignados a servir y se mudan a Judá del Sur. Habían servido bajo el relativo buen liderazgo de David y Salomón y ese legado se queda con ellos por un buen tiempo. Habían puesto sus corazones en buscar a Dios. Por tres años, ayudan a mantener a Judá en el camino recto y angosto, pero eventualmente este se cae a pedazos. No está claro si los corazones de los levitas también se alejan de Dios, o si al rey Rob solo dejó de importarle e hizo caso omiso de las leyes y los propósitos de Dios para ellos.

El rey Rob tiene muchas esposas y concubinas y mientras su familia crece, dispersa a sus hijos en toda la región; provee para ellos y les encuentra esposas. Sirven de supervisores en la región, asegurando que su poder e influencia hagan raíces en todas partes de Judá. Pero así como su poder crece, su corazón se aleja de Dios. La debilidad tiene un modo de recordarnos nuestras necesidades, mientras que la fortaleza nos mueve a apoyarnos en la autonomía y el olvido. Y así como el rey hace, también hace el reino. La gente sigue el liderazgo de Rob y se aleja de Dios. Luego los ejércitos de Egipto vienen tras Judá, "él y todo Israel abandonaron la ley del Señor y le fueron infieles. Por eso en el quinto año del reinado de Roboán, Sisac, rey de Egipto, atacó Jerusalén". Parece haber una correlación directa, entre la infidelidad de Judá y el ataque de Egipto. Dado como Dios ha trabajado en el pasado cuando Su pueblo se rebela, es posible que haya levantado a Egipto para oprimir a Judá y causar su arrepentimiento.

Egipto toma muchas tierras, pero no captura a Jerusalén. Semaías el profeta le hace saber al rey Rob que Dios le está dando éxito a Egipto en sus esfuerzos en contra de Judá. Finalmente, el pueblo se arrepiente, pero Dios no saca inmediatamente a Egipto. En vez de eso, dice que va a usar a los ejércitos de Egipto para enseñar a Judá algo acerca de Él mismo. Egipto invade Jerusalén y toma algunas de sus posesiones más valiosas del templo y de la casa del rey, incluyendo sus escudos de oro. El rey Rob reemplaza estos con escudos de bronce, los cuales sirven mejor como protección de todas formas, considerando lo suave que es el oro. Tiene que mantener a su pueblo armado todo el tiempo, lo cual prueba que la paz que Salomón conoció durante su reinado ya no existía. Este se sentía más como el reinado de David, cuando había guerras continuamente. Pero por lo menos David estaba ganando. Rob está perdiendo, pero así como su fuerza lo hizo arrogante, sus pérdidas lo hacen humilde. Y cuando es humilde, Dios se apiada de él. Sin embargo, la historia lo registra como un rey malvado.

Mientras tanto, el rey Jerry en Israel del Norte nombra a sus propios sacerdotes de cualquier tribu que quiso, para servir en los lugares altos que construyera y adorar a los ídolos que creará. Es como el líder de un culto, inventando su propia religión, armándola con verdad y herejía. Inclusive hace que la gente sacrifique machos cabríos, que Levítico 17:7 se refiere a estos como demonios. Las falsas religiones adoran demonios, independientemente de si toman forma de animales o de dioses míticos o inclusive deidades en forma humana, finalmente estos son demoníacos. Son seres creados quienes ya sea que se han opuesto a su Creador o a quienes están siendo adorados en lugar del Creador.

VISTAZO DE DIOS

Cuando el rey Jerry le quita al rey Rob el pueblo y Rob quiere atacarlo, Dios le dice a Rob: "No vayan a luchar contra sus hermanos. Regrese cada uno a su casa, porque es mi voluntad que esto haya sucedido" (11:4). Dios dice que mande a los soldados a casa, porque no tiene permitido tomar represalias. ¡Y Rob obedece! Esto es un recordatorio de un evento mucho más significativo en Juan 18. Cuando los soldados aparecen para arrestar a Jesús antes de Su crucifixión, Pedro saca su espada para atacarlos, pero Jesús le pide que la guarde, porque todo esto es parte del plan de Dios. El Hijo se sujeta a la voluntad del Padre. El plan de Dios no siempre es fácil. Algunas veces toma cosas de nosotros o nos da tareas duras que preferiríamos evitar, pero Cristo ha sido un modelo para nosotros, y hasta el rey Rob ha sido un modelo para nosotros, en cómo responder al plan de Dios. Al rendirnos a Dios, ganamos cosas que nunca hubiéramos tenido de otra manera. ¡Se puede confiar en Él! ¡Él es donde el júbilo está!

1 REYES 15; 2 CRÓNICAS 13–16

El rey Rob, el primer rey de Judá, muere y es reemplazado por su hijo Abiam, también conocido como Abías. Abías no sigue a Dios, exactamente como su papá. Mientras tanto, el rey Jerry sigue siendo rey en Israel. Y obviamente estos dos no se llevan bien. La gente del rey Jerry sale a atacar a la gente del rey Abías. Y Abías le dice a Jerry: "Nosotros sabemos que están actuando con maldad. Sabemos todo acerca de sus becerros de oro y su templo falso y sus sacerdotes que no son levitas. Y si nos atacan, están destinados a fracasar, porque es un ataque ¡en contra de Dios! Aunque Abías también es malvado, no está equivocado en esto. En la batalla, Abías es superado dos a uno, pero él y su ejército matan a más de la mitad del ejército de Jerry y también toman parte de sus tierras.

Después que Abías muere, el siguiente rey de Judá es su hijo Asá. ¡Finalmente tenemos a un hombre temeroso de Dios en el trono del Sur! Asá tiene una conversación seria con un hombre llamado Azarías quien actúa como un portavoz de Dios Espíritu Santo. Después que Azarías le recuerda su propósito como rey y lo anima a ser audaz al hacer reformas, Asá hace justamente esto. No teme hacer las cosas correctas en Judá, aun si esto significa sacar a miembros de su familia de sus puestos en el reino. Expulsa a todos los varones prostitutos del culto y derriba a los ídolos. Hace que la rebelión en contra de Dios sea castigada con la muerte. Deja intactos algunos de los lugares que son designados para la adoración de ídolos, así que no impide completamente a otros la adoración de ídolos. Pero en cuanto a su corazón, solo adora a YHVH. Algo de lo que te darás cuenta es que los reyes en Judá del Sur, siempre son comparados a si se parecían o no a David. Él estableció el estándar de buen rey.

Mientras tanto en Israel, Jerry muere y tienen un nuevo rey llamado Nadab. Es un rey perverso quién tiene solo un reinado de dos años. Él y su familia son asesinados por Basá, quien toma el trono en Israel. También es un rey perverso, pero Dios lo usa para cumplir las palabras proféticas de Ahías en 1 Reyes 14:14-16, cuando predijo que la familia de Jerry sería asesinada. Después de la masacre en contra de su compatriota norteño, Basá idea un plan en contra de Asá y de Judá, que implica establecer un bloqueo en uno de sus mayores caminos.

Aunque Dios le había dado a Asá victorias militares increíbles aún siendo el que llevaba las de perder, Asá decide confiar en su propio plan en cómo manejar esto. Su decisión parece lógica y diplomática y tal vez incluso sabia, especialmente porque lo más seguro es que su ejército fuera superado en número. Pero no busca el consejo de Dios. En vez de eso, toma un montón de cosas valiosas de su depósito y las ofrece a un rey vecino, pidiéndole que atacara a Basá y a Israel. Cuando Basá se da cuenta de lo que está sucediendo, deja de construir el bloqueo. Entonces Asá toma todo el material que Basá estaba usando para construir el bloqueo y lo usa para construir, en otro lugar, su propio bloqueo contra Basá.

Un profeta llamado Jananí va donde Asá y le dice que puede ser que haya obtenido lo que quería, pero que Dios no estaba complacido y la consecuencia de no confiar en Dios para la victoria es que tendrá más enemigos que pelearán en su contra. Asá no recibe esta corrección de buena manera; está furioso. Encarcela a Jananí y empieza a ser cruel con otros también. Es probable que estuviera viviendo en un profundo remordimiento por sus acciones, pero no podía ver que solo empeoraba las cosas al dejar que su remordimiento y enojo lo gobernaran. Continúa caminando en autonomía, sin buscar a Dios, aun cuando cae en una terrible enfermedad que lo lleva hasta su muerte. Busca ayuda de todos, excepto de Dios. Gobierna Judá por mucho tiempo, tanto que en el Norte llegan y se van cinco reyes. Empezó sabio pero muere arrogante y enojado. Luego, su hijo Josafat toma el trono en el Sur.

VISTAZO DE DIOS

Dios Espíritu Santo, habla a través de Azarías y dice: "Si lo buscan, él dejará que ustedes lo hallen" (2 Crónicas 15:2). Tú lo estás buscando, tienes al menos ciento setenta y seis días buscándolo. ¿Lo has estado encontrando? ¿Qué sabes acerca de Él que no sabías hace ciento setenta y siete días? Probablemente lo estás encontrado en lugares que nunca pensaste posible, lugares como Levítico y Números y las genealogías. Continúa buscándolo, porque probablemente lo conoces más hoy que ayer, pero no tanto ¡como lo conocerás mañana! ¡Él es donde el júbilo está!

1 REYES 16; 2 CRÓNICAS 17

Basá es el rey de Israel del Norte cuando el profeta Jehú le dice que su familia será aniquilada. Y son aniquilados— ¡empezando con Basá! Su hijo Elá reinaría por dos años antes que su siervo Zimri lo asesinara mientras él estaba borracho, entonces Zimri toma el trono por siete largos días y aún así se las arregla para lograr algo importante: cumple la profecía de Jehú en contra de la casa de Basá acabando con todos. Durante el corto reinado de Zimri, la noticia llega al ejército israelita, que él ha asesinado a su rey. Cuando ellos lo persiguen, se da cuenta que se ha destapado la olla o que se le acabó la fiesta y le prende fuego a su propia casa, ¡cuando está adentro! Mientras tanto, Israel nombra a Omrí como su nuevo rey. Las cosas tienen un comienzo difícil para Omrí. No solo es que su palacio es una escena del crimen que todavía humea, sino que la mitad de las personas de Israel del Norte no lo apoyan. Hay una amenaza efímera para su reinado, pero él prevalece. Omrí también es un mal rey, es un rey en el Norte y todos sus reyes sin excepción, son malos.

Acab sucede a Omrí. También está en el Norte, por lo que también es terrible. Quizás no sepas mucho sobre él pero probablemente has escuchado algunas cosas sobre su esposa, Jezabel. ¡Pronto hablaremos de ella! Primero de Reyes 16:33 dice: "hizo más para provocar la ira del SEÑOR, Dios de Israel, que todos los reyes de Israel que le precedieron". ¡Ostras! Este es un epitafio terrible. Durante su reinado, uno de sus muchachos empieza a edificar Jericó, la primera ciudad que los israelitas conquistaron cuando entraron en la tierra prometida. Quizás recuerdes que Josué pronunció una maldición sobre cualquiera que la reconstruyera: "¡Maldito sea en la presencia del SEÑOR el que se atreva a reconstruir esta ciudad! Que eche los cimientos a costa de la vida de su hijo mayor. Que ponga las puertas a costa de la vida de su hijo menor" (Josué 6:26). Y esto es exactamente lo que le pasa al hombre que la reconstruye; el texto parece indicar que su hijo mayor y su hijo menor, mueren como resultado de este esfuerzo.

Mientras tanto en Judá del Sur: Josafat toma el lugar de su padre Asa, después que Asa muere de una enfermedad del pie. Dios está con Josafat porque su reino es parecido al de David, busca a Dios y guarda Sus leyes. Judá del Sur en conjunto está honrando a Dios, mientras que Israel del Norte no lo hace. Esto continúa siendo el tema a lo largo de todo el reino dividido; los únicos reyes rectos son los de Judá del Sur.

Josafat derriba los lugares altos e incluso envía oficiales y sacerdotes a través de Judá para enseñar a las personas las verdades de Dios. Otra característica extraordinaria de su reinado es la forma en que sus enemigos se convierten en aliados, incluyendo a los filisteos, la gente de Goliat, la gente que robó el arca de la alianza, ¡los archienemigos de los israelitas! ¡Guau! Incluso sus enemigos son impactados por la forma en la que gobierna con dignidad y honor. Josafat es querido y respetado en Judá. Segundo de Crónicas 17:6 dice: "Anduvo con orgullo en los caminos del Señor". ¡Este es un *gran* epitafio! Pero no se ha muerto todavía, por lo que todavía tiene tiempo para tomar decisiones no tan sabias. Mantente sintonizado.

VISTAZO DE DIOS

"Todos los reinos de las naciones vecinas de Judá sintieron un miedo profundo hacia el Señor y no se atrevieron a declararle la guerra a Josafat" (17:10). ¿Está Dios volviendo hacia Él los corazones de estas naciones enemigas? Por como resultó, no. La palabra hebrea usada aquí para *miedo* es diferente de la palabra usada para describir el temor reverente por el Señor. Esta palabra significa "pavor". Las naciones alrededor de Judá ven que la mano de Dios está con ellos, por lo que tienen miedo de ellos *y* de Dios, lo que los hace correr. Esta es la razón por la que Judá tiene paz; lamentablemente no porque sus enemigos están enamorándose de YHVH. Pero lo que esto nos muestra sobre Dios es de todas formas una verdad alentadora: Él es soberano sobre los corazones de nuestros enemigos. Ya sea que vuelva los corazones hacia Sí mismo o simplemente lejos de dañar a Sus hijos, es lo bueno y correcto; y sirve para Sus propósitos. De cualquier manera, Su gente está protegida y Su plan se cumple. Es un Dios más grande de lo que nos damos cuenta, logra mucho más de lo que se ve, porque mucho de Su trabajo lo hace a nivel del corazón. Es soberano sobre los corazones. Y ¡Él es donde el júbilo está!

1 REYES 17–19

El profeta Elías le dice a Acab, rey de Israel del Norte, que Dios va a enviar una sequía. Dios alimenta a Elías a través de pájaros pero después ¡el arroyo se seca! Envía a Elías a un nuevo lugar y le dice que una viuda lo alimentará. Pero cuando llega ella le dice: "¿quieres comida? Mi hijo y yo literalmente estamos muriéndonos de hambre". ¡No puede tomar ni un descanso! Pero no te preocupes, Dios promete multiplicar la comida y ¡lo hace! Cuando el hijo de la viuda se enferma, ella le echa la culpa a Elías. Pero es en su beneficio que esté allí, porque Dios trabaja a través de él para sanar a su hijo. En hebreo, la palabra que se traduce como *vida* se refiere a aliento; el texto dice que no quedó en él *aliento* (RVR1960). Por supuesto, Dios puede levantar a personas de la muerte, y quizás *esto* es lo que pasa aquí, pero simplemente no lo vemos explícitamente expresado en el hebreo como en otras historias de resurrección. En cualquier caso, por lo menos, Dios usa a Elías para hacerlo volver a tener *aliento*.

En el tercer año de sequía, Dios le dice a Elías que es tiempo para la lluvia, pero Elías tiene que confrontar a Acab primero. Acab culpa a Elías de la sequía, pero Elías dice que el pecado y la idolatría de Acab son el problema. Le dice: "Trae a toda tu gente y a tus ochocientos cincuenta falsos profetas para reunirse conmigo en la montaña y veremos cuál dios es superior". Elías, Acab, la gente y cuatrocientos cincuenta profetas de Baal se reúnen en el Monte Carmel (faltan cuatrocientos profetas). Elías le pide a la gente que paren de ser indecisos, y de tratar de tener sus espaldas cubiertas al adorar a múltiples dioses. A diferencia de los dioses paganos, YHVH requiere exclusividad. Esto es una relación, no un bufé. Pero a ellos no parece importarles.

Elías pide dos toros, les da a los falsos profetas la primera opción y les dice: "veamos qué Dios puede quemar este sacrificio". Los profetas de Baal clamaron a él por horas pero no pasaba nada. Elías se burla de ellos. Ellos se cortaron a sí mismos, pensando que esto despertaría a Baal de su siesta en el inframundo, pero él siguió durmiendo. Cuando es el turno de Elías, construye una zanja alrededor del altar y derrama doce jarras de agua sobre el altar, la madera y el suelo hasta que todo está empapado y la zanja está llena. Si Dios no se manifiesta, solamente ha malgastado un recurso vital en una sequía. Pero si YHVH puede quemar la madera empapada, entonces Él realmente es Dios y ¡quizás las personas se arrepientan!

Dios envía fuego desde el cielo, quemando, no solo el toro y la madera, sino también las piedras y la tierra. La gente confiesa que YHVH es el Señor y Elías ordena que maten a los cuatrocientos cincuenta falsos profetas. Elías le dice a Acab que ¡la sequía se ha terminado! Él mantiene a su sirviente llevando el reporte meteorológico, pero el sirviente sigue regresando con malas noticias de cielos soleados. Finalmente dice: "Hay una nube pequeña por ahí, pero eso es todo". ¡Elías se emociona! ¡Eso es! Mientras tanto, Acab pone al corriente de todo a su esposa Jezabel, incluyendo cómo Elías mató a los profetas de Baal. Ella es una adoradora devota de Baal, por lo que está furiosa. Promete matar a Elías y él se aterroriza. Deja Israel del Norte para esconderse en Judá del Sur. Se va al desierto, donde se encuentra asustado, deprimido y solo; y le ruega a Dios que lo mate. Pero entonces el Ángel del Señor (quizás Jesús) aparece, lo despierta, alimenta y le dice ¡sigue adelante! Se va a una cueva y Dios se le aparece para hablar con él. Está desesperado por la rebelión de Israel. Siente como si fuera el único al que le importa Dios y Su Palabra. Probablemente no sabe que Abdías acaba de salvar a cien profetas de la mano de Jezabel (18:4-13), pero Dios no lo corrige, solamente le da sus siguientes pasos: nombra a dos reyes y a un profeta. El profeta es Eliseo. (Un consejo útil: piensa en orden alfabético Elías con la A viene antes que Eliseo con la S). Elías, el profeta viejo, empieza a enseñar a Eliseo, el profeta joven.

VISTAZO DE DIOS

Cuando Dios trae un tornado, un terremoto y fuego, muestras enormes de Su poder, el texto dice que estas demostraciones de poder no son la meta. Elías ya sabe que Dios puede hacer milagros en una escala enorme. Lo que Elías necesita ver es que Dios está en el susurro. Ha visto que Dios puede ser grande por lo que ahora Dios le está mostrando que puede ser pequeño también. Puede ser íntimo. Tienes que estar muy cerca de alguien para escuchar su susurro. Elías está tan cerca que tiene que cubrir su rostro. El poder de Dios puede ser impresionante pero, a veces, lo que realmente necesitamos es una cercanía que nos haga cubrirnos el rostro. Queremos el susurro de Su cercanía. ¡Él es donde el júbilo está!

1 REYES 20-21

Ben Adad, rey de Siria, reúne una alianza de treinta y dos reyes y líderes; y hace sus demandas a Israel del Norte: quiere las riquezas de Acab y lo mejor de sus mujeres e hijos. Amenazado por la coalición masiva de Ben Adad, Acab cede. Pero la coalición siria lleva las cosas demasiado lejos cuando planean asaltar el palacio de Acab. Ben Adad presiona más, alardeando de su poder militar, entonces Acab le dice: "Quizás te pongas la armadura mañana pero no te la quitarás". Esta era una forma antigua de provocar, que básicamente equivale a una amenaza de muerte. Ben Adad está borracho y enfadado.

Un profeta le dice a Acab que ganará la guerra a pesar de tener un ejército inferior. Acab sigue las instrucciones del profeta e Israel ataca a la coalición y ¡gana! El profeta advierte a Acab que el ejército sirio volverá a montar otro ataque en primavera y le dice que se prepare. Los sirios piensan que la razón por la que Israel ganó la última batalla es porque tuvieron la ventaja de estar en su terreno. Pero el profeta aparece otra vez y le dice a Acab: "No te preocupes por esto, Dios reina en todas partes y Dios ¡gana en todas partes!". Israel gana y los veintisiete mil sirios que no mueren en la batalla, se escapan a una ciudad local, donde las murallas se caen y los mata a todos. Mientras tanto Ben Adad está escondido. Él y sus siervos traman un plan para rogar a Acab misericordia, a cambio de devolverle parte de la tierra que tomaron. Acab accede, lo que suena bien, pero desafía lo que Dios le mandó hacer en esta situación. Se suponía que tenía que matar a Ben Adad, no negociar.

Dios manda un profeta para desafiar el pecado de Acab. Los profetas a menudo usan un poco de teatro para dar su mensaje. Este profeta fuerza a otro profeta a golpearle, entonces se venda a sí mismo y se sienta al lado de la carretera donde sabe que Acab va a pasar. Señala que por dejar vivo a Ben Adad, Acab ha provocado la pena de muerte para él y para su gente. Acab no está arrepentido. Se resiste y se va a casa enfadado y malhumorado. Piensa que lo que lo pondrá contento otra vez es tener más tierra. Su vecino Nabot tiene una bonita parcela de tierra que él realmente quiere, por lo que la demanda. Cuando Nabot dice que no, porque parece que Dios lo desaprobaría, Acab se enfada y se pone malhumorado otra vez. Su codicia es intensa.

Después nos encontramos con su esposa Jezabel, la hija de un rey pagano. Es una asesina y una embustera, que camina furtivamente con gente de poder y les da todo lo que quieren para sentirse importante ella misma y obtener lo que quiere. Asesina a muchos profetas (1 Reyes 18) y amenaza la vida de Elías después que él derrota a sus propios profetas (1 Reyes 19). Hoy también vemos su lado engañoso. Falsifica una carta, la firma con el sello de Acab y usa su nombre para organizar una reunión, presumiblemente para honrar a Dios. Invita a su vecino Nabot, que se presenta para honrar a Dios junto con todos los demás, sin saber que ella ha contratado a dos hombres para sentarse al lado de él y acusarlo falsamente de maldecir a Dios y a Acab, lo que se castiga con la muerte. Por lo que ellos lo apedrean, en ese mismo momento, Nabot nunca lo ve venir.

Jezabel le da a Acab las "buenas noticias" sobre la tierra de Nabot, así que la toma. Pero Dios responsabiliza a Acab por el pecado de su mujer, de la misma manera que responsabilizó a Adán por el pecado de Eva. Esto podría parecer injusto, pero las posiciones de liderazgo llevan consigo un peso añadido. Dios envía a Elías a condenar a Acab, él, Jezabel y toda su familia van a morir. Esto es devastador para Acab y muestra arrepentimiento. Dios muestra misericordia, atrasando el castigo completo hasta la siguiente generación.

VISTAZO DE DIOS

Cada vez que Dios hace una promesa, la cumple. La única vez que la modifica es por el bien de la misericordia o la gracia. Podemos verlo con Acab. Las Escrituras repetidamente dicen que él era el rey menos favorito de Dios en Israel: "Nunca hubo nadie como Acab, que animado por Jezabel su esposa, se prestara para hacer lo que ofende al Señor. Su conducta fue repugnante..." (21:25-26). Pero, justo en el siguiente párrafo, Dios suaviza Su castigo sobre Acab. A Dios le encanta mostrar misericordia a las personas, incluso al más malvado de entre nosotros. Anhela perdonar. ¿Cómo podrías no amar a un Dios así? ¡Él es donde el júbilo está!

1 REYES 22; 2 CRÓNICAS 18

Hoy pasamos tiempo tanto en Israel del Norte como en Judá del Sur, comenzando en el norte con el malvado rey Acab. Los reyes de estos dos reinos hacen una alianza. Quieren recuperar Ramot de Galaad, ciudad de Judá que fue tomada por Siria. Antes de planear una estrategia, Josafat pregunta si pueden buscar el consejo de Dios. ¡Una movida inteligente! Acab llama a cuatrocientos profetas y todos dicen que Dios le dará éxito a Israel. Pero Josafat quiere una segunda opinión. Acaban de consultar a cuatrocientos profetas que están todos de acuerdo, entonces, ¿por qué necesita otra opinión? Algo que el texto original sugiere es que estos profetas no le preguntaron a YHVH. Es casi seguro que son los mismos cuatrocientos profetas de Aserá mencionados en 1 Reyes 18:19. ¿Recuerdas cómo Acab tenía cuatrocientos cincuenta profetas de Baal y cuatrocientos profetas de Aserá cuando fue a encontrarse con Elías para el enfrentamiento en el Monte Carmelo? Solo llegaron los cuatrocientos profetas de Baal y Elías los mató; pero nunca escuchamos nada de los cuatrocientos profetas de Aserá. Es casi seguro que estos son esos profetas. El malvado rey Acab (de Israel) no parece comprender completamente el concepto de seguir a YHVH, a pesar de que se arrepintió ante la amenaza de muerte y el sabio rey Josafat (de Judá) parece discernir sobre eso, por lo que busca la opinión de Dios.

Acab dice que pudieran preguntarle al profeta Micaías, pero este no es del agrado de Acab, porque nunca le dice lo que quiere escuchar. (Algunos comentaristas creen que fue Micaías quien fue golpeado intencionalmente antes de hablar con Acab). Micaías le dice a Acab: "Ataque Su Majestad a Ramot de Galaad, y vencerá, porque el Señor le entregará en sus manos" (1 Reyes 22:12). Acab no le cree porque parece demasiado bueno para ser verdad, especialmente viniendo de Micaías, así que prácticamente le dice: "¿Estás bromeando?". Y ahí es cuando las cosas se vuelven confusas. Micaías se había estado burlando del rey y sus profetas, pero esta vez le dice directamente: los espíritus malignos le pidieron permiso a YHVH para engañar a Acab mintiendo a través de los cuatrocientos profetas. Los espíritus malignos están sujetos a la autoridad de Dios: están atados y solo pueden hacer lo que Dios permite y lo que últimamente encaje en Su plan soberano. Y el plan de Dios, como ya lo había mencionado, es eliminar al rey Acab y su familia. El medio por el cual Dios planeó hacer eso es a través de esta guerra. Y los falsos profetas profetizaron falsamente: Israel se encontrará con el desastre y Acab morirá en la batalla. Por supuesto a Acab no le gusta esto en absoluto, por lo que tiene a Micaías encarcelado.

Cuando Acab y Josafat se asocian para la guerra, Acab trata de ser tramposo. Él planea usar un disfraz y le dice a Josafat que use su túnica real, lo cual lo convertirá en el perfecto tiro al blanco. Josafat está de acuerdo con este plan. El plan de Acab de disfrazarse parece funcionar al principio porque los arqueros sirios persiguen a Josafat con su túnica real, pero dejan de perseguirlo cuando se dan cuenta que no es Acab. Luego, uno de los arqueros dispara al azar una flecha que golpea y mata a Acab; y los eventos que rodearon su muerte se desarrollan de la forma en que Micaías profetizó hoy y Elías profetizó ayer. Su hijo Ocozías toma el trono después de él; hace lo mismo que Acab nuevamente: adora a Baal y es malvado en todas las formas en que su padre lo era.

VISTAZO DE DIOS

"Sin embargo, alguien disparó su arco al azar e hirió al rey de Israel entre las piezas de su armadura" (2 Crónicas 18:33). Dios se enfoca en cumplir Su plan, nada lo frustra. No es el disfraz de Acab, ni es el hecho que el sirio confunda a Josafat con Acab; y ni siquiera el llamado a dejar de disparar, ya que el único hombre que no deja de disparar golpea precisamente al mismo hombre que Dios designó para morir en el mismo lugar que lo mataría. El hombre puede haber disparado su arco "al azar", lo cual también se puede traducir "en su inocencia" o incluso "por accidente", pero eso solo demuestra que nada es aleatorio en lo que respecta a Dios. Él es muy intencional. Él escucha el clamor de los justos, Él aniquila a los malvados y Él no puede ser detenido. ¡Qué gran consuelo! ¡Él es donde el júbilo está!

2 CRÓNICAS 19–23

El profeta Jehú reprende a Josafat por su alianza con el malvado rey Acab y ¡Josafat parece escuchar! Pone las cosas en movimiento para honrar a Dios y mostrarle a la gente el camino para que se vuelvan a Dios. Nombra jueces y les ordena que juzguen con rectitud, como lo hace Dios, diciendo que Dios los ayudará. Cuando una coalición viene a atacar, él tiene a la gente ayunando y buscando la voluntad y la ayuda de Dios. Él adora a Dios en el templo y hace una oración hermosa y llena de fe. Entonces un líder de adoración en el templo profetiza: "... la batalla no es tuya sino de Dios ... No tendrás que pelear en esta batalla. Mantente firme ... No tengan miedo ni se acobarden"(20:15, 17). ¡Entonces los adoradores llevan al ejército a batalla! ¡No haces ese tipo de hazaña a menos que realmente confíes en Dios cuando Él dice que no tendrás que pelear! Mientras ellos adoran, el ejército enemigo comienza a luchar *entre* sí. Para cuando la gente de Judá llega a la escena, todos están muertos y pasan tres días recogiendo botines de guerra entre los cadáveres. Tal como Dios dijo, no tenían que pelear. ¡La única vez que levantan un dedo es para llevar el tesoro a casa! Cuando las naciones vecinas se enteran de esto, están aterrorizadas de Judá, ¡es claro que Dios está con ellos!

En sus últimos días, Josafat hace otra alianza con un rey malvado, tal como lo hizo con Acab. No aprendió su lección. Esta alianza es con Ocozías, el nuevo rey de Israel del Norte. Construyen botes para ir a Tarsis, probablemente con fines de comercio exterior, porque Tarsis es rico (2 Crónicas 9:21). Pero Josafat se ha unido a un rey que no conoce ni adora a YHVH y como consecuencia de su pecado, Dios destruye los barcos.

Después que Josafat muere, su hijo Jorán toma el trono. Su primer acto es matar a sus seis hermanos y a cualquier príncipe en el área que pueda ser una amenaza para él. También parece que tiene el papel de arruinar alianzas importantes con sus parientes más cercanos, los edomitas (descendientes de Esaú). Edom se había asociado con Judá, pero se rebeló ante el liderazgo de Jorán, por lo que intenta matar a varios de ellos (esto será importante para la lectura de mañana). Jorán no solo no detiene las prácticas malvadas en la tierra, sino ¡que las inicia! Dios le pide a Elías que envíe una carta diciendo que su familia será asesinada y que él morirá de forma lenta y dolorosa por una enfermedad misteriosa. Luego viene un ejército y mata a toda su familia, excepto a un hijo, Joacaz, que también se llama Ocozías (que es como lo llamaremos). Jorán adquiere la misteriosa enfermedad, sufre durante dos años y muere. Nadie está triste de verlo morir, ni siquiera tiene un entierro de realeza. Su legado no vale nada.

El hijo que le queda, Ocozías, toma el trono en Judá y él también es malvado. También hace una alianza con Israel del Norte. En una guerra contra los sirios, resulta herido de gravedad, luego Jehú lo encuentra y lo mata. El texto dice que Dios designó tanto esta reunión como su muerte: "Dios había dispuesto que Ocozías muriera cuando fuera a visitar a Jorán" (22:7). Después de su muerte, no queda nadie en su familia, excepto su madre, Atalía, quien toma el trono. Ella es la primera reina de Judá, pero la mayoría de la gente no considera que su reinado sea legítimo, porque ella no es del linaje de David. Ella mata a todos quienes puedan amenazar su reinado, excepto a Joás, un hijo criado en secreto por el sacerdote Joyadá. El trono pertenece a Joás y Joyadá trabaja duro para asegurarse que Joás lo consiga. Él es el único heredero legítimo pero tiene siete años, por lo que Joyadá se encarga de manejar muchas de las reformas. Él restablece la adoración en el templo, destruye los altares y al sacerdote de Baal. ¡Y el pueblo de Judá se regocija!

VISTAZO DE DIOS

Al buscar la ayuda de Dios contra los ejércitos enemigos, Josafat ora: "Cuando nos sobrevenga una calamidad, o un castigo por medio de la espada, o la peste o el hambre, si nos congregamos ante ti, en este templo donde habitas, y clamamos a ti en medio de nuestra aflicción, tú nos escucharás y nos salvarás" (20:9). No importa qué cosas terribles puedan sucederles, él sabe que están en una relación con un Dios confiable que al final los rescatará. "No sabemos qué hacer, en ti hemos puesto nuestra esperanza" (20:12). El plan A es confiar en Dios. No hay un plan B. ¡Él es donde el júbilo está!

ABDÍAS 1; SALMOS 82–83

Nadie sabe cuándo fue escrito Abdías; las estimaciones van desde 850 a. C., que es aproximadamente donde estamos en la historia, hasta 400 a. C. Si está sucediendo alrededor del año 850 a. C., es probable que se conecten dos eventos que acabamos de leer: la invasión de Egipto a Jerusalén en 2 Crónicas 12 y la rebeldía de Edom contra el rey Jorán de Judá en 2 Crónicas 21. Hoy los enemigos vienen a tomar Jerusalén, la capital de Judá del Sur y el profeta Abdías reprende a los edomitas por ello. ¿Por qué? Estos son los descendientes de Esaú, el hermano gemelo de Jacob-Israel (quien es el padre de las doce tribus). Edom es el pariente más cercano de Israel y Judá, pero el drama familiar los ha acosado desde que Esaú vendió su primogenitura a Jacob por un estofado. Además de eso, Jacob engañó a Esaú con lo único que le quedaba: la bendición de su padre. Ambos hicieron las paces años después, pero hay una tensión persistente entre estos dos grupos de personas.

También viven uno al lado del otro, lo que significa que los edomitas no son solo los parientes más cercanos de las doce tribus, sino que también son los vecinos más cercanos de Judá. Cuando Jerusalén es invadida, se espera que Edom venga en su ayuda. Sin embargo, no solo *no* ayudan, sino que se suman a la opresión que las naciones enemigas infligen en Judá. Dios dice que Edom tiene demasiado orgullo como para ayudar a Judá. Él les llama la atención diciéndoles: "El día que te mantuviste aparte, en el día que extranjeros llevaron su ejército cautivo, y cuando extraños entraron por su puerta y sobre Jerusalén echaron suerte, tú eras como uno de ellos" (v. 11). Su pasividad es tan mala como si hubieran empuñado personalmente la espada contra Jerusalén. Y algunas personas creen que ellos *sí* empuñaron la espada contra Jerusalén, porque Dios le dice a Edom que *no* le haga ocho cosas específicas a Judá: "No te recrees la vista con su desgracia … no eches mano a sus riquezas …no entregues a sus sobrevivientes" (vv. 13-14). Entonces parece que van por el camino equivocado. De cualquier manera, Edom no es el tipo de vecino o pariente que deseas tener.

Entonces Abdías dice algo que tiene una aplicación inmediata y una consecuencia a largo plazo: "…porque cercano está el día del Señor contra todas las naciones …

¡Edom, como hiciste, se te hará! ¡Sobre tu cabeza recaerá tu merecido!"(v. 15). Esa frase, el día del Señor, abarca tanto una idea general de un día en que Dios hará justicia en un escenario particular, así como un final y último día en que Dios hará eso. En el Antiguo Testamento, típicamente se refiere al escenario más inmediato y en el Nuevo Testamento típicamente se refiere al escenario final: el día en que Jesús traerá justicia y liberará al mundo de la corrupción y el mal a través del juicio y la restauración. En este escenario a corto plazo, Dios dice que la justicia se desarrollará así: la tierra y el pueblo de Edom serán devorados por la tierra y el pueblo de Israel.

El salmo 82 probablemente se escribió mucho antes, pero encaja bien aquí. Se trata del llamado de Dios para ayudar a los necesitados y oprimidos, al igual que Dios llamó a Edom para que acudiera en ayuda de Judá. Sin embargo, hay evidencia a lo largo de esta canción, que Asaf aquí está hablando con los enemigos divinos de Dios, no con los humanos. En los versículos 6-7, Asaf o Dios mismo, parece condenarlos por haber actuado malvadamente: "Ustedes son dioses, todos ustedes son hijos del Altísimo. Pero morirán como cualquier mortal; caerán como cualquier otro gobernante". ¿Qué podemos resumir de este salmo? Si lo resumimos, vemos que Dios valora la justicia y valora mostrar misericordia y bondad a los necesitados; y ejecutará el juicio incluso sobre los seres divinos que no cumplen tal estándar.

VISTAZO DE DIOS

El salmo 83 es un clamor para que Dios haga justicia en aquellos que se han opuesto a Su pueblo. "Con astucia conspiran contra tu pueblo; conspiran contra aquellos a quienes tú estimas. Y dicen: 'iVengan, destruyamos su nación! iQue el nombre de Israel no vuelva a recordarse!'. Como un solo hombre se confabulan; han hecho un pacto contra ti" (vv. 3-5). Dios se identifica tan de cerca con Su pueblo que cuando son maltratados, lo toma como algo personal. Dios claramente no se va a quedar sentado y va a dejar que Judá sea intimidado sin hacer nada al respecto. Su venganza no es como la venganza humana; es perfecta y es justa. Él protege tanto a Su pueblo, que Él obra justicia no solo en el reino humano sino también en el reino sobrenatural. ¡Es tan poderoso y protector! y ¡Él es donde el júbilo está!

2 REYES 1–4

El rey Ocozías de Israel del Norte cae por un techo y le pregunta a un dios falso si se recuperará. Pero Dios le encarga a Elías que reprenda al pueblo del rey y les haga saber que Ocozías morirá. El rey en cambio intenta repetidamente amenazar a Elías, pero solo termina con más muerte. Después que Ocozías muere, su hermano menor, Jorán, se convierte en el nuevo rey de Israel (el actual rey de Judá también se llama Jorán, también conocido como Joram).

Todos saben que Elías también está a punto de ser llevado, pero Eliseo parece devastado por eso y le pide algo a Elías que solo Dios puede dar: una doble porción del espíritu que Elías tiene; quiere el doble de saturación de Dios. Elías dice: "¡No depende de mí, pero le preguntaremos a Dios y luego veremos qué hace!". ¡Y lo que Dios hace es fantástico! Envía un carro de fuego desde el cielo para llevarse a Elías. La gente busca en vano su cuerpo, pero él ha desaparecido, tomado por Dios. Después de esto, los primeros tres milagros de Eliseo significan su posición como el reemplazo de Elías: a) separa el agua, al igual que Elías hizo antes y como Moisés y Josué hicieron en el pasado, b) él habla vida a las aguas de Jericó y c) él habla muerte a los muchachos que se burlaron de él. Puede parecer que es demasiado duro con los muchachos, pero de todos modos la rebelión de ellos contra YHVH los ha puesto bajo la pena de muerte. Parecen estar diciéndole a Eliseo, el profeta de Dios, que lo quieren muerto: "que suba" como Elías había "subido".

Luego, volvemos a Moab, que se ha rebelado contra Israel (esto puede o no referirse a lo que leímos ayer). Israel y Judá se unen para ir a la guerra con Moab, pero toman una mala decisión sobre qué ruta tomar. Terminan en el desierto sin agua y finalmente deciden consultar con Eliseo. Pero Eliseo dice: "¿Quieres hablar conmigo? ¿No tienes profetas paganos en casa? ¡Pregúntales!". Pero le ruegan y dado que estima a Josafat, uno de los pocos reyes buenos de Judá, cede y acepta hablar con ellos. Dice: "Dios te traerá agua y te refrescarás, luego vencerás a Moab. Cuando ganes, destruye todo cuando salgas de la ciudad". Siguen sus órdenes y mientras van ganando, el rey de Moab entra en pánico y hace una súplica increíblemente malvada a su dios al ofrecer a su hijo como holocausto, con la esperanza que esto le dé la victoria. Moab efectúa otra fuerte ofensiva contra Israel, pero realmente Israel ya había ganado la batalla, por lo que se dirigen a casa.

El capítulo 4 está lleno de milagros que Eliseo realiza. No todas son grandes cosas como las batallas nacionales; sino son cosas aparentemente tan pequeñas como ayudar a una viuda a mantener a su familia. Dios proporciona lo suficiente para ayudarla a evitar vender a sus hijos como esclavos y ¡lo suficiente para que vivan! Y Dios no solo usa a Eliseo para proveer a los pobres, sino que también lo usa para proveer los ricos. Eliseo conoce a una familia establecida financieramente que se ofrece a ayudarlo con lo que necesite. Lo único que la esposa quiere es un hijo y Eliseo profetiza que tendrá uno; y ¡lo tiene! Pero después el hijo muere. Ella busca la ayuda de Eliseo y aquí, él realiza su milagro más dramático: ¡resucitar a los muertos! La mujer responde primero con elogios, incluso antes de ir a buscar a su hijo. El milagro final de Eliseo en este capítulo es purificar un estofado podrido y multiplicar los alimentos durante una hambruna. ¡Dios lo usa en una variedad muy amplia de situaciones!

VISTAZO DE DIOS

Eliseo profetiza a los reyes acerca de cómo derrotarán a Moab: "pues aunque no vean viento ni lluvia —dice el Señor—, este valle se llenará de agua" (3:17). Dios proveería de una manera que es invisible de rastrear. No podrán ver ningún progreso, solo resultados. Este tipo de cosas siempre es un ejercicio para fortalecer la confianza cuando no podemos ver cómo está trabajando Dios, pero solo tenemos que creer que lo está haciendo. Dios hace una de sus mejores obras en la oscuridad. Solo porque haya oscuridad no significa que Dios no tenga la victoria preparada para cuando se enciendan las luces. ¿Quién puede saber qué es lo que está haciendo? Incluso las pérdidas terrenales se suman a las victorias eternas dentro de la economía de Dios, por lo que ¡nuestros corazones pueden estar en paz! Independientemente de si su próxima batalla termina en una victoria o un revés. ¡Él es donde el júbilo está!

2 REYES 5–8

Naamán es un comandante militar sirio, uno de los enemigos de Israel, ¡pero Dios le otorga victorias! En una redada en Israel, captura a una muchacha y la trae de vuelta para servir a su familia. ¡Ella dice que conoce a un hombre que puede curar su lepra! Así que pasa por la burocracia para ingresar a una nación enemiga para curarse, pero luego, está decepcionado porque Eliseo tiene consejos extraños: zambúllete siete veces en un río sucio. Naamán está furioso, pero después que sus sirvientes lo convencen de obedecer, ¡es curado! Le ofrece a Eliseo un regalo que rechaza y también confiesa que YHVH es Dios, por lo que quiere llevar tierra israelí de regreso a Siria, porque cree que la tierra de Israel en sí, pertenece a YHVH y quiere usar la tierra para construir un altar a YHVH. Es un deseo bueno pero equivocado y la respuesta parece ser no, probablemente porque se supone que solo se deben hacer sacrificios en Jerusalén.

Cuando Naamán se dirige a casa, el siervo de Eliseo, Guiezi, corre tras él. Miente sobre algunas personas necesitadas, así que Naamán le da ropa y aproximadamente $35,000 dólares, que Guiezi esconde. Pero Dios pone al tanto a Eliseo y enfrenta a Guiezi al respecto. Cuando Guiezi miente, Dios le da lepra a él y a su familia. ¡Qué irónico! Uno de los enemigos de Dios que duda se cura y uno de los israelitas que sigue su propio corazón contrae lepra.

Dios presta atención no solo a cosas importantes como la enfermedad sino a pequeños detalles como un hacha prestada. Cuando un joven profeta pierde la cabeza del hacha en un río, ¡Eliseo la recupera milagrosamente! Dios también obra a través de Eliseo en hazañas militares. Los sirios siguen intentando conspirar contra Israel, pero Dios le revela todos los planes a Eliseo y le da una pista al rey de Israel. El rey sirio envía hombres para matar a Eliseo, pero Dios le avisa nuevamente. Su sirviente entra en pánico cuando el ejército sirio se acerca, por lo que Eliseo le pide a Dios que permita que su sirviente vea lo que Eliseo puede ver, un ejército literal en el reino espiritual, que los rodea y protege. Luego, ciega temporalmente a los sirios y los conduce al rey. El rey quiere matarlos, pero Eliseo les dice que les den de cenar. ¡GUAU! Alimentan a la gente que intentan matarlos. Eliseo gana la paz con sus enemigos tratándolos amablemente. ¡Dios también hace esto con Sus enemigos!

Una hambruna golpea la tierra. Es tan grave que las personas canibalizan a sus propias familias. El rey responsabiliza a Eliseo y ordena a su sirviente que lo decapiten. ¡Pero Dios advierte a Eliseo y agrega que la hambruna terminará al día siguiente! El sirviente duda de esto y Eliseo dice: "Sí, lo verás cumplido pero no podrás beneficiarte de ello". Mientras tanto, fuera de la ciudad, cuatro leprosos quieren comer una última comida antes de morir. Van al campamento militar sirio pero lo encuentran abandonado. ¡Dios alejó a los sirios con miedo! ¡Los leprosos alertan a los centinelas de la ciudad e Israel saquea el campamento! El botín sirio compensa la hambruna israelita y el mensajero que vino a decapitar a Eliseo es pisoteado en la entrada de la ciudad. Toda la profecía de Eliseo se cumple.

Eliseo advirtió a la mujer sunamita acerca del hambre y ahora que ha terminado, ella regresa a casa y quiere recuperar su casa y sus tierras. Aparece para apelar al rey en el momento preciso en que Guiezi está contando lo que Eliseo hizo por ella. Debido a este momento divino, ¡el rey le devuelve todo lo que dejó y lo que habría ganado mientras tanto! ¡La generosidad de Dios aquí es evidente!

El rey Ben Adad de Siria está enfermo y quiere saber si se recuperará. Envía a su sirviente Jazael para preguntarle a Eliseo. Jazael toma la noticia y la usa para su propio fin: él asesina a Ben Adad para robar el trono.

VISTAZO DE DIOS

En la narración de Naamán, Dios busca a Su enemigo que duda de Él. Él utiliza el robo de una muchacha como botín de guerra, el permiso del propio rey de Naamán, la duda del rey de Israel y el ánimo de los sirvientes de Naamán. Dios no se ve frustrado por la ira de Naamán y Naamán se humilla y se arrepiente. El Dios que ha estado concediéndole a Naamán favor, todo el tiempo le otorga el mayor favor de todos ¡una relación eterna con Él! ¡Dios busca a Sus enemigos! ¡Los rastrea para bendecirlos! A pesar de su duda y la duda de quienes los rodean, coloca a creyentes en sus vidas, incluso a muchachas sirvientas enemigas, para que los apunten hacia Él. Naamán duda y resiste, pero Dios persiste y Dios siempre obtiene lo que quiere. Naamán finalmente descubre que ¡Él es donde el júbilo está!

2 REYES 9–11

Los profetas son personas poderosas en el antiguo Israel. No hay votaciones porque Dios dirige su estado-nación y habla a través de los profetas. Los profetas incluso, ungen reyes, especialmente cuando se interrumpe una línea de herederos. Eliseo envía a un profeta para ungir a Jehú como el próximo rey de Israel y asignarle la pesada tarea de cumplir la profecía de Dios de acabar con todos los descendientes de Acab, incluyendo al rey Jorán, el actual rey de Israel.

Jehú se embarca en su campaña secreta e ¡incluso convence a algunos de los centinelas del rey para que lo sigan! O no tienen idea de lo que está haciendo o lo respetan lo suficiente como para hacer lo que dice. El rey Jorán de Israel y el rey Ocozías de Judá salen a encontrarse con Jehú y su gente; se reúnen en el lugar más apropiado: la tierra de Nabot. La viña de Nabot es la razón por la que comenzó este problema. Acab la quería, Jezabel mató por esta y Dios pronunció la pena de muerte para toda su familia, que Jehú está aquí para promulgar. Mata a los dos reyes y luego va tras Jezabel. Ella grita por la ventana y compara Jehú con Zimri, el rey de siete días de Israel, quien mató al rey Omrí. Básicamente está diciendo que Jehú puede salirse con la suya pero que su reino no durará mucho. Cuando Jehú dice: "¿Quién está conmigo?" unos cuantos oficiales asienten, luego les dice que la tiren por la ventana. Ella muere exactamente como Elías profetizó que lo haría.

Después Jehú persigue a los descendientes restantes de Acab. Le dice a la gente que designe al mejor descendiente de Acab como rey, pero los ancianos de la tierra se resisten. Él responde: "¿Entonces están *conmigo*?". También agrega una línea engañosa en su carta que puede interpretarse de dos maneras diferentes: "Si ustedes están de mi parte y de verdad están dispuestos a obedecerme, vengan a Jezrel mañana a esta hora y tráiganme las cabezas de los hijos de Acab" (10:6). Esto podría significar: a) traigan a sus líderes con ustedes cuando vengan, o b) decapiten a sus líderes y tráiganme la prueba cuando vengan. No aclara lo que quiere decir, pero es una buena prueba para su lealtad. Ellos hacen lo último. Jehú absorbe cualquier culpa por este acto y les recuerda que todo se ha hecho de acuerdo con la profecía de Elías, la palabra de Dios. Jehú continúa esta misión hasta que está completa. Y puede parecer extremo, porque lo es, pero todo esto es parte del pacto de Dios con esta gente. Jehú tiene como objetivo destruir a todos los adoradores de Baal. Y para hacer esto, usa algunas técnicas astutas. Finge adorar a Baal y llama a todos a unírsele, con el objetivo de descartar a los verdaderos sirvientes de YHVH. No quiere matarlos accidentalmente mientras está en su misión. Después de matar a los adoradores de Baal, destruye su templo pagano y lo convierte en una letrina.

A pesar de todo esto, deja a los dos becerros de oro en Dan y Betel. Dios promete bendecir a Jehú a pesar de no ser tan riguroso con la demolición de ídolos como lo fue con matar a los descendientes de Acab y adoradores de Baal. Su corazón eventualmente se extravía. Los enemigos más difíciles de vencer son los ídolos en nuestros propios corazones. Durante su reinado de veintiocho años, Israel comienza a perder guerras y tierras.

VISTAZO DE DIOS

No vimos a Dios aparecer mucho en el texto de hoy, excepto en los lugares en que el texto dice que todo esto está sucediendo en cumplimiento de la palabra del Señor. Está allí en las astutas palabras y modos de Jehú. Está allí en la batalla ubicada apropiadamente en la viña de Nabot. Está allí con los oficiales en la torre junto a Jezabel. Está allí trabajando en Su plan a través de todos estos actos. Por terribles que sean, no son menos que rectos y justos. Cuando pasamos a un plano general en cuanto a Él y Sus planes, también vemos la maldad y el descarrío de un pueblo rebelde y recordamos cómo Él ha provisto abundante y generosamente en el pasado. Pero ellos siguen su propio camino. Incluso cuando Él no está en primer plano, siempre está en el trasfondo. Y ¡Él es donde el júbilo está!

2 REYES 12–13; 2 CRÓNICAS 24

El nuevo rey de Judá, Joás, tiene solo siete años. Afortunadamente, tiene un sabio consejero: el sacerdote. Y mientras el sacerdote está vivo, parece mantener a Joás en línea. El sacerdote consigue dos esposas para Joás, pero es posible que la segunda esposa no aparezca en escena hasta que la primera esposa muriera. En su mayor parte, Joás sigue los mandamientos de Dios, con la excepción de derribar los lugares altos para la adoración de ídolos, e incluso ordena la restauración del templo. Había caído en mal estado debido a que la gente se había enfocado en adorar ídolos; incluso usaron algunos de los instrumentos del templo en su adoración a Baal. Pero los sacerdotes del templo no siguen las órdenes de Joás sobre cómo financiar el proceso de restauración. O no recaudan los impuestos que Dios requirió o los recaudan y desfalcan ya que pasan veintitrés años. Joás finalmente no da su brazo a torcer y hace una caja de ofrendas; y la gente realmente está feliz de contribuir a esta causa. Usa el dinero para contratar trabajadores para las reparaciones ya que no puede confiar en los sacerdotes. Los trabajadores son honestos y hacen un buen trabajo.

El reinado de Joás va bastante bien hasta que el sacerdote muere, luego se sale de los rieles. Comienza a buscar consejo en los príncipes locales que lo halagan y eventualmente lo llevan a la idolatría. El hijo del sacerdote le advierte sobre las consecuencias de este pecado y la gente de Joás ¡lo mata a pedradas! Entonces Dios envía el juicio que el hijo del sacerdote profetizó en sus últimas palabras; y viene en forma del ejército sirio. Es pequeño, pero logra derrotar el ejército de Judá y herir gravemente al rey Joás. Mientras está fuera de combate, sus sirvientes aprovechan la oportunidad para vengar el asesinato del hijo del sacerdote, su rey ha perdido su confianza, por lo que le imponen la pena de muerte. Entonces su hijo Amasías toma el trono en Judá.

Mientras tanto, en Israel del Norte, el hijo de Jehú, Joacaz, está en el trono. Es malvado pero parece reconocer lo que Dios está haciendo en Israel. Se da cuenta que parecen estar bajo el juicio de Dios, por lo que busca el favor de Dios. Pero seamos honestos, en realidad no está buscando a Dios, está buscando alivio. Y Dios ciertamente sabe la diferencia. El corazón de Joacaz no está arrepentido. Sin embargo, Dios demuestra Su misericordia y envía a alguien para ayudarlos, posiblemente ayuda humana, posiblemente ayuda divina; el texto no es claro al respecto. E incluso después de todo esto, después que Dios contesta su oración con un "sí", Joacaz y el pueblo de todas formas no se arrepienten. Cuando Joacaz muere, su hijo Joás (uno diferente) toma el trono. Para evitar confusión con el rey de Judá, Joás, llamaremos a este rey de Israel, Jeoás (LBLA).

Jeoás es un rey malvado, como lo son todos los reyes en Israel del Norte. En sus últimos días, cuando le preocupa que los sirios puedan destruirlos, consulta al profeta Eliseo, quien le hace hacer algunas acciones extrañas en preparación para enfrentar a Siria en la batalla. Como profeta, Eliseo a menudo trabaja a través de señales y teatro; y en este escenario utiliza disparos de flechas y golpes al suelo para comunicar su entendimiento y la sabiduría del Señor. Después Eliseo muere. Más tarde, cuando los habitantes se preparan para enterrar a un hombre muerto, se distraen y accidentalmente, arrojan el cuerpo en la tumba abierta de Eliseo. Cuando el cuerpo golpea los huesos de Eliseo, ¡el hombre vuelve a la vida! A medida que termina nuestra lectura, se cumple la profecía final de Eliseo sobre Jeoás y la batalla de Israel con Siria.

VISTAZO DE DIOS

Solo tenemos dos oraciones sobre la resurrección accidental, pero sirven para recordarnos que los poderes de resurrección de Eliseo no se originan en él. Existen fuera de él, otorgados por Dios que —a diferencia de Eliseo— no yace muerto en una tumba en algún lugar. ¡Él está vivo y activo! Su poder no se limita a nuestras habilidades. Él está trabajando incluso cuando nosotros no podemos. Y aunque puede herir nuestro orgullo reconocerlo, no necesita nuestra ayuda. Puede lograr Sus buenos y generosos planes ¡incluso sin intervención humana! La bondad de Dios no depende de nuestras fortalezas ni de la fortaleza de nuestra fe. ¡Será bueno de todas formas! Y ¡Él es donde el júbilo está!

2 REYES 14; 2 CRÓNICAS 25

Cuando el rey Joás, quien se convirtió en rey a los siete años, fue asesinado por algunos de sus sirvientes en Judá del Sur, su hijo Amasías subió al trono. Uno de los primeros actos de Amasías como rey es vengar la muerte de su padre matando a los hombres que lo mataron. Es una práctica popular (aunque no está aprobada por Dios) matar a las familias de quienes amenazan el reinado de un nuevo rey, pero Amasías no lo hace. Obedece los mandamientos de Dios y se niega a castigar a los niños por los pecados de sus padres. Dios ordenó a Su pueblo que no llevará a cabo justicia generacional, aunque Él a veces lo hace, pero Él es quien decide lo que es justo; se puede confiar en Él en ese tipo de cosas. Conoce los corazones y nosotros no.

Amasías es un buen rey, especialmente al principio, pero incluso sus buenas acciones no son hechas con un corazón totalmente rendido. Esto se muestra en la manera que maneja algunos de los mandamientos de Dios. Por ejemplo, deja intactos los lugares altos de adoración a los ídolos. Luego, cuando va a la guerra contra sus antiguos enemigos, los edomitas, gasta $1.5 millones para contratar soldados de Israel que se unieran a su ejército en Judá. Cuando un hombre de Dios le resalta su falta de fe, envía a los soldados a casa. Ellos se enojan y asaltan las ciudades de Judá en represalia, matando a tres mil. Y no le regresan el dinero. Podemos ver esto de dos maneras: a) podemos decir que la obediencia es costosa, y lo es, o b) podemos decir que la desobediencia es costosa, porque fue su desconfianza en Dios lo que lo llevó a ese lugar, en primer lugar. Encima de eso, ¡habría perdido mucho más si no hubiera prestado atención a las palabras del profeta!

Incluso sin la ayuda de los soldados israelitas, Amasías tiene una victoria militar significativa sobre Edom. Pero esta victoria dada por Dios lo lleva a un camino de orgullo, porque olvida quién le otorgó el éxito. Su primer acto de orgullo (y de tonto) es adorar a los dioses de las personas que derrotó. ¡Eso ni siquiera tiene sentido! Cuando Dios envía un profeta para decirle cuán retorcido e irracional es esto, Amasías es demasiado orgulloso para escuchar y amenaza con matar al profeta. Su segundo acto de orgullo es solicitar una reunión con el rey de Israel. Es posible que esto sea realmente una invitación a la guerra y así es como la recibe el rey Joás. Le envía a Amasías una respuesta sarcástica, tomándolo como broma, pero el orgullo de Amasías lo impulsa a pelear con Israel de todos modos. Israel gana, ataca Jerusalén y toman cautivo a Amasías. Él huye, pero es capturado y asesinado, luego su hijo Uzías se convierte en rey.

Mientras tanto, en Israel del Norte, Jeroboam II es el rey. Lo llamaremos Jerry II. Es un rey malvado en lo que respecta a Dios y Sus maneras. Las cosas se ponen difíciles para Israel durante su tiempo, lo cual es un cumplimiento de la profecía de Ahías: "Por eso voy a enviarle una desgracia a la familia de Jeroboán. De sus descendientes en Israel exterminaré hasta el último varón, esclavo o libre. Barreré la descendencia de Jeroboán como se barre el estiércol, hasta no dejar rastro" (1 Reyes 14:10). Dios solo se comprometió a eliminar la herencia de Jeroboam, no a todo Israel, por lo que usa a Jerry II para lograr algunas cosas buenas para el pueblo de Israel. Han perdido muchas tierras en batallas anteriores, pero recupera todo y regresa Israel a su tamaño original. Incluso como un rey malvado, Jerry II logra lo que Dios ordenó. Esta restauración fue profetizada por Jonás (2 Reyes 14:25), quien estuvo vivo durante el reinado del rey Jerry II.

VISTAZO DE DIOS

Cuando el hombre de Dios reprende a Amasías por contratar soldados de fuera de Judá, dice: "Dios tiene poder para ayudar y poder para derribar" (25:8). Tanto la victoria como la derrota están en manos de Dios; no puede dar una sin la otra. Su plan para que Judá gane también es Su plan para que Edom pierda. Y revierte la situación poco después de eso cuando Amasías adora a dioses falsos y luego comienza una pelea con Israel. Dos personas intentan advertir a Amasías, pero: "Como estaba en los planes de Dios entregar a Amasías en poder del enemigo por haber seguido a los dioses de Edom, Amasías no le hizo caso a Joás" (25:20). Dios cierra los oídos de Amasías como castigo, para que pueda empezar y luego perder la guerra. Muchas personas prefieren pensar en Dios como neutral, sin que elija un lado en nada, pero las Escrituras pintan una imagen diferente. ¡Que apuntemos a estar de Su lado! Siempre sale victorioso y ¡Él es donde el júbilo está!

JONÁS 1-4

Alrededor del 750 a. C., durante el reinado del rey Jerry II, vivía y profetizaba Jonás. Muchos consideran que este libro es una alegoría, pero es bastante seguro que no es una parábola. Una característica de una parábola es que sus personajes son anónimos y ficticios; pero aquí Jonás es mencionado por nombre, en 2 Reyes; y por Jesús en Mateo 12. Y esta historia es más compleja que las otras parábolas en las Escrituras. Independientemente de si lo ves como una alegoría o como historia, las cosas que nos revela acerca de Dios permanecen igual: Él demuestra amor y misericordia a muchos de Sus enemigos, escogiendo adoptarlos en Su familia.

Cuando Dios comisiona a Jonás a reprender a los ninivitas por su maldad, Jonás se niega. Odia a los ninivitas y no quiere que se arrepientan. Sabe que si los reprende, lo harán. Naturalmente nos inclinamos hacia las personas que son como nosotros, que lucen, actúan y se visten como nosotros, es muy natural, pero ese es el problema. Ya que Dios mismo no está confinado a un cuerpo y todos somos hechos a Su imagen, hay en cada persona un punto de conexión con Él. Propaga Su amor a personas de todas las naciones. Y la actitud arrogante de Jonás, fuera por racismo, por sentirse moralmente superior, o ambos, no es la adecuada para una persona que está siguiendo a YHVH. Dios no le permite salirse con la suya.

Jonás trata de huir, como si pudieras huir de un Dios que está en todos lados. Se sube a un barco que va a Tarsis, que los estudiosos dicen que está en dirección opuesta a Nínive. Cuando se desata una tormenta, los marineros buscan a cualquier dios que pueda salvarlos. Jonás confiesa que él es la razón por la cual todos están a punto de morir y ellos quedan asombrados por su revelación. Estos marineros paganos tienen una mayor consideración por los mandamientos de YHVH ¡que Jonás el profeta! Les dice que lo arrojen por la borda y ellos lo hacen, pero no sin antes arrojar parte de la carga por la borda. Nunca pecamos al vacío; el pecado de Jonás impacta a las personas a su alrededor. Pero cuando finalmente obedece, su obediencia también los impacta. La tormenta se calma y los marineros temen a Dios, aunque no sabemos si es una respuesta pasajera o si es un cambio de corazón real.

Dios demuestra Su soberanía sobre los animales al designar a un gran pez para que se tragara a Jonás. El texto nunca dice que es una ballena, pero es una suposición coherente. Jonás está ahí por tres días y tres noches; y Jesús cita este incidente en Mateo, haciendo un paralelo de Su tiempo en la tumba con el tiempo de Jonás en el vientre del pez.

Jonás ora una hermosa oración de acción de gracias, a pesar de estar cubierto de enzimas digestivas. Parece estar agradecido por estar vivo y tener confianza que saldrá del pez de una forma u otra. Pero el arrepentimiento está totalmente ausente de su oración. A pesar de la misericordia de Dios para con él, su corazón no ha cambiado. Después de su oración, el pez lo vomita en la costa, donde Dios le dice nuevamente que llame a los ninivitas al arrepentimiento. Así que Jonás, sin arrepentirse, va a Nínive a *decirles* que se arrepientan. Llega con su reclamo y como los marineros, el rey de este lugar notoriamente malvado muestra más humildad y obediencia ¡que el profeta enviado para avisarles! El país completo ayuna en sacos y cenizas, que son señales de arrepentimiento y duelo. Dios desiste de llevarles desastre. Siempre está deseoso de perdonar. Pero Jonás no. Dios usa hasta personas renuentes y amargadas en Su plan de redención.

Jonás está lleno de orgullo, amargura y autocompasión. Está tan enfocado en sí mismo que no se puede regocijar en que una nación entera cambie sus caminos de maldad. Pero aún en su amargura, Dios es amable con él, consolándolo con sombra. Le suplica que lo mate, pero Dios no lo hace. Cuando Dios le señala su conducta tan irracional, él se vuelve malhumorado y descarado. Dios le recuerda a Jonás cuán misericordioso es, pero Jonás ya sabe esto y lo odia. Quiere la misericordia de Dios para él, pero no para nadie más.

VISTAZO DE DIOS

"Los que siguen a ídolos vanos abandonan el amor de Dios" (2:8). ¿Has visto esto en tu propia vida? El andar tras gozos pasajeros para llenarnos y satisfacernos tiene la tendencia a dejarnos vacíos. Pero cuando nos soltamos de esas cosas y nos comprometemos al único verdadero Dios, siempre encontramos Su inquebrantable amor; ha estado ahí todo el tiempo. Eso es lo que amor inquebrantable es. Él está ahí contigo, pacientemente esperando que tú lo notes. ¡Él es donde el júbilo está!

2 REYES 15; 2 CRÓNICAS 26

El rey Azarías de Judá también se conoce con el nombre de Uzías. Acaba de asumir el cargo después de la muerte de su padre y no escuchamos mucho sobre él, excepto que es un rey bastante bueno, a pesar de los lugares altos. Pero luego las cosas cambian. Después que su pueblo tiene una serie de victorias militares que lo hacen rico y famoso, Azarías se enorgullece. Decide que quiere quemar incienso en el templo de Jerusalén, que es un acto reservado solo para sacerdotes.

Cuando el texto dice que *le fue infiel al Señor su Dios*, usa la misma palabra que también se usa para la infidelidad matrimonial. Los sacerdotes están horrorizados y ochenta y uno de ellos (incluido uno que comparte el nombre de Azarías) se apresuran a reprenderlo, pero no se arrepiente. Cuando se enoja con los sacerdotes, Dios lo golpea con lepra. El texto parece indicar que en realidad nunca enciende el incensario para quemar el incienso; aparentemente lo detienen antes que pueda. A pesar de que no pudo cometer el acto físico del pecado, su corazón seguía decidido a ello. Entonces, cuando Dios lo golpea con lepra, parece que los motivos de su corazón son los que se juzgan aquí.

Tiene que abandonar el templo inmediatamente para evitar contaminarlo y después de esto, vive en una casa separada, debido a las leyes de limpieza que leemos en Levítico 13:46. Es probable que haya dejado de desempeñar los roles de rey cuando se enfermó o que correinara con su hijo Jotán hasta que Jotán tomó el cargo oficialmente. Jotán es considerado un buen rey, que generalmente siguió los caminos de Dios, pero como hemos visto repetidamente, los altares paganos de Judá permanecieron intactos.

Mientras tanto, en el reino de Israel del Norte, nos movemos rápidamente a través de cinco reyes, la mayoría de los cuales matan al rey anterior. Estos reyes de corta duración y cómo terminan sus reinados revelan que el norte de Israel está en un deterioro rápido. Sin embargo, esto no debería sorprendernos, por dos razones. Primero, no solo sabemos que la promesa de Dios está conectada con el otro reino, el reino de Judá del Sur, la línea de David, sino que también tenemos un aviso de Dios sobre la existencia de una fecha final para Israel. Leímos un re-cordatorio de esto hoy en 15:12, pero lo leímos por primera vez hace unos días en 2 Reyes 10:30, cuando Dios le dijo a Jehú: "Has actuado bien. Has hecho lo que me agrada, pues has llevado a cabo lo que yo me había propuesto hacer con la familia de Acab. Por lo tanto, durante cuatro generaciones tus descendientes ocuparán el trono de Israel". A medida que vemos aparecer a todos estos reyes malvados de corto plazo, se hace evidente que hemos cruzado ese límite de cuarta generación, porque Israel del Norte está comenzando a desmoronarse.

VISTAZO DE DIOS

Cuando Dios golpea a Azarías con lepra en el templo, esto resalta la santidad de Dios. Se niega a dejar que el rey contamine Su templo. Maneja esta situación de manera eficiente y exhaustiva, castigando la rebelión de Azarías, evitando que encendiera el incienso y asegurándose que tuviera que abandonar las instala-ciones y no regresar. Derroca a Azarías del trono sin matarlo, lo que también demuestra Su misericordia. Muchos de los atributos de Dios se exhiben en esta historia, y falta mencionar el tipo de sabiduría que se necesita ipara crear algo que funcione en tantos niveles! iEs justo, eficiente, meticuloso, misericordioso y sabio! iÉl es donde el júbilo está!

ISAÍAS 1–4

El ministerio profético de Isaías abarca cuarenta años. Mientras leemos su libro, es especialmente útil notar donde están puestas las comillas para ver si está citando a Dios, señalándolo en una visión o profetizando. Gran parte del libro es presentado como poesía, enriquecido con bastantes imágenes y metáforas, que significa que entre más cavas, más capas de significado vas a encontrar.

En estos sesenta y seis capítulos, hay tres secciones de profecía general. Isaías le escribe a Judá del Sur y en la primera sección (capítulos 1-39), principalmente habla de lo que está ocurriendo en Israel y como Dios está tratando con sus pecados. Como vimos ayer, Israel acaba de pasar más allá del tiempo de la protección prometida por Dios y ahora han sido atacados, sitiados y destruidos por la invasión del ejército de Asiria. Según lo escrito por Isaías, el reino de Israel del Norte está acabado, pero seguiremos leyendo acerca de ellos en los días que siguen. Aquí, Isaías usa lo que ha pasado en Israel para advertirle a Judá del Sur lo que les va a pasar en el futuro. Quiere que pongan atención a lo que está haciendo Dios con sus hermanos, porque si no se arrepienten, ellos son los siguientes. La sección de en medio (capítulos 40-55) incluye profecías del Mesías venidero, quien va a llegar aproximadamente setecientos años después. En la última sección (capítulos 56-66), Isaías profetiza sobre el juicio final y la restauración, cuando Dios establezca los nuevos cielos y la nueva tierra. Esas son cosas que todavía esperamos.

El pueblo de Dios ha roto el pacto con Él, entonces Él llama a la creación (específicamente, los cielos y la tierra), como Sus testigos en lo que es presentado como un juicio legal entre Él y Su pueblo. Isaías describe el ataque de Asiria contra Israel como el castigo corporal de Israel. Han sido golpeados desde la cabeza hasta los pies, desde el más grande hasta el más insignificante y les implora que se arrepientan. Pero en una situación que probablemente los conmociona, Dios dice que el arrepentimiento se mira diferente de lo que ellos piensan que es. Él no quiere sus ofrendas vanas; le dan asco. ¿Recuerdan el tiempo que tomamos en leer sobre las ofrendas y los altares y cuán importante era todo? ¿Por qué cambió

Dios de opinión? No cambió de opinión, nunca fue acerca de los animales. Dios no necesita animales muertos. Siempre ha sido acerca de sus corazones. Cuando las ofrendas son rituales sin sentido, es una ofensa a Dios. Estos sacrificios insultan la santidad de Dios y Su amor por Su pueblo. Él está detrás de sus corazones, entonces señala cómo se debe de ver un corazón cambiado, que incluye el cuidado de los más vulnerables de la sociedad. Los líderes se han vuelto codiciosos, aunque la codicia y la injusticia van mano a mano.

En gran parte de la tierra prometida, Asiria acaba de destruir a Israel, que está al lado de Judá. Judá crece en temor, haciendo alianzas extranjeras para protegerse, como si Dios fuera insuficiente. Esto puede parecer que Judá está haciendo las paces, pero no es así, se están rebelando contra Dios para sentirse seguros y progresar por sus propios medios. Isaías dice que Judá tal vez esté viviendo en abundancia y en presunta seguridad, pero son orgullosos. Los describe como mujeres vanidosas y dice que Dios está a punto de destruir todas las cosas vanidosas en donde se encuentra su orgullo. Las cosas dan un giro de alivio en su profecía del "retoño del Señor" (4:2), que se refiere al Mesías, es la misma imagen que usa Jesús cuando dice "Yo soy la vid verdadera" (Juan 15:1).

VISTAZO DE DIOS

Hoy vimos bastantes imágenes del tiempo que pasó Israel en el desierto. Primero vimos el fuego y la nube, recordatorios de la presencia de Dios con ellos en el desierto. Pero después nuestra lectura finaliza con un bello recordatorio, que ya no estamos en el desierto; hay una morada, un lugar donde hay protección y refugio, justo como el tabernáculo y el templo, donde Dios fue a morar con ellos. Las imágenes están unidas, demostrando exponencialmente todas las formas en las cuales Dios está presente con Su pueblo. A pesar de nuestra terrible negociación, idolatría, egoísmo y vanidad, Dios aun quiere unirse a nosotros. El Padre aun manda a Su Hijo y al Espíritu para que hagan un hogar con Su pueblo, a purificarnos y ¡mora con nosotros para siempre! ¡Él es donde el júbilo está!

ISAÍAS 5–8

Isaías escribe un poema de amor al pueblo de Dios, comparando a Dios como el encargado de la viña y a los israelitas como uvas salvajes. Pero en hebreo, esta palabra significa "cosas apestosas". Eso no es lo que Dios quiere crecer en Su jardín, entonces Dios remueve el cerco protector del jardín y las uvas son pisoteadas. Él hace resaltar seis formas en cómo apestan y pronuncia aflicción sobre ellos con un castigo correspondiente a su tipo de malicia. La aflicción #1 denuncia a los codiciosos quienes sacan a los pobres de la tierra. Dios había establecido reglas de asignación de tierra y ellos las están ignorando, entonces sus casas serán abandonadas. La aflicción #2 se dirige a aquellos cuyas vidas de lujo excesivo y borrachera los aleja de honrarlo. En lugar de ser llenos, van a estar en escasez; en lugar de comer van a ser tragados por la tumba. La aflicción #3 es a aquellos que se burlan de Dios y dudan que Su juicio vendrá. Estos buscan el pecado. La aflicción #4 es al tonto orgulloso sin discernimiento e integridad, que distorsiona la verdad. La aflicción #5 es para el arrogante y la aflicción #6 es multiplicada hacia los borrachos que menciona antes, añadiendo que ellos roban la justicia del pueblo. Esta gente ha despreciado la Palabra de Dios, entonces Él mandará juicio. ¿Recuerdas cómo Dios usó a Israel para sacar de la tierra prometida a los cananeos? Ahora Él está usando a esas naciones para sacar a *Israel* porque ellos han roto el pacto.

El capítulo 6 es una visión maravillosa del salón del trono de Dios. Ponte en los pies de Isaías: el pueblo de Dios está pecando y a veces ni siquiera quieres que Él los perdone. Es una respuesta natural, pero si Isaías va a ser el vocero de Dios, no solo tiene que tener una perspectiva apropiada de Dios, sino también de sí mismo a la luz de Dios. Si, los israelitas han estado actuando perversamente, pero Isaías también es un pecador en necesidad de la misericordia de Dios y esta visión es la forma que Dios usa para recordarle eso. Él ve los bordes externos de la gloria de Dios y ve a los serafines con seis alas cubriéndose los ojos cuando exclaman *Santo, Santo, Santo*. Un serafín le pega un carbón encendido a la boca, quemando la impureza. Confrontado con la santidad de Dios, Isaías se ve a sí mismo correctamente.

Es humillado, una postura necesaria. Después Dios le comisiona con una tarea: que reprenda a la gente que no quiere escuchar, para que así se agregue más juicio sobre ellos. Isaías está confundido con este llamado, pero Dios dice que a pesar de todo el juicio y destrucción, Él preservará un remanente de Su pueblo. Dios ha fijado Su corazón en esta familia, a este grupo de fruta apestosa, entonces Él quitará toda perversidad la cual se ha establecido en contra de Él.

Cuando Judá del Sur se mete en problemas militares, el rey Acaz probablemente está tentado a hacer alianzas extranjeras para protección, pero Isaías dice que debe de confiar en Dios para que los libere. Dios le dice a Acaz que le pida una señal pero Acaz se niega. Esto se puede interpretar como una respuesta humilde, pero realmente es desafiante, entonces Dios manda una señal de todas formas y tal vez la reconoces como el anuncio del nacimiento de Jesús. Pero Acaz no sabe de Jesús; está enfocado en el ejército enemigo. ¿Cómo podría ver esta señal? Lee como un cronograma: ¿Cuánto tiempo tardaría una mujer en cargar y dar a luz a un niño, quien después fuera lo suficientemente mayor de edad para distinguir entre el bien y el mal? Antes que este hipotético niño llegara a esa edad, Acaz teme que las dos naciones serán afligidas (7:16). ¿El niño es hipotético o es Jesús? Es ambos. Para Acaz, el niño es hipotético. Pero para el gran alcance de la línea de tiempo de toda la historia, el niño es Jesús. Esta es la bella complejidad de las capas proféticas: ¡Dios puede hablar verdades presentes y verdades eternas a la vez! No están en conflicto; trabajan en conjunto.

Dios le dice a Isaías que las cosas se van a poner mal. Judá será destruido. Pero en medio de esta condena inminente, Dios dice que Isaías no debe temer lo que todos temen.

VISTAZO DE DIOS

Al menos dos imágenes de Jesús salen en la visión del salón del trono. El trono de Dios está en el templo, no en un palacio, donde usualmente están los tronos. La monarquía y el sacerdocio se traslapan nuevamente señalándonos a Jesús. Y en 6:6, cuando el serafín agarra un carbón encendido del altar y lo pega a los labios de Isaías para purificarlo, se refiere al altar de sacrificio. ¿Qué está en el altar de sacrificio que nos purifica de todo pecado? ¡Jesús! ¡Gracias a Dios por el carbón encendido, por la muerte de Cristo! ¡Él es donde el júbilo está!

AMÓS 1–5

Nuestra línea de tiempo no ha avanzado en unos días; estamos leyendo cosas de varias personas escritas en la misma época, mucho de lo que Amós dice refleja lo que hemos leído en Isaías. A Israel le ha ido bien económicamente y lo ven como una señal de la bendición de Dios. Siguen ofreciendo sacrificios sin sentido a Dios, pensando que los mantiene en buena posición con Él. Anticipan el día en que Él haga llover juicio sobre sus enemigos. Sin embargo, Él está a punto de darle la vuelta a todo lo que ellos piensan.

Amós da ocho declaraciones separadas de Dios: las primeras siete son contra las naciones que rodean Israel del Norte. De esas siete, las primeras seis hablan específicamente a naciones que no conocen a YHVH como su Dios, a pesar de no estar en relación con YHVH, todavía están sujetas a Su estándar moral de referencia. Pero la séptima nación es Judá del Sur quienes sí conocen a YHVH como su Dios. Han visto de lo que Él es capaz. Ellos están en un pacto con Él, por lo que pueden pensar que tienen un pase, ya que obviamente Él les tiene un gran afecto. Pero por el contrario, dice que están sujetos a un estándar aún más alto debido a eso. Son responsables por lo que saben. Y Dios lo deja claro a través de estos capítulos, que para que Él sea un Dios de justicia, nadie puede escapar del juicio, ya sea el juicio de nivel base o el juicio de mayor responsabilidad porque todos somos culpables.

Específicamente, las primeras seis naciones son culpables de crueldad, comercio de esclavos, traición, rencor albergado, asesinato, codicia y profanación de un cadáver. En cuanto a Judá, da una palabra más general: tú me has rechazado. Esto siempre se ha tratado de la relación entre Dios y Su pueblo. Sus acusaciones contra ellos pueden sonar mucho más humanas o domesticadas, pero también son mucho más personales. Para las siete naciones, Dios promete fuego como juicio. Después de dirigirse a todas las naciones que rodean a Israel, Él se dirige directamente a Israel, entrando en detalle sobre sus ofensas: venden a la gente a la esclavitud por deudas, oprimen a los pobres, ignoran a los afligidos, son sexualmente inmorales y se aprovechan de la gente para su propio placer y adoran a dioses falsos y olvidan que YHVH es quien los rescató cuando eran pobres, afligidos y esclavizados. Han quebrantado el pacto, así que Dios traerá opresión y destrucción.

No solo el poder y la riqueza de Israel *no* son evidencia de la bendición de Dios como sospechaban, sino que en realidad son evidencia de lo contrario. Así que Dios destruirá esas cosas, su fuerza y sus riquezas no podrán oponerse a Él. Y si bien juzgará la iniquidad de las naciones circundantes, también juzgará su iniquidad. Sus sacrificios no lo apaciguarán porque incluso estos se hacen de una manera que lo deshonra. Sus llamadas buenas acciones están manchadas de orgullo y comportamiento pretencioso; y los sacrificios rompen Sus leyes. Para que no pensemos que está siendo demasiado duro, Él ya ha utilizado métodos menos severos para provocar el arrepentimiento: sequía, hambruna, langostas, moho, enfermedad, muerte, pero nada de eso les ha cambiado el corazón. Ha sido paciente con ellos. Les implora que lo busquen y vivan, que se arrepientan de oprimir a los pobres y de tratar de edificar sus propios reinos, que odien las cosas malignas que rompen Su corazón y que amen las cosas que se alinean con Su carácter. Dice que viene el Día del Señor, lo cual se refiere al día de Su juicio.

VISTAZO DE DIOS

"¿Ocurrirá en la ciudad alguna desgracia que el SEÑOR no haya provocado?" (3:6). Dios aquí toma posesión del desastre. No siempre es el agente activo, pero es soberano sobre todo. A veces, cuesta trabajo entenderlo, está bien luchar con esto o sentir la tensión. Y hay algunas cosas importantes que recordar mientras luchamos. En primer lugar, aunque parezca reconfortante pensar que la tragedia proviene solo del enemigo, en realidad no queremos que el enemigo tenga la ventaja, ¿verdad? Segundo, el juicio de Dios por el pecado siempre es merecido y a menudo es incluso retrasado, porque Él es paciente. Tercero, queremos un Dios que juzgue el pecado. No sería un Dios bueno y digno de confianza si ignorara el mal. Cuarto, el juicio de Dios sobre Su pueblo es en última instancia con el propósito de la restauración. Este no es el final. Está preservando un remanente. Él es fiel a Su pueblo, incluso cuando se rebelan contra Él. ¡Él es donde el júbilo está!

AMÓS 6–9

Amós llama la atención a los líderes de la tierra quienes se habían relajado en una vida de lujos, sin prestarle atención a los necesitados y pobres, debido a esto no notaron lo que pasaba con su relación con Dios. En el capítulo 7, Dios le muestra a Amós tres imágenes, todas ellas predicen destrucción. La primera visión es de langostas devorando un terreno; la segunda es de fuego devorando todo. Dos veces Amós le suplica a Dios que se ablande y Él lo hace. Pero cuando la tercera visión aparece, Amós se da cuenta que es inevitable; es una parte necesaria del proceso de Dios para convertir los corazones de Su gente de vuelta a Él. La tercera es la imagen de una construcción. Amós ve una plomada (una herramienta usada para asegurarse que una pared está recta). Si una pared no está vertical, eventualmente colapsará. El significado es que Israel del Norte colapsará porque estaban ya muy lejos del estándar y no se podrán corregir.

Nada de esto le sienta bien al sacerdote Amasías. Él va a donde el rey Jeroboán II y acusa a Amós de conspirar en contra de él, tuerce las profecías para ayudar su punto y después trata de deportar a Amós. ¡Qué desgarrador para Amós! ¡Él es quien suplicó a Dios que se ablandara! Obedecer a Dios no significa que todo el mundo debe entender tus motivos u honrar tus acciones. A pesar de las mentiras de Amasías, Amós sabe quien es Dios y sabe quién es él para Dios, un humilde servidor enviado para hablar la verdad. Dios tiene más palabras para Amasías: él perderá su terreno, su esposa se convertirá en una prostituta, él y sus hijos morirán, e Israel aún irá al exilio.

Amós tiene una cuarta visión, esta vez de fruta madura, Dios está jugando con las palabras; en hebreo *fruta madura* es un homónimo de la palabra *final*. El reino de Israel está llegando a su *final*. Después Dios dice que Él quitará Sus palabras, habrá hambruna y sequía de Sus palabras. Ellos han rechazado y despreciado Sus palabras, así que Él parará de hablar. Lo más seguro es que se refiere a los cuatrocientos años de silencio que ocurrieron entre el final del Antiguo Testamento y el principio del Nuevo Testamento. Aún estamos a trescientos años de eso, pero ya viene.

La quinta visión es del Señor, de pie al lado del altar, ordenando que el lugar sea destruido. ¿Qué lugar? No estamos seguros, pero es posible que se refiera a los lugares falsos de alabanza, ya sea lugares de alabanza a ídolos o el santuario en Betania donde ellos hacían ofrendas de sacrificios falsos. Esta visión puede parecer dura, pero nuevamente, tenemos que alejarnos y recordar lo que ellos han hecho que los ha llevado a este punto. Dios dice que Él ha fijado Sus ojos en Sus enemigos "para mal y no para bien" (9:4). Esto no es fácil de digerir, pero tampoco es injusto. Y a pesar de sus pecados, Él aún preserva un remanente. Ellos se han ganado la destrucción, pero Él promete misericordia. De todas las personas en esta historia, aquellos que reciben misericordia ¡son los únicos que no reciben lo que se merecen!

En la historia del pueblo de Dios, el juicio no es el final y la destrucción no es el punto. Su meta con el castigo es siempre la restauración; estos son pasos en el camino a ese lugar. Dios no desecha a Su gente. Ellos están sufriendo las consecuencias de sus acciones, pero Él aún los ama. Su disciplina es parte de Su amor, así como cualquier otro buen padre. ¡Él promete levantar, reparar, reconstruir y restaurar! Tiene Su corazón puesto en la restauración. Él les da una visión de lo que vendrá para que ellos no se desanimen en medio de la destrucción. En el momento cuando ellos están a punto de encontrar lo que se sentirá como rechazo, Él les recuerda del gran amor que tiene por ellos.

VISTAZO DE DIOS

Cuando Amós describe el Día del juicio del Señor (8:8-10), las imágenes y eventos encadenados son así: la tierra tiembla, el sol se pone al mediodía, la tierra se oscurece a plena luz del día y una fiesta se convierte en luto, como el luto de la muerte de un hijo único. Setecientos años después que Amós escribe esto, durante la celebración de la fiesta de Pascua, la tierra tembló y el cielo se puso negro en medio del día, cuando Dios el Hijo, el único Hijo, murió. Todo por lo que Dios hará que Israel pase, Él mismo lo pasó. Y Él pasó esto por ellos, para traerlos de vuelta a Él. Y Él también pasó esto por nosotros. ¿El pecado merece castigo severo? Sí. ¿Parece injusto? Absolutamente. Y lo más injusto de todo es que nosotros nunca recibiremos ese castigo, porque ¡Jesús lo recibió por nosotros! ¡Él es donde el júbilo está!

2 CRÓNICAS 27; ISAÍAS 9–12

Israel del Norte está cayendo, pero Judá del Sur sigue avanzando pesadamente. El rey Uzías acaba de morir y su hijo Jotam, uno de los buenos reyes de Judá, toma el trono oficialmente. Él "se hizo poderoso porque ordenó sus caminos delante del Señor su Dios" (27:6 NBLA); y esto corresponde directamente a la promesa del pacto de Dios con la línea del rey David que dice que si ellos le obedecen, florecerán y si no, entonces no florecerán. Después que Jotam muere, su hijo Acaz toma el trono y él no es un gran rey. Leeremos más acerca de él en dos días.

La primera parte de Isaías 9 incluye versos que reconocemos como profecía mesiánica, pero ¿qué pensarían las personas en el tiempo de Isaías de estas palabras? Ellos viven en una tierra que constantemente ve guerra, han experimentado mucha opresión y exilio, su estado-nación existía en división y decadencia y ahora viven bajo amenaza de un ataque por parte de los asirios. Así que cuando las profecías de Isaías acerca del nacimiento de un nuevo rey, bajo cuyo reinado la luz amanecerá y la opresión cesará, ellos piensan que es político; esperan un rey que gane todas las batallas. Lo cual suena muy bien, pero a la luz de todo lo que realmente significa, es increíblemente miope. Hay unas cuantas pistas en este pasaje que nos dejan saber que es más de lo que ellos esperan. Por ejemplo, este rey es llamado "Dios poderoso" (v. 6).

Mientras tanto, la ira de Dios viene por los malvados y solo porque las personas son parte del reino de Israel no significa que sean parte del Reino de Dios. Él nos ha mostrado repetidamente que Su familia consiste en personas con corazones nuevos, independientemente de su herencia. Ha adoptado a extranjeros en Su familia y nos ha mostrado que aquellos que nacieron en la línea de Abraham no tienen un pase gratis solamente porque comparten el mismo ADN. En una de las partes más impactantes de este texto, aún aquellos que Dios normalmente les tiene compasión, (huérfanos y viudas), también serán cortados porque sus corazones se oponen a Él. Dios usará a Asiria como una herramienta en Sus manos para alcanzar Sus planes. Esto puede ser confuso porque a menudo se asume que el lado que gana la guerra tiene al dios más poderoso. Pero técnicamente, esta guerra es entre dos grupos de personas los cuales ambas se oponen a Dios: los asirios y los que no tienen a Dios en Israel. YHVH es aún soberano sobre el resultado y a pesar de todo, Él es victorioso. Asiria ganará pero no saldrá limpia. También será castigada por su maldad.

Cuando Dios describe la destrucción, tiende a recordarles también que Él preservará un remanente. Pero a veces, Él dice que los acabará por completo. Así que ¿cuál de estas dos es? De aquellos que se oponen a Él, Él los acabará por completo. Y aquellos *que no sean destruidos* serán el remanente. Ya que Dios conoce el corazón de cada persona, podemos confiar que Él será detallado y específico en este proceso. También promete rescatarlos del enemigo que Él está enviando para purificarlos. Él tiene un plan en marcha.

Isaías 11 también tiene profecías del nacimiento de Jesús; Él es un gran gobernante que marcará el comienzo de la paz. Otra vez, ellos están esperando a alguien que derribe a los ejércitos extranjeros, *no* un Salvador eterno que pague la deuda de sus pecados y arregle las cosas entre ellos y Dios de una vez por todas. Eso ni siquiera está en su radar. Después terminamos con una profecía de Dios reuniendo a Su gente de todas la naciones y ellos cantarán alabanzas a Él por confortarlos y salvarlos.

VISTAZO DE DIOS

En la última mitad de Isaías 9, la ira de Dios es grande y pesada. Es difícil de leer. La ira de Dios es real y el pecado tiene que ser castigado. *Nuestro* pecado tiene que ser castigado. Y la única Persona que no merece la ira del Padre se ofreció para pagar lo que nosotros debíamos, para que nosotros nunca tengamos que enfrentar la ira del Padre. ¡Jesús recibió *todo* nuestro castigo en la cruz! Ese tipo de acción ¡es la que induce al amor! Nosotros recibimos el amor *y* el júbilo, porque ¡Él es donde el júbilo está!

MIQUEAS 1–7

Nuestra lectura se lleva a cabo en el mismo periodo de tiempo, cubriendo una variedad de profecías, además de porciones de la historia donde se muestra como se cumplen esas profecías. El profeta Miqueas se dirige principalmente a la población en general. Les dice que Dios está a punto de hacer algo en contra de sus pecados y uno de Sus primeros movimientos es aplastar a los altares paganos. *¡Finalmente!* Aborda los pecados de Israel y su capital Samaria, así como Judea y su capital la Ciudad de Jerusalén. Y cuando Dios envía destrucción, Miqueas les indica cómo afligirse y lamentarse: lo deben hacer en privado, posiblemente porque si las noticias de su dolor llegan a las naciones enemigas, ellas se regocijarán.

Miqueas los confronta con las mismas cosas de las que ya hemos hablado: oprimir y robar las propiedades del pobre. Les dice que la ambición comienza con solo querer más cosas pero eventualmente se vuelve tan grande que comienzan a oprimir a otros para obtener lo que quieren. Oprimen al pobre para llenar sus bolsillos, pero Dios es defensor no solo del pobre, sino también ¡de Sus propios estándares justos!

Miqueas dice que todas las autoridades, sacerdotes y profetas son malvados, ellos "abominan la justicia y tuercen el derecho" (3:9). Estos líderes de la tierra odian lo bueno y aman la maldad. Amós aborda este mismo problema instruyéndoles: "¡Odien el mal y amen el bien! Hagan que impere la justicia en los tribunales" (5:15). Los líderes y personas escuchan estas profecías y creen que podrán evitar las consecuencias porque son muy poderosas. Son arrogantes y viven en negación, pero Miqueas les dice que no escaparan de esta destrucción. Jerusalén se convertirá en un montón de ruinas.

Les dice: "porque ahora vas a salir de tu ciudad, y tendrás que vivir a campo abierto. Irás a Babilonia" (4:10). Esto es tan específico que ayuda saber que todo sucede exactamente así, aproximadamente doscientos años después. No solo Jerusalén es destruida, pero las personas son conducidas al exilio en Babilonia.

Miqueas brinda varias advertencias pero siempre les recuerda que la destrucción y el exilio no son el fin para ellos; un remanente será preservado y Dios establecerá un reino de paz en el mundo. Juntará a los que ha herido y a los que sacó de la tierra y los llevará de regreso a su tierra. Así que, a pesar de que serán cautivos en Babilonia, regresarán a su tierra algún día. Y cuando regresen, el Rey que gobernará este nuevo reino de paz nacerá en Belén, Efrata (5:2). Es importante que sepan que su Salvador saldrá de entre ellos. Ya por mucho tiempo han estado buscando que otras naciones y los dioses de otras naciones los rescaten. Pero su Salvador, el Dios Único y Verdadero, morará con ellos, aún en esta tierra de opresión. Y de nuevo, leen esta profecía y se imaginan a alguien que pueda vencer a Asiria y Babilonia, no a alguien que pueda conquistar la muerte y la tumba, como lo haría Jesús ¡setecientos años después!

Miqueas también dice que el remanente fiel será dispersado nuevamente y vivirá entre las naciones. Esto sucede treinta años después de la muerte de Jesús, cuando los romanos destruyen Jerusalén (la segunda destrucción) y los judíos salen de nuevo de la ciudad. Solo que esta vez, cuando estos creyentes judíos y gentiles que forman la iglesia primitiva fueron dispersados entre las naciones, llevan el evangelio de Cristo resucitado con ellos ¡y lo difunden en el mundo! Si bien esto todavía está lejos en la línea de tiempo, es útil saber que muchas de estas profecías ya se han cumplido en formas ¡que están registradas y verificadas en la historia! Y mientras que muchas de estas profecías suenan trágicas, ¡Dios las usó para que actualmente tengamos el evangelio!

En el capítulo 6 Miqueas vuelve a recordarles que Dios está tras sus corazones y los llama al arrepentimiento. Fue testigo de la destrucción de Israel y sabe que la destrucción de Jerusalén se aproxima. Sabe que un juez santo no puede dejar el pecado sin castigo y el pecado en Israel y Judea está desenfrenado. Pero sigue pidiendo ayuda a Dios y esperando expectante su respuesta.

VISTAZO DE DIOS

Miqueas 5:4-5 nos muestra que la grandeza de Dios y no la nuestra, es donde encontramos nuestra única paz y seguridad: "vivirán seguros, porque él dominará hasta los confines de la tierra. ¡Él traerá la paz!". Cuando Él aumenta y nosotros disminuimos, ahí es donde encontramos nuestra mayor paz. ¡Él es donde el júbilo está!

2 CRÓNICAS 28; 2 REYES 16–17

Esta sección en la narrativa de las Escrituras, coincide en el tiempo con las profecías que estamos leyendo y vemos cómo muchas de ellas se cumplen. Algunas se cumplen después de este periodo de tiempo, el nacimiento del Mesías por ejemplo, y algunas aún faltan por cumplirse, como el regreso del Mesías a reinar en paz en la tierra nueva. Pero por lo pronto, en los últimos días del reino de Judá, el rey Acaz es malvado; construye ídolos y empieza a sacrificar niños. Por los pecados de Judá, Dios les permite sufrir la derrota en manos de Siria e Israel. Pero cuando Israel intenta esclavizarlos, algunos líderes y el profeta Oded los reprenden, así que liberan a los cautivos.

Mientras tanto, Judá es atacada de nuevo—esta vez por los edomitas. Acaz tiene miedo, pero en lugar de pedirle ayuda al Rey del Universo, le pide ayuda al rey de Asiria. Trata de sobornarlo para que ayude a Judá, con dinero que robó del templo e incluso reordena el templo para satisfacer sus demandas. Hablando de andar con temor del hombre ¡y no de Dios! El rey de Asiria finge que lo va a ayudar pero no lo hace. Así que Acaz les hace sacrificios a otros dioses, después despedaza los utensilios sagrados del templo del Señor y cierra sus puertas. Comisiona al sacerdote Urías para que haga una réplica de un altar como el de los dioses paganos ¡y el sacerdote lo hace! Es fácil ver a lo que Miqueas se refería ayer cuando dijo que todos los gobernantes en la tierra, los reyes, profetas y sacerdotes, eran malvados. El rey Acaz construye altares paganos por toda la tierra y "esos dioses fueron su ruina y la de todo Israel" (28:23).

Mientras tanto Israel se sigue dirigiendo hacia su caída bajo el liderazgo del malvado rey Oseas. Durante su reinado, 2 Reyes registra el cautiverio de Israel. En estos tiempos es común que el país más débil y pequeño sirva como vasallo de un país más grande; se le llama "pagar tributo" y básicamente significa pagarle a un país más poderoso para que no te destruya ni permita que nadie más te destruya. Es como sobornar al bravucón. El rey de Asiria ha estado recolectando dinero de Oseas, el rey de Israel, pero un año el rey no paga y el rey de Asiria se entera que Oseas ha estado hablando con el rey de Egipto, lo cual no le hace gracia. Y durante tres años invade Samaria, la capital de Israel, hasta que la conquista. Exilia a los israelitas a Asiria, tal como los profetas advirtieron. Los israelitas no se apartaban de su idolatría, a pesar de recibir tantas advertencias.

En Samaria, la capital vacante de los recién capturados de Israel, el rey de Asiria quiere repoblar la ciudad con otros pueblos que ha capturado. Todos ellos adoran a dioses paganos de sus países pero YHVH aún sigue cuadrando Su plan para santificar la tierra prometida, así que envía leones a matar a los nuevos habitantes. El rey de Asiria se entera que las cosas no van muy bien, así que piensa que enviando sacerdotes israelitas para que les enseñen cómo servir al dios de esa sección de la tierra en particular, le va a ayudar a disminuir los problemas.

Pero esos sacerdotes no están caminando en justicia y honrando a YHVH con exactitud, así que probablemente no están modelando con su ejemplo. Mientras que las personas sí aprenden a tener reverencia para YHVH, intentan mezclarla con adoración a sus otros dioses. El sincretismo es compatible con la mayoría de las religiones, pero no con YHVH.

VISTAZO DE DIOS

En la larga y triste narrativa de la caída de Israel, Dios muestra una paciencia inmensa con Su pueblo. "Por eso el SEÑOR les dio esta advertencia a Israel y a Judá por medio de todos los profetas y videntes: "¡Vuélvanse de sus malos caminos! Cumplan mis mandamientos y decretos, y obedezcan todas las leyes que ordené a sus antepasados, y que les di a conocer a ustedes por medio de mis siervos los profetas". Con todo, no hicieron caso, sino que fueron tan tercos como lo habían sido sus antepasados, que no confiaron en el SEÑOR su Dios" (2 Reyes 17:13-14). Dios no solo estableció Su pacto con ellos y les mostró cómo vivir en relación con Él mismo, sino también les envió varias advertencias a través de los siglos cuando se siguieron rebelando en contra de Él. Ahora, les ha traído al cautiverio para *revelar* su cautiverio, ellos están cautivos de sus ídolos y solo en el exilio se darán cuenta. Esto se puede ver como un castigo para Israel pero es un acto de gran misericordia. Es paciente, misericordioso y ¡Él es donde el júbilo está!

ISAÍAS 13–17

Aunque Isaías está preocupado primordialmente en advertir al pueblo de Dios sobre sus pecados, hoy profetiza contra las naciones paganas, comenzando con Babilonia, un poder gobernante del mundo antiguo. Ellos eventualmente llevarán a Judá al cautiverio cuando Jerusalén cae en unos cien años, y en la lectura de hoy, Dios pronuncia un juicio sobre ellos por algo que todavía no han hecho. La soberanía de Dios es evidente aquí, se refiere a Babilonia como "mis consagrados". En lo que a ellos concierne, no se han consagrado a sí mismos para YHVH. Pero *Él* los consagró, los apartó, para Sus propósitos. Usará su comportamiento pecaminoso para llevar a cabo Sus planes a largo plazo de bendecir a Su pueblo, inicialmente a través de disciplina, luego a través de restauración. Los babilonios pensarán que están actuando por su cuenta pero estarán cumpliendo el plan de Dios. Aunque Dios utiliza su pecado para obtener Su voluntad (como lo hace con el pecado en general), aún así lo castiga (como hace con el pecado en general). Eventualmente ellos serán derrotados por lo que le hicieron a Su pueblo. Es difícil entender el panorama completo de este tipo de Soberanía; puede sentirse como que amenaza nuestras ideas de auto-soberanía, y es aceptable luchar con eso.

A pesar de que tanto Babilonia como Judá serán destruidas, el final en la historia de Babilonia es juicio y desolación, mientras que el final de la historia de Judá es restauración y culminación. Luego la gente de Babilonia, que probablemente representa a todos los poderes gobernantes del mundo, eventualmente se juntarán por sí mismos a la gente del Israel ya restaurado ofreciéndose como sirvientes. Isaías dice que el rey de Babilonia perderá su poder y posición a través de intentos arrogantes para exaltarse a sí mismo (14:12-15). Algunos estudiosos dicen que Isaías está haciendo un paralelo entre la situación del rey con la historia de un ser angelical de alto rango. La mayoría de las versiones conocen a este ser como Lucero de la Mañana o Estrella del Amanecer, mientras otros dan su traducción del latín *lucifer*. Esta criatura quiso ser Dios en vez de servir a Dios, así que fue expulsado del cielo. Esto también coincide con Ezequiel 28:11-17 que parece apuntar a la misma idea.

El próximo oráculo es para Asiria, quien destruirá a Israel del Norte y montará un ataque contra Judá del Sur. Dios los castigará y el yugo que habían puesto sobre Israel será roto, liberando a Israel efectivamente. A continuación, Isaías les recuerda a los filisteos que Dios solo prometió preservar y proteger a *Su* pueblo, así que aunque ellos vean un alivio de la opresión, no durará. El corazón de Dios está puesto en Su pueblo y será un refugio para ellos. El oráculo de Moab tiene un tono diferente a los oráculos de las otras naciones. Dios lamenta la destrucción de Moab. Esto es casi seguro porque los moabitas son parientes lejanos de los israelitas. De cualquier forma, tienen que ser juzgados por sus pecados como el resto. Ver llorar a Dios por tener que castigar el pecado nos muestra que es una persona real con una personalidad real. Es multifacético como cualquier otra persona, solo que Sus características nunca se contradicen. Los moabitas lamentarán su destrucción —afeitando sus cabezas, vistiéndose de luto, y buscarán refugio en Judá.

Finalmente, la profecía para Damasco dice que será un montón de ruinas. Aunque hoy en día existe, es conquistada por lo menos tres veces durante los siguientes cuatrocientos años y destruida por lo menos una vez. Pero Dios dice que aquí habrá un remanente. ¿Por qué Damasco tiene un remanente cuando ellos no son parte de Su familia? En este oráculo, Efraín (una de las doce tribus) y Damasco están algo mezclados. Son vecinos y Efraín se ha salido tanto del camino que efectivamente se mezclaron con esta nación pagana. A pesar de esto, Dios tiene misericordia con ellos preservando un remanente que volverá para adorarlo nuevamente.

VISTAZO DE DIOS

Dios lamenta la destrucción de Moab. Su corazón clama por ellos. Inclusive, dice: "los empapo con mis lágrimas" (16:9). Es increíble ver la ternura de Su corazón hacia una nación pagana que lo ha rechazado. La mayoría de la gente no espera ver compasión como esta en el Antiguo Testamento, pero Su carácter siempre ha sido el mismo—Dios Padre, Dios Hijo y Dios Espíritu Santo no solamente son consistentes a través de la eternidad sino también entre Sí mismos. Ayer, hoy y por siempre, ¡Él es donde el júbilo está!

ISAÍAS 18–22

Hoy continuamos con más oráculos para las naciones paganas que rodean a Judá. Abrimos con una misteriosa nación localizada "más allá de los ríos de Cus", que probablemente es Etiopía moderna. Isaías les advierte a ellos y al mundo que Dios está a punto de traer juicio, y eventualmente aún las naciones gentiles llevarán tributo a YHVH y reconocerán Su supremacía.

El siguiente es Egipto, el país que esclavizó a los israelitas por cuatrocientos años y solo los dejó ir después que Dios les envió una cadena de plagas y muerte. Ellos son una gran potencia mundial, reconocida por su conocimiento y están predispuestos contra Israel. Dios promete confundir su sabiduría, oprimirlos de la misma manera que oprimieron a otros y ponerlos uno contra el otro. Pero aún así, YHVH tiene gracia escondida bajo la manga: "En aquel día habrá en Egipto cinco ciudades que hablarán el idioma de Canaán y que jurarán lealtad al Señor Todopoderoso" (19:18). "De modo que el Señor se dará a conocer a los egipcios" (19:21). "En aquel día habrá una carretera desde Egipto hasta Asiria. Los asirios irán a Egipto y los egipcios a Asiria, y unos y otros adorarán juntos" (19:23). Asiria y Egipto, dos de los enemigos más poderosos del pueblo de Dios, ¡Lo alabarán! Los llama "Egipto, Mi pueblo" y "Asiria, obra de Mis manos", justo al lado "Israel, Mi heredad" (19:25). Esta es una revelación deslumbrante del corazón de Dios por una familia multinacional. Continúa mostrándonos la bella diversidad de Su familia.

Los oráculos son interrumpidos por la señal profética de Isaías relacionada con una actividad de la actualidad. Está vestido de luto, la señal estándar del lamento. Después la gente de Asdod, una ciudad Filistea, es atacada por Asiria. Asiria está tomando el poder de todo el vecindario y Asdod está a unas cuantas cuadras de Judá. Isaías demuestra esto yendo de un estado de duelo en su ropa de luto, a un estado de humillación mostrando su desnudez. La descripción suena mucho como a un prisionero de guerra que está siendo llevado descalzo, desnudo y avergonzado. Aparentemente Isaías hace esto por tres años, ya sea constante o intermitentemente, para demostrar esta profecía. Tiene una visión de dos ciudades en Persia que destruirán a Babilonia, que conquistan dos siglos más tarde. El dolor de Isaías por la destrucción de una ciudad tan malvada nos muestra cuán sensible es; su compasión refleja lo que vimos ayer cuando Dios lloró por Moab.

Isaías tiene una serie de oráculos cortos para otras naciones, de los cuales todos llegan a la destrucción. Ellos quieren saber cuánto tiempo durará; y él dice: "Está amaneciendo, pero la noche seguirá". ¡Ay, ay, ay!

Hoy, el último oráculo es para Jerusalén. El pueblo de Dios está sujeto a un estándar más alto, entonces ¿qué es lo que Isaías le tiene que decir a Judá aquí? Está molido por lo que les pasará. Jerusalén será atacada y destruida. Tratarán de fortificar la ciudad y prepararla para un ataque, pero no los salvará del ataque porque Dios lo ha planeado. Cuando Judá se da cuenta que su destrucción es inminente, no se arrepienten. En lugar de esto, utilizan sus últimos momentos complaciéndose a sí mismos, revelando sus corazones en el proceso.

Isaías también tiene palabras duras para el sirviente del rey, quien ha hecho provisiones elaboradas para su propia muerte, pero Dios las frustrará, luego lo reemplazará con un nuevo jefe de personal, Eliaquín.

VISTAZO DE DIOS

Cuando Dios le está hablando a Egipto, Su futuro pueblo, dice: "Pero yo frustraré sus planes" (19:3) y "El Señor ha infundido en ellos un espíritu de desconcierto. En todo lo que hace Egipto le han hecho perder el rumbo" (19:14). La idea de Dios siendo soberano sobre pensamientos y palabras es aleccionador. Pero también puede ser ¡alentador! Si Dios no pudiera hacerlo, ¿de qué otra manera podría Dios el Espíritu guiarnos hacia toda la verdad, como Jesús prometió en Juan 16:13, o recordarnos lo que Jesús dijo, como prometió en Juan 14:26? Aunque no cada pensamiento que pensamos es Él hablándonos (Isaías 55:8), está dispuesto y es capaz de incitar a Sus hijos con Sus pensamientos y Su palabra cuando buscamos vivir conforme a Su voluntad en el mundo. Causa que Su Palabra idé fruto en nuestras vidas! ¡Él es donde el júbilo está!

ISAÍAS 23–27

La última dosis de juicio para las naciones extranjeras comienza con Tiro y Sidón, ciudades fenicias que se especializan en el comercio internacional. Les va bien en los negocios por lo que son adinerados, influyentes, populares y orgullosos. Su línea de trabajo significa que realmente necesitan que las cosas vayan bien en el agua, entonces adoran a Yamm, el dios del mar. Entonces YHVH demuestra Su poder sobre su dios. Los puertos con los que comerciaban lamentan su caída y se preguntan quién pudo lograr una derrota como esta ¡sobre ciudades tan grandiosas! Tan mal como están las cosas, YHVH se lo toma con calma. Tiro es destruida, pero eventualmente será restaurada. Parece que sus corazones no buscan a Dios verdaderamente, pero Él, de todas formas usa la destreza que ellos poseen del negocio para bendecir a Su pueblo.

El capítulo 24 describe el juicio sobre toda la tierra, desde la destrucción hasta su restauración. Es un pasaje obscuro, pero con esperanza. Y para nosotros, como gente que confía en la bondad y sabiduría de Dios, lecturas como estas pueden ser aclaratorias sin ser aterradoras. Se puede confiar en YHVH con esto. Tiene un historial perfecto.

Nadie está excepto de la venida del día del juicio cósmico. El poder y el dinero no pueden proteger a nadie de este, porque toda la tierra ha roto el pacto con Dios. Pero ¿qué pacto tenía toda la tierra con Dios? El pacto con Su pueblo es una cosa totalmente diferente al pacto con toda la gente. El único pacto que incluye a toda la gente está en Génesis 9:8-16, en donde Dios prometió que no volvería a destruir la tierra con un diluvio y a esa sección inmediatamente le sigue otra sección sobre cómo ellos tienen que honrar la vida o Dios requerirá saldar las cuentas. Debido a que la humanidad ha roto esta ley, está bajo la maldición del pacto. Esto es un tema pesado y es verdadero. No es una metáfora; este juicio cósmico será como deshacer la creación, así como fue el diluvio. Esta vez la destrucción parece ser más como un terremoto y un incendio. ¿Cuándo sucederá todo esto? En la venida del Día del Señor, cuando sea que esto pase.

Entonces ¿dónde está la esperanza? En primer lugar, estamos sentados en la misma tierra que fue destruida durante el diluvio. Todavía existe; Dios no abandonó la causa. En segundo lugar, así es como obtenemos el Nuevo Cielo y la Nueva Tierra de las que hablan las Escrituras. ¡Tierra 3.0! Las escenas de destrucción no son el final. Aún este pasaje tan pesado incluye recordatorios sobre el pueblo de Dios cantándole alabanzas y continúa con muchas más cosas bellas que pasarán como resultado de todo esto: Dios le da muerte a la muerte, no habrá más lágrimas y Él organizará una gran fiesta en la colina sagrada ¡del monte Sión! Todos en Judá cantarán una canción de alabanza que dice: "Al de carácter firme lo guardarás en perfecta paz, porque en ti confía" (26:3). Al ir conociendo a Dios ¡tu paz se incrementa como derivado! Y Dios ¡vencerá todas las fuerzas caóticas del enemigo! En el gran Día del Señor, esta tierra fracturada será recreada como nueva, el enemigo de nuestras almas será derrotado y viviremos y festejaremos en la tierra con Dios en las colinas del monte de Sión ¡en Jerusalén!

VISTAZO DE DIOS

"Señor, tú estableces la paz en favor nuestro, porque tú eres quien realiza todas nuestras obras" (26:12). Este tema también se repite en el Nuevo Testamento algunas veces. Primero, Jesús lo dice en la cruz poco antes de morir, cuando Dice: "Todo se ha cumplido" (Juan 19:30). Ha hecho todo el trabajo por nosotros. Dios Hijo ha completado todos los requisitos de Dios Padre para cubrir ¡la deuda de nuestro pecado! Y como si todo esto no fuera suficiente, Dios Espíritu nos está equipando y permitiéndonos cumplir los planes específicos de Dios en nuestras vidas. "El que comenzó tan buena obra en ustedes la irá perfeccionando hasta el día de Cristo Jesús" (Filipenses 1:6). Él lo inició, lo está sosteniendo y ¡lo cumplirá!. Y "Pues Dios es quien produce en ustedes tanto el querer como el hacer para que se cumpla su buena voluntad" (Filipenses 2:13). Dios ¡está trabajando en ti! Está creando ambos, el deseo en ti y las acciones que través de ti ¡lo complacerán! Es aleccionador que no tengamos que tomar crédito por cada buen fruto que nuestras vidas den, pero tenemos el gozo de verlo continuar trabajando ¡en nosotros y a través de nosotros! Isaías acertó: "Tú eres quien realiza todas nuestras obras". Él hace lo que se tiene que hacer y ¡Él es donde el júbilo está!

2 REYES 18; 2 CRÓNICAS 29–31; SALMOS 48

Mientras que Acaz, rey de Judá fue terrible, su hijo Ezequías es uno de los mejores reyes de Judá, las Escrituras lo clasifican junto al rey David. Él hace reformas religiosas agresivas, restaurando el templo y restableciendo el sistema sacrificial. El pueblo trae tantos animales para sacrificar que los sacerdotes ¡tienen que pedir ayuda! Él también restablece la fiesta de la Pascua, la cual no han celebrado en un largo tiempo. Dios les dijo que lo hicieran cada año como un recordatorio de lo que Él había hecho, pero cuando ellos dejaron de celebrar Su bondad, sus corazones dejaron de adorarlo. Ezequías también invita al pueblo de Israel a celebrar la Pascua con Su pueblo (los judaitas) en Jerusalén. Aunque algunos de ellos se burlan y lo avergüenzan, ¡la gente de casi la mitad de las tribus viene! ¡Es la primera vez desde que Salomón fue rey que ambos reinos celebran juntos!

Ellos están cantando y alabando a Dios y lo más importante de todo ¡finalmente están comenzando a arrepentirse! No son sacrificios huecos y palabras vanas. ¡Sus corazones están allí! Y vemos quién está detrás de todo esto: "También los habitantes de Judá, movidos por Dios, cumplieron unánimes la orden del rey y de los jefes, conforme a la palabra del Señor" (2 Crónicas 30:12). Dios está trabajando en ellos, tanto el querer como el hacer para que se cumpla Su buena voluntad (Filipenses 2:13). ¡Él está transformando sus corazones!

Después de la Pascua, Ezequías derriba los santuarios paganos y destruye la serpiente de bronce que Moisés utilizó, porque el pueblo comenzó a adorarla. En este proyecto de demolición, todos participan, ¡no solamente los líderes! Mientras las personas de ambos reinos trabajan juntas, los santuarios paganos ¡son derribados en ambos reinos! La adoración verdadera nos lleva a destruir a nuestros ídolos. Esta también los lleva a dar generosamente a la obra de Dios. Los sacerdotes tienen más de lo necesario para poder vivir.

Más adelante los asirios atacan a Judá, conquistando ciudades, exigiendo dinero. El rey Ezequías tiene un momento en donde se comporta poco fiel, lo cual nos deja saber que es humano; y dice: "tomen lo que necesiten de nosotros. Lo que es mío es suyo". Así que se llevan todo lo valioso del templo. Los líderes asirios quieren saber exactamente qué hace a Judá tan confiado. En toda la conversación, está claro que los líderes asirios malinterpretan quién es YHVH, así que están perplejos en el porqué Ezequías confía en Él. Asiria piensa que ahora Judá está confiando en Egipto, porque piensan equivocadamente que los santuarios paganos que Judá acaba de destruir eran usados para adorar a YHVH. El pueblo escucha esta conversación y los asirios se dirigen directamente a ellos, diciéndoles que no confíen en YHVH, pues todo es una farsa. Hasta les prometen darles fortuna y prosperidad si ellos siguen a Asiria. Pero el pueblo no responde.

El salmo 48:13-14 dice: "para que se lo cuenten a las generaciones futuras. ¡Este Dios es nuestro Dios eterno! ¡Él nos guiará para siempre!". A medida que restablecen todas las prácticas olvidadas, esto es un recordatorio oportuno de enseñar las cosas de Dios a todas las generaciones.

VISTAZO DE DIOS

El pueblo de Ezequías es ritualmente impuro y la Pascua no está yendo como Dios lo indicó. Si no hubiéramos leído la respuesta de Dios y no supiéramos que fue lo que pasó, ¿qué esperarías de Dios aquí? Es fácil esperar un juicio, pero Ezequías ya lo sabe. Él sabe que el corazón de Dios está lleno de misericordia entonces en esta carta de invitación, promete al pueblo: "El Señor su Dios es compasivo y misericordioso. Si ustedes se vuelven a él, jamás los abandonará" (2 Crónicas 30:9). Después apela a Dios en base al carácter de Dios, orando: "Perdona buen Señor, todo el que se ha empeñado de buen corazón en buscarte a ti, Señor, Dios de sus antepasados, aunque no se hayan purificado según las normas de santidad" (vv. 18-19). Luego el versículo 20 dice: "Y el Señor escuchó a Ezequías y perdonó al pueblo". Ezequías conoce el carácter de Dios y Dios conoce los corazones del pueblo. ¿Recuerdan como Él despreció todos los sacrificios ritualmente perfectos que ofrecían con corazones no arrepentidos? Él también está enfocado en el corazón aquí. Él siempre está detrás del corazón. Estas prácticas imperfectas hechas con corazones de arrepentimiento son recibidas con una alta dosis de la misericordia de Dios. Él está ansioso por perdonar. "No se había celebrado en Jerusalén una fiesta tan alegre" (v. 26). ¿Y saben por qué? Estaban buscando a Dios, finalmente. Y ¡Él es donde el júbilo está!

OSEAS 1–7

El mensaje de Oseas es probablemente destinado para ambos reinos: Israel y Judá. Durante este tiempo, una minoría selecta de Israel están floreciendo financieramente, pero sus corazones se han hecho insensibles a Dios mientras se alejan más de la compasión, generosidad y de una humilde conciencia de quién está proveyendo para ellos. Dios envía a Su profeta a intervenir de una forma inusual: casándose con una prostituta. Dios casi siempre hace un llamado a los profetas a sentir personalmente y a experimentar el peso de lo que está pasando. El matrimonio de Oseas apunta a la relación de Dios con Israel y la imagen de adulterio está entretejida a través del libro para revelar el carácter de Dios con Su pueblo.

Gómer, la esposa de Oseas da a luz a tres hijos pero el texto solo clarifica que el primer niño es de Oseas; los otros pueden ser de uno o más de sus amantes. Aún los nombres que Dios le dice a Oseas que les dé, parece distanciarlo de ellos. Y por supuesto, esto va más allá que solo esta familia, esos nombres simbolizan el distanciamiento de Dios con Israel en este momento. Su pueblo se rinde por cosas simples, como si Él no les estuviera proveyendo, entonces Él frustra su idolatría. Pero Él sabe que lo único que puede traer un cambio duradero es que ellos lo amen y que no solo se sientan forzados a obedecerlo. Dios se dirige a buscarlos nuevamente, para mostrarles cuán deseable es tener una relación con Él. De la misma manera, cuando las cosas se desmoronan en la relación de Oseas y Gómer, Dios le pide que la vaya a encontrar, (aparentemente ella está viviendo con otro hombre), que pague sus deudas, que la traiga a casa y que se comprometa con ella.

Israel del Norte es casi siempre referido colectivamente como Efraín, lo cual es probablemente una manera fácil de distinguir a Israel como una unidad, todas las doce tribus, de Israel el reino, después de la división. La segunda parte de las profecías de Oseas detalla todo lo que Israel ha hecho mal, forzándolos a dar la cara. Es importante recordar que Israel es una teocracia y están en un pacto con Dios, el cual han roto, por lo que están viviendo bajo la maldición de este pacto. Las consecuencias de sus pecados se reflejan en sus circunstancias políticas y sociales.

Dios les dice: "por falta de conocimiento mi pueblo ha sido destruido" (4:6). Los líderes y los ancianos fueron ordenados a enseñar al pueblo sobre YHVH, pero han fallado en cumplir con su tarea tantas veces que ya nadie sabe quién es Dios, mucho menos como tener una relación con Él. En vez de esto, se han dado a la idolatría y la idolatría los ha convertido en tontos.

Cuando él habla directamente con los sacerdotes y los líderes, continúa comparándolos con una prostituta y más aún les dice que no conocen a Dios totalmente. Ellos toman sus animales para sacrificarlos al Dios que no conocen, sin darse cuenta que Él no está allí. Esta es una descripción poética, por supuesto, Dios está allí técnicamente pues Él está en todo lugar, pero el propósito de su profecía es que la bendición de Dios no está presente en su sacrificio y ellos no tienen ni idea de esto. Aparentan buscar a Dios, pero solo están buscando alivio y Dios lo sabe. Él ve su amor evaporarse y les recuerda: quiero sus corazones no a sus bueyes.

VISTAZO DE DIOS

Los nombres de los hijos de Gómer parecen ser crueles pero en realidad cuentan la historia de Jesús redimiéndonos. "Ponle por nombre Jezrel, porque dentro de poco haré que la casa real de Jehú pague por la masacre en Jezrel" (1:4). Aquí vemos que el pecado existe y debe ser castigado. "Ponle por nombre Indigna de Compasión, porque no volveré a compadecerme del reino de Israel, sino que le negaré el perdón" (v. 6). Aquí vemos que nosotros estábamos sin misericordia. "Ponle por nombre Pueblo Ajeno, porque ni ustedes son mi pueblo, ni yo soy su Dios" (v. 9). En este nombre, vemos que no éramos Sus hijos. Todo esto unido revela que nuestros pecados tienen que ser castigados, que estábamos sin misericordia y que no éramos Sus hijos. Pero luego Él dice: "Y en el mismo lugar donde se les llamó 'Pueblo Ajeno', en el preciso lugar de nuestro quebrantamiento y necesidad, se les llamará: 'Hijos del Dios Viviente' ... Llamen a sus hermanos: 'Pueblo Mío' y a sus hermanas 'Compadecidas'" (1:10, 2:1). Él nos redime en donde estamos, en el mismo lugar que significa "Pueblo Ajeno" y ¡nos hace Su Pueblo! Lo que significa que Él está allí contigo ahora mismo. Y ¡Él es donde el júbilo está!

OSEAS 8–14

Oseas le recuerda al pueblo de Dios que hay consecuencias por sus pecados. Sus corazones se han alejado mucho de Dios y no solo es evidente en sus prácticas religiosas. Se muestra cuando eligen líderes sin consultar a Dios sobre la decisión. Se nota cuando buscan ayuda en otras naciones y rinden homenaje a los paganos en lugar de confiar en Dios para sus necesidades. Nuestra relación con Dios no se limita al lugar donde pasamos las mañanas de los domingos: la cercanía a Dios impacta en cada área de nuestras vidas, al igual que cuando nos alejamos de Él. Ellos intentan resolver el problema volviéndose más religiosos, pero simplemente agregan dioses falsos y altares paganos a la mezcla en lugar de recurrir a YHVH.

Él compara sus acciones con otro evento trágico que leímos en Jueces 19 cuando los líderes de Guibeá asesinaron a la concubina del levita. Él dice que Israel en su conjunto ha actuado de esa manera, una nación entera de personas que hacen lo que quieren, dañan a otros en el proceso y no sienten remordimiento. Como resultado de su abuso de las bendiciones de Dios y de haberse olvidado de Él, Él revertirá su libertad: regresarán a Egipto y Asiria como cautivos y exiliados. Esto les servirá de disciplina, entrenándolos para que confíen en Él, porque incluso, después de todo este tiempo, todavía no lo hacen.

En el capítulo 11, Dios compara su relación con Israel con la de un padre y un hijo: "De Egipto llamé a mi hijo" (v. 1). Si bien esto se refiere al rescate de Dios a los israelitas de la esclavitud egipcia, también presagia a Dios llamando a Jesús y a Sus padres fuera de Egipto, donde permanecerán durante dos años cuando Jesús es un niño pequeño (Mateo 2:15). Dios los levanta, les enseña a caminar, los cura, los alimenta, los consuela y alivia sus cargas, pero están empeñados en alejarse de Él. ¡Su corazón arde de ira y promete castigarlos! Pero entonces, Su corazón se suaviza y cede. ¡Sus emociones son tan complejas!

En el capítulo 12, Oseas relata la historia de Jacob, el patriarca de Israel y los insta a vivir en la relación que Dios comenzó con ellos en ese momento. Les hace saber que no están solos y les recuerda que Dios fue quien comenzó todo esto y que se puede confiar en Dios para continuar: "Pero tú debes volverte a tu Dios, practicar el amor y la justicia y confiar siempre en él" (v. 6). Su esperanza reside en el hecho que Dios los ayudará a hacer lo que Él los ha llamado a hacer. Los equipará con lo que necesitan para arrepentirse y permanecer fieles. Pero Oseas sabe que ellos no se apoyarán en Su ayuda. Seguirán haciendo las cosas como siempre las han hecho. Buscarán riqueza e independencia.

Oseas les ruega que regresen a Dios, que rompan sus alianzas extranjeras y renuncien a su idolatría. Él promete que serán recibidos con amor. Dios inició una relación con ellos hace mucho tiempo atrás y ellos han roto constantemente el pacto que Él hizo con ellos, pero aquí está, persiguiéndolos nuevamente para renovarlo. La historia de Oseas y Gómer y la historia de Dios e Israel sirven para mostrarnos que el amor de Dios es más grande que nuestro pecado. Las palabras de Dios a Israel se aplican a todos nosotros. Todos somos así, más a menudo de lo que no somos. Y el corazón de Dios es sanar y salvar a un pueblo como nosotros, enfrentándonos a nuestro pecado con los brazos abiertos.

VISTAZO DE DIOS

En 11:7, Dios está furioso y dice que va a eliminar a Israel: "Mi pueblo está resuelto a renegar de mi nombre; por eso, aunque me invoquen, no los exaltaré". Pero hay un cambio tierno cuando llegamos al versículo 8, donde Su compasión y misericordia se precipitan: "¿Cómo podría yo entregarte, Efraín? ¿Cómo podría abandonarte, Israel? ¡Yo no podría entregarte como entregué a Admá! ¡Yo no podría abandonarte como a Zeboyín! Dentro de mí, el corazón me da vuelcos, y se me conmueven las entrañas. Pero no daré rienda suelta a mi ira, ni volveré a destruir a Efraín. Porque en medio de ti no está un hombre, sino que estoy yo, el Dios santo, y no atacaré la ciudad" (vv. 8-9). Gracias a Cristo, la ira de Dios tiene un lugar de aterrizaje. Él lo recibió. No nosotros. Nosotros recibimos la relación y todos sus beneficios: provisión, esperanza, disciplina, misericordia, gracia y por supuesto júbilo. Porque ¡Él es donde el júbilo está!

ISAÍAS 28–30

Hoy leemos tres de "los seis lamentos". El tema general es que no debemos confiar en nuestros propios dispositivos. En la primera aflicción, Isaías usa la tragedia que se desarrolla en Israel con Asiria como una advertencia para Judá. Él dice que ambos reinos han pasado demasiado tiempo con el vino y no suficiente tiempo con Dios. Los líderes responden burlándose de Isaías; de hecho, 28:10 básicamente se traduce como "bla, bla, bla". Han faltado el respeto a las palabras de Dios, por lo que ahora todo lo que Él diga les parecerá "bla, bla, bla". Uno de los temas más desafiantes en las Escrituras es que Dios puede abrir y cerrar los oídos de las personas a la verdad. Él hace que estos burlones no puedan entender Su Palabra para que "se vayan de espaldas cuando caminen y queden heridos, enredados y atrapados" (28:13). Esta es una respuesta justa, pero definitivamente es difícil de leer y procesar.

En 28:16, vemos una profecía de Jesús: "¡Yo pongo en Sión una piedra probada!, piedra angular y preciosa para un cimiento firme; el que confíe no andará desorientado". Algunas de las personas que escuchan esta profecía de "cimiento firme" asumen erróneamente que significa que el templo en Jerusalén nunca será destruido, pero se trata de algo mucho mayor: ¡Dios el Hijo! Entonces Isaías hace otro llamado al arrepentimiento. Dios ha luchado y ha ganado muchas victorias en su nombre, pero esta vez cuando Él se levante será para luchar contra ellos. Compara al pueblo de Dios con el trigo: el proceso de una cosecha siempre implica la trilla, pero el punto de la trilla no es destruir el trigo, es hacerlo útil. Expone lo que es valioso en él.

La segunda aflicción es para Ariel, probablemente un apodo para Jerusalén. Dios tiene un enemigo que prepara un asedio contra la ciudad, pero luego Él aparece con Su ejército del cielo, ¡y los enemigos huyen! Sucede tan rápido que la gente piensa que deben haberlo soñado. Si bien los líderes realizan un montón de actividades religiosas, en realidad no aman a Dios. A menudo, este es el punto cuando Él trae disciplina, pero no lo hace. El siguiente versículo dice: "Por eso, una vez más asombraré a este pueblo con prodigios maravillosos" (29:14). *Debido* a que sus corazones están lejos de Él, ¡Él hará cosas maravillosas para revelarse a ellos!

La tercera aflicción está indirectamente dirigida a Judá. Quieren hacer una alianza con Egipto para protegerlos de Asiria. Ignoran el consejo de Dios. Están huyendo de Dios, luchando impacientes y asustados. Entonces Dios da el remedio para cada una de esas cosas: regresar a Él, descansar, estar tranquilos y confiar. Ahí es donde encontrarán su salvación y fortaleza. Pero no están dispuestos. El miedo habla con urgencia; Dios susurra *confianza*. "Por eso el SEÑOR los espera, para tenerles piedad... ¡Dichosos todos los que en él esperan!". Parece que Isaías está diciendo: "No tienen que esforzarse tanto. Se están esforzando, temerosos que las cosas salgan terriblemente si no intervienen con su solución. Pero disminuyan la velocidad lo suficiente como para preguntarle a Dios qué tiene Él que decir sobre esto. Él está listo para responderles si solo preguntan".

VISTAZO DE DIOS

"Tu maestro no se esconderá más; con tus propios ojos lo verás. Ya sea que te desvíes a la derecha o a la izquierda, tus oídos percibirán a tus espaldas una voz que te dirá: 'Este es el camino; síguelo'" (30:20-21). Dios acaba de pasar tres capítulos advirtiendo contra caminar en nuestra propia sabiduría, entonces, ¿qué tan cruel sería Él si no nos ofreciera ayuda u orientación, o si nos dijera que está demasiado ocupado o que nuestras necesidades son demasiado frívolas? ¡Estaríamos paralizados! Gracias a Dios, Él promete enseñarnos y guiarnos. De hecho, es tan serio al respecto que es un título que Se ha dado a sí mismo: Maestro, Guía. Nos invita a buscarlo por sabiduría. No se supone que esta invitación sea paralizante; se supone que nos libera para hablar con Él sobre cosas, para aprender a escuchar y reconocer Su voz. La forma en que aprendemos a reconocer la voz de alguien es hablando con ellos con más frecuencia. Al estar en Su Palabra todos los días, estás comenzando a reconocer el tipo de cosas que Él dice, estás comenzando a desarrollar una conciencia más profunda de los rasgos de Su personalidad y estás almacenando Su Palabra en tu corazón y mente. Con base en lo que sabes de Su Palabra, escucha Su voz hoy. ¡Él es donde el júbilo está!

ISAÍAS 31–34

Hoy leímos los últimos tres de seis lamentos. Abrimos con una aflicción reforzada para Judá. "Ay de los que descienden a Egipto". Dios dice que ellos buscarán ayuda de Egipto pero Egipto se quedará indefenso. Pueden tener caballos y carrozas, ¡pero Dios tiene armas que Judá ni siquiera se imagina! Él puede proveer de formas que son sobrenaturales. ¡Y predice el día en que finalmente se volverán a Él y destruirán sus ídolos! En ese día futuro, ¡reinará un rey justo! Cada vez que vemos a este futuro rey, justo, reinando después del día del Señor apunta a Jesús. Por supuesto la gente en los días de Isaías no sabía esto, naturalmente asumen que será un rey terrenal, excepto que será uno bueno en contraste con todos los malos que han experimentado. En ese día futuro, los necios y los canallas ya no serán exaltados, pero por ahora, siguen corriendo desenfrenados. El necio y el canalla son dos personas distintas. "Porque el necio profiere necedades, y su mente maquina iniquidad; practica la impiedad, y habla falsedades contra el Señor; deja con hambre al hambriento, y le niega el agua al sediento" (32:6). Y aquí está lo que él dice del canalla: "Recurre a artimañas malignas, y trama designios infames; destruye a los pobres con mentiras, aunque el necesitado reclama justicia" (32:7). Una cosa que el necio y el canalla tienen en común, además de su odio a Dios y a Su Palabra, es una indiferencia a los pobres y necesitados.

De hecho, muchas personas en los días de Isaías tienen este problema. Su riqueza los ha hecho confiados. Específicamente llama a las mujeres confiadas a arrepentirse. Son el enfoque de la quinta aflicción. Tienen una falsa sensación de seguridad, pero de hecho, las cosas están apunto de ponerse mal dentro del año. Después, como siempre lo hace, les recuerda el mensaje de esperanza más allá de la desolación: El Espíritu de Dios será derramado sobre la tierra, haciendo que los corazones de las personas se vuelvan a Él y comenzarán a florecer de nuevo.

La sexta y última aflicción es para el destructor y el traidor, que al final apunta a aquellos que han herido al pueblo de Dios en Judá. Servirán al propósito de Dios trayendo a Judá al arrepentimiento pero después serán juzgados. Judá será tentada a dudar de la confiabilidad de Dios conforme esto se desarrolla. Pero Isaías quiere recordarles quien es YHVH. Mientras que todo lo que saben se está volteando de cabeza y todo en lo que han encontrado su identidad y esperanza está siendo sacudido, "Él será la seguridad de tus tiempos" (33:6). No hay nada más en lo que valga la pena construir tu vida. Él dice: "el temor del SEÑOR será tu tesoro" (33:6). En otras palabras, lo más valioso que tienes es tu confianza en Dios.

Después Dios promete traer juicio sobre todas las naciones de la tierra. Isaías describe a Edom como un páramo abandonado lleno de alquitrán, fuego y animales terribles. Es una tierra que Dios ha maldecido. Algunos eruditos creen que este pasaje también alude al infierno.

VISTAZO DE DIOS

En 32:15-16, Isaías dice que el Espíritu de Dios será derramado sobre toda la tierra, lo que hará que los corazones de las personas se vuelvan a Dios y volverán a florecer de nuevo, porque la presencia activa del Espíritu de Dios trae justicia y rectitud. En el siguiente versículo, él dice: "El producto de la justicia será la paz; tranquilidad y seguridad perpetuas serán su fruto". El hilo que vemos corriendo a través de estos versos es que la justicia es lo que nos trae tranquilidad y confianza; y que Dios es quien nos trae la justicia. ¡No tenemos que fabricar nuestra propia justicia! ¡No podríamos si tuviéramos que hacerlo! ¡¿Qué tan liberador es eso?! Tito 3:5-6 dice: "Él nos salvó, no por nuestras propias obras de justicia, sino por su misericordia. Nos salvó mediante el lavamiento de la regeneración y de la renovación por el Espíritu Santo, el cual fue derramado abundantemente sobre nosotros por medio de Jesucristo nuestro Salvador". Debido al pago de Cristo por nuestros pecados, el Espíritu Santo es derramado sobre nosotros, haciéndonos justos, algo que jamás podríamos alcanzar por nuestra cuenta. Y eso es algo que pondrá nuestros corazones en paz y nos ayudará a confiar en Dios para siempre. ¡Qué gran alivio! ¡Él es donde el júbilo está!

ISAÍAS 35-36

Ayer dejamos Edom convertido en un páramo pegajoso y maloliente cubierto de hierbas y pájaros. Representaba una especie de "deshacer" de la creación, muy parecido al diluvio, cuando Dios destruyó la Tierra y luego inauguró la Tierra 2.0. Cuando Dios hizo la Tierra por primera vez, las palabras que usó para describirla en Génesis 1:2 fueron "caos total"—básicamente, sin forma y vacía. Las palabras hebreas usadas aquí son *tohuw* y *bohuw*. Y en la descripción del páramo de ayer, esas dos palabras se usan de nuevo. Este parece ser un movimiento intencional. Génesis 1 es el único otro lugar donde existe esta combinación y la única otra vez que la palabra *bohuw* —vacío— es usada en las Escrituras, es en Jeremías 4:23 donde describe esta misma situación. Entonces tenemos una Tierra vacía y sin forma, una vez más, después que la ira de Dios se ha derramado sobre todas las naciones; y hoy leímos acerca de cómo los cautivos rescatados son traídos de vuelta a la tierra. Así que para entender bien esta sección, tenemos que preguntar: "¿Esto se refiere a la época alrededor del 700 a. C. cuando esto fue escrito? ¿O es una futura profecía de los últimos días?".

Una opinión popular entre los estudiosos es que es ambas, juicio en la tierra en ese entonces y juicio en la tierra en el futuro. Las profecías a menudo pueden referirse a múltiples capas y es posible que eso es lo que suceda aquí, una referencia al escenario inmediato en el 700 a. C. y una referencia de alto nivel al escenario futuro. Y cuando leemos sobre el regreso de los cautivos rescatados a la tierra, eso también podría señalar a ambos marcos de tiempo: el regreso ya cumplido de los israelitas a la tierra prometida y el regreso que todavía no se cumple de todos los hijos adoptados de Dios, a la nueva y restaurada, Tierra 3.0.

Varias de estas profecías ya se han cumplido parcialmente. Habla del desierto floreciendo y así está. El desierto de Judea es actualmente una riqueza en la agricultura. Hoy en día, Israel exporta tulipanes a Holanda. Hoy en día, hay arroyos en el desierto. Y Dios trajo de vuelta a los cautivos rescatados de Judea, eso sucedió unos setenta años después que fueran exiliados a Babilonia. Él le hizo una promesa específica a gente específica y cumplió esa promesa. ¡Se puede confiar en que Dios mantendrá Su palabra! Isaías 35:4 dice: "Digan a los de corazón temeroso: 'Sean fuertes, no tengan miedo", ¿POR QUÉ? ¿Por qué no deberían temer? ¿Cómo pueden ser fuertes? Continúa diciendo: "Su Dios vendrá, vendrá con venganza; con retribución divina vendrá a salvarlos". ¿Esto significa que no irán al exilio? No, sí lo harán. Solo significa que el exilio ¡no es el fin de la historia! ¡Vendrá por ellos! El capítulo termina con una promesa que hemos visto antes: no más lágrimas, no más maldad, no más amenazas a nuestra paz, solo alegría eterna.

Después en el capítulo 36 revisamos el momento en el que los asirios confrontan a los líderes que trabajan para el rey Ezequías y lo hacen en frente del pueblo de Judá. Usan sus mejores tácticas de intimidación para conseguir que el pueblo dude de Dios y los sigan en su lugar. Les prometen protección y provisión, burlándose de la capacidad de Dios para cuidar de Su pueblo. También se burlan del pueblo de Judá directamente. Hacen muchas declaraciones falsas pero también se les ocurre una metáfora profunda y verdadera: "Mira, tú confías en Egipto, ¡ese bastón de caña astillada, que traspasa la mano y hiere al que se apoya en él!" (v. 6). En otras palabras, si tratan de apoyarse en Egipto para pedir ayuda, terminará apuñalándolos. Y los asirios tienen razón, aquí en esta oración. Incluso Dios mismo le advirtió a Judá sobre no confiar en Egipto. Los ídolos pueden sostenerte temporalmente, pero te herirán eventualmente. El resto del discurso de Asiria es solo un montón de basura, tácticas de intimidación y falsas promesas. Afortunadamente, el rey Ezequías fue lo suficientemente sabio para decirle a su pueblo que no respondiera.

VISTAZO DE DIOS

Las profecías del capítulo 35 apuntan a la fidelidad de nuestro Dios que hace y mantiene promesas. ¡Ese desierto está floreciendo hoy! ¡Esas aguas están corriendo hoy! ¡Esas flores están floreciendo hoy! Él lo dijo mucho antes que sucediera. Si Dios ha traído tanta belleza solo en este cumplimiento parcial, ¿cuánto más hermoso será cuando traiga el cumplimiento completo de esta profecía en el futuro? ¡Y lo veremos con nuestros propios ojos! Qué Dios tan abundantemente generoso. ¡Él es donde el júbilo está!

ISAÍAS 37–39; SALMOS 76

Hoy el rey de Judá Ezequías responde a las amenazas de Asiria. Su primera respuesta es ir con Dios. Confía en que Dios reprenda a los asirios por sus palabras. Mientras tanto, manda a su personal para hablar con Isaías, quien dice que Dios está en el proceso de derrocar al rey Asirio —justo como Ezequías esperaba; morirá por la espada.

Cuando los mensajeros de Asiria mandan otra carta amenazante y burlona a Ezequías, es especialmente aterrador porque ahora su ejército está rodeando Jerusalén y parece que ya han tomado todas las ciudades principales de Judá. Y una vez más, Ezequías no emite una respuesta para ellos —responde a *Dios*. Sabe de lo que Dios es capaz. Pide a Dios liberación, no solo porque la quiere para sí mismo, sino también porque cree que eso mostrará que YHVH es el único Dios verdadero. Mientras está en el templo orando, Isaías le manda un mensaje con la respuesta de Dios ¡a esa oración! Dios dice que ya ha determinado lo que acontecerá (37:26). Planeó Sus acciones hace mucho tiempo y cumplirá Su plan. Asiria tendrá unas pocas victorias, pero al final los boicoteará. El rey Senaquerib y su ejército ni siquiera entrarán a Jerusalén otra vez. Después el Ángel del SEÑOR (probablemente Jesús) se aparece y mata a ciento ochenta y cinco mil Asirios en una noche. Luego, un día que el rey Senaquerib está en casa adorando a un ídolo, sus hijos llegan para matarlo con una espada —tal como Dios prometió.

Cuando el rey Ezequías enferma, Isaías dice: "Dios dice que es hora de que mueras". Ezequías sabe que a menudo, cuando los profetas vienen con malas noticias, es la invitación de Dios a arrepentirse y evitar el desastre. Entonces clama a Dios: "He sido un buen rey y te he honrado, así que ¿Retrasarías mi muerte?". Isaías trae la respuesta de Dios: "Tienes otros quince años. Y en caso de que dudes que Dios puede extender tus años, Él arrojará algunas sombras de una manera muy específica para probar que está en control del tiempo mismo". Y un detalle interesante en este texto, es que Dios se identifica a Sí mismo como el Dios de David. Estamos acostumbrados a verlo refiriéndose a Sí mismo como el Dios de Abraham, Isaac y

Jacob, así que esta distinción es significativa. Parece apuntar al hecho de que está haciendo esto manteniendo Su pacto con David.

Como Dios prometió, las sombras son lanzadas y los años vividos. En ese tiempo Ezequías se da cuenta de su propio egoísmo: "Sin duda, fue para mi bien pasar por tal angustia. Con tu amor me guardaste de la fosa destructora" (38:17). Salda cuentas con su expectativa egoísta de privilegios. Era un gran rey, pero no estaba libre de pecado. Cuando confiesa, eso lo lleva a alabar a Dios aun más por Su bondad. Pero también hace algunos malos movimientos. Cuando recibe una carta amistosa de un rey foráneo ofreciéndole un regalo, lo invita a que lo visite. Cuando llega el rey de Babilonia, Ezequías le muestra todos sus tesoros. Isaías está horrorizado. Dice que esto no terminará bien —los babilonios robarán todo y secuestrarán a algunos hijos de Ezequías. Ezequías afirma la profecía de Isaías pero en el fondo piensa: *Nada de eso pasará. Todo estará bien.* Se ha vuelto orgulloso. Es posible que lo que inicialmente pareciera ingenuidad cuando estaba mostrando todas sus riquezas a Babilonia pudiera haber sido arrogancia. De cualquier manera, su respuesta a Isaías revela que su corazón no está en el mismo lugar que antes en su reinado. A pesar de —o quizás por— las bendiciones, protección y provisión de Dios, la humildad de Ezequías se ha desvanecido.

El salmo 76 alaba a Dios por librar a Judá de sus enemigos.

VISTAZO DE DIOS

Dios declara Su soberanía sobre lo que pasa con el rey Senaquerib: "¿No te has dado cuenta? ¡Hace mucho tiempo que lo he preparado! Desde tiempo atrás lo vengo planeando, y ahora lo he llevado a cabo" (37:26). Esto es aterrador si eres un rey pagano que es un enemigo de Dios, pero para aquellos de nosotros que somos Sus hijos ¡esto es tan reconfortante! Dios ya ha puesto en marcha Su plan que es muy bueno y lo está usando ¡para bendecirnos y glorificarse a Sí mismo! ¡Y no podemos estropearlo o descarrilarlo! Está trabajando en Su plan, no estamos viviendo en una pregunta o incertidumbre. Estamos viviendo en Su plan —¡ahora mismo! Tu vida no es una decisión que tengas que tomar —es un secreto que puedes escuchar. Y es hablada desde el corazón de un Dios ¡soberano y amoroso! ¡Él es donde el júbilo está!

ISAÍAS 40-43

Hemos leído la predicción de Isaías sobre la caída de Jerusalén a manos de Babilonia, pero también profetiza a las generaciones futuras de una esperanza más allá de eso, una futura restauración posterior al exilio en Babilonia. Hoy entramos en esa sección de este libro. El exilio de Israel termina, han sido traídos de regreso y Dios los está consolando. Aunque su creación fallezca, Su Palabra permanecerá. Él es inamovible. Es soberano sobre todas las cosas y de hecho, si le diéramos toda Su creación como una ofrenda, todavía no llegaría a alabarlo tal y como se merece. Pero Israel batalla en confiar y alabar a Dios. Tanto ricos como pobres construyen ídolos y caen en pecado y en sentirse con privilegios. Actúan como si Dios no pudiera ver sus acciones y sus corazones; y como si fuera malo con ellos. Isaías los llama a ser siervos de JHVH pero, al igual que lo hicieron en el desierto, se quejan y acusan a Dios. Buscan a los dioses de Babilonia, tal como los israelitas buscaron a los dioses de Egipto en el desierto. Una vez más, olvidan que el punto es que JHVH los ha rescatado. Ese rescate sí los ha llevado por tiempos difíciles, pero Israel no logra ver el panorama general. Ha implicado, en ocasiones, usar a Sus enemigos, como Ciro, el líder del Imperio Persa. No es un rey temeroso de Dios, pero es un siervo de Dios porque sirve a los propósitos de Dios.

Isaías le dice a Israel que confíe en Dios porque ¡Está haciendo cosas que posiblemente ellos no pueden entender y es capaz de más de lo que pueden imaginar! En 40:31 dice que esperen en Dios (RVR1995) porque Dios ¡renovará sus fuerzas mientras lo esperan! La palabra *esperar* es la palabra hebrea *qavah* que significa "unir, estar juntos, encontrarse, esperar, sentirse seguro, confiar, resistir". Si leemos este versículo con todas esas definiciones incluidas, diría: "Aquellos que están unidos al SEÑOR, junto con el SEÑOR, que se encuentran con el SEÑOR, que se sienten seguros esperando, confiando y resistiendo... renovarán sus fuerzas". La imagen aquí es más que una simple expresión de *tiempo;* es una expresión de *unidad.* Se trata de una relación, conocerlo, confiar en Su carácter. Cuando vivimos en ese espacio, Él nos fortalece para lo que sea que estemos soportando.

Dios está con ellos, y eso es todo lo que necesitan para *qavah*. Está a cargo de las cosas y tres veces dice que no deben temer. Este es un gran tema en todas las Escrituras; el llamado a no temer aparece trescientas sesenta y seis veces, una por cada día, incluso en los años bisiestos. Dios promete proveer y proteger a Su pueblo, lo que debería tranquilizar sus corazones. Aquellos que no le creen son los que caen presa de adorar ídolos porque cuando parecen percibir la ausencia de Su protección y provisión, buscan en otro lado.

El capítulo 42 nos da una profecía de Cristo. Dios se niega a renunciar a Su pueblo. Será compasivo y gentil con el Israel herido: "No acabará de romper la caña quebrada" (v. 3). Continúa caminando en Su plan de restauración. Está claro que Israel no puede ser el siervo de Dios adecuadamente, pero Dios ha provisto un verdadero siervo para cumplir Su misión, restaurar a Israel por Sí mismo y servir como luz para las naciones.

En el capítulo 43, Dios nuevamente dice: "no temas" y no porque las cosas sean fáciles, sino porque le pertenecen a Él. De hecho, pasarán por pruebas, pero Él prevalecerá en esas pruebas. Hará cosas milagrosas porque Eligió a Israel para conocer, creer y comprender quién es Él —el único Salvador. Los llama a olvidar las cosas del pasado, tal como ha olvidado sus pecados. A pesar de sus pecados y su falta de ofrendas y sacrificios, todavía hará una forma de borrar sus pecados por Su gracia.

VISTAZO DE DIOS

Dios llama a Israel Su "siervo", a Jacob Su "elegido" y Abraham Su "amigo" (41:8). Israel pecó y se rebeló, sin embargo, todavía están cumpliendo Sus propósitos. Jacob manipuló para obtener la bendición, luchó con Dios y de todas formas fue el elegido de Dios. Abraham tenía dudas y mintió para preservar su propia vida; e intentó cumplir las promesas de Dios en lugar de esperar el tiempo de Dios. Sin embargo, Dios todavía lo llama "amigo". No hay personas perfectas para que Dios use —somos todo lo que tiene, quebrantados desde el principio. Pero nos ha escrito en Su historia y borra nuestros pecados para Su propósito. No solo el nuestro ¡sino el Suyo! ¡Qué Dios y Padre tan increíble! ¡Él es donde el júbilo está!

ISAÍAS 44–48

Si bien Dios ha elegido a Israel, hay algunos a quienes ha dado corazones sin discernimiento y ojos cerrados. Este es Su juicio por su idolatría. Pero parte de Su soberanía significa que incluso aquellos cuyos corazones están lejos de Él de todas formas son usados para servir a Sus propósitos. Hoy volvemos a ver esto con el rey Ciro. Servimos a un Dios que hace que incluso los planes de Sus enemigos se doblequen a Su voluntad. Es quien equipa a Ciro a pesar de que Ciro no lo conoce. Dios está haciendo el trabajo pesado aquí, rompiendo las puertas de bronce y cortando las barras de hierro, creando oscuridad y calamidad, trayendo lluvia, luz y fruta. Y en última instancia, usa todo esto para liberar a Su pueblo del exilio.

Babilonia, los captores de Israel, son idólatras. No debería sorprendernos que quienes llevaron a Israel al exilio no sean seguidores de YHVH. Pinta una imagen de ellos arrastrando a sus ídolos por todos lados lo cual se convierte en algo tan pesado que evita cualquier tipo de movimiento hacia adelante y finalmente conduce a la esclavitud. Para Babilonia, esta esclavitud ocurre cuando el rey Ciro de Persia va en contra de ellos. A diferencia de Babilonia que acarreaba a sus ídolos, YHVH señala que Él es quien lleva a Israel —los ha llevado desde el útero y los llevará incluso cuando sean viejos. Les ha mostrado quién es Él y se puede confiar en que, ¡Seguirá siendo esa Persona en el futuro! ¡Su consistencia es tan reconfortante cuando nos detenemos a recordarlo! Pero en cuanto a Babilonia, los captores de Israel, son arrogantes y pretenciosos; y Dios promete humillarlos. Buscarán ayuda de una gran cantidad de fuentes malvadas —desde ídolos hasta hechiceros y astrología, todos fracasarán en salvarlos.

Dios le habla a Israel nuevamente en el capítulo 48. Le están reclamando a Dios sin conocerlo realmente, por lo que Él dice: "Todo eso por lo que acaban de pasar, ¿recuerdan cómo les dije que estaba por suceder? Les avisé porque es una de las únicas formas para llamar su atención, ya que son tan tercos y olvidadizos. De esa forma no tendrían excusa para pensar que sus ídolos fueron los que los rescataron. Fui Yo todo el tiempo. Y ahora que conocen cómo opero —que hago lo que prometo— les voy a contar algunas cosas nuevas que estoy por hacer. Nunca han escuchado algo así". ¡Los está preparando para la promesa del Mesías!

Hará cosas increíbles: aplazará Su ira, la detendrá, no los apartará y lo hará por amor de Su nombre. ¿Qué significa eso? Cuando Dios restringe Su ira hacia el culpable, muestra Su carácter; es un Dios que busca oportunidades para el perdón. No es por el bien de Israel que retiene Su ira, es para mostrarnos a nosotros, a ellos y a todos, qué clase de Dios es. Es un Dios que perdona a los pecadores. Y tal vez eso te parezca egoísta o algo para llamar la atención, que la prioridad de Dios es la gloria de Dios, y si es así, entonces piensa por un momento cómo serían las cosas si nosotros fuéramos Su primera prioridad. ¿Qué contradictorio sería para un Dios santo y glorioso adorar a la humanidad caída? Ese tipo de dios no es confiable. Pero priorizar Su gloria, ¡eso es correcto y apropiado! No solo eso, sino que cuando el Padre, el Espíritu y el Hijo están enfocados en mostrar Su gloria y carácter en todo el universo, nosotros cosechamos los beneficios. Dios retiene Su ira de Sus hijos, paga por nuestros pecados y ¡nos adopta en Su familia! ¡Somos los destinatarios del amor desbordante de la Trinidad!

VISTAZO DE DIOS

En 45:19. Dios le recuerda a Israel la relación que ha tenido con ellos todo el tiempo: "No hablé en secreto, en un lugar oscuro de la tierra; no dije a la descendencia de Jacob: "En vano me buscáis" (RVR1995). Mientras lo buscamos, Dios dice que nada de eso es en vano. Incluso en los días en que te sientes perplejo por lo que estás leyendo, nada de eso es en vano. Dios responde a tus esfuerzos por conocerlo. ¡Él es quien inició ese deseo en ti para empezar! No frustra tu deseo de escucharlo y conocerlo. Te dio ese deseo, Se deleita en ese deseo y te encuentra en ese deseo. ¡Él es donde el júbilo está!

2 REYES 19; SALMOS 46, 80, 135

Hoy volvemos a ver la historia de la respuesta de Ezequías a las amenazas del rey Senaquerib. Responde de manera humilde cuando se le presentan los problemas, es bendecido, acumula fortunas y logra vivir quince años extras, pero su corazón se aleja de Dios. Se vuelve orgulloso, duda de las palabras de Dios y vive de manera irresponsable. Dios pone un espíritu en Senaquerib que causa que escuche una mentira. Hay dos puntos relevantes en esta sección: a) Dios está a cargo de los espíritus malignos. Los trae con una correa. Tienen que hacer lo que Él dice e ir a donde Él ordena. Eso ¡es reconfortante! b) Dios no confundió por sí mismo a Senaquerib. Las Escrituras nos dicen repetidamente que Dios no puede mentir. Hebreos 6:18 dice que es incapaz de eso. Sería contrario a Su carácter, porque de acuerdo con Juan 14:6 uno de Sus nombres es la Verdad.

Pero Dios definitivamente usa al mal para Sus propios propósitos. Cuando Romanos 8:28 dice que "Dios dispone todas las cosas para el bien de quienes lo aman", el mal está incluido en esa lista de todas las cosas. Usa lo bueno, lo malo y lo feo. Trabaja a través de la verdad que habla y de los rumores que otros hablan. Permite que Senaquerib sea engañado. Si piensas que eso es injusto, trata de ver el panorama completo y recuerda cómo Senaquerib se ha burlado abiertamente de YHVH y cómo sus líderes le dijeron a la gente de Judá que no deberían permitir que YHVH los engañara para confiar en Él. La respuesta de Dios es misericordiosa basada en lo que Senaquerib realmente merece.

Isaías también le dice a Ezequías que ganarán esa guerra fácilmente —y tiene razón. Antes que Asiria logre disparar una flecha hacia Jerusalén, el ejército de Dios —ejército de Uno— aparece y ¡gana! Pero realmente no es una batalla equilibrada. Los asirios no son contrincantes para el Ángel del Señor, quien mata a ciento ochenta y cinco mil de ellos en una noche. El rey Senaquerib es asesinado justo como Dios lo prometió.

De acuerdo con lo que acabamos de leer, la referencia a Jerusalén en el salmo 46:5 es alentadora: "Dios está en ella, la ciudad no caerá; al rayar el alba Dios le

434

brindará su ayuda". Esto es definitivamente lo que sucedió en Jerusalén durante el transcurso de la noche cuando el Ángel del SEÑOR llega y gana la batalla para ellos mientras dormían. Cuando amanece, ven la victoria de Dios. El versículo 10 dice: "Quédense quietos, reconozcan que yo soy Dios". Una de las cosas que hemos visto últimamente de manera repetida en Isaías es el llamado a la tranquilidad, a descansar y a confiar. Esta quietud encaja perfectamente con esos temas.

En el salmo 80, el lamento colectivo es porque Dios los salve y restaure. En esta canción, Israel conoce su identidad y hacen eco de vuelta al Dios que les dio esa identidad para empezar. El versículo 8 dice: "De Egipto trajiste una vid" —esa vid es una referencia a Israel el pueblo, quienes Él rescató de Egipto. Los versículos 8 y 9 continúan "expulsaste a los pueblos paganos, y la plantaste. Le limpiaste el terreno". Esta es una referencia a Israel el lugar. Dios sacó a los cananitas y los plantó ahí. Ahora han estado furiosos, han sido reducidos y arrancados, le piden a Dios que los restaure y prometen ¡Alabarlo por eso!

VISTAZO DE DIOS

Toma nota de todos los verbos de acción de los cuales Dios es el sujeto en el salmo 135. Aquí está todo lo que hace en este capítulo: Escoge a Jacob y a Israel, hace lo que le plazca, levanta las nubes, envía relámpagos, saca a los vientos, hiere de muerte a los egipcios, envía señales y maravillas, hiere de muerte a muchas naciones, mató a reyes poderosos y entregó sus tierras a Israel. Justificará ese es el significado, pero la Biblia dice juzgará. Tendrá compasión de Sus siervos. Habita en Jerusalén. Mientras miramos atrás a todas las cosas que Dios hace aquí, vemos Su deseo de bendecir a Su pueblo, de restaurar y redimir a quienes repetidamente se han desviado de Él. Y no lo hace renuentemente. Lo hace voluntaria y jubilosamente —"Él hace cuanto le place" (ver v. 6 NBV). A Dios le *place* adoptar pecadores en Su familia y llamarlos hijos e hijas. Esto demuestra Su gran corazón por la redención. Le *place* justificar a Su pueblo y tener compasión por Sus siervos. ¡Le place! ¡Él es donde el júbilo está!

435

ISAÍAS 49–53

Costas es una palabra general para todas las naciones del mundo, llegando a los rincones más lejanos de la tierra. Dios le dice a Israel: "Yo te pongo ahora como luz para las naciones, a fin de que lleves mi salvación hasta los confines de la tierra" (49:6). Aunque Israel es una nación despreciada, Dios los ha elegido y los usará para bendecir a todas las naciones que los desprecian. ¿Cómo hará eso? ¿Para qué los ha elegido exactamente? Los ha elegido para ser el linaje del Mesías y ese Mesías salvará a personas de todas las naciones. Su amor alcanzará a aquellos que lo odian a Él y a Su linaje y luego ¡convertirá a Sus enemigos en familia! Pero mientras tanto, Israel se siente olvidado y avergonzado. Dios les recuerda que no puede olvidar a Su pueblo, ya que están grabados en las palmas de Sus manos.

El capítulo 50 nos trae hermosas profecías de Cristo: "para sostener con mi palabra al fatigado" (v. 4) "y no he sido rebelde … Ofrecí mi espalda a los que me golpeaban, mis mejillas a los que me arrancaban la barba; ante las burlas y los escupitajos no escondí mi rostro" (vv. 5-6). Jesús habló con compasión hacia los marginados, sufrió golpizas en Su crucifixión. Este capítulo también comienza a establecer una distinción única para nosotros. Hasta ahora, Dios ha llamado a unas pocas personas Sus "siervos", incluyendo al rey pagano Ciro e Israel en su conjunto, pero estas profecías señalan que hay otro siervo, un siervo superior, Cristo el Mesías.

El capítulo 51 dice: "como ropa se gastará la tierra," (v. 6) y nosotros somos testigos de cómo esto está sucediendo, pero Su salvación durará incluso más que una tierra deshecha.

Los capítulos 52 y 53 son una sección a la que se le suele llamar *El siervo sufriente* y están llenos de profecías de Cristo. De hecho, para algunos judíos, el capítulo 53 se conoce como "el capítulo prohibido" y se niegan a leerlo en las sinagogas. Se ha eliminado de algunos de sus libros sagrados. Esta sección pinta una imagen clara de Jesús el Mesías. Isaías 53:2 dice que Él no era particularmente atractivo. Una razón por la que esto es importante es porque es una naturaleza humana seguir a las personas que tienen una presencia física atractiva. Pero esto demuestra que Él no era nada especial a la vista, que la gente lo seguía por Su mensaje, no por Sus músculos. El siguiente versículo lo llama "varón de dolores, hecho para el sufrimiento". Él fue despreciado y rechazado. Si has sido alguna de estas cosas, Él conoce tu dolor. Isaías 53:5 dice: "sobre él recayó el castigo, precio de nuestra paz". La paz nos llegó a través del derramamiento de sangre. Isaías 52:14 dice que fue golpeado más allá del reconocimiento humano cuando fue crucificado; esa es una de las razones por las que la gente estaba tan asombrada cuando lo vieron tres días después, porque hasta donde sabían, los cuerpos no se levantaban de entre los muertos, pero tampoco se curaban y regeneraban tan rápido. Entonces, cuando veas un crucifijo con un pequeño chorro de sangre en la frente, recuerda Isaías 53 y recuerda que es una enorme malinterpretación de lo que Él realmente soportó cuando pagó por nuestros pecados. Él sufrió para servirnos y salvarnos.

VISTAZO DE DIOS

La última parte del capítulo 53 nos muestra a dos de las tres personas de la Trinidad: era la voluntad del Padre quebrantar al Hijo (ver versículo 10). ¿Qué significa eso? Este texto muestra una especie de jerarquía dentro de la Trinidad: todos son de igual valor y Divinidad, trabajando en conjunto con el mismo propósito y plan, pero el Padre es la autoridad; y el Hijo y el Espíritu caminan en la voluntad del Padre, porque también están unidos a Él. La Trinidad trabaja en unidad: el Hijo estaba de acuerdo con este plan. ¡Este era el plan para redimir nuestro mundo caído incluso antes que el mundo fuera creado (Apocalipsis 13:8)! Jesús murió voluntariamente, sometiéndose a la voluntad del Padre (Lucas 22:42). Está bien si esto es difícil de procesar; todo acerca de esto es muy complejo, incluidas las emociones presentadas aquí. De hecho, Dios está angustiado y satisfecho (53:11). Dios tiene emociones complejas; Él no es un Dios bidimensional. Cristo hizo todo esto para que muchos fuéramos considerados justos y para llevar los pecados de muchos; si lo conoces, ¡estás entre los muchos! ¿Cuán irónico es que nuestro Salvador físicamente poco atractivo, sea lo más hermoso de todo? ¡Él es donde el júbilo está!

ISAÍAS 54–58

Dios promete una bendición al pueblo de Israel: ¡Él agrandará a Su familia a través de ellos e incluirá a personas de todo el mundo! En ese momento estas otras naciones son sus enemigos, por lo que puede parecer una bendición extraña para ellos. Pero Él dice que no hay nada que temer y que este tiempo de espera no es nada de qué avergonzarse. Él presenta a Israel como una novia y a sí Mismo como el Esposo, ¡alguien que los redime! Compara su situación actual con lo que vivieron Noé y su familia en el diluvio. Hubo devastación y pérdida, pero Él protegió a todo Su pueblo durante la prueba. Él promete un amor inquebrantable, un pacto de paz, compasión y no ira o represión. No solo no los eliminará, sino que ningún enemigo logrará eliminarlos. Sus puertas estarán seguras. Y promete enseñar a todos sus hijos. ¡El hecho que Dios el Espíritu nos enseñe es un gran regalo!

El capítulo 55 comienza con Su promesa de alimentar a Su pueblo gratis. ¿Es esta comida real? No, es mejor. ¡Es el alimento de la salvación, la fiesta de la eternidad! Luego, en 55:3, dice algo que cambia el paradigma: Dios ha hecho un pacto con Israel, basado en su comportamiento y ellos continuaron dándole a Dios todas las oportunidades para que Él se retracte de este, porque no estaban cumpliendo su parte del pacto. Pero Dios seguía diciendo: "No voy a ir a ninguna parte. Estoy aquí para bendecirte. Aunque hayas roto nuestro pacto, lo mantendré". Y aquí, Él dice que está estableciendo un pacto *eterno* con ellos. Para que no pienses que les da un pase por amar a Dios, Él lo aborda casi de inmediato. Los llama no solo a un cambio de acción, sino también a un cambio de pensamiento: "Que abandone el malvado su camino, y el perverso sus pensamientos. Que se vuelva al SEÑOR, a nuestro Dios, que es generoso para perdonar, y de Él recibirá misericordia". (v. 7). Siempre ha sido y sigue siendo sobre la relación, sobre el amor, entre Dios y Su pueblo.

Dios tiene buenos planes para Su pueblo, ideas que los humanos ni siquiera tienen la capacidad de idear y Él cumplirá todos Sus planes. Todo lo que Él comienza se llevará a cabo de acuerdo con lo que Él pretende. Tomará tiempo, pero eventualmente restaurará toda Su creación y eso incluye eliminar las zarzas y espinas que fueron el resultado de la maldición de Adán. Esto se siente especialmente conmovedor dado el hecho que Jesús fue burlado con una corona de espinas. Y no solo Dios ha incluido al extranjero y al eunuco en Su familia, sino que también los ha bendecido.

Isaías ha estado profetizando acerca de la salvación inmediata y futura. Pero los israelitas suponen que todo se cumplirá inmediata y completamente, por lo que Isaías aclara más. Él dice que todavía están llamados a dejar a un lado a sus ídolos y adorar solo a Dios porque debajo de su adoración a dioses falsos hay un corazón que aún no cree que se puede confiar en YHVH: "¿Quién te asustó, quién te metió miedo, que me has engañado? No te acordaste de mí, ni me tomaste en cuenta. ¿Será que no me temes porque guardé silencio tanto tiempo?" (57:11). El miedo del hombre conduce al olvido de Dios. Él dice que hay un tipo incorrecto de acción "justa". El corazón detrás de lo que están haciendo importa. Prefiere que ayunen de egoísmo que de comida, del orgullo en lugar de vino. Porque todo su ayuno sigue siendo egoístamente motivado. Pero el ayuno apropiado nos humilla, bendice a otros y honra a Dios.

VISTAZO DE DIOS

Dios no huye de los pecadores. Se *acerca* a los pecadores para ayudarlos. ¡Él es el Único que *puede* ayudarlos! Él dice: "Yo habito en el lugar alto y santo, y también con el que tiene un espíritu contrito y humilde". Él está en un lugar alto y santo, pero está con los humildes. ¿Y por qué? Es "para reanimar el espíritu de los humildes y alentar el corazón de los quebrantados" (57:15). ¡Guauu! Isaías 57:18 lo dice así: "He visto sus caminos, pero lo sanaré". Dios ve toda nuestra maldad y Se acerca para ayudar. Cuando pecas, no hay necesidad de huir de Él y de ninguna manera podrías hacerlo, ¡incluso si lo intentas! Él está contigo, Te ama y Te espera con compasión y sanidad. Y júbilo. Porque ¡Él es donde el júbilo está!

ISAÍAS 59–63

Hoy Isaías registra la confesión de la gente. Saben que no pueden arreglar lo que ya está destruido en sí mismos y eso los devasta. Pero en 59:16 Dios aparece y hace por cada hombre lo que ellos no pueden hacer por sí mismos. Dios mismo cumple todo lo que Él requiere. El final del capítulo 59 puede ser un poco confuso en español, pero en hebreo, es un poco más claro. Parece que Dios el Padre le está hablando a Dios el Hijo sobre Dios el Espíritu y sobre toda la familia de Dios. "Mi Espíritu que está sobre ti, y mis palabras que he puesto en tus labios, no se apartarán más de ti, ni de tus hijos ni de sus descendientes, desde ahora y para siempre dice el SEÑOR". Por cierto, esto no está diciendo que Jesús tuvo descendencia literal, esta es una promesa sobre todos los que entran en la familia de Dios a través de Su sacrificio, que es la única forma de entrar en la familia de Dios. Aquí, Dios promete que continuará lo que comenzó; ¡el pecado y la rebelión de Israel no han arruinado Su plan!

El capítulo 60 trata sobre la gloria futura de Israel, cuando personas de todas las naciones vendrán a bendecir a Sión y a bendecir al Señor. Si bien esto apunta a un cumplimiento futuro, hay aspectos que también podrían apuntar simultáneamente al Mesías. Por ejemplo, en 60:1 dice: "tu luz ha llegado", que es una referencia a Jesús y en 60:3 dice: "Las naciones serán guiadas por tu luz, y los reyes, por tu amanecer esplendoroso". Eso suena mucho a los sabios que hicieron un viaje de dos años desde tierras lejanas para ver a un niño llamado Jesús y traerle regalos, todo porque vieron una estrella ascender en el este.

El resto del capítulo pinta a Israel como un refugio de paz y descanso. Como parte de Su plan de redención, ¡Dios les ha otorgado belleza y majestad que no poseen por sí solos! Promete mejorar todo lo que esperaban: oro en lugar de bronce, plata en lugar de hierro. Y sobre todo, la presencia de Dios mismo será luz para la nación. Él lo ha hecho antes como la columna de fuego y nube, pero esta vez será tan brillante que no habrá necesidad ni de sol ni de luna. Y Dios dice que hará esto en el momento perfecto. ¡No ocurrirá ni demasiado pronto ni demasiado tarde!

El capítulo 61 es la profecía mesiánica que Jesús leyó en la sinagoga de Su ciudad natal de infancia, Nazaret (Lucas 4:18-30). Él dice que Él es el cumplimiento de este capítulo: Es quien liberará a los cautivos y sanará a los quebrantados de corazón. ¡La gente se maravilla debido a que su chico local podría ser el Mesías! Están todos a favor hasta que Él comienza a decirles que estas buenas noticias no son solo para ellos, sino también para las personas que consideran sus enemigos: los sirios y los sidonios. De repente lo odian por eso y tratan de matarlo en el acto arrojándolo por un acantilado. A la gente le encanta escuchar cómo Dios quiere bendecirlos, pero es más difícil escuchar que Dios también puede querer bendecir a las personas que odiamos o a las personas que nos han hecho daño.

VISTAZO DE DIOS

Los capítulos 61-62 representan el año del favor del Señor, pero el capítulo 63 nos cuenta sobre el día de la ira del Señor. Al leerlos uno al lado del otro, vemos cómo la terminología específica de Isaías señala que la bondad de Dios supera con creces Su ira. Compara el día de su ira con el *año* de Su favor y redención. ¡Eso es trescientas sesenta y cinco veces más favor que ira! Esto recuerda a Éxodo 34:6-7 cuando Dios le dice a Moisés Su nombre describiéndose a sí Mismo. Él dice que mantiene el amor por mil generaciones y solo castiga a la tercera o cuarta generación. De estas dos secciones de las Escrituras, parece que Dios está insinuando que Él es aproximadamente trescientas veces más amoroso hacia Su pueblo. Para ser justos, todas estas pueden ser solo generalidades. Puede que no se ajuste a una escala como esa. Pero aquí Dios sí nos comunica algo acerca de quién es Él: sí, el pecado tiene que ser castigado, pero en realidad Él es un Dios benevolente. También es atractivo y deseable. Él es digno de ser amado y adorado. Es realmente increíble estar cerca de Él: Él no es un lastre y no está tratando de castigar a todos los que tienen un pensamiento mezquino. Él ya ha hecho un camino para cerrar esa brecha, para que simplemente podamos disfrutar de estar en Su presencia. Después de todo, ¡Él es donde el júbilo está!

ISAÍAS 64-66

El contexto y la cultura son necesarios para comprender Isaías 64:6. "Todos somos como gente impura; todos nuestros actos de justicia son como trapos de inmundicia". Este versículo no significa que Dios levante Su nariz a la lectura de tu Biblia, a tu voluntariado o a tu diezmo. ¡Él se complace con tus buenas obras! Después de todo, ¡Él es quien las hace a través de ti y ¡aprueba Su trabajo! Entonces, ¿qué significa esto? Los trapos de inmundicia se refiere al trapo menstrual de una mujer, y la gente impura no pueden entrar al templo sin primero ser purificadas. La gente impura y los trapos de inmundicia son inaceptables a los ojos de Dios. Isaías está comparando la falsa adoración de Israel con ambas. Hacen sacrificios ante Dios pero también adoran ídolos. Se apresuran a llamar la atención. Realizan los llamados actos justos con motivos injustos. Entonces, es cierto para ellos que sus acciones justas son como trapos sucios, inaceptables para Dios.

El versículo 7 (LBLA) dice: "Porque has escondido Tu rostro de nosotros". ¿Dios esconde su rostro cuando sus hijos pecan? Primero, tenemos que recordar que técnicamente, Dios el Padre no tiene rostro. No es un ser físico, tangible. Él es espíritu (Juan 4:24). Entonces no hay rostro para que Él se cubra o se oculte. Él no tiene ojos pero se las arregla para verlo todo. Cuando las Escrituras dicen que esconde Su rostro de Israel, está claro que Él todavía ve todo porque habla de ello y actúa en consecuencia.

El sentimiento detrás de esta declaración es lo más importante a resaltar. El hecho que Dios esté oculto a nuestros ojos se trata más de la distancia percibida que sentimos de Él cuando pecamos, porque sabemos en nuestros corazones que esta es una relación *real*. Sabemos que Él es una persona real, ¿y qué hace la gente cuando la herimos u ofendemos? Crea distancia hasta que se resuelva la situación. Eso es lo que también pasa con Dios, excepto que Él es un ser infinitamente amoroso quien ya ha pagado por tus pecados y no guarda rencor. En cualquier relación, cuando hemos pecado contra alguien, es importante que demostremos nuestro arrepentimiento y que nos apartemos de nuestro pecado. Pero también es importante que no entendamos mal: nosotros no estamos tratando de ganar la confianza de Dios. Dios no está tratando de figurar que haces o piensas o de ver qué harás después. Él sabe lo que hay en ti aún más que tú, lo que estamos haciendo es caminando en una relación en tiempo real: aprendiendo, recordando, creciendo, fortaleciendo la relación. La aparente distancia de Dios sirve como catalizador de nuestro arrepentimiento, dirigiéndonos hacia la restauración y la intimidad que no sentimos en el momento. De hecho, si Dios hubiera apartado Su presencia de nuestro lado, no tendríamos esperanza de arrepentimiento, porque es *Su bondad* la que produce arrepentimiento en nosotros como primera instancia (Romanos 2:4), por lo tanto sabemos que Él está cerca, incluso cuando se siente distante.

El capítulo 65 examina el juicio y la salvación de Dios: castigo para los que no lo conocen y bendición para los que sí lo hacen. El reino de los cielos no es para las personas que tienen miedo al infierno, es para las personas que aman a Dios. Además de una tierra nueva, Dios creará un cielo nuevo. ¿Por qué? El cielo actual también ha sido contaminado por el pecado. ¿Recuerdas la caída de Lucifer (Isaías 14:12-14)? Jesús hace referencia al mismo incidente (Lucas 10:18) y Juan también lo hace (Apocalipsis 12:7-12). El cielo no es perfecto, por lo que debe ser recreado, como la tierra. Todo es parte del plan de Dios para restaurar toda la creación. El lugar donde viviremos después que el cielo y la tierra hayan sido recreados suena muy parecido a la tierra. Jerusalén, de hecho.

Los eruditos están divididos sobre si esta sección se refiere al reino eterno o un período de tiempo conocido como el "reinado milenario" o el "reinado de mil años". Independientemente de cuál sea el punto de vista correcto, lo más importante es que dondequiera que estemos y cuando sea que suceda, llegaremos a estar con Dios ¡para siempre!

VISTAZO DE DIOS

El capítulo 66 cierra el libro con un llamado al arrepentimiento; y más recordatorios acerca del juicio y la salvación de Dios. Sin embargo, Él va más allá en la bendición de los gentiles. Enviará personas a todo el mundo para alcanzarlos e incluso ¡los convertirá en sacerdotes y levitas! No serán forasteros ni extranjeros; serán Sus servidores en los roles más exclusivos. Dios está inclinado a amar a Sus enemigos. Él está en la misión de traer a personas de todas las naciones a Su familia. Y ¡Él es donde el júbilo está!

2 REYES 20–21

Hemos estado leyendo las profecías de Isaías acerca de Babilonia tomando a Israel cautivo, pero eso no ha pasado aún. Todavía estamos a un siglo de cuando esto realmente sucede, así que tenemos unos cuantos reyes más por conocer. Hoy leemos otra vez acerca de la caída del rey Ezequías. Como un repaso, él empieza siguiendo a Dios, restableciendo la alabanza y fiestas, derribando lugares altos y en general sin perder un paso, pero después se enferma y Dios envía a Isaías a decirle que es hora de morir. Está devastado y le suplica a Dios que lo deje vivir. Dios le da un remedio para sus dolencias y otros quince años de vida. Pareciera que Dios dice que algo va a pasar y no pasa. ¿Mintió Dios? ¿Cambió de parecer? Números 23:19 dice: "Dios no es un simple mortal para mentir y cambiar de parecer". De lo que podemos decir, es que era Su plan todo el tiempo dejar que Ezequías viviera otros quince años y las palabras de advertencia de Isaías y la oración de Ezequías trabajó en conjunto para realizar el plan de Dios. Dios a menudo envía profetas para llamar al arrepentimiento adyacente a una promesa de consecuencias, como con Jonás y Nínive, así que no es inusual.

La oración de Ezequías juega un papel importante en este proceso. La oración es a menudo el medio que Dios usa para alcanzar Sus fines designados. Las oraciones son herramientas en las manos de Dios para alcanzar lo que Él ha planeado para nosotros. Al hablar con Él, al confesarle nuestros pecados y compartir nuestros temores y pedirle a Él por lo que queremos, nosotros jugamos un papel *vital* en que Su voluntad se manifieste. Es similar a cómo Dios te provee por medio de tu trabajo. Estás haciendo el trabajo propiamente dicho, pero Él te permite hacerlo, así que Él es el que está proveyendo. En la vida y en la oración, ¡nosotros jugamos un papel activo para que la voluntad de Dios se lleve a cabo! La oración no es el medio para conseguir lo que queremos *de* Dios, pero para *llegar* a Dios. Y ya que Él usa nuestras oraciones para alcanzar Su voluntad, esto nos anima aún más a orar, porque ¡Él las usará!

Ezequías vive otros quince años, pero desperdicia el "sí" de Dios. Es necio, egoísta y orgulloso, él o no cree la profecía de Isaías acerca de su caída o no le importa, ya que la mayoría de ella corresponde a lo que pasará después que él muera. Después que él muere, su hijo Manasés se convierte en rey. Reconstruye los lugares altos después que nos tomó siglos para deshacernos de ellos y consulta con espiritistas y adivinos, establece un ídolo de Aserá en el templo y quema a su hijo como un sacrificio. Y su gente hace lo mismo. Como va el líder, así va la gente. Dios les promete a todos que se acerca el juicio.

Después su hijo Amón se convierte en rey. También horrible y sus sirvientes lo matan. Después los locales matan a los sirvientes que lo mataron y ponen a su hijo Josías en el trono.

VISTAZO DE DIOS

Dios sabe cómo irán los próximos quince años, pero Él es bondadoso con Ezequías a pesar de todo. Oye las oraciones de este hombre egoísta y arrogante y las responde con un "sí". A menudo nuestras oraciones son súplicas para evitar dolor, pero la ironía es que a menudo el dolor es el que nos acerca a Dios. Pero cuando la vida es buena y fácil y no estamos desesperadamente buscando a Dios más, empezamos a sentir una sensación de distanciamiento. Empezamos a sentirnos suficientes. Y antes que lo sepamos, recordamos cómo es la intimidad con Dios, pero no podemos acceder a ella. Así que empezamos a hacer nuestras propias cosas. Dejamos de escuchar. Eso fue lo que Ezequías hizo cuando tuvo todo tipo de tesoros y bendiciones y de repente sintió que ya no tenía que escuchar a Dios o a Su profeta, el mismo Dios y profeta quien le dijo "sí" en respuesta a su oración.

Es común que asociemos los ataques del enemigo hacia nosotros con cosas negativas, un neumático desinflado y congestionamiento vial y cargos por sobregiro. Lo imaginamos a él trayéndonos todo tipo de pruebas. Pero ¿qué tal si él conoce la naturaleza humana mejor que nosotros? ¿Qué tal si su táctica es más astuta? ¿Que tal si, en vez de pruebas, trae abundancia de una manera que hace posible que nuestros corazones se vuelvan insensibles y distraídos, como Ezequías? ¿Que tal si lo que quiere robar, matar y destruir tiene menos que ver con nuestras cuentas de banco y más con nuestra paz y nuestra intimidad con Dios? Satanás ciertamente sabe que eso es más valioso. El ascenso y caída del rey Ezequías prueban que no vale la pena poner nuestra esperanza en nada además de Dios. ¡Él es donde el júbilo está!

2 CRÓNICAS 32–33

Hoy vemos otra perspectiva de los días finales del rey Ezequías. En los capítulos inmediatamente anteriores a la lectura de hoy, hay varias historias de la fidelidad de Ezequías. Después, el capítulo 32, abre con un ataque por parte de una nación enemiga, Asiria. En este punto, Ezequías es aún un líder sabio, su fin no ha empezado aún. Está viviendo de manera fiel en Jerusalén, sirviendo a Dios y a la gente de Judá. Luego Asiria y su rey Senaquerib deciden atacar Jerusalén. Ezequías hace un plan para ser más astutos que ellos. Corta el suplemento de agua hacia la ciudad como disuasorio, construye la pared alrededor de la ciudad, fortalece sus torres, se abastece en armas y organiza a su ejército. Después, da un discurso motivacional al ejército, animándolos, recordándoles que Dios está de su lado. No se concentra en todo el trabajo que ha hecho para defender la ciudad o para prepararlos para la batalla, centra su estímulo en el hecho que Dios está con ellos. ¡Ahí es donde yace su esperanza!

Este es un gran tema en la Escritura. El mensaje que el mundo nos enseña se parece más a "¡cree en ti! ¡Tú puedes hacerlo!". No vemos eso en las Escrituras. En las Escrituras el mensaje es: "Cree en tu Dios. Está trabajando dentro de ti". El estímulo verdadero —del tipo que Ezequías entrega aquí—, no pone el enfoque en nuestras propias habilidades sino en las de Dios. Puede sonar como un mantra más torpe o una publicación menos emocionante para redes sociales, pero por lo menos no pierde el punto.

Después que Ezequías anima a los líderes que lo siguen, algunos de los líderes asirios van a intimidar a Judá. Probablemente recuerdes esta escena. Mientras los líderes asirios están ocupados gritándole a la gente de Judá, Ezequías está ocupado clamando a Dios. Asiria cree que están peleando una batalla física, pero Ezequías sabe que es más bien una espiritual. Y Dios envía Su respuesta en el campo espiritual también. Envía a un ángel —a quien Isaías 37:26 llama el Ángel del Señor— a pelear la batalla en nombre de Judá. Y por supuesto, nada le gana al Ángel del Señor, por que como hemos hablado antes, es casi seguramente una manifestación de Dios mismo.

Segundo de Crónicas 32:23 dice: "Entonces muchos fueron a Jerusalén con ofrendas para el Señor y regalos para Ezequías, rey de Judá. De este modo aumentó el prestigio de Ezequías entre todas las naciones". Esto está probablemente conectado con lo que pasa después. Las personas llevaron presentes al Señor, pero Ezequías es el que fue exaltado a la vista de todas las otras naciones. Y su orgullo parece conducir su caída, como leímos ayer en 2 Reyes 20:12-15. Toda esa riqueza que presumió, ¿cuánto de eso salió de los presentes que las personas le llevaron? ¿Cuánto de lo que hacía alarde eran tesoros que le dieron como resultado de la batalla que Dios ganó, que Ezequías ni siquiera se presentó a pelear? Este tipo de orgullo derrumba reyes y gigantes espirituales, cuando se les olvida su fuente.

El capítulo 33 nos habla acerca del reinado de su hijo Manasés después de su muerte. Es un rey malvado. El revierte algunas de las mejores obras de su padre, arruinando las partes buenas de su legado. Quema a sus hijos como ofrendas, busca ayuda de médiums y adivinos; y establece un ídolo en el templo.

VISTAZO DE DIOS

En 33:10-11, Dios le habla a Manasés y al pueblo, pero no escuchan al principio. Así que Dios toma medidas drásticas para llamar su atención porque Su deseo es bendecirlo. Eventualmente Manasés se arrepiente y ¡vuelve a Dios! ¡Guauuu! Resulta que vive la historia al contrario que su padre Ezequías. Ezequías empezó fuerte pero pierde su camino y Manasés empieza malvado y se arrepiente. Y el punto de inflexión en las dos historias tiene que ver con la dirección de sus ojos. Ezequías voltea sus ojos hacia adentro, llamamos a esto mirarse al ombligo. Se vuelve orgulloso y se aleja de Dios. Manasés voltea sus ojos hacia arriba y se humilla; y Dios redime su historia. Dios está en el negocio de ¡cambiar corazones y mover las miradas! ¡Él es donde el júbilo está!

NAHÚM 1–3

Las palabras de Nahúm están dirigidas hacia Nínive, la capital de Asiria. Hemos leído mucho sobre Asiria últimamente —ayer planearon un ataque hacia Jerusalén pero fueron detenidos por el Ángel del Señor. Anteriormente, atacaron y destruyeron al Israel del Norte y dirigieron a los ciudadanos al exilio. Y Nínive es la ciudad a la cual Dios mandó a Jonás para reprender. En ese entonces, se arrepintieron, pero aquí estamos, cien años después y han regresado a sus malvadas costumbres. Nahúm se refiere a Nínive explícitamente pocas veces. Principalmente usa terminología general y eso le agrega ventaja a esta profecía. No solamente sirve al propósito inmediato de advertencia para Asiria, pero también se puede aplicar a futuras situaciones. El mensaje de Nahúm es que Dios siempre va a juzgar al mal. Ha habido y seguirá habiendo imperios perversos a través del tiempo y ninguno sobrevivirá a Dios y a Su juicio.

Específicamente, Dios está juzgando a Asiria por la manera en la cual ha tratado a Su pueblo. Comienza con un recordatorio de quién es Él y se parece a la descripción en Éxodo 34:6-7, el cual ha sido un estribillo común a través del Antiguo Testamento. En el pasaje de Éxodo, Dios se describe a sí mismo ante Moisés de esta manera: "El Señor, el Señor, Dios clemente y compasivo, lento para la ira y grande en amor y fidelidad, que mantiene su amor hasta mil generaciones después, y que perdona la iniquidad, la rebelión y el pecado; pero que no deja sin castigo al culpable, sino que castiga la maldad de los padres en los hijos y en los nietos, hasta la tercera y la cuarta generación".

Aquí, Dios está hablando con uno de Su pueblo y le está dando un mensaje para que lo comparta con el resto de Su pueblo; y empieza con todas las cualidades increíbles que posee, pero luego agrega un recordatorio al final que básicamente dice: "En caso de que me consideren blando, de todas formas castigo el pecado". El orden de una lista puede revelar lo que se está enfatizando. Por ejemplo, de acuerdo con la FDA (Administración de Medicamentos y Alimentos Estadounidense) requiere que las etiquetas de comida embotellada o empaquetada listen los ingredientes en orden de prominencia, así es que el primer ingrediente en la lista es lo que más contiene el producto y el ingrediente listado al final es el menos prominente. Con eso en mente veamos el pasaje de Nahúm 1:2-3, donde Nahúm está hablando con los enemigos de Dios sobre quién es Dios. "El SEÑOR es un Dios celoso y vengador. ¡SEÑOR de la venganza, SEÑOR de la ira! El SEÑOR se venga de sus adversarios; es implacable con sus enemigos. El SEÑOR es lento para la ira, imponente en su fuerza. El SEÑOR no deja a nadie sin castigo". Aquí Nahúm, se refiere al pasaje de Éxodo 34 pero revierte el orden. Indudablemente esto es intencional. Como ves a Dios y como Dios se relaciona contigo se basa completamente en si lo conoces o no.

A través del libro, Nahúm brinda recordatorios que Dios tiene Su mirada no solo sobre los malvados a quienes castigará, sino también sobre el remanente de Su pueblo a quienes planea restaurar y bendecir. Alienta a Israel con recordatorios que les dicen que serán liberados y volverán a celebrar sus fiestas otra vez, lo cual no han podido hacer mientras Asiria los oprimía. Sus ciudades fueron destruidas y ellos fueron exiliados, pero eso nunca ha detenido a Dios antes. Dios deshace los desechos realizados por nuestros enemigos.

Los líderes de Asiria fallaron en servir bien a su gente, sus príncipes y escribas huyeron, su realeza se quedó dormida al volante, la gente del pueblo no tiene a nadie que los guíe y se esparcen. Mientras tanto, las otras naciones a su alrededor —las que han sido víctimas de su opresión— se alegran porque se les haya puesto un alto.

VISTAZO DE DIOS

Nahúm es un libro pesado pero nos demuestra que nuestro Dios es el defensor de Su pueblo. Nuestro Dios repara las injusticias. Si vives en un país que tiene alguna forma de injusticia sistemática u opresión, anímate al saber que Dios se ocupará de eso. No se le escapa nada. Puede tomar más tiempo de lo que quieres, puede que no se resuelva en tu vida, pero nuestro Dios sí lo ve. Puede parecer que a nadie le importa o que nadie habla de eso lo suficientemente fuerte —pero nada pasa desapercibido ante nuestro Dios. Cuando los líderes fallan en dirigir, podemos seguir confiando en Dios. Solo es otro recordatorio del porqué no podemos poner nuestra esperanza en naciones o poderes, porque solo Dios puede gobernar en completa justicia. Él es nuestro Rey por siempre y ¡Él es donde el júbilo está!

2 REYES 22–23; 2 CRÓNICAS 34–35

No estamos muy lejos de los días profetizados por Isaías cuando Judá del Sur sería derrocada por los Babilonios. Pero por ahora tenemos al rey Josías de ocho años en el trono. Es un buen rey. Pidió a su siervo Jilquías que hiciera los arreglos financieros para que la casa de Dios fuera reparada. Y en cierto punto durante el proceso de restauración, Jilquías encuentra el Libro de la Ley —el cual posiblemente es una referencia al pergamino de Deuteronomio— en algún lugar en el templo. No sabemos exactamente dónde lo encontró, pero dado el estado del templo seguramente estaba enterrado detrás de algunos ídolos y cubierto de polvo. La Palabra de Dios estaba perdida en la Casa de Dios. Ha pasado mucho tiempo desde que alguien leyó o reflexionó en las palabras de la Ley. La mayoría de la gente probablemente ha olvidado lo que dice o quizá hasta que existía en absoluto. Parece que nadie lo había estado buscando ni estaban consternados porque estuviera perdido. Simplemente estaban haciendo lo suyo, viviendo sus vidas, peleando guerras y tomando decisiones, todo sin la guía de Dios.

El libro hace su camino hacia Josías y lo destroza internamente. Se da cuenta cuán descarrilados están sus corazones y sus vidas y como los reyes anteriores a él han llevado a la gente por mal camino por generaciones. Resulta que lo que no sabes *puede* herirte. Cuando olvidamos que la verdad existe, cuando queda cubierta en el polvo de nuestros propios asuntos, nuestros corazones no pueden evitar irse por mal camino. Josías les dice a sus líderes que busquen a Dios y ve cómo deben proceder en eso. Su corazón está tan agobiado por lo que está pasando que reúne a todos en el templo donde les lee el Libro del Pacto. Luego hace un pacto ante Dios para obedecerlo con toda su alma y corazón y la gente se une.

Se establece como un hombre con una misión: removiendo y destruyendo ídolos en el templo, despidiendo a sacerdotes malvados y dando la pena de muerte a otros, desterrando a adivinos y hechiceros; y profanando los lugares de idolatría, convirtiéndolos en cementerios. Siguió a Dios con todo su corazón, alma y mente.

Reestableció la fiesta de Pascua, la cual se había perdido en el camino nuevamente. La gente de Judá siguió a Dios mientras Josías estaba vivo.

Josías es el último rey bueno que Judá tendrá. Después de que muere, su hijo Joacaz lo reemplaza en el trono. Es un rey malvado y eventualmente es capturado y llevado a Egipto por el mismo Faraón que mató a su padre. Muere ahí en cautiverio. El Faraón de Egipto manda ahora y designa a otro de los hijos de Josías para que sea rey. Su nombre de nacimiento es Eliaquim, pero el Faraón Necao le cambia el nombre a Joacim. Tampoco es un buen rey, especialmente porque es el títere de Necao; cobrando impuestos a la gente para enviar dinero de vuelta a Egipto.

VISTAZO DE DIOS

Josías es el único rey bueno del que hemos leído hasta ahora, cuyo corazón nunca se aleja de Dios. Se mantuvo fiel, a menos que consideres que sus últimas acciones fueron motivadas por el orgullo, algunos piensan eso. Su muerte ocurrió de una manera extraña e inesperada: mientras el Faraón Necao venía a unir fuerzas con Asiria y a confrontar a los babilonios; Josías quería estar en la acción. El Faraón le advirtió que se mantuviera aparte, pero Josías se disfrazó y fue a la batalla de todas formas, donde el Faraón Necao lo hiere mortalmente.

¿Quién hubiera esperado que uno de los mejores reyes de Judá sería aniquilado por no escuchar a un Faraón egipcio? De acuerdo con 2 Crónicas 35:22, el Faraón Necao decía la verdad. Dios puede trabajar y hablar la verdad por medio de las bocas de aquellos que se oponen a Él. No está limitado a trabajar por medio de Sus hijos. Puede usar a cualquiera y a todos para apuntar hacia Él y Su verdad, lo cual debería de hacernos humildes y pedirle por más discernimiento. No podemos descartar algo como una mentira solo porque no nos agrada la persona que lo dijo. Después de todo, Dios habló a Balam a través de su burro y hoy Dios le habla a Josías a través de un pagano. Sin importar lo que o a quien use ¡Quiere hablar con nosotros! Que nos dé sabiduría para discernir qué cosas se alinean con la verdad de Su palabra. Buscarlo, es el mejor lugar para empezar cuando estamos buscando la verdad. Él es donde la verdad está y ¡Él es donde el júbilo está!

SOFONÍAS 1–3

Sofonías es el tataranieto del rey de Judá, Ezequías. Inicia con una profecía de destrucción. Advierte a Judá acerca del juicio venidero de Dios en casi la misma forma como lo hizo Isaías. Muchos eruditos creen que este libro no solamente aplica al futuro inmediato de Jerusalén en los días del rey Josías, pero también a los últimos tiempos. Expone la forma en la que han mezclado la adoración a YHVH con la adoración a dioses ajenos. Cada vez que sienten que Dios no está ahí para ellos, no lo buscan ni oran por nada; pero en cambio buscan ayuda de los ídolos. Ezequías dice que el juicio de Dios va a venir; va a castigar no solamente a los que son descaradamente malvados e idólatras, sino que va a castigar también a los que son complacientes, los que son inatentos e inactivos. Interesantemente, su pasividad parece surgir de la creencia que *Dios* es pasivo; que no hará nada con relación a sus acciones, entonces viven vidas tibias. Pero Dios *sí* interactúa con el hombre y dice que va a juzgar ese tipo de complacencia. Para las pocas cosas en las que *sí* ponen esfuerzo, construir casas y plantar viñas, trabajarán en vano. No llegarán a vivir en las casas ni beberán el vino. No importa cuán altas sean sus murallas o cuán profundos sus bolsillos, no podrán oponerse a Dios ni a su ira.

Aun así, el capítulo 2 provee una solución potencial que es el arrepentimiento. "Busquen al Señor, todos los humildes de la tierra, los que han puesto en práctica sus normas. Busquen la justicia, busquen la humildad; tal vez encontrarán refugio en el día de la ira del SEÑOR" (verso 3). Sofonías empieza advirtiendo a todas las naciones alrededor de Judá, porque tampoco siguen a YHVH y sus pecados serán juzgados también. En medio de toda esta destrucción y juicio, ofrece un lindo recordatorio que dice que va a haber un remanente de Su pueblo cuando todo esté dicho y hecho.

La gente rebelde de Jerusalén es orgullosa, terca, desleal y autónoma. No se les puede enseñar, sin embargo, Dios continúa ahí y sigue actuando justamente. Les da oportunidad una y otra vez para aprender su lección, pero ellos se rehúsan, así que Él promete juicio que consumirá toda la tierra.

Sofonías termina el libro con el mismo par de promesas que vemos en la mayoría de los libros proféticos: a) Dios salvará gente de entre todas las naciones. En 3:9 dice: "Purificaré los labios de los pueblos". ¿Recuerdas la torre de Babel donde Dios dividió las lenguas o idiomas de la gente? Va a reunir todos esos lenguajes un día. Y toda esa gente de todas esas naciones servirán juntos a Dios en paz. A pesar de todos los pecados de Su pueblo, Dios dice que no habrá deshonra para ellos, no saben esto todavía, pero Él tiene un plan para pagar por sus pecados de una vez por todas. b) Dios ha preservado y restaurará un remanente de entre Israel también. Israel ha pasado por mucho y Él dice: "El Señor, rey de Israel, está en medio de ti: nunca más temerás mal alguno". Dios ama desvanecer los miedos de Su pueblo, y lo hace solo ¡por medio de Su presencia con ellos! Se regocija con ellos con cánticos y los calma con Su amor. ¡Cambia vergüenza en alabanza y renombre!

VISTAZO DE DIOS

En 2:7-12, Dios promete la destrucción de las naciones enemigas. Le dijo a los israelitas que lo hicieran cuando llegaron a la tierra prometida, pero no obedecieron. Así que ahora está diciendo que va a hacer por ellos lo que no pudieron o no quisieron hacer por ellos mismos, justo como siempre lo hace. En medio de eso, Sofonías se refiere al remanente de Judá y dice: "el Señor su Dios vendrá en su ayuda para restaurarlos". Todo lo que han hecho es pecar y rebelarse, y Dios dice que algún día regresarán a construir sus casas en la tierra que ha sido desalojada por sus enemigos a través de esta destrucción. Dios está eliminando al malvado que ha oprimido a Su gente y se ha burlado de Su nombre, para que pueda hacer una casa tranquila para Su pueblo. Su paciencia y gracia illenan las páginas de esta historia! ¡Él es donde el júbilo está!

JEREMÍAS 1–3

Jeremías viene de un largo linaje de sacerdotes, pero Dios lo llama a ser profeta. Su tiempo como profeta se extiende por un periodo de cuarenta años y cinco reyes de Judá. Además de las profecías, su escriba Baruc cuenta historias de la vida de Jeremías, y no es una vida fácil. Es conocido como "el profeta llorón" porque se afligía por el estado de Judá. Es fácil imaginar a los profetas como personas santurronas que andan diciendo a todos lo que hacen mal; pero más a menudo, Dios los pone en circunstancias duras para que sientan el dolor de la gente. Eso los mantiene humildes y aumenta la fuerza de su mensaje.

Cuando Dios llama a Jeremías por primera vez, Jeremías se rehúsa a profetizar, pero Dios lo reprende y dice: "Yo estoy contigo" (1:8). Le da tres tareas: arrancar y derribar, destruir y demoler; y construir y plantar. Habrá destrucción, pero también habrá restauración. Dios mandará un conquistador (Babilonia) del Norte para destruir a Jerusalén como juicio por darle la espalda. Dios dice a Jeremías que no tenga miedo porque aunque promete una batalla, también promete la victoria.

Luego Dios manda a Jeremías a que camine por Jerusalén y cuente la historia de Su relación con Israel en voz alta: solían amarlo, pero gradualmente olvidaron todo lo que ha hecho por ellos. Son como personas sedientas en el desierto y Él es una fuente de agua viva justo atrás de ellos. Pero en vez de acudir a Él, intentan cavar sus propias cisternas —las cuales se siguen agrietando y rompiendo. Intentan hallar júbilo y satisfacción en cosas que no son Dios, pero esas cosas siempre nos decepcionan y nos gastan. Dios los liberó, pero usaron su libertad para rebelarse contra Él. Son como los camellos que deambulan en el desierto, es común para los camellos adultos cambiar de dirección cada ciertos pasos; no tienen dirección sin una guía. Luego los compara con burros salvajes, que siguen cada lujuria y deseo; no se pueden contener. Judá ha adorado a los dioses falsos de sus vecinos paganos y ha buscado ayuda de ellos en vez de Dios. Y después de todo eso, todavía aseguran que no han hecho nada malo. No esperan que Dios los juzgue por sus acciones, pero Él dice que el juicio viene.

Dios retrata a Judá e Israel como Su esposa infiel. Judá tenía la oportunidad de aprender de los errores de Israel, pero no lo hizo, siguió cometiendo adulterio. Esta imagen hace parecer que el esposo jamás querría a su esposa de nuevo por todo lo que ha hecho. Pero Dios se distingue aquí, reconoce el adulterio de Judá y Su respuesta enojada a ello, pero no tiene la intención de divorciarse de Su esposa. Tiene la intención de perdonar y quedarse. Suplica con ellos: "¡Vuelve, apóstata Israel! No te miraré con ira... porque soy misericordioso" (3:12). Les ruega que se confiesen y se arrepientan. Quiere darles una casa en Sión donde "ya no se dirá más: 'arca del pacto del Señor'. Nadie pensará más en ella ni la recordará; nadie la echará de menos ni volverá a fabricarla, —afirma el Señor—. En aquel tiempo llamarán a Jerusalén: 'trono del Señor'. Todas las naciones se reunirán en Jerusalén para honrar el nombre del Señor" (3:16-17).

¿Qué significa esto? El arca sirve como un trono terrenal donde la presencia densa de Dios venía a residir en el lugar más sagrado. En algún momento, no sabemos cuándo o cómo o por qué, el arca desapareció. Aparentemente, la gente o actualmente está o estará consternada porque desapareció, pero Jeremías dice que ellos lo superarán porque tendrán algo mucho mejor: ¡toda la ciudad de Jerusalén servirá como trono de Dios! ¡Su presencia manifiesta no estará en un cuarto al que la mayoría de nosotros jamás podría acceder! Dios insiste en residir con Su gente y ¡nada puede detenerlo!

VISTAZO DE DIOS

De acuerdo con 1:4-5, Dios no solo creó a Jeremías en el útero, sino que también lo conocía y lo apartó antes que fuera creado. ¡Dios ya había planeado el futuro de Jeremías antes de que existiera! ¿Es Jeremías especial? Este tipo de cosa ¿es específica para los grandes profetas pero no para el resto de nosotros? Si seguimos el hilo de la Escritura, vemos este tema corriendo a través de todo el libro. ¡Ni uno solo de nosotros es una ocurrencia tardía a Dios! Tiene un plan para cada uno de nosotros, de usarnos para Su gloria y nuestro júbilo. Y ¡Él es donde el júbilo está!

JEREMÍAS 4–6

Jeremías súplica a Judá e Israel que se arrepientan. Han fingido arrepentimiento antes, pero Dios aclara que Él quiere sus corazones. Compara este cambio de corazón a la manera en que Él los marcaba con la circuncisión: "Quiten los prepucios de sus corazones… lava la maldad tu corazón, Jerusalén … ¿Hasta cuándo morarán dentro de ti pensamientos perversos? … Tu comportamiento y tus acciones te han traído estas cosas. Esta es tu maldad ¡Qué amarga! ¡Cómo ha penetrado hasta tu corazón!". (4:4, 14, 18 NBLA). El problema que Dios tiene con sus pecados va más allá de sus acciones, va directo a sus corazones. Así que Sus consecuencias también lo hacen.

En 4:10, Jeremías parece estar acusando a Dios de mentir. Es un tiempo confuso de estar vivo porque hasta este punto, los llamados profetas han dicho a los de la tribu de Judá que las cosas van a estar bien; han proclamado "paz y seguridad", aunque las cosas realmente están acelerándose hacia la destrucción. Esta es la primera vez que Jeremías escucha la verdad y viene directamente de Dios mismo. Está desorientado por todo, pero eventualmente, se da cuenta que los profetas no hablaban las palabras de Dios, decían solo las cosas que la gente quería escuchar. Mientras alerta a la gente, vienen unas visiones perturbadoras de la destrucción que Jerusalén enfrentará. Apenas puede dormir porque es tan descorazonador. Luego, Dios tiene unas palabras duras para Su gente: son tontos y la única sabiduría que poseen es el tipo de sabiduría que se puede usar para ser astutos en el pecado.

Luego, Jeremías tiene una visión de la destrucción de la creación, la anulación de toda la obra de Dios en el relato de Génesis 1. Pero Dios promete no aniquilar la tierra. Todavía estará allí, solo *vacía*. Jerusalén, retratada como una mujer desesperada, intenta en vano salvarse a sí misma, pero Dios dice que no es posible. En el capítulo 5, la prueba continúa. La gente de Jerusalén es experta en ofrecer frases y acciones religiosas, tomando juramentos en el nombre de Dios y más, pero no cumplen sus promesas. El lenguaje religioso puede venir de un corazón corrupto.

Jeremías piensa: *Quizás es porque son pobres y no pueden permitirse cumplir sus juramentos. O quizás no son lo bastante educados como para saber*. Pero luego encuentra que el mismo problema existe con los ricos. *Todos* se están rebelando. Dios dice que nada que tienen estará seguro de Su destrucción, ni sus ingresos, ni la comida, ni bebida, ni su familia o su sensación de seguridad. Nada es intocable. Todo puede ser sacudido y tomado. Pero de nuevo, todo eso es la consecuencia de su pecado. Dice: "sus pecados los han privado de estas bendiciones" (5:25). El pecado es un ladrón, te roba las cosas buenas. No solo su pecado evita que reciban las cosas buenas, pero también evita que los pobres reciban cosas buenas. Los ricos se han hecho ricos por su egoísmo y esto se convierte en una falta total de preocupación por los pobres. Mandan y gobiernan con injusticia. Pero Dios también castigará esto porque un juez justo tiene que castigar el pecado.

El capítulo 6 predice la caída: Jerusalén será destruida, los profetas ofrecerán consuelo falso y la gente se rehusará a arrepentirse y tendrá una falta completa de conocimiento que lo que están haciendo es malo. Dios les suplica que recuerden los caminos antiguos de sus antepasados, que vuelvan a los caminos que Él ya tiene marcados para ellos. Pero rechazan escuchar.

VISTAZO DE DIOS

Dios escogió a Jeremías para rogar a Su gente que se arrepienta, sabiendo muy bien que no lo harían. Jeremías pasa noches sin dormir y pasa una angustia y luto profundo para comunicar este mensaje a la gente de Dios; ¡y él no es el único! Hemos leído algunos otros profetas que son mandados hacia la misma gente con el mismo mensaje. ¿Qué es lo que revela sobre el corazón de Dios que sigue mandando este mensaje, década tras década, rogándoles que se arrepientan? Vemos Su paciencia y Su persistencia. También vemos Su planificación avanzada, Él sabía que no se iban a arrepentir. Él sabía que llegaría el día cuando Él los exiliaría y también sabía que llegaría el día cuando Jesús reclamaría la victoria sobre todos los pecados de Su gente: del pasado, del presente y del futuro. Jeremías y los profetas soportaron mucho, ¡pero no tanto como Dios el Padre y Dios el Hijo soportaron para llevar a cabo la restauración de todas las cosas y unirnos con Él! ¡Él es donde el júbilo está!

JEREMÍAS 7–9

Hoy empieza con Jeremías profetizando a la gente de Judá mientras está de pie fuera de la entrada del templo, que es la razón por la que el capítulo 7 es referido como su "Sermón del templo". La gente ha venido a adorar a Dios dentro del templo, pero fuera de las paredes del templo, hacen sacrificios a ídolos y dioses falsos como si Dios también no estuviera fuera del templo y no pudiera ver a través de las paredes. Aparentemente, la gente trata el templo como un ícono protector. El verso 4 los muestra repitiendo una frase como un conjuro, parece como si estuvieran adorando el templo mismo, en lugar de a Dios en el templo. Dios los reprende por ello. Parecen pensar que han sido protegidos del ataque de los asirios porque tienen el templo en el sur, a diferencia de los israelitas en el norte. Han hecho un ídolo del templo.

En adición a eso, Dios dice que están rompiendo casi todos los mandamientos, cometiendo robo, asesinato y adulterio, mintiendo y adorando a otros dioses. Están convirtiendo Su casa en una casa de ladrones. Quizás reconoces este verso porque Jesús lo cita en Mateo 21:13 cuando la gente de Su tiempo hace una cosa similar para oprimir a los pobres y robar a las personas. Dios llega al fondo del corazón de las cosas. Los llama a cambiar cómo tratan a otros y a Él. Promete bendecirlos si lo hacen y expulsarlos si no.

¿Qué harán? Tenemos una pista basada en lo que Dios dice a Jeremías después de eso. Le dice que no ore por la gente. A menudo, los profetas interceden por la gente, pero aquí Dios dice: "No desperdicies tu aliento, ya es demasiado tarde. Habla con ellos acerca de mí, pero no me hables de ellos". La tarea de Dios para Jeremías de reprender a la gente es una que fallará en producir arrepentimiento, pero todavía logrará los planes de Dios. Hemos visto esto antes con otros profetas. La gente ha confiado en sus propias mentes, ha caminado en sus propios consejos y ha hecho lo que sus corazones tercos quieren en lugar de rendirse a Dios y Su Palabra; y como resultado, han retrocedido en su caminar con Él, en lugar de avanzar.

En el capítulo 8, Dios continúa hablando en contra de su autonomía: "Todos siguen su loca carrera" (v. 6). La autonomía es idolatría, es buscarnos a nosotros mismos por dirección en lugar de a Dios y Su Palabra. Pero la verdadera sabiduría y humildad viene de recibir la Palabra y el verso 9 apunta a esto: "Si han rechazado la palabra del Señor ¿qué sabiduría pueden tener?". Aún los escribas y los hombres sabios de aquel tiempo, serán expuestos como tontos y mentirosos. Tenían acceso a Su Palabra y la ignoraban. Las consecuencias de sus pecados son tan duras que alguien preferirá morir en lugar de vivir. Y mientras los métodos de Dios parecen duros, siempre son justos.

Jeremías está afligido por todo esto. Cuando se trata del pecado, debemos estar enojados con nuestro propio pecado y afligidos sobre el pecado de otros. Qué fácil es observar los pecados de otros y sentirse asqueado como si nosotros no fuéramos pecadores también y esto es arrogante. Entonces, la respuesta de Jeremías es adecuada. Permanece humilde. Le duelen las acciones de Judá. Y Dios lo hace claro que Él también está afligido, porque Él continúa señalando que quiere sus corazones, no su obediencia a regañadientes. Además, el único tipo de obediencia que es completa y verdadera es la obediencia que viene de un corazón de amor. Pero si todo lo que son ellos es ser circuncidados en la carne, no son mejores que las naciones paganas que todavía no lo conocen. Él quiere una transformación al nivel del corazón.

VISTAZO DE DIOS

Vimos mucho juicio en estos tres capítulos. Es fácil echar un vistazo encima de estas líneas y determinar que Dios es duro e implacable. Pero aquí lo que dice sobre Sí mismo en 9:24: "Si alguien ha de gloriarse, que se gloríe de conocerme y de comprender que yo soy el Señor, que actúo en la tierra con amor, con derecho y justicia, pues es lo que a mí me agrada". Dios guía con amor. Él se deleita en el amor, en el derecho y la justicia. Él siempre está actuando por Sus motivos, demostrar amor, derecho y justicia en la tierra. Dios no solo *hace* lo que ama, pero Él *es* lo que ama. Y no hay nada mejor que hacer o ser. ¡Él es donde el júbilo está!

JEREMÍAS 10–13

Jeremías muestra lo que realmente son los ídolos de Judá: árboles que Dios hizo, cortados por humanos que Dios creó y recubiertos de oro que Dios produjo. No pueden oír, hablar ni moverse. Esos trozos de madera por sí solos no pueden hacer *ni* bien *ni* mal. Son completamente impotentes. A menos que (y esto es algo que el texto no profundiza aquí) un espíritu maligno se adhiera al objeto. Esto es lo que la gente quiere que ocurra, aunque no son conscientes que están buscando espíritus malignos; creen que son solo fuerzas poderosas. Para invocarlas, realizan encantamientos, se cortan y hacen magia y rituales. Quieren que estas fuerzas habiten en el objeto que acaban de hacer. Adoran a los ídolos con la esperanza de obtener seguridad, poder y felicidad. Todas esas son cosas buenas, pero cuando ocupan el primer lugar en nuestros corazones y pensamientos, hacen que apartemos nuestros ojos de YHVH. Cuando nuestros buenos deseos se convierten en lo más importante, cuando se convierten en expectativas y requisitos, estamos haciendo lo mismo que Judá.

Jeremías habla en nombre de Jerusalén en 10:19-21, afirma que los líderes no están buscando ni siguiendo a Dios. Están siguiendo sus propios corazones e impulsos y como resultado, el pueblo está dispersado. Entonces Jeremías ora como si fuera Jerusalén en el versículo 25, le ruega a Dios que traiga juicio sobre las naciones paganas, pero no sobre Judá. Ayer Dios le ordenó a Jeremías que no orara por Judá, así que esto parece que es su intento de aprovechar una excusa: no está orando *por* ellos, está orando como si él fuera ellos. En el capítulo 11, Dios dice que eso tampoco está bien, Jeremías no debe orar por ellos ni como si fuera ellos.

Jeremías habla con Dios sobre el sufrimiento que le causan estas profecías. A los habitantes de su ciudad natal no le gustan sus palabras y lo han amenazado de muerte. Dios afirma que Jeremías no tiene que preocuparse por esos hombres ni sus amenazas, porque Él se encargará de ellos. Jeremías le dice a Dios que está muy confundido con Su modo de actuar. Sabe que Dios es justo y que ambos quieren que se castigue a los malvados y a los hipócritas religiosos, pero parece que Dios no está haciendo nada al respecto. De hecho, parece que los malvados prosperan.

Dios dice: "Es peor de lo que crees y está a punto de empeorar todavía más". Dios nunca le prometió a Jeremías una vida fácil. Solo le prometió estar con él. Y ahora Jeremías está viviendo en esa realidad: Está hablando con el Dios viviente mientras toda su familia y amigos lo traicionan. Dios está con él, aunque nadie más lo esté.

Tampoco ha sido fácil para Dios, dejar que su pueblo sufra las consecuencias de sus pecados. Aun cuando van camino al exilio, los vigila y está dispuesto a castigar a cualquiera que les haga daño. Él tiene un plan para que al final vuelvan a su tierra. También nos recuerda su promesa llena de misericordia de perdonar a los extranjeros cuyos corazones se vuelvan para adorarle e incluirlos en Su familia: "Y, si aprenden bien los caminos de mi pueblo y, si así como enseñaron a mi pueblo a jurar por Baal, aprenden a jurar por mi nombre y dicen: 'Por la vida del Señor', entonces serán establecidos en medio de mi pueblo" (12:16).

El capítulo 13 nos muestra un poco de teatro profético: Dios hace que Jeremías compre un cinturón de lino, se lo ponga, lo entierre y lo desentierre. Dios dice que tratará el orgullo de Judá de esta manera: destruyéndolo. El capítulo cierra con profecías de muerte, destrucción y exilio; y recuerda que el plan de Dios prevalece.

VISTAZO DE DIOS

Dios está con nosotros en todo momento, no solo en la llegada al destino, sino también en los pasos que damos. "Señor, yo sé que el hombre no es dueño de su destino, que no le es dado al caminante dirigir sus propios pasos". (10:23). Y cuando Dios habla del pacto que hizo con su pueblo, dice: "Obedézcanme y cumplan con todo lo que les prescribo" (11:4). Este sigue siendo el mejor consejo: Escuchen a Dios. Hagan lo que Él dice. Esa afirmación revela que Él está atento, que habla y que da dirección. Se preocupa. No se ha apartado ni de ti, ni de tu vida. ¡Está ahí para ayudarte y guiarte! ¡No estás solo! Es fácil sentirse solo y confundido y como si estuviéramos a punto de arruinar nuestras vidas con una sola decisión. Pero Dios dice: "Estoy aquí. Háblame. Sé exactamente lo que sigue para ti". Mientras estás ansioso al tratar de decidir a qué casa mudarte, ¡Él ya sabe dónde guardarás tus toallas de papel! Él escucha. Él guía. Él está contigo. Y ¡Él es donde el júbilo está!

JEREMÍAS 14–17

Judá está en una sequía como parte de su juicio. Ellos claman a Dios por ayuda, pero su objetivo no es arrepentirse, sino que buscan alivio. Si bien la oración es hermosa, la mayoría de los eruditos piensan que en realidad es Jeremías orando en su nombre nuevamente, porque: a) no hemos visto señales de arrepentimiento en ellos y b) Dios luego le recuerda a Jeremías *nuevamente* que no ore por ellos. Independientemente de quién esté orando, la respuesta de Dios es "no". Su plan es entregarlos a la espada, el hambre y la peste. Jeremías defiende a la gente, tal vez pensando que han sido engañados por profetas que les prometieron que no tendrían consecuencias. Pero incluso, si fueron engañados, siguen siendo culpables de idolatría, oprimiendo a los pobres y matando a sus hijos. Dios deja en claro que esos profetas no son *Sus* profetas (ellos están inventando cosas o *están* diciendo cosas que han escuchado de los demonios), de modo que Dios los devorará con las mismas cosas que dicen que no sucederán. Dios se aflige por esto.

Entonces, Jeremías o Judá ofrecen otra oración en nombre de Judá. Una razón para pensar que Jeremías está orando es que como profeta, es un mediador, por lo que es natural que continúe suplicándole a Dios, esperando que Dios ceda. Por otro lado, una razón para pensar que Judá está orando es que se equivocan mucho cuando la oración dice: "¡Acuérdate de tu pacto con nosotros! ¡No lo quebrantes!" (14:21). Dios no es quien rompe el pacto, ellos lo rompen; pero sería como que Judá culpara a Dios. A esta oración Dios dice: "Aunque Moisés y Samuel se presentaran ante mí, no tendría compasión de este pueblo". Se acerca la destrucción y de los cuatro resultados posibles (hambre, espada, pestilencia, exilio) ya ha determinado el final específico de cada persona.

Cuando comienza a parecer que Dios está siendo duro, es aconsejable alejarse y recordar exactamente lo que sucedió. En forma aislada, Su respuesta parece extrema. Pero en la historia general, Él les ha dado todo y no solo están adorando ídolos, ¡están sacrificando a sus hijos por esos ídolos! Dios actúa severamente pero siempre actúa con justicia. Jeremías también está luchando con esto. ¡Él piensa que

Dios está siendo demasiado severo, no solo con las personas sino también con él! Él ama a YHVH y a Su Palabra y está dispuesto a soportar una vida solitaria para ser usado por Dios, pero es difícil. No solo todos lo odian por decir la verdad, sino que él sabe que estas pruebas de las que está advirtiendo a la gente también vendrán por él. Siente que es demasiado para soportar.

Dios responde con un poco de represión, pero también con una promesa diciendo que Él estará con Jeremías y lo fortalecerá: "Te libraré del poder de los malvados; ¡te rescataré de las garras de los violentos!" (15:21). Eso significa que lo controlarán en algún momento; al pueblo de Dios nunca se nos promete que nos libraremos de las pruebas, pero siempre se nos promete que no estamos solos en ellas. Pero Dios es el único compañero real que Jeremías tendrá. Dios le prohíbe casarse o tener hijos, no porque sea cruel, sino porque no quiere que ningún miembro hipotético de la familia sufra. También dice que nadie debería llorar por los que mueren en Judá. Sus muertes son el resultado de su maldad. Pero como no han prestado atención a Dios y Su pacto, no sabrán por qué Él está haciendo esto. Lo acusarán de ser injusto. Pero después de todo esto, Dios traerá de vuelta un remanente: enviará personas a recogerlos y llevarlos a casa. ¡Se arrepentirán y sabrán completamente quién es Dios! ¡Finalmente!

El capítulo 17 destaca dos tipos de personas. Uno es el hombre que confía en el hombre y no depende de Dios: su alma estará reseca. Es un tonto porque no se puede confiar en su corazón. Pero el hombre que confía en Dios, su alma florece incluso en una sequía.

VISTAZO DE DIOS

En 17:19-22, Dios llama a su pueblo a descansar. ¿Qué clase de Dios hace que descansar sea un acto de adoración? ¡Eso es increíble! La gente tiende a ver a Dios como un capataz enojado, haciendo demandas a Su pueblo sin parar. Si bien Dios nos llama a trabajar duro, también sabe que nuestras almas necesitan desesperadamente volver a conectarse con Él, lo que no ocurre fácilmente en el caos. El Sabbat nos da espacio para la intimidad con Él, tiempo para disminuir la velocidad y fijar nuestros ojos en Él. Qué regalo es que Él quiera pasar tiempo con nosotros, porque ¡Él es donde el júbilo está!

JEREMÍAS 18–22

Dios envía a Jeremías a ver a un alfarero haciendo frascos. Cuando uno se torna torcido, lo transforma en algo nuevo. El mismo trozo de arcilla, solo que con diferente resultado. Dios dice: "Yo soy el alfarero. La gente es la arcilla. Puedo hacer lo que quiera con ellos. Debido a la maldad de Jerusalén, Mi plan para ellos implica un desastre. Llámalos para que se arrepientan, pero debes saber que no lo harán. Harán lo que quieran, harán sus propios planes y seguirán sus propios corazones. Me han olvidado". Casi puedes escuchar el dolor de corazón en la voz de Dios cuando dice esa última parte. Esta imagen es potente. El alfarero obviamente está comprometido con la arcilla. Esta no es una línea de montaje computarizada, es un trabajo creativo y práctico, muy parecido a cómo Dios formó al hombre del polvo de la tierra y luego le dio vida (Génesis 2:7). Dios siempre ha estado involucrado de manera única con la humanidad en formas que son diferentes de todo lo que Él hizo. Estamos hechos con Sus manos, no con Sus órdenes. Estamos hechos a Su semejanza, a diferencia de Sus otras creaciones. De hecho, somos la arcilla del alfarero.

Después de esto, la gente nuevamente conspira contra Jeremías y él finalmente llega al límite. Ha sido muy compasivo con ellos, defendiendo su caso incluso cuando Dios le dijo que se callara, pero ha llegado al punto de ruptura. Ha estado resistiendo el plan de Dios y no se suma a él hasta que la gente *se le* opone. Su corazón finalmente cambió para desear las cosas que Dios prometió: hambre, espada y pestilencia.

Dios lo tiene haciendo un poco de teatro diciéndole que compre un cántaro de barro y lo rompa frente a los ancianos y sacerdotes, simbolizando cómo Dios romperá a esta gente de una manera que no puedan ser reparados. Este es un momento importante para recordar algo sobre el pueblo de Dios: Dios ha llamado a Israel y a Judá Su pueblo, pero las Escrituras dicen repetidamente que el pueblo de Dios está formado por personas de todas las naciones, cualquiera cuyo corazón se vuelva para seguirlo, incluidos extranjeros como Rajab y Rut. Y en cuanto a los israelitas de nacimiento, Dios dice que nacer en el linaje de Abraham no significa que sean Sus hijos, porque Su familia está formada por personas con nuevos corazones, no solo carne circuncidada. Entonces, técnicamente, el pueblo de Dios, a quien Él llama Israel, incluye a algunas personas que no son biológicamente israelitas y *no* incluye a algunas personas que sí lo son. Todo se reduce a sus *corazones*. Su plan es preservar a aquellos entre Judá que lo aman (el remanente) y juzgar a los que no lo hacen. Y verdaderamente, solo Dios conoce los corazones, por lo que se puede confiar en Él para hacer este tipo de delineación.

Después que Jeremías destruye el cántaro, un sacerdote malvado lo golpea y lo coloca en un cepo durante la noche. ¡Jeremías está obedeciendo a Dios y siendo torturado por eso! Cuando el sacerdote lo libera, Jeremías se lamenta de nuevo con Dios: "Me sedujiste, Señor, y yo me dejé seducir" (20:7). Este es otro ejemplo de por qué no podemos sacar las Escrituras de contexto. Sabemos que Dios no engañó a Jeremías. Está devastado por cómo van las cosas, pero Dios ha dicho todo el tiempo que esto no será fácil y la gente rechazará su mensaje. Por mucho que Jeremías odie su vocación, Dios no puede quedarse de brazos cruzados. Jeremías desea nunca haber nacido, pero sabemos que Dios tenía un plan para su vida porque ¡estamos leyendo su libro!

El rey Sedequías le pregunta a Jeremías si se salvarán cuando Babilonia invada. Jeremías dice que no y que la única forma de sobrevivir es rendirse. Entonces Dios también dice: "Deja de oprimir a los pobres, a los huérfanos y a las viudas. Sé justo y haz las cosas con rectitud. Ese es tu trabajo. Si lo haces, dejaré que tu reino sobreviva. Pero si no, estás acabado".

VISTAZO DE DIOS

"Practiquen el derecho y la justicia. Libren al oprimido del poder del opresor. No maltraten ni hagan violencia al extranjero, ni al huérfano ni a la viuda, ni derramen sangre inocente en este lugar" (22:3). Los versículos 15-16 hacen eco de estas ideas e incluyen una declaración audaz: "¿Acaso eres rey solo por acaparar mucho cedro? Tu padre no solo comía y bebía, sino que practicaba el derecho y la justicia, y por eso le fue bien. Defendía la causa del pobre y del necesitado, y por eso le fue bien. ¿Acaso no es esto conocerme? afirma el Señor". Dios dice que conocerlo es hacer lo que Él dice. Jesús reitera esto en Juan 14:15. Nuestra intimidad más profunda con Dios se encuentra en la obediencia. Obedecer a Dios es donde está el júbilo, porque obedecer a Dios es donde nos conectamos con Dios en el nivel más profundo ...y ¡Él es donde el júbilo está!

JEREMÍAS 23-25

Jeremías abre hoy con Dios reprendiendo a los líderes de Judá; y parece contradecirse a sí mismo. El versículo 2 dice que los líderes dispersaron a las personas y las alejaron, pero en el versículo 3 Dios dice: "Al resto de mis ovejas yo mismo las reuniré de todos los países adonde las expulsé". Entonces, ¿quién dispersó y se alejó, los líderes de Judá o Dios? Aquí es donde los eruditos responderían "Sí". Los líderes son el agente activo, pero Dios usa sus acciones malvadas en Su plan general, bueno y justo. Traerá a Sus ovejas de regreso a la tierra y dirá: "No temerán más, ni se desanimarán, ni nadie se perderá". La audacia es una característica de las ovejas de Dios porque Él ha demostrado ser un buen pastor.

Dios promete levantar un rey justo de la línea de David, una profecía de Cristo. ¡Y cuando ese nuevo Rey reine en la tierra, Su pueblo tendrá nuevas razones para alabarlo, esas razones superarán aquello por lo que solían alabarlo! Mientras tanto, Dios está juzgando a Judá. Los pecados de Judá y su capital, Jerusalén, son peores que los pecados de Israel y su capital, Samaria, porque Samaria e Israel profetizaban por Baal, pero el pueblo de Jerusalén *fingió* profetizar por YHVH y mintieron, mientras adoraban a dioses falsos y oprimían a los pobres. Los judaítas tenían acceso al templo, los levitas a los manuscritos, y aún así desobedecieron. Tienen un mayor nivel de responsabilidad debido a lo que sabían y a lo que tenían acceso.

Los falsos profetas hablan de buenas noticias de sueños dados por Dios, pero todo esto es un invento. Dios dice que Su Palabra es más poderosa que un sueño y si sus sueños no se alinean con Su Palabra, son falsos. Pero ellos no escuchan Su Palabra, entonces, ¿cómo pueden hablarla? ¿Cómo pueden saber si sus sueños se alinean? Están desviando al pueblo de Dios y dudando de Él, pero Él está observando cada uno de sus movimientos.

Jeremías 23:33-40 es un juego de palabras en hebreo. La palabra hebrea *massa* tiene dos significados: "mensaje" y "carga". Aquí, Jeremías dice: "Y, si este pueblo, o algún profeta o sacerdote, te pregunta: "¿Qué mensaje tenemos del Señor?", tú les responderás: "¿De qué mensaje hablan?" Yo los abandonaré". Es un insulto enorme.

Dios está tan frustrado con sus mentiras que prohíbe el uso de la palabra *massa*. Él dice: "Y, si un profeta o un sacerdote, o alguien del pueblo, dice: "Este es el mensaje del Señor", yo castigaré a ese hombre y a su casa. Lo único que se le permite decir es "¿Qué ha respondido el Señor?", o "¿Qué ha dicho el Señor"? Él lo explica de una manera muy clara: "Si realmente quieres saber lo que Dios está diciendo, presta atención a lo que Dios ya ha dicho". O como dice un pastor moderno: "Si quieres escuchar a Dios hablar, lee tu Biblia en voz alta".

En este tiempo, las palabras *caldeo* y *babilónico* se usan indistintamente. El rey Nabucodonosor de Babilonia —a quien llamaremos rey Nebby— toma cautivo al príncipe y los líderes de Judá. Cuando Sedequías se convierte en rey, Jeremías tiene una visión de dos canastas de higos frente al templo, una muy buena y otra muy mala. Los higos buenos son el remanente por el que Dios regresará a la tierra después del exilio. Él les dará un corazón para conocerlo y ellos serán Su pueblo. Los higos malos son los malvados líderes de Judá; Él enviará juicio sobre ellos: espada, hambre y pestilencia.

Jeremías les dice: "He estado rogándoles que se arrepientan durante veintitrés años, pero nada ha cambiado. No soy el único que Dios envió para advertirles, pero no nos han escuchado. Debido a esto, Dios está a punto de tirar el martillo. Y el nombre del martillo es el rey Nebby. Será su persona menos favorita durante los próximos setenta años porque ese es el tiempo que permanecerán en cautiverio si sobreviven. Después de setenta años, Dios castigará a Babilonia". Dios derramará ira sobre todas las naciones por sus pecados. Su ira se representa como una copa de vino, que todos sus enemigos beberán.

VISTAZO DE DIOS

Dios promete levantar un nuevo Rey llamado "El Señor es nuestra salvación" (23:6). Esta es una *gran* promesa. Los judaítas ciertamente no son justos por sí mismos. Nosotros tampoco. Necesitamos que alguien más haga justicia por nosotros. ¡Jesús! ¡Él es el Señor, Dios el Hijo y nos concede Su justicia! ¡Incluso aquí en el Antiguo Testamento, Jesús está marcado como Dios, Rey y Salvador! No tenemos justicia propia, pero Dios-Rey-Salvador bajó y nos dio la suya. ¡Él es donde el júbilo está!

JEREMÍAS 26-29

Jeremías tiene tres altercados con líderes locales. Primero, Dios lo manda a profetizar a la gente que estaba entrando al templo. Esta puede ser la misma historia repetida del capítulo 7. Si es así, encontramos algunos detalles extras en esta versión del evento. El es arrestado y acusado de traición y falsa profecía, ofensas contra los grupos políticos y religiosos. El castigo para un falso profeta es la muerte y ellos lo quieren muerto. Vale la pena señalar que el cargo en su contra deja a un lado la parte donde Dios dice que Él va a ceder si ellos se arrepienten. Ya sea que sus acusadores no escucharon atentamente o cambiaron sus palabras para acusarlo falsamente. Cuando es confrontado con sus acusaciones, él aclara la reprensión que ellos citaron erróneamente, pero lo hace con una confianza humilde, sometido a su autoridad. Él confía en Dios sin importar el resultado. Después de escuchar su versión de la historia, ellos lo absuelven. Todavía quieren matarlo, pero Ajicán el hijo de Safán le perdona la vida.

Baruc, el escriba de Jeremías, quien escribió este libro, no siempre pone en orden cronológico las historias, por lo que podemos decir, el resto de la lectura de hoy ocurre después que Babilonia invadió a Judá. Jeremías tiene un encuentro con los reyes de otras cinco naciones y Dios le manda a hacer una representación teatral de la profecía, diciéndole que use una yugo o yunta (que es una pieza de madera que va detrás del cuello de los animales para que ellos puedan halar y arar). Esta imagen muestra cómo Dios hará que las naciones se sometan a Babilonia y al rey Nebby. Algunas de las naciones están tramando una rebelión, habiendo sido animadas por falsos profetas, pero Dios dice que no sucederá. Dios está usando a Nebby para servir Sus propósitos, él no es un seguidor de YHVH, pero sigue siendo un servidor de YHVH. Jeremías dice que Judá también se tiene que someter a Babilonia y Babilonia tomará todo el mobiliario del templo, pero Dios lo traerá de vuelta a Jerusalén cuando Él esté listo.

La tercera confrontación de Jeremías es con el profeta Jananías quien dice ser un profeta de YHVH. En frente de todos, Jananías contradice algunas de las profecías de Jeremías: "¿Ese yugo que se supone que usemos? Dios lo ha roto. Babilonia ya no está más a cargo de nosotros. Dentro de dos años, Dios traerá de vuelta el mobiliario del templo, a exiliados y cautivos". Jeremías dice: "¡Eso suena genial! Ya que sabemos que todas las profecías de parte de Dios se cumplen, ¡esperemos dos años para ver qué sucede!". Esto puede ser una humilde esperanza de parte de Jeremías, pero puede también ser una reprensión sutil. Él sabe que el tiempo expone a los falsos profetas. Luego Jananías camina hacia Jeremías y rompe el yugo que estaba usando. Más tarde, Dios le da a Jeremías un doble mensaje para Jananías: a) ese yugo de madera metafórico en el cuello de las naciones ha sido reemplazado con un yugo de hierro. Las mentiras de Jananías llevaron a una mayor opresión para la gente. b) las consecuencias para Jananías, por ser un profeta falso, es que Dios promulga la pena de muerte sobre él.

El capítulo 29 cuenta las palabras de Jeremías hacia los exiliados en Babilonia: "Ustedes estarán en el exilio por setenta años, entonces, mientras tanto: aprovechen al máximo donde Dios los ha puesto. Construyan casas, planten jardines, formen familias. Traten de mejorar la vida de la gente que los rodea. Traten de bendecir la misma ciudad que los ha tomado cautivos. Esto no será solo de beneficio para ellos, si no que también será bueno para ustedes. Y no escuchen a ningún profeta que esté entre ustedes, ellos son mentirosos. Ustedes no volverán a casa antes. Dios tiene un plan, y es uno bueno, pero este va a tomar setenta años. Entonces Él los traerá aquí de regreso y restaurará todo".

Pero todo aquel que no escucha las advertencias de Dios y no va al exilio, será castigado con espada, enfermedad y pestilencia. Los exiliados son el remanente, los que Él está preservando. Entonces Dios directamente se dirige y castiga al falso profeta llamado Semaías quién avergonzó y contradijo a Jeremías.

VISTAZO DE DIOS

Cada vez que Jeremías recibe una acusación falsa, Dios lo protege. Desde amenazas de muerte a partidores de yugo, a Semaías el avergonzador, Dios continúa manifestándose. Todo lo que Jeremías tiene que hacer es mantenerse firme en la Palabra de Dios. No necesita un argumento inteligente y no tiene que fusionar milagrosamente el yugo partido para unirlo devuelta, solo tiene que confiar en Dios, en el lugar que Dios lo puso, que es lo que les dice a los exiliados que también deben hacer. Eso es mucho más fácil de hacer cuando conocemos al Dios que sabe, es así como Dios se llama a Sí mismo en 29:23: (LBLA) "Yo soy el que sabe". Él está contigo. Él sabe. Y ¡Él es donde el júbilo está!

JEREMÍAS 30–31

La lectura de hoy está llena de recordatorios del plan de Dios para Israel y Judá. Aquí están todas las cosas que Él dice que hará por ellos en el capítulo 30: Yo restauraré las riquezas de Mi pueblo. Los traeré de vuelta a la tierra, romperé el yugo de su cuello, desataré sus ataduras, levantaré a un Rey, los salvaré, estoy con ustedes, Yo destruiré por completo a todas las naciones opositoras, los disciplinaré en la medida justa, no les quitaré el castigo, Yo te he dado el golpe de un adversario, he hecho estas cosas para ti, convertiré a tus depredadores en presa, restauraré tu salud, sanaré tus heridas, restauraré las fortunas de Jacob, tendré compasión, los multiplicaré, los honraré, los acercaré, Yo seré su Dios.

En la superficie, algunas de estas cosas pueden sonar crueles. Pero este proceso es necesario para que las escamas caigan de sus ojos y sus corazones sean suavizados. Dios los está hiriendo, pero todas Sus heridas siempre tiene forma de sanar. Se puede confiar en Él. Las pruebas son formativas, construyen el carácter, nos enseñan lo que es importante y esperemos que también nos formen en personas mas humildes, con menos derechos, más compasivos y menos impacientes; y fundamentalmente más como Dios. En este momento, están atados a Babilonia, pero Él romperá su yugo eventualmente. Y cuando ellos sean liberados, volverán a servirlo a Él! La verdadera libertad no es hacer lo que quieran, para empezar eso es lo que los llevó al lugar donde están, la verdadera libertad es servir a Dios en vez de a nuestros opresores o a nosotros mismos.

Dios promete restaurar al pueblo de entre todas las tribus de Israel y Judá, no solo el pueblo del reino de Judá. Algunas veces Él lo dice directamente; otras veces lo insinúa cuando se refiere a ellos como *Jacob*, el término colectivo para todas las tribus. En todo este trayecto, Él los está protegiendo. Aun cuando los ha sacado de su tierra, no solo sobrevivieron a la espada, sino que "hallaron gracia en el desierto" (31:2). Él les dio descanso, se les apareció y les recordó de Su amor infinito y promesas de restauración. Cuando llegue el tiempo para que regresen, ¡Él realmente quiere que lo hagan! Si ellos se rehúsan y se quedan en los lugares de su exilio, esto revelará que ellos no creen en Sus promesas de restauración. Por lo que Él repite esta promesa una y otra vez, en caso de que ellos estén tentados a dudar de Él. Él promete el pacto perpetuo, mediante el cual Él escribirá la ley en sus corazones. Ya que sus corazones han sido el problema desde siempre, Su plan envuelve llegar a la raíz y abordar el problema real. Entonces ¡ellos lo *conocerán*! Todo esto apunta a la muerte de Cristo en la cruz y a la morada del Espíritu Santo. Ahí es cuando sucede el cambio de corazón, cuando Dios nos da un nuevo corazón y Su Espíritu viene a vivir en nosotros ¡para siempre! Sin corazones nuevos, estamos estancados, tratando de modificar nuestro comportamiento y siendo "buenas personas", lo que nos deja exhaustos, decepcionados, arrogantes y temerosos. Pero la obra de Su Espíritu en nosotros es algo totalmente diferente, ¡Él nos trae paz!

En el capítulo 31 parece dar profecías en orden cronológico: Dios estará con ellos en el exilio, los traerá de nuevo a la tierra y restaurará sus riquezas, el Nuevo Pacto vendrá con gozo (con la venida de Jesús y la morada del Espíritu Santo) y Jerusalén nunca más será desarraigada. La razón por la que muchos eruditos piensan que esta es todavía una profecía futura, es porque hasta este punto, Jerusalén nuevamente *está* desarraigada. Jesús incluso profetizó acerca de este desarraigo, el cual sucedió en el 70 d. C. Los últimos versículos parecen apuntar a una futura Jerusalén, una Jerusalén final (Apocalipsis 3:12, 21:2). Esto suena como un lugar donde el nuevo cielo y la nueva tierra finalmente se unen, para crear la nueva Jerusalén como el cielo *en* la tierra

VISTAZO DE DIOS

"Y radiarán de gozo por la bondad del SEÑOR" (31:12). Esto no solo dice que ellos, "radiarán". El punto no es que ellos se verán hermosos y estarán felices, el punto tiene que ver con ¿*por qué* están radiantes? ¡Es por la bondad de Dios! ¡Él es la fuente de su resplandor! "Y mi pueblo se saciará de mi bondad, declara el SEÑOR" (31:14). Su bondad, a diferencia de otros regalos, es totalmente satisfactoria. Solo Él. Que siempre podamos estar radiantes y satisfechos porque lo tenemos a Él y ¡Él es donde el júbilo está!

JEREMÍAS 32–34

Al iniciar nuestra lectura de hoy, Jeremías está en prisión. Al rey Sedequías de Judá no le gustaban sus profecías, por lo que lo está castigando. Dios le dice a Jeremías que su primo tratará de venderle algunas tierras y cuando su primo aparece con una escritura, Jeremías las compra. El hecho que Jeremías tenga dinero mientras está en prisión indica que es muy adinerado. Vale la pena mencionarlo porque ha sido muy duro con la gente rica en sus profecías. O sea, ¿es un hipócrita? No. Su problema con los ricos no es por lo que hay en sus cuentas bancarias, sino en lo que hay en sus corazones. Están oprimiendo a la gente para hacerse ricos y mantenerse ricos.

Jeremías compra el campo y guarda la prueba, ya que pasarán setenta años antes que la necesite. Realmente cree que Dios los traerá de regreso a la tierra. Así que esto no es una inversión financiera, es un acto de fe. Pero aún Jeremías es humano e inmediatamente después de esto, dice: "Dios, sé que nada es demasiado difícil para ti. Has hecho todo lo que has prometido. Pero estoy luchando con la compra de este campo. Los babilonios ya están en la tierra que acabo de pagar. Él lleva sus preguntas y dudas a Dios. Dios de todos modos ya las sabe; y se le puede confiar para que hable verdad a nuestros miedos y nuestras preguntas. Dios le recuerda pacientemente a Jeremías que la presencia de los babilonios es parte de Su proceso, como si no lo hubiera dicho mil veces. ¡Y como si Jeremías no se lo hubiera repetido a él mismo también! Pero todos necesitamos seguir enfocándonos en la verdad. Uno de los grandes problemas con Israel y Judá es que no hacen eso. Necesitamos recordar el evangelio de Jesús regularmente para hablarlo con otros y que ellos nos lo digan a nosotros. Entonces, después que Jeremías le dice a Dios quién es Dios, Dios le dice a Jeremías quién es Dios. Él es el Dios que reunirá a Su pueblo de regreso a esta tierra y va a restaurar sus fortunas. No es solo soberano sobre las guerras y las tierras, es soberano sobre los corazones. Él dice: "Pondré mi temor en sus corazones" (32:40) —el temor santo, la mezcla de asombro y deleite, el tipo de cosas que nos atraen *hacia* Él. ¡Él lo concede! ¡No solo eso, sino que se regocija en hacer el bien a su pueblo!

Dios le recuerda a Jeremías que algún día Jerusalén tendrá un rey y sacerdotes justos, cosas que no han tenido en mucho tiempo. Ya sabemos que Jesús es el rey al que se refiere este pasaje, pero si eres parte de una tradición de fe que no tiene sacerdotes, esa parte puede parecer extraña. Aquí hay algo que puede hacerlo menos extraño: de acuerdo con 1 Pedro 2:5-9, si eres un hijo de Dios, *eres* un sacerdote. Esta doctrina se llama el "sacerdocio de los creyentes".

En el capítulo 34, vemos retrospectivamente la conversación que Jeremías tuvo con Sedequías y que lo llevó a prisión. Para el contexto, necesitamos recordar las reglas que Dios estableció sobre la esclavitud: los israelitas solo pueden ser sirvientes contratados para pagar una deuda y solo durante siete años, luego deben ser liberados. Aparentemente esa cláusula de siete años fue ignorada, lo cual no es sorprendente dada toda la injusticia. Un día, cuando Babilonia tiene el área bajo asedio, Sedequías libera a todos los esclavos. No sabemos sus motivos detrás de tal acto, ¿tal vez lo hace porque necesita más hombres libres para servir como guerreros, o tal vez lo hace para tratar de calmar a Dios? De igual manera, los dueños de esclavos liberaron a sus esclavos, pero los esclavizaron nuevamente tan pronto como se levantara el asedio. Dios no está de acuerdo con eso. Es burlarse de Su carácter. Él es el Dios que los liberó. Y como realmente no comprenden eso, Él promete juicio.

VISTAZO DE DIOS

"Cumpliré la promesa de bendición que hice al pueblo de Israel y a la tribu de Judá … Haré que brote de David un renuevo justo, y Él practicará la justicia y el derecho en el país … y este es el nombre con el que se llamará: 'El Señor es nuestra justicia'" (33:14-16). Podemos sentir la tentación de pensar en la rectitud y las buenas obras como cosas que traemos a Dios como una ofrenda de paz — "Mira todas las cosas buenas que hice" o "Lo prometo, lo haré mejor la próxima vez. Por favor no te enojes conmigo". Pero el problema es: que no tenemos justicia que podamos darle. Ninguna. Como resultado, la justicia no es algo que le presentamos a Dios, es algo que Él nos presenta. Él es nuestra justicia, ¡que se nos ha sido concedida de forma gratuita! ¡Y Él es donde el júbilo está!

JEREMÍAS 35–37

Gran parte del resto del libro de Jeremías nos llevará de un lado a otro en la línea de tiempo, pero todo tiene un propósito. Por ejemplo, ayer terminó con la infidelidad de Judá. Hoy iniciamos con la estricta obediencia de los recabitas. Los eruditos piensan que Dios tenía la intención de resaltar el contraste entre ambos, por lo que hizo que Baruc pusiera las historias una al lado de la otra. Los recabitas son nómadas y aunque genéticamente no son parte de los israelitas, han vivido junto a ellos durante mucho tiempo y algunos parecen ser seguidores de YHVH.

Dios hace que Jeremías los invite al templo y les ofrezca vino, pero se niegan porque uno de sus antepasados le ordenó a su familia que evitaran el alcohol. Han honrado este mandato por más de doscientos años. Su herencia de obediencia avergüenza a Israel. Dios destaca esto a ambos grupos, diciéndoles a los israelitas que serán castigados por rebelarse y diciéndoles a los recabitas que Él también preservará un remanente de entre ellos debido a su fiel obediencia. Algunos de los "integrantes" son eliminados y algunos de los de "forasteros" son bienvenidos ¡este es un tema en el Reino de Dios!

Dios hace que Jeremías escriba todo lo que ha dicho, veintidós años de detalles. Quiere que la gente lo escuche todo, pero parece que a Jeremías se le ha prohibido ir al templo, probablemente debido al sermón que predicó en el capítulo 7, entonces envía a Baruc a la misión. Se corre la voz sobre lo que está sucediendo y los funcionarios mandan a llamar a Baruc y a su pergamino, porque quieren escucharlo por sí mismos. Cuando se los lee, están horrorizados. Parece que creen las profecías y advertencias. Quieren decirle al rey pero temen que no responda de manera positiva; le dicen a Baruc y a Jeremías que se escondan, porque probablemente esto no saldrá bien. Y tienen razón.

Cuando el rey escucha las palabras del pergamino, lo corta en pedazos y lo quema. Una creencia popular de la época es que las palabras tienen poder para hacer que las cosas sucedan. Entonces el rey no solo no se arrepiente, sino que también está tratando de jugar a ser Dios destruyendo las palabras, con la esperanza de evitar el desastre. Algunos de sus funcionarios intentan sin éxito hacer que preste atención. Envía personas para que encuentren a Jeremías y Baruc, pero Dios los esconde. Entonces Dios manda a Jeremías a que comience a escribir de nuevo. Esta vez expande el pergamino agregando algunas cosas nuevas, incluida la historia que acabamos de leer. Luego promete juzgar al rey, incluso que no tendrá un hijo heredero. Dios cumple esa promesa al hacer que el rey de Babilonia designe a Sedequías como el nuevo rey de Judá.

Alrededor de este tiempo, Babilonia ha asediado a Jerusalén, pero luego el ejército de Egipto aparece en escena, por lo que los babilonios retroceden un poco. Esto parece ser algo bueno a los ojos del rey. Envía a algunos muchachos a pedirle a Jeremías que ore, pero Jeremías envía malas noticias: esto es solo un aplazamiento temporal y Babilonia volverá a poner las cosas en marcha pronto. Mientras todo esto sucede, Jeremías decide hacer un viaje, pero un soldado supone que Jeremías está tratando de unirse a los babilonios en su lucha contra Jerusalén. Jeremías trata de explicar, pero nadie le cree. Lo golpean y lo meten en prisión por los motivos que malinterpretaron. Aún así, persiste en seguir y someterse a Dios. El rey manda a llamar a Jeremías ocasionalmente en secreto, en busca de sabiduría y perspicacia. Jeremías siempre provee la verdad de manera humilde. De hecho, su postura le ayuda con el rey, quien lo traslada a una prisión mejor e incluso lo alimenta durante una hambruna local.

VISTAZO DE DIOS

Dios conserva atentamente Su Palabra. Quiere que la gente escuche lo que tiene que decir. Él quiere ser conocido. Nada puede interrumpir sus esfuerzos por comunicarse con la humanidad. No solo ha estado repitiendo las mismas palabras a la gente una y otra vez, sino que también ha hecho que Jeremías escriba el pergamino nuevamente después que fue destruido. "El cielo y la tierra pasarán, pero mis palabras no pasarán" (Marcos 13:31). El edificio en el que vives algún día será escombros. El auto que conduces finalmente dejará de funcionar. Pero las palabras que pasaste tiempo leyendo hoy, al Dios que estás invirtiendo en conocer, Él y Su Palabra son para siempre. ¡Estás invirtiendo en algo eterno! ¡Estás construyendo algo que durará! Y no solo es eterno ... ¡Él es donde el júbilo está!

JEREMÍAS 38–40; SALMOS 74, 79

Jeremías todavía está predicando arrepentimiento a Judá y su advertencia aún cae sobre la gente como si fuera un mensaje pro-Babilonia. Los funcionarios locales piensan que sus profecías son malas para la moral y quieren que lo maten. Parece ser la única forma de silenciarlo. El rey Sedequías, que tiene una relación amistosa con Jeremías, se da cuenta que no puede evitar que tomen medidas y probablemente tenga miedo de lo que podrían hacerle si intenta oponerse a ellos. Los funcionarios lo arrojan a una cisterna, un lugar para el almacenamiento de agua subterránea, pero Jerusalén ha estado bajo asedio y está cerca del final de su suministro de agua, por lo que esta cisterna está vacía. Las cisternas pueden tener ciento veinte pies de profundidad, pero la mayoría tienen un promedio de veinte pies, es un edificio de dos pisos. La abertura en la parte superior suele ser de dos pies de ancho y las paredes a menudo están cubiertas de yeso. Estos detalles dejan en claro que esta situación está diseñada para matar a Jeremías. Esto no es prisión. No hay forma que pueda escalar paredes de yeso liso para escapar dos pisos. De hecho, se hunde en el fondo fangoso de la cisterna. Esta es una situación desesperada, pero en 1:19, Dios le prometió: "Pelearán contra ti, pero no prevalecerán contra ti, porque yo estoy contigo, declara el SEÑOR, para librarte".

Esta vez Dios libera a Jeremías al señalar su situación a un eunuco etíope que vive en la casa del rey. El etíope pide permiso para rescatarlo y Sedequías lo autoriza. Después de su rescate, el rey lo convoca y ambos traen sus miedos a la mesa. Jeremías teme más castigo y el rey teme todo lo que Jeremías le ha dicho. A pesar de sus temores y de todo lo que ha pasado, las instrucciones de Jeremías al rey permanecen sin cambios. "Ríndete ante Babilonia", dice. Pero el rey teme ser castigado por su pueblo si lo hace. Él le dice a Jeremías cómo debe responder cuando la gente le pregunte más tarde sobre esa conversación, dándole líneas de una conversación anterior que tuvieron. Jeremías responde en acuerdo, es una especie de escapatoria técnica ya que tuvieron esa conversación en un momento dado. Definitivamente es engañoso, pero Dios no parece castigarlo por ello, tal vez porque está en juego una vida humana.

Tras año y medio de asedio, Jerusalén cae ante Babilonia en el año 586 a. C. Todo sucede tal como Dios lo prometió, incluida la captura y el castigo de Sedequías. Los babilonios llevan al resto de la gente al exilio, excepto a algunos de los pobres que no representan ser amenaza. Entonces el rey Nebby de Babilonia le dice a su pueblo que traiga a Jeremías. En lo que respecta a Nebby, Jeremías parece estar de su lado, pues le decía a Sedequías que se rinda ante él. Entonces dice que cuide bien a Jeremías y haga lo que él diga. Dios le da a Jeremías una palabra para el etíope que le salvó la vida: Dios lo perdonará porque demostró fe en Dios. Una vez más, el extraño es bienvenido a la familia de Dios.

En el capítulo 40, parece que Jeremías es tomado cautivo accidentalmente con los exiliados. El capitán le da dos opciones: ir a Babilonia con él o quedarse en Judá y vivir con el gobernador Guedalías, el tipo que Nebby designó para dirigir las cosas. Jeremías se queda en Judá con Guedalías. Cuando se sabe que Guedalías gobierna Judá, muchas personas que huyeron al país regresan porque la vida no es tan mala ahora. Mientras tanto, los líderes militares advierten a Guedalías que uno de sus partidarios está tramando su muerte, pero Guedalías lo descarta como una mentira.

Los salmos 74 y 79 se adaptan perfectamente a lo que está sucediendo en Judá. En el salmo 79, el salmista responsabiliza al pueblo de Jacob de romper el pacto. Esta es la consecuencia que se les prometió. Pero el salmista pide misericordia y alivio, apelando a Dios sobre la base de Su nombre y Su poder.

VISTAZO DE DIOS

"¡Líbranos y perdona nuestros pecados, por el bien de tu nombre!" (Salmos 79:9). Esta súplica se responde con un "sí" cuando Cristo muere por los pecados del pueblo de Dios: pasado, presente y futuro. ¡Su muerte cubre los pecados de Asaf el salmista y el remanente entre Judá! ¡Por la gloria de Dios, adoptó a los pecadores en Su familia, mostrándose misericordioso, amable y generoso! ¡Él es nuestro salvador y Él es donde el júbilo está!

2 REYES 24–25; 2 CRÓNICAS 36

Hoy leímos acerca de los últimos cinco reyes de Judá; a menudo se agrupan porque son el punto de inflexión final para Judá. Después de la muerte de Josías, su hijo Joacaz asume el trono. Apenas aparece en el radar porque solo reina durante tres meses antes de que el Faraón egipcio Necao, quien mató a su padre, lo capture y lo lleve a Egipto, donde muere en cautiverio. Ahora solo nos quedan tres reyes.

En ese momento, Egipto domina a Judá. El Faraón Necao nombra a su nuevo rey e incluso le cambia el nombre de Eliaquín a Joacim. Entonces Necao exige que Judá actúe como nación vasalla de Egipto, el acuerdo en el que una nación más débil paga dinero o "tributo" a una nación más fuerte para su protección, pero a menudo solo están siendo protegidos de la nación a la que le están pagando. Pero luego aparece Babilonia en escena y domina tanto a Judá como a Egipto, y Egipto se va a casa con la cola entre las patas. Entonces Judá se convierte en vasallo de Babilonia, pero en algún momento se rebelan y Babilonia aumenta la presión. Llevan cautivo a Joacim, junto con muchos de los utensilios sagrados del templo. Y ahora nos quedan dos reyes más.

El siguiente en llegar es el hijo de Joacim, Joaquín. Después de la muerte de Cim, Quín solo está en el trono por tres meses antes de que Babilonia venga a asediar Jerusalén. Decide rendirse ante Babilonia, por lo que lo hacen prisionero y también aprovechan la oportunidad para destruir un montón de sus cosas, así como algunas de las vasijas del templo. ¿Recuerdas en 2 Reyes 20:16-17 cuando el rey Ezequías le mostró todas las riquezas a Babilonia e Isaías le dijo que algún día se lo llevarían todo? Esto es exactamente lo que Isaías profetizó.

Mientras Joaquín está en prisión, el rey de Babilonia nombra un nuevo rey para Judá, que es el único rey que nos queda. Nombra a Matanías, pero cuando otras naciones nombran a un nuevo rey, tienden a cambiar su nombre. Lo llaman Sedequías. Él es el último rey de Judá. Jeremías profetiza muchas cosas difíciles durante su reinado. Sed quiere un resultado diferente, pero Jeremías dice: "Esta es la palabra de Dios para ti y no va a cambiar". Pero Sed no escucha. Babilonia no solo destruye

Jerusalén como profetizó Jeremías, sino que Sed muere de forma prolongada y dolorosa. Babilonia también mata a muchos de los otros líderes de Judá y roba más tesoros del templo. En este punto solo quedan unas pocas personas en la tierra. Y dado que Babilonia ha derrotado a Judá, no tienen ninguna razón para establecer un nuevo rey, por lo que simplemente designan un gobernador para vigilar las cosas. Ayer conocimos al tipo que nombraron: Guedalías, pero algunos de su círculo de confianza más cercano lo asesinan.

Jerusalén cae y es destruida, pero terminamos con un recordatorio de que Dios ya tiene la vista puesta en la restauración. Los últimos versículos de 2 Crónicas nos señalan al rey Ciro de Persia. Él no conoce a Dios, pero Dios lo designa para encabezar la reconstrucción del templo.

VISTAZO DE DIOS

En 2 Reyes 25:27-30, seguimos con el rey Joaquín, quien se rindió a Babilonia en cuanto las cosas se pusieron difíciles. Ha estado preso allí bajo el reinado del rey Nabucodonosor. Pero hoy, Nabu muere y un nuevo rey toma el trono en Babilonia. Su nombre es Evil Merodac y nos muestra una bella imagen de quién es Dios: "Evil Merodac, rey de Babilonia, en el año primero de su reinado, sacó a Joaquín de la cárcel. Lo trató amablemente y le dio una posición más alta que la de los otros reyes que estaban con él en Babilonia. Joaquín dejó su ropa de prisionero, y por el resto de su vida comió a la mesa del rey. Además, durante toda su vida Joaquín gozó de una pensión diaria que le proveía el rey de Babilonia". ¡Esto es exactamente lo que Dios hace por Sus hijos! Él gentilmente nos libera. Nos habla amablemente. Nos sienta a su mesa. ¡Él nos provee diariamente de acuerdo con nuestras necesidades mientras vivamos! ¡Este es el evangelio de Jesús! ¡Joaquín es un rey enemigo de Babilonia, pero llega a experimentar la libertad, la provisión y la protección! ¡Igual que nosotros! Dios tomó tus vestiduras de prisión —tu overol anaranjado— y te vistió con túnicas de justicia y te sentó a su mesa. ¡Eres un prisionero liberado, cenando con el Rey! ¡Él es donde el júbilo está!

HABACUC 1–3

Habacuc es profeta de Judá del Sur antes del exilio en Babilonia, casi al mismo tiempo que Sofonías y Jeremías. Los profetas son mediadores entre Dios y Su pueblo. Usualmente pensamos que ellos hablan con la gente en nombre de Dios, pero Habacuc trabaja principalmente desde el otro extremo del espectro: habla con Dios en nombre de la gente. Está enfocado en la justicia y presenta sus quejas sobre la injusticia ante Dios. Dios también está preocupado por la justicia, ¡así que están en la misma sintonía! Pero que se preocupen por lo mismo no significa que tengan las mismas ideas sobre cómo se deben lograr. Habacuc cree erróneamente que Dios no está escuchando sus oraciones ya que Dios no está haciendo lo que le pide. Él dice: "Dios, ¿estás viendo lo que yo estoy viendo? Si es así, ¿por qué no haces nada al respecto?". Olvida que el "no" de Dios también es una respuesta. Dios puede escucharlo. Dios está escuchando. Dios simplemente niega su pedido, porque Su proceso implica el uso de una nación malvada para lograr un plan justo.

En esta conversación, encontramos un versículo que a menudo se saca de contexto: "¡Miren a las naciones! ¡Contémplenlas y quédense asombrados! Estoy por hacer en estos días cosas tan sorprendentes que no las creerán aunque alguien se las explique" (1:5). Algunos leen mal este versículo como si estuviera pintando una hermosa imagen: "¡Estoy por hacer en estos días cosas tan sorprendentes que no las creerán aunque se las explique! Pero en contexto, vemos que lo que Dios está haciendo que no creerán es el levantamiento de los babilonios para destruirlos. Y Dios tiene razón… no le creen.

Habacuc responde a Dios diciendo: "Sé que eres soberano sobre esto y has elegido usar a los babilonios para corregir a tu pueblo, ¡pero son malvados! ¡Son mucho peores que Judá! Esto no es justo". Está en el medio del proceso y no puede ver lo que Dios ve, por lo que Dios le da cierta perspectiva a través de una visión. Dios dice que lo escriba, porque pasará un tiempo antes de que se cumpla y mientras tanto la gente necesita recordar la verdad de Dios. Él quiere reforzar su fe en Él a medida que las cosas se oscurecen. Él quiere que se acerquen a Él. "Los justos vivirán por su fe" (2:4) — recordando a Dios y sus promesas mantendrán sus almas a flote durante la destrucción de Judá, cuando una nación malvada prevalezca sobre ellos.

Después Dios pronuncia cinco categorías de "aflicción" en Babilonia, advirtiéndoles que no pongan su esperanza en riqueza, seguridad, poder, placer y control. Aquellos que consideran la riqueza como su máxima esperanza, robarán y engañarán para obtenerla. Aquellos que consideran la seguridad como su máxima esperanza, oprimirán a otros para protegerse. Aquellos que consideran el poder como su máxima esperanza, esclavizarán a las personas, las matarán y trabajarán hasta la muerte. Aquellos que ven el placer como su máxima esperanza, se involucrarán en borracheras y libertinaje, pero terminarán avergonzados. Aquellos que buscan controlar como su máxima esperanza, tratarán de alcanzarlo en cualquier lugar que puedan, incluso a través de ídolos y dioses falsos. Perseguir cada una de esas cosas por último conduce a tipos únicos de pecado. Dios los llama a abandonar sus falsas esperanzas y no solo a recordar que Él existe y a honrarlo. Él ve claramente su maldad y la enfrentará acorde.

Habacuc le pide a Dios que se muestre poderoso, sabe de lo que Dios es capaz: ha visto las obras de Dios en el pasado y quiere ver ese tipo de obras poderosas nuevamente en el presente. Pero resuelve esperar el tiempo de Dios, se compromete a confiar en Dios y no objetar el proceso de Dios.

VISTAZO DE DIOS

"Aunque la higuera no florezca, ni haya frutos en las vides; aunque falle la cosecha del olivo, y los campos no produzcan alimentos; aunque en el aprisco no haya ovejas, ni ganado alguno en los establos; aun así, yo me regocijaré en el Señor, ¡me alegraré en Dios, mi libertador! El Señor omnipotente es mi fuerza; da a mis pies la ligereza de una gacela y me hace caminar por las alturas" (3:17-19). Así es como se ve la fe. Fe dice: "Nada está yendo como quiero. Todo se está cayendo a pedazos. Pero no pondré mi esperanza en riquezas, seguridad, poder, placer o control ... porque sé que me fallarán. Puedo ser fortalecido y realizarme independientemente. Porque las vidas fructíferas y los puestos llenos no están donde está el júbilo. ¡Él es donde el júbilo está!

JEREMÍAS 41-45

El gobernador de Judá, Guedalías, es asesinado por un miembro de la familia real llamado Ismael. Él y su secuaces matan a muchos otros en el proceso, judíos y soldados babilonios; toma cautivo a todos los demás, obligándolos a moverse hacia el este con él, cruzando el río Jordán. En el camino, se topan con Johanán, el hombre que le hizo saber a Guedalías sobre la estratagema de asesinato de Ismael. Ellos pelean y Johanán gana. Los cautivos son liberados pero Ismael escapa.

Están viviendo en una tierra que ha estallado en caos. Están aterrorizados y con razón. Su país ha sido desmantelado, su nuevo líder designado por el enemigo ha sido asesinado, han sido secuestrados y no tienen idea de lo que sus enemigos harán después. Quieren huir a Egipto con la esperanza de encontrar protección, por lo que buscan el consejo de Jeremías y prometen hacer lo que Dios les diga. Él pasa diez días en oración y entonces dice: "No vayan a Egipto. La razón por la que quieren ir es porque tienen miedo de lo que sucederá aquí. Pero si dejan que el miedo los conduzca, los llevará a lo que en realidad temen. Por otro lado, si confían en Dios y se quedan, Él los protegerá y proveerá para ustedes aquí". Deberían confiar en Él; su registro de profecía es perfecto. Pero Jeremías sabe que no van a escuchar. Él les dice: "Dios dice que se queden aquí. No vayan a Egipto. Pero ustedes van a desobedecer".

Está en lo correcto; no le creen. De hecho, lo acusan de conspirar contra ellos y de ser un falso profeta. Secuestran a Jeremías y lo llevan con ellos a Egipto, obligándolo a desobedecer el mandato de Dios. Dios hace que Jeremías les recuerde que desobedecieron y que no están seguros allí. Han corrido al mismo lugar donde atacará su enemigo más temido. Babilonia vendrá a Egipto y los derrocará. Jeremías incluso marca el lugar donde el rey Nebby de Babilonia establecerá su trono. Dios ha sido persistente y paciente al advertirles, les ha dado consejos sobre cómo evitar desastre, pero nunca escuchan. Como consecuencia, aquellos que huyeron a Egipto verán destrucción; solo unos pocos escaparán del desastre.

Cuando Jeremías les dice eso, responden: "No estamos interesados en Sus palabras. Hemos estado pensando en eso y nos dimos de cuenta que todos nuestros problemas comenzaron cuando dejamos de hacer ofrendas a la Reina del Cielo. Todo estaba genial hasta entonces. Así que vamos a comenzar de nuevo". Se refieren al tiempo durante el reinado del buen rey Josías, cuando paró los sacrificios paganos y derribó los lugares altos. Después de su muerte, las cosas en Judá comenzaron a declinar bajo el liderazgo de los últimos cuatro reyes malvados y piensan que es porque han dejado de adorar a los ídolos. Entonces Jeremías dice lo más aterrador que ha dicho: "Sigan adelante. Adoren a sus ídolos. Dios ha terminado con ustedes".

VISTAZO DE DIOS

Éxodo 34:6-7, el pasaje que hemos visto una y otra vez, dice que Dios es lento para la ira, pero no dice que nunca se enoja. Dice que es misericordioso —no le da a la gente lo que se merecen. Eso ha sido cierto aquí. Él es amable, dándoles bendiciones que no se merecen. Ha continuado hablando con personas que le mienten, lo desobedecen y lo ignoran. Pero Éxodo 34 también dice que no dejará al culpable impune. Él sabe cuando es el momento adecuado para que se distribuya ese castigo y Él dice que este es el momento. Ya no los está reprendiendo. Pablo habla de esto en Romanos 1:18-32. A veces Dios entrega a las personas a sus pecados. Ya no les ruega que se arrepientan, sino que les permite continuar pecando sin ningún sentimiento de culpa. En la superficie, parece misericordia pero en la esencia, es la ira pasiva de Dios. La misericordia los estaría llamando a arrepentirse. Pero la ira les permite continuar en pecado incontrolado.

Los hijos de Dios nunca tienen que temer a Su ira. Él promete que Su espíritu condena a Sus hijos de sus pecados. Nunca podremos agotar Su amor persistente. Dios incluso le recuerda esto a Baruc personalmente, haciendo una distinción entre cómo trata con Sus hijos y con aquellos que no lo conocen. Cuando estás convencido de tu pecado, el enemigo de tu alma quiere que te sientas avergonzado por ello, pero Dios dice que es una señal de adopción, evidencia de Su amor, prueba que eres Su hijo, ¡porque ese es Su Espíritu trabajando en ti! Gracias a Dios el Espíritu está con nosotros para sacarnos del pecado y volver al corazón del Padre. ¡Él es donde el júbilo está!

JEREMÍAS 46–48

En muchos de los libros de profecía, leemos acerca de las profecías no solo para Israel y Judá, sino también para las naciones enemigas. El libro de Jeremías no es la excepción. Jeremías pasa los próximos capítulos directamente dirigiéndose a las naciones vecinas. En el capítulo 46, responsabiliza a Egipto. Él ya nos ha dicho lo que les va a pasar, pero hoy Dios *les* dice lo que les va a pasar. Aunque estén en una posición de poder, serán derribados. Sus pueblos serán destruidos, sus soldados intentarán (y fracasarán) huir; y mientras su nación se desmorona, su Faraón quedará inofensivo; él es como el perro del dicho que dice: perro que ladra, no muerde. Entonces Dios les dice a los egipcios: "Hagan las maletas, se van al exilio. Una nación los invadirá desde el norte y demolerá todas las cosas que esperan que los salven. Tu bosque puede ser impenetrable pero lo cortarán completito. Nada puede resistir Mi orden".

Entonces Dios regresa a hablar con los israelitas quienes lo desobedecieron y huyeron a Egipto. Él es mucho más amable con ellos que la última vez que habló sobre esto. Les recuerda que no tengan miedo. ¿Sabes por qué pueden ser valientes? ¡Porque Él está con ellos! A lo largo de las Escrituras, la razón más común dada al porqué los hijos de Dios no deben tener miedo, es que Su presencia está con ellos sin importar nada. Si podemos recordar quién es Dios y cuánto nos ama, entonces la conciencia de Su cercanía es el antídoto contra el miedo. Él les dice algunas formas en como manejará las cosas con ellos en medio de tratar con Egipto donde están escondidos actualmente. Ofrecerá protección y salvación, pero también traerá disciplina y castigo.

Lo siguiente es un mensaje para los filisteos, otro enemigo antiguo de los israelitas. Cuándo sean invadidos desde el norte, se cortarán a sí mismos, ya sea como un acto de luto o como una oración a sus dioses. Cortarse a sí mismos es una parte común de sus rituales de adoración pagana. Si sus dioses no hacen lo que les piden, a veces asumen que sus dioses están dormidos, por lo que los despiertan derramando sangre en el suelo. Ya que se están cortando, YHVH dice que traerá una espada también, pero no será para despertar a sus dioses. Será para destruirlos.

Entonces Dios se dirige a Moab. Los moabitas han tenido una vida súper fácil, son ricos, no han experimentado pruebas o exilio, en general todo ha ido viento en popa. Como el carácter a menudo se forma a través del sufrimiento, Moab no tiene mucho de qué hablar. Se han vuelto orgullosos y arrogantes. Han puesto su esperanza en su fuerza y riquezas. Pero Dios tiene toda la fuerza. Y Dios tiene todas las riquezas. Él puede quitárselas en un segundo, y Él dice que lo hará, porque se han exaltado contra Él. Como resultado de su arrogancia, los embriagará en la copa de Su ira. Pero aún así, muestra misericordia y gracia. Moab es una nación pagana, pero Dios dice: "Restauraré la fortuna de Moab en los últimos días, declara el Señor". Moab es enemigo de Israel, pero también tiene algunos lazos familiares con Israel. Rut era moabita, por lo que David y Jesús ambos tienen vínculos con los moabitas. Es casi seguro que Dios les ofrece este beneficio único debido a la relación con Su pueblo Israel.

VISTAZO DE DIOS

Libro tras libro, Dios envía profetas para hablar con sus enemigos, no solo con Su pueblo. ¿Por qué pasa tanto tiempo dirigiéndose a otros que no están en Su familia? Uno de los propósitos detrás de esto es mostrar que Dios es soberano sobre todas las naciones y todas las personas. En este día, las naciones se unen a dioses específicos y creen que solo son responsables ante los dioses a los que se unen y viceversa. Al hablar con sus enemigos, YHVH muestra que Él es un tipo de dios diferente al resto: Él es soberano sobre Su pueblo Israel y es soberano sobre todos en todas partes, y todos son responsables ante Él, lo adoren o no. Él es único en este sentido, apartado de otros dioses. Nuestro Dios es el Dios universal, soberano sobre todos esos dioses menores, dioses falsos, dioses paganos, dioses demoníacos. Todos responden a Él y todos se inclinarán ante Él. No solo es el Dios de dioses, sino que también es tu Padre. ¡Tu Padre es el Dios soberano de toda la creación y Él te ama! ¡Él es donde el júbilo está!

JEREMÍAS 49–50

El capítulo 49 contiene mucha destrucción. Comenzamos con Amón. Dios expulsará a los amonitas de su tierra pero, como vimos ayer con Moab, después traerá también restauración. Nunca descubrimos por qué. ¡Parece que Dios está siendo misericordioso y generoso con Sus enemigos! Después sigue con el juicio de Dios contra Edom, los descendientes de Esaú. Dios también promete juicio y destrucción para ellos, pero agrega una advertencia interesante: Él será quien cuide de sus huérfanos y viudas.

El versículo 12 dice: "Los que no estaban condenados a beber la copa de castigo la bebieron. ¿Y acaso tú vas a quedarte sin castigo?". Este versículo tiene dos posibles capas de profecía. Primero, en ese momento, esto significaba que había personas que habían sido fieles y que sufrían los efectos del juicio de Dios. El remanente de Israel todavía tuvo que ser expulsado de su tierra como resultado de los pecados de aquellos que fueron destruidos. Los pecados tienen consecuencias que van mucho más allá del pecador. Nadie peca al vacío. Así que Dios básicamente está diciendo: "Mira, si el resto de mi pueblo ha tenido que soportar el exilio y la destrucción por el pecado y la rebelión, entonces definitivamente tú no saldrás librado, porque ni siquiera eres Mi pueblo". Segundo, esto puede apuntar a Cristo. Él tuvo que beber la copa que no merecía beber. Tres veces le preguntó al Padre si había otra manera y tres veces, el Padre le respondió que no. Jesús bebió la copa de la ira de Su Padre hacia los pecados de Su pueblo. Pagó por esos pecados. Pero aquellos que no conocen a Dios deben pagar por sus propios pecados; Él dice que Su copa está llena hasta al borde para ellos.

Sigue con Damasco, una ciudad en Siria moderna. Promete quemarla con fuego. Vale la pena señalar que las frases que Dios asocia con Sus enemigos y sus circunstancias son contrarias a las que asocia con Sus hijos. El pueblo de Dios no tendrá miedo porque Él está con ellos. Pero acerca de Sus enemigos, dice cosas como: "naufragan en el mar de la angustia y no pueden calmarse… la dominó el pánico, se halla presa de la angustia y el dolor" (49:23-24). Mientras que el pueblo de Dios experimenta Su presencia para bendecir, Sus enemigos experimentan Su presencia para juzgar.

Cedar y Jazor, ciudades en el norte de Arabia, han logrado evitar mucho del drama que otras naciones experimentan. Las cosas son de tan bajo perfil para ellos que ni siquiera tienen puertas en su ciudad. Son vulnerables pero probablemente ni siquiera se dan de cuenta. El rey Nebby entrará y se aprovechará de esto, para su ganancia y la destrucción de ellos.

El juicio llega para Elam, otra nación enemiga que promete restaurar sin razón aparente. En Mateo 5:45, Jesús dijo: "La lluvia cae sobre justos e injustos". En lenguaje moderno, esto suena como que a todos les pasan cosas malas. Pero en el lenguaje antiguo, la lluvia era una bendición. Entonces Jesús en realidad estaba diciendo que Dios envía algunas de Sus bendiciones a toda la humanidad, como gracia común. Y aquí, naciones como Elam y Amón quedan atrapadas en la corriente de Su bondad.

Después que Dios usa a Babilonia para hacer que Israel y Judá se arrepientan, juzga a Babilonia y la echa a perder. Dice que será la última de las naciones, lo que suena como si fuera el sobreviviente final, pero esto en realidad significa que tendrá la posición menos prominente, el nivel inferior. La destrucción de Dios de Babilonia pondrá fin al cautiverio de Su pueblo que está allí. Entonces, el remanente de Israel y Judá volverá a Sión con corazones que aman a Dios y que recuerdan y se regocijan en ¡el pacto eterno que hizo con ellos!

VISTAZO DE DIOS

"En aquellos días se buscará la iniquidad de Israel, pero ya no se encontrará. En aquel tiempo se buscarán los pecados de Judá, pero ya no se hallarán, porque Yo perdonaré a los que deje con vida, afirma el SEÑOR" (50:20). Esto dice mucho más acerca de Dios de lo que dice acerca de las personas. Dios no está diciendo que Su pueblo estará sin pecado, está diciendo que sus pecados serán perdonados. El mismo acto de perdonar sugiere que ha habido pecado. El pueblo de Dios sí peca. Pero cuando Dios mira a Sus hijos, no apunta a nuestro pecado, apunta a nuestra rectitud ¡que es la rectitud de Cristo! La muerte de Cristo en la cruz hizo expiación por nuestros pecados, porque Él pagó la pena ¡nosotros recibimos el perdón! ¡Él es donde el júbilo está!

487

JEREMÍAS 51–52

Hoy retomamos donde nos quedamos ayer, sobre la destrucción de Babilonia. Mientras leemos, es importante recordar que algunos de los exiliados de Judá están allí cuando se desarrolla esta invasión y destrucción. Dado a sus antecedentes recordando las palabras de Dios y Sus promesas, existe una gran posibilidad que hayan olvidado Su promesa de rescatarlos y traerlos de regreso a Israel. Es posible que todo lo que recuerden es que fueron expulsados de Judá al exilio y ahora están siendo atacados nuevamente en la tierra de su exilio. Entonces, una de las primeras cosas que les dice es: "Israel y Judá no han sido abandonados por su Dios" (51:5). Les recuerda que está con ellos. No están solos, está activo en este proceso y los traerá de regreso y restaurará sus fortunas. Defenderá su causa y tomará venganza por ellos, destruyendo Babilonia.

Cuando llegue la destrucción, todo lo que tienen que hacer es empacar y regresar a Jerusalén. Esto recuerda su éxodo de Egipto. Dios castigará a Babilonia por lo que le hizo a Israel y será destruida tan a detalle que nada útil surgirá de ella. Es como un sitio de desechos nucleares, ni siquiera una piedra será tomada para usar en otro lugar. Para que esto suceda, Dios motivará al rey de Persia para que destruya Babilonia. Mientras que los babilonios se avergonzarán de sus ídolos sin valor, el pueblo de Dios no tiene que avergonzarse y no deben tener miedo. La situación es aterradora, pero Dios dice que se puede confiar en Él. Su gente no debe temer a las cosas aterradoras. Jeremías escribe todo esto y le cuenta a uno de los oficiales militares del rey Sedequías. Por cierto, cuando hace esto, todavía faltan siete años para el comienzo del cautiverio babilónico, que es décadas antes que Babilonia fuera derrotada por Persia.

El capítulo 52 nos da una visión general de la historia, particularmente el cumplimiento de algunas de las primeras profecías. Jerusalén es derrocada, el templo es saqueado, quemado y destruido, reyes y líderes son asesinados, las personas son exiliadas y, de hecho, hay tres rondas de deportación a Babilonia. Sin embargo, hay historias de redención, libertad y esperanza en medio de todo esto. Y la redención no es solo para aquellos que hacen todo a la perfección incluso incluye a personas como el malvado rey Chin en su overol naranja. Por cierto, cuando Jeremías profetizó que Judá debería rendirse a Babilonia, el rey Chin fue el único que obedeció. Se rindió solo tres meses en su reinado. En general era un rey malvado, pero hizo lo que Dios ordenó y Dios lo cuidó. Dios provee y protege a las personas que nunca esperaríamos recibir Su bendición.

VISTAZO DE DIOS

Después que Dios habla de los ídolos de los babilonios, Jeremías 51:19 dice: "La porción de Jacob no es como aquellos; su Dios es el Creador de todas las cosas. Su nombre es el Señor Todopoderoso; Israel es la tribu de su heredad". El Dios que hizo todo, se da a sí mismo a Su pueblo. Es dueño de todo y dice: "Soy el mejor regalo. Soy mejor que todas las cosas que he hecho. Te daré muchas de esas cosas, pero ninguna de ellas será un regalo tan bueno como Yo". Y tiene razón. Pregúntale a cualquiera que lo tenga todo y te dirá que no satisface. Por otro lado, algunas de las personas más contentas que conocerás son aquellas que tienen muy poco aparte de Jesús. Entienden Su valor de una manera que es difícil de entender para el resto de nosotros. Cuando Dios nos da el regalo de Sí mismo, es evidencia que da los mejores regalos, porque no hay nada mejor que Él. Esas son buenas noticias para nosotros, porque ¡Él es donde el júbilo está!

LAMENTACIONES 1–2

Nadie sabe quién escribió Lamentaciones pero muchos eruditos sugieren que fue Jeremías. Es un libro de poesía que lamenta la destrucción de Jerusalén y el exilio a Babilonia. No solamente es esto, por mucho, la peor cosa que jamás le haya sucedido a la gente de Israel, pero Jeremías pasó años advirtiendo a la gente mientras también sufría las consecuencias de su renuencia a escuchar.

El capítulo 1 se enfoca en la destrucción de la ciudad de Jerusalén (también llamada Sión). La capital de Judá que una vez florecía había sido vaciada, sus enemigos reinan sobre los antiguos habitantes y ella ha perdido todo. Todo el tiempo, Dios les ha dicho que recuerden. Cuando finalmente lo hacen, no lo recuerdan a Él, sino que se acuerdan de las cosas que solían tener y la paz que solían experimentar. Olvidaron lo que Dios hizo en el pasado y olvidan lo que les ha prometido para su futuro. Cada vez que escogemos el pecado, fallamos en considerar el futuro. El pecado ocurre cuando vivimos tanto en el presente, que nos olvidamos del Reino eterno. El pecado es corto de vista. Los israelitas sienten nostalgia por el tiempo en el que fueron desobedientes a Dios. Añoran los días en que las cosas eran más fáciles para ellos, pero si te acuerdas, esos fueron días en los que sacrificaban a sus hijos y adoraban ídolos. Esto no es un duelo justo. Hay una forma de afligirse y estar de luto para la gloria de Dios, pero esta no lo es.

El autor describe todas las formas en las que Dios ha dirigido esta destrucción: los afligió, infligió dolor, envió fuego, frustró sus esfuerzos, los debilitó y los entregó a sus enemigos. No se equivocan al atribuir esto a Dios, pero Sus acciones son la disciplina derivada de las de ellos. Les dijo todo el tiempo que iba a hacer estas cosas si ellos no se arrepentían. Finalmente, Judá acepta su rol en esto: "El SEÑOR es justo, pero yo me rebelé contra sus leyes" (1:18). Este versículo, no solo nos recuerda que Dios es justo, pero también hace que las verdades de 1:12-16 sean llevaderas. Y el versículo 20 suena como que Jerusalén verdaderamente se arrepiente: "Mi corazón está desconcertado, pues he sido muy rebelde". Ellos lloran y se afligen por sus acciones, no solo por sus consecuencias. Mientras tanto, sus enemigos se regodean por lo que les ha sucedido.

En el capítulo 2, tenemos un segundo poema acerca de la caída y destrucción de Jerusalén. Su relación con Dios ha sido afectada por este desastre: "El Señor se porta como enemigo" (2:5). Él no es un enemigo, pero ciertamente sienten como si lo fuese para ellos. Pero saben que Sus acciones están justificadas. Puso en práctica la disciplina necesaria para sus pecados. Las consecuencias de esta disciplina alcanzan más allá de solo la destrucción de su hogar. Adicionalmente, Dios mismo parece quedarse en silencio total. Los profetas no tienen visiones ni palabras de Dios. Los ancianos se sientan en el suelo en silencio. El silencio de Dios es devastador y exacerba el dolor de las pruebas. Pero saben que todo esto es parte del plan de Dios. El versículo 17 dice: "El Señor ha llevado a cabo sus planes; ha cumplido su palabra, que decretó hace mucho tiempo". Quizás finalmente están recordando que esto era lo que Él les estuvo advirtiendo. Esto no es una reacción automática a su pecado; Dios no ha perdido Su temperamento. En la peor tragedia de Judá, se nos recuerda que Dios es paciente y metódico. No tenemos que andar de puntillas alrededor de Él. No es volátil ni impredecible.

VISTAZO DE DIOS

¿Qué nos revela acerca de Dios que Él nos haya dado este libro? Es un Dios que puede manejar nuestros sentimientos, frustraciones y emociones; y las valora y nos invita a involucrarnos con Él a ese nivel. "Deja correr el llanto de tu corazón como ofrenda derramada ante el Señor" (2:19). El autor lo vierte delante de Dios sin reservas, sabiendo que Dios recibe nuestras emociones, aún cuando son el resultado de nuestro pecado. Quiere que le hablemos acerca de lo que sentimos. Hemos visto todo el tiempo cómo está tras nuestros corazones. No solo desea un amor ficticio unidimensional. Se involucra con lo bueno, lo malo y lo feo en nuestros corazones. ¿Cómo puede trabajar con nosotros a esos niveles si mantenemos las emociones feas lejos de Él? ¿Quién hablará verdad a nuestras luchas si las mantenemos en la oscuridad? ¡Arroja un poco de luz sobre ellas! ¡Háblale al respecto! Estará contigo ahí en ellas. ¡Él es donde el júbilo está!

LAMENTACIONES 3–5

Dios es fiel en medio de todo el mal que parece prevalecer. El autor no se contiene en atribuir sus pruebas a Dios, pero como sabemos, las pruebas son la respuesta de Dios a los pecados de las personas. A pesar de atribuir su situación a Dios, el autor dice: "El gran amor del Señor nunca se acaba, y su compasión jamás se agota. Cada mañana se renuevan sus bondades; ¡muy grande es su fidelidad! Por tanto, digo: 'El Señor es todo lo que tengo. ¡En él esperaré!' " (3:22-24).

Durante la lucha de Judá, el autor se predica el evangelio a sí mismo, recordándose la verdad cuando parece más falsa e inaccesible: "Bueno es el Señor con quienes en él confían, con todos los que lo buscan. Bueno es esperar calladamente que el Señor venga a salvarnos. Bueno es que el hombre aprenda a llevar el yugo desde su juventud" (3:25-27). ¿Recuerdas el yugo? El punto del autor, es que los desafíos son beneficiosos; el carácter y el conocimiento de Dios se forman en esos tiempos. Estas pruebas pueden ser especialmente útiles cuando vienen en nuestra juventud, porque tendremos el resto de nuestras vidas para vivir de los beneficios.

Cuando el autor dice: "¿Por qué habría de quejarse en vida quien es castigado por sus pecados?" (3:39), señala que cualquier castigo que recibamos por nuestros pecados está justificado. Este tipo de humildad es un paso hacia el arrepentimiento, que es exactamente lo que sucede a continuación. Los llama a examinar sus caminos, confesar y arrepentirse. Dios se acerca cuando se arrepienten y lo primero que les dice es: "¡No temas!" (3:57). Siempre les dice a Sus hijos que no tengan miedo. ¡Está cerca! El autor también sabe que Dios ha prometido vengarse de sus enemigos. Sus enemigos no tienen la última palabra. Su pueblo puede encontrar esperanza en el hecho que el pecado y el mal ¡no pueden ganar!

En el capítulo 4, leemos un poema sobre el asedio de dos años de Jerusalén y su posterior destrucción. El autor mira con nostalgia cómo solían vivir con lujo y tranquilidad, y cómo los ricos, que fueron criados portando costosas prendas moradas, ahora viven en montones de ceniza. Pero no todos vivían con lujo y tranquilidad, los ricos oprimían a los pobres, sacrificaban a sus hijos y esclavizaban a las personas ilegalmente. Entonces, aunque el autor recuerda cómo las cosas solían ser maravillosas, no eran tan maravillosas para todos. Dice que Jerusalén lo tiene peor que Sodoma. Sodoma fue destruida de inmediato, pero la lucha de Jerusalén duró años. ¿Por qué Dios está actuando con más dureza hacia Sus hijos? La mayoría de los estudiosos dicen que la destrucción inmediata era adecuada para Sodoma, ya que eran Sus enemigos. Pero con Sus hijos, Su objetivo es disciplinar y restaurar por lo que mantiene en cuenta el largo plazo. Está tratando de entrenarlos hacia la obediencia y confianza; y eso no sucede de la noche a la mañana.

Mientras tanto, en Jerusalén, hay una hambruna tan mala que la gente recurre al canibalismo, su rey ha sido capturado y no tienen líderes, lo que a menudo significa caos. Su vecino Edom se regodea por su difícil situación, por lo que el autor les recuerda que llegará el día en que Dios los castigará por alegrarse por la desaparición de Jerusalén.

El capítulo 5 cierra con una oración comunitaria por la misericordia y la restauración de Dios. La disciplina que Dios trajo produjo el arrepentimiento que pretendía. La gente dice: "¡Ay de nosotros; hemos pecado! Desfallece nuestro corazón". Y alaban a Dios en sus circunstancias difíciles: "Pero tú, Señor, reinas por siempre; tu trono permanece eternamente".

VISTAZO DE DIOS

Lamentaciones 3:32-33 señala la complejidad de los deseos de Dios: "Nos hace sufrir, pero también nos compadece, porque es muy grande su amor. El Señor nos hiere y nos aflige, pero no porque sea de su agrado". Al igual que nosotros, puede tener deseos que están en contraste entre sí. Pero a diferencia de nosotros, ninguno de Sus deseos es pecaminoso y siempre hace lo que es correcto y mejor. Causa aflicción pero esa no es Su preferencia. E incluso más de lo que no quiere causar dolor, quiere producir obediencia en los hijos que ama. Y eso lo hace a través de la disciplina, que a veces sí causa dolor, pero disciplina junto con Su compasión y amor inalterable. En las capas de Su voluntad, siempre aterriza en lo que sirve a Su mayor gloria y al mayor gozo de Sus hijos. Busca Su gloria. Busca nuestra alegría. ¡Él es donde el júbilo está!

EZEQUIEL 1–4

Ezequiel es de la línea de sacerdotes pero ha sido exiliado a Babilonia y profetiza aproximadamente siete años antes que Jerusalén caiga. Va más allá al dar detalles; y cuando se le hace difícil dar descripciones concretas de sus visiones, dice cosas como, "tenían la apariencia de" o "la semejanza de" para dejarnos saber que es la aproximación más cercana. A pesar de todos sus detalles y metáforas, no se pierde en las complejidades; continuamente recuerda al lector el punto principal: Dios quiere ser conocido. Una de las frases más comunes del libro es "entonces sabrán que Yo soy el SEÑOR".

Su primera visión involucra criaturas que parecen como humanos, pero tienen cuatro alas y cuatro caras, tienen una cara en la parte posterior de su cabeza, así como una en cada lado de la cabeza, permitiéndoles ver en cada dirección. Más adelante, los llama querubines (10:3-22). Sus descripciones cuadran con lo que vemos de los querubines en el salmo 18:10 y Apocalipsis 4:6-8, pero es posible que las criaturas de Apocalipsis sean serafines, una criatura diferente que tiene seis alas. Cada querubín está unido a una base como de giroscopio cubierta de ojos, para que se puedan mover y ver en cualquier dirección. Los querubines están asociados con la presencia de Dios y con lugares que Dios ha llamado sagrados. En este caso, es lo primero porque Dios se aparece, en el trono. Ezequiel ve un arco iris, fuego, luz, metales y joyas. Dios le dice que se ponga en pie, entonces el Espíritu entra en él y lo levanta a sus pies, en obediencia a las órdenes del Padre. Algunas cosas notables: a) el Espíritu lo levanta tres veces más en la lectura de hoy. b) El Espíritu también hace unas teletransportaciones implicadas, en donde es movido a un lugar diferente. c) Es raro que el Espíritu entre en una persona en el Antiguo Testamento, pero eso sucede aquí.

Dios lo designa para que hable a Israel porque son rebeldes; y Dios persigue al rebelde paciente y cariñosamente. Puede que Israel no obedezca, pero aunque sea no dudarán, sabrán sin duda que Ezequiel es un verdadero profeta. Desafortunadamente puedes saber la verdad y aún así no ser cambiado por ella. Entonces Dios hace que Ezequiel se coma un rollo, un poco de teatro profético. Dios le dice que les hable a los exiliados de Judá, no a los babilonios que los tienen cautivos, que es una lástima porque los babilonios hubieran hecho caso pero los exiliados no. Sus corazones están endurecidos.

Ezequiel se sienta con los exiliados por una semana, después Dios establece sus instrucciones en un formato llamado "caso de ley" el cual da diferentes resultados para diferentes escenarios (p. ej., "esto es lo que pasa si adviertes a una persona malvada y no se arrepiente; esto es lo que pasa cuando adviertes a una persona justa que se tropieza y no se arrepiente; y esto es lo que pasa cuando no adviertes a nadie"). Las consecuencias para todos los pecados son las mismas, independientemente si la persona ha vivido una vida malvada o una vida justa y se tropieza. Todo pecado consigue la pena de muerte. Y ya que el fracaso de Ezequiel en advertirle al pueblo sería equivalente a asesinato, se le daría la pena de muerte si no les adviertе. Después que Dios le ordena que hable, le cierra la boca, lo mete a su casa, lo ata y lo enmudece para que no pueda dar el mensaje. Dios hace que haga un modelo del sitio de Jerusalén y que se acueste sobre su lado izquierdo enfrente del modelo por trescientos noventa días. Después tiene que mover el modelo sitiado al otro lado y acostarse sobre su lado derecho por cuarenta días. Le es permitido tomar veintiún onzas de agua al día y ocho onzas de comida, cocida sobre excremento humano. Pero le recuerda a Dios, como si a Dios se le olvidara, que es un sacerdote y eso no está permitido; Dios permite el uso de excremento de animal en vez de excremento humano. Esta es una situación humillante y desesperante, en donde Ezequiel es llamado a experimentar físicamente lo que los exiliados están experimentando espiritualmente están atados, hambrientos y sedientos. Esta es una imagen de Cristo, quien intencionalmente experimentó aflicción humana y sobrellevó nuestras cargas.

VISTAZO DE DIOS

Dios dice que hizo a Ezequiel terco e insensible para cumplir Sus propósitos. La personalidad de Ezequiel dada por Dios fue diseñada para evitar que temiera o flaqueara en entregar el mensaje de Dios a un pueblo igualmente terco e insensible (3:8-9). Dios es intencional en cuanto a cómo nos hace a cada uno de nosotros. Y no solo es intencional, es *amable*. Sus planes son buenos, Su corazón es amable, y ¡Él es donde el júbilo está!

EZEQUIEL 5–8

En este punto del cronograma todavía faltan algunos años para la destrucción de Jerusalén. Ha habido una ronda de deportaciones y exilios, pero todavía faltan dos rondas más. Hoy Dios hace que Ezequiel se rasure la cabeza, que pese el cabello, que lo divida en tercios, después siga las instrucciones específicas para cada tercio. Esto se relaciona con el pueblo de Dios que está todavía en Jerusalén, simbolizando las tres maneras que Él va ha responder a su rebelión: espada, pestilencia y escasez. Estos son los castigos que Él había establecido como consecuencias en Levítico (20:14; 21:9; 26:25; 26:30; 26:33), antes que Judá cometiera estos pecados, Dios no ha inventado estos castigos en el momento.

Otra cosa que Dios ha hecho en respuesta a su pecado es que sus pecados se volverán contra ellos. Por ejemplo, oprimieron a los pobres para hacerse ricos y ahora todo el dinero que acumularon no tendrá valor; sacrificaron a sus hijos y ahora habrá canibalismo en sus familias. Y Él dispersará sus huesos en frente de los ídolos que adoraban y confiaron que les traían vidas llenas y fáciles. En otras palabras: Dios hace que el castigo se ajuste al crimen.

Para el remanente, también habrá castigo para algunos de ellos, pero Él se dirige a los otros en 6:8-10 (NBLA): "Sin embargo, dejaré un remanente… Entonces los que de ustedes escapen me recordarán entre las naciones adonde serán llevados cautivos...Y sabrán que Yo soy el SEÑOR", la frase "sabrán que Yo soy el SEÑOR" aparece ocho veces en la lectura de hoy. Dios quiere ser conocido y está volviendo los corazones del remanente hacia Él. Al final, todos sabrán quién es Él pero no todos se rendirán a Él ni lo amarán. Los que sí lo hacen serán adoptados en Su familia.

Es importante notar que el remanente no ha sido apartado porque se lo merecen, no son inocentes. "¡Sentirán asco de ellos mismos por todas las maldades que hicieron y por sus obras repugnantes!" (6:9). "Los que logren escapar se quedarán en las montañas como palomas del valle, cada uno llorando por su maldad" (7:16). Entonces si no se lo merecen, si están pecando como los demás en Jerusalén, ¿como pueden ser el remanente? Esto es importante: Se les ha concedido esto solamente por la gracia y elección soberana de Dios, no por sus acciones. Él preserva algunas personas para magnificar Su nombre, mostrar Su misericordia y para continuar con Su plan de restaurar a la humanidad. Él quiere ser conocido. Su justicia es algo que quiere que sepamos de Él; y la espada, escasez y pestilencia demuestran ese aspecto de Su carácter. Y la misericordia es algo más que quiere que sepamos de Él y el remanente muestra ese aspecto de Su carácter.

Dios dice que quitará Su presencia del templo y lo dejará vacío por estar contaminado. Los que permanecen en Jerusalén finalmente buscaran sabiduría pero será demasiado tarde. Nadie podrá ofrecerles dirección o ayuda. Entonces, cuando Ezequiel está sentado con los exiliados, tiene otra visión: Es de un ser como hombre, que parece estar hecho de fuego, luz y metal. Después el Espíritu lo lleva en una visión a Jerusalén. Él ve cosas terribles que están sucediendo afuera del templo, después traspasa la pared y ve lo que está sucediendo adentro y ¡las cosas son aún peores! ¡Los líderes de Jerusalén están adorando imágenes de piedra! Ya que la presencia de Dios ya no está en el templo, piensan que ya no los ve y no los puede castigar. Cuando Ezequiel vuelve afuera, él ve mujeres adorando al dios de la tierra fértil y a hombres adorando al sol.

VISTAZO DE DIOS

En 6:9, Dios dice que su idolatría ha roto Su corazón. Aunque vemos Su ira y falta de piedad, vienen acompañados de siglos de compasión y misericordia hacia los pecadores. Y 7:13 dice: "y por su culpa nadie podrá conservar la vida". Pablo dice algo similar en Romanos 6:23: "Porque la paga del pecado es muerte..." pero sigue diciendo: "mientras que la dádiva de Dios es vida eterna en Cristo Jesús, nuestro Señor". Tu pecado quebró el corazón a Dios, merecías Su ira. Por tu iniquidad no puedes conservar tu vida, pero Él la conserva *para ti*. ¡Gratis! Dios el Hijo, vino a morir en tu lugar. ¡Él es donde el júbilo está!

EZEQUIEL 9–12

Ayer nos quedamos en la visión de Ezequiel acerca de la maldad de Jerusalén. Hoy la visión continua con Dios llamando a la muerte. Él cita a los verdugos (lo más probable ángeles) al templo. El texto los llama hombres, pero los ángeles siempre aparecen como hombres. De los siete hombres, seis están ahí para matar, pero uno está vestido de lino y lleva un estuche de escriba. Su rol es marcar a aquellos que se están lamentando por la maldad que hay; Dios los va a librar. La palabra *marcar* es *tav*, la última letra del alfabeto hebreo y parece una cruz o una X. Esta escena es un recordatorio de Pascua, donde aquellos marcos que fueron marcados con sangre (también en forma de cruz), fueron librados. También es paralelo a Apocalipsis 9:4; donde los justos van a ser marcados con la señal de Dios en sus frentes.

Dios les dice que apilen los cadáveres dentro del templo. Esto va en contra de las leyes de limpieza pero está alineado con Su plan de abandonar el templo. Ezequiel está destrozado porque sabe lo malvado que es el pueblo; y parece estar nervioso acerca de la posibilidad que existe que Dios mate a *todos*, que no haya nadie que vaya a ser marcado para ser librado y que Israel sea aniquilado por completo. Dios dice que han pecado en contra de Él lo suficiente, que los días de misericordia han pasado y ahora es tiempo de juicio, comenzando con los líderes. Sin embargo, no te preocupes, el hombre vestido de lino hace muy bien su trabajo, salvando a todos aquellos a los cuales Dios le indica que salve. Y a pesar de que no hay nada en el texto que indique que es una teofanía o cristofanía, por lo menos es una figura de Cristo.

Ezequiel tiene otra visión acerca de querubines, criaturas celestiales que usualmente cuidan los lugares santos. Aquí, ellos llevan el trono en donde la presencia de Dios habitará cuando Él deje el templo. Su carroza de querubines espera afuera del templo mientras Dios hace que el hombre vestido de lino mande fuego santo como manera de juicio en contra de la ciudad. Después Dios deja el templo en la carroza de querubines y se dirige al este. Dios ha dejado el templo, pero *no ha* dejado a Su gente, aquellos que adoran ídolos no son Su gente; ellos no son parte del remanente.

En la visión, el Espíritu de Dios lleva a Ezequiel a otra parte de la ciudad en donde profetiza a veinticinco hombres, incluyendo a líderes. Han estado actuando como si fueran a morir en la ciudad, cocinados en su jugo, como carne en una olla, posiblemente a causa del fuego que el hombre vestido de lino provocó mientras lanzaba carbón. Pero Dios dice que Él los matará afuera de Jerusalén y que las cosas serán peores de lo que temen. Todo sucede en 2 Reyes 25:4 (Lo leímos en el día 231, pero la profecía de Ezequiel fue escrita antes que esto sucediera). Mientras Ezequiel está entregando la profecía, uno de los hombres cae muerto.

Después Dios pone las cosas en claro con algo; el templo no es Su *santuario*; él es su santuario. Y Dios el Santuario va a donde Él quiere. Él no está confinado a un lugar. En este tiempo las personas creían que tu dios cambiaba cuando cruzabas alguna frontera, así que ellos pensaban que YHVH estaba confinado a Israel y cuando ellos salieran, no iban a poder adorarlo y Él no tendría poder. Esto es muy inconsistente con lo que Él les había enseñado durante años, Él los había rescatado de Egipto a través de una serie de señales y milagros. Pero su mentalidad predeterminada es más cultural que espiritual, así que lo olvidan.

Dios le promete a Su pueblo corazones nuevos. Después Ezequiel hace una señal tipo acto enfrente de los exiliados. Una señal tipo acto es la forma teatral para comunicar una profecía basada en imágenes en lugar de o además de palabras. Cuando ellos no se conmueven, Ezequiel agrega más emoción para enseñarles el tipo de temor y temblor que los futuros exiliados tendrán que soportar. Parecen endurecidos por años de falsas profecías y aun de profecías verdaderas que todavía no se cumplen, así que Dios les hace saber que esto sucederá *pronto*.

VISTAZO DE DIOS

En 10:19 la Gloria de Dios está abandonando el templo con los querubines. Dios y los querubines "se detuvieron en la puerta oriental del templo del SEÑOR". La palabra *detuvieron* insinúa que Dios permanece en el umbral, antes de salir por la puerta este. Es como una última mirada atrás, como si estuviera sintiendo dolor de lo que se ha perdido, el dolor por cómo Su pueblo ha quebrantado Su corazón; la pérdida de la tierra que Él les prometió y las bendiciones que Él les dio. Pero no todo está perdido. Porque después la presencia de Dios se dirige al este, hacia Babilonia. Dios *sigue a Su gente* a la tierra de su exilio, aún los sigue persiguiendo. Incluso en el exilio, Él es nuestro santuario, incluso en el exilio, ¡Él es donde el júbilo está!

EZEQUIEL 13–15

Ezequiel profetiza nuevamente en contra de otros profetas, específicamente falsos profetas. Profetizan cosas que han soñado en sus mentes o "simplemente cosas que han sentido" en sus espíritus. Ven visiones falsas y mentirosas; y no sabemos claramente si están mintiendo acerca de lo que ven o si el enemigo está fingiendo estas visiones, o las dos cosas, pero los profetas creen que las visiones provienen de Dios. Los profetas también creen que ellos tienen poder para hacer aparecer cosas, siempre y cuando usen el nombre de Dios, porque así Sus manos estarán atadas y Él estará forzado a hacer lo que ellos digan. Pero Dios dice que Él no es el que los está informando y no va a someterse a su voluntad. No solo sus manos *no* están atadas pero Sus manos serán usadas en su contra. Él compara sus profecías como una pared que han construido y pintado de color blanco, se ve fresca y limpia, pero Él la destrozará y se caerá encima de ellos. Finalmente sus falsas profecías serán usadas en su contra.

Después Dios dirige su atención a los magos o hechiceros, esos que cosen pulseras mágicas en las muñecas de las personas para protegerlos en contra del mal. ¡Qué mentiroso es el enemigo! Usa el temor a la maldad para atraer a las personas *a la* maldad. Los hechiceros prometen protección a las personas que van a morir y la promesa de muerte a las personas que son parte del remanente. Dios dice que sus esfuerzos serán frustrados, porque ellos no son todopoderosos. Él es. Ellos no son el Creador quien puede hablar a las cosas para que existan. Él sí lo es.

En el capítulo 14, algunos jefes van a Ezequiel y Dios sabe lo que está sucediendo en sus corazones así que Él le dice que ellos han puesto a los ídolos en sus corazones. Dios le pregunta a Ezequiel: "Ellos están aquí para buscar tu consejo. Pero basado en el estado de sus corazones ¿debería darte alguna guía para que se las des a ellos?". Asombrosamente la respuesta es sí. Dios permite que estos idólatras busquen Su consejo, Él quiere que ellos lo busquen a Él, ¡y no a sus ídolos! Él les responderá directamente. Y esto es lo que Él dirá: "Yo no les voy a responder sus preguntas mientras sigan adorando ídolos. No les voy a decir qué hacer en el escenario para el cual están buscando Mi respuesta, yo solo voy a lidiar con el problema de sus ídolos hasta que esto cambie". Cualquiera que sean nuestros pecados, podemos acudir a Él, Él nos ama y quiere que caminemos en libertad de cualquier cosa que esté obstruyendo nuestro camino. Después Él dice: "Si tú vas donde un profeta buscando consejo y él te da un 'mensaje de Dios', ustedes dos estarán pecando en contra de mí, porque ya te dije que eso no va a suceder".

Dios dice que juzgará al pueblo con hambre, espada, pestilencia y animales salvajes. De hecho, las cosas están tan mal que aun si Noé, Daniel y Job fueran parte de este juicio ellos serían los únicos sobrevivientes y apenas saldrían vivos. Ni siquiera sus hijos sobrevivirían. Estos hombres son usados como ilustraciones por dos razones: a) Las Escrituras enfatizan la fe dada por Dios que ellos tenían b) Dios los preservó a través de circunstancias asombrosas. Dios también dice que habrá algunos sobrevivientes cuando Él destruya Jerusalén, personas que aparentemente caen dentro de las mismas categorías de estos tres hombres. Al final, estos sobrevivientes serán de motivación a Ezequiel y servirán de evidencia de la justicia y benevolencia de Dios.

Después Dios le hace otra pregunta retórica a Ezequiel. Él compara al pueblo de Jerusalén con una viña y dice que son inútiles. Él los castigará con fuego por su maldad.

VISTAZO DE DIOS

Dios promete castigo para los falsos profetas y hechiceros porque "ustedes han descorazonado al justo con sus mentiras, sin que yo lo haya afligido. Han alentado al malvado para que no se convierta de su mala conducta y se salve" (13:22). Este versículo menciona dos cosas que son inadecuadas: paz para el malvado y falta de fe para el justo. Dios quiere que Su gente esté en paz y que caminen en verdad. ¡Y también quiere que los malvados escuchen la verdad! Porque a Él le importan tanto estas cosas, que castigará a aquellos que desanimen y desalienten a Su pueblo. A Dios no solo le importa nuestro destino eterno. ¡Le importa la paz que tenemos cada día, como hijos que saben y aman la verdad de quien es su Padre! Verdaderamente ¡Él es donde el júbilo está!

EZEQUIEL 16-17

Dios utiliza una metáfora algo extensa al contarle a Ezequiel sobre Su relación con Israel. Mientras el punto general de la metáfora es claro, los eruditos nos advierten de no entrar en mucho detalle, pues cada comparación se pierde en alguna parte. Aquí está lo que vemos: Israel es una huérfana abandonada, no amada y abandonada a la muerte. Pero luego alguien, el Rey del universo, la rescata y la cuida hasta que se restablece. Él incluye diecinueve verbos para describir lo que Él hizo por ella: Pasé junto a ti, te vi, te dije: "¡Vive!", te hice prosperar, extendí el borde de Mi manto sobre ti, cubrí tu desnudez, hice un compromiso contigo, hice alianza contigo, te bañé con agua, te limpié la sangre, te perfumé, te vestí con un vestido bordado, te calcé con finas sandalias de cuero, te envolví en lino fino, te cubrí con seda, te adorné con joyas, te puse pulseras en tus muñecas y un collar en tu cuello, puse un anillo en tu nariz y aretes en tus orejas y una hermosa corona en tu cabeza. Te otorgué esplendor.

Finalmente ella termina amando los regalos del Rey más que al Rey mismo. Ella es bella, entonces confía en su belleza para obtener lo que ella quiera. Utiliza todos los regalos del Rey para atraer a otros amantes, convirtiéndolos en ídolos. Finalmente se olvida que alguna vez fue una niña indefensa y sacrifica a sus propios hijos. Su idolatría se vuelve insaciable, pero en lugar de alejarse, se sumerge más profundo. La idolatría siempre exige más, haciéndonos más necesitados, más frenéticos e inseguros. Pasa de ser una prostituta que recibe regalos de sus amantes a ser alguien que está tan desesperada por amor y seguridad que es ella quien *les* da regalos para mantenerlos cerca.

El juicio de Dios por sus pecados, que son peores que los de Sodoma y Gomorra, los traerá a una frenada estrepitosa. Solo una manifestación del pecado de Sodoma es descrito, pero como siempre, Dios va al centro del problema: "Tu hermana Sodoma y sus aldeas pecaron de soberbia, gula, apatía e indiferencia hacia el pobre y el indigente. Se creían superiores a otras, y en mi presencia se entregaron a prácticas repugnantes. Por eso, tal como lo has visto, las he destruido" (16:49-50). Dios menciona su pecado sexual en otro lugar (Génesis 19:4-9, Judas 1:7) y no lo ignora aquí tampoco, pero Él cava más profundo que sus acciones abominables y apunta hacia su orgullo y arrogancia. Sus actitudes pecaminosas manifestadas en otras áreas: Dios les dio tanto que vivieron en el lujo sin preocuparse de los pobres y los indigentes. Y Jerusalén, dice Él, es todavía peor. Su castigo por sus pecados será muy parecido a la muerte, pero ¡Él restaurará sus riquezas!

El capítulo 17 nos da una parábola de la naturaleza. Un águila muy grande, el rey Nebby, arranca un retoño y lo deja caer en otro lugar, y se convierte en una vid frondosa. El retoño es el rey Joaquín, quien se rindió ante Nebby, fue capturado y fue provisto por el resto de su vida. Nebby practica más jardinería, plantando al rey Sedequías en Judá para que maneje las cosas. Pero a diferencia de la primera vid, Sedequías alcanza a un águila diferente, Egipto, que vuela justamente sobre su cabeza. Sedequías quiere ser arrancado y trasplantado pero en lugar de esto, se marchita y muere, porque Egipto no es el pueblo elegido por Dios. Dios prometió todo esto hace mucho tiempo. Envío a Jeremías a advertir a los reyes de Judá para que se rindan a Babilonia, pero solamente el rey Joaquín siguió el plan. Todos los demás buscaron una ruta de escape y obtuvieron lo que Dios prometió: juicio y exilio. Dios plantará una ramita en Israel y crecerá hasta ser un cedro que dará fruto y dará sombra y será un hogar para toda clase de pájaros. ¡Esto apunta hacia el Mesías y su Reino venidero!

VISTAZO DE DIOS

Israel ha despreciado a Dios y ha roto el pacto. Y ¿sabes cuál es Su respuesta? Él se inclina. Él ensancha y profundiza la relación con Su pueblo al expandir el pacto. Ellos rompieron el pacto condicional, entonces Él crea un pacto eterno. Ellos se han olvidado del pacto, pero Él lo recordará. Ellos lo rompieron y Él hará expiación por sus pecados. ¡Él cubrirá el costo por Sí mismo! ¿Puedes verlo avisándoles del plan de la llegada de Jesús a escena? Este ha sido Su plan todo este tiempo ¡restaurar a Su pueblo para Sí mismo! El amor excesivo de Dios es impactante, asombroso y produce alabanza. ¡Él es donde el júbilo está!

EZEQUIEL 18-20

El día de hoy Dios discute un dicho común que ha mal informado la teología de Israel. Este dicho transmite la idea que dice que un hijo es castigado por los pecados de sus padres. Si bien es cierto que los hijos ciertamente son impactados por los pecados de sus padres y hasta quizás puedan heredar algunos rasgos pecaminosos, no son castigados por ello. A pesar del impacto corporativo y de los efectos del pecado, Dios juzga a las personas individualmente. Entonces ¿cómo serán juzgados? ¿Y quienes formarán parte del remanente que Él está preservando? Dios dice que la justicia demuestra Su carácter ante el mundo, así es como se ve la vida en el Reino de Dios. Y para aquellos que no viven de acuerdo con Su voluntad, es así como se ve la muerte. Él da una ilustración de un padre justo con un hijo malvado y de un padre malvado con un hijo justo, para demostrar que cada uno será juzgado individualmente. La justicia no se transmite genéticamente y la maldad tampoco.

Pero el punto de este pasaje no es que seamos salvos por hacer buenas obras o por ser "buenas personas", esto es opuesto al resto de las Escrituras. El punto es que nuestras obras justas son *evidencia* de nuestra fe en Dios; y fe como esta es individual, no heredada. Dios les recuerda que nunca es muy tarde para recurrir a Él y tener la deuda de sus pecados pagada. Dios no quiere matar al malvado; es un mejor escenario si se arrepienten. Desafortunadamente, para aquellos que no se arrepienten, Su santidad requiere justicia. La respuesta de Israel a esta buena noticia es oponerse a todo lo que Dios dijo. Ellos piensan que no es justo que Dios perdone a los malvados si se arrepienten, lo cual es irónico, pues ¡esta es la única esperanza para Israel en este momento! ¡Se oponen a la misericordia que Él les está extendiendo!

Ezequiel se lamenta, mostrando a Judá como a una leona y una vid. La leona cría a un cachorro que es capturado y llevado a Egipto. Esto probablemente se refiere a Joacaz. Después cría a otro cachorro, probablemente Sedequías, el último rey, pero las cosas no mejoran para él; es llevado a Babilonia. Esta es una gran derrota para la tribu asociada con tan estimadas imágenes de leones. En la metáfora de la vid,

Judá es una vid que ha crecido tan alta y fuerte que se convierte en un cetro, que finalmente se quema. Otra vez, Ezequiel se lamenta por la caída de Judá.

Los líderes de Israel tienen preguntas para Dios. En el capítulo 14, Él dice que si vienen a Él antes de arrepentirse de su idolatría, Él solo les hablará de sus ídolos. Todavía no se han arrepentido, entonces Dios dice: "No, no les contestaré. Pero mientras están escuchando, caminemos a través de la historia de nuestra relación". Él les cuenta cómo Él ha provisto para ellos mientras ellos se han rebelado y han desobedecido. Pasó en Egipto, en el desierto, en la tierra prometida y ahora en Babilonia. Sin importar sus circunstancias, esclavizados, desafiados, bendecidos, u oprimidos ellos rechazaron a Dios y sus corazones van detrás de los ídolos. Dios habla la verdad a cada nueva generación, pero todos hacen lo mismo. Así que no, Él no les permitirá hacer preguntas, pero sí les recuerda que Él, al final, lo restaurará todo. Difícilmente podemos pasar tres capítulos sin que Dios mencione ¡la restauración!

En 20:25-26 suena como que Dios está diciendo que Él los engañó y les ordenó hacer un montón de cosas terribles. Esta declaración podría ser sarcástica o podría ser Su opinión desde el punto de vista de los israelitas sobre Sus leyes, o quizás es una combinación de ambas cosas. Pero también hay un punto más profundo, uno que se repite en Romanos 7:7-25, que habla largamente sobre el propósito y los efectos de la ley. Por sí solas, las leyes de Dios, no traen vida. Nos revelan cuán indefensos somos nosotros y cuán justo es Dios. No podemos mantener la ley, aunque nos esforcemos. La ley no nos lleva a la vida, nos señala hacia la muerte. Y *es* devastadora.

VISTAZO DE DIOS

"Pueblo de Israel, cuando yo actúe en favor de ustedes, en honor a mi nombre y no según su mala conducta y sus obras corruptas, entonces ustedes reconocerán que yo soy el Señor. Yo el Señor omnipotente, lo afirmo" (Ezequiel 20:44). La ley es necesaria, pero mantener la ley no es el evangelio. *Evangelio* significa "buenas noticias" y la idea de tener que guardar la ley, ciertamente *no es* una buena noticia. Lo que sí es una buena noticia es que Dios Hijo la guardó perfectamente y pagó la deuda de aquellos que Dios adoptó en Su familia. ¡Alábenlo! ¡Él nos salva por amor a *Su* nombre! ¡Él es donde el júbilo está!

EZEQUIEL 21-22

Las palabras de Dios a Ezequiel son un poco duras. Él no endulza estos dos capítulos. Dios saca una espada en contra de la tierra de Israel y es especialmente inquietante porque dice que Él cortará a los justos y a los malvados. ¿A los justos también? ¿Por qué? No lo sabremos hasta el final de nuestra lectura de hoy. Siguiendo, Dios le dice a Ezequiel que llore y sufra por lo que está pasando y que le cuente esto a todos los que pregunten, que probablemente se convierte en un duelo público. Después de esto, parece que él está supuesto a demostrar algunas de las acciones de Dios utilizando una espada verdadera frente a la gente. Y después de la espada, él demuestra una autopista con una división en el camino. El camino empieza en Babilonia, un camino conduce a la ciudad capital de Amón, donde viven los amonitas y el otro conduce a Jerusalén. Dios dice que el rey Nebby está utilizando adivinación; buscar la dirección de espíritus malvados para determinar qué camino debe tomar primero (lo que quiere decir, quién será destruido primero).

Jerusalén es elegido. Y en 21:27, Dios dice esta *ruina, ruina, ruina* pasará cuando el rey Sedequías venga, aunque él no es mencionado por nombre. Dios ha prometido juzgarlo y no se detendrá. Leemos sobre su caída en Jeremías 52:1-30; y fue una *ruina, ruina, ruina* verdaderamente. Pero los amonitas no están libres. Han estado recibiendo falsas promesas y profecías, al igual que Judá, pero ellos son los siguientes en entrar al molino.

Después Dios va de regreso a Jerusalén, llamándolos "ciudad sangrienta", pues ellos han matado a muchísima gente. El castigo de Dios por asesinato es muerte y Él ha contenido su juicio lo suficiente —es tiempo que actúe. Durante el tiempo que les ha dado para su arrepentimiento, su pecado ha crecido. La lista de sus pecados es larga: han matado, han adorado a ídolos, han mostrado desprecio por sus padres, han extorsionado a extranjeros que viven en su tierra, han sido indiferentes a las necesidades de los más vulnerables en su sociedad, han sido indiferentes al Sabbat, han mentido y han cometido impurezas sexuales de toda clase. Básicamente no han dejado ni un mandamiento sin romper. Pero probablemente ni siquiera recuerdan los mandamientos porque los sacerdotes no están enseñando nada a nadie y ¡los profetas están mintiendo y utilizando brujerías! De hecho, las cosas están tan mal en Israel que las naciones alrededor de ellos mueven sus cabezas con disgusto y tuercen los ojos. Aún las naciones paganas han llegado a odiar a Israel por la magnitud de su maldad. Dios compara a Israel con escoria, el subproducto impuro que resulta de refinar la plata; así que Él los quemará. Se han profanado a sí mismos. Él es quien los está destruyendo, pero es en respuesta a sus propias acciones.

¿Recuerdas como la espada devorará a los justos también? Parece injusto ¿verdad? Antes de llegar a lo que pasa allí, acuérdate de Génesis 18, cuando Abraham intentó convencer a Dios de no destruir a Sodoma si pudiera encontrar solo diez hombres justos. No hallaron diez así que Dios los destruyó, pero Dios es aún misericordioso y salvó a Lot y a sus hijas. El final del capítulo 22 es un escenario similar; Dios le da a Israel una oportunidad mucho mejor para que sean salvados, esta vez todo lo que Él necesita es *un* hombre justo y eso será suficiente para evitar que destruya Jerusalén. Pero no había hombres justos. Ni siquiera uno. Así que finalmente vemos que Dios no está siendo injusto, pues no hay gente justa en el camino de destrucción.

VISTAZO DE DIOS

La ira de Dios hacia el pecado está demarcada tan claramente aquí. La mayoría de nosotros probablemente odiamos algunos pecados pero somos aficionados a otros, o tenemos una relación de amor y odio hacia ellos —los disfrutamos en el momento pero luego nos sentimos culpables. Pero Dios no conoce esta clase de ambivalencia hacia el pecado. Él lo odia, punto final. Él lo odia porque Él ama Su gloria y Él ama a sus hijos. Y el pecado arruina todas esas cosas. Pero a pesar del odio de Dios por nuestros pecados —que Él definitivamente ve— Dios también puede ver más allá de esto, hacia la justicia que Cristo nos ha concedido. Mientras que el pecado puede afectar la intimidad de nuestra relación con Dios, este no afecta el *estado* de nuestra relación con Dios. Aún somos sus hijos. Él aún nos ama. Su ira hacia los pecados de Sus hijos fue absorbida por Su Hijo unigénito. ¡Él es donde el júbilo está!

EZEQUIEL 23–24

Los profetas usan metáforas e hipérboles muy a menudo; sus profecías no siempre son literales. Debido a su estilo y a su finalidad, no las vemos con un microscopio —nos alejamos para ver el panorama general. Por ejemplo, ayer Dios comparó al pueblo de Jerusalén con la escoria y dijo que los quemaría. Esto no necesariamente significa que morirían quemados. Los profetas hacen esto porque se niegan a dejarnos controlar los detalles; las metáforas y las imágenes nos ayudan a no tener control. Las metáforas de hoy son oscuras y gráficas, pero en cada párrafo pesado, aún existe algo que aprender sobre Dios.

El capítulo 23 compara a dos mujeres y dos ciudades: Samaria (la capital de Israel del Norte) y Jerusalén (la capital de Judá del Sur). Dios siempre compara a Su relación con Su pueblo al matrimonio; cuando Su pueblo se aleja para ir a otros dioses, Él lo compara al adulterio. Este ejemplo de traición íntima demuestra lo que está sucediendo en un nivel espiritual. Así que quizás estaba ocurriendo pecado sexual en estas ciudades, pero eso solo es una fracción del mayor problema. El pueblo ha apartado sus ojos de YHVH, quien siempre les ha proveído y los ha protegido. Ellos miran hacia otras naciones para ser salvados, les pagan una tarifa para que los protejan, se enamoran de sus dioses y adoran a sus dioses en vez de YHVH. El versículo 7 demuestra la trayectoria de su pecado —comenzó con lujuria y terminó con la adoración de ídolos. El pecado siempre quiere más de nosotros. Nunca está satisfecho.

Dios les ruega que se arrepientan, pero aún cuando su pecado e idolatría ya no los satisface, aún así ellos no regresan a Él, siguen con su idolatría. Y aún cuando Jerusalén es testigo del fin de Samaria, ellos no aprenden nada de ello. Todo el proceso se convierte en tarea para las dos ciudades. Estas son abusadas y no amadas por sus amantes. Están "agotadas por el adulterio". Entonces Dios dice que es demasiado tarde para arrepentirse y llama a Ezequiel para buscarlos. Tomarán de la copa de Su ira y cargarán la pena por sus pecados.

En el tiempo de Ezequiel, las noticias tomaban semanas o meses para ir de una nación a otra. Entonces es de mucha importancia que Ezequiel, quién está casi a novecientas millas de distancia de Jerusalén, mientras está como exiliado en Babilonia, reciba una nota personal de Dios sobre el asedio en Jerusalén. Él compara a Israel con los cortes de carne más selectos. Pero a medida que son preparados, es evidente que están echados a perder. No solamente se tiene que tirar la carne, ¡pero también ha arruinado la caldera! Mientras la carne está siendo removida, está goteando sangre e Israel la deja afuera para que todos la vean. En otras palabras, Israel está ignorando las leyes de Dios y no están abochornados ni sienten vergüenza. No sienten remordimiento. Sus corazones están duros.

El corazón de Ezequiel no está duro, pero Dios está a punto de ponerlo a prueba de todas maneras. Una vez más, obtiene una asignación para sentir el dolor de la situación por la que Israel pasará. Su esposa morirá y él solo puede llorar en privado. Los judíos antiguos tenían formas bien detalladas y prolongadas para llorar a los muertos, pero Dios dice que ignore las tradiciones. Esto llama la atención de los exiliados, e inicia la conversación en la que Ezequiel les deja saber de la tragedia en Jerusalén. Les dice que respondan de la misma manera, porque últimamente, no tienen el derecho a llorar pues esto es el resultado de sus pecados. Esto es a lo que se dirigían mientras ignoraban las advertencias de Dios.

Dios le dice a Ezequiel que cuando Jerusalén finalmente caiga, un fugitivo lo confirmará, entonces Ezequiel no estará mudo nunca más. Si todavía está mudo, ¿cómo ha estado profetizando? Ponle una marca a esto, porque regresaremos aquí.

VISTAZO DE DIOS

Dios, en su gran amor y provisión, le dio a Judá un profeta que entendía su dolor. Ezequiel perdió a su esposa poco antes que Judá lo perdiera todo. Él sabía que había un mayor propósito en su pérdida. Lo que probablemente no sabía es que su propósito se extendió más allá de compadecer a Israel y dándoles una comprensión adecuada de la situación. Él también estaba haciendo una representación de Cristo —el que lleva nuestras cargas— a personas de dos mil quinientos años hacia el futuro. Dios Hijo, quien sabe exactamente lo difícil que es ser humano, sufre por nosotros. Él llora y se aflige con nosotros, aún así, ¡Él es donde el júbilo está!

EZEQUIEL 25-27

Los enemigos de Dios son naciones paganas que han estado actuando perversamente. Ezequiel profetiza primero en contra de los amonitas. El problema principal de Dios con ellos es que encuentran placer en las luchas de Judá. Les gusta ver cuando el templo está siendo contaminado, la tierra destruida y la gente de Judá es asesinada y exiliada. Literalmente ellos celebraban la muerte y destrucción. Dios enviará gente del este para destruir a los amonitas. Ya sabemos por profecías anteriores en 21:21-29 que se refiere a los babilonios; aquí es donde toman la segunda salida en el camino después de haber destruido Jerusalén.

Los siguientes son Moab y Seir, pero probablemente solo Moab. Puede haber una nota en tu Biblia que la palabra Seir no aparece en muchos de los textos antiguos, entonces solo trataremos con Moab aquí. Los moabitas son parientes lejanos de los israelitas, pero aparentemente su pecado es que estos no reconocen la singularidad de Israel basada en su relación con YHVH. Los consideran diferentes a los paganos.

Después Dios se mueve hacia Edom —ellos actuaron con venganza y crueldad hacia Judá. Dios usará a Israel para castigar a Edom como respuesta. Israel será la herramienta que Dios utilice para demostrar Su molestia e ira. Filistea tuvo el mismo pecado que Edom, pero Dios no especifica quiénes serán sus atacantes —solo promete que se hará justicia.

En el capítulo 26, Dios trae una palabra dura para Tiro, un gran puerto naviero localizado al norte de Israel. La parte principal de la ciudad de Tiro es una isla. Son adinerados y por sus negocios comerciales tienen relaciones con todas las naciones poderosas de entonces. Los reyes de Israel tenían una relación amigable con el rey de Tiro por un largo tiempo; de hecho, él suministró el cedro para el palacio de David y para el templo de Salomón. Pero las cosas con Tiro salieron mal a través de los años. Y cuando Jerusalén cae, Tiro piensa que el fin de Judá resultaría beneficioso para su avance. A ellos no les preocupa lo que se ha perdido —solo les importa cómo es que se pueden beneficiar con esto. Dios enviará a los babilonios a atacar a Tiro y destruirlo.

Las cosas fueron un poco diferentes a lo que Ezequiel profetizó. Los babilonios sitiaron a Tiro por trece años, pero no cayó completamente sino hasta más tarde, cuando fue atacada por los griegos.

Hay un manojo de formas como los eruditos responden a esto: algunos no se dirigen a esto en absoluto porque dicen que no es un problema. Y algunos dicen que Ezequiel estaba usando un lenguaje hiperbólico y metafórico, entonces aquí hay flexibilidad pues no está destinado a ser leído literalmente. Como ejemplo del lenguaje hiperbólico: Ezequiel dice que Babilonia construirá muros de asedio contra Tiro, sabiendo muy bien que es una isla. Uno no puede construir muros de asedio contra una isla, entonces esto parece ser intencionalmente un lenguaje exagerado. Otros dicen que no hay una línea cronológica de cuando esta profecía se cumplirá, entonces el ataque griego basta. En 29:18, Ezequiel mismo reconoce el fracaso del intento de asedio de Babilonia. Las profecías casi siempre se cumplen en formas que no parecen obvias al principio. Las metáforas e imágenes nos preparan para entender de una manera, pero en retrospectiva casi siempre se ven diferente.

El último capítulo de la lectura de hoy es un lamento por Tiro, demostrando al detalle cuán rica es esta ciudad. Tienen una influencia masiva en una escala internacional —y esto no es siempre algo bueno. Ellos intercambiaban ropa, plata, miel y trigo, pero también intercambiaban mármol y seres humanos. Y este lamento llama al pueblo de Tiro arrogante.

VISTAZO DE DIOS

Dios es muy protector. A través de estas profecías, es evidente que Él está contra los pueblos que están en contra de Su pueblo. Aún después de todo lo que Israel ha hecho para traicionarlo y romper Su corazón, Él aún está comprometido para hacer justicia por sus enemigos. Su naturaleza protectora y Su promesa de justicia son buenas noticias para nosotros, pues significa que no tenemos que tomar nada con nuestras propias manos —podemos confiar que Él impartirá justicia mucho más precisamente de lo que nosotros podríamos y en Su tiempo perfecto. Podemos dejar nuestras armas, aunque solo sean palabras. Puedes dejar tu amargura, porque dice que no confías en Él. Y puedes dejar tu voluntad —sabiendo que Su voluntad es mejor de todas maneras. Él es tu defensor y ¡Él es donde el júbilo está!

EZEQUIEL 28-30

Hoy vemos repetidamente cómo Dios se opone al orgullo de las naciones, incluso si su orgullo corresponde a los dones y habilidades que Él les ha dado. Por ejemplo, afirma que Tiro es hermoso y que sus líderes son sabios, pero han corrompido esos buenos dones a través del orgullo en su belleza, sabiduría y riqueza. Del mismo modo, Egipto está orgulloso de su poder y posición. Las personas que toman crédito por sus propias fortalezas o que se fijan demasiado en ellas roban el crédito que le pertenece al dador de esos regalos.

Comenzamos con profecías dirigidas al liderazgo de Tiro. Una persona en una posición importante afirma ser un dios y este es el punto de quiebre para YHVH. Las mismas cosas en las que Tiro y su líder confían serán atacadas y destruidas. A partir del versículo 12, Dios se dirige al rey de Tiro, quien podría ser la misma persona a la que se dirigió en los versículos 1-10, con palabras poéticas que pueden tener múltiples capas. Algunos estudiosos creen que el lenguaje utilizado para describir al rey no debe interpretarse como un hecho, sino que se refiere al rey, con un lenguaje exagerado, que dice cosas como "Tú eras el sello de la perfección" y "Tú estabas en el Edén, el jardín de Dios" y "Estabas en la montaña sagrada de Dios". Otros eruditos creen que Ezequiel no solo se dirige al rey de Tiro, sino que también lo compara con un querubín designado para proteger al jardín del Edén en Génesis 3:24. Creen que además de decirnos qué está pasando con el rey de Tiro, nos informa sobre algo que sucedió con ese querubín. Entre esos eruditos, algunos dicen que esta doble profecía apunta también a la serpiente en el jardín del Edén, que también podría superponerse con Lucifer y/o Satanás. Dicen que esta criatura podría ser el querubín designado y que posiblemente incluso poseyó al rey de Tiro y vivió la misma historia una vez más, tratando de exaltarse a sí mismo a la posición de Dios.

Sidón, otra ciudad vecina del norte, también figura en la lista de destacados: han tratado a Israel con desprecio. Luego, el capítulo 29 nos lleva a Egipto, donde Dios compara a su Faraón con un dragón de agua. Esto podría ser una referencia a Leviatán (Job 41:1; Salmos 104:26 e Isaías 27:1). Faraón comienza a actuar como si fuera el que hizo el Nilo, como si fuera YHVH. Dios pescará y sacará a Faraón y todos los demás peces, que probablemente simbolizan al pueblo de Egipto, serán atrapados en sus escamas al salir y luego serán arrojados al desierto. Dios castigará a Egipto porque parecían ayudar a Israel, pero terminaban torturándolos. Después del largo castigo de Egipto, Dios promete nuevamente restaurarlos (Isaías 19:25). Dios es consistente con sus profecías, a pesar de que provienen de una variedad de profetas y en el transcurso de muchos siglos.

Ezequiel regresa a lo que sucedió con Tiro después de las profecías de ayer. Babilonia asedió a Tiro durante trece años, pero no obtuvo ningún botín. Dios dice: "No te preocupes, a pesar de que no recibiste el pago de Tiro como esperabas, todavía se te pagará. Solo que vendrá de Egipto. Estás haciendo mi trabajo y voy a proveer para ti". El capítulo 30 lamenta Egipto; Dios lo destruirá y a todos los países que lo apoyan. Romperá los brazos de Faraón pero fortalecerá los brazos de Nebby. Dios es quien da y quita fuerzas.

VISTAZO DE DIOS

Dios odia el orgullo humano, no porque tenga envidia de lo que tenemos (después de todo, Él nos lo dio), sino porque se basa en una mentira. No somos dioses, Él sí lo es. Si bien podemos ser poderosos, no lo somos por nuestra cuenta; nuestra fuerza es de Él. Si bien podemos ser sabios, no lo somos por nuestra cuenta; Él es la fuente de toda sabiduría. Si bien podemos ser hermosos, no somos hermosos por nuestra cuenta; Él inventó el ADN. Él es la fuente legítima de alabanza por toda nuestra belleza, sabiduría, posición, poder, altura, lo que sea. Dios debe ser el objetivo de nuestra alabanza y gratitud. Enaltecer a Dios ayuda a erradicar el orgullo que Él tanto odia y enfoca nuestros ojos en nuestro Padre! Y ¡Él es donde el júbilo está!

EZEQUIEL 31–33

Hoy Dios inicia hablando con el faraón Hofra y los egipcios, pero pasa la mayor parte del capítulo hablando de Asiria. Compara Asiria con el cedro más alto y significativo que haya existido. Asiria fue la nación más poderosa del mundo durante aproximadamente trescientos años hasta que fue destruida por Babilonia. Dios es quien la suministró con agua para su crecimiento y abundancia, pero luego ordena que sea abolida. Ezequiel cuenta esta historia sobre Asiria por dos razones: para ilustrar que ninguna nación es indestructible y para hacerle saber a Egipto que verán el mismo final.

Después que Ezequiel profetiza sobre la destrucción de una nación, a menudo sigue con un lamento. Como el capítulo 31 profetiza contra Faraón, el capítulo 32 es un lamento por él. Faraón se considera a sí mismo como un león, un poderoso depredador entre todas las naciones, pero Dios dice que no es muy consciente de sí mismo. Se parece más a un dragón de agua, que es la misma imagen que Dios usó para él en el capítulo 29:1-12. Dios reitera su promesa de atrapar a Faraón y a los egipcios en su red y arrojarlos a la tierra, donde serán comidos por animales salvajes. Pero como hemos hablado antes, gran parte de la profecía involucra un lenguaje metafórico, por lo que esta no es necesariamente la forma precisa en que morirán.

Cuando Egipto sea derrocado, las otras naciones estarán aterrorizadas, porque si Egipto puede ser derrocado, todos son vulnerables. Faraón se consuela al saber que otras grandes naciones también han sido derribadas, pero Dios agrega insulto a la herida al decirle que compartirá el pozo con todas esas naciones incircuncisas. Egipto practicó la circuncisión y odió a las naciones que no lo hicieron, por lo que esta idea los disgustará.

El capítulo 33 compara a Ezequiel con el tipo que toca la trompeta para que la gente sepa sobre un ataque a la ciudad. Ezequiel solo es responsable de su obediencia a Dios; él no es responsable de cómo otros responden a Dios o a él. Él conoce su camino y su camino no es algo tan grande ni tan pequeño como modificar comportamientos, ese es el camino del Espíritu. Su camino está en anunciar. Ha estado tocando la bocina durante 33 capítulos, pero Israel todavía no ha escuchado.

Finalmente, la gente dice: "Guau, realmente nos hemos equivocado. ¿Qué debemos hacer?". Les recuerda que no importa cuán malvados hayan sido, ¡nunca es demasiado tarde para arrepentirse! El verdadero arrepentimiento es un signo de un nuevo corazón. Y no importa cuán justos hayan sido, a pesar de que sabemos que no han sido justos; simplemente piensan que sí, sus acciones no los salvarán. Las personas que se consideran a sí mismas como "buenas personas" aún pecan. Dios tiene claro aquí que sus acciones no los están salvando. Él no está poniendo buenas y malas acciones en una balanza y pesándolas, esa idea no está en ninguna parte de las Escrituras. Sin embargo, es una creencia centrada en algo conocido como el Deísmo terapéutico moralista, el cual se centra en la idea en que Dios solo quiere que hagamos el bien y seamos felices. Es un antievangelio centrado en sí mismo.

Cuando Jerusalén cae ante Babilonia, un fugitivo viene a Ezequiel para hacérselo saber, tal como Dios lo prometió. Y también como Dios prometió, Ezequiel ya no está mudo. La mayoría de los estudiosos creen que su silencio se relacionó con algo que no era profecía: había podido llamar a la gente al arrepentimiento pero no podía hablar sobre el clima o el almuerzo o llorar abiertamente la muerte de su esposa. Durante años, sus palabras solo existieron para advertir a otros sobre el juicio de Dios.

VISTAZO DE DIOS

"No me agrada la muerte de los impíos" (18:23; 33:11). Hemos hablado de lo importante que es buscar a Dios y Su carácter en las Escrituras: las cosas que ama, las cosas que odia, las cosas que motivan Sus acciones. Y hemos hablado de cómo las cosas que odia son cosas que van en contra de lo que ama. Si Dios no se deleita en la muerte de los impíos, entonces se deleita en su salvación. El deleite de Dios, el *gozo* de Dios se expresa en salvar a los impíos. Cuando los pecadores se arrepienten y se vuelven a Él, vemos Su deleite en acción. Vemos Su alegría y afecto como el centro de atención. Dios ama salvar a los pecadores y santificarlos. ¡Su deleite es lo mejor que nos ha pasado! ¡Él es donde el júbilo está!

EZEQUIEL 34–36

Dios llama a los reyes malvados a rendir cuentas, comparándolos con pastores que no han cuidado a sus rebaños. Han sido egoístas, usando la lana y la carne de las ovejas, sin cuidar de ellas. Han hecho innecesariamente difícil la vida de las ovejas. Dios proveyó a Israel con más que suficiente para que sus reyes cuidaran bien de Su pueblo, pero no lo hicieron. Como sus pastores actuaron con dureza y abdicaron de sus responsabilidades, las ovejas se dispersaron y algunas fueron devoradas por animales salvajes. Dios hará responsables a los pastores por cómo han tratado a las ovejas, pero no solo castigará a los pastores —¡rescatará a las ovejas! Las buscará, separando a las que son Suyas, cuidará de ellas y las traerá de vuelta a la tierra. Él hará todas las cosas que sus pastores no hicieron. Los reyes siempre nos fallarán, pero Dios nos ha dado un Buen Pastor, un rey del linaje de David, que es nuestro pastor para siempre —Él nunca abdica Su papel. Por eso, las ovejas de Dios "vivirán seguras y nadie les infundirá temor". De nuevo nos recuerda que Dios está activamente comprometido en expulsar nuestros temores.

Después Ezequiel profetiza contra Edom otra vez. Usa la palabra "porque" a menudo en este oráculo; Dios quiere que ellos sepan *por qué* les está respondiendo de esta manera. Edom es culpable de muchos pecados; Dios no los castiga por crueldad o porque le guste verlos sufrir. Siempre tiene una razón y no la quiere ocultar, porque entonces se perderían de entender quién y cómo es Él.

La primera parte del capítulo 36 se refiere a la tierra genuina de Israel. Otras naciones —como Edom— piensan que van a entrar y poseerla. Pero Dios dice: "No, esta tierra no es tuya para que la tomes, es Mía. ¡Y voy a traer a Mi pueblo de regreso para que viva en Mi tierra y prospere allí!". Como sabemos, Dios no lo hace por la bondad de Israel —han sido terribles— sino porque quiere que Su reputación y Su carácter sean ampliamente conocidos. A veces es difícil para nosotros escuchar esto. Nos gusta pensar que somos el centro del universo de Dios. Pero ¿qué tan inadecuado sería si las cosas estuvieran centradas en el ser humano en vez de en Dios? Dios nos ama —eso está absolutamente claro— pero antes que nosotros, a través de nosotros y con nosotros, la meta de Dios es la gloria de Dios. Amarnos es una de las muchas maneras en que se muestra en toda la creación, pero Él es el punto. Los humanos no son lo suficientemente importantes como para ser el punto.

Luego Dios usa dieciocho verbos para decirnos cómo iniciará, sostendrá y cumplirá Su plan de restauración: los sacaré, los reuniré, los haré regresar, los limpiaré, les daré un nuevo corazón y un espíritu nuevo, los pondré en ustedes, les quitaré ese corazón de piedra que tienen, les pondré un corazón de carne, infundiré Mi Espíritu en ustedes, haré que sigan Mis preceptos y obedezcan Mis leyes, les di la tierra a sus antepasados, serán Mi pueblo, seré su Dios, los libraré de todas sus impurezas, multiplicaré su comida, la haré abundante, los guardaré de la hambruna, incrementaré el fruto.

Hay tres cosas notables en esta sección: a) todos estos verbos están en tiempo futuro excepto en "Yo les di la tierra a sus antepasados". Les está haciendo saber que nada ha cambiado; ese sigue siendo su hogar aunque ya no vivan ahí. b) Dios es el autor del cambio de corazón y la obediencia. *Él* quitará el corazón de piedra y *Él* dará el corazón de carne. En tiempos bíblicos, la perspectiva del corazón es que no solo es de donde tus emociones provienen, sino también de donde provienen tu voluntad y tus pensamientos. ¡Entonces Dios está diciendo que les dará una nueva voluntad y nuevos deseos! ¿Cómo hará esto? Pondrá Su Espíritu en Sus hijos y hará que anden en Sus caminos y obedezcan Sus leyes. c) En 36:37, Dios dice esencialmente: "Pídanme estas cosas, porque es un 'sí' garantizado". Dios quiere que se le pida incluso por cosas que Él ha prometido —¡porque se trata de la relación, no solo del resultado!

VISTAZO DE DIOS

"[Yo] los haré prosperar más que antes" (36:11). Esto es lo que Dios le está diciendo a la gente que actualmente se está rebelando contra Él. ¡¿Quién es así?! Solo YHVH. Solo el Dios que siempre ha sido bueno miraría a un montón de pecadores y prometería ser aún mejor. ¡Él es donde el júbilo está!

EZEQUIEL 37–39

Ezequiel tiene una visión de un valle lleno de huesos secos. Hasta donde alcanza la vista, no hay nada más que fémures y peronés. A través de Ezequiel, Dios ordena a los huesos que vivan. Dios es quien da la orden y Dios es quien respira vida al ejército. Y por supuesto, Dios podría haberlo hecho sin Ezequiel, pero Él lo ama y lo está usando, así que Ezequiel obtiene la alegría de ser parte del proceso de Dios! La visión representa las doce tribus, el pueblo de Judá e Israel. Dios te dará nueva vida y te traerá de regreso a tu tierra. Hay tres cosas notables sobre esta visión: a) Nos conecta con la creación original de Dios de la humanidad en el jardín del Edén en Génesis 2:7, donde Dios le dio vida a Adán. b) la palabra aliento proviene de la palabra hebrea *ruwach*, que a menudo se traduce como *espíritu*. c) Dios no ordena que los cuerpos respiren; Él ordena que el aliento entre en ellos, no pueden respirar sin aliento. El aliento debe venir primero.

Entonces Dios hace que Ezequiel realice un acto-señal: toma un palo y escribe "Judá y compañía" para representar a Judá, luego escribe "José y Efraín y compañía" en otro palo para representar a Israel del Norte. Luego, une los palos para representar la restauración de todo lo que se ha roto relacionalmente en los trescientos cincuenta años desde que se dividió el reino. Dios ha preservado un remanente de ambos reinos y los traerá a todos de regreso a su tierra; y establecerá un Pastor sobre ellos, un rey de la línea de David. El resto de todo Israel será restaurado, reunido y arrepentido, porque Dios mismo estará entre ellos, los santificará y ¡vivirá Su pacto eterno de paz con ellos!

En el capítulo 38 nos encontramos con un rey llamado Gog que gobierna una nación llamada Magog. Nadie sabe quién es ni en dónde está; incluso los detalles que da Ezequiel hacen que las cosas sean más inciertas. Por ejemplo, su ejército está compuesto por personas de todas partes, lo que no nos ayuda a reducir su punto de ubicación. Muchos estudiosos piensan que Ezequiel inventa a este rey como una amalgama de todas las naciones poderosas que se han opuesto al pueblo de Dios a lo largo de la historia. Ezequiel incluso usa muchas de las mismas imágenes que usó anteriormente con Tiro y Egipto. Entonces, Gog parece ser un arquetipo que representa a los enemigos de Dios. Dado que Dios dice dos veces que esto sucederá "en los últimos días", la mayoría de los estudiosos piensan que esta es una profecía aún por cumplirse sobre los últimos tiempos.

En el futuro sucederán cosas peculiares que involucran tanto a Gog como al remanente restaurado. Habitarán de forma segura, luego Gog aparecerá para atacarlos. Pero ¿por qué Dios está trayendo a este enemigo contra Su pueblo? En el versículo 16, Dios dice: "En los últimos días te traeré contra mi tierra, para que las naciones me conozcan, a través de ti, oh Gog, reivindico mi santidad ante sus ojos". Lo hará para recordar a todas las naciones alrededor de Israel que no se metan con Él o con Su pueblo. Cuando demuestra Su dominio sobre un enemigo poderoso, los enemigos menos poderosos no se arriesgarán a atacar al pueblo de Dios. Entonces, cuando Gog aparezca en escena, Dios enviará un terremoto, fuego, granizo, pestilencia y confusión masiva causando que la gente del ejército de Gog se mate accidentalmente entre ellos, "entonces sabrán que yo soy el Señor".

VISTAZO DE DIOS

Dios no solo se aparecerá en el sitio del ejército de Gog y los atacará; también lanzará fuego sobre Magog, su tierra natal. Israel tomará todas las armas que Gog iba a usar contra ellos y las reciclará en forma de combustible. Entonces Israel recibirá el botín de una guerra que ni siquiera tuvieron que pelear. Dios toma los esfuerzos del enemigo para destruir a Su pueblo y ¡los convierte en bendición para Su pueblo! Dios no está resolviendo todo para que sea perfectamente justo, nada de esto es justo; esta es una generosidad y un favor inmerecidos. Nada de lo que ha hecho el pueblo de Dios les ha ganado nada más que la separación eterna de Él. Pero Él no solo dice: "Te perdono. Ahora déjame en paz". Él dice: "Aquí hay un nuevo corazón para amarme. Y aquí está mi Espíritu para dar fuerza a tu obediencia. Y aquí hay un reino eterno que vas a heredar". ¡Nadie es como él! Y ¡Él es donde el júbilo esta!

EZEQUIEL 40-42

Ezequiel 40-48 es una de las secciones más desafiantes de toda las Escrituras. Los eruditos están en desacuerdo sobre cómo ver este texto, así que esto es lo que necesitamos saber por ahora: Dios le da a Ezequiel esta visión en 573 a.C., en un momento en que Su pueblo está exiliado en una tierra extranjera. Para que Dios hable durante nueve capítulos sobre el templo, es como si se apareciera y dijera: "Sé que lo has perdido todo. Sé que el primer templo fue destruido... el que Salomón construyó hace unos trescientos cincuenta años. Sé que todos vivimos aquí en la tierra de nuestros enemigos, pero quiero que recuerdes que tengo un plan detallado para la restauración! ¡No has sido olvidado! ¡Estoy contigo!".

El día que Ezequiel tiene esta visión no es un día cualquiera. ¡Es Pascua! ¡El día que conmemora el éxodo de los israelitas de la esclavitud egipcia! La Pascua también corresponde a nuestra celebración moderna de esta, porque Jesús había ido a Jerusalén para celebrar la Pascua cuando fue crucificado. Como parte de la visión de Pascua de Ezequiel, Dios le da un guía turístico que llamaremos Hombre de Bronce. Ciertos aspectos de este hombre se parecen al hombre en fuego del capítulo 8:2 y al hombre vestido en ropa de lino del capítulo 9:2. El Hombre de Bronce trae dos herramientas para medir: una caña y un cordón, que sirven como regla y cinta métrica.

El Hombre de Bronce y Ezequiel miden todo, desde las puertas hasta los patios exteriores e interiores, hasta las habitaciones de los sacerdotes, luego se dirigen al área interior del templo. El Hombre de Bronce lleva a Ezequiel al Lugar Santísimo, pero Ezequiel no entra. Luego describe las paredes del área central y el pasillo, que presentan querubines tallados, los seres creados que sirven como guardianes de los lugares sagrados. Aunque las Escrituras dicen que tienen cuatro caras, solo tienen dos caras visibles aquí ya que las superficies de las paredes son bidimensionales.

En el capítulo 42, Ezequiel mira en las cámaras del templo. Las medidas descritas en esta visión son enormes, especialmente en comparación con el templo de Salomón (que es el primer templo). De hecho, las áreas del templo son demasiado grandes para caber en ese lugar en el monte Moriah. Esto nos da razones para considerar que tal vez esta visión es una metáfora que usa descripciones exageradas, en oposición a un plan literal. Continuaremos leyendo más sobre esto en los próximos días.

VISTAZO DE DIOS

El recorrido de hoy termina donde comenzó: de vuelta en la Puerta Oriental. La Puerta del Este también se conoce como la Puerta de Oro y la Puerta del Rey; y es la puerta por la que Jesús pasará cuando regrese. Ezequiel describe una pared exterior a lo largo del perímetro del enorme complejo del templo. Es un muro grande, en lo que respecta a la circunferencia, pero no es un muro alto. Según el capítulo 40:5, solo mide unos diez pies y medio de altura, lo que significa que no es para defensa. Ezequiel 42:20 dice que su propósito es ser una línea de demarcación entre lo sagrado y lo común.

Una de las acusaciones que la gente hace hacia el cristianismo es que es exclusivo. Pero el evangelio de Cristo no es exclusivo; solo es específico. Dice: "Aquí está la verdad. Todos los que creen en la verdad están invitados". La verdad, el camino y la vida eterna... es Jesús. Él es el único camino al Padre. Jesús dijo: "Nadie viene al Padre sino por mí" (Juan 14:6). Las paredes no son para mantener a la gente afuera; ¡sino para mostrar quién ha entrado!

El Camino está abierto. Y ¡Él es donde el júbilo está!

521

EZEQUIEL 43–45

Hoy en la visión de Ezequiel de un nuevo diseño del templo, lo vemos lleno de personas, sus trabajos y aún el mismo ¡YHVH! Dios regresa al templo de la misma manera en que se fue, por la puerta este. Ezequiel cae de bruces en adoración, después el Espíritu lo levanta nuevamente y lo lleva desde el patio exterior al patio interior, donde escucha a Dios hablándole desde dentro del templo. En el diseño del complejo del templo, los patios exteriores son grandes, los patios interiores son más pequeños, el Lugar Sagrado es aún más pequeño y el Lugar Más Sagrado —donde la presencia manifiesta de Dios habita— es el más pequeño de todos. Aunque el cuarto de Dios es el más pequeño, Él está de hecho en todas partes. Ciertamente no está reducido a este espacio de novecientos pies cuadrados. ¡Está en dimensiones que nosotros no hemos accedido aún! También hay algunos simbolismos significativos en este diseño que corresponden a lo sagrado y lo común.

Cuando Dios le habla a Ezequiel, le pide que haga principalmente dos cosas: (1) escribir todas las dimensiones de este templo y decirle a la gente al respecto, porque les daría humildad y (2) escribir todas las leyes que Dios da y ordenar a la gente a obedecer. Dios en realidad nunca le dice a Ezequiel que construya el templo; solo le dice: "aquí están las dimensiones —que deberían poner las personas en su lugar—. Y aquí hay algunas leyes; diles que las sigan". Suena como si la descripción en sí fuera lo que produciría la respuesta apropiada en las personas. Recuerda esto —volveremos a mencionarlo mañana.

En el capítulo 44, ellos cierran la puerta este ya que es por la que el carruaje de querubines de Dios entró. Después, en el capítulo de hoy otra cosa interesante se pone en movimiento. Así como Moisés se encontró con Dios en el monte Sinaí y después le dijo a la gente las leyes de Dios, Ezequiel se encuentra con Dios en el monte del templo y establece las nuevas leyes de Dios para las personas. Con Moisés, Dios estableció reglas específicas y las personas demostraron con el tiempo que no podían mantenerlas. Así que podrías pensar que Dios relajaría la ley en este punto, pero no lo hace. Los requerimientos son aún más altos a partir de este momento.

¿Han cambiado los estándares de santidad de Dios? No. Perfección completa de hecho y pensamiento ha sido siempre requerida. Él siempre ha perseguido nuestro corazón. Pero cuando al principio YHVH entró en una relación con Su gente, les dio la cantidad de información que ellos podrían manejar a la vez. Y en cuanto continúa construyendo esta relación con ellos por siglos, progresivamente trae revelaciones de quien Es y lo que requiere. Aunque Dios está elevando el listón de la ley, Sus estándares han sido siempre los mismos. Independientemente que tan estrictas o relajadas sean Sus leyes, las personas no podrán mantenerlas. La ley siempre apuntará a nuestra necesidad de un Salvador.

Dios dice que los sacerdotes no tienen permitido casarse con mujeres divorciadas o viudas, a no ser que sean viudas de otro sacerdote. Puede sonar duro, pero hay una razón práctica detrás de esto: las mujeres que han estado casadas es probable que tengan hijos, lo que adiciona confusión a la pregunta de quién serviría en las funciones de sacerdocio a lo que las generaciones progresan. Este debate acerca de las funciones del sacerdocio tiene mucha importancia durante el periodo del segundo templo, cuando las familias volvían del exilio. En el capítulo 45, Ezequiel establece los requerimientos de la tierra que incluyen aún al príncipe, quien también estaba supuesto a preocuparse por paz, justicia y el cuidado de los pobres.

VISTAZO DE DIOS

La completa santidad de Dios —o su separación— es muy evidente en este pasaje. Porque Él continúa persiguiendo a Su gente rebelde en sus pecados, es fácil olvidarse la importancia de Su santidad. La manera en que Él contiene la plenitud de Su presencia parece ser para nuestra protección, no la Suya. En Éxodo 33:20, le dijo a Moisés que nadie podía ver Su plenitud y vivir. Y hoy en 44:19, los sacerdotes tienen que cambiarse de ropa antes de ir a los patios externos a donde está la gente, porque pueden llegar a transmitir santidad. Como ya hemos visto con Uza y el arca (2 Samuel 6:1-8), la presencia manifiesta de Dios puede ser letal cuando entra en contacto con el mal o con cosas comunes. Pero Él se acerca a nosotros tanto como podamos resistirlo. Acerquémonos, sabiendo que cada paso que nos acercamos alimenta nuestro amor y regocijo en Él. ¡Él es donde el júbilo está!

EZEQUIEL 46-48

Durante la descripción de las fiestas y los festivales, Dios les instruye a que salgan por una puerta diferente a la que entraron. La cultura hebrea está llena de simbolismos y hay un significado profundo más allá de la funcionalidad. Apunta a que cada persona se vaya diferente a cómo llego —representa el cambio que ocurre en nosotros cuando estamos frente a Dios y lo alabamos. Después Dios prohíbe a los líderes políticos a que adquieran más tierra. Antes del exilio los líderes eran codiciosos, oprimiendo a los pobres para adquirir más tierra para ellos. Aquí, Dios sube el listón de una manera en que detiene que los deseos codiciosos se conviertan en acciones codiciosas.

Después Ezequiel ve una visión donde una corriente de agua va desde el templo, por lo que es ahora desierto y hacia el mar Muerto, donde el agua es muy salada para que cualquier cosa viva. En la visión, el desierto está floreciendo por el agua y el agua incluso purifica la cuenca del mar Muerto para que ya no esté muerto! Además de ser simbólico, esto puede también ser literal. En 2011, científicos empezaron a encontrar manantiales de agua dulce en el fondo del mar Muerto, junto con nuevas formas de vida bacteriana. Mientras que esto no es cumplimiento preciso de las Escrituras (ya que el río en la visión fluía desde el templo), algunos dicen que podría ser una primera fase que está empezando.

En el capítulo 48, Dios hace otros ajustes a cosas que Él ordenó por medio de Moisés. Ayer subió el listón en leyes y hoy sube el listón en generosidad. En Números 18:20-24, dice que los levitas no tendrían terreno como herencia porque Él era su herencia, pero en 48:10-13, proporciona un terreno para todas las tribus incluyendo a los levitas. En el terreno restaurado, los sacerdotes y los levitas ¡también tienen terreno! No llegan a tenerlo como herencia (44:28) sin embargo pueden vivir ahí.

¡Este plano del templo es magnífico! Sin embargo, nunca ha sido construido. Cuando los judíos construyen el segundo templo, no cumplía con estas especificaciones; era mucho más pequeño. ¿Qué pasó? ¿desobedecieron la visión de Dios? O ¿Dios mintió? O ¿Ezequiel fue un profeta falso? Hay tres puntos de vista principales, cada uno, arraigado a una creencia diferente acerca del fin de los tiempos. Punto de vista A: la descripción es literal y Dios construirá este templo en algún momento en el futuro. Dios no describiría cosas en tal detalle si solo fuera con el fin de ser una metáfora.

Punto de vista B: esta visión es intencionalmente simbólica; la razón exacta por la que está descrito con tal detalle es para revelar eso. Los judíos ven imágenes cuando leen palabras y les dan un significado especial a los números; cada letra del alfabeto hebreo tiene un valor numérico asignado. Así que cuando leen estas dimensiones específicas, creen que estaban destinadas a transmitir la magnitud superior y la belleza del lugar de vivienda de Dios con la humanidad, no para ser un plano literal. Este punto de vista también encaja con lo que hablamos ayer cuando Dios no les dijo explícitamente que construyeran el templo desde la visión. Si los judíos antiguos hubieran de alguna manera malentendido y estas instrucciones hubieran sido destinadas a ser literales, entonces Dios los hubiera reprendido por no seguir Su plano cuando ellos construyeron el segundo templo. Y hay dos razones más que le dan popularidad al punto de vista B. Primero, considera que Dios nos llama a Su lugar de vivienda en 2 Corintios 6:16, lo que significa que no hay necesidad de otra estructura. Segundo, esta visión da detalles en 40:39 y en otra parte acerca de los sacrificios por pecado y culpa, pero nosotros definitivamente no necesitaremos sacrificios, porque Hebreos 10:1-18 nos dice que Jesús fue el último sacrificio.

Punto de vista C: el texto tiene unas profecías que son literales y otras que son simbólicas, mientras que algunas pueden ser ambas. No es vital llegar a una conclusión aquí. Textos proféticos a veces son difíciles de aclarar —así que no gritamos cuando las Escrituras susurran y no susurramos cuando las Escrituras gritan.

VISTAZO DE DIOS

"El nombre de la ciudad a partir de ese momento será El Señor está ahí". Así que cuando esto llegue a buen término, Dios dice que Él no va a ninguna parte. No más viajes árduos por el desierto, no más cautiverio o exilio. Y Él promete quedarse ahí para siempre. Así que por supuesto que es ahí donde quiero estar, porque Él está ahí y ¡Él es donde el júbilo está!

JOEL 1–3

El libro de Joel contiene mucho misterio. Joel no nombra los pecados de Israel y apenas menciona a qué naciones enemigas se refiere. Comienza con la plaga de langostas que invade la tierra y no es solo un fastidio —es devastación total. Destruye las viñas y las higueras, ambas cosas que las langostas solo atacan si ya han devorado todo lo demás en la tierra. Encima de estar escasos de comida, las personas también carecen de cereal, vino y aceite para las ofrendas diarias del templo. Joel llama a los sacerdotes al lamento y ayuno, probablemente como acción de arrepentimiento.

Un día de juicio está por venir —el Día del SEÑOR, del cual hemos leído muchas veces. Joel indica una futura invasión militar, por un ejército enviado por Dios mismo. Pero las advertencias de los profetas suelen servir como la escotilla de escape de Dios. Las personas pueden evadir desastres si se arrepienten y demuestran obediencia. Así que parece haber esperanza en que Dios se suavice. Dios quiere que realmente se arrepientan, no solo para que los insectos desaparezcan o para librarse del ejército, sino para que sus corazones se vuelvan hacia Él y quieran caminar en Sus senderos. Quiere que se acerquen por deleite en Él, no como medida de escape. Hay una diferencia y Dios lo sabe. Sabe que hay algo más disponible para ellos, por eso les dice: "No solo vengan a mí porque están en problemas. Vengan a mí —pero traigan su corazón roto, no su ropa que han rasgado como señal de arrepentimiento superficial". En este pasaje, Joel cita los versículos que seguido vemos en nuestra lectura: Éxodo 34:6-7, donde Dios se revela ante Moisés. Joel le recuerda al pueblo quién Dios ha sido siempre y dice: "No sabemos lo que Él hará, pero sabemos quién es Él, así que ¡Arrepiéntanse!".

Entonces Dios responde: "Entonces el Señor se llenará de celo por su tierra, y tendrá piedad de su pueblo". (2:18 LBLA) ¿Qué significa que Dios se llene de celo por Su tierra? Estar celoso *por* algo es diferente a estar celoso o sentir envidia *de* algo. Dios tiene una posesividad apropiada, con la cual quiere lo mejor en esa situación. Así que promete mandarles las cosas que les hacen falta para sus ofrendas diarias —cereal, vino, y aceite. Se deshará del ejército invasor del norte. Y tanto la higuera como las viñas ¡volverán a florecer!

Dios hasta le dice a la tierra y a los animales que no teman. También promete mandar la lluvia mañana y tarde —enmarcando la temporada de cosecha. Y en un dulce giro de acontecimientos, restaurará el daño causado por las langostas —langostas que Él les mandó. Restaura todo lo que se perdió por medio de Su castigo necesario por los pecados del pueblo de Dios. En esta sección parece que tenemos otra profecía doble —donde hay un cumplimiento parcial en los siglos por venir y un cumplimiento total en el fin de los tiempos. Dice: "Acontecerá en aquellos días, que derramaré mi Espíritu sobre mi pueblo". Siglos más tarde, una semana después de la resurrección de Jesús, el Espíritu de Dios vino a habitar en Su pueblo. Y Dice que todos los que claman el nombre del SEÑOR serán salvos y que todos los que son salvos son llamados por Dios. ¡Y eso sigue sucediendo hoy en día!

Pero aún hay cosas que están por cumplirse. Por ejemplo, promete fenómenos cósmicos, pero es difícil entender si esta promesa es figurativa o literal. ¿Acaso el sol verdaderamente se oscurecerá? ¿O eso solo significa que todos los dioses falsos y poderes y autoridades terrenales serán derrotados? Dios llevará a Su pueblo —al parecer a toda la humanidad— de regreso a la tierra para lo que se entiende como una guerra, pero puede ser Su juicio para todas las naciones. Después de eso, solo Él y Sus hijos vivirán en Sión.

VISTAZO DE DIOS

En solo tres capítulos, Joel hace referencia a siete profetas y al libro de Éxodo. ¡Joel conoce las Escrituras! Además de ayudarle a entender la situación actual de Israel, eso también le ayuda a mantener una perspectiva para el futuro. Dios quiere que leamos Su palabra porque quiere que lo conozcamos, pero también porque le importa qué tan esperanzados estamos. Pablo dice que estas cosas fueron escritas para "mantener nuestra esperanza". (Romanos 15:4) Entre más conozcamos a Dios y Su Palabra, más esperanzados estaremos —no llenos de esperanza en nuestros resultados deseados, sino esperanzados en Él. Al poner su mirada sobre la Palabra de Dios, Joel conoció tanto el historial de Dios como Sus promesas para el futuro. Sabe dónde se encuentra la esperanza, sabe que ¡Él es donde el júbilo está!

DANIEL 1–3

La primera mitad de Daniel es conocida como "literatura de esperanza" y la segunda mitad está llena de profecías apocalípticas. Cuando era adolescente los babilonios atacaron su ciudad de nacimiento, Jerusalén, destruyendo el templo y tomando cautivos a Daniel y a tres de sus amigos. El rey Nebby quería que los prisioneros más impresionantes fueran entrenados en las mejores escuelas de Babilonia y fueran alimentados como reyes. Este no era un paso generoso por parte del rey, era como los captores hacían que sus rehenes fueran leales a ellos. Luego, después que los cautivos estaban lo suficientemente adoctrinados, los enviaban de regreso a sus tierras natales para que pudieran ganar más gente de su lado.

Daniel tiene problemas con esto porque el rey, quien no es judío, no come de acuerdo con las leyes que Dios ordenó. Daniel negocia con sus supervisores, prometiendo que ni él ni sus amigos perderían peso si comían kosher. Sus dietas parecen ser beneficiosas, así que los supervisores están de acuerdo en que ellos sean veganos. Dios les da a los supervisores de Daniel compasión, les da a Daniel y a sus tres amigos habilidad y sabiduría y también le da a Daniel el don de interpretar visiones y sueños.

El supervisor les quita los nombres que apuntan a YHVH y les asigna nombres nuevos que parecen apuntar a los dioses babilonios. Los amigos de Daniel se renombraron Sadrac, Mesac y Abed-nego; y Daniel es renombrado Beltsasar. El rey Nebby lo ama. Cuando tiene una pesadilla llama a una reunión y dice: "No solamente quiero una interpretación, quiero que me digan el sueño. Cualquiera que no pueda, morirá". Pero nadie puede ayudarle, así que el rey les ordena a los sabios, a la clase sacerdotal; incluyendo a Daniel y sus amigos, que sean desmembrados, incluso cuando algunos de ellos ¡ni siquiera estaban allí! Entonces Daniel se ofrece a ayudar. Él y sus amigos ruegan a Dios por misericordia, sabiendo que solo Dios puede hacer lo que se requiere. Dios responde a su oración con un ¡sí! Cuando va con el rey, es la imagen de confianza humilde. Dice: "Los humanos no pueden hacer lo que pediste, pero Dios puede y lo ha hecho".

El sueño es de una estatua grande hecha de diferentes sustancias, cada una representa un reinado diferente. Nebby y Babilonia son las cabezas de oro, otros reinados son el cuerpo, bajando de valor pero subiendo en fuerza de cabeza a pies. Los pies son una mezcla de arcilla y hierro, representando un reino dividido. Cuando el reinado de dos pies está en el poder, la estatua es destrozada con una piedra; lo cual es casi seguro que represente a Jesús, luego Dios establece Su reino eterno en la tierra. El rey queda impresionado. Se arrodilla a Daniel y le da obsequios y un ascenso. Los amigos de Daniel ¡también reciben ascensos! Y los hombres sabios se salvan. Nebby paga tributo a YHVH como el único Dios verdadero.

Pero en eso, prepara una estatua de oro de noventa pies. Él era la cabeza de oro en el sueño, así que si la estatua es del mismo Nebby o de un dios babilonio, la conexión es clara: ha hecho un ídolo de su propia identidad. Es tan orgulloso que pierde el mensaje del sueño, los reinados son temporales y Dios es soberano sobre todos estos. Les ordena a todos, incluyendo dignatarios extranjeros, que alaben su estatua, pero los amigos de Daniel se resisten, aún con amenazas de muerte. Cuando Nebby se entera se pone furioso, pero les da otra oportunidad. Ellos continúan resistiéndose, diciendo: "Sabemos que tratarás de matarnos, pero creemos que vamos a sobrevivir porque sabemos lo que Dios puede hacer. Y a pesar de lo que Él decida hacer, lo adoraremos solo a Él". No demandan un resultado específico de Dios, ellos simplemente confían en Él. Nebby calienta el fuego tan alto que los trabajadores son quemados vivos.

El trío debería haber muerto en el fuego también ¡pero están vivos y desatados! Y alguien está con ellos. Algunos creen que es un ángel. Otros creen que es una cristofanía. Nebby ordena que salgan y ¡ni siquiera huelen a humo! Lo único que el fuego les hizo, fue hacerlos libres de las cosas que los ataban. Nebby no solamente se arrepiente pero les ordena a todos que ¡se arrepientan y adoren a YHVH también!

VISTAZO DE DIOS

En la oración de alabanza de Daniel, después que Dios le da el sueño y la interpretación, hace un listado de las cosas sobre las que Dios es soberano: sabiduría, fuerza, tiempo, autoridades, conocimiento, entendimiento, dones, revelaciones y visión. Y solamente en tres capítulos vemos que Dios *demuestra* Su soberanía en todas esas áreas. Como Daniel dice: *"Alabado sea por siempre el nombre de Dios"*. ¡Él es donde el júbilo está!

DANIEL 4-6

El rey Nebby escribe una carta a su gente alabando a YHVH. Muestra un lado inesperado y humilde de él —¡de hecho, está alabando a Dios por impedir sus planes! Tiene otro sueño desconcertante, pero nadie puede interpretarlo hasta que Daniel llega. En su sueño, un árbol crece grande y fuerte y su impacto —que es generalmente positivo— alcanza toda la tierra. Un mensajero de YHVH ordena que el árbol sea cortado y que le quiten sus ramas y fruta, pero que su tocón —que representa un hombre— se deje remojando en la tierra por siete años.

Daniel dice: "No es bueno. Tú y Babilonia son el árbol. Tú reino será cortado y vivirás en los campos entre las bestias por siete años. Pero si te arrepientes y muestras misericordia al oprimido, es posible que Dios retrase esto". Un año después, Nebby está caminando en su techo escribiendo una canción de alabanza a sí mismo y Dios hace el sueño realidad. Después de siete años de comer pasto, Nebby se vuelve humilde y su reino es reinstalado. Canta otra canción de alabanza, pero esta vez es para YHVH.

En el capítulo 5, conocemos a Belsasar, probablemente el nieto de Nebby. Da una ceremonia de adoración pagana y quiere servir el vino en las vasijas robadas del templo. Pero entonces, Dios aparece y sorprende a todos. Belsasar casi se desmaya porque ve la mano y la escritura. Llama a sus intérpretes malvados pero no pueden encontrar sentido de ello. Es posible que entiendan las palabras pero no el significado o que esté escrito en un idioma extranjero, como en hebreo.

Una mujer (probablemente la madre de Belsasar) le dice cómo Daniel ayudó a Nebby, entonces lo llaman. Belsasar promete a Daniel que será tercero en el reino si puede interpretar la escritura. A Daniel no parece caerle bien Belsasar. No solo rechaza sus regalos sino que deja fuera la tradición de "¡Que viva su majestad por siempre!" en su saludo. Daniel regaña a Belsasar por usar las vasijas sagradas, alabar a los dioses paganos y deshonrar a YHVH. Y resume la escritura a esto: Dios te ha considerado un líder indigno y va a quitarte y a dividir el reino entre los medos y los persas. Belsasar da los regalos a Daniel y luego muere esa noche y el reino es dado a Darío el medo. El nuevo rey persa Darío deja a Daniel su nuevo papel, por lo que ahora está encargado de muchos otros políticos en Babilonia. Cuando Darío quiere darle un ascenso, los otros políticos sienten envidia. Intentan encontrar fallas en Daniel, pero no consiguen nada. La única manera para hacerle trampa es volver ilegal el orar a alguien aparte del rey Darío por treinta días. Proponen la ley y Darío está de acuerdo rápidamente.

Cuando Daniel se entera, no cambia su comportamiento. No intenta cambiar la ley o correr y esconderse por miedo. Simplemente hace lo mismo de siempre, orando tres veces al día. Los hombres lo ven orando y alertan a Darío. Está devastado porque realmente le agrada Daniel. Intenta anular la ley pero cuando falla, hace saber a Daniel que lo apoya y que está ayunando por él. Tiran a Daniel en el hoyo con los leones y lo sellan con una piedra grande. Por cierto, Daniel tiene por lo menos ochenta y dos años cuando esto pasa. Sobrevive el hoyo porque Dios manda a Su ángel a cerrar la boca de los leones. Luego Darío ordena que sus conspiradores sean ejecutados por los leones y escribe un decreto alabando a YHVH.

VISTAZO DE DIOS

Dios concede a Daniel la fidelidad e integridad que cambió los corazones de reyes y naciones —no solo una vez ¡sino dos! Pero aún con todas sus grandes victorias y cualidades, no es el héroe de la historia. Daniel no entiende las visiones por sí mismo. Daniel no cerró la boca de los leones. Daniel no cumplió la profecía contra el malvado rey Belsasar. YHVH es el agente activo. YHVH es el héroe de cada historia. ¡Y Él es donde el júbilo está!

DANIEL 7–9

Hoy hacemos una transición fuera de la porción de este libro de "literatura de esperanza" a las profecías apocalípticas. Daniel empieza hoy con el recuerdo de una visión anterior, pero ni siquiera él puede comprenderlo; necesita ayuda de un ángel. Su sueño es sobre bestias, que representan imperios o reinos y cuernos, que representan reyes. El peor cuerno se elevará e intentará destruir al pueblo de Dios. Intentará abolir sus leyes y los castigará por un periodo de tiempo que la mayoría de los comentaristas creen que es tres años y medio. Ese periodo de tiempo aparece mucho en los libros apocalípticos de las Escrituras. Los números son significativos en el judaísmo: el siete simboliza completo y perfección; y hay quienes dicen que el tres y medio lleva la idea de incompleto o incluso fracaso. Este periodo de tiempo puede ser literal o puede simbolizar el fracaso del cuerno. Sin importar, si es literal o figurativo, el resultado es el mismo; el cuerno no gana. Porque Dios —el Anciano de días— está presente, listo para emitir juicio. Está en Su carro-trono de fuego y Sus sirvientes —que probablemente son ángeles— están con Él. El cuerno habla mal en contra de Dios, entonces Dios lo aniquila. Luego alguien llamado el Hijo del Hombre empieza a reinar y Su reino jamás terminará. El Hijo del Hombre es Jesús; reclama este título en Marcos 14:61-62 entre otros lugares. De hecho, es Su manera favorita de referirse a sí mismo.

Algunos académicos creen que estas cuatro bestias representan los mismos cuatro imperios que Nebby soñó en su sueño de la estatua, entonces es posible que Dios esté comunicando la misma información con imágenes diferentes. Los académicos no están de acuerdo en cuáles cuatro imperios están representados aquí, pero la mayoría cree que la bestia más fuerte representa a la antigua Grecia o a la antigua Roma. Algunos creen que estas profecías fueron cumplidas algunos cientos de años después, en el tiempo de Jesús y otros creen que aplican al futuro.

El capítulo 8 nos da más animales y cuernos en una visión que es tan históricamente precisa que podría transformar un escéptico a creyente. Es desconcertante para Daniel, pero el ángel Gabriel explica todo. Se refiere a Grecia, específicamente cuando Alejandro Magno está reinando sobre el imperio. Un gobernante después de él, quien es casi definitivamente Antíoco IV, castigará a la gente de Dios y tendrá éxito al llevar destrucción a muchas de las cosas que estiman. La historia nos dice que masacra a miles de judíos, sacrifica un cerdo en el altar del templo y monta ofrendas a Zeus allí. Dios dice que Él lo destruirá personalmente. Daniel está tan trastornado que se reporta enfermo unos días.

Cuando Daniel lee Jeremías, se da cuenta que los setenta años profetizados para su cautividad ya casi terminan. ¡Parece entristecido! Se pone una arpillera, se mancha con cenizas, ayuna, ora y ruega a Dios por misericordia. Admite la maldad de Israel y la respuesta justa de Dios al pacto roto. Pide que Dios ponga fin a su juicio y los restaure —no porque ellos sean justos, sino porque Dios es misericordioso. Mientras que Daniel está en la mitad de una oración, el ángel Gabriel llega otra vez. Algunas traducciones dicen que Gabriel vino *en raudo vuelo* pero el hebreo original dice que vino a Daniel *en la mitad del agotamiento extremo de Daniel*, casi como si Daniel fuera el que se escabulle rápidamente. En cualquier caso, no debemos interpretarlo como si significara que los ángeles vuelan —parecen viajar a la velocidad del pensamiento. Gabriel da líneas de tiempo para el exilio y la restauración. Habrá contratiempos, específicamente, Jerusalén será destruida otra vez y habrá guerras y más devastación y desolación, pero hay un fin decretado a las tragedias.

VISTAZO DE DIOS

Frases pequeñas en estas visiones nos muestran cómo todo esto es parte del plan de Dios, cómo Sus enemigos tienen correa y cómo el reloj está corriendo en su parte de la historia. El dominio es tanto "dado" como "quitado" de las cuatro bestias (7:6, 7:12). Hay un "momento señalado" para las cosas y habrá un "final" de la transgresión (8:19, 8:23). Y hay un "fin decretado" (9:27). Dios es soberano sobre Sus enemigos, sobre Su línea de tiempo, sobre Su plan. Aún con todas las cosas del tamaño de las naciones en Su "lista" de cosas por hacer, manda a un mensajero a recordarle a Su profeta: "Eres amado enormemente". Está en el auge y caída de los reinos y está en los pequeños susurros a Sus siervos. Y ¡Él es donde el júbilo está!

DANIEL 10-12

Daniel llora y busca a Dios por tres semanas, luego ve una visión de un hombre de metal vestido de lino y oro. Muchos académicos piensan que es Gabriel otra vez. El ángel provee un vistazo al terreno espiritual, diciendo que ha estado luchando con el príncipe de Persia. ¿Recuerdas cómo cada nación tiene su propia colección de dioses para adorar? Esos dioses muchas veces están conectados a poderes demoníacos. Entonces, es probable que el ángel no estuviera luchando con un príncipe humano literal; probablemente estaba luchando contra el poder demoníaco a cargo de Persia. Algunos académicos creen que esos poderes demoníacos moran en los líderes de esos países, así que podría ser una situación de ambos, dónde está luchando con el demonio *morando* en el príncipe.

Esta lucha dura tres semanas y resulta que no solo estaba luchando un demonio sino muchos demonios sobre Persia. Cuando el arcángel Miguel llega como apoyo, ganan. Daniel está estupefacto, entonces el ángel lo toca, lo fortalece y lo anima: "¡La paz sea contigo, hombre altamente estimado! ¡Cobra ánimo, no tengas miedo!" (10:19). El ángel informa a Daniel, luego sale para luchar otra batalla espiritual. Esta vez, algunos demonios griegos serán añadidos a la mezcla. Afortunadamente, Miguel estará allí para apoyar. Por cierto, Miguel es el ángel asignado a proteger a Daniel y a todas las personas de Dios.

El ángel dice que Persia florecerá hasta que un poderoso gobernante griego —probablemente Alejandro Magno— tome el control. Su reino terminará cuando sea dividido en cuartos. El poder de este mundo —aún cuando es ayudado e incitado por demonios— es temporal. El control es una ilusión. Todos los reinos se desmoronan excepto uno. Habrá guerras entre reinos sin nombre, pero son fácilmente reconocibles para los historiadores modernos, mirando hacia atrás a estas profecías. Estos reyes y reinos usan el asesinato, la manipulación y las alianzas matrimoniales para mantener las posiciones del poder. Solo un rey estará de pie "en la tierra gloriosa, llevando la destrucción en su mano" —esto casi definitivamente se refiere al terror que Antíoco IV llevará a Jerusalén.

Pero ¿Dios no prometió traer el remanente de regreso a la tierra después de setenta años y establecer un reino eterno y que habría paz para siempre? Entonces, ¿por qué dice que habrá más guerras? ¿Qué hay de la paz que prometió? La trayectoria de la redención de Dios siempre ha sido un proceso. Su gente todavía no se ha arrepentido. Todavía no tienen corazones nuevos. Todavía no pone Su Espíritu dentro de ellos. Y el eterno Mesías-Rey todavía no ha establecido Su reino en la tierra. La cronología de setenta años de Dios era para el regreso a Jerusalén, pero las promesas de paz siempre nos han apuntado hacia Cristo y Su Reino eterno. Mientras tanto, habrá transgresión y guerra, pero en el lado positivo, hay más tiempo para que la gente se arrepienta. Algunos de los sabios serán perseguidos, pero la persecución no es el final para ellos. La gloria lo es. Sin embargo, el rey malvado "llegará a su fin, sin nadie para apoyarle". Israel padecerá una guerra horrible —la peor que han visto— pero toda la gente de Dios ha sido considerada por nombre y sobrevivirá.

Luego, por primera vez en la Biblia hebrea, las Escrituras explícitamente abordan la vida después de la muerte. Hasta este punto, generalmente solo hemos escuchado de la muerte referida como "la tumba", con solo unas pistas sobre la vida después de la muerte. Aquí, el ángel dice que aquellos que duermen en el polvo (los muertos) se despertarán a enfrentar una de dos realidades: la vida eterna o la vergüenza y desdén eterno. Dios le dice a Daniel que ya tiene designado un lugar específico para él, en la vida después de la muerte. Después, otros dos ángeles aparecen y uno quiere saber cuándo sucederán estas cosas. El ángel principal responde con una frase que ha indicado típicamente tres años y medio.

VISTAZO DE DIOS

Algunas veces queremos saber exactamente qué esperar, porque eso nos libera de tener que confiar en Dios —tratamos los detalles sobre el futuro como una cobija de seguridad. Pero el único conocimiento que trae seguridad, es el conocimiento de quién es Dios. Hay muchas cosas en este libro que Dios solo le dijo a Daniel. No compartió otras cosas, aún cuando Daniel pregunta (12:8). Incluso algunos ángeles no están informados sobre ciertas cosas. Mientras leemos estas profecías, podemos descansar sabiendo que no tenemos que manejar a la perfección el libro de Daniel y planear lo que podría o no pasar en el futuro —porque YHVH ya está allí y ¡Él es donde el júbilo está!

ESDRAS 1–3

Esta narrativa histórica abarca casi un siglo, aunque no conocemos a Esdras hasta varios capítulos después. El libro comienza con el rey Ciro de Persia, quien acaba de derrotar a Babilonia. Él es pagano, pero Dios agita su espíritu para reconstruir el templo en Jerusalén, por lo que envía a cincuenta mil exiliados a casa con las mejores provisiones y los cinco mil cuatrocientos vasos robados del templo. El registro histórico de las familias que regresan los remonta a las familias que dejaron Jerusalén en el exilio. Para aquellos que no se pueden rastrear, el autor dice: "Estas personas están volviendo a Israel desde Babilonia, pero no tenemos la certeza que vinieron originalmente de Israel. Para estar seguros, no se les permite ser sacerdotes".

Después de haber regresado a Israel, haber estado durante siete meses y haberse establecido en sus pueblos y casas, se reúnen en Jerusalén. Han comenzado a tener miedo porque se encuentran con las personas que se mudaron a su tierra mientras estaban en el exilio, por lo que echan raíces que los conectan de nuevo con Dios. Reconstruyen el altar en Jerusalén y hacen ofrendas quemadas y ofrendas voluntarias.

Vemos la palabra *libre albedrío* tres veces en la lectura de hoy. Se traduce más o menos como "voluntario". Cada vez que lo vemos en las Escrituras, le sigue la palabra "ofrenda", por lo que la frase "ofrenda voluntaria" se relaciona a una donación voluntaria, algo que las personas le están dando a Dios, más allá de la línea de base de lo que Él ha requerido de ellos. En los tiempos modernos, hemos abandonado las palabras "donaciones" y "voluntario" y simplemente lo llamamos una "ofrenda", pero el idioma de la iglesia varía en cada denominación y cultura. Dicho todo esto, cuando las personas usan la frase "diezmos y ofrendas", ambas palabras están relacionadas con el dinero, pero generalmente pertenecen a dos aspectos diferentes de dar. El diezmo literalmente significa "décimo" y las ofrendas a menudo se consideran cualquier porción por encima y más allá de eso. Este puede ser un tema controvertido. Algunos eruditos dicen que ya no estamos obligados a diezmar, por lo que todo lo que le damos a Dios entraría en la categoría de "ofrenda". Y otros dicen que el diezmo sigue siendo algo que Dios le pide a Su pueblo como una demostración de su fe en Su provisión y como un medio para sostener a las personas que sirven a Su reino y a Su iglesia con sus vidas.

Los exiliados recientemente devueltos le están dando a Dios generosamente y también están usando parte del dinero de la subvención que Ciro les dio para comprar suministros en preparación para la construcción del templo. Y después de unos dos años, bajo el liderazgo de Zorobabel y Jesúa, comienzan a nombrar sacerdotes. También comienzan a sentar las bases para la reconstrucción del templo, de acuerdo con las instrucciones que David le dio a Salomón cuando construyó el primer templo. Muchas de las personas están muy entusiasmadas con esto y tienen un servicio de adoración.

Pero en medio de todas las guitarras, tambores y máquinas de humo, algunas de las personas mayores, que han estado alrededor el tiempo suficiente para recordar el primer templo, están sentadas en la fila de atrás llorando. Algunos comentaristas dicen que están de luto por que este templo no está a la altura del primer templo, pero eso parece contradecir lo que dice 3:10 sobre su construcción de acuerdo con los planos de David. Otros dicen que solo están recordando todo lo que han pasado y que sus ojos están tan fijos en el pasado que no pueden celebrar activamente lo que Dios está haciendo en el presente.

VISTAZO DE DIOS

"Porque Él es bueno, su gran amor perdura para siempre [hacia Israel]" (Salmos 136:1). ¡Estamos hoy en medio de una promesa cumplida! Los israelitas están de vuelta en la tierra después de haber sido llevados al exilio. ¡Finalmente! Se están haciendo ofrendas en el altar, se están restableciendo los sacerdotes, se están construyendo los cimientos e independientemente de lo que fue o será este templo, ¡estamos viendo el cumplimiento de las promesas de Dios a Su pueblo! Él ha estado trabajando incluso en los corazones de Sus enemigos para bendecir a Su pueblo. Los está trayendo de vuelta a la tierra. ¡Él está restaurando, Él está rehaciendo! y ¡Él es donde el júbilo está!

ESDRAS 4–6; SALMOS 137

Ayer los exiliados que regresaron comenzaron a reconstruir el templo. Hoy eso se detiene por completo. Algunos de sus enemigos locales intentan detener el plan ofreciendo ayuda falsa, pero Zorobabel y Jesúa los envían a empacar porque Ciro dijo que los israelitas que regresaron del exilio deberían reconstruirlo. El próximo plan de los enemigos es sobornar a los funcionarios y mentir; funciona por un tiempo: el proyecto de construcción se detiene durante aproximadamente quince años. Cuando el nuevo rey Asuero comienza su reinado, le escriben una carta para asegurarse que sepa por qué han pedido que se detenga el proyecto de construcción. Cuando su sucesor Artajerjes se hace cargo, escriben otra carta llamando a los judíos rebeldes. Artajerjes investiga y ve su punto, por lo que decide cerrar las cosas. Los enemigos de Israel obtienen el mandato del rey y corren hacia Jerusalén y los obligan a dejar de construir nuevamente.

En el capítulo 5, los profetas Hageo y Zacarías alientan a los judíos en medio de los ataques de sus enemigos. Como resultado, Zorobabel y Jesúa, los actuales líderes de los exiliados que regresaron, reúnen a las tropas para comenzar a reconstruir. Mientras tanto, el gobernador y su equipo pasan a inspeccionar el sitio, luego envían una carta al nuevo rey Darío de Persia diciendo: "Los judíos en Jerusalén están reconstruyendo el templo. Aparentemente, sus antepasados lo construyeron hace mucho tiempo, pero luego enojaron a Dios, así que los llevó al exilio. ¡Ahora dicen que Ciro los envió de regreso a casa y dijeron que podían reconstruir su templo e incluso les dieron un montón de vasijas para ello! ¿Podrías verificar los registros para ver si eso es cierto? Porque realmente no estamos seguros de cómo proceder".

Darío revisa todos los archivos y finalmente encuentra la información en uno de los almacenes en la casa de verano del rey en las montañas. Revela que no solo Ciro les había dado permiso para reconstruir el templo, sino que también les dio permiso para construirlo *seis veces más grande* que antes y luego siguió diciendo: "Que el costo se pague del tesoro real". Darío le responde al gobernador y le dice: "Retrocede. Déjalos reconstruir. El único momento en que necesitas molestarlos es para escribirles un cheque, porque les estás pagando la factura. Dales todos los suministros que les hagan falta y lo que necesiten para sacrificios y ofrendas todos los días. Haz lo que sea necesario para que puedan continuar buscando a Dios y orar por mí y por mi familia. PD: Nadie puede cambiar esta orden o recibirá la pena de muerte y convertiré su casa en un vertedero. Y que Dios derroque a cualquiera que intente derrocar a los judíos o destruir su templo". ¡Guau!

El gobernador hace lo que se le ordena y los judíos prosperan. Hageo y Zacarías continúan profetizando y el equipo de construcción sigue trabajando hasta que terminan el templo y se lo dedican a Dios. Luego celebran la Pascua, setenta años después de su exilio, tal como Dios lo prometió. Y lo que es más: ¡esta Pascua no es solo para los judíos! ¡Es para cualquiera que adore a YHVH, incluidos los gentiles! ¡Ellos son bienvenidos a la familia de los israelitas!

El salmo 137 hace referencia a la destrucción de Jerusalén y relata el tiempo en que estuvieron exiliados en Babilonia y recordando la vida en Jerusalén. Si bien se sentía como una tortura pensar en su tierra natal, también era una tortura pensar en olvidar su tierra natal. Le piden a Dios que castigue a sus enemigos y les haga justicia. Termina con una expresión impactante de ira y dolor, recordándonos nuevamente que Dios puede manejar nuestras peores emociones.

VISTAZO DE DIOS

Si el enemigo no hubiera tratado de detener a los judíos de la reconstrucción, los judíos habrían reconstruido, pero hubieran tenido que pagar sus propias cuentas. ¡En cambio, Dios lo resuelve para que los esfuerzos del enemigo para frustrar Sus planes resulten en un mejor desenlace para Su pueblo! Los enemigos de Dios engañan, frustran y acusan. Manejan el miedo como arma y si no pueden detenerte por completo, intentarán desanimarte para que renuncies. *Pero Dios;* Él dice: "Tomaré sus mentiras, sus intrigas y su manipulación y las usaré como herramientas para exponer la verdad, bendecir a Mi pueblo y avanzar Mi reino". Nadie puede lograr ese tipo de historia de redención como YHVH. ¡Él es donde el júbilo está!

HAGEO 1-2

Ayer conocimos al profeta menor Hageo en Ezra. Él y Zacarías estaban alentando a los exiliados de Judá que regresaron, mientras trabajaban para reconstruir el templo; hoy descubrimos lo que dijo. Después que los exiliados regresan de Babilonia, su primer sumo sacerdote es Jesúa (también llamado Josué). Hageo tiene una conversación con Jesúa y Zorobabel, el gobernante local sobre Judá, confrontando a ambos sobre las prioridades equivocadas del pueblo. Hageo dice: "No importa lo que hagas en tus propios hogares y estilos de vida, nunca será suficiente. Siempre querrás más. Pero ¿sabes cuál sería un uso sabio de tu tiempo y un uso justo de tu energía? Reconstruir la casa de Dios. Y hasta que te concentres en lo que importa, Dios va a retener todo lo que intentas ganar". Jesúa y Zorobabel saben que las palabras de Hageo son ciertas. Pero no todo es corrección: Hageo también ofrece consuelo: ¡Dios está con ellos! ¡Entonces Dios despierta los espíritus de todas las personas para que le obedezcan! ¡En unas pocas semanas, volverán a construir!

Cuando han estado reconstruyendo durante aproximadamente un mes. Dios le dice a Hageo que identifique a todas las personas que vieron el primer templo con sus propios ojos antes que Babilonia lo destruyera. Luego dice: "Este nuevo templo que estamos construyendo no parece mucho, ¿verdad? Es una sombra del primero, ¿cierto? Pero no te preocupes, esto es solo el comienzo". Luego Dios dice: "Trabaja, porque Yo estoy contigo, declara el SEÑOR de los ejércitos ... Mi Espíritu permanece en medio de ti. No teman". Les recuerda que mantengan la cabeza abajo y sigan trabajando porque Él está con ellos. Él está en proceso de construir algo que aún no pueden ver. Es el dueño de toda la plata y el oro y todos los tesoros de todas las naciones; y algún día todo eso se evidenciará en el lugar donde Él elija morar. ¡Él no dice cuándo, pero hará que Su morada sea magnífica!

Meses después, mientras todavía están reconstruyendo, Dios le hace una pregunta a Hageo para Jesúa el Sumo Sacerdote: si un alimento sagrado toca un alimento común, ¿eso hace sagrado al alimento común? No, pero ¿por qué? Si las vestiduras de los sacerdotes pueden transmitir santidad, ¿por qué la carne utilizada para un sacrificio no puede hacer lo mismo? La única diferencia es que las vestimentas de los sacerdotes han estado en presencia de la gloria de YHVH, mientras que la comida que Hageo describe es simplemente santa en el sentido que ha sido solo "apartada" para ser utilizada como sacrificio. La gloria de la santidad de YHVH supera con creces algo que ha sido designado para sacrificio.

Entonces Hageo tiene otra pregunta: ¿se puede transmitir la impureza? Esta vez la respuesta es sí. Aunque la cultura occidental moderna es muy diferente de la antigua cultura judía, esto tiene sentido para nosotros. Si nuestra mano limpia toca un grifo sucio, el grifo no se limpia, pero nuestra mano se ensucia. Entonces Hageo llega al punto hacia el que se ha estado dirigiendo. Dios dice: "Dado que así es como funcionan las cosas, tenemos un problema con las personas que construyen el templo. Sus corazones no están limpios, por lo que sus manos no están limpias, por lo que están construyendo un templo contaminado desde las fundaciones. ¿Quizás has notado que sigo frustrando sus esfuerzos para terminarlo? ¿Tal vez has visto cómo se trata de «dos pasos adelante y uno atrás»? Ese soy Yo. Yo estoy haciendo eso. No quiero que llegues al final de este proyecto y que todo sea un edificio inmundo en el que no pueda morar y en el que no puedas adorar. Quiero sus corazones. ¡No su trabajo duro! Tenemos un problema de corazón, no un problema de construcción. Pero la buena noticia es: ¡Estoy aquí para cambiar eso!". Entonces Dios dice que tiene grandes cosas reservadas para Zorobabel, quien es un descendiente directo del rey David.

VISTAZO DE DIOS

"El esplendor de esta segunda casa será mayor que el de la primera" (2:9). Después de todo lo que Israel ha hecho para romper el corazón de Dios a través de los años, ¡merecen una degradación, en el mejor de los casos! No es como si hubieran aprendido su lección. Incluso hoy, se centran de manera egoísta en sus propias casas en lugar de la de Él, siendo codiciosos y tontos nuevamente, construyendo con manos y corazones impuros. ¡Pero todavía les promete que Él morará entre ellos nuevamente y que será aún mejor que antes! ¡Guau! No importa lo que esté destruido, Dios puede reconstruir. Y cuando Dios reconstruye algo, lo mejora. ¡Él es donde el júbilo está!

ZACARÍAS 1–4

Zacarías es uno de los profetas de los exiliados repatriados y también es un sacerdote. A través de él, Dios quiere que la generación actual sepa cómo los pecados de sus ancestros impactaron las cosas y les ruega que no vayan por el mismo camino. Esas personas ya se han ido y aun los profetas que Él había enviado para que les advirtieran también ya no estaban, pero Él continúa acá con el mismo mensaje, porque la verdad no miente. Sus ancestros eventualmente se arrepintieron mientras estaban en el exilio y reconocieron que sus pecados merecían castigo.

Entonces nos lanzamos a la visión 1 de 9 de este libro y las primeras ocho probablemente sucedieron una tras otra en la misma noche. La visión 1 es un grupo de caballos enviados a vigilar la tierra. Reportan que todo está tranquilo. El problema es: la nación *no* debería estar tranquila. Han maltratado al pueblo de Dios y Él no lo va a dejar pasar. Mientras Él ha retornado a Jerusalén con misericordia, esta misericordia es para Su pueblo y *no* para aquellos que se oponen a Él. Él consolará a Sión y elige a Jerusalén, *no* a Sus enemigos. Para aquellos que se oponen a Él, Su ira se ha incrementado. Durante todo esto hay un hombre en los árboles, el Ángel del Señor, por lo que es muy posible que Jesús preencarnado es quien está actuando como mediador entre Dios el Padre y Sus caballos vigilantes.

La visión 2 es de cuernos y trabajadores expertos como canteros y herreros. Los cuatro cuernos representan naciones e imperios, específicamente aquellos que han dispersado al pueblo de Dios (posiblemente Asiria, Babilonia, Grecia y Roma). Los herreros los golpean como castigo.

En la visión 3, un hombre mide a Jerusalén. Dos ángeles le dicen a Zacarías que le deje saber al hombre que Dios llenará Jerusalén y que Él será su protección a su alrededor. Les dice a los exiliados que retornen a casa a Jerusalén, porque Él personalmente tratará con cualquiera que se meta con ellos, ellos son la niña de Sus ojos. Luego Él reitera que los extranjeros se unirán a Israel como Su pueblo: "muchas naciones se unirán al SEÑOR, ellas serán Mi pueblo".

El sumo sacerdote Josué es la figura clave en la visión 4. Está parado en frente del Ángel del SEÑOR (es decir, probablemente Jesús) y Satanás también está ahí, haciendo acusaciones en contra de Josué. La palabra *satanás* significa "acusador", por lo que esto tiene sentido, el acusador está ahí acusando. Pero a pesar del hecho que Josué está usando ropa sucia, el SEÑOR reprende a Satanás por sus acusaciones en contra de Josué, luego se refiere a Josué como ¡el tizón rescatado del fuego! Es una imagen poderosa. Dios le da ropa limpia y un turbante nuevo para que use, luego le dice: "Si andas en mis caminos, tendrás la primicia de la historia de redención que Yo estoy escribiendo y serás parte de ella". Es más que seguro que la referencias que Dios hace de Su siervo el Renuevo está apuntándonos hacia Cristo quien es llamado el Renuevo en otras partes de las Escrituras; y cuando Dios menciona el día cuando la iniquidad es removida (3:9), es una referencia al triunfo de Cristo sobre el pecado. Dios le muestra a Josué que está preparado para ser parte del comienzo del Reino; Dios lo llama a ser fiel.

La visión 5 es un candelabro de oro (o sea, una menorá) con siete lámparas cada una tiene siete tubos, para un total de cuarenta y nueve luces, más un recipiente en la parte superior. Al lado hay dos árboles de olivo y sus aceites alimentan las lámparas. En las Escrituras, el aceite con frecuencia representa a Dios el Espíritu. Los árboles representan a los ungidos, *hijos del aceite fresco* en hebreo. Muchos eruditos dicen que estos son Josué y Zorobabel, quienes han sido recientemente escogidos y ungidos para servir a los propósitos de Dios con los exiliados que retornaban. Y como la visión insinúa, ellos no lo harán por su propia fuerza o poder, pero por el Espíritu de Dios, ¡el aceite que fluye a través de ellos!

VISTAZO DE DIOS

Cuando Satanás acusa a Josué ante Dios, Dios manda a que se le quiten todas las vestiduras sucias y que se le ponga ropa limpia. Luego Dios dice: "Voy a vestirte con ropas espléndidas". Es increíble que nos vistamos con túnicas de justicia en vez de nuestra ropa empapada de pecado, pero es aún más asombroso que Dios no le dice a *Josué* que se quite la ropa sucia o que se ponga la ropa limpia. Dios mismo toma esa responsabilidad. Esto es obra de Dios, no de Josué. La justicia es algo que se nos hace a nosotros y *para* nosotros, no *por* nosotros. No podemos limpiarnos a nosotros mismos, pero Él sí puede y por Su gracia, Él lo hace. Él es donde nuestra justicia está y ¡Él es donde el júbilo está!

ZACARÍAS 5-9

Ayer terminamos a mitad de la extraña noche de múltiples visiones de Zacarías. Hoy retomamos con la visión 6, que incluye un manuscrito volador aproximadamente del tamaño de una cartelera publicitaria. Vuela sobre la ciudad trayendo juicio a todos quienes desobedecen las leyes de Dios. Las dos leyes mencionadas en la visión representan los dos tipos de pecado: pecado en contra de nuestro prójimo y pecado en contra de Dios, que finalmente representan *todas* las leyes de Dios. El ángel llama al manuscrito una "maldición", algunos dicen que esto significa que el manuscrito solo contenía las maldiciones por romper el pacto, no los beneficios de mantenerlo. Otros dicen que esto nos recuerda que el propósito de la ley es revelar que todos nosotros merecemos la muerte. Solo en Cristo encontramos vida y libertad de las maldiciones de la ley (Gálatas 3:13).

La visión 7 es de una mujer que representa la maldad. El ángel la sella en una canasta antes que esta sea llevada a Babilonia, por mujeres en forma de cigüeñas, donde construirán una casa para ella y la canasta. Algunos creen que la mujer representa a la diosa pagana Aserá y otros dicen que ella solo es un símbolo. Esta visión parece sugerir que Babilonia es la nueva representación de la maldad; después de todo, es donde la casa del mal está siendo construida. El libro de Apocalipsis toma mucho tiempo hablando de la maldad de Babilonia.

Encontramos más caballos en la visión 8. Los caballos simbolizan poder y fuerza; y como estos cuatro carruajes van a los cuatro rincones de la tierra, esto demuestra que el poder de YHVH se extiende sobre toda la tierra, aún en las direcciones asociadas con Sus enemigos. Dios hace que Zacarías tome oro y plata de los exiliados, forme una corona con eso y la coloque en la cabeza de Josué el Sumo Sacerdote. Luego Zacarías tiene una visión adicional llena de una mezcla de imágenes sacerdotales y reales. Están poniendo una corona en la cabeza de un sacerdote que tradicionalmente usa un turbante. Luego hay un sacerdote sentado en un trono en el templo y también hay una corona. Toda esta combinación está presagiando a Jesús, el Rey Mesiánico. Y Josué el Sumo Sacerdote es el renuevo que es predecesor de "*el* Renuevo"

En el capítulo 7, algunos hombres piden consejo a Zacarías. Han estado en el hábito de ayunar por dos meses cada año y quieren saber si deben continuar. Los eruditos especulan sobre su motivación al preguntar —o quieren ser felicitados por ayunar con regularidad o quieren un "100" en prácticas religiosas ya que las cosas en Jerusalén no están a la altura de sus estándares. Dios los compara con sus ancestros: "Cuando ayunaban, ustedes no estaban ayunando pensando en mí. Cuando comían, ustedes no comían pensando en mí. Todo lo que hacen es egoísta, no quiero sus acciones religiosas sin un cambio de corazón. Y esto será evidente cuando sus corazones *hayan cambiado* porque les importarán cosas que a mí me importan: justicia, bondad y misericordia. Sus ancestros nunca llegaron ahí. En lugar de transformarse más en mí, sus corazones se hicieron más duros, por eso los dispersé".

No todas las promesas que Dios ha hecho a Su pueblo han sido cumplidas todavía y no todo lo que sus ancestros perdieron ha sido restaurado todavía. Dios sabe que ha sido traumático y habla verdad a sus esperanzas perdidas y a sus más profundos dolores. Describe niños jugando en las calles, una profecía que ha sido cumplida, por lo menos en parte, dice que algún día los extranjeros desearán viajar a Jerusalén, esto ¡también ha sido cumplido! ¡Y continúa diciéndoles que está cerca y que ellos juegan un rol vital en Su plan para la restauración!

VISTAZO DE DIOS

Jesús aparece repetidamente en la lectura de hoy. "Mira, tu rey viene hacia ti, justo, Salvador y humilde. Viene montado en un asno, en un pollino, cría de asna" (9:9). Reconocemos la parte del asno, porque Jesús montó por Jerusalén en un asno en Mateo 21, pero aún sin el asno, Él es inconfundible. Proclama paz para las naciones en el versículo 10. Domina hasta los confines de la tierra. A través de la sangre de Su pacto, en el versículo 11, libera a los cautivos. Restaura el doble a los cautivos de la esperanza en el versículo 12. Salva a Su pueblo y ellos brillan como joyas en Su corona en el versículo 16. Y en el versículo 17 dice: "¡Qué bueno y hermoso será todo ello!". Cuando lo contemplamos, no podemos negarlo, todo acerca de Él es lo que nuestra alma sabe que le hace falta. ¡Él es donde el júbilo está!

ZACARÍAS 10-14

Dios promete castigar a los líderes malvados de Judá. Debido a su pasividad, la gente buscó orientación de fuentes malvadas: adivinos y dioses falsos. Por otro lado, mientras las ovejas de Dios estén bajo Su cuidado, crecerán fuertes y tendrán victoria sobre el enemigo. Las traerá de vuelta de las naciones donde se han dispersado y las multiplicará nuevamente en la tierra prometida. Dios tiene a Zacarías como pastor del rebaño destinado a la destrucción. Algunos dicen que esta es una parábola profética destinada para ayudarlo a comprender mejor la perspectiva de Dios. Otros dicen que es una señal de acto, donde literalmente se convierte en el pastor del grupo de animales conocido como "el rebaño condenado a la matanza". Este título probablemente se refiere a los animales mantenidos cerca del templo para ofrendas de sacrificio. Como no todos poseen animales, algunas personas tienen que comprar animales para sacrificarlos. Pero los dueños de los animales y los pastores son personas malvadas que solo se preocupan por dinero, no por los animales. Esto es paralelo a la relación entre los líderes de Judá y el pueblo de Dios. Zacarías inicialmente se compadece de las ovejas, despidiendo a los pastores malvados. Los guía con dos bastones, a los que llama favor y unión, o amabilidad y unidad, que representan no solo su relación con las ovejas individualmente, sino también la relación que las ovejas tienen como rebaño. Pero pierde la paciencia con ellos porque lo odian. Rompe su bastón por la mitad y renuncia a su trabajo. Obtiene un pago de treinta piezas de plata, pero Dios dice que se lo dé a la persona que hace las ollas de barro para el templo.

El capítulo 12 profetiza que las naciones atacarán Jerusalén pero Dios luchará en nombre de Judá y destruirá aquellos que vienen en contra de ellos usando el pánico como su arma. ¡Judá reconocerá a YHVH como la razón de su victoria! Derramará sobre Su pueblo: Su espíritu de gracia y misericordia, el cual cambia a las personas. El versículo 10 dice: "y entonces pondrán sus ojos en mí. Harán lamentación por el que traspasaron, como quien hace lamentación por su hijo único; llorarán amargamente, como quien llora por su primogénito". Juan 19:37

señala este versículo como una profecía de Jesús: lo traspasaron y llorarán por Él, el Hijo primogénito.

El capítulo 13 nos da más profecías de Jesús. Él es la fuente que lava a Su pueblo de sus pecados e impurezas. Algún día, Él arrancará a todos los ídolos y falsos profetas sobre la tierra, ya no necesitarás profetas cuando todas las profecías se hayan cumplido. Los falsos profetas se esconderán, pero no podrán mantener el engaño porque sus espaldas están cubiertas de las cicatrices que obtuvieron en las prácticas de cortaduras asociadas con la adoración de dioses falsos. El versículo 7 se cita en Marcos 14:27 cuando Jesús muere. "Heriré al pastor, y se dispersarán las ovejas". Y eso es lo que sucedió cuando Jesús murió: las ovejas se dispersaron. Pero en el gran plan de Dios, ¡así es exactamente como el evangelio se extendió a todas las naciones! Habrá pruebas y santificación, pero lo que parece ser solo trágico se usa para la gloria de Dios y el bien de todo Su pueblo.

El capítulo 14 cuenta nuevamente las futuras profecías del próximo Día del Señor, algunas de las cuales suenan como una guerra química. En ese día Dios, presumiblemente Dios el Hijo, se parará en el Monte de los Olivos que se dividirá, probablemente por un terremoto, causando que un río de Jerusalén fluya. ¡Dios reinará en la tierra y sobre todo lo que hay en ella!

VISTAZO DE DIOS

Zacarías se convierte en el pastor del rebaño destinado a la matanza. Esta profecía nos señala a Jesús repetidamente. Treinta piezas de plata es el precio que se paga a Judas Iscariote por traicionar a Jesús con las autoridades (Mateo 26:14-16). Zacarías le da las suyas a los alfareros del templo y cuando Judas se arrepiente de haber traicionado a Jesús, arroja la plata al templo y es usada para comprar su parcela en el campo de un alfarero (Mateo 27:3-10). Y por supuesto, Jesús es el "cordero destinado a la matanza"; este era el plan del Padre incluso antes que se formara el mundo (Apocalipsis 13:8). Zacarías 11 es oscuro, pero nos señala a Jesús el Buen Pastor, quien primero fue rechazado por Sus ovejas y luego tomó el lugar de esas ovejas en la matanza. Él es el pastor y el sacrificio, porque cuando se trata de Sus hijos, Dios proporciona todo lo que necesita. ¡Él es donde el júbilo está!

ESTER 1-5

Ester es el único libro en las Escrituras que no menciona el nombre de Dios, pero lo vemos en las sombras de cada escena, trabajando en armonía con Su plan y Sus promesas. Asuero es rey de Persia. No es seguidor de YHVH; es solo un rey pagano en un imperio pagano. Organiza una fiesta masiva de seis meses, presumiblemente para él. Como gran final, quiere que su bella reina Vasti salga y dé una vuelta con su corona ... y posiblemente nada más. Ella se niega a venir, lo cual para el rey es una afrenta a su ego y su trono. Él llama a una reunión de personal para averiguar qué tipo de castigo se le permite darle. Sus asesores se ofenden personalmente ante las acciones de la reina porque ahora sus esposas sentirán que también pueden hacer lo que quieran. Escriben una ley que la destierra y la reemplaza.

Hacen un concurso de belleza obligatorio para encontrar su reemplazo. Reúnen a todas las hermosas y jóvenes vírgenes de las ciento veintisiete provincias en el territorio del rey Asuero, básicamente secuestrándolas y forzándolas al harén del rey. Algunos eruditos sugieren que esto podría ser voluntario, pero dada la forma en que el rey Asuero y sus asesores parecen ver a las mujeres, es poco probable. Esto es más similar al tráfico humano de personas, de niñas en el rango de edad de doce a catorce años. Su personal pasa aproximadamente un año preparando a cada niña y luego las visten para que pueda decidir cuál quiere esa noche. Para el rey Asuero, elegir una nueva reina es un proceso de audición en el que cada niña primero pasa una noche con él y después es devuelta por la mañana. Esencialmente, el rey pasa años violando sistemáticamente a todas las chicas que ha secuestrado para decidir cuál le gusta más. Después de su noche con el rey, se suman a su creciente lista de concubinas mientras él pasa a la siguiente, devastando a toda una generación de mujeres en Persia.

Entre ellas hay una niña llamada Ester. Ella ha sido criada por su primo Mardoqueo. Él la protege y a pesar de ser judío en Persia, tiene una buena posición. La hace mantener su nacionalidad en secreto. Cuatro años después que Vasti fuera despedida, el rey finalmente elige a Ester para pasar la noche. Esto es casi mil quinientos días; y posiblemente mil quinientas niñas, más tarde. Ester ejerce sabiduría y humildad; y Dios le concede su favor con el rey, quien la convierte en su nueva reina. Cuando Mardoqueo escucha un complot para atacar al rey Asuero, le pasa la información a Ester, quien le cuenta a su nuevo esposo. Los conspiradores son ahorcados y normalmente Mardoqueo hubiera sido honrado, pero es olvidado. Este descuido divino prepara la mesa para lo que sigue.

El rey Asuero establece un nuevo puesto donde nombra como segundo al mando a Amán el agagita, descendiente de uno de los enemigos más antiguos de Israel, los amalecitas. Mardoqueo se niega a inclinarse ante él, por lo que ahora Amán quiere matar a todos los judíos. ¡Le dice al rey Asuero que estos forasteros están desobedeciendo la ley y deben ser detenidos! ¡Incluso se ofrece a hacer la ejecución él mismo! El rey Asuero dice que sí y envían cartas a todas las provincias el día antes de la Pascua, diciendo que los judíos en Persia serán asesinados en once meses. Mardoqueo le dice a Ester que su vida también está en peligro, ¡y esta puede ser la razón por la que está en esta posición! Parece animarse por él y dice: "Ayunemos durante tres días, entonces quizás el rey me vea. Si muero en el intento, vale la pena correr el riesgo".

Cuando el rey la invita a entrar, ella le devuelve el favor invitándolo a él y a Amán a cenar. Él le ofrece todo lo que quiere y ella solicita otra fiesta para la noche siguiente. Amán está muy feliz hasta que Mardoqueo se niega nuevamente a inclinarse ante él. Su esposa trata de consolarlo diciéndole que debe construir una horca gigante para Mardoqueo y él hace que la construyan de la noche a la mañana.

VISTAZO DE DIOS

En 4:14 Mardoqueo dice: "Si ahora te quedas absolutamente callada, de otra parte vendrán el alivio y la liberación para los judíos, ... ¿Y quién sabe si no has llegado al trono precisamente para un momento como este? Mardoqueo sabe que Dios ha prometido preservar a Su pueblo y confía en que Dios será fiel a Su palabra. Él le dice a Ester que ella puede ser la herramienta que Dios use para cumplir sus planes y cumplir sus promesas. A pesar de estar de luto, a pesar de estar bajo una amenaza de muerte, Mardoqueo se apoya en lo que sabe que es verdad sobre YHVH. ¡Él es nuestra única esperanza y Él es donde el júbilo está!

ESTER 6–10

El equipo de Amán está trabajando en la horca, que es más como un gran pico para atravesar a una persona. Mientras tanto, el rey Asuero no puede conciliar el sueño, lo cual en realidad es la providencia de Dios trabajando. Para combatir su insomnio, le pide a uno de su personal que le lea un cuento antes de acostarse sobre todo lo que ha sucedido desde que asumió el cargo. ¡Es ahí cuando se da cuenta que nunca le agradeció a ese buen hombre que le salvó la vida! ¡Ese error divino de hace cuatro años que lo trajo hasta este mismo momento! Justo llegando el amanecer, Amán va donde el rey para pedirle permiso para colgar a Mardoqueo. Pero antes que pueda hacerle la pregunta, el rey Asuero dice: "Supón que quiero honrar a alguien. ¿Cuál es la mejor manera de hacer eso?". Amán saca su lista de ideas principales: por supuesto que son todas las formas en que quiere ser honrado y espera que el rey lo honre. Cuando termina, el rey Asuero dice: "¡Genial! ¡Ve a hacer todas esas cosas para Mardoqueo! Amán es humillado, liderando un desfile por el centro de la ciudad a favor de Mardoqueo.

Amán regresa para otro banquete con el rey y la reina. Una vez más, el rey le ofrece a la reina lo que quiera y ahí es cuando ella le informa sobre lo que Amán le ha hecho a ella y a su pueblo. El rey está furioso, así que sale a tomar aire fresco. Mientras tanto, Amán le ruega a Ester que le salve la vida. El vino se menciona mucho en este pasaje, por lo que tal vez Amán está borracho cuando se cae en el sofá donde está sentada Ester. Y dado que Dios es soberano incluso sobre el tropiezo de un borracho tonto, sucede justo cuando el rey vuelve a entrar. Él piensa que es un asalto de algún tipo y sus guardaespaldas agarran a Amán y se lo llevan para matarlo. La muerte que Amán planeó para Mardoqueo es la que le toca a él.

Ester le dice al rey Asuero que Mardoqueo es su primo y guardián y (a eso atribuye la herencia de Amán). El rey lo asciende a la posición de Amán. Pero el reloj sigue avanzando hacia el pronunciado edicto contra los judíos en las provincias de Persia. Ester le ruega al rey que revierta el edicto, pero los edictos reales son irreversibles. El rey le da permiso a Ester y a Mardoqueo de escribir lo que quieran y se les ocurre un plan brillante: como no pueden evitar que la gente ataque a los judíos, les darán permiso a los judíos para defenderse y saquear los bienes de cualquiera que los ataque. Esperan que este nuevo edicto disuada a la gente de atacar a los judíos, pero para aquellos que aún ataquen, ¡los judíos al menos tendrán bases legales para defenderse!

Esto es un gran alivio para los judíos. De hecho, muchos lugareños se convierten al judaísmo o afirman ser judíos solo para asociarse con quienes llevan la ventaja. Si es lo último, nadie respalda esas mentiras, solo nos muestra cómo esto impacta el clima político.

Cuando llega el día, los judíos son atacados, por lo que se defienden y matan a setenta y cinco mil atacantes. Pero no se llevan el botín. Esto puede sonar como un movimiento tonto, pero parece más un movimiento de honor. He aquí por qué: ¿recuerdas cómo Amán es un descendiente de los amalecitas, los enemigos de toda la vida de los israelitas? Cuando lucharon unos contra otros en 1 Samuel 15, Dios ordenó a los israelitas que no tomaran el botín de su victoria, pero Saúl lo hizo y Dios lo castigó por ello. Es posible que estén tratando de corregir lo que Saúl había hecho mal en la guerra de sus padres hace seiscientos años, con el objetivo de honrar los mandatos de Dios en lugar de aprovechar lo que tienen a su disposición. ¡Matan a los hijos de Amán y luego celebran su victoria! También hacen de esta una celebración anual conocida como Purim.

VISTAZO DE DIOS

Dios es práctico a pesar de su aparente ausencia. Él está trabajando, cambiando los planes de los malvados para que caigan sobre ellos mismos. Está trabajando, cambiando cosas para los justos también, ¡para bendecirlos! Está trabajando, cumpliendo sus promesas a pesar de un edicto irreversible del rey. Ester no es la heroína y Mardoqueo tampoco es el héroe. ¡YHVH obviamente está orquestando cada detalle de esta historia para ser el Salvador de Su pueblo! El tiempo revelará cómo Dios te está rescatando en tu situación actual. Puede parecer ausente, pero siempre está trabajando, cumpliendo sus promesas para nuestro bien y para Su gloria. Se puede confiar en Él. ¡Él es donde el júbilo está!

ESDRAS 7–10

Los eventos de hoy ocurren aproximadamente sesenta años después de los primeros seis capítulos. Esdras vive en Babilonia hasta que Persia la conquista, ¡entonces el rey Artajerjes de Persia lo envía a él y a algunos otros israelitas de regreso a Jerusalén, ofreciendo bendiciones y provisiones enormes y prometiendo ocuparse de todo lo que Esdras necesite! Él hace que Esdras designe magistrados y jueces para enseñar y promulgar las leyes del SEÑOR. ¡Y el templo obtendrá un pase para pagar impuestos! Esta es una misión emocionante para Esdras —es un erudito de la Torá que nació en el exilio ¡y ahora enseñará las Escrituras en Jerusalén! Probablemente tenga veintidós años y esto es mucha autoridad para un hombre tan joven, pero él sabe de dónde proviene la misión y sabe dónde reside su fortaleza. Alaba a Dios por poner estos planes en el corazón del rey y dice: "Y porque el SEÑOR mi Dios estaba conmigo, cobré ánimo" (7:28). ¡La conciencia de la cercanía de Dios imparte valor!

Partieron en su viaje de meses y mientras cuenta a sus hombres, se da cuenta que olvidaron a los levitas, que son necesarios para administrar el templo. Envían por algunos siervos del templo y son provistos "por la mano bondadosa de nuestro Dios sobre nosotros". Entonces el miedo se apodera. Este viaje los lleva a través de un territorio potencialmente hostil. El rey se ofreció a enviar guardaespaldas, pero Esdras dijo: "No gracias, Dios cuidará de nosotros". Él lo declaró un hecho, pero nunca se lo había pedido a Dios. Entonces ayuna y le pide ayuda a Dios; ¡que es exactamente donde reside su esperanza! Divide los utensilios sagrados entre los sacerdotes y aunque se encuentran con algunos ladrones, "durante todo el trayecto Dios nos acompañó y nos libró de enemigos y asaltantes". Llegan a Jerusalén a salvo y todos los utensilios sagrados son contabilizados, por lo que hacen ofrendas al SEÑOR.

En el capítulo 9, aprenden lo mal que están las cosas en Jerusalén, a pesar de que los exiliados solo han estado de vuelta por unas pocas décadas. El problema principal es que los exiliados que regresaron comenzaron a casarse con vecinas que no conocen o aman al SEÑOR, lo que también fue un problema en el pasado. Casarse con extranjeros no es un problema si son seguidores del SEÑOR, es solo que muy pocos de los extranjeros lo son. Dios prohibió casarse con personas de otras religiones porque los llevaría a adorar dioses falsos y así fue. Para empeorar las cosas, ¡los líderes y los sacerdotes son los que lideran el camino en esto!

Esdras está destrozado. Se arranca el pelo y la barba, se rasga la ropa, se lamenta y va al único lugar al que sabe ir: al SEÑOR. Confiesa los pecados de ellos y relata el gran amor de Dios hacia ellos a través de toda su rebelión, reconociendo que Dios no los ha castigado de acuerdo con lo que se merecen. Él ha mostrado misericordia en respuestas a sus pecados y ha mostrado gracia al darles el favor ante los ojos de reyes extranjeros. Esdras parece aterrorizado a que Dios diga: "¡Basta! ¡Te he dado una segunda oportunidad y la has desperdiciado!" y los mate a todos. Esto es una llamada para despertar. Confiesan sus pecados y crean un pacto con Dios para divorciarse de las paganas con las que se han casado. Y aquí es donde encontramos un problema: hacen un pacto con Dios para hacer algo que Dios nunca les dijo que hicieran. Él les dijo que no se casaran con paganas, pero Él nunca dijo que se divorciaran de las paganas. Suponen que es lo que Él quiere, pero como hemos visto, no conocen la palabra de Dios ni Sus caminos.

Entonces, ¿qué piensa Dios de su juramento? Algunos eruditos dicen que la palabra que se usa aquí para casarse es diferente de la palabra habitual, que se trata más bien de convivencia. Así que es posible que vivan juntos pero que no estén casados, lo que significa que Esdras no está ordenando un divorcio sino un rompimiento. Otros eruditos dicen que Esdras se lamenta, pero no le pide a Dios dirección; simplemente va con la sugerencia de la gente. El libro termina con Esdras llamando a todos a reunirse y arrepentirse como lo prometieron.

VISTAZO DE DIOS

A pesar del mal estado de toda esta última escena —pecado sobre pecado sobre pecado —Secanías tiene hermosas palabras mientras confiesa sus pecados: "Pero todavía hay esperanza para Israel a pesar de esto". Su esperanza no es que finalmente van a hacer las cosas bien. Su esperanza es que Dios ha entrado en un pacto con ellos, Dios los ha preservado a pesar de su pecado, Dios les ofrece perdón y les extiende esperanza. Esperanza es una persona —y ¡Él es donde el júbilo está!

NEHEMÍAS 1–5

Nehemías es un funcionario israelí que trabaja como asistente personal del rey, dándole una posición ventajosa para obtener el apoyo del rey. Cuando abrimos hoy, tiene un miembro de la familia visitándole que es de Jerusalén y le dice que las cosas no van bien allí. Los exiliados han estado de vuelta por casi un siglo pero aún no han reconstruido los muros. Está angustiado y se lamenta, ayuna y ora. También cita a Dios repetidamente, con respecto a las promesas en Deuteronomio 30:1-4. Dios ha estado a la altura de lo que dijo que haría, pero la gente no ha hecho lo que Dios les pidió, por lo que Nehemías quiere hacer algo al respecto.

Cuando pide la aprobación del rey, el rey le da todo lo que quiere: tiempo fuera del trabajo, una visa de viaje y materiales de construcción. Él también envía oficiales militares con él para el viaje. Nehemías reconoce el papel de Dios en cada nivel de este plan siguiendo adelante. Dios puso la idea en su corazón (2:12) y Dios le otorgó el favor del rey al elaborar el plan (2:8). Lo que Dios inicia, Él lo sostendrá y Él lo cumplirá. Eso no quiere decir que no vendrá con oposición —Nehemías encuentra eso de inmediato. Sambalat y Tobías son gobernadores de las áreas que rodean a Judá y no están contentos con que alguien que trabaje para Persia ayude a la gente de Judá. Aunque el rey envió a Nehemías en este viaje, creen que fue una mala decisión militar.

Cuando Nehemías llega a Jerusalén, se queda callado sobre sus planes, escabulléndose en la noche para inspeccionar las carreteras y los muros de la ciudad antes de presentarse como el nuevo gobernador y presentar su plan a la población local. ¡Su charla animada es un éxito y todas las personas están a bordo! Pero cuando se corre la voz a Sambalat, Tobías y otro gobernador, lo acusan falsamente de rebelarse contra Persia. No lo disuaden; dice que seguirán trabajando en lo que Dios comenzó, confiando en que Dios lo terminará. Les recuerda a los gobernadores vecinos que Jerusalén no les pertenece —sino que le pertenece a Dios y a Su pueblo.

El capítulo 3 enumera los proyectos y trabajadores e incluso llama a algunos nobles que piensan que son demasiado buenos para ayudar. En el capítulo 4, Sambalat y Tobías hacen más amenazas y Nehemías le pide a Dios que sus palabras recaigan sobre ellos mismos. La gente continúa construyendo, no importa lo que digan o hagan sus enemigos. Entonces, como el enemigo no pueden desanimarlos, los atacan. Nehemías le pide ayuda a Dios y establece una guardia de protección. Pero cuando se corre la voz a Jerusalén acerca de sus enemigos que dicen que los quieren matar para detener su progreso, su moral baja. Se encuentran en una situación especialmente vulnerable porque están reconstruyendo el mismo muro que normalmente serviría como defensa militar y apenas están a la mitad, por lo que el enemigo tiene amplias oportunidades de invadir. Después que el enemigo ve a Dios trabajando en su favor, retroceden. Pero los judíos no están bajando la guardia —¡se quitan los chalecos de construcción y se ponen la armadura, y levantan las armas y trabajan con una mano en ataque y una mano en defensa!

Todo esto sucede durante una hambruna. Y debido a la escasez de provisiones, algunos habitantes locales han comenzado a esclavizar a otros judíos. ¡Nehemías está furioso! Ordena a los líderes que devuelvan la tierra que han tomado y que dejen de cobrar intereses, porque esas cosas van en contra de las leyes y el corazón de Dios. Prometen hacer lo que les dice. Nehemías también hace de su parte para resolver el problema. A pesar de que los gobernadores tienen derecho a obtener un ingreso de la gente, él no, porque sabe que el pueblo tiene una carga muy pesada, además tiene el apoyo financiero del rey Artajerjes. Durante doce años, el rey paga las cuentas de Nehemías y el dinero también bendice a los habitantes locales.

VISTAZO DE DIOS

Dios obra de varias maneras: a veces en lo milagroso, a veces en lo terrenal. A veces Israel ni siquiera tuvo que mover un dedo para ganar una batalla. ¡Dios lo hizo todo por Su cuenta! Pero a veces, como hoy, Él trabaja a través de Su pueblo, ellos están orando, trabajando y listos para defender la ciudad de Dios. Es clave mantenerse sintonizado con Dios como lo hace Nehemías —siempre pidiéndole dirección. Él tiene un plan; solo tenemos que preguntar qué papel tenemos en él. A veces nos llama a estar activos, a veces nos llama a esperar a que Él trabaje, pero Él siempre tiene un plan. Su plan es bueno y ¡Él es donde el júbilo está!

NEHEMÍAS 6–7

Ayer nos quedamos con Nehemías y su equipo trabajando en la muralla —cada uno con una espada en una mano y una pala en la otra. Hoy, cuando ya están a punto de dar los toques finales a la pared, dos de sus acosadores, Sambalat y Guesén le envían una carta amenazante. Está velada como invitación de fiesta, pero Nehemías sabe más que eso. Así que dice: "Lo siento muchachos, no puedo asistir. Tengo un gran proyecto de mi trabajo programado". Ellos le escriben tres veces más, entonces el siervo de Sambalat se presenta con *otra* invitación que incluye más acusaciones falsas. Dicen que quiere ser rey y que está haciendo que los profetas mientan acerca de todo. Él los pone en evidencia, porque sabe que parte de su plan es intimidarlo. Mientras tratan de debilitar su resolución, él ora: "*Y ahora, Señor, ¡fortalece mis manos!*".

Dios contesta esa oración con un ¡sí! Lo vemos en el discernimiento que Dios continúa dando a Nehemías. Busca guía de un profeta local llamado Semaías, pero se da cuenta que hay algo raro cuando Semaías le sugiere que vaya y se esconda en el templo. Sabe que no le está permitido estar dentro del templo, porque, ¡no es un sacerdote! Dios le revela a Nehemías que sus enemigos han contratado al profeta para que le mienta —Semaías es parte de la conspiración. Si Nehemías hubiera respondido a sus *temores* y no a su *Dios*, hubiera cometido un pecado atroz. Se mantiene firme y terminan la pared en cincuenta y dos días. Lo que había yacido en ruinas por casi un siglo fue completado en menos de dos meses por trabajo designado por Dios. Las naciones que les rodeaban temen a Judá porque se dan cuenta que sin Dios esa tarea era imposible; verdaderamente Dios está trabajando a favor de estos exiliados que han regresado y que a ellos no les agradan. A pesar de la pared terminada y de Dios siendo glorificado, la vida personal de Nehemías es muy dura. Continúa sufriendo burlas, mentiras, traiciones, manipulaciones y humillación pública.

En el capítulo 7, organiza todo para la gran apertura. Contrata a su hermano y al gobernador del castillo para que dirijan las cosas en Jerusalén, porque sabe que este trabajo requiere un hombre que sea fiel y temeroso de Dios. Aunque Jerusalén es grande, todavía no hay mucha gente viviendo dentro de las paredes de la ciudad, por lo que da instrucciones a los porteros de cuándo abrir y cerrar las puertas; deben estar cerradas la mayor parte del día. Esto probablemente les ayude a evitar ataques potenciales.

Luego Dios hace que Nehemías registre a todos los cabezas de las familias que habían regresado del exilio y el número de personas en sus hogares, tanto como a los levitas, sacerdotes, siervos del templo y descendientes de los siervos de Salomón. En cuanto a las personas que reclamaban ser israelitas pero no tenían sus papeles, se les permitió vivir entre los israelitas pero no podían ser sacerdotes —al menos o hasta que un sacerdote buscara a Dios acerca del asunto y recibiera un "sí" definitivo. Entre todos, hay cincuenta mil personas y ocho mil animales. Ellos donaron de sus propias riquezas para la obra de restaurar la ciudad y el templo. En resumidas cuentas, ellos dieron cerca de ochocientas libras de oro y más de seiscientas libras de plata.

VISTAZO DE DIOS

Dios le concede a Nehemías increíble discernimiento y fortaleza en medio de la conspiración por gente muy poderosa que lo rodeaba. Amenazaban su sustento e incluso su vida; trataban que la gente bajo su autoridad dudara de él y se rebelaran en su contra, no se cansaban en su campaña en contra de él, aunque siguiera tomando el camino correcto. Como Nehemías repetidamente busca a Dios para tener fortaleza, dirección y discernimiento, queda claro que sabe dónde se originan estas cosas: en *Dios*, no en él. Debido a que comenzó como asistente, está acostumbrado a recibir órdenes y seguir a la autoridad, lo que lo ayuda a permanecer humilde. Y cuando consigue un ascenso, no se vuelve arrogante, ni lo presume, ni muestra ninguna *falsa* humildad. La verdadera humildad es una humildad confiada —la *confianza* viene de mirar hacia Dios como nuestra fuente y la *humildad* proviene de vernos a nosotros mismos bajo la luz de quién Dios es. La humildad llena de confianza es cuando no te estás exaltando *ni* castigándote a ti mismo. Nehemías camina en humildad llena de confianza no *porque sea grandioso*, sino porque sabe que la fuente de su fortaleza yace en el Dios que lo llama y equipa. Nehemías sabe que ¡Él es donde el júbilo está!

NEHEMÍAS 8–10

Los exiliados están de regreso, el templo es reconstruido y los muros son restaurados. Pero a Dios no solo le interesa el lugar donde van a vivir y adorar —está interesado en sus corazones. Esdras y Nehemías se unen para hablar sobre esto. Todo hombre, mujer y niño suficientemente mayores en edad para entender, se reúnen para escuchar a Esdras mientras lee la Palabra en voz alta, probablemente los cinco libros de Moisés. Cuando hay alguna parte confusa, los levitas les ayudan a entender. Es necesario que el pueblo no solo lea la Palabra, sino que entiendan la Palabra —porque no podemos ni responderemos apropiadamente a algo que no entendemos. Están afligidos por lo que escuchan, pero los sacerdotes dicen que es algo ¡por lo que vale regocijarse! Ese día debe ser celebrado, porque es un día que Dios apartó para recordarles de su relación con Él. Entonces terminan el día ¡con un banquete!

En el día dos, los jefes de los hogares regresan para leer más. Es cuando cubren Levítico 23:33-43 y se dan cuenta que se les ha olvidado una fiesta —una que Dios ordenó hace mucho tiempo y que no han celebrado por casi mil años. La fiesta de las Enramadas es una fiesta de siete días que cae en otoño conmemorando la provisión de Dios hacia los israelitas por cuarenta años, mientras vivían en el desierto. Cada día de la fiesta, Esdras les lee más sobre la ley mientras los levitas les ayudan entender. En el octavo día, después que terminan de celebrar, tienen una reunión sagrada.

Más tarde ese mes, se reúnen otra vez para la lectura de la Palabra, ayuno, alabanza y arrepentimiento. Esdras ofrece una oración que relata todo lo que Dios ha hecho por Su pueblo, que es una versión reducida de lo que hemos leído desde el primer día: Solo Él es Dios. Creó los cielos, la tierra y todo. Preserva todo lo que ha hecho, escogió a Abram, lo sacó y le dio un nuevo nombre, puso atención al corazón de Abraham, hizo un pacto con él y cumplió Su promesa porque es justo. Vio la aflicción de Su pueblo en Egipto y escuchó sus llantos, e hizo prodigios y maravillas para protegerlos, porque sabía que estaban siendo oprimidos. Hizo un nombre para Sí mismo. Partió el mar. Derribó a sus perseguidores. Los guio con nube y fuego. Bajó de la montaña para hablar con ellos. Les dio reglas y leyes. Les hizo saber Su camino. Les dio comida. Les dio agua. Les dijo que fueran a la tierra prometida. Juró dárselas.

Hizo maravillas. Está listo para perdonar. Es afable y misericordioso, tardo para airarse, abundante en amor firme. Nunca abandona a Su pueblo, incluso cuando pecan y se rebelan. Nunca los desampara. Dio Su Espíritu para instruirlos. No dejó de darles agua o comida. Se aseguró que no les faltara nada. Les dio reinados y gente. Multiplicó a sus hijos. Los llevó a la tierra prometida. Sometió a sus enemigos y les dio la victoria. Cuando se rebelaron, los entregó en las manos de sus enemigos. Escuchó su llanto. Mandó gente a que los rescatara. Se rebelaron otra vez y los abandonó hasta que ellos clamaron a Él. Escuchó sus llantos y los liberó. Les advirtió que se arrepintieran. Los soportó. Les advirtió a través de Su Espíritu y Sus profetas. Los entregó a otras naciones, pero no terminó con ellos, ni los desamparó.

Entonces Esdras dice: "Tú mantienes Tu Palabra, hemos visto tu amor firme. Has tratado con nosotros justa y fielmente, sin importar cuán malvados hemos sido. Por favor toma en cuenta nuestras aflicciones y pruebas presentes". Esta oración no es demandante o exigente —es una oración humilde de arrepentimiento y esperanza, honrando a Dios y Su carácter, mientras suplica por misericordia. Los líderes prometen hacer todo lo que Dios ordene.

VISTAZO DE DIOS

Dios Se revela a la gente que ha olvidado o ignorado quién es Él. Realmente ellos nunca han sabido lo que dice Su Palabra y abandonaron una de sus celebraciones por casi mil años y todavía, dice: "Yo no me doy por vencido con ustedes". Dios está comprometido a hacerse conocer por Su pueblo y tener una relación con ellos. ¡Es tan paciente y persistente! Y sus corazones responden con dolor y un grito de júbilo. Después de todo este tiempo, finalmente lo están viendo. Y esperemos que se estuvieran dando cuenta que ¡Él es donde el júbilo está!

NEHEMÍAS 11–13; SALMOS 126

Los líderes viven en Jerusalén, pero necesitan que otros vivan ahí también, probablemente para mantener una presencia militar poderosa. Diez por ciento de la gente es elegida vía lotería para mudarse a la ciudad, mientras otros van voluntariamente. Después Nehemías hace una celebración de inauguración para consagrar la muralla. Cantan y alaban a Dios, después marchan por la muralla —que todavía puedes ver en Jerusalén hoy— y alrededor del templo. Ofrecen sacrificios y gritos de alabanza tan fuertes ¡que los pueblos vecinos los escuchan! Designan a la gente para nuevos trabajos —gerente de almacén, portero, cantante, músico— y la gente se emociona porque eso señala que las cosas están avanzando con su nueva vida ¡en la ciudad antigua! Leen del Torá para seguir aprendiendo lo que dice Dios y se dan cuenta que sin querer, están desobedeciendo algunos de sus mandatos. Pero tan pronto como descubren su pecado ¡se proponen obedecer!

Mientras tanto, Tobías está de regreso —es el gobernante vecino que quería impedir que Nehemías reconstruyera la muralla. Mientras Nehemías estaba fuera de la ciudad, Tobías conspiró con un empleado para construir un cuarto para él en los atrios del templo. Nehemías se enfurece y con buena causa. Tira los muebles de Tobías a la calle, purifica el espacio y pone todo en orden otra vez. También se entera que no les han pagado a los levitas ni a los cantantes, que no han sido alimentados y que están viendo por sí mismos. Esto *no* es lo que el pueblo había prometido hacer cuando hicieron el pacto de dar generosamente al templo y a sus trabajadores. Los llama para que hagan cuentas y ellos llevan lo que habían estado reteniendo. También están trabajando el Sabbat, otra vez —y cada sábado es básicamente un mercado donde los extranjeros llevan cosas para vender a los locales. Primero, Nehemías advierte a los locales que están invitando a que pase un desastre porque están rompiendo el pacto, después empieza a cerrar los portones de la ciudad cada sábado para que los forasteros no puedan entrar y vender cosas. Amenaza con dañarlos físicamente si regresan. Prefiere luchar con los vendedores que hacer que Dios castigue a Jerusalén por romper el pacto.

También empiezan a casarse con gente que no ama a YHVH, otra vez. Tienen hijos con paganos y no les enseñan sobre YHVH. Este es el mayor problema de todos porque tiene consecuencias indefinidas. Nehemías no puede simplemente cerrar un portón para arreglar esto —esto impactará generaciones. El pueblo de Dios está rebelándose en contra del pacto, así que Nehemías toma las cosas en sus propias manos —literalmente. Les hala el pelo, los maldice, los golpea y les hace prometer que pararán. Les recuerda cómo esto ha resultado mal en el pasado, incluso para unos de sus antepasados más notables, como Salomón. Sabe cómo termina esta historia y prefiere tener algunas cuantas peleas a puños para impedirlo antes que ver a Israel fallecer como nación. Las Escrituras no condenan ni defienden su violencia. Sin embargo, parece tener una conciencia tranquila sobre ello, porque le sigue pidiendo a Dios que recuerde que ha hecho estas cosas —que le importaba la justicia y la obediencia— y le pide a Dios que recuerde lo que ellos han hecho también.

El salmo 126 alaba a Dios por traer restauración. Sus bocas están llenas de gritos de júbilo —como vimos hoy ¡cuando podían escuchar sus alabanzas desde lejos! Pero hasta el salmo reconoce que hay cosas que todavía necesitan restauración. En toda la lectura de hoy, vemos que la restauración no los ha cambiado; siguen siendo la misma gente —solo se han mudado algunas veces. No importa a dónde vayan, siguen llevando sus mismos corazones de piedra. Necesitan los nuevos corazones de carne que Dios les prometió.

VISTAZO DE DIOS

"Ese día se ofrecieron muchos sacrificios y hubo fiesta, porque Dios los llenó de alegría" (12:43). Dios los hizo gozar con júbilo. ¿Cómo hizo eso? ¿Acaso los forzó a gozar con gran júbilo? ¿Los amenazaría con castigarlos si no se llenaban de gozo? No puedes forzar a alguien a tener gozo. Tal vez puedes forzar a alguien a que *actúe* gozoso, pero no puedes forzarlo a *estar* gozoso. Cuando dice que Dios los llenó de alegría, es un testimonio de Su trabajo a nivel del corazón —Él produce un gozo en ellos que no podrían tener de otra manera. Sí, todavía tienen mucho por recorrer y todavía fallan y rompen Sus leyes, pero en lo profundo de sus corazones saben que ¡Él es donde el júbilo está!

MALAQUÍAS 1–4

Dios le dice a Israel cuánto los ama pero ellos no le creen. Los compara con Edom y les dice: "Si no Me creen, solo vean cómo He bendecido a Mis hijos contra la forma en la que He tratado a los edomitas que no son de Mi familia". Hasta dice: "Amé a Jacob pero aborrecí a Esaú". ¿Esto realmente quiere decir que Odió a Esaú? ¿O significa que en comparación lo amaba menos? ¿O se refiere a los dos pueblos pero no a las personas en sí? ¿O acaso esto demuestra que Dios no se deja llevar por las normas culturales de mostrar preferencia por el primogénito? La única forma de empezar a encontrar respuestas es ver el contexto general de las Escrituras. Las emociones de Dios son complejas, pocas cosas tienen una sola capa con Él. Vemos que Dios sí odia algunas cosas —principalmente cosas que se oponen a las cosas que ama. Y hemos visto que la familia de Dios está conformada por aquellos que han sido adoptados en esta —sin importar los genes o incluso que de hecho Él nos creó a todos. Si este pasaje es difícil para ti, no te rindas; pídele a Dios que siga revelándose a ti mientras lo buscas.

Los sacerdotes rechazan a Dios a pesar de todo lo que ha hecho por ellos. Se burlan de Él y de Sus leyes, así que les mandará una maldición si no se arrepienten —¡pero Él no quiere! Hizo un pacto de vida y paz con Leví, la cabeza de su tribu y Leví demostró un liderazgo divino. Pero estos sacerdotes están descuidando eso y provocando que el pueblo tropiece. En 2:10 Malaquías se mete en la conversación entre Dios y el pueblo de Judá, diciendo: "¿No tenemos todos un solo Padre? ¿No nos creó un solo Dios? ¿Por qué, pues, profanamos el pacto de nuestros antepasados al traicionarnos unos a otros?". También habla acerca de las intenciones de Dios para el matrimonio —Dios odia el adulterio, el divorcio y el matrimonio con aquellos que no lo aman. Entonces los motiva dos veces a "cuídense ustedes en su propio espíritu, y no sean traicioneros".

Judá hace dos acusaciones contradictorias en contra de Dios y las dos están mal. La primera es "Hacer el mal no es algo que Dios tome muy en serio" y la otra es "Dios no impone justicia ¿Cuando va a castigar la maldad hecha a nosotros?". Judá quiere blanco y negro al mismo tiempo; quieren que Dios permita sus pecados, pero no los pecados hechos en contra de ellos.

El capítulo 3 profetiza a un mensajero que preparará el camino para un mensajero que *es* el camino. El segundo mensajero ¡es Jesús! Él refinará a Su pueblo como oro y plata, purificándolos, después Dios se acercará para el juicio. El primer mensajero que prepara el camino para Jesús es Juan el Bautista (Marcos 1:2). La mayoría de los eruditos dicen que la referencia a Elías en 4:5 también se refiere a Juan el Bautista y que Elías es un arquetipo de Juan el Bautista, pero otros creen que se refiere literalmente al regreso de Elías.

Dios le ruega a Su pueblo que regresen a Él, pero ellos quieren saber lo que les va a costar. Dios dice que lo que les cueste les será devuelto en formas que ellos no pueden imaginar. Les ofrece un ejemplo con respecto a su diezmo, diciendo: "Si creen que estoy aquí para robarles y no bendecirlos, hagan esto ¡y verán lo que sucede!". Algunos le responden diciendo: "No gracias. No vemos ningún beneficio en servirte. Los malvados tienen mejores vidas". Pero otros –aquellos que temen al Señor– son recordados por Dios, los llama *Míos* y los aparta.

VISTAZO DE DIOS

El capítulo 4 pinta un cuadro del Gran Día del SEÑOR, el día del juicio de Dios sobre el pecado. En ese día, los que no le conocen serán llevados ante la justicia por su maldad. Usa la imagen de un horno por el cual serán quemados. Pero a aquellos que temen Su nombre les serán otorgados gozo y sanidad cuando el sol de justicia se levante. Hay dos fuegos en esta sección –el horno y el sol. Uno trae muerte y el otro trae vida. A través de estos fuegos, Dios muestra que es un Dios, tanto de justicia como de misericordia; estas dos cosas no se oponen una a otra –trabajan juntas. Aquí, Dios demuestra la gran complejidad de Su carácter. Los hijos de Dios no merecen nada de la misericordia que nos ha dado. Todos merecemos el horno. Pero en Su gran misericordia, en vez de eso, ha provisto la sanidad que viene del sol de justicia. Y ¡Él es donde el júbilo está!

Cuatrocientos años de silencio

El fin del Antiguo Testamento marca el comienzo de un período conocido como los cuatrocientos años de silencio. Durante este tiempo Dios no envía profetas, y tampoco tenemos registros escritos de su interacción con la humanidad. Pero sabemos que Él está presente, desarrollando su plan en su pueblo y por medio de él, y que desde un punto de vista histórico y político están sucediendo muchas cosas. Esto es importante porque describe la clase de clima político que había cuando nació Jesús.

En este punto de nuestra lectura, los judíos han vuelto a Israel, su hogar, después de haber sido desterrados por el Imperio babilónico; pero ahora están bajo el control del Imperio persa, que tiene la hegemonía tras derrotar a Babilonia. Pocos siglos después se levanta otro imperio, Roma, que toma el control de Israel en el año 63 a. C. Si te interesa recordar el orden de estos imperios, es alfabético: BPR. Babilonia, Persia, Roma. Si ese no es tu caso, solo tienes que recordar lo siguiente cuando nos lancemos a los Evangelios y el resto del Nuevo Testamento: los judíos están cansados y listos para ser rescatados. Fueron expulsados de su tierra y sus ciudades fueron destruidas; vivieron exiliados y en régimen de esclavitud, y tuvieron que reconstruir sus ciudades; ahora viven de nuevo en su tierra natal bajo la opresión de uno de los imperios más crueles de la historia de la humanidad. Recuerdan la promesa que Dios les hizo de enviarles un nuevo rey que conquistaría a todos sus enemigos, pero todavía no saben lo que eso significa, ni cómo o cuándo se cumplirá esa promesa.

Cuando comenzamos nuestra lectura del Nuevo Testamento estamos aproximadamente en el año 7 a. C. A diferencia de lo que indica nuestro calendario, Jesús nació posiblemente alrededor del año 6 a. C., no en el año 0, porque nuestro calendario está unos años desfasado. Sabemos que Jesús tuvo que nacer antes de la muerte del rey Herodes (leeremos al respecto dentro de unos días), que se produjo el año 4 a. C. Comenzamos, pues, en Israel en el año 7 a. C., aproximadamente un año antes del nacimiento de Jesús. Los judíos están preparados para recibir a su nuevo rey y sienten un comprensible escepticismo ante cualquiera que tenga el poder.

En los evangelios leeremos varias veces algunos de los relatos. Tres de los cuatro evangelios se traslapan a menudo: Mateo, Marcos y Lucas. Se llaman evangelios sinópticos, lo cual significa que cubren una buena parte del mismo material. Juan es el evangelio no sinóptico; el autor de este evangelio adopta un acercamiento distinto a la narración, y escribe más como un director de cine que como un biógrafo. Cada evangelio tiene su propio estilo y nos ofrece una lente única con la que ver a Jesús; hay, pues, algo nuevo que aprender o buscar, aun cuando estemos leyendo un mismo relato por segunda o tercera vez.

Después de los evangelios, leeremos la historia de la Iglesia primitiva, con sus líderes, fortalezas y debilidades. Leeremos cómo comenzó todo, y después veremos el establecimiento de iglesias fuera del territorio judío, en varios países gentiles, a medida que el mensaje de la redención de Dios se extiende y alcanza a personas de todas las naciones, ¡exactamente como Él prometió desde el principio! Habrá dificultades y luchas, pero la oscuridad y las dudas no pueden apagar la luz del evangelio, y este seguirá avanzando. Hoy ha llegado hasta ti, y seguirá expandiéndose ¡porque la alegría es contagiosa y está en Él!

LUCAS 1; JUAN 1

Los cuatro evangelios son textos narrativos de la vida de Jesús y son principalmente reseñas de testigos oculares, con la excepción de Lucas, quien vio algunos de los eventos, pero es más un periodista de investigación que recopila relatos de testigos oculares. Los escritores de cada evangelio tienen un enfoque único sobre quién es Jesús.

El enfoque principal de Lucas es "Jesús como hombre" y el enfoque de Juan es "Jesús como Dios". Jesús era cien por ciento humano y cien por ciento divino, por lo que es idóneo comenzar con esos dos libros.

Lucas escribe a un hombre griego llamado Teófilo. Da comienzo con la historia de Zacarías y Elisabet, que son honestos pero infértiles. A Zacarías tiene asignado quemar incienso en el Lugar Santo del templo, lo que generalmente ocurre una vez en la vida de un sacerdote, lo recibe el ángel Gabriel que le dice que tendrá un hijo llamado Juan. Dios tiene una comisión especial para Juan que incluye reglas estrictas para su vida según el voto nazareo (Números 6:1-21). Eventualmente se le llamará Juan el Bautista (también conocido como JB). ¡Se llenará del Espíritu de Dios incluso cuando esté en el útero! En este momento, Dios el Espíritu aún no habita en las personas, así que esto es algo sobresaliente. De hecho, Gabriel dice que su vida será como la de Elías, lo cual alude a lo que leímos en Malaquías 4:5-6. Esencialmente que su vida será una flecha intermitente apuntando hacia el Mesías.

Meses más tarde, Gabriel entrega un mensaje a otra persona que no se lo imagina… María. Pronto estará embarazada y el nombre de su hijo será Jesús, será un rey como su antepasado David, excepto que su reino será eterno. María es virgen, pero Gabriel le dice que el padre del bebé no es humano: Es divino y tiene acceso a dimensiones que nosotros no.

Gabriel le dice que Elisabet también está embarazada, así que María va a visitarla. Cuando las mujeres se ven entre sí, JB salta de alegría en el útero, desde entonces está usando su don de profecía otorgado por Dios. Entonces Elisabet profetiza que María está embarazada del Señor. El primer humano en profetizar en voz alta acerca que Jesús es el Mesías es una mujer mayor. ¡María se alegra y empieza a cantar!

El Evangelio de Juan probablemente fue escrito por un apóstol que nunca usa su propio nombre, sino que se llama a sí mismo "el discípulo que Jesús amó", tal vez en un esfuerzo por permanecer en el anonimato en un momento en que los cristianos estaban siendo martirizados. Juan comienza llevándonos al principio de los tiempos y poniendo a Jesús al inicio de todo. Juan 1 se hace eco a Génesis 1, donde Dios el Hijo (Jesús) hace el trabajo manual de la creación.

Dios el Hijo, no fue creado, siempre ha existido como Dios el Hijo y tomó el nombre de Jesús cuando nació en la tierra. Aunque Jesús hizo el mundo, el mundo no lo reconoce. Pero Juan nos da esperanza entre la humanidad en decadencia, pues hay algunos a quienes Dios ha adoptado en su familia y Él llama a esas personas hijos de Dios.

Un día, JB está en el desierto bautizando personas, semejante a los baños rituales de purificación de Levítico 14:8, excepto que Juan lo está haciendo en los ríos del desierto con agua sucia. Los fariseos —los líderes religiosos judíos de esa época— envían personas para interrogar a JB y les dice: "¿Recuerdan cómo nuestros profetas predijeron el porvenir del Mesías? Pues ya está aquí. ¡No soy yo, pero estoy aquí para identificarlo!". Al día siguiente, Jesús aparece y JB dice: "¡Es Él!" Jesús y JB viven lejos, por lo que es posible que no se hayan conocido antes, pero incluso si lo han hecho JB ve a Jesús *como el Mesías* cuando el Espíritu Santo afirma Su divinidad. Más tarde dos de los discípulos de JB siguen a Jesús y comienzan a invitar a otros. Jesús regresa a Galilea y cuando llega recluta más discípulos demostrando su habilidad de leer mentes, conocer corazones y ver cosas que otros no pueden ver.

VISTAZO DE DIOS

Las canciones de María y Zacarías demuestran que saben lo que importa más. María se llena de dicha a pesar de que obtiene algo que no pidió, porque es *mucho más* grande de lo que quiere o desea. Por otro lado, Zacarías acaba de recibir un "sí" a una oración que ha orado por mucho tiempo, ¡pero pasa por alto alabar a Dios por el nacimiento de su hijo y va directamente a alabar a Dios por el próximo nacimiento de Jesús! Él sabe que lo más importante no es el "sí" a sus propios deseos, sino es el "sí" a toda la tan esperada redención de la humanidad. ¡El nacimiento de Cristo es el "sí" que supera todas nuestras oraciones y la paz que supera todos nuestros miedos! ¡Él es donde el júbilo está!

MATEO 1; LUCAS 2

La manera en que Mateo ve a Jesús es "Jesús como Rey", este libro probablemente fue escrito por el apóstol que era recaudador de impuestos antes que Jesús lo llamara. Él comienza con el linaje de Jesús, hay tres cosas que vale la pena señalar. Primero, incluye a las mujeres, algo que no se conoce en las antiguas genealogías judías. Jesús envió a sus discípulos un mensaje de inclusión y valor a las mujeres. Segundo, su inclusión se extiende más allá del género: esta genealogía menciona a gentiles y personas con historias escandalosas. El mensaje que Dios envía en esta genealogía es un mensaje de redención. Tercero, Mateo dice que hay "catorce generaciones", pero esos números probablemente no son precisos, no porque esté mintiendo sino porque en la cultura judía, los números a menudo representan ideas, por lo que "catorce generaciones" pueden ser una forma de decir "doblemente perfecto" ya que el número siete representa perfección y consumación.

Jesús es la culminación de esta configuración perfecta y completa para la redención de la humanidad. Dios desarrolla Su plan a través del miedo y la resistencia de José, el prometido de María. Un ángel le confirma la versión de María sobre los acontecimientos y le dice que no tenga miedo. María permanece virgen hasta después de tener a Jesús y Mateo confirma dos veces que ella y José consuman su matrimonio (1:18, 1:25) y que sus otros siete o más hijos son concebidos naturalmente. María no tiene divinidad ni perfección, ella es un ser humano normal, lo que hace que esta historia sea tan sobresaliente.

Lucas 2 nos cuenta sobre el nacimiento de Cristo, que se desarrolla de manera diferente a lo que acontece en la mayoría de las imágenes que hemos visto. Todos tienen que ir a su ciudad natal de sus ancestros para el censo, por lo que probablemente María y José viajan con un gran grupo de familiares, no solos. Probablemente pretenden quedarse con un familiar distante en Belén, pero como todos están en la ciudad para el censo, la alcoba de invitados está ocupada. La palabra traducida como posada no es un hotel, es probable que sea una cueva en el sótano. La mayoría de las casas de estos tiempos están construidas en cuevas, que sirven como sótanos y corrales de animales. Los comederos a menudo son un hueco en la piedra, porque la madera no es abundante en Israel. Es probable que Jesús haya nacido entre junio y septiembre, que es la temporada de censo y la época del año adecuada para que las ovejas y los pastores estén en los campos por la noche. Los pastores son probablemente pastores levitas que crían ovejas usadas en los sacrificios del templo. Cuando nace un cordero sacrificial, lo envuelven en paños para evitar que se lesione o lastime, porque solo un cordero perfecto puede servir para sacrificio. Entonces, cuando el ángel les dice que el Salvador está envuelto en paños, esto lo señala como el cordero perfecto para sacrificio. Los pastores van a ver a este Salvador del mundo, a la paz en la tierra y cuando le dicen a la familia de Jesús que los ángeles los alertaron, la familia se sorprende.

Cuando los padres de Jesús lo dedican al Señor en el templo, traen la ofrenda de los pobres (Levítico 12:8). Dios vino a los desvalidos, a los humildes… Su reino, es un reino al revés. Lo volvemos a ver en el templo con Ana, la viuda y Simeón el profeta anciano, quien sabe que el "consuelo de Israel" significa mucho más que los judíos dejen de estar ante la opresión romana. También sabe que el Mesías será una luz para los gentiles.

La familia se va a su casa a Nazaret, luego, cuando Jesús tiene doce años, van a Jerusalén con la familiares para la Pascua. En el viaje a casa, se dan cuenta que Jesús no está con otros miembros de la familia, por lo que regresan. En el día tres, lo encuentran en los escalones del templo, hablando con los ancianos, que están asombrados de Su sabiduría. Él sabe que es Dios el Hijo, pero humildemente se somete a Sus padres.

VISTAZO DE DIOS

En algún momento durante los cuatrocientos años de silencio, Dios Espíritu le habla a Simeón y le hace una promesa: está registrado en las Escrituras. Esos cuatrocientos años son tiempos de oscuridad para el pueblo de Dios, pero aquí tenemos evidencia de que Dios no los ha abandonado. Su Espíritu sigue trabajando; Él continúa estando cerca de su pueblo, dirigiéndolos, produciendo obediencia y esperanza en ellos a pesar de las circunstancias más oscuras y la opresión del enemigo. Nada puede impedir que Dios esté cerca de su pueblo: lo hace a través de Su Palabra y de Su Espíritu. Y estas son las cosas en las que Simeón confía y se aferra cuando todo parece perdido. Simeón lo anhela y lo espera, porque incluso en los tiempos oscuros, Simeón sabe: ¡Él es donde el júbilo está!

MATEO 2

Ayer leímos el relato de Lucas acerca del nacimiento de Jesús y hoy obtenemos más información del relato de Mateo. Jesús nació en un pueblo llamado Belén, en un reino llamado Judea. Cuando nació, toda Judea estaba bajo el dominio y ocupación de Roma. Imagina que un país grande y poderoso invade el país en el que vives, coloca estaciones de soldados en las ciudades principales, se involucra en todos los niveles de gobierno y hace que pagues impuestos para mantener al ejército que te invadió, eso es lo que sucedió. Roma estaba a cargo y designa a Herodes el Grande sobre Judea.

Herodes es un gran constructor, hace ciudades portuarias, acueductos e incluso renueva el complejo del segundo templo para que sea mucho más grande y magnífico. ¡Hasta es el presidente de las Olimpiadas! Pero en sus últimos años, se vuelve celoso y paranoico. Se deja llevar por el miedo, el cual lo hace tratar de controlar todo lo que pasa a su alrededor. Un día unos extranjeros que eran sabios, llegan al palacio de Herodes y le dicen: "Estamos aquí para conocer al nuevo Rey. Vimos una señal en el cielo que nos indicó que Él ha nacido y queremos adorarle". Herodes responde: "Ahora que lo mencionan, tengo tanta curiosidad como ustedes. Cuando lo encuentren, avísenme en donde está, ¡porque yo también quiero adorarle!". Pero resulta que ellos no necesitaron que les indicaran dónde buscarlo, porque Dios manda a la estrella para que los guíe otra vez y los lleve con Jesús.

Veamos algunos detalles con mayor detenimiento. Primero ¿a qué se refiere esto de los sabios? ¿acaso eran reyes como en el villancico navideño? ¿usaban coronas? No tenemos ninguna evidencia de eso. La mayoría de los estudiosos dicen que eran astrólogos que trabajaban para un rey, parecido a los sujetos en Daniel que eran parte del equipo de confianza del rey Nabucodonosor. Segundo ¿eran tres? Probablemente no. Había tres regalos, pero probablemente eran varios sabios y sus nombres nunca son mencionados en las Escrituras. Tercero ¿dónde era el oriente? No sabemos. Los estudiosos tienen una extensa variedad de teorías, que van desde algún lugar a ochocientos kilómetros o a tres mil kilómetros de distancia. Pero quien sea que eran y de donde sea que fueran, tenían acceso a las escrituras hebreas, porque están citando Miqueas

5:2 cuando hablan con el rey Herodes. Cuarto ¿cuál es el fenómeno astronómico que vieron? Ellos lo llaman una estrella. No es un cometa porque aparece, desaparece, vuelve a aparecer y se mueve, luego se detiene en un punto.

Su viaje probablemente dura varios meses, lo que significa que ni los sabios ni la estrella estaban en la cueva la noche del nacimiento de Jesús. El versículo 11 lo llama "un niño" y dice que fueron a Su casa a verlo. Lo adoraron y le dieron regalos y María permaneció a su lado boquiabierta. Después, Dios les advierte en un sueño que no vuelvan a ver a Herodes, así que toman otro camino. Cuando Herodes se da cuenta que no regresan, da la orden de matar a todos los niños de dos años y menores en toda la región, porque aparentemente, ellos dicen que el nuevo Rey tendría alrededor de dos años. Pero Dios le advierte a José en un sueño y se van a Egipto, fuera de la jurisdicción de Herodes. No mucho tiempo después, en el año 4 d. C., Herodes muere y Dios le dice a José mediante un sueño que pueden regresar, pero cuando se enteran de que el hijo de Herodes fue quien lo reemplazó, José decide que deben empezar en un nuevo pueblo.

VISTAZO DE DIOS

Dios hace cosas muy grandes para proveer y proteger a Su gente, de acuerdo con Su plan. Él envía sueños, ángeles y ángeles en sueños, no solo a José y a su familia, pero también a los hombres sabios. Desde aquí podemos ver cómo Jesús es el Rey de la gente dentro de todas las naciones, estos sabios llegan de un país extranjero para adorarle. Estos no-judíos siguen una estrella y viajan por meses para darle regalos costosos a un niño, porque ellos creen en la Palabra de Dios. Desde entonces Jesús estaba atrayendo gente de todas las naciones y ¡Él aún estaba en pañales! Después Dios protege a los sabios en su regreso a casa y Dios protege a la familia de José cuando Herodes recurre al asesinato.

¿La naturaleza protectora de Dios significa que nunca les sucederán cosas malas a Sus hijos? No, de hecho, Él salva la vida de Su Hijo a la edad de dos años, pero treinta y ún años después, las cosas suceden de manera muy diferente. La naturaleza protectora de Dios significa que en cualquier cosa que se presente en nuestro camino, Él es digno de confianza. Él está atento. Él trabaja a nuestro favor en toda circunstancia. Y ¡Él es donde el júbilo está!

MATEO 3; MARCOS 1; LUCAS 3

JB vive en el desierto comiendo algarrobas y miel. Los eruditos dicen que la palabra algarroba puede referirse a la fruta del algarrobo el cual crece en el desierto. Su fruta crece en la vaina del frijol llamada algarroba y sabe como a cacao, así que es posible que ¡JB estaba comiendo postre!

Su mensaje inicia con un llamado al arrepentimiento para que se den la vuelta y cambien de dirección, pero se refiere a un cambio interno e implica un nivel de remordimiento. Él les ordena a arrepentirse y a que sean bautizados; sin embargo, luego a algunos les da una reprimenda cuando llegan a bautizarse, ¿por qué? Porque a los que él les da una represión es a los fariseos y los saduceos, la clase gobernante judía. Ellos son *muy* religiosos, pero también son orgullosos, codiciosos, deshonestos y crueles con los pobres. Este es el mismo problema que Dios ha estado tratando por siglos con los líderes corruptos de Israel. JB los llama generación de víboras en *sus propias caras* y les dice que el hecho de ser judíos de nacimiento no significa que sean verdaderos israelitas o verdaderos hijos de Abraham. El linaje no significa herencia. Él no quiere que ellos sean bautizados porque sus vidas demuestran que no se han arrepentido y hasta que no se arrepientan el bautizo será un acto sin sentido.

Luego Jesús le pide a Juan que lo bautice. JB sabe que Jesús no necesita arrepentirse y parece que quiere oponerse, pero sin embargo lo bautiza. En este momento las tres personas de la Trinidad aparecen en el mismo lugar, como en la creación. El hijo de Dios está en el agua, el Espíritu de Dios descendía como paloma y la voz del Padre estremece la atmósfera aprobando a Jesús e identificándolo. Jesús y JB parecen ser los únicos que pueden ver y escuchar lo que ocurre en el reino espiritual.

Hay muchos puntos de vista diferentes acerca del bautismo; inmersión o aspersión, creyentes o bebés. Esos puntos de vista pueden sonar como mundos apartes, pero tienen algo vital en común: ellos no creen que el bautismo es algo que el hombre hace con el sentido de lograr salvación o justicia por sus mismas obras. ¡Dios hace el trabajo, esto es importante! La Escritura dice repetidamente que somos salvos solo por la gracia, solo por medio de la fe en Cristo y no por nuestras obras. Somos salvos completa y eternamente por Su obra.

Después de Su bautismo el Espíritu de Dios guía a Jesús al desierto. Él está ahí por cuarenta días, ayunando y siendo tentado por Satanás. Luego él lanza su ministerio cuando tiene alrededor de treinta años. En cuanto las cosas están comenzando JB es arrestado por reprender al nuevo rey de tener una aventura con su cuñada. Cuando Jesús comienza a predicar su mensaje refleja el de JB. Su primer mandato es "Arrepiéntanse y crean en las buenas nuevas". Su ministerio está centrado geográficamente alrededor de un lago de agua dulce llamado el mar de Galilea, el cual está rodeado de montañas. El mar es de trece millas de largo y ocho millas de ancho. Ahí Jesús se encuentra con Simón Pedro y Andrés, los discípulos de JB.

Ahora que JB está en prisión, ellos regresaron a trabajar con el negocio de pesca de su papá. Jesús los invita a seguirle a Él. Ellos invitan a otros dos a que se unan: Santiago y Juan. En pocos días ellos ven a Jesús predicar con más autoridad que los eruditos de la Torá, ser reconocido por un demonio, callar al demonio, sanar al hombre del demonio y sanar a la suegra de Pedro. ¡Están impresionados por Su poder y deben de sentirse muy agradecidos que los hayan escogido!

Por cierto, la visión de Marcos acerca de Jesús es "Jesús como sirviente". Las cuatro visiones presentan ideas que se ven yuxtapuestas, rey y sirviente, hombre y Dios; pero trabajan juntas para mostrarnos la figura completa de Jesús.

VISTAZO DE DIOS

La genealogía de Lucas es más amplia que la de Mateo y va más atrás. Mateo es judío y su linaje tiene trazos a la línea judía de Abraham. Lucas, por otra parte, es probablemente un gentil. Él tiene trazos a la línea de Jesús retrocediendo desde el principio donde se ve que Jesús está conectado a toda la historia humana; inclusive antes de Abraham y antes que Dios inventara a los israelitas. Al darnos dos genealogías de diferentes puntos de vista, la Escritura nos da un panorama más completo de Cristo. Todos tenemos fortalezas y debilidades. Dios en su sabiduría y generosidad sabe que nos necesitamos los unos a los otros y nos da mutuamente. Él ha adoptado hijos a su familia con diferentes historias, experiencias, razas, idiomas, dones, debilidades y prácticas del bautismo. Él continúa abriendo nuestros ojos para corregirnos y ampliar nuestro entendimiento. De este modo le podemos conocer mejor y así ver con más claridad que ¡Él es donde el júbilo está!

MATEO 4; LUCAS 4–5

Después de Su bautismo, el Espíritu lleva a Jesús al desierto para que sea tentado. El Espíritu no tienta a Jesús, pero lo lleva adónde el enemigo lo tienta. La meta de Satanás es desviar el plan de Dios para la redención. Él quiere que Jesús se dé por vencido ahora en vez de ir a la cruz. Satanás teme más a la cruz que Jesús, porque él sabe que es su derrota total. El arma clave del enemigo son las Sagradas Escrituras —pero es la versión *distorsionada*. Él saca a los versos bíblicos fuera de contexto, les cambia el significado, hace promesas que no puede cumplir. El enemigo está familiarizado con las Sagradas Escrituras y sabe cómo usarlas para su ventaja. Pero Jesús también lucha con las Sagradas Escrituras, hablando con la verdad y deshaciéndose de las acusaciones falsas.

Después de ayunar por cuarenta días, Jesús se entera que JB ha sido arrestado y regresa a la región de Galilea dónde creció. Él predica Su primer sermón público en Nazaret, lee de Isaías 61:1-2 sobre como Dios lo envió a proclamar las buenas noticias a los pobres y a liberar a los cautivos. Después, dice: "Yo *soy* aquel. Yo soy la conclusión de esta profecía". Las personas del pueblo están encantadas sobre este hecho pero las cosas cambian cuando Él comienza con el recuento de historias sobre el amor de Dios hacia los forasteros —como cuando Dios envió a Elías a darle de comer a una viuda extranjera mientras los israelitas se morían de hambre durante una hambruna. O en 2 Reyes 5 cuando el leproso sirio fue el único quien se sanó. De repente ya no les gusta la idea de proclamar las buenas noticias, la libertad, el favor, porque quieren que solo aplique sobre ellos, no sobre las personas de otras naciones, no sobre sus enemigos. Un minuto lo alaban y al siguiente están tratando de tirarlo hacia el abismo, pero Él *pasa a través de ellos* (Tal vez se teletransportó, como pasó durante Su tentación).

De ahí se va a Capernaúm, una de las áreas más diversas en cultura y etnia en Israel. Lucas recuenta la historia sobre cuando Jesús llama a Sus primeros discípulos. Ellos están pescando en el lago de Genesaret (el mar de Galilea) y están fallando miserablemente al hacer su trabajo hasta que Jesús les dice que tiren su red en la parte más profunda. Ellos pescan tanto que las redes se están rompiendo y los botes se están hundiendo. Inmediatamente, ellos saben que hay algo especial en Él. A lo contrario de lo que muestran las pinturas del Renacimiento, los discípulos son jóvenes, probablemente tengan entre trece a quince años. Todavía son suficientemente jóvenes para seguir a un rabino, lo cual pasa usualmente a los doce años, pero parece que han sido despreciados por otros rabinos entonces han comenzado a trabajar en el negocio familiar. Ahora siguen a Jesús de treinta años quien, constantemente se refiere a ellos como niños pequeños.

Jesús también llama a Mateo, el colector de impuestos. En las Escrituras, le llaman Leví, pero la evidencia apunta que se trata de la misma persona, Mateo, el escritor del evangelio. Los colectores de impuestos como Mateo son muy mal vistos durante la época de Jesús. No solamente es porque cobran de más a las personas, pero principalmente porque su trabajo es de coleccionar dinero de los judíos para financiar al ejército romano, el ejército que ha venido a ocupar su país, el que los oprime, hace sus vidas miserables e incluso mata a sus familiares.

Jesús sana a la suegra de Pedro mientras ella está recostada en su casa, lo cual hace pensar a los académicos que Jesús vivía en esa casa también porque los que no pertenecen al hogar no podían entrar a las habitaciones de las mujeres. También, Jesús enseña con autoridad y sana a un hombre poseído por un demonio y a un leproso.

VISTAZO DE DIOS

Jesús andaba en busca de personas que fueron rechazadas por rabinos y odiadas por las personas del pueblo. Él está buscando a las personas a quien nadie quiere o ama. Él apunta a varias historias del Antiguo Testamento que tratan de sanaciones y de abastecimiento hacia los extranjeros, Él nos dice que ha venido a traer libertad a los prisioneros y libertad para los oprimidos, vista a los ciegos y buenas noticias a los pobres. Esto es alentador si tú eres de los oprimidos o te encuentras encarcelado, pero no son buenas noticias para el carcelero o el opresor. Cuando liberas prisioneros, los carceleros se vuelven más furiosos, más engreídos y altivos. Cuando Jesús resalta esto a los nazarenos, ellos intentan matarlo. Él sabía que lo iban a rechazar, lo predice en Lucas 4. Él supo esto desde un principio y a pesar de esto vino, a ser rechazado por las personas que amó, a sentir su dolor para que Él pudiese guiarlos fuera de su esclavitud hacia el júbilo, a guiarlos hacia Él. Porque ¡Él es donde el júbilo está!

JUAN 2-4

A petición de su madre, Jesús realiza su primer milagro público: convertir agua en vino. Es claro que ella sabe de lo que Él es capaz, por lo que le pide ayuda. Su respuesta parece dura en español, pero la palabra *mujer* es una forma común de dirigirse a una mujer en su época, sus palabras son más parecidas a "Ni tú ni yo necesitamos involucrarnos en esto". Él es prudente e intencional sobre cuándo, dónde y frente a quién muestra Su poder. Su principal preocupación es mantener la línea de tiempo del Padre para revelar Su identidad como el Mesías. Sin embargo, María persiste y Jesús salva la boda.

A Juan no le preocupa tanto la cronología, por lo que salta a la última semana de la vida de Jesús cuando está en Jerusalén para la Pascua. Es una práctica común vender animales afuera del templo: brinda un servicio a los viajeros que son demasiado pobres para poseer animales o que no quieren traer animales a Jerusalén. El problema no es necesariamente que la gente esté vendiendo animales, parece ser que; a) los están vendiendo dentro del complejo del templo, en lugar de afuera, interrumpiendo lo que se supone que es pacífico y b) son precios en los que se aprovechan de los turistas, siendo codiciosos en el lugar que más representa la generosidad de Dios. Entonces Jesús se sienta y *hace* un látigo, luego los expulsa del templo. Él ama el lugar donde Dios en Su santidad viene a habitar con la humanidad, por lo tanto odia lo que le está sucediendo. Y en el siguiente párrafo, compara Su cuerpo con ese lugar: son las dos formas en que Dios vino a morar con la humanidad y estas personas no tienen respeto por ninguno de los dos. Todo esto sucede unos días antes que Jesús vaya a la cruz. Hoy es Jesús quien usa un látigo y en unos días, *serán ellos* quienes usen el látigo. Ambos látigos revelan que no entienden nada; se han perdido de la Verdad.

Un fariseo llamado Nicodemo visita a Jesús por la noche. Ha observado a Jesús por un tiempo, y algo en su corazón está empezando a cambiar. Jesús dice que ese cambio es Dios el Espíritu que sopla como el viento en su vida, moviendo a Nicodemo y despertándolo a la vida. El Espíritu es el que da un nuevo nacimiento y una nueva vida. Nacemos muertos y solo creyendo en Él ganamos vida en el Reino. Los que no creen en Él ya están condenados. Juan reitera esto en sus propias palabras: "El que cree en el Hijo tiene vida eterna; el que no obedece al Hijo no verá la vida, pero la ira de Dios permanece sobre él". Parte de las buenas noticias para aquellos que creen en Cristo es que, debido a Cristo, nunca veremos la ira de Dios. Nunca. Cristo absorbió toda la ira del Padre por nuestros pecados —pasados, presentes y futuros— en la cruz.

Cuando los fariseos se enteran de que el ministerio de Jesús ha superado al de JB, Jesús se va del pueblo. En su camino de regreso a Galilea, atraviesa un área que los judíos evitan a toda costa: Samaria. Siglos antes, los judíos en Samaria se casaron con gentiles, desobedeciendo la ley de Dios que les decía que solo debían casarse con Sus seguidores. Esto se convirtió en prejuicio hacia los nuevos samaritanos birraciales. Los judíos evitan a Samaria, pero Jesús la atraviesa e incluso se detiene para almorzar ahí. Se detiene para descansar en un pozo, habla con una mujer samaritana y le cuenta todo sobre ella. ¡Un rabino judío hablando, el solo, con una mujer samaritana! Pero aún más impactante es Su oferta de gracia, misericordia y amor que ella nunca ha experimentado. Él sabe todo lo peor de ella, toda su vergüenza y le ofrece vida.

Ella viene de un pasado con rechazo tras rechazo, tiene heridas y traiciones que probablemente se sienten como profundas marcas de identidad. Pero no ha perdido la esperanza, ella está esperando al Mesías. Y Él la mira a la cara y dice: "No tienes que esperar más, lo que esperas se ha cumplido en este momento". Ella se convierte en una misionera inusual, buscando a aquellos en la ciudad que la han rechazado. Y Jesús se queda dos días más predicando las buenas nuevas a los marginados de Samaria.

VISTAZO DE DIOS

Los judíos veneran a Moisés, cuyo primer milagro público fue convertir el agua en sangre. La sangre simboliza muerte. Y aquí tenemos el primer milagro de Jesús: convertir el agua en vino, que simboliza vida. Moisés fue quien les dio la Ley y estos judíos aún no lo saben, pero Jesús es el que da la vida y completa la ley. Este es Dios anunciando: "Damas y caballeros: un mejor Moisés ha llegado. La consumación ha llegado. La VIDA ha llegado". ¡Y Él es donde el júbilo está!

MATEO 8; MARCOS 2

Un leproso desafía las leyes de higiene al arrodillarse a los pies de Jesús y pedir su sanación, lo que muestra que Jesús es conocido por Su amabilidad y humildad. Jesús lo sana pero le dice que no le diga a nadie. Él hizo esto en Lucas 5:12-14 también, pero la mujer en Juan 4 sí tenía permitido decirles a todos acerca de Él. ¿Por qué responde diferente en estas situaciones? Le dice a la gente que corra la voz cuando está en regiones de gentiles o tratando con no-judíos. Pero cuando está con los judíos, les dice que no digan nada. Hay peligro en que ellos sepan que Él es el Mesías, porque querrían coronarlo como Rey, esperan que derroque a los romanos opresores y entonces Roma querrá matarlo. A fin de preservar el momento específico que Dios tenía planeado para Su revelación y Su muerte, Jesús es mesurado con sus acercamientos. Cada vez que sana a alguien, esto lo expone y lo lleva un paso más cerca de la muerte.

En Capernaúm, que era la ciudad donde en ese momento vivía Jesús, un oficial militar romano tenía un sirviente enfermo y le pide ayuda a Jesús. Los de la ciudad no querían que Jesús ayudara al enemigo, a su opresor, pero Jesús desafía el orden. Jesús dice: "este individuo tiene más fe en el Mesías judío que los judíos. El Reino de mi Padre incluye a los extranjeros y aquellos en Israel que creen que están considerados en el Reino *solo porque* nacieron dentro del linaje de Abraham serán echados fuera". Y así, con una palabra, realiza su primera curación a larga distancia.

Jesús dice que el seguirlo costará comodidad, control y nuestros propios planes y tiempos, seguirlo desafía preferencias y prioridades. Cuando Jesús les dice a Sus seguidores que irán al otro lado de Galilea, es un desafío a la norma. Es el lado gentil, el lado impuro que han estado evitando la mayor parte de sus vidas. En el camino se encuentran en una tormenta y con una palabra, Jesús la transforma de "una gran tormenta" a "una gran calma". Sus discípulos están asombrados y probablemente sintieron alivio al llegar a la costa del otro lado, hasta que se encuentran con un grupo de demonios. Jesús había estado demostrando poder total sobre varios dominios como: bebidas, cuerpos humanos y enfermedades, clima y ahora fuerzas espirituales del mal. Los demonios lo reconocen y le temen. Saben lo que les espera en el futuro y le preguntan: "¿has venido para atormentarnos antes de tiempo?". Él los echa afuera, ellos se van con los cerdos, los cerdos caen al mar por el despeñadero y los que vivían ahí estaban furiosos; esos cerdos ¡eran valiosos! Se les olvida que hay dos hombres que ya no están poseídos, no entienden el Reino al revés.

En Marcos 2, Jesús está en su hogar en Capernaúm, probablemente viviendo en casa de Pedro. Cuando la gente se entera que está ahí, se reúnen para escucharlo predicar. Un hombre paralítico busca entrar pero no lo puede hacer por sí mismo, cuatro amigos lo cargan pero el lugar está muy lleno, así que deciden ¡quitar parte del techo! La situación de este hombre conmueve a Jesús y le dice que sus pecados han sido perdonados. Hay gente quien no le agrada esto, ¿quién se cree Jesús que es? Así que Jesús se los demuestra sanando las piernas de ese hombre, no solo su futuro.

Cuando Jesús llama a Mateo, el cobrador de impuestos para que lo siga; los fariseos están indignados, cómo es posible que pueda hacerse acompañar de un cobrador de impuestos. También le reclaman que Sus discípulos están comiendo mucho y en horarios incorrectos. Las tradiciones y reglas de los fariseos van más allá de los mandamientos de Dios, así que Jesús los reta continuamente.

VISTAZO DE DIOS

Algunas personas dicen que si tu fe es lo suficientemente fuerte, Dios te sanará. Pero el sirviente del centurión no hizo nada para recibir la sanación que Jesús le dio. Fue un regalo, él nunca lo buscó y nunca lo vio venir. Jesús simplemente dijo: "Puedo curarlo, así que lo haré". Qué Dios tan increíblemente generoso, Se acerca y bendice personas que no pueden ofrecerle nada, ni siquiera su fe. Él muestra misericordia para aquellos que están tan cegados por la opresión del enemigo, que ni siquiera pueden pedir ayuda. Él muestra misericordia al hombre paralítico, que ni siquiera puede buscarlo por sí solo. Jesús muestra tener un gran afecto por aquellos que están desesperados. "No son los sanos los que necesitan médico, sino los enfermos. Y yo no he venido a llamar a justos, sino a pecadores" (Marcos 2:17). Nuestra única esperanza de encontrar la gran sanación y júbilo que tiene el conocer a Jesús, está en darnos cuenta de que nacimos pecadores enfermos. Gracias a Dios Él nos encontró, porque ¡Él es donde el júbilo está!

JUAN 5

Los inválidos de Jerusalén se reúnen en el estanque de Betesda. Está la creencia en que estas aguas tienen poder para sanar y que el primero en meterse cuando las aguas se mueven será sanado. Algunos creían que un ángel agitaba las aguas, pero hay evidencia que el movimiento era de un manantial el cual a veces tiene el efecto de ayudar con achaques y dolor. Pero más que nada, era el lugar de esperanza para los inválidos. Cuando Jesús se presenta le pregunta a un hombre quien había estado ahí por treinta y ocho años si quería ser sanado. El hombre le responde a Jesús la razón por la cual el ser sanado se ve imposible para él. Pero Jesús lo encuentra en su desesperanza y le da lo que él no se esperaba; el hombre levantó su lecho y se fue.

El primer lugar al que va con sus piernas nuevas es al templo. No se le ha permitido ir ahí por casi cuarenta años porque es considerado impuro. Pero al instante que es sanado se va a alabar al Señor. Desafortunadamente se mete en una discusión con los fariseos porque trajo su lecho con él. Es el Sabbat y esto era en contra de la ley. Dios estableció las normas del Sabbat al principio de su relación con Israel, pero ellos no obedecían mucho que digamos. Entonces los fariseos, quienes son *muy* estrictos, deciden crear más leyes para forzar a la gente a obedecer. Ellos amplían las leyes de Dios agregándoles sus propias modificaciones. Por ejemplo, Dios dijo que no puedes trabajar en el Sabbat. Entonces ellos dijeron que la albañilería es trabajo porque combina agua y tierra; y para estar seguros lo vamos a hacer ilegal. Por lo tanto, es ilegal escupir a la tierra en el día de reposo; puedes escupir a una piedra, pero no a la tierra. Ellos llaman esto crear una barrera alrededor de la ley; una barrera para protegerla. Pero ellos empiezan a tratar a la barrera como si fuera parte de la ley de Dios.

Estos fariseos le dicen al hombre que él no está autorizado a ser sanado en el Sabbat; y que el hombre que lo sanó quebrantó la ley. Jesús encuentra al hombre en el templo y lo anima diciéndole: "¡estás mejor!, ¿verdad que esto es maravilloso? Mira, has tenido una vida muy dura y el pecado tiene consecuencias que quiero que evites para que no venga más daño a tu vida. Que hoy sea el momento crucial para ti".

Cuando los fariseos se dan cuenta que Jesús había sido quien sanó al hombre, querían matarlo. Entonces Jesús reacciona, Él no lo hace por desafiarlos; Él lo hace porque *ellos* son quienes están siendo desafiantes, desafiando a los mandatos de Dios y no para aportar a Su palabra. Le están dando a las tradiciones creadas por el hombre la misma posición que a las leyes de Dios y repetidamente acusan a Jesús de quebrantar la ley; pero Él solamente está rompiendo las tradiciones y reglas creadas por el hombre. Él va y les dice que está trabajando por medio del poder de Su Padre. Les dice que Él puede dar vida al muerto cuando les habla, lo cual es cierto espiritual y físicamente. El Padre le ha dado el papel de juzgar, pero todos Sus juicios son los que el Padre ha entregado. En el verso 30 Jesús dice: "No puedo yo hacer nada por mí mismo; según oigo, así juzgo, y mi juicio es justo, porque no busco mi voluntad, sino la voluntad del Padre, que me envió". El hijo de Dios se entrega al plan del Padre. Qué humildad más recalcable la que Él demuestra en Su tiempo en la tierra.

Jesús le dice a los fariseos que no conocen la palabra de Dios porque las Escrituras del Antiguo Testamento apuntan hacia Él; y ellos ni siquiera lo ven ahí. Si en verdad entendieran a Moisés y no solamente hubieran memorizado la Ley; sabrían quién es Cristo. Pero saber las Sagradas Escrituras sin conocer a Cristo no tiene sentido. Los fariseos han construido su esperanza en la ley. Todas esas leyes fueron dadas para demostrar que es imposible guardarlas y para humillar al ser humano a que vea la necesidad por Él; quien llena la ley y da vida. Las leyes, cumplirlas y tener buena moral nunca tendrán el poder de salvar.

VISTAZO DE DIOS

Jesús tiene más valor que todo y el hombre que fue sanado lo sabe. El primer lugar al que va es al templo. Él sabe el valor de acercarse a Dios. Dios lo encontró y su mundo entero cambió, pero no solamente porque sus piernas fueron restauradas. Si él hubiera sido sanado pero sin *entender* a Dios, hubiéramos sentido pena por él, ya que estaba justo ahí; cara a cara con el Rey. Si lo hubiera dejado pasar y solamente hubiera brincado con su lecho, nuestros corazones se hubieran roto con esta historia. Pero gracias a Dios Jesús habló al corazón de ese hombre muerto y lo llamó a la vida. Ahora ese hombre sabe con seguridad que ¡Él es donde el júbilo está!

MATEO 12; MARCOS 3; LUCAS 6

Cuando los fariseos acusan a los discípulos de romper el Sabbat, Jesús crea una oportunidad de enseñanza. Él dice que el templo es importante pero que hay algo más importante que el lugar en que Dios mora: *El mismo Dios*. Después, dice que el sacrificio es importante, pero que hay algo más importante que el sacrificio: *la misericordia*. El punto que está haciendo es que la ley es importante pero hay algo más grande que la ley: *el Dios que la hizo*. Dios hizo al Sabbat una ley para servir a las personas, entonces, las necesidades de las personas son incluso más importantes que la ley del Sabbat. La ley revela nuestro quebrantamiento y como se ve la justicia —y eso es importante— pero nunca se termina en sí mismo; lo señala a Él. Cuando los fariseos malinterpretan y no aplican bien la ley de Dios, ellos la distorsionan a una versión que ya no apunta hacia Su corazón.

Cuando Jesús da ejemplos de personas que desobedecen la ley y aun así son inocentes, no está apoyando la anarquía; el estándar de la santidad todavía queda intacto. Nada ha cambiado. Entonces, ¿qué mensaje nos quiere revelar? Como las parteras egipcias quienes mintieron para salvar a bebés o la celebración impura de la Pascua judía del rey Ezequías, la ley apunta hacia el bien pero la misericordia apunta hacia el mayor bienestar de todos. Jesús enfatiza su legalismo cuando Él sana a un hombre en la sinagoga en un Sabbat. Es probable que los fariseos usaron a este hombre como una trampa para Jesús. Él señala a su hipocresía. Ellos podían rescatar a un cordero en el Sabbat, ¡pero los humanos son más importantes que los animales! El Sabbat se trata de traer descanso y bienestar y el restablecer la salud es consistente con esta idea.

Los fariseos conspiran en contra de Él entonces, se marcha. Él no puede ser distraído de la tarea que ha empezado, hacerles saber a los gentiles que Él es el Mesías y que Él está aquí para ellos. Los gentiles no esperan por un Mesías como los judíos, porque ellos no han leído las escrituras hebreas que hablan de un Mesías para todas las naciones. Jesús se relaciona primero con los judíos, pero necesita mantener su identidad en secreto mientras corre la voz con los gentiles. Necesita mantener su identidad en secreto porque los líderes judíos van a intentar matarlo. Él sabe que este es el plan, pero no puede ocurrir hasta que "llegue Su hora". Entonces, cuando sana a personas en las regiones judías, les pide a que guarden silencio. Cada vez que sana a alguien, Él da un paso adelante hacia su propia muerte, intercambiando su propia seguridad y bienestar por la de ellos.

El escoge a doce discípulos para que lo sigan muy de cerca, pero Su familia piensa que ha perdido la razón. Tal vez ellos no creen que Él es el Mesías o piensan que necesita dejar de provocar a los fariseos— no lo sabemos. Las personas que están con Él dicen: "Tu familia está afuera buscándote," y Él dice: "Ustedes son mi familia. Mi familia son todos quienes hacen la voluntad de Dios". Esto suena un poco duro, pero vamos a ver un encuentro con sus hermanos pronto que nos va a dar más contexto sobre esto. También, esto es probablemente menos degradante para sus parientes de sangre y un sube de categoría para todos los creyentes. Él enfatiza la conexión del Reino sobre la conexión genética.

Cuando Él cura a un hombre ciego y mudo por causa de un demonio, las personas locales se preguntan si Él puede ser el Mesías, entonces los fariseos comienzan un rumor diciendo que es capaz de hacer eso porque Él también está poseído por un demonio. Jesús dice: "Si yo estuviese poseído por un demonio, ¿por qué expulsaría a mi propio equipo?". Él menciona la blasfemia del Espíritu Santo, lo cual parece que se refiere a que los fariseos repetida e insistentemente atribuyen Su trabajo a Satanás. Ellos están rechazando la verdad que Jesús es Dios. Otros académicos dicen que la blasfemia del Espíritu Santo es el rechazo de Jesús como Dios, lo cual es verdad para cualquier persona que no es parte de la familia de Dios. De todas formas, parece que un creyente verdadero no puede cometer este pecado, intencional o accidentalmente.

VISTAZO DE DIOS

Jesús es el cumplimiento de las profecías de Isaías, una de muchas que dice: "No hará pedazos la caña quebrada" (42:3). Jesús es acusado falsamente por líderes religiosos. Su nombre está en un letrero marcado "Se busca" y Sus amigos y familiares más cercanos le dan la espalda. Él sabe lo que se siente ser abusado espiritualmente y sufrir las consecuencias relacionadas con esto, por eso Él es compasivo con quienes son maltratados. El hombre con la mano atrofiada solo puede ser un peón para los fariseos, pero Jesús se presenta con gentileza, misericordia y sanación. Nosotros podemos acercarnos porque ¡Él es donde el júbilo está!

MATEO 5–7

En Su Sermón del Monte Jesús describe el Reino de Dios patas para arriba. Inicia con ocho bendiciones y muchos estudiosos creen que son acumulativas. La primera bendición es el fundamento del resto del sermón. Todo inicia con la pobreza del espíritu, reconociendo que espiritualmente somos pobres. Nosotros no tenemos nada que ofrecerle a Dios, no hay razón para que Él nos escoja o nos ame; ese es el inicio. Esto tiene un contraste marcado con las actitudes de los fariseos quienes piensan que lo están haciendo muy bien. ¿Puedes ver por qué es una ofensa para Dios? La vida en el reino empieza reconociendo que necesitas a Dios desesperadamente. Estas bendiciones podrían ser acumuladas en la vida de una persona de esta manera:

Cuando reconocemos nuestra pobreza espiritual, la lloramos, lo cual produce mansedumbre en nosotros al involucramos con el mundo. Mansedumbre cede el paso a desear que Dios aumente nuestra rectitud. Nos es más fácil de mostrar gracia a otros porque sabemos cuán difícil es la lucha. Dios continúa purificándonos cuando nos relacionamos con Él. Nos convertimos en personas que no huyen del conflicto, pero quienes entran en el caos y crean paz; pacificadores no conciliadores. La vida del humilde, hambriento, sumiso, misericordioso y pacificador no es fácil. Jesús conoce esto de manera personal, pero a pesar de las pruebas será la vida con más gozo que podamos imaginar, especialmente porque no termina cuando el final llega. ¡El mejor premio aún está por llegar!

Es fácil convertir este sermón en una lista de control, pero necesitamos urgentemente no hacerlo; los requisitos son imposibles. Sin embargo, Jesús no dice que "como no eres capaz de obtener tu propia rectitud, vamos a bajar las exigencias, haz lo que quieras porque Dios es un Dios de amor". En lugar de eso señala que Dios no solamente busca las acciones correctas, más va en busca de un corazón recto, lo cual significa que el estándar es todavía más alto. Él nos dice: "Sed, pues, vosotros perfectos, como vuestro Padre es perfecto"; eso es lo que Dios requiere. Esto es devastador, no lo podemos hacer y ahora ¿Qué hacemos? Nuestra única esperanza es ser declarados justos por medio de lo que Jesús hizo, no por lo que nosotros hacemos. Esto es un alivio, el que Él haya cumplido los requisitos de la ley por medio de Su vida y muerte perfectas.

Jesús dice que nosotros como personas conocedoras de nuestro propio quebrantamiento, no deberíamos de presumir nuestras buenas obras para impresionar a otros —al dar, ayunar y orar— porque así no vamos a vivir como iniciamos. El problema de tratar de ser espiritualmente ricos es como dinero sin valor. Jesús nos dice que fijemos nuestros ojos, tiempo y esfuerzos en algo que vaya a durar. Si nosotros apreciamos las cosas eternas encima de todo, nuestras preocupaciones acerca de las cosas temporales van a ser reemplazadas. Es normal para las personas que no conocen de Dios como su Padre de preocuparse por la provisión, pero a los hijos de Dios Jesús les dice: recuerda cuánto te ama el Padre. Él te valora encima de todo lo que Él ha creado. Si te enfocas en cosas pasajeras, vas a llenarte de miedo y el temor usurpa tu fidelidad al reino de Dios porque no para de demandar tu atención. En cambio, recuerda quién es tu Padre, Él va a proveer para ti.

Jesús dice que debemos tener cuidado de no actuar como Dios, quien juzga a todo ser humano. El juicio de Dios ocurre a nivel del corazón y nosotros no tenemos los ojos para verlo, así que es mejor dirigir nuestro discernimiento hacia la buena o mala acción en lugar de a la buena o mala persona. Nosotros examinamos el fruto porque no podemos ver la raíz. Cuando nos vamos por ese territorio se hace muy fácil perder la mirada donde iniciamos, nuestra propia pobreza espiritual.

VISTAZO DE DIOS

"De la misma manera, que la luz delante de ustedes alumbre delante de todos, para que todos vean sus buenas obras y glorifiquen a su Padre que está en los cielos" (5:16). El propósito de nuestras buenas obras es el de glorificar a Dios, no a nosotros mismos. ¿Pero por qué Dios querría gloria por algo que no hizo, sino que hicimos *nosotros*? Porque Él *es* quien lo hace, Su Espíritu está produciendo buenas obras en nosotros. "Porque Dios es el que produce en ustedes lo mismo el querer como el hacer, por su buena voluntad" (Filipenses 2:13). "Ciertamente, todas las cosas son de él, por él y para él" (Romanos 11:36). El merece la gloria porque Él hace el trabajo, pero Él no nos deja con las manos vacías; Él recibe la gloria y nosotros el júbilo. ¡Porque, Él es donde el júbilo está!

MATEO 9; LUCAS 7

Mateo relata el momento cuando Jesús lo llamó a ser discípulo. Es igualito al llamado de Leví, por lo que muchos estudiosos creen que es el mismo hombre y que quizás tiene dos nombres. Los fariseos acosan a Jesús por comer con pecadores, como los recaudadores de impuestos y su respuesta los enmudece. Él reconoce la pecaminosidad de Mateo y dice: "Los pecadores no me asustan, son la razón principal por la que estoy aquí".

Leemos una serie de historias de curación que revelan mucho sobre la mentalidad cultural. Jairo, un gobernante de la sinagoga, tiene una hija de doce años que está muriendo así que le pide ayuda a Jesús y Jesús acepta, pero en el camino se distrae. Bueno, técnicamente es una distracción solo si eres Jairo. Para Jesús, es parte del plan. Y para la mujer con la que se encuentra en el camino, es una respuesta a su oración, esta mujer ha estado enferma el mismo tiempo que la hija de Jairo ha estado viva. Ella es ceremonialmente impura, por lo que es una marginada social y no puede ir al templo. Si eres Jairo, todo esto parece menos importante que la muerte. Probablemente siente que a Jesús no le importa y está arruinando todo. Cuando Jesús pasa junto a la mujer, ella agarra su borla de oración, "el borde de su manto" como en Deuteronomio 22:12, porque cree que todo lo que tiene que hacer para sanar es tocarlo, como si fuera un amuleto de buena suerte. Pero ella no fue sanada cuando lo toca. Ella no se sana hasta que Él hace lo necesario para sanarla. Mientras tanto, una niña de doce años respira por última vez.

Cuando Jesús llega a la casa de Jairo, las personas están de luto, llorando. Su lamento se convierte en risa cuando Jesús dice que la niña solo está durmiendo. No está negando su condición, solo la permanencia de esta. Su cuerpo no tiene la última palabra, Él sí, Él hizo su cuerpo y lo levanta. El evangelio de Marcos también cuenta esta historia y su versión parece decir que ella está a punto de morir, no muerta. La mayoría de los estudiosos dicen que ella estaba viva cuando Jairo la dejó para ir a buscar a Jesús, pero que está muerta cuando Jesús llega. Ya sea con ella o con el hijo de la viuda, hoy es la primera vez en su ministerio público que levanta a alguien de la muerte.

Luego, sana a dos ciegos y les dice que no digan nada, pero ellos les dicen a todos. Luego va viajando por un camino y pasa una procesión fúnebre cuando llega a la ciudad. El único hijo de una viuda ha muerto y no hay nadie para mantenerla, lo que probablemente también sea una sentencia de muerte para ella. La viuda no le pide nada; puede que ella ni siquiera sepa quién es Él, pero Él le tiene compasión y levanta a su hijo de la muerte.

Simón el fariseo invita a Jesús a cenar y una "mujer de la ciudad que era pecadora" se cuela en la fiesta. Es probable que sea una prostituta. Jesús no solo se siente atraído por los pecadores, sino que los pecadores se sienten atraídos por Jesús. A Simón le repugna la presencia de la mujer en su casa y no puede creer que Jesús la deje tocarlo. Pero ella llora mientras unge sus pies con un aceite que probablemente cuesta más de lo que gana en un año. Jesús habla a los pensamientos de Simón. Reconoce que ella es pecadora y dice que cuan mayor sea nuestra conciencia de nuestra necesidad de Él, mayor será nuestro gozo y gratitud por conocerlo. Si nos enorgullecemos de ser moralmente honestos, perderemos esa alegría y gratitud. Cuanto más nos encontremos en el primer lugar, hablando de pobreza espiritual, más podremos comprender todas las bendiciones que conlleva conocerlo.

VISTAZO DE DIOS

Algunas veces en la lectura de hoy, Jesús dice cosas como: "Tu fe te ha sanado". Para ver lo que está comunicando y no solo lo que está diciendo, tenemos que examinar toda la historia que nos está contando. Si su fe los sanara, Jesús no necesitaría presentarse o actuar, porque su acción de creencia sería suficiente. Pero no fue así, Jesús es necesario, tiene que hacer que las cosas sucedan. Incluso cura a personas que no tienen fe, como el hombre cojo, el hombre y la niña muerta. Él cura a las personas que no lo piden, a las personas que no lo piden pero tienen fe y a las personas que lo piden pero no tienen fe.

No hay fórmula, esta no es una cerradura de combinación, es una relación con un Dios compasivo. La fe, no importa cuán fuerte sea, no puede sanar por sí sola. Pero el objeto de nuestra fe sí puede... y no es en lo que estamos "creyendo", es *en Quién* estamos creyendo. La fe en nuestra fe es una tontería. Pero la fe en nuestro Dios, que es poderoso y nos ama, es adoración. ¡Él es donde el júbilo está!

MATEO 11

Después que Jesús nombra a los doce apóstoles, predican en sus pueblos y mientras van de pueblo en pueblo, JB parece estar teniendo como una lucha interna, ha visto al Espíritu descender sobre Jesús como una paloma y ha escuchado la voz del Padre afirmar que Jesús es Su Hijo pero luego Jesús se va al desierto y JB fue puesto en prisión. Sus caminos apenas se cruzaron y JB no deja de escuchar que Jesús está haciendo milagros para todos. Seguramente si Jesús es el Mesías, milagrosamente lo sacará de la cárcel, ¿verdad? Esto más que duda, parece desesperación. En realidad no sabemos lo que JB está pensando, todo lo que sabemos es que envía mensajeros para pedirle a Jesús que confirme o niegue que Él es el Mesías.

Jesús envía un mensaje de regreso, diciéndoles a los mensajeros que le hagan saber a JB que lo han visto hacer las cosas que Isaías dijo que el Mesías haría cuando viniera. Cita las profecías que JB probablemente conoce de memoria, pero deja fuera una parte de la profecía que seguramente llama la atención de JB: la parte donde los prisioneros son liberados. Debe haber sido difícil ser el lado receptor de este mensaje: "Sí. Soy el Mesías que Isaías profetizó y al que señalaste, todo se ha cumplido, pero morirás en prisión". Jesús termina diciendo: "Bienaventurado el que no tropieza por causa de mí". Y aunque esto ciertamente tuvo implicaciones más amplias, tiene implicaciones personales para JB: es casi un reconocimiento por parte de Jesús que le está dando noticias muy difíciles.

A medida que avanzan, Jesús alaba a JB con sus discípulos, les dice que JB es la realización de la profecía de Malaquías (3:1 y 4:5) acerca de la venida de Elías, esto no significa que JB es una reencarnación de Elías, más bien indica que Elías era el arquetipo y que JB siguió sus pasos. Jesús lo llama el hombre más grande que jamás haya vivido, pero luego dice que todos en el Reino son más grandes que JB. ¿Esto significa que JB no está en el Reino? Jesús parece estar señalando a un reino futuro, uno que ya se ha inaugurado pero no se ha cumplido. Algunas veces Jesús habla del Reino en tiempo presente y otras veces habla de este en tiempo futuro. No es raro leer las palabras de Jesús y pensar: "Entonces, ¿es *ahora* o es el que *viene*?". Los estudiosos dicen que la respuesta es "sí", a esto lo llaman "ya, pero todavía no", la tensión es intencional y esperanzadora. Vivimos en esta tensión cuando pensamos en cómo Dios nos ha declarado justos y nos ve como justos a pesar de que todavía somos pecadores y a que ve nuestro pecado. Las realidades del Reino puede que no se cumplan hasta el futuro, pero Cristo nos llama a ser conscientes de ellas. Así es como vivimos los valores del Reino en lugar de los valores terrenales.

La generación de Jesús no tiene gusto por el Reino, nada los satisface, siempre van a encontrar algo que condenar, todo porque no quieren someterse a la deidad de Cristo. Jesús enumera ciudades que lo han visto hacer milagros, pero se niegan a creer que Él es el Mesías. Hace el noventa y cinco por ciento de sus milagros en su ciudad natal, Capernaúm; ellos ven más, pero creen menos. Solo los corazones dóciles pueden someterse a la evidencia, los corazones duros la resisten. Jesús agradece a Su Padre por los corazones dóciles de aquellos que lo aceptan, aquellos que se consideran sabios se lo pierden, pero los que son humildes y necesitados lo reciben. Le agradece al Padre por derramar gracia para que escuchen la verdad; Él se revelará a sí mismo y al Padre a quien Él elija. Jesús envía una invitación a los cansados y agobiados y parece que este mensaje es especialmente para aquellos que están cansados por intentar cumplir con la ley, ya sea la ley de Dios o las reglas que los fariseos le agregaron. El yugo de la ley y el yugo de los fariseos son abrumadores. Pero su yugo es fácil y su carga es ligera.

VISTAZO DE DIOS

Es interesante imaginar dónde Jesús podría poner el énfasis cuando dice: "Vengan a mí todos ustedes, los agotados de tanto trabajar, que yo los haré descansar" (v.28). El contexto hace que parezca que Él pone el énfasis en sí mismo: "Vengan a mí ... te daré descanso". A medida que aprendemos de Su carácter, es más evidente cada día que: ¡En Él está el descanso y Él es donde el júbilo está!

LUCAS 11

Incluso los apóstoles le pidieron a Jesús que les enseñara a orar. La oración es una habilidad que puedes desarrollar, es como cualquier conversación que tienes con una persona. Hay algunas cosas que vale la pena destacar en la oración que Jesús enseña a sus seguidores. Primero, Jesús dice que oremos al Padre, no a Él. Si no tenemos cuidado, terminamos poniendo a las tres personas de la Trinidad en una licuadora y mezclándolas todas juntas, como si fueran lo mismo. Si bien son uno y están unificados en su voluntad y propósito, también son distintos en sus roles. En las Escrituras, el modelo normativo de oración es orar al Padre, a través del Hijo, por el Espíritu. El Padre es la autoridad suprema, Jesús es el mediador entre nosotros y el Padre; y el Espíritu fortalece nuestras oraciones por medio del Hijo al Padre. Eso no quiere decir que no podamos o no debamos orar al Hijo o al Espíritu; hacer esto enriquece nuestra relación y profundiza nuestra comprensión de Dios cuando pensamos intencionalmente en cada persona de la Trinidad y les hablamos de acuerdo con sus roles. Cuanto más lo conocemos, esto se vuelve más natural.

Es sorprendente que con valentía podamos acercarnos al Padre. Para algunas personas esto puede ser desafiante, puede ser más fácil orar al Hijo o al Espíritu. Pero Él conoce nuestros dolores, Él nos extiende la gracia, también es capaz de redimir la palabra *Padre* para aquellos que esto les es difícil.

En la siguiente sección, los fariseos acusan a Jesús de estar poseído por demonios, luego de entre la multitud una mujer grita, bendiciendo a Su madre. Pero Jesús dijo: "Bienaventurados los que escuchan la palabra de Dios y la guardan". Vale la pena señalar que Jesús no muestra ninguna reverencia especial a María. No la está degradando o faltándole el respeto, la está colocando junto a todos los demás como es justo. Ella es una pecadora que necesita un Salvador, tal como todos nosotros. Esto es similar a lo que leemos en Marcos 3:31-35, donde Jesús da prioridad a los miembros de la familia de Dios, mostrando que las relaciones del Reino tienen mayor importancia que las relaciones genéticas.

Las multitudes le piden una señal para probar que Él es el Mesías y Él los reprende. Cuando Jesús hace milagros, es para ayudar a las personas que lo necesitan, no para demostrar quien es. Sus milagros no fueron suficientes para la gente de Capernaúm o las otras ciudades a las que les pronunció aflicción. Las señales no suavizan los corazones. Jesús dice que la única señal que obtendrán será la de su muerte y resurrección: la "señal de Jonás". En el relato de Mateo, Jesús dijo que pasará tres días y tres noches en la tumba al igual que Jonás pasó tres días y tres noches en el pez (12:38-41).

Al igual que en Lucas 7:36-50, Jesús cena con un fariseo y no duda en reprenderlo en su propia casa. El anfitrión está sorprendido que Jesús no se lava antes de la cena, lo cual no es parte de la ley, sino una tradición de los fariseos. Jesús dice: "Te preocupa estar limpio por fuera, pero por dentro estás muerto". Un abogado le contesta: "¡Ay que malo!" Jesús dice: "Ay mira tú ni empieces, porque ustedes hacen cargas innecesariamente difíciles para algunas personas y se niegan a ofrecer ayuda alguna". Las palabras más fuertes de Jesús son para los que se creen justos.

VISTAZO DE DIOS

Jesús quiere que sus seguidores sepan lo mucho que le gusta comunicarse al Padre con sus hijos, incluso sobre cosas pequeñas. Utiliza ejemplos como huevos, pescado y pan. Él dice que seamos persistentes en la oración. Podemos confiar en que el Padre escucha nuestras oraciones, las examina y responde con lo que es mejor para nosotros. ¡Todo aquel que pide, recibe! Eso significa que no hay tal cosa como una oración sin contestar. Él contesta a todas, con un "sí", un "no", o un "espera". Tendemos a olvidar que "no" y "esperar" también son respuestas. Dios no siempre nos da lo que pedimos, porque a veces Él tiene mejores ideas, pero Él siempre nos escucha y nos responde. Eso es lo que hace un buen Padre. ¡Y Él es donde el júbilo está!

MATEO 13; LUCAS 8

Las parábolas son una de las herramientas de enseñanza favoritas de Jesús. Una parábola es una historia corta que generalmente tiene un punto importante y que no nombra ni personas ni lugares específicos. Hoy, en Su primer parábola, Jesús compara el evangelio a una semilla que es esparcida por todos lados y cae en cuatro tipos de suelo diferentes, mostrando cuatro formas en que el evangelio puede ser recibido. Tres de los suelos no reciben bien el evangelio, pero el suelo que sí lo recibe, tiene un incremento en su producción. El primer suelo es el camino, donde los pájaros devoran la semilla. Estas personas escuchan el evangelio pero realmente no lo entienden, por lo que el enemigo se los arrebata. El segundo tipo de suelo es pedregoso y poco profundo. Estas personas responden al evangelio de forma rápida y con alegría, pero cuando vienen tiempos difíciles, la planta no puede soportar el calor. Las pruebas revelan nuestros corazones, ¿estamos solo detrás de las bendiciones de Dios o realmente estamos siguiendo a Dios mismo? El tercer tipo de suelo es un suelo espinoso, donde las semillas hacen sus raíces, pero los espinos las ahogan y desplazan. Jesús compara los espinos a las preocupaciones del mundo y al engaño de las riquezas. Aquí, la abundancia es la que rebasa a la semilla, tal como las pruebas lo hicieron en el segundo tipo de suelo. Finalmente, está el cuarto tipo de suelo, el suelo bueno, el que escucha el evangelio, lo entiende y da frutos.

Cuando Jesús cuenta por primera vez esta parábola, no da ninguna explicación. Él está hablando a un grupo grande con personas de diferentes ciudades, cuando sus discípulos lo apartan y le dicen: "Nadie sabe de lo qué estás hablando", Él responde: "Sí, lo estoy haciendo a propósito. Ustedes lo van a entender, pero no las personas con corazones endurecidos. Sean agradecidos por la bendición de tener corazones suaves y oídos abiertos, porque ustedes están viendo cosas que muy pocas personas podrán experimentar". Luego Él explicó la parábola a Sus discípulos, pero no a toda la multitud.

Jesús vuelve a Capernaúm y enseña en la sinagoga. Hemos leído antes acerca de esta escena, pero hay dos cosas que vale la pena recalcar en el relato de Mateo. Primero, por lo menos Él tenía siete hermanos y hermanas: Santiago, José, Simón, Judas y "todas" Sus hermanas, lo que significa que por lo menos tenía tres. Segundo, ellos llamaban a Su papá José el carpintero, pero este es un malentendido de la traducción original. La palabra usada aquí en griego es *tekton*, que significa constructor o artesano. Cuando Inglaterra tradujo la Biblia al inglés por primera vez, ellos asumieron que eso significaba carpintero, porque los constructores y artesanos en Inglaterra usaban madera. Pero los constructores y artesanos en Israel trabajaban primordialmente con piedra, ya que esta era mucho más abundante que la madera. Por lo que probablemente Jesús es más constructor que carpintero, lo que encaja mejor en la historia que les cuenta y las analogías que usa.

Las Escrituras lo llaman "la Roca" y "la piedra que los constructores desecharon", quien llegó a ser la piedra angular. Como un *tekton*, Él ha estado dando forma a las cosas hechas de roca desde el primer día de la creación, ¡comenzando con la misma Tierra!

Además de los doce apóstoles, probablemente hay algunas mujeres que viajaban con ellos, María Magdalena, Juana, Susana y muchas más. Esto es notable, especialmente en ese tiempo. Es claro que Él valora la contribución de las mujeres en el Reino. Al parecer, estas mujeres eran proveedoras, porque ellas "ayudaban con sus propios recursos" (8:3). Algunas de estas mujeres probablemente tenían grandes riquezas y estatus social, como Juana, quien estaba casada con el administrador del rey Herodes y otras quienes tenían una mala posición social, como María Magdalena, que tenía siete demonios antes que Jesús los expulsara.

VISTAZO DE DIOS

Hay una gran diversidad entre los seguidores más cercanos de Jesús. Él viaja con pescadores pobres, recolectores de impuestos bien posicionados, miembros de familias del séquito del rey, una mujer que estuvo poseída, mantiene una amplia gama de acompañantes. Jesús no es solo para todas las naciones, sino para todo tipo de personas: ricas, pobres, gente fina y elegante o gente desaliñada. Él prueba que los espinosos placeres de la riqueza y el estatus no pueden ahogar todas las semillas y que las pruebas mordaces de lo demoníaco no pueden secar todas las semillas. Y que los simples pescadores que aparentemente parecen ser suelo pedregoso pueden llegar a ser rocas, —como Pedro, cuyo nombre significa piedra— y aún en contra de todas las posibilidades, todavía pueden dar frutos. Una de las cosas más hermosas de la soberanía de Dios es que Él puede tomar el suelo menos pensado y convertirlo en un jardín. ¡Él es donde el júbilo está!

MARCOS 4–5

Hoy abrimos con el relato de Marcos sobre la parábola de los cuatro tipo de suelo, el cual inmediatamente sigue con la pregunta acerca del propósito de una lámpara. Tú no escondes una lámpara, más bien la exhibes. Estas dos ilustraciones, una tras otra, sugieren que Jesús quiere que tanto la luz como la semilla vayan a todas partes. Algunas personas pueden esconder sus ojos de la luz, sin embargo esta brilla en la oscuridad. La semilla debe caer aún en los tres tipos de suelo malo, no solo en el buen tipo de suelo. Todo aquel que tiene ojos para ver y un suelo para recibir van a ser los que vean y reciban y responderán adecuadamente. En muchas otras parábolas, Él explica el cielo, no describiendo la experiencia pero describiendo su imparable poder a pesar de sus pequeños inicios. Es una semilla que crece en grano maduro, pero nadie sabe cómo sucede. Como una semilla de mostaza que es prácticamente imposible de destruir, lentamente se extiende sobre todas las demás.

Esa noche ellos tomaron un bote hacia el lado gentil del mar de Galilea. Ya habíamos leído esta historia antes, pero este relato nos dice lo que pasa en el agua. Una tormenta los golpea y el bote empieza a llenarse de agua. Mientras tanto, Jesús está durmiendo. Ellos lo despiertan y lo acusan de no importarle lo que les estaba pasando, a pesar de que Él también estaba en la tormenta. Él reprende a la tormenta, lo que lleva a la idea de una respuesta áspera, pero Él anima a Sus discípulos. Él tiene compasión por ellos en medio de sus temores, a pesar de sus falsas acusaciones de creer que no eran importantes para Él. Él les recuerda que se apoyen en su fe por Él cuando sucedan cosas aterradoras y que recuerden lo que aprendieron respecto a Él.

La palabra reprender es usada en el Nuevo Testamento casi treinta veces, pero nunca es dirigida hacia sus discípulos. Jesús reprende a la tormenta, a aquellos que lo rechazan como Salvador, a una enfermedad y más a menudo, a los demonios. La única vez que es posible que Él reprendió a un discípulo, es cuando le dice a Pedro: "Aléjate de mí, Satanás" (Marcos 8:33), lo que conlleva a pensar a los estudiosos que realmente se dirigía a Satanás y no a Pedro. Reprender a alguien no está mal, en efecto, Jesús más tarde les da a Sus seguidores instrucciones en cómo y cuándo reprenderse mutuamente. En el texto de hoy, Él se apoya en la compasión. Elige no reprenderlos por sus temores, más bien reprender la causa de sus temores. Si luchas con tus propios temores e incluso sientes vergüenza sobre tu inhabilidad para callarlos, recuerda que Él no te avergüenza. Él está en la tormenta contigo y a Él le importas.

Si bien es reconfortante saber que a Jesús le importamos y que Él es soberano sobre las tormentas, es interesante también notar que la razón primordial por la que ellos se metieron en la tormenta, fue porque obedecieron a Dios. Cuando las cosas se salen de control en nuestras vidas y nuestros botes comienzan a llenarse de agua, es común preguntarnos ¿qué hemos hecho mal? Queremos encontrar las acciones ofensivas para poder evitarlas en el futuro. Pero esta prueba fue resultado de la obediencia, no del pecado o de un error. A menudo, estas situaciones nos sirven para enseñarnos algo valioso y necesario, que no hubiéramos aprendido de otra manera.

VISTAZO DE DIOS

Nuestra relación con Dios es lo más importante de nuestra vida e impacta cada una de las áreas de nuestra vida. Todas las cosas que aprendemos y experimentamos de Él añaden a nuestra relación eterna. En la tormenta, los discípulos aprendieron algo acerca de Él que no hubieran podido aprender de ninguna otra manera: Él es soberano sobre cualquier cosa que se ponga en Su camino. Esta es una de las muchas veces que les demuestra Su poder. Ellos necesitan ver esto repetidamente porque todos ellos enfrentarán mayores tormentas en sus vidas. Desde ver a su líder morir en la cruz hasta enfrentar ellos mismos muertes terribles. Él es tan generoso al dejarlos ver más quien es Él, para fortalecer su fe. Él lentamente pero con seguridad hace crecer sus corazones en fe desde una minúscula semilla de mostaza hasta algo que se extiende sobre todo lo demás y no puede ser destruido. Su Reino es para siempre y ¡Él es donde el júbilo está!

MATEO 10

Jesús eligió a doce de Sus tantos discípulos para que fueran parte de Su círculo cercano, y las Escrituras empiezan a referirse a ellos como apóstoles. *Discípulo* significa "aprendiz" y *apóstol* se refiere a un "mensajero que es enviado afuera". Jesús envía a los doce afuera pero primero les da autoridad sobre cosas que Él sabe que enfrentarán: demonios, enfermedad y aflicción. Él los instruye mientras están por partir. Primero, les da dirección: Ir *solamente* con judíos, no con gentiles ni con samaritanos, quienes eran mitad gentiles y mitad judíos. El plan de Dios siempre fue llevar el mensaje a los judíos primero, después a los gentiles. Jesús hace aproximadamente el noventa por ciento de Sus milagros en el pueblo judío Capernaúm. Pero Él tiene una línea de tiempo y una misión específicas que cumplir antes de Su muerte y mientras más habla entre los judíos, sus líderes lo reconocen más como una amenaza e intentan eliminarlo. Sin embargo, sus seguidores, pueden curar y ayudar personas sin correr el mismo riesgo. Segundo, Él les da un mensaje y una misión: proclamar el Reino de Dios, curar a los enfermos y levantar a los muertos. Tercero, Él les da límites: viajen ligero y elijan sabiamente su morada. Ellos están aprendiendo a confiar en Él como la fuente de toda provisión, comida, gastos y alojamiento. Él proveerá para ellos a través de otras personas, lo cual les hace construir su fe y les enseña humildad; para depender de Él, tienen que depender de otros. Él les dice que se queden solo en los lugares donde Su mensaje sea bien recibido y promete encargarse de aquellos que no los traten bien.

Lo que están haciendo tendrá como resultado que los persigan. Las personas los acusarán falsamente y serán maltratados, cuestionados y llevados a juicio. Él les dice: "No traten de estar preparados para esto. No podrán. Pero tampoco se preocupen, cuando llegue el momento, sabrán qué decir exactamente. Dios el Espíritu los dotará con palabras". Dios los está llamando y equipando. Y lo que Dios inicia, lo sostendrá y lo consumará. Así que, aquellos que han aguantado hasta el final, son aquellos a los que ha llamado y equipado, su resistencia sirve como evidencia de Su relación con ellos. Si no fuera así, huirían cuando iniciara la persecución. Así como en los cuatro tipos de terreno, la persecución sirve como una herramienta de filtración, separando a los verdaderos creyentes de aquellos cuya fe es superficial y falsa.

Sus familias pueden volverse en su contra y la gente podría odiarlos, pero nada de lo que sus enemigos puedan hacer es eterno. Luego Él habla acerca de espadas y recompensas, esta sección apunta básicamente a lo que nosotros valoramos. No está mal amar a nuestras familias, Dios las ama también, pero Jesús dice que nuestro compromiso con Dios siempre debe estar primero. Eso se volverá especialmente importante cuando sus familias se vuelvan en su contra. Si lo que los mueve es el miedo al hombre, complacer a las personas o mantener la paz, su lealtad se verá comprometida. Pero si lo que los mueve es el temor a Dios y ser pacificadores, podrán seguir adelante sin ser distraídos o entorpecidos por el conflicto. Dios se identifica tanto con Su gente que dice que quien quiera que rechace a Su gente lo está rechazando a Él y que aquellos que aceptan a Su gente lo están aceptando a Él. Durante pruebas y opresión, aquellos que se atrevan a abrir sus casas a los apóstoles están dando la bienvenida al reino de Dios y al Dios del reino. Los apóstoles difunden el mensaje que oímos de JB y de Jesús: Arrepentimiento. Ellos curan, echan fuera demonios y difunden las buenas noticias acerca de Jesús.

VISTAZO DE DIOS

Jesús presta atención a los detalles tanto chicos como grandes. Él no solo está viendo el mayor detalle de todos —sus almas eternas— y mantenerlos para la eternidad, sino que también se fija en los detalles medianos como proveerles de ropa, comida y alojamiento. Él ve, inclusive, los detalles pequeños, como darles las palabras precisas para hablar. En ocasiones es fácil pensar que Dios se interesa solo por lo principal. Pero a Dios parece importarle todo, porque Él es el único que ve cómo todo se acomoda en Su plan soberano. Nuestras mentes son finitas. Pero Su mente es infinita y nunca está preocupada. Romanos 8:28 dice que Él dispone todas las cosas. Él escucha todas nuestras oraciones de diferentes niveles de importancia y siempre responde de una forma u otra. Él nos muestra repetidamente que se ocupa de los detalles. Y ¡Él es donde el júbilo está!

MATEO 14; MARCOS 6; LUCAS 9

Juan el Bautista (JB) ha estado en prisión desde los primeros días del ministerio de Jesús. Herodes el tetrarca arrestó a JB después que este lo regañó por haberse casado con la esposa de su hermano, Herodías. Ella quiere a JB muerto, pero Herodes está indeciso. En el cumpleaños de Herodes, la hija de Herodías hace un baile para él durante la fiesta. En la cultura Greco-Romana antigua, estos bailes eran seductores, así que es totalmente inapropiado que su hijastra sea su "entretenimiento". A él le encanta y le ofrece cualquier cosa que pida. Es probable que Herodías esté utilizando a su hija como un peón para lograr lo que quería, le dice que pida la cabeza de JB. Así que, los pecados del rey y el complot egoísta de su amante llevan a JB a ser decapitado en prisión. Él muere de manera injusta, aquel a quien Jesús da una pista no hace mucho tiempo, cuando JB le envió un mensaje preguntando si realmente Él era el Mesías.

Después que Herodes mata a JB, empieza a escuchar acerca de las cosas milagrosas que Jesús está haciendo y se siente confundido porque nota muchas similitudes entre estos dos sujetos. Entonces se queda pensando si Jesús será el fantasma o la resurrección de JB debido a cómo sus ministerios siguen la misma trayectoria. Algunas personas, incluso, sugieren que Jesús es Elías resucitado debido al tipo de milagros que está llevando a cabo.

Cuando Jesús se entera de la muerte de JB, Él y sus discípulos se marchan en un bote. Es probable que quisiera llorar esa muerte y hablar con el Padre de todo lo que estaba pasando. Pero los lugareños los ven en el agua y corren a encontrarse con Él en el muelle. Las Escrituras registran cinco mil hombres pero también había mujeres y niños por considerar. Probablemente toda esa gente esté ahí por distintas razones. Algunos pueden querer únicamente sanación, otros pueden haber escuchado lo que sucedió con JB y lo primero que piensan es ir con Jesús, tal vez para ofrecer sus condolencias o tal vez para saber cuál es el plan a seguir ahora que uno de los líderes del nuevo reino ha sido ejecutado. Para ellos, esto es como un asesinato presidencial; Roma acaba de matar a uno de los líderes judíos.

Jesús acaba de escuchar acerca de la muerte injusta del hombre que fue Su predecesor, cuya vida estuvo dedicada por completo a preparar el camino para Él y dirigir a la gente hacia Él. Y en un futuro no tan lejano, el mismo gobierno jugará un papel importante en Su propia muerte. Ahora quince mil personas quieren algo de Él. A pesar de todo eso, Él se acerca. No manda a la multitud a sus casas, como Sus discípulos le sugieren. En vez de eso, dice a los discípulos que hagan algo imposible: alimentarlos. Como ellos empiezan a dar pasos de obediencia, es que se dan cuenta que Él es el que está llevando el alimento. *Él* hace milagros.

Jesús agradece al Padre por la comida, la parte y la distribuye. Hay doce canastas llenas de la comida que sobró, una por cada apóstol. Esas sobras sirven como evidencia de Su poder y también sirven a un propósito práctico: alimentarlos en su viaje. Esta historia muestra que a Jesús no solo le preocupa la provisión espiritual pero también la provisión práctica. Luego quería más tiempo para orar, así que pide a los discípulos que se vayan. A las tres de la mañana, comienza una tormenta. Jesús los puede ver desde donde está orando, así que cuando el viento les está dando con toda su fuerza, Él se acerca al bote caminando sobre el agua. Estuvieron aterrorizados hasta que se dieron cuenta que era Él. Entonces Pedro le dice: "si realmente eres Tú, invítame contigo". Pero en el momento en que Pedro empieza a poner más atención a las cosas que lo asustaban, en vez de poner atención en el Dios que es soberano sobre todas esas cosas, sus miedos se apoderan de él. Jesús lo rescata e inmediatamente el viento se detiene. Cuando llegan a Genesaret, son abrumados por personas con necesidad de sanación y Jesús los sana.

VISTAZO DE DIOS

Para los discípulos la tormenta es muy mala. La tormenta, más la falta de sueño y emocionalmente exhaustos por haber servido a la gente y llorado la muerte de JB que es peor. Ellos están cansados, están tristes y ahora su vida está en peligro. Justo cuando piensan que las cosas no se pueden poner peor ¡ven a un fantasma que se les acerca! Pero lo que ellos perciben como trágico o aterrador es, de hecho, Dios interviniendo en sus vidas para mostrarles que está con ellos, que es poderoso y por un momento brindarles algo de alegría. Aún en nuestras tormentas en medio de la noche, ¡Él es donde el júbilo está!

JUAN 6

Ayer Jesús alimentó a quince mil personas. Hoy cuando despiertan, piensan que Él aún está con ellos. Vieron el bote partir y Él no se había subido, pero ahora no lo encuentran por ningún lado. Eventualmente algunos botes llegan al muelle y convencen a los pescadores de llevarlos en busca de Jesús. Cuando lo encuentran le dicen: "¿cómo llegaste aquí?" y Él responde: "ustedes solo me siguen porque les di de comer". En vez de dejarse llevar por el Hombre que hace milagros, ellos solo quieren los milagros. A Jesús no le interesa dar lo temporal en expensas de lo eterno, así que resalta que Él tiene mucho más que ofrecerles que de lo que se dan cuenta: "No trabajen por las cosas temporales, trabajen por el alimento que permanece".

Ellos fijan su atención en la palabra trabajo y pierden Su punto totalmente. Pero al perder el punto, hacen una pregunta crucial: "¿Qué tenemos que hacer para realizar las obras que Dios exige?". Esta es una de las preguntas más importantes de todos los tiempos, ¿qué es lo que Dios requiere? Y Jesús responde, simple y sencillamente: "Esta es la obra de Dios, que crean en aquel que él envió" (v. 29). Lo único que Dios requiere es creer en el evangelio de Jesús. Eso es. Fin de la lista. Pero no se refiere a simplemente creer que Él existe o incluso creer que Él es Dios. Como hemos visto, también los demonios lo creen y eso no los hace cristianos. La palabra *creer* significa "comprometer tu confianza, colocar la confianza en", es una creencia a nivel del corazón, no solo el darse cuenta o estar de acuerdo en percatarse. Esto no se refiere a conocer la verdad, sino a *rendirse* a la Verdad. La multitud pierde el punto y dice: "Si se supone que creamos en ti, necesitamos algunas señales, como las que hizo Moisés. Él dio pan del cielo". Eso es exactamente lo que Jesús hizo por ellos la noche anterior, pero ya lo habían olvidado. Y respecto a Moisés, él no era de quién se originaba ese pan, era Dios Padre. Jesús declara: "Hay un pan eterno disponible: Yo. *Yo soy* el camino para que sus almas nunca pasen hambre otra vez".

Después Él hace una transición hacia algunos puntos teológicos profundos que ellos también tenían en mente. En el versículo 38, indica que hay una autoridad en la estructura de la Trinidad: "Porque he bajado del cielo no para hacer mi voluntad, sino la del que me envió". Dios Padre tiene un plan y Dios Hijo se sujeta a la voluntad de Dios Padre. Esa estructura de autoridad también aplica a la humanidad, somos dependientes del plan del Padre. Jesús dice: "Todos los que el Padre me da vendrán a mí... Nadie puede venir a mí si no lo atrae el Padre... Todo el que escucha al Padre y aprende de Él viene a mí". Nuestra salvación inicia con el Padre. En otros pasajes encontraremos revelado que el Padre usa al Espíritu como un medio para atraernos, así como el Hijo es el medio para redimirnos, pero todo empieza con el plan del Padre y Él lo lleva a cabo por medio de todas la personas de la Trinidad.

Todo lo que Jesús está diciendo, especialmente la parte en que les dice que coman Su cuerpo y beban Su sangre, es difícil de digerir para los judíos. Y definitivamente va en contra de las leyes judías. Piensan que está hablando en sentido literal, no en términos espirituales, pero casi siempre Jesús apunta a las cosas en un nivel más profundo; usa imágenes tangibles para hacerse entender y eso los confunde. Él lo sabe y les dice: "Tienen razón. Es difícil. Y los únicos de ustedes que lo entiendan serán aquellos a quien Dios se los revele".

VISTAZO DE DIOS

Este sermón es un "vacía una cantidad de asientos" para Jesús. Él pierde a mucha gente aquí porque no pueden soportar la verdad. Y eso parece hacerle sentir triste. Jesús tiene doce apóstoles y dos de ellos van a alejarse de su relación con Él durante el momento más difícil de Su vida, Simón Pedro y Judas Iscariote. Jesús lo sabe, pero de todas formas los mantiene cerca, sujetándose al plan del Padre. Así es como debe ser. Él va a compartir su vida con personas que lo lastimarán y lo traicionarán. Probablemente siempre lo tiene en mente. Y en ese momento les pregunta: "¿ustedes también quieren abandonarme? ¿así como los otros?". Entonces Pedro responde con una de las mejores cosas que alguna vez dice: "¿a quién iremos? Tú tienes palabras de vida eterna". Sí y amén. Pedro sabe que ¡Él es donde el júbilo está!

MATEO 15; MARCOS 7

Hoy empezamos con Jesús lidiando con las quejas de los fariseos, otra vez. Están molestos porque Sus discípulos no se lavan las manos antes de comer. Si esto les suena familiar, así debería ser. Jesús enfrenta lo mismo cuando va a comer a casa de un fariseo. Pero esta vez, los escribas y fariseos han viajado ciento treinta kilómetros desde Jerusalén a Galilea para abordar esta situación. Jesús les dice que no están violando la ley de Dios, solo las tradiciones del hombre. De acuerdo con la ley de Dios, solo los sacerdotes tienen que lavarse las manos antes de comer. Jesús señala su hipocresía, ellos quebrantan la verdadera ley para mantener sus tradiciones adulteradas; y cita a Isaías en referencia a las personas que hacen y dicen las cosas correctas pero realmente no aman a Dios. Ellos aman sus actos religiosos y estar en lo "correcto", pero no saben nada acerca de rectitud, porque esta solo se da mediante una relación con Dios.

Después cuando Él hablaba solo con sus discípulos les dice: "el lavar o no lavar sus manos, no importa. Lo que importa es lo que salga de su boca, eso da testimonio de lo que hay en su corazón. Porque ahí se originan todos los malos pensamientos, homicidios, adulterio, fornicación, hurtos, engaños y calumnia". Lo que Jesús señala aquí, acerca de la comida, tiene implicaciones que van más allá. En Marcos 7:19 Jesús declara limpios a todos los alimentos prohibidos. Luego, hace un breve comentario acerca de los fariseos: Ellos no son hijos de Dios y están ciegos.

Después se dirigen a una región gentil. Tan pronto como llegan, una mujer gentil le ruega que ayude a su hija poseída por un demonio. Ella lo llama Señor, pero eso solo es una forma de mostrar honor. Sin embargo, cuando lo llama *Hijo de David*, esto indica que ella sabe algo. Ella conoce algo de Él. Superficialmente parece que Él está siendo cruel con ella, pero basándonos en cómo ella se acerca a Él directamente y en que parece saber quién Es, así como en el hecho de saber que Él se está escondiendo de todos los demás en el pueblo, parece ser que ella puede ser la razón principal por la que vino a este lugar. Los discípulos intentan hacer que se vaya, pero Jesús empieza a conversar con ella. Dice que no está ahí por ella, que Él está ahí por la gente de Israel. Y sí, esa es Su misión primordial, pero aquí, parece más que está probando la fe de la mujer por cómo termina todo. Es similar a cuando Él camina sobre el agua y primero *pasa* el bote o cuando se resistía a convertir el agua en vino. Siendo el Dios soberano del universo, de quien hemos visto que conoce los corazones y lee mentes y que conoce el futuro de antemano. Él sabe exactamente lo que hará aquí. Y aunque la llama perra, el tono del lenguaje original es afectivo, no derogativo. La felicita por su fe y cura a su hija. Luego todos regresan y se van a casa, después de haber hecho un viaje de ciento treinta kilómetros probablemente solo por una mujer gentil, que de alguna forma parece saber que Jesús es el Mesías.

De vuelta en Galilea, Jesús sana a un hombre sordo y le indica que no diga nada, pero por supuesto el hombre no hace caso. Después, cuando está en una ladera de lo que se consideraba una región gentil, los lugareños le llevan gente enferma y Él realiza un maratón de tres días de sanación. Mientras toda esa gente está ahí, hace que Sus discípulos los alimenten. Como en la ocasión anterior. Jesús siempre tiene suficiente de lo que necesitamos. No hay necesidad de afligirse. Nunca. En esta ocasión quedan siete canastas de sobras, lo que representa conclusión o consumación y perfección en la cultura judía.

VISTAZO DE DIOS

"Se le acercaron grandes multitudes que llevaban cojos, ciegos, lisiados, mudos y muchos enfermos más y los pusieron a sus pies; y Él los sanó" (15:30). En Apocalipsis 4:10-11, Jesús está en Su trono en el reino eterno, donde los ancianos "echaban sus coronas delante del trono exclamando ¡Digno eres, Señor y Dios nuestro, de recibir la gloria, la honra y el poder"! Qué diferencia tan grande en lo que tiene colocado a Sus pies. En la tierra, son los lisiados y en el reino, son coronas. Y Jesús recibe de buena manera todo. No solo toma las coronas y la gloria. Él se queda por tres días para curar a todos los que necesitaban Su ayuda. Qué Salvador tan misericordioso. ¡Él es donde el júbilo está!

MATEO 16; MARCOS 8

Después de reprender a los fariseos y saduceos, Jesús convierte esa experiencia en una herramienta de enseñanza. Frecuentemente usa cosas que están a su alrededor en Sus metáforas, pero en ocasiones eso confunde a los discípulos porque toman todo de manera literal. Compara las enseñanzas de los fariseos y saduceos con levadura, confundirte en lo que crees, incluso en algo mínimo, tiene un impacto en todo. Las enseñanzas de los dos grupos se enfocan en la moralidad. Cuando la moralidad es la meta, nos enfocamos en nuestras acciones en vez de enfocarnos en la acción salvadora de Cristo. La moralidad se apropia del evangelio usando ropa de domingo. Y esa mentalidad contamina todo.

Cuando Sus discípulos no entienden, les explica, pero no hace esto con los fariseos y saduceos. Ya había advertido a Sus discípulos: "No den lo sagrado a los perros, no sea que se vuelvan contra ustedes y los despedacen" (Mateo 7:6), y aquí lo demuestra. Ni siquiera un argumento bueno y verdadero puede cambiar un corazón endurecido.

Jesús puede sanar de manera inmediata y con una sola palabra, así que ¿porqué sana a un ciego usando saliva? Posiblemente porque la saliva es considerada repugnante, así que cuando sana usando un contaminante, eso muestra Su poder aún más. Esta curación es un proceso de dos pasos. ¿Por qué? Sucede inmediatamente después que sus discípulos demuestran su propia visión parcial. Ellos están empezando a ver y entender quién es Jesús, pero todavía no lo ven por completo. Así que parece que les está dejando saber que tendrá paciencia con ellos hasta que vean claramente.

Después van a la región de Cesarea de Filipo, el sitio de rituales de adoración paganos, que incluía zoofilia y sacrificios de niños. Los paganos creen que la entrada de una cueva es la puerta al inframundo, lo llaman las Puertas del Infierno. Lanzan bebés ahí como una ofrenda a los dioses. Jesús lleva a sus discípulos a ese lugar para hacer hincapié en algo. Empieza haciendo una pregunta: ¿la gente piensa que soy el Hijo del Hombre? Ese nombramiento viene en Daniel 7:13 y se refiere al Mesías. Luego Se pone personal y pregunta ¿*ustedes* quién creen que Soy? Lo pregunta por ellos, no por Él, porque Él puede leer sus mentes y no necesita validación de unos adolescentes.

Pedro responde que Él es el Cristo y Jesús le señala que ha sido bienaventurado con esa información revelada por Dios porque no hay forma en que se hubiera dado cuenta por sí solo. Luego continúa: "Yo te digo que tú eres Pedro, y sobre esta piedra edificaré mi iglesia, y las puertas del reino de la muerte no prevalecerán contra ella". El nombre *Pedro* es *petras*, que significa "fragmento de roca suelta, piedra". La palabra para *roca* es *petra*, que significa "masa de tierra que forma una roca, montaña". La oración básicamente dice: "tú eres una piedrita, y sobre esta montaña construiré Mi iglesia". Pedro no es el cimiento de todo, no puede serlo. Pero su declaración de la divinidad de Cristo sí lo es. Lo vemos en Mateo 21:42, Efesios 2:20, Hechos 4:11 y 1 Corintios 3:11. Jesús es la piedra angular, la base. En albañilería, esa es la pieza más importante. Si la quitamos, todo colapsa. Pero Jesús señala que Su iglesia prevalecerá a todo, porque está construida en Su divinidad.

El rol de Pedro es importante al inicio de la iglesia, Jesús le da un nivel de autoridad considerable, pero inmediata y repetidamente vemos que él no es infalible. Cuando Jesús les dice que morirá pronto, Pedro le reclama. Luego Jesús dice: "Aléjate de mí, Satanás". Jesús tiene que ir a la cruz. Sabe lo que padecerá (Juan 18:4). Satanás lo sabe también y quiere impedir que eso suceda porque es lo que asegura su derrota. Pero Apocalipsis 13:8 dice que la cruz había sido el plan desde antes que el mundo fuera creado.

VISTAZO DE DIOS

Jesús sabe que no falta mucho para que vaya a la cruz. Está preparando a los apóstoles para Su muerte y lo que sigue. Sabe que ellos estarán tentados a creer que todo sirvió para nada. No quiere que retrocedan cuando enfrenten opresión. Toma este viaje al peor lugar imaginable y declara que nada de esa maldad detendrá a Su reino, no representa una amenaza para Su iglesia, la cual sobrevivirá a todo. También les encarga que atacaran las puertas del infierno. Las puertas son de defensa, nadie *ataca* con sus puertas. Así que esto no solo es una promesa que el enemigo no los vencerá, sino que es un llamado a ir a la ofensiva porque ¡nosotros ganaremos! Nada de lo que enfrentes hoy puede detener a Su reino. Puedes ser audaz en tu fe porque Él es nuestro Rey y ¡Él es donde el júbilo está!

MATEO 17; MARCOS 9

En Marcos 9 Jesús dice: "De cierto os digo que algunos de los que están aquí no gustarán la muerte hasta que hayan visto que el reino de Dios ha venido con poder". La mayoría de los eruditos dicen que esto apunta a uno de lo siguientes puntos: (a) la transfiguración, la cual ocurre una semana después, (b) la resurrección, la cual pasará en seis meses, o (c) al Espíritu Santo apareciendo en la fiesta de Pentecostés, la cual ocurrirá en ocho meses. Los tres eventos son momentos donde el poder de Dios y Su Reino son demostrados en formas únicas. En la resurrección, Dios demuestra su poder sobre la muerte y la tumba. En el Pentecostés el Espíritu Santo viene a morar en los creyentes y en la transfiguración es lo que vemos a continuación en la lectura de hoy.

Más o menos una semana después que les dice que va a sufrir y morir, Jesús toma a Pedro, a Jacobo y a Juan su hermano, los lleva a un monte alto y les deja ver detrás de la cortina de la dimensión espiritual, ellos ven cosas que los ojos humanos no pueden ver. Jesús físicamente se transforma o revela un aspecto de Su divinidad que está normalmente escondida, Su cara brilla como el sol y Su vestimenta se vuelve blanca. En eso dos líderes del Antiguo Testamento, Moisés y Elías, se aparecen a hablar con Él. ¿Cómo llegaron ahí? Esto es definitivamente una excepción. Como legislador Moisés representa la ley y Elías representa a los profetas ya que es uno de los profetas más prominentes. Cada vez que Jesús resume las Escrituras del Antiguo Testamento, se refiere a ellas colectivamente como a "la Ley y los Profetas". Así que estos dos hombres lo representan todo completito; todas las palabras que testificaron a Jesús desde siempre.

Pedro no quiere que esto termine y comparte ideas de cómo ellos pueden quedarse ahí pero es interrumpido por Dios el Padre y así como lo hizo en el bautismo de Jesús, el Padre reafirma a la persona y las obras del Hijo. Los discípulos se postraron sobre sus rostros, pero Jesús les dice que no teman y que se levanten; y de repente Moisés y Elías desaparecen. Jesús les dice que lo mantengan en secreto hasta que Él muera. De nuevo, les dice que va a sufrir y morir; y luego les dice que lo van a matar y que va a resucitar, pero ellos no comprenden nada de esto. Lucas indica en su versión de la historia que Dios impide que entiendan porque lo más seguro es que no sepan como soportarlo.

Finalmente, Mateo, el exrecolector de impuestos incluye una historia que no vemos en ningún otro evangelio y es acerca de los impuestos. Los recolectores de impuestos se acercaron a Pedro y le preguntan si Jesús planea pagar Sus impuestos. Este es un impuesto del templo requerido por la ley de Dios en Éxodo 30 y Jesús no los ha pagado aún. Ellos no le preguntan a Pedro acerca de sus impuestos porque lo más seguro es que todavía no esté en edad de pagar impuestos, esto es solamente requerido a varones mayores de veinte años. Jesús le dice a Pedro que Él no debería pagar impuestos para sostener la casa de Su Padre pero su lenguaje indica que todos los hijos de Dios, toda la gente adoptada en la familia de Dios debería de ser exentas de estos impuestos. Aun así, Él pone a un lado sus derechos y privilegios y dice: "los pagaré de cualquier manera, no quiero ofender a nadie sino lo hago. Sería dar un mal ejemplo". Él no tiene ningún problema con romper las tradiciones de los fariseos, pero siempre honraba las leyes de Dios. Paga su cuenta de una manera milagrosa, pues le pide a Pedro que agarre un pez del mar y le dice que el pez tendrá una moneda dentro de su boca por el monto correcto para saldar los impuestos de ambos. También pagará el impuesto de Pedro, aunque Pedro no deba impuestos legalmente, está pagando más de lo necesario.

VISTAZO DE DIOS

El padre del muchacho endemoniado confiesa su duda a Jesús, su fe dividida a la mitad: "¡Creo! ¡Ayúdame en mi incredulidad!". Los dos componentes están ahí, creencia e incredulidad y le pide a Jesús ayuda para creer. Dios puede conceder fe. Los discípulos parecen también tener problemas con su fe. Una versión dice que el demonio solo puede ser expulsado con oración y otra dice que el demonio no fue expulsado porque los discípulos no tenían fe. Esto parece tener sentido para mostrar que ellos tenían fe en ellos mismos y no en Dios y que su propia dependencia significó que ellos ni siquiera le pidieron ayuda a Dios. Parece que trataron de acceder al poder de Dios sin conectarse con la persona de Dios. Dios *quiere* que le pidamos ayuda. Él quiere que reconozcamos nuestra dependencia en Él y verle correctamente como la fuente de todas las cosas. Él es la fuente y ¡Él es donde el júbilo está!

MATEO 18

Los discípulos le preguntan a Jesús cuál de ellos es el mejor. Jesús les dice que la humildad está conectada a la grandeza y si ellos no son humildes, no estarán en el reino y mucho menos serán los mejores ahí. En contraste absoluto a la mentalidad cultural, Dios valora la humildad. Jesús también utiliza a los niños en Sus ilustraciones, lo cual es único porque los niños son vistos como propiedad. Al usarlos como ilustraciones, Él está mostrando el valor en los niños como humanos y portadores de la imagen. Él dice que deberíamos poner atención a las cosas que nos tientan a pecar y evitarlas a toda costa. Él utiliza unas hipérboles muy intensas para estas ilustraciones (cortarse la mano, sacarse el ojo) porque el pecado es algo serio y aquellos que aman a Dios toman el pecado seriamente. Después nos dice cómo responder a la gente a la que ha pecado contra nosotros.

Paso número uno: Trata de resolverlo de frente a frente con esa persona. Por cierto, no hay paso número cero, no hay espacio permitido para que nosotros hablemos con otros de esa persona y de cómo ha pecado en contra de nosotros. Si el paso número uno no resuelve las cosas entonces el paso número dos es nuestra primera oportunidad de involucrar a otros en la conversación con la persona. Esto no es una emboscada, esa persona debería saber que esto viene basado en la conversación que tuvieron en el paso número uno. Si el paso dos no resuelve las cosas, llévalo a la iglesia para solucionarlo, de nuevo; la persona debe saber lo que viene. Si el paso tres no resuelve las cosas entonces la iglesia va a usar discreción y sabiduría. Jesús promete estar con ellos en su esfuerzo de alcanzar unidad y de cómo manejar la situación. Él dice dos o tres deberían de estar de acuerdo en cómo manejar las cosas y promete darles guía hasta el final. Cuando Jesús dice que traten a la persona como un gentil o un recolector de impuestos; ayuda el recordar que lo hemos visto ministrando a los dos tipos de personas, asociándose con ellos, comiendo con ellos, buscándolos. Así que mientras esto parece una llamada a removerlos de la iglesia no parece que apoya la excomunión total. Esto es un llamado a amarlos bien, a compartir el evangelio con ellos y prevenirlos el ser divisivos en la iglesia hasta que se arrepientan o hasta que el problema se resuelva.

De ahí Él va directo al mensaje del perdón. Pedro quiere saber cuántas veces tiene que perdonar a alguien que continúa pecando contra él. Jesús cuenta la parábola de un hombre quien tiene una gran deuda. Él está arrepentido y quiere hacer las cosas bien con su rey, el rey le perdona la deuda (cuatro a seis mil millones de dólares en dinero de hoy). Luego el hombre se topa con un hombre que le debía como mil dólares. Este hombre está arrepentido y quiere hacer las cosas bien, él no es frívolo ni rebelde. Pero el hombre a quien le acaban de perdonar la gran deuda no quiere perdonar la deuda pequeña. En esta parábola nosotros somos quienes deben los seis mil millones. La deuda de nuestro pecado es tan grande que nunca podríamos pagarla. Dios es el patrón generoso que nos perdonó. El hecho que esta parábola se centra alrededor de este hombre de en medio nos demuestra que el perdón es nuestra respuesta a Dios y no a la persona que pecó en contra de nosotros. Nosotros respondemos a nuestro perdón cuando perdonamos a los que se arrepienten. Extendemos lo que nos ha sido dado. Si nosotros no lo hacemos entonces probablemente no entendemos lo que hemos recibido o cuán grande era nuestra deuda.

Jesús agrega un poco de peso al final de la parábola diciendo que el perdón tiene que venir del corazón. En la Escritura, el corazón es el asiento de los pensamientos, emociones y voluntad; es una combinación de tu mente y corazón. Entonces esto puede referirse a sentir perdón, pero más que eso se refiere a hacer un esfuerzo decisivo para escoger continuamente el perdón aun cuando no lo sientas.

VISTAZO DE DIOS

"¿Qué les parece? Si un hombre tiene cien ovejas y se le extravía una de ellas, ¿no dejará las noventa y nueve en las colinas para ir en busca de la extraviada? (18:12) Dios pone atención individual a sus hijos. Él nota lo que pasa y actúa, Él se acerca a nosotros cuando corremos de Él; Él viene a llevarnos de vuelta y Se regocija por nosotros, Él no está lejos o desatento. Él está trabajando activamente de nuestra parte aún cuando nos alejamos de Él. Él nos encuentra y nos trae de vuelta para que podamos ver que ¡Él es donde el júbilo está!

JUAN 7–8

Hay tres fiestas anuales por las que los judíos viajan a Jerusalén. Antes de una de las fiestas, los hermanos de Jesús dicen que debería demostrar ahí Su poder públicamente; pero sus palabras son como de burla porque ellos no creen en Él. Jesús dice que ellos son parte del mundo y no del reino. Aquellos que no se someten a Cristo pertenecen a este mundo y el mundo no se odia a sí mismo. Él habla de esto también en Juan 15:18-25, lo cual nos ayuda a entenderlo mejor. Él les dice que no va a ir a la fiesta y la frase griega usualmente incluye la palabra *aún*, refiriéndose a que no va a ir en ese momento, pero va a ir más tarde.

Cuando Jesús llega, enseña en el templo, un trabajo típicamente reservado para los rabinos educados. Ellos están perplejos al ver que sabe tantas cosas. Él dice: "Yo sé estas cosas porque hablo con la autoridad de Dios, por eso es completamente irracional que quieran matarme". Ellos lo acusan de tener un demonio, este insulto se le resbala y trata de razonar con ellos: "Ustedes circuncidan bebés al octavo día, aunque sea Sabbat y todos están bien con eso. ¿Por qué la doble moral? ¿Por qué no puedo sanar a alguien si ustedes están cortando a alguien? Algunas personas que están ahí observando se preguntan si Él es el Mesías, pero desechan el pensamiento cuando se confunden con la teoría rabínica (Miqueas 5:2 dice que el Mesías va a nacer en Belén). Mientras Él está siendo atacado, Él se apoya en la autoridad del Padre sometiéndose a Su rol de Hijo. Ellos tratan de capturarlo, pero de nuevo se escapa porque Su hora no ha llegado. Ellos envían gente para arrestarlo y Él les dice: "Voy a estar con ustedes un poco más de tiempo —afirmó Jesús—, y luego volveré al que me envió. Me buscarán, pero no me encontrarán, porque adonde yo esté no podrán ustedes llegar". Ninguna de Sus palabras tenía sentido en ese momento para ellos, pero Él los está preparando para que entiendan retrospectivamente. Nicodemo, el fariseo, con quien Se encuentra en la noche para hacerle preguntas trata de razonar con ellos, pero no puede.

Cuando Jesús regresa al templo, los fariseos traen a una mujer que ha cometido adulterio. Ellos le preguntan si deberían de apedrearla como lo indica la ley. Él dice:

"claro, apedreémosla. La persona que debe iniciar es quien esté libre de pecado". Él es el único que califica para hacerlo, pero en lugar de eso, Él usa Su poder para bendecirla no para maldecirla y luego le dice que deje su vida de pecado.

De regreso en el templo Él dice que es la luz del mundo. Los fariseos dicen: "Haces grandes afirmaciones de ti mismo, ¿Hay alguien que pueda respaldar lo que dices?" Él les dice: "Mi Padre testifica acerca de mí, eso es suficiente". Ellos le dicen: "¿Dónde está este Padre de quien hablas?" Jesús les dice: "Ah, no lo conocen". Ellos piensan que está hablando de un humano, pero Él dice: "Ustedes no tienen relación con el Dios del Universo. Él es un completo desconocido para ustedes. La única forma de conocerlo es si ustedes Me conocen a mí, pero claramente no me conocen; y ustedes no pueden escuchar las palabras de Dios porque no pertenecen a Él". Él dice que ellos van a morir en sus pecados y que su padre es el diablo. Dios no es el Padre de toda la gente que Él ha creado, Él es el Padre de los que Él adopta en su familia; los que le conocen por medio de Jesús.

Él dice que será levantado pronto, —refiriéndose a la cruz— y que entonces entenderán. Puede que ellos no se sometan a eso, pero no lo van a poder negar. Él incita sus atentados a matarlo cuando les dice que ha estado aquí más tiempo que Abraham, que Él es preexistente y divino. Él está usando el lenguaje de YHWH en Éxodo 3:14, identificándose a sí mismo como el gran YO SOY, el autoexistente. Él es Yo soy.

VISTAZO DE DIOS

Jesús dice que Él es la luz del mundo, precisamente lo único con lo que podemos ver. Muchos eruditos dicen que Génesis 3:15 es la primera profecía acerca de Jesús en la Escritura, habla acerca de Su victoria sobre el enemigo. Pero quizás, la primera profecía está actualmente en Génesis 1:3, cuando el Padre mira sobre el mundo oscuro y caótico, sabiendo todo el quebrantamiento que va a ocurrir después que termine de crearlo y dice: "Que exista la luz". Quizá esto es más que un simple comando de creación, quizá es una promesa mientras dice: "las cosas se van a poner bien oscuras, pero la luz ya viene, esperen, la luz ya viene". Si esa es una profecía, Jesús es ciertamente el cumplimiento de esto y ¡Él es donde el júbilo está!

JUAN 9-10

En esta cultura, la gente asocia enfermedad o discapacidad física con pecado. Puede ser que ocasionalmente estén ligados, como con los poseídos, pero muchos de los casos de sanación que hemos visto no mencionan el pecado para nada. No hay relación directa de causa y efecto consistente. Cuando los discípulos de Jesús exponen la capacidad mental en vez de la verdad bíblica, Él los pone en su lugar. Ellos preguntan a quién se debe culpar por la ceguera de un hombre y Él dice: "Él está ciego porque esto será usado para glorificar a Dios". Sus capacidades mentales se han desarrollado con el intento de evadir culpar a Dios por el sufrimiento, pero Jesús parece poner la responsabilidad en Dios. Esto puede ser difícil si todavía nos cuesta confiar que Dios está haciendo lo que es bueno y mejor. Afortunadamente, Dios sigue trabajando en la historia humana para sanar y redimir.

Claro, es el Sabbat cuando Dios decide hacer sus obras. ¿Recuerdas cómo los fariseos construyen una cerca alrededor de la ley? ¿Recuerdas como ellos hicieron ilegal escupir en la tierra en el Sabbat? Entonces claro que Jesús se para sobre su cerca y sana al hombre escupiendo en la tierra, haciendo lodo y poniéndolo en los ojos del hombre. Él demuestra que puede romper dos de sus reglas haciendo el lodo y sanando en el Sabbat mientras honra el corazón de la ley. Los fariseos preguntan quién sanó al hombre, pero él nunca ha visto a Jesús así que no puede escogerlo en la fila. Él solamente sabe Su nombre. Los fariseos reúnen a sus padres para verificar la historia, pero ellos están muy nerviosos por la investigación porque no quieren ser expulsados de la comunidad de la sinagoga. Los fariseos interrogan al hombre de nuevo y Él se molesta con ellos: "Ustedes están muy curiosos acerca de Jesús. Parece que ustedes también lo quieren seguir" él usa las palabras de los fariseos para acorralarlos, así que lo echan fuera. Jesús se vuelve a encontrar con él y le dice: "Yo soy el Mesías. Estoy aquí para ayudar a los ciegos como tú a recobrar la visión y a la gente con visión a perderla". Él está hablando de la visión espiritual. Aquellos que piensan que pueden ver, quiénes no están conscientes de su pobreza espiritual, Él los va a cegar. Él condena a los religiosos y salva a los perdidos. Él siempre apunta al inicio, la pobreza espiritual.

Jesús se llama a sí mismo el Buen Pastor. En Ezequiel 34:23 Dios promete levantar a un buen pastor para su pueblo. Alguien diferente a sus perversos líderes. Otros líderes pueden ser astutos y violentos, pero Él tiene una relación personal con Sus ovejas, Sus seguidores. Ellos conocen Su voz y Él los protege. Luego Se llama así mismo la puerta de las ovejas. ¿Entonces Él es el pastor o la puerta? El redil está hecho de piedras con una sección abierta para la entrada y salida. Después que el pastor reúne a las ovejas y las pone en el redil en la noche, él se acuesta y duerme en ese lugar. De ese modo las ovejas no pueden salir y los ladrones no pueden entrar. El pastor es la puerta. Durante el día las ovejas salen a comer a los pastos verdes. En la noche ellas entran y están a salvo. Ellas tienen enemigos, los humanos que quieren robarlas, animales que quieren devorarlas, pero Jesús dice que Él es el dueño de las ovejas; Él está personalmente entregado. Él no es una persona contratada quien marca la salida y toma su cheque de pago. Luego Él asiente a los gentiles cuando dice: "Tengo, además, otras ovejas que no son de este redil". Él cierra esta metáfora con referencia a Su muerte voluntaria; nadie toma Su vida, es el plan del Padre.

Los fariseos quieren que Él sea directo, ¿es Él el Mesías o no? Cuando les responde la relación de causa y efecto que menciona es digna de resaltarse. Jesús no dice: "Ustedes no son Mis ovejas porque no creen", Él dice: "Ustedes no creen porque ustedes no son Mis ovejas".

VISTAZO DE DIOS

"Yo les doy vida eterna, y nunca perecerán, ni nadie podrá arrebatármelas de la mano. Mi Padre, que me las ha dado, es más grande que todos; y de la mano del Padre nadie las puede arrebatar. El Padre y yo somos uno". (10:28-30). Lo más reconfortante para los hijos de Dios es que nada nos arrebata de Su mano. Nada es más fuerte que Él, ni siquiera nosotros. Él dice que nadie lo puede hacer y que somos alguien. Él nos promete vida y seguridad eternas en Su mano. Lo que Él ha iniciado, Él lo sostendrá y lo cumplirá. Él puede, lo hace y lo seguirá haciendo. ¡Él es donde el júbilo está!

LUCAS 10

En Mateo 10 Jesús envió a sus doce discípulos. Hoy Él envía setenta y dos personas. Es casi la misma situación, Mateo se enfoca en contar la historia personal que él y los otros once apóstoles experimentaron. Mientras que Lucas, quien no es un apóstol prefiere alejarse del grupo. Su trabajo es traer al Reino cerca, decirles a los pueblos que Jesús el Mesías que viene de visita. Como embajadores de Cristo y agentes de Su poder de sanación ellos traen los beneficios y la verdad del Reino cerca de aquellos que están lejos del Reino. Cuando ellos regresan están rebosando de alegría. Ellos se sienten con poder, pueden hacer cosas que han visto que Jesús hace. Jesús responde diciendo que vio a Satanás caer como un rayo del cielo y luego sigue adelante sin explicación. La Escritura puede llenar los espacios en blanco. Algunos eruditos dicen que esto se refiere a Isaías 14:12 o Ezequiel 28:11-19, el cual registra una caída del cielo, poder, o ambos en el pasado; y otros dicen que se refiere a una caída del futuro como en Apocalipsis 20:1-10 el cual registra el último fracaso de Satanás.

Cuando recopilamos los pasajes acerca de Satanás en las Escrituras, vemos que él es uno de los ángeles creados por Dios que se rebelaron en el cielo junto con un tercio de los otros ángeles. Todos ellos fueron expulsados, pero como no fueron destruidos lanzaron un ataque en contra del Reino de Dios y al final serán avergonzados. Así que cuando Jesús casualmente menciona esto en el contexto de sus encuentros personales con el demonio, parece que está tratando de decir: "Claro que tienes poder sobre los demonios. Estás en el equipo ganador. Pero el punto principal no es lo que puedes hacer aquí en la tierra, todo esto es temporal. El punto es que tu futuro eterno está seguro conmigo". De hecho, Jesús se emociona tanto acerca de estas cosas eternas que puede que haya celebrado bailando. El verso 21 dice: "Él se regocija en el Espíritu Santo" y le agradece a Dios. La palabra *regocijo* lleva la idea que Él "brinco de júbilo" y aparentemente a menudo iba acompañado de una canción y baile.

Mientras continúa hablando, un abogado, que probablemente es fariseo, le pregunta cómo obtener esta vida eterna que Él sigue mencionando. Este hombre quiere probar a Jesús y justificarse con sus buenas obras. Como Jesús está hablando con un abogado el enfrenta al hombre directamente con la ley: "Basado en la ley, ¿cuál crees que es la respuesta?" El hombre dice: "Amar a Dios con todo mi ser y amar a mi prójimo como a mí mismo". ¿Pero quién es mi prójimo? Parece como un intento de evitar amar a otros. Jesús responde con la historia de un hombre que es atacado cuando hace un viaje peligroso en un área donde hay ladrones. Un sacerdote camina a su lado y no lo toca. Un levita pasa a su lado y lo ignora. Su trabajo es de ser mediadores entre Dios y el hombre, pero ellos no extienden la ayuda de Dios al hombre necesitado. Entonces Jesús da un giro inesperado a la historia: Un samaritano se detiene para ayudarlo. Los samaritanos y judíos tienen un desprecio mutuo. Jesús presenta al samaritano como al buen hombre en esta historia y le dice al fariseo que tome nota. La palabra *prójimo* se refiere a todo aquel con quien nos topamos, aunque sea tu enemigo.

Más tarde, dos de los amigos de Jesús lo invitan a almorzar. María está hablando con Jesús mientras Marta está tratando de encargarse de todos los detalles. Ella está frustrada porque María está relajada mientras ella está estresada. De hecho, le pregunta a Jesús: "¿No ves el problema aquí?". Jesús se inclina con compasión. Él reconoce sus emociones y le dice: "No dejes que este trabajo te arruine el día. Lo que importa es que el tiempo que pasas conmigo nadie te lo puede quitar".

VISTAZO DE DIOS

El samaritano tiene muchas cosas en común con Jesús. Ambos tienen un linaje mixto. Ambos son rechazados y despreciados pero tienen compasión con los que sufren. Ambos derraman vino y aceite, para Jesús esto simboliza Su sangre y el Espíritu de Dios. Ambos pagan el precio por sanar y descansar. Ambos prometen regresar. Lo que hace el buen samaritano aquí es bueno, precioso y verdadero; pero es algo temporal apuntando a la realidad eterna. Jesús nos muestra lo que Él ha hecho. Esta parábola sirve para recordar que nosotros somos los que estamos en el barranco. Resulta que el Buen Samaritano no es el héroe de esta parábola, ¡es Jesús!; ¡y Él es donde el júbilo está!

LUCAS 12–13

Jesús está predicando sobre la confianza en las provisiones de Dios y un hombre lo interrumpe con preguntas y le pide que resuelva una disputa financiera. Jesús responde: "No estoy aquí para eso, pero ya que lo mencionaste, no pongas tu esperanza en el dinero". Luego empieza a contar una parábola sobre un tonto que construye nuevos graneros para guardar su riqueza. El hombre predica un evangelio falso a sí mismo, buscando comodidad en sus posesiones. Pero, morirá esa noche y su riqueza será dividida. Almacenó las cosas incorrectas. La muerte puede venir en cualquier momento y no tenemos idea alguna de cuándo Jesús regresará, entonces Él dice que estemos preparados. La preparación solo puede significar una cosa. ¿Lo conocemos o no? Una relación es la única preparación posible o necesaria. Daniel 12:1-3 y Malaquías 4 nos dicen los dos resultados posibles basados en conocer a Dios y no conocer a Dios. Cuando Pedro pregunta: "¿La preparación para el Día del Juicio es para que todos la escuchen? ¿O solo para nosotros?". Jesús responde con una parábola sobre un sirviente que tiene que alimentar a los otros sirvientes del patrón. Más tarde, Jesús dirá que Pedro tiene que alimentar a Sus ovejas. El conectar estos detalles responde a la pregunta de Pedro. Jesús les dice más, pero también requiere más de ellos.

Poncio Pilato es gobernador en Judea, y recientemente mató algunos judíos. La gente le cuenta a Jesús sobre esto y Él asegura: "Esto no es castigo para sus pecados; no es así como funcionan las cosas". Jesús da un recuento paralelo a la muerte de masas y dice: "Tu nivel de sufrimiento no nos dice nada sobre tu corazón. No puedes ver dificultades y tragedias y asumir que son castigos de Dios". Pero, termina con un aviso: el Juicio *se* acerca y la única manera de sobrevivir es acudir a Dios.

Luego cuenta una parábola: Un hombre siembra un árbol y tiene un jardinero para cuidarlo, pero el árbol no da fruto por tres años. El patrón está frustrado, pero el jardinero que lo cuida cada día dice: "Sea paciente con él". Está comprometido con el árbol y no quiere cortarlo. Continúa fertilizándolo y cuidándolo mientras esperan ver qué pasa. Es una metáfora para Israel en el momento, Israel es la higuera, Jesús es el jardinero y el Padre es el patrón del viñedo. Han pasado tres años desde que Jesús empezó Su ministerio, pero Israel no muestra señal alguna de arrepentimiento. Dios está dispuesto a cortar el árbol sin fruto, pero Él también está paciente con un árbol que todavía no ha producido fruto. El producir fruto toma tiempo, entonces Él nos cuida, nos da agua y nos fertiliza.

Una persona le pregunta cuántas personas serán salvadas. ¿Salvadas de Roma? ¿Salvadas de sus pecados? Jesús no deja que el hombre esquive el castigo por generalidades. Lo hace personal, diciendo: "Aquí está lo que *tú* necesitas hacer", y cuenta una parábola para implorar al hombre que responda a la invitación de Dios. Algunas personas pasaron tiempo con y cerca de Dios, pero luego Dios dijo: "No te conozco". Dice que nos sorprenderíamos en saber quién está y quién no está en el Reino de Dios, porque no se trata de raza, nacionalidad o actos, es por quien conoces.

Herodes quiere matar a Jesús, entonces Él le manda un mensaje a Herodes: "Tengo trabajo que hacer, pero me dirijo en tu dirección. Tengo que morir en Jerusalén, después de todo. Quiero colmar Jerusalén con amor, pero su gente Me rechaza. Sin embargo, estaré allí pronto y la gente Me dará la bienvenida y dirá: ¡Bendito el que viene en el nombre del Señor!". Él está profetizando el Domingo de Ramos.

VISTAZO DE DIOS

Las advertencias sobre el juicio son importantes, son una llamada a arrepentirse para aquellos que no conocen a Jesús y una llamada a evangelizar para aquellos que sí conocen a Jesús. Pero jamás se suponen que nos dejen más aterrorizados del juicio que enamorados con Jesús. Pedro y Pablo animan a los creyentes a revisar sus corazones para asegurar que están en la fe (2 Corintios 13:5, 2 Pedro 1:10-11), pero ambos insinúan que podemos alcanzar una conclusión. Podemos *saber* que fuimos adoptados en la familia de Dios. Dios no quiere que llevemos ese miedo. Jesús dice a Sus discípulos que no tienen que estar ansiosos porque Su Padre es atento y Se deleita en ellos: "No tengan miedo, mi rebaño pequeño, porque es la buena voluntad del Padre darles el reino" (12:32). Dios se deleita en dar buenos regalos a Sus hijos. Y no hay mejor regalo que Sí mismo. ¡Él es donde el júbilo está!

LUCAS 14–15

Jesús va a cenar a la casa de un fariseo, donde conoce un hombre con hidropesía, una condición inflamatoria. Y, por supuesto, es el Sabbat. Es probable que un fariseo no deje que este hombre entre en su casa, dado que relacionaban enfermedad con pecado, entonces, es probable que sea una trampa. Jesús pregunta si es legal curar en el Sabbat. Con frecuencia, Él hace preguntas de las cuales Él sabe las respuestas. No responden, entonces Jesús cura al hombre y lo manda a casa. Entonces Jesús dice: "Humíllate o serás humillado. Cuando tengas cenas como esta, invita a pobres y a enfermos, la gente que consideras como pecadores. No vas a ser recompensado por ello en el mundo, pero a la larga, ese es el camino a la bendición". Otra persona se mete para calmar la situación incómoda y dice: "¡Todos los que comen y beben en el Reino de Dios serán benditos!". Pero Jesús entonces cuenta una parábola sobre el Reino, enseñando como los excluidos y los pobres saben que necesitan la provisión de Dios, pero los ricos y los importantes tienen otras prioridades que toman su tiempo: las posesiones, el trabajo y las relaciones. Los pobres y las personas sin hogar no tienen esas distracciones. Muchas veces, las cosas que entran a hurtadillas y echan a Dios son las cosas que contamos principalmente como bendiciones.

El seguir a Jesús significará abnegarse, el poner fin a nuestra autodeterminación. No está diciendo que las personas odien a otros; está diciendo que, en comparación, todo lo demás viene en un distante segundo lugar. Él quiere que las personas atrapadas con las emociones de Sus milagros tomen en cuenta si realmente están interesadas en una vida siguiéndolo. Les advierte que esta vida no será fácil.

Entonces cuenta tres parábolas sobre recuperar cosas perdidas: una oveja, una moneda y un hijo. (Discutimos la oveja perdida en Mateo 18.) La moneda perdida solo valía el sueldo de un día, pero la imagen que Jesús muestra es de un completo júbilo cuando la mujer la encuentra. Dios se regocija al encontrar lo perdido, aún cuando no parece valioso para nadie más. ¡Los habitantes del cielo celebran cuando un pecador se arrepiente! Después cuenta la parábola del hijo pródigo. Muchas personas piensan que *pródigo* significa "rebelde" o "errante". Pero en realidad significa "derrochador".

Entonces, esta es la parábola del hijo derrochador. Un hombre tiene dos hijos y el hijo menor quiere su herencia ya; quiere hacer lo que le venga en gana y parece que no tiene una buena relación con su padre. Recibe la tercera parte de su herencia, porque típicamente el hijo mayor recibe una doble porción, y sale para gastarlo todo. Entonces, lo peor que podría ocurrir, ocurre: una hambruna. Después de gastar todo su dinero, tiene que conseguir un trabajo. Tiene hambre y tiene que alimentar a cerdos para ganarse la vida. Este detalle añade un elemento de choque para los fariseos, porque los cerdos son impuros. Sus circunstancias lo despiertan y suavizan su corazón. Ha sido privado de cualquier privilegio. Se arrepiente y quiere volver a casa para trabajar como sirviente. Pero cuando su padre lo ve a la distancia, corre a él. No lo castiga por huir, no lo avergüenza. ¡El papá celebra! Cuando el hijo mayor falta a la fiesta, su padre le ruega que vaya, pero él se rehúsa. Su padre no lo reprende por ser egocéntrico; le dice: "Todo lo que tengo es tuyo. ¡Siempre ha sido tuyo!".

Resonamos con la historia del padre dando la bienvenida a un pecador y celebrando que lo que estaba muerto está vivo. Pero dado a la audiencia de Jesús, seguidores judíos que son "recaudadores de impuestos y pecadores", y además fariseos, parece que pueden tener un ángulo diferente. Parece que Él está retratando a recaudadores de impuestos y pecadores como el hijo menor y a los fariseos como el hijo mayor. Si tomamos este punto de vista, ¿quién es el hijo pródigo en realidad, el que es derrochador de verdad? El hijo mayor es quien realmente deja pasar la oportunidad, así como los fariseos están dejando pasar la oportunidad de conocer el corazón del Padre porque están demasiado ocupados odiando a los pecadores.

VISTAZO DE DIOS

Jesús muestra a Dios celebrando nuestra cercanía a Él (15:23-24, 32). ¡Él celebra! Es fácil sentir el peso de nuestros pecados y olvidar que Él nos llama limpios. Una de las mejores cosas de servir un Dios que está afuera del tiempo es que Él ve nuestro futuro como una realidad presente. Él nos ve como santos, porque Jesús ya ha tomado nuestra deuda y la ha cambiado por Su justicia. El hecho que Dios nos celebre se siente un poco raro, pero Él lo llama *apropiado*. Él es tan misericordioso y gentil. ¡Y Él es donde el júbilo está!

LUCAS 16–17

Jesús cuenta a Sus discípulos una parábola mientras los fariseos también escuchan. El administrador de un hombre rico ha holgazaneado en cobrar el dinero que la gente debe a su jefe. Es despedido, pero su orgullo lo apremia a recuperar su trabajo; entonces se las arregla para recolectar casi toda la deuda. Ser justo con el jefe no es lo que le interesa pero funciona a su favor. No parece que Jesús esté de acuerdo con sus métodos, esta es solo una ilustración para mostrar cómo los paganos son más listos en asuntos del mundo que los discípulos en asuntos eternos. Él quiere que se den cuenta de eso. Le agrega ironía algo confusa pero parece que está diciendo: "A este tipo le interesa tanto ser bien recibido en los hogares de las personas, que está dispuesto a mentir. Si intentan eso con mi morada eterna, van a fallar. Ninguna cantidad de dinero o astucia pueden llevarte ahí". Les implora que valoren las cosas eternas y verdaderas diciendo: "Puedes ser un esclavo de tu cuenta bancaria o un esclavo de Dios, pero no de los dos".

Su siguiente historia es frecuentemente referida como una parábola, es la única en la que una persona es nombrada. Un hombre rico muere, y también un mendigo llamado Lázaro, que tiene una enfermedad en la piel. A Lázaro se lo llevan y lo dejan al lado de Abraham; su proximidad a Abraham es enfatizada porque los fariseos que están escuchando asumirán que Abraham está en el mejor destino eterno posible (el paraíso). A los fariseos les causará repulsión que un pecador esté en el reino celestial y que Abraham tenga que estar cerca de él. Mientras que el hombre rico es atormentado en el infierno, este le ruega a Abraham que le dé agua pero Abraham le responde: "Es imposible. No hay camino de aquí para allá". Sus destinos finales son inamovibles. El texto no hace referencia al purgatorio o a ninguna opción de segunda oportunidad. Le ruega a Abraham que envíe mensajeros para que adviertan a su familia, pero Abraham le dice: "Si las escrituras hebreas no los convencen de arrepentirse, no los convencería alguien que se levantara de entre los muertos!". ¡Presagio!

En la parábola del siervo indigno, Jesús motiva a Sus discípulos a ser humildes y a que recuerden que son siervos del único Dios verdadero. Mientras continúa hacia

Jerusalén, dirigiéndose a Su muerte, se encuentra con un grupo de leprosos. Los diez leprosos le ruegan por sanación y Él los envía a ver al sacerdote, de acuerdo con lo que marca la ley. ¡Y ellos son sanados en el camino! Pero el único leproso que regresa para agradecerle es el extranjero, el samaritano.

Los fariseos quieren saber cuándo será establecido el reino de Dios. Las escrituras hebreas prometen un Mesías, un reino eterno, paz en la tierra y la eliminación de sus enemigos, así que esperan que Dios coloque un líder político o militar para que esto suceda. Pero Jesús dice que no será de esa manera. Luego hace una declaración que frecuentemente es tomada fuera de contexto, citada erróneamente y mal aplicada: "El reino de Dios está entre ustedes". Algunas versiones dicen: "dentro de ustedes" y otras dicen: "entre ustedes". La palabra griega puede significar las dos cosas pero cada una comunica una idea diferente. Jesús está diciendo: "Yo *soy* el reino de Dios. Estoy aquí justo enfrente de ustedes, entre ustedes, en medio de ustedes". Pero definitivamente no está diciendo: "El reino de Dios está en ustedes" porque: a) Está hablando con fariseos, a quienes previamente ha llamado sepulcros blanqueados e hijos de Satán, y b) incluso si Él estuviera hablando con Sus discípulos, el Espíritu Santo todavía no venía a morar en las personas.

VISTAZO DE DIOS

Jesús es específico en cómo habla para diferentes audiencias. Se dirige a ellos de acuerdo con donde estén: los fariseos en su incredulidad y los discípulos en su confusión y desconcierto. Y para su consternación no siempre da respuestas directas. Les dice cosas para prepararlos que todavía para ellos carecen de sentido: "Todos ustedes quieren que el reino de los cielos venga pronto. La gente tratará de convencerlos que está a punto de suceder, pero son mentirosos. Nadie sabe cuándo sucederá". Algunos dicen que los últimos versículos de hoy, acerca de una persona llevada y otra dejada, se refieren a Dios llevándose a los justos al paraíso mientras que los paganos son dejados atrás. Otros creen que se refiere a Dios matando a los malvados, llevándolos a la muerte y dejando a los fieles vivos para que se unan con Él en el nuevo paraíso y la nueva tierra. De cualquier manera, Jesús habla a Sus discípulos con consuelo y con una promesa: Él regresará y estaremos unidos con Él. Y ¡Él es donde el júbilo está!

JUAN 11

Hoy visitamos a María, Marta y Lázaro. Probablemente recuerden a las hermanas, las conocimos en Lucas 10:38-42. Pero este Lázaro es uno diferente del que leímos ayer. Lázaro se enferma y las hermanas mandan a buscar a Jesús, pero Él continúa con lo que está haciendo y dice: "Esta enfermedad no terminará en muerte, sino que será para la gloria de Dios". Jesús no va para su casa inmediatamente, sino que se queda dos días más antes de dirigirse para allá. Su retraso debe ser espantoso para las hermanas y confuso para Sus discípulos. Los discípulos no quieren ir a Betania, donde esta familia vive, porque está justo afuera de los muros de Jerusalén y la gente de ahí siempre está tratando de matar a Jesús. Pero Jesús sabe que todavía no es el tiempo para que Él muera, así que van para Betania.

Cuando llegan, Lázaro lleva cuatro días muerto. María se queda adentro, lamentándose, pero Marta, la que siempre hace todo, sale para encontrarse con Jesús y le pide que haga algo, aunque no sabe exactamente qué. Entonces, sucede uno de los momentos mas irónicos en el ministerio de Jesús. A menudo, cuando habla de cosas en un nivel espiritual y eterno, la gente piensa que está hablando de cosas físicas, pero esta vez está hablando de algo físico y de todas formas lo malinterpretan. Marta piensa que está hablando de manera espiritual. Jesús dice: "Voy a levantar a Lázaro de entre los muertos". Y ella dice: "Sí, en la resurrección para la vida eterna". Pero en vez de aclarar a qué se refiere, Jesús se pone a razonar con ella acerca de lo que Él es capaz de hacer y deja la sorpresa para más tarde. La fe de Marta en Jesús no se encuentra específicamente en Su habilidad de resucitar a Lázaro, eso ni se le ha ocurrido, su fe está arraigada en el hecho que Jesús es bueno, fuerte y amoroso. Ella no se siente con derecho ni es exigente, no declara otra cosa más que la bondad de Dios. Es ahí donde ella decide anclar su fe.

Luego Jesús va a hablar con María, la hermana más emocional. Ella dice lo mismo que Marta dijo, pero Jesús le responde de una manera totalmente diferente. Él llora. Sus respuestas para la gente son tan personales, específicas y atentas, Él encuentra a las personas donde ellas están. Aquí también vemos Su humanidad. Lo mueve su dolor y se involucra con su pena. Aún sabiendo que va a resucitar a Lázaro, no le resta importancia a lo sucedido. Pero hay quienes se mofan y dicen: "Si realmente te importara, hubieras evitado que esto sucediera". Ellos no entienden Sus maneras, ni Sus tiempos y desconfían de Su corazón. Jesús ordena que quiten la piedra, luego da gracias al Padre en voz alta y le grita a Lázaro que salga de la tumba. Algunos de los que ven esto, creen y alaban a Jesús. A otros les urge llegar lo más rápido posible a Jerusalén para reportar esto a los fariseos. Entran en un frenesí porque si Jesús continúa haciendo estas cosas, todos lo van a seguir y entonces Roma pensará que los judíos han perdido el control y los oprimirán y deportarán. Caifás, el sumo sacerdote, habla y de manera involuntaria se vuelve un profeta; él está hablando la verdad de Dios, pero no lo sabe. Quiere que Jesús muera y por eso dice: "Conviene más que muera un solo hombre por el pueblo y no que perezca toda la nación". En este punto, los líderes religiosos empiezan a conspirar para la muerte de Jesús. Jesús lo sabe, así que se mantiene fuera del ojo público, pero no está viviendo en temor por Su futuro. Está trabajando activamente para ajustarse al tiempo designado por el Padre para Su muerte.

VISTAZO DE DIOS

Jesús ama a esta familia, así que ¿por qué no va cuando lo llaman? Está esperando a que Lázaro muera. No puedes resucitar a una persona que no ha muerto. Intencionalmente diseña una situación en la que las cosas se ponen mucho peor, para dar a conocer Su poder todavía más. Siempre apunta al Padre y a Su gloria, justo como lo hace en Su oración de gracias. Y este milagro pone en marcha el plan para crucificarlo. Sabe que esto costará caro. Quizá, incluso, esa es la razón que lo lleva a las lágrimas, la tumba, la piedra y las vendas no están muy lejos para Él y lo sabe. Está a punto de matar a la muerte y esto es un anticipo. Desde Su elección intencional del momento oportuno, que de cierta forma siempre parece demasiado tarde, a Su agradable interacción personal con las hermanas, hasta Su poder sobre la muerte y la sepultura. ¡Él es donde el júbilo está!

LUCAS 18

Jesús exhorta a Sus discípulos a orar acerca de lo que realmente está en sus corazones, a no dejar de pedir. Él cuenta una parábola de un juez malvado que finalmente cede a las molestias persistentes de una viuda. Él no está marcando un paralelismo directo, está describiendo a Dios como *mejor que* el ejemplo. Este juez no teme ni a Dios ni al hombre, así que si él se ablanda y escucha el llanto de la viuda, ¡cuanto más escuchará un Padre amoroso y responderá al llanto de Sus hijos! Las Escrituras nos animan a orar por las cosas grandes, medianas y pequeñas, Dios no discrimina cuando se trata de conversar con Sus hijos. Jesús sabe que los discípulos necesitan que se les recuerde que Dios es atento, porque percatarse de la atención y el amor de Dios dará como consecuencia su propia fidelidad. Si ellos se sintieran olvidados por Dios, no caminarían cerca de Él, por lo que Jesús termina esta parábola con una pregunta sobre Su regreso: "No obstante, cuando venga el Hijo del hombre, ¿encontrará fe en la tierra?" (v. 8). Como siempre, hace la pregunta para que *ellos* piensen al respecto, Él sabe la respuesta.

Después cuenta la parábola acerca de un fariseo y un recaudador de impuestos y la cuenta a personas que perdieron por completo el punto de partida: pobreza espiritual. Así que podemos esperar a que ese sea el punto en el que profundizará aquí. Mientras que ora en el templo, el fariseo agradece a Dios todas sus buenas obras, y efectivamente ha encontrado a la persona correcta a quien agradecer, porque Dios es la fuente de todas sus buenas obras. El problema es que sus palabras llevan un tono de arrogancia. Mientras tanto, el recaudador de impuestos, que no tiene buenas obras de las cuales hablar, se está lamentando, reconociendo su pecado y rogando a Dios por misericordia. Jesús dice que el recaudador de impuestos es a quien Dios justifica, no al fariseo. El evangelio es una transposición de la religión.

El dirigente rico tiene riqueza y poder, y ha sido obediente en tanto a lo que se refiere a la ley, por lo menos en la superficie. Le pregunta a Jesús cómo tener vida eterna, Jesús ha estado hablando mucho de eso, así que quiere saber cómo obtenerla. Jesús profundiza en la pregunta, forzando al hombre a buscar en su corazón y ver lo que realmente está ahí. Lo empuja un paso a la vez. Empieza por decirle que cumpla la ley y el hombre dice: "¡listo!". Por supuesto, eso no es verdad, todos fallamos en cumplir los diez mandamientos, sin mencionar las otras seiscientas y tantas leyes. Pero el dirigente está seguro de sí mismo, así que Jesús le responde: "¿has cumplido la ley? ¡Maravilloso! Entonces necesitas convertirte en uno de Mis seguidores. Ve y vende todo lo que posees y ven y sígueme". Esta invitación revela el corazón del hombre. Jesús le hace una oferta que no le hace a nadie más en el evangelio: "ven y sígueme". Este dirigente podría ser el treceavo apóstol, pero todo el tiempo Jesús supo lo que había en su corazón. El problema es que el dirigente no sabe lo que hay en su propio corazón, hasta que tiene que elegir entre seguir a Jesús o quedarse con su riqueza y poder. Para ser claros, el mandamiento y la invitación que Jesús le hace *no es* el camino a la vida eterna. Ninguna otra cosa que hayamos leído dice: "vende todo lo que tengas. Así conocerás a Dios". Jesús solamente está encontrando al dirigente donde este se encuentra para revelar su corazón a él mismo. Expone sus prioridades. El dirigente puede pensar que quiere seguir a Dios, pero realmente prefiere su propio camino, así que se va de ahí triste.

Jesús les dice a Sus discípulos, por tercera ocasión, que pronto morirá, dando más detalles de lo normal. Incluso incluye el hecho que la gente le escupirá. Ellos todavía no entienden; Dios se los está escondiendo aunque también se los está diciendo. Siguen avanzando a Jerusalén, decididos. En el camino, pasan Jericó, donde Jesús sana a un mendigo ciego.

VISTAZO DE DIOS

"Les aseguro -respondió Jesús- que todo el que por causa del reino de Dios haya dejado casa, esposa, hermanos, padre o hijos, recibirá mucho más en este tiempo; y en la edad venidera, la vida eterna" (18:29-30). La vida abundante y eterna del reino de Dios no se parecerá a la vida enfocada en el aquí y el ahora, ni debería. Jesús promete que habrá algunas pérdidas necesarias en el camino. Pero también promete que lo que ganaremos por seguir a Cristo siempre superará a lo que hayamos perdido. Siempre nos está dando algo: vida, esperanza, paz, sanidad, libertad, justicia... y ¡júbilo! Porque ¡Él es donde el júbilo está!

MATEO 19; MARCOS 10

No existe área en nuestras vidas que es intocable para Dios, no hay espacio en el que Él es restringido, inactivado o en el que Él no tiene planes. La soberanía no conoce límites. Así que cuando Jesús da un sermón sobre el divorcio, Él es de confiar. Si no has vivido a la altura de Su palabra significa que eres humano. Todos quedamos cortos a Sus enseñanzas, pero Él pagó por nuestros pecados y tomó nuestra vergüenza. "Por lo tanto, ya no hay ninguna condenación para los que están unidos a Cristo Jesús" (Romanos 8:1).

Los fariseos le preguntaron: "¿Está permitido que un hombre se divorcie de su esposa por cualquier motivo?". Esto puede significar: "¿Hay alguna circunstancia por la cual el divorcio es aceptable?" o "¿Podemos divorciarnos de nuestras esposas por la razón que queramos?". Típicamente ellos añaden a las leyes de Dios sus propias tradiciones, pero también ignoran Sus leyes cuando les sirve para sus propios propósitos, como por ejemplo la de honrar a sus padres. Donde ellos añaden a la ley de Dios sus tradiciones, Jesús rompe esas tradiciones. Donde ellos sustraen de la ley de Dios, Jesús la llama de vuelta. Con las leyes del divorcio ellos tienden a soltar sus riendas, así que Él los llama de vuelta, señalando que el estándar de Dios es más alto que la ley; va al corazón. Moisés permite a los hombres divorciarse de sus esposas si sus esposas han sido infieles, pero solamente porque los corazones de los hombres estaban endurecidos. El objetivo no es la dureza de corazón, el objetivo es un corazón blando. De acuerdo con Jesús el divorcio no sería un problema si los corazones fueran blandos. Sus discípulos dicen: "Eso suena muy estricto, es mejor si nos mantenemos solteros". Él dice: "Tienen razón, es una enseñanza difícil. Si es muy complicado para ti deberías quedarte soltero; Dios prometió ayudarte". Ambos caminos, la soltería o el matrimonio, son difíciles, pero ninguno de los dos caminos los caminamos solos.

Las enseñanzas en el divorcio o en las segundas nupcias varían en las diferentes tradiciones religiosas. Algunos dicen que es un solo problema mientras otros dicen que son problemas separados. En los tiempos de Jesús, una mujer es usualmente incapaz de valerse por sí misma sin un esposo que pueda proveer. Así que el estar divorciada casi le obliga a volver a casarse para poder sobrevivir, así que Él también habla de esto. En Marcos 10:11-12, Él habla un poco de volverse a casar y Pablo habla en 1 Corintios 7:10-11. "A los casados les doy la siguiente orden (no yo, sino el Señor): que la mujer no se separe de su esposo. Sin embargo, si se separa, que no se vuelva a casar; de lo contrario, que se reconcilie con su esposo. Así mismo, que el hombre no se divorcie de su esposa". En los versículos del 12 al 15 Pablo básicamente dice: "A los demás les digo yo (no es mandamiento del Señor). Si el cónyuge no creyente se separa, déjalo. En estos casos el hermano o hermana queda sin obligación". Algunos dicen que quedar sin obligación significa que son libres para volverse a casar, mientras otros dicen que Él está indicando que no están obligados a permanecer casados. Ayuda saber que Pablo distingue entre su opinión y la ley de Dios, pero estas enseñanzas no son fáciles de ninguna manera.

Jesús continúa hablando acerca del reino Eterno, Santiago y Juan se quieren sentar allá a cada lado de Él. Pero Jesús está sentado a la mano derecha del Padre así que ese asiento ya está ocupado. Él dice: "no puedes hacer lo que eso requiere". Ellos dicen: "claro que podemos". Luego en Su forma encubierta de hablar Él dice: "tienen un poco de razón. Ustedes morirán y serán perseguidos como Yo, pero no estoy encargado de esos detalles y la respuesta sigue siendo no". Incluso dos hombres en su círculo cercano reciben un "no" a algo que ellos le piden.

VISTAZO DE DIOS

"Pero entre ustedes no debe ser así. Al contrario, el que quiera hacerse grande entre ustedes deberá ser su servidor, y el que quiera ser el primero deberá ser esclavo de todos. Porque ni aun el Hijo del hombre vino para que le sirvan, sino para servir y para dar su vida en rescate por muchos" (10:43-45). Al morir por la gente, Jesús está removiendo su presencia física, pero está dejando algo eterno. Al decir no a las peticiones de Santiago y Juan, Él les está dando algo mejor, pero ellos no lo entienden en ese momento. Cuando ellos entren al reino y vean a Jesús sentado a la diestra del Padre no habrá chance de que protesten. Ellos entenderán en retrospectiva que "no" era la mejor respuesta. Dios siempre está haciendo lo que es mejor eternamente y Él es muy eficiente como para darle lo mejor a una persona y lo malo a otra. En el gran conjunto de circunstancias, lo que sea mejor para Juan es lo mejor para Santiago y mucho mejor para ti. Él siempre nos sirve y nos da los mejores regalos. ¡Él es donde el júbilo está!

MATEO 20-21

Jesús compara el reino a una viña y sus trabajadores. El dueño trae trabajadores a diferentes horas, pero les paga a todos la misma cantidad. Los que trabajaron más horas se enojan, pero Él les dice: "dejen de compararse con los que trabajan menos. Tomen lo que les doy". Esta parábola demuestra la gran cantidad de gracia que Dios da, recuerda, gracia es cuando recibes algo que no mereces. También demuestra que demandar el derecho a algo no tiene lugar en los corazones de los hijos de Dios. Todo lo que Dios nos da no es merecido, sino que *todo* es bendición y generosidad. Compararnos a otros es evidencia que hemos perdido de vista a nuestra pobreza espiritual y la gran generosidad de Dios. Habrá gente inesperada en el reino, gente que ha gastado sus vidas en el pecado y en sus últimos momentos se vuelven a Él. Ellos no habrán logrado mucho en la tierra para Su reino, pero recibirán el mismo rescate.

Jesús continúa yendo a Jerusalén para celebrar la Pascua y para ser crucificado. Sus acciones y parábolas se intensifican durante sus últimos días. Cuando Él maldice el árbol de higo porque no tiene fruto, el árbol se marchita inmediatamente. Jesús sabe que no es temporada de higos, faltan meses, entonces ¿por qué está tan enojado? ¿Recuerdas la parábola de la higuera sin fruto en Lucas 13:6-9? Israel es la higuera. Los profetas han hecho esta comparación por cientos de años, dibujando a Israel como el árbol de higo sin fruto (Jeremías 8, Miqueas 7). Jesús quiere desesperadamente que Israel produzca fruto, pero no es así. El marchitamiento es una señal de sentencia por la falta de fruto. Jesús sabe que sus días en la tierra casi terminan. Él sabe cómo se desarrolla todo. Cuando Él maldice a la higuera, cuesta imaginar que no sea devastador para Él, aunque nada de esto es una sorpresa.

Jesús va al templo a enseñar, poniéndose al frente de la gente que pronto lo va a arrestar. Los sacerdotes principales y los ancianos cuestionan Su autoridad y Él le da la vuelta a la moneda. Les da un acertijo acerca del ministerio de Juan el Bautista, preguntándoles de dónde vino. La respuesta a esa pregunta es también la respuesta a la pregunta de ellos. El ministerio de Juan y la autoridad de Jesús vienen del cielo. Los sacerdotes principales y los ancianos no pueden aceptar ni recibir Sus verdades, pero tampoco las pueden negar.

Las últimas dos parábolas de hoy representan condenación para aquellos judíos que han rechazado a Jesús como Mesías. Primero está la parábola de los dos hijos. Uno utiliza su tiempo siendo obediente, mientras el otro pretende ser obediente inmediatamente, pero en realidad es desobediente. Jesús dice que los recolectores de impuestos, pecadores y prostitutas parecen tomar el camino largo, pero si ellos eventualmente se arrepienten eso es mejor que pretender obediencia. El consentimiento verbal de la verdad no es suficiente, tiene que venir de un corazón rendido.

La parábola de los labradores malvados es una imagen de la muerte de Cristo. Los labradores de la higuera no quieren darle al propietario lo que le corresponde, así que ellos matan a todos los que se acercan; a los profetas, a Juan el Bautista y ahora a Jesús, para poder obtener la herencia. Herodes y Satanás han tratado de matar a Jesús para beneficiarse a sí mismos y pronto Judas Iscariote hará lo mismo. Pero aquí Jesús les habla a los sacerdotes principales y a los fariseos, quienes también juegan un papel. Él dice que ellos no están produciendo fruto del reino. Ellos están produciendo mucho fruto, pero es el fruto humano y no el fruto del reino. El fruto del reino crece espiritualmente y tiene unas características distintivas: amor, júbilo, paz, paciencia, benignidad, bondad, fe, mansedumbre y templanza. Esos son sus atributos.

VISTAZO DE DIOS

Jesús usualmente habla sobre la vida y sanidad, así que es interesante ver cuando Él habla sobre la muerte. El tener el poder de la vida es también tener el poder de la muerte, Él sostiene ambos poderes simultáneamente. Incluso tiene el poder de declarar muerte a aquellos quienes lo van a matar. Él puede marchitar sus cuerpos con una palabra o pensamiento; pero no lo hace. Él camina en mansedumbre, humildemente sometiéndose al plan del Padre. Él lo hace para aumentar la grandeza de Dios a través del universo, para cumplir la historia de redención y para traer a todos los hijos adoptados de Dios a Su reino para siempre. ¡Qué gran rescate y qué gran Salvador! ¡Él es donde el júbilo está!

LUCAS 19

En la versión de Lucas Jesús no ha entrado a Jerusalén. Él está en camino con la demás gente. Mientras Él está pasando por Jericó, Zaqueo el recolector de impuestos, tiene curiosidad y quiere ver a Jesús. Él no necesita nada tangible, no está enfermo, no está endemoniado y todo parece andar bien en su vida. De hecho, él es uno de los hombres más ricos y poderosos de la ciudad. Es fácil ver nuestra necesidad de Dios cuando tenemos una necesidad tangible; pero para un hombre de negocios rico, el querer ver a Jesús es algo muy diferente. Él está tan intrigado que se sube a un árbol para poder verlo. ¿Qué mueve a una persona como Zaqueo a tener esa curiosidad?

Jesús mira hacia arriba, le llama por su nombre y se invita a sí mismo a la casa de Zaqueo a cenar. Los vecinos están alarmados que Jesús quiera comer con un pecador. Jesús les recuerda que los pecadores son su prioridad, Él vino a buscar y salvar a los perdidos; no a aquellos que creen haber sido encontrados.

Después de haber sido encontrado por Jesús, Zaqueo se dispone a hacer todo en su poder para hacer lo correcto con lo que ha hecho mal. Está claro que tiene un corazón arrepentido. Zaqueo tiene varias cosas en común con el dirigente rico en Lucas 18:18-30, los dos eran ricos y poderosos. Pero el dirigente rico pensó en el dolor de la vida y moralidad, mientras que Zaqueo está consciente de su propia pobreza espiritual. El dirigente rico vio cuánto iba a perder si seguía a Jesús, mientras que Zaqueo vio cuánto iba a ganar.

Jesús continúa y en cuánto se acercan a Betania, a los alrededores de Jerusalén; Él envía a dos discípulos a conseguir un asno. Sus instrucciones son precisas e imprecisas al mismo tiempo y ciertamente requieren ayuda divina. ¿Porqué Jesús necesita un asno? Él ha caminado todo el trayecto, ¿porqué ahora, al final de su largo camino pide cabalgar? Hay bastantes profecías en el Antiguo Testamento acerca del Mesías y Jesús las está cumpliendo todas, poquito a poco. Esta profecía en particular viene de Zacarías 9:9 que dice: "¡Alégrate mucho, hija de Sión! ¡Grita de alegría, hija de Jerusalén! Mira, tu rey viene hacia ti, justo, Salvador y humilde. Viene montado en un asno en un pollino, cría de asna".

Y así exactamente es como Él entra a Jerusalén. Cuando Él llega la gente cumple otra profecía, una que Él dijo en Lucas 13:31-35. Como Él prometió, ellos dicen: "Bendito el que viene en el nombre del Señor". Mientras caminaban del monte de los Olivos hacia Jerusalén. Otras versiones dicen que ellos gritaban "Hosanna" lo que significa "sálvanos". Lo más seguro, es que sea un ruego para que los salve de la opresión romana, mas no un ruego para que los salve de sus pecados.

No sabemos el camino exacto que tomaron en el monte de los Olivos, pero por tres mil años gran parte de esa ladera ha sido cubierta con miles de tumbas. Todavía están ahí el día de hoy, muchas sobre el suelo en parcelas funerarias con marcadores de piedra caliza. Mientras los discípulos gritan sus alabanzas, a los fariseos no les gusta el alboroto, así que le dicen a Jesús que reprenda a Su gente. Él dice que, si ellos callan, las mismas piedras van a gritar. Quizá Jesús se refiere a las piedras en sí, pero quizá se refiera a las miles de tumbas que están pasando en esa ladera. Básicamente diciendo: "si ustedes tratan de parar a los vivos de alabarme, las almas eternas de los muertos lo van a hacer. Mi exaltación va a vibrar a través del universo.

Sin embargo, ellos no lo entienden y le rompen el corazón a Jesús. En los versos siguientes, Él llora sobre Jerusalén. Él ama a Jerusalén y a su gente, pero ellos no tienen los ojos para ver quién es Él en realidad. Él profesa la destrucción de la ciudad que ocurrirá en aproximadamente cuarenta años.

VISTAZO DE DIOS

"El Hijo del Hombre vino a buscar y salvar al perdido". Puede ser que no sea evidente de inmediato, especialmente porque no estabas vivo en ese entonces, pero tú estás en esa historia. ¿Sabes lo que estás haciendo en ella? Nada. Estás perdido. Eso es todo. Pero Jesús está haciendo mucho en esa historia. Él viene, Él busca, Él salva. Él es el agente activo de tu salvación; gracias a Dios porque sino nunca hubiéramos encontrado el camino. Quizá nunca hubiéramos sabido que estábamos perdidos si Él no hubiera llegado. Nosotros necesitamos su rescate desesperadamente, porque ¡Él es donde el júbilo está!

MARCOS 11; JUAN 12

Jesús y Sus apóstoles van a las afueras de Jerusalén para pasar la noche. A la siguiente mañana cuando van de regreso a la ciudad, pasan la higuera que Jesús había maldecido. Pedro dice: "Ah ¡Está seca hasta las raíces!". Y mientras que, en realidad, este es un mal indicio en cuanto a Israel concierne, Jesús aprovecha la oportunidad para redimir la imagen. Lo convierte en una lección para Pedro, señalando aspectos de fe, oración y perdón; mismos que explica más en otros lugares de la Escritura. Dado que las Escrituras interpretan a las Escrituras, debemos tener mucho cuidado en no aislar estos pasajes de todo lo demás que Jesús dice acerca de esas cosas o terminaremos con una doctrina incompleta y con teología distorsionada. Estos versículos no nos están dando el poder de hacer que las cosas pasen si creemos lo suficientemente fuerte. No nos están dando la carga de crear la suficiente fe en nosotros mismos. Y los versículos acerca del perdón pueden hacerlo sonar como un tipo de trabajo que hacemos para ganarnos la oportunidad de una relación con Dios, pero eso no es lo que la gran enseñanza de la Escritura dice. Tengan en mente estas cosas por ahora y continuaremos profundizando en lo que vamos leyendo.

María, Marta y Lázaro invitan a Jesús y a Sus apóstoles a cenar. Como de costumbre, Marta está haciendo el trabajo, Lázaro está hablando con Jesús y los demás y María está atesorando cada segundo con Jesús. María saca un aceite de perfume costoso, más o menos como de una libra y unge Sus pies. Lavar los pies es el trabajo de un sirviente pero no es lo que ella está haciendo, pero se asemeja. Ella lleva su humildad más allá, al usar lo que era apreciado como una corona física de belleza femenina para limpiar Sus pies. Esto está lleno de simbolismos, ella está colocando su cabeza a Sus pies, casi como las coronas lanzadas a Sus pies de las que hemos hablado con anterioridad. Es una demostración impresionante y poética de humildad. Mateo y Marcos mencionan que ella también ungió Su cabeza (y el frasco fue suficientemente grande para alcanzar para ambos).

Judas está viendo esto y les reclama usando un argumento de generosidad y caridad, pero por debajo de la fachada de su argumento, está un espíritu de codicia, manipulación y crítica. Juan nos dice que Judas es un ladrón, así que parece que su motivación tiene más que ver con querer robarse el dinero. Él no está preocupado por Jesús o por lo pobres, él está viendo por sí mismo. Judas es el tesorero, quien guarda el dinero y paga por las cosas que van necesitando en el camino. Jesús le responde a Judas que deje a María en paz y señala: "Ella ha estado guardando este perfume para el día de mi sepultura".

Se corre la voz que Jesús está en el pueblo y la gente se empieza a reunir. También quieren ver a Su amigo Lázaro, quien fue resucitado de los muertos. Los jefes de los sacerdotes no están contentos y quieren matar a Lázaro. Unos cuantos gentiles seguidores de YHVH reconocen que Jesús es el Mesías y quieren conocerlo. Pero Jesús les dice: "Ahora estoy ocupado. Es el tiempo para que Yo muera. Pero no se preocupen, esto traerá mucho fruto. Y pronto ustedes estarán siguiendo Mis pasos".

El corazón de Jesús está atribulado. Quiere ser rescatado de lo que pronto tendrá que soportar, pero sabe que este es el plan del Padre. Si hubiera otra forma para que los hijos de Dios se reconcilien con Él, entonces Jesús no tendría que morir. Si cualquier camino a Dios fuera suficiente o si pudiéramos ganarnos el modo a tener una relación con Él por ser buenos, entonces la muerte de Jesús hubiera sido innecesaria. Pudo haberse ahorrado el dolor de la muerte, porque no tendría sentido. Pero no hay otra forma. No podemos repararnos a nosotros mismos. Lo roto no puede repararse a sí mismo para estar en un estado de perfección. *Debemos* tener el sacrificio perfecto para pagar la deuda de nuestro pecado. Y solo Jesús puede ser el sacrificio perfecto porque únicamente Él es perfecto. Solo Él es el Rey Salvador Mesías completamente Dios y completamente hombre. La voz audible del Padre suena como un estruendo que atraviesa la atmósfera, afirmando a Jesús.

VISTAZO DE DIOS

Jesús puede traer lo muerto a vida, mandar sobre el clima y materializar comida, aún así Él se somete humildemente al Padre. Jesús es el Hijo de Dios, no solo un poderoso profeta y un buen maestro de moralidad. Él clama ser Dios repetidamente y el Padre lo afirma. Jesús es Dios y aún así obedece a Dios, demostrando sumisión humilde a un nivel más allá de lo que es posible para nosotros. ¡Él es donde el júbilo está!

MATEO 22; MARCOS 12

La parábola del banquete de bodas es similar a la parábola de los labradores. Las dos incluyen a un patrón y a su hijo, así como a enviar varias veces sirvientes para obtener una respuesta de la gente que se rehúsa e incluso los mata, impartir justicia para aquellos que rechazaron al amo y mostrar generosidad a otros. En la parábola del banquete de bodas, el rey les ordena a los siervos invitar tanto a buenos como a malos, lo cual impactaría a los fariseos y ofendería el orgullo de los que se creían correctos. Todo aquel que es invitado a pasar recibe un traje de bodas, pero aquellos que no pertenecen ahí, que no tienen un traje de bodas, serían echados fuera. Esto suena como al manto de justicia que Dios le da a Sus hijos. Si el manto es un asunto figurativo o literal, en realidad no importa, el punto es que este nos marca como los hijos justos de Dios.

Los fariseos y otros líderes comienzan a sentirse más desesperados por acusarlo, entonces tratan de atraparlo con una pregunta relacionada con los impuestos. Jesús pagó su impuesto del templo, el cual fue ordenado por Dios (Mateo 17:24-27). ¿Responderá diferente si el impuesto está forzado por el gobierno opresor al mando? Los judíos detestan dar dinero a Roma, este sirve para mantener al ejército que los oprime y mata a sus familias. Pero Jesús dice que es lícito pagar impuestos y sujetarse a las autoridades que Dios ha colocado sobre ti, incluso si son malvados y estás en el proceso de oponerte a ellos. Es posible honrar a Dios humildemente cumpliendo la ley mientras te rebelas contra las autoridades malvadas.

A continuación, los saduceos tratan de atraparlo creando un escenario hipotético acerca de la resurrección. Ellos no creen en la resurrección ni en la vida después de la muerte, pero le hacen esa pregunta como si creyeran, pensando que con eso probarán que la resurrección es una idea ridícula. La pregunta: Una mujer se ha casado con varios hermanos (matrimonio levirato) y todos han muerto, así que, ¿con quién estará casada en el reino? Jesús responde: "Ustedes no conocen las Escrituras ni el poder de Dios. En la resurrección, las personas serán como ángeles que no se casan. Y en cuanto a la resurrección de los muertos, ¿recuerdan cómo YHVH dijo que Él es el Dios de Abraham, de Isaac y de Jacob? Ellos ya estaban muertos cuando Él le dijo eso a Moisés. Y como Él no es Dios de muertos, ellos deben estar vivos, solo que no en esta dimensión. Así que su intento de pregunta capciosa revela su ignorancia de las Escrituras".

Hay otras dos cosas importantes que notar aquí: (1) La iglesia es la esposa de Cristo, así que técnicamente todos estaremos casados en el reino y (2) los ángeles no se casan ni procrean entre ellos, posiblemente porque aparentemente todos son masculinos.

Mientras están hablando, un escriba fariseo se impresiona con Jesús, así que pregunta cuál es el mandamiento más importante. Jesús resume todas las seiscientas trece leyes del Antiguo Testamento en solo dos, la ley vertical: hombre-a-Dios y la ley horizontal: hombre-a-hombre. Jesús no está eliminando ninguna ley; solo las está sintetizando. El escriba está impresionado y Jesús dice: "No estás lejos del reino de Dios". Literalmente, porque el Rey del reino está hablando con él.

Ellos preguntan cómo el Mesías puede ser un descendiente de David pero al mismo tiempo preceder a David. Dios el Hijo siempre ha existido, aunque Jesús solo está en Sus treintas. En Su respuesta, también afirma que cuando el salmo 110 fue escrito por David, el Espíritu Santo estuvo envuelto en ese proceso. ¡El Espíritu es el autor de las Escrituras a través de las manos del hombre!

Jesús dice que hay que tener cuidado con aquellos que hacen cosas para ser vistos y admirados. No hay nada de malo con los mantos largos ni con las oraciones largas, pero sí con la arrogancia. Jesús conoce el corazón de los fariseos cuando hacen este tipo de cosas. Los contrasta con una mujer que no tenía nada que presumir pero que da generosamente de corazón.

VISTAZO DE DIOS

Jesús es atraído hacia los pobres y pecadores. El mundo ignora a aquellos que no tienen nada que ofrecerle, pero Dios dice: "Las personas que no tienen nada que ofrecer son mi punto clave". En esta relación, de todas formas Él es el único que tiene algo que ofrecer. Él ya es dueño de todo lo que le regresamos. Dinero, fe, buenas obras, esas solo son cosas que Él nos ha dado y que tenemos que devolverle. Todo empieza y termina con Él y nuestros corazones pueden experimentar la bendición de ser capturados en ese ciclo. Qué increíblemente generoso de Su parte, invitarnos a eso. ¡Él es donde el júbilo está!

MATEO 23; LUCAS 20-21

Jesús cubre muchos temas con los fariseos que puede parecer familiares. Es posible que Mateo haya juntado todas Sus palabras hacia los fariseos y lo haya puesto en un archivo conveniente etiquetado como capítulo 23. Sus palabras están llenas de aflicciones, siete aflicciones para ser exactos. Aflicción para (1) aquellos que no entren al reino de los cielos y quienes, por sus mentiras, prevengan a otros de entrar también; (2) aquellos que convierten personas a religiones falsas, llevándolos de una mentira a otra; (3) los guías ciegos que valoran el símbolo por encima de la fuente y la creación por encima del Creador; (4) aquellos que descuidan las cosas importantes, quienes dan el diezmo religiosamente, mientras oprimen a otros; (5) aquellos que intentan parecer rectos aunque son codiciosos y egoístas; (6) aquellos que trabajan duro para parecer perfectos por fuera, cuando están llenos de pecado y muerte; y (7) aquellos que repiten los pecados de sus padres, asesinando profetas.

Jesús les dice a las multitudes que sigan los mandamientos de los escribas y los fariseos, pero no sus acciones. Él no condena sus prácticas por completo, a fin de cuentas están enseñando las escrituras hebreas. El problema principal es que sus corazones están mal y por esta razón, le aumentan a la ley de Dios para probarse a ellos mismos. Así que Jesús no tira al bebé junto con el agua de la tina. Él sabe que la obediencia a la verdad es algo bueno, incluso si la verdad es predicada por hipócritas. Ellos "usan filacterias grandes y adornan sus ropas con borlas vistosas" (23:5). Las filacterias son pequeñas cajas de cuero que guardan las Escrituras, son usadas en la frente o en los brazos como una forma de obedecer de manera literal Deuteronomio 11:18: "Grábense estas palabras en el corazón y en la mente; átenlas en sus manos como un signo, y llévenlas en su frente como una marca". Las borlas hacen referencia a los cuatro flecos de un manto de oración, que Dios ordenó en Números 15:37-41, como un recordatorio que ellos pertenecen a YHVH. Jesús no está condenando usar un manto de oración. Él usa uno, la mujer enferma toca el borde de Su manto en Mateo 9:20. Lo que está condenando es usarlo para alardear.

Jesús dice que no consideren a nadie como su padre o maestro, pero ¿por qué? Los fariseos aspiran a tener estos títulos para demostrar poder. Al dar a Sus discípulos esta instrucción, Él los aleja de alimentar el orgullo de los fariseos o de volverse como ellos, también menciona que los fariseos matan a los profetas, así como sus ancestros quienes mataron a Abel y Zacarías. Abel fue la primera persona asesinada en el Antiguo Testamento y Zacarías probablemente la última, así que Jesús sintetiza aquí a todos los mártires del Antiguo Testamento, sabiendo que Él es el próximo.

Lucas 20:36 dice que los hijos de Dios serán "como los ángeles" cuando mueran. No quiere decir que nos *convertiremos* en ángeles; la palabra original significa "parecidos a los ángeles". Ellos son un tipo diferente de seres creados y a diferencia de los humanos, no están hechos a la imagen de Dios. Pero así como ellos, ya no podremos morir después de la resurrección. Nosotros seremos inmortales.

En Lucas 21:10-19, Jesús advierte a Sus discípulos acerca de la guerra y persecución que Judea y Jerusalén enfrentarán pronto. Gran parte de este mensaje está dirigido a esas personas específicamente. A algunos se les dará muerte, pero "no se perderá ni un solo cabello de su cabeza". Esto solo es posible si Él está señalando hacia la vida eterna. Resistencia en la fe es lo que marca a un creyente, pero la perseverancia es obra Suya, no nuestra. Nosotros mostramos y demostramos la conservación que Él hace. Él promete que terminará lo que empezó en nosotros.

Jesús dice que vivamos intencionalmente. No se dejen absorber mucho en ninguna cosa y menos en el alcohol o endurecerán sus corazones. Y no dejen que sus atenciones y afectos se vayan con cosas efímeras, las preocupaciones de esta vida, porque las cosas que importan son eternas.

VISTAZO DE DIOS

"Cuando sepan de guerras y de revoluciones, no se asusten. Es necesario que eso suceda primero, pero el fin no vendrá enseguida" (Lucas 21:9). Jesús dice: no se asusten por estas cosas. Él sabe que suenan aterradoras, pero también sabe cómo termina todo, así que Él es la única persona con autoridad que puede decir esto. No dice que las cosas no darán miedo o que no serán difíciles; Él solo promete que no pasaremos por esas cosas solos y que por otro lado, viviremos con Él eternamente. Cualquier oscuridad que venga por nuestro camino no representa una amenaza para Su luz. ¡Él es donde el júbilo está!

MARCOS 13

Es siempre útil mirar al contexto de la Escritura y preguntar: ¿Para quién es este mensaje? ¿Qué partes son información? y ¿Qué partes son instrucción?. ¿Está Jesús diciéndonos algo que Dios hará? o ¿algo que se supone que los discípulos deben hacer? o ¿algo que se supone que nosotros debemos hacer? Si nos está diciendo qué es lo que Dios hará, es información. Si nos está diciendo lo que se supone que los discípulos deben de hacer, es información (para nosotros). Pero si Él está diciéndonos algo que se supone que nosotros debemos de hacer, es instrucción.

Jesús ha estado enseñando en el templo y cuando se están yendo, uno de los discípulos dice: "¿no es este lugar el mejor?". Jesús les agua la fiesta diciendo: "disfruten esto mientras puedan, porque está a punto de convertirse en escombros". El templo es un enorme y complejo edificio de enormes piedras, la más grande de ellas pesaba quinientas setenta toneladas. Esto es más de ¡mil millones de libras! Pero Jesús dice que el templo será destruido. En menos de cuarenta años después que Él profetiza esto, Roma cumple esta profecía. Después que los judíos montan una revuelta continua, Roma tomará represalias demoliendo el templo, justo como Jesús dijo. Anteriormente, leímos una profecía en la que Jesús comparó Su cuerpo con el templo. Él dijo: "destruyan este templo, y lo levantaré de nuevo en tres días" (Juan 2:19). Esta profecía se refiere a Su cuerpo y Juan aclara este punto en los versículos que siguen. Por lo que es una situación diferente, pero es fácil confundir estas dos profecías dado que las dos se refieren a la destrucción de un templo de una forma u otra.

Después que ellos se marchan del templo, se van al monte de los Olivos, donde Su círculo de confianza le hace preguntas sobre cuándo sucederá esto y qué señales deben esperar. Él invierte más tiempo en la parte de su pregunta sobre las señales pero nunca les da una respuesta directa sobre el tiempo, esto es importante tener en cuenta. De hecho Él dice que cuando cosas terribles sucedan, ellos asumirán que es el fin, pero no lo es; esto es solo el comienzo de los dolores de parto. Les da algunas instrucciones que parecen ser para esas personas específicas en ese tiempo específico. Entonces Él menciona algo llamado el horrible sacrilegio. La mayoría de los eruditos creen que esta es una persona, no una cosa, pero ¿quién o qué es? y ¿cuándo ocurrirá? Los eruditos están divididos; algunos dicen que se refiere a Roma tomando poder sobre Jerusalén cuarenta años más tarde, cuando el templo es destruido y los judíos tienen que huir de Jerusalén y de la persecución. Otros piensan que esto pertenece a algo que todavía está por llegar, en los días finales antes que Dios una el cielo y la tierra.

Si tú crees que esto ya pasó, este texto no te alarma. Pero si tú crees que esto está todavía por llegar y lo encuentras aterrador, aquí hay algunas cosas en este texto que están destinadas a traerte paz: Jesús dice que no hay que temer al fin. "No estés alarmado… No estés ansioso". Cosas malas pasarán, pero tú tienes una tarea del reino en medio de todo esto. Tu prioridad es hablar sobre las buenas nuevas de Jesús. Jesús también dice que tenemos que estar despiertos y estar enfocados en el punto principal, no te dejes arrullar hasta dormirte por las comodidades y caminos del mundo. Mateo 24:14 dice: "Y este evangelio del reino se predicará en todo el mundo como testimonio a todas las naciones, *y entonces* vendrá el fin". A lo que esto se reduce es a hablar sobre quien amas. Nuestra relación con Dios es personal, pero nunca se supone que deba ser privada. Jesús dice que el evangelio debe ir a todas partes y nosotros ¡somos los que tenemos que compartirlo!

VISTAZO DE DIOS

En la conversación que Jesús está teniendo con Sus discípulos, promete que los elegidos de Dios, aquellas personas que Dios ha elegido para estar en Su familia, padecerán tiempos duros, pero Él los protegerá de un daño eterno. Él dice que es imposible apartar de la fe a los elegidos, nada puede arrancarte de Su mano. Pero Él es dolorosamente honesto sobre ello cuando dice: "Si hay algo que pudiera extraviar al elegido, sería esto que estoy describiendo. Pero no es posible". Los anima: "Verán oposición e incluso muerte, pero esto que estoy edificando, de lo que ustedes son parte, va a sobrevivir a todo esto. Por lo que, antes, durante y después de las pruebas, anímense!". Somos parte de un reino imparable, Él es nuestro Rey, y ¡Él es donde el júbilo está!

MATEO 24

En la última semana de Su vida, Jesús le dice a su círculo de confianza que el templo será destruido, Jerusalén caerá ante Roma y ellos pasarán muchas pruebas y dificultades. Parece que enumera las cosas cronológicamente, en conjunto con Su venida a la tierra después de Su muerte, resurrección y ascenso al cielo. Él retira un poco la cortina acerca de lo que va a pasar después de eso, pero aun así no lo vemos claramente todavía. Hay algunas perspectivas principales acerca de cómo las cosas se desarrollarán, pero en general este es uno de los lugares en las Escrituras donde es sabio sostener las cosas con la mano abierta. No queremos gritar donde las Escrituras susurran. Cuando Él regrese, va a haber algunos fenómenos astronómicos extraños o quizá sea una metáfora. ¿Se van a caer las estrellas? ¿O es este uno de los momentos cuando Él habla de cosas en términos espirituales y no físicos? ¿Quizá esto se refiere a reyes y reinos? ¿O a las fuerzas espirituales del mal, como Satanás, quien muchos creen es el Lucero de la Mañana en Isaías 14:12? Después de eso, Jesús enviará a Sus ángeles a que reúnan a Sus elegidos de las cuatro esquinas de la tierra y las cuatro esquinas del cielo; y vamos a ser reunidos con Él a través de la vida eterna, la unión del cielo y la tierra.

El relato de Lucas acerca de esto en el capítulo 21, dice que la gente desmayará de miedo cuando esto ocurra. Pero los hijos de Dios no tienen que temer. ¡Los llamados últimos tiempos son el inicio de los tiempos para los creyentes! En Lucas 21:28, Jesús dice: "Cuando comiencen a suceder estas cosas, cobren ánimo y levanten la cabeza, porque se acerca su redención". Es tentador leer Sus palabras acerca del futuro y enfocarse en las partes difíciles. Algunas personas están tan consumidas por las partes difíciles que tratan de determinar cuándo va a ocurrir; pero Jesús dice que eso es un trabajo imposible. Mucha gente se ha ridiculizado a sí misma a través de los siglos tratando de ponerle fecha a Su venida, diciendo que ciertos líderes en el mundo son los profetizados en la Escritura para hacer cosas específicas, pero esas fechas pasan, esas personas fallecen y aquí seguimos. Es un enfoque tonto. Esto es lo que Jesús dice que hay que pensar en lugar de eso: "cobren ánimo y levanten la cabeza, porque se acerca su redención". Por cierto, la frase "cobren ánimo" no es un llamado a empezar a comportarse como es debido, es Su forma de decirnos que no tenemos que temblar de miedo. Esta es una de las cosas más claras que dice en todo el pasaje.

Luego Él dice algo que no es claro: "Les aseguro que no pasará esta generación hasta que todas estas cosas sucedan". ¿Estaba mintiendo? Esos hombres, sin duda ya han fallecido. Aquí hay dos cosas que vale la pena señalar. Primero, Jesús no se refiere a estos hombres específicamente porque les dice a un par de ellos como morirán y que esto ocurrirá antes de Su Venida. Segundo, Jesús dice que no sabe cuándo va a regresar; solamente el Padre sabe. Así que Él no puede decirles que será mientras ellos estén vivos. Muchos eruditos creen que "esta generación" se refiere, ya sea a la humanidad en sí misma o a la línea de descendientes de la familia de Dios, pero es inconsecuente cual sea porque la familia de Dios durará lo que la humanidad dure; así que las dos opciones tienen el mismo final. Él está animando a Sus seguidores con recordatorios, Su reino va a seguir avanzando hacia el futuro. Lo que ellos están construyendo es eterno. El evangelio no va a fallecer o ser eliminado. Va a seguir alcanzando a las personas y a las naciones y luego, Él vendrá.

VISTAZO DE DIOS

Junto con "no temas" Jesús también llama a sus seguidores a "seguir despiertos". En medio de toda la información parcial que Él da, este es uno de Sus mandatos más claros. Nunca dice: "Traten de descifrar cuándo voy a regresar". Nunca dice: "Vean si pueden juntar toda la información como un rompecabezas". En cambio dice: "Estén despiertos. No se adormezcan con este mundo. Y cuando las cosas estén fuera de control, no teman. Compartan el evangelio no importando las circunstancias". Cuando lo conocemos, es más fácil confiar en Él. Y cuando confiamos en Él podemos tener la paz que solo Él puede dar, aún en medio de la incertidumbre. Podemos caminar en los valores de Su reino al revés, cuando no estamos tratando de agarrar todo lo que podemos o de asegurar que nuestro futuro terrenal es seguro. Podemos confiar que Él nos ha concedido una herencia eterna. El conocer a Jesús nos ayuda a vivir con las manos abiertas, pase lo que pase. Porque ¡Él es donde el júbilo está!

MATEO 25

Al estar Jesús cerca de su muerte, guía a Sus seguidores a esperar apropiadamente, porque ellos y el resto de la iglesia van a esperar por Su regreso por bastante tiempo; de hecho, seguimos esperando. Jesús sabe que lo más probable es que tratemos Su retorno como algo que no nos de mucha emoción. No tenemos ningún concepto de a lo que vamos, así que es común sentir miedo, ya que es algo desconocido. Pero esperar apropiadamente es importante.

La parábola de las diez jóvenes es un llamado a administrar nuestro *tiempo* sabiamente mientras esperamos. Las jóvenes tienen dinero para comprar el aceite para sus lámparas, pero ellas no piensan en el futuro. Ellas viven en el momento, olvidando que hay algo para lo que tienen que prepararse. Jesús ha estado diciendo: "¡Manténgase despiertas! No se adormezcan con este mundo y sus prioridades". Pero las vírgenes se despistaron y olvidaron prepararse. En la Escritura, el aceite frecuentemente representa al Espíritu Santo. Esta parábola está esencialmente diciendo, que la única forma de estar preparado para el retorno de Cristo, nuestro novio (la luz del mundo) es teniendo al Espíritu Santo (el aceite). En este momento el Espíritu Santo no ha venido a habitar en los creyentes, eso ocurre después que Jesús fallece, resucita y asciende al cielo. Pero como Jesús no estará aquí, los está preparando ahora para que comprendan mejor cuando eso ocurra.

La parábola de las monedas de oro es un llamado a administrar nuestros *dones* sabiamente mientras esperamos. Un señor les da a sus siervos talentos para usar mientras él no está. *Talento* es un término financiero, es más o menos quince a veinte años de salario. Él le da a cada uno una cantidad específica de talentos basado en sus habilidades. Los talentos no representan las habilidades en sí, son fondos dados dependiendo a como los siervos poseen sus dones. Los siervos Uno y Dos invierten el dinero bien, pero el siervo Tres tiene un enfoque diferente. No confía en el corazón y acciones del señor y la desconfianza siempre lleva al temor y a esconderse, lo cual es exactamente lo que el siervo número Tres hace con el dinero; lo entierra. No solamente se pierde del gozo del señor, pero cuando el señor da su talento al siervo Uno, pierde lo que estaba tratando de proteger. Él acusa al señor de ser un hombre duro e injusto pero el texto revela lo contrario: El señor invita a sus siervos a compartir su *gozo*. Cuando tratas de servir a un Dios que no conoces o confías, siempre vas a perder el punto.

Ultimadamente, somos responsables de cómo usamos el tiempo, el dinero y los dones que Dios ha confiado en darnos. Entre más tengamos, mayor es nuestra responsabilidad. Entre más confiemos en el corazón de nuestro Padre, más usaremos lo que Él nos ha dado en formas que lo agradan y nos bendicen.

Explicando el último juicio, Jesús dice que los rebaños van a ser traídos ante Dios y Él va a separar las ovejas de las cabras, las ovejas están en la familia de Dios y las cabras no. Las cabras van al fuego eterno preparado para las fuerzas del mal, incluyendo a Satanás y sus ángeles. Si bien Dios creó a todos los ángeles (mensajeros espirituales y asistentes) no todos le sirven. Así como el ser humano cayó, algunos ángeles también cayeron, por lo menos un tercio de ellos. De ese tercio, el de mayor jerarquía es el ángel llamado Lucifer. Generalmente nos referimos a él como Satanás, pero eso es más un título que un nombre. Significa "acusador". Así que el acusador cabecilla y sus ángeles caídos van a ser castigados en el fuego eterno. A pesar de lo que vemos en las películas, Satanás no gobierna en el infierno, él es castigado ahí, así como las cabras. En cuanto a las ovejas, vamos al reino de la vida eterna con Dios.

VISTAZO DE DIOS

"Vengan ustedes, a quienes mi Padre ha bendecido; reciban su herencia, el reino preparado para ustedes desde la creación del mundo". Él ha preparado esto para nosotros por mucho tiempo. Como el señor que invita a sus siervos en su gozo, Jesús invita a los siervos de Dios a Su gozo. Nuestro Padre está ansioso de compartir Sus bendiciones con Sus hijos. ¡Qué hermoso día será! Somos invitados a Su júbilo y es porque ¡Él es donde el júbilo está!

MATEO 26; MARCOS 14

Jesús les dice a sus discípulos que solo tiene unos días de sobrevivencia. Las autoridades están conspirando y esperando por el momento ideal. Judas ve la oportunidad de hacer un poco de dinero entregando a Jesús, ellos acordaron pagarle treinta monedas de plata, más o menos cuatro meses de salario.

Hay varias cosas importantes que notar aquí. Primero, la voluntad de Dios siempre se cumplirá. Segundo, hay agentes pasivos y activos involucrados para cumplirla. Tercero, Judas, el agente activo tiene la desgracia pronunciada sobre él. El versículo 24 dice que sería mejor *para él* no haber nacido, pero su nacimiento es una parte necesaria en el plan de redención de Dios. Cuarto, es fácil sentir pena por Judas, pero él recibe lo que merece, de hecho; lo que todos merecemos. Pero Jesús *no* recibe lo que Él se merece.

A la hora de la cena, Jesús les dice que hay un traidor en la mesa. Ellos están mortificados preguntando quién será. Todos le llaman Señor excepto Judas, quien lo llama Maestro. Jesús afirma que es él. Judas no se asombra con esto, ya tiene la plata en mano.

Luego les recuerda algo que dijo antes (Juan 6:54-58) acerca de comer Su cuerpo y beber Su sangre. Él les da la Santa Cena (la Comunión o Eucaristía) proporcionándoles una acción física que los conecta a una realidad espiritual. Así como en el bautismo, hay varias perspectivas de cómo, cuándo y por qué esto debe ser practicado. La Santa Cena puede que no sepa a mucho, pero es el mejor banquete que comeremos de este lado de la eternidad. Es la comida más privilegiada del Universo. Ayuda a nuestros corazones olvidadizos a recordar que Su cuerpo fue quebrantado y Su sangre derramada por muchos. Necesitamos ese recordatorio o vamos a convertirnos como esas personas de las que leímos ayer, quienes no esperaron apropiadamente y quienes fueron desviadas, tontas y temerosas. Así que nosotros participamos y recordamos.

Después de la cena, van al monte de los Olivos. La cena de la Pascua es muy importante pero no hay mención que ellos comieron nada más aparte del pan. No los vemos comer el cordero de la Pascua, lo cual es un mandato. ¿Por qué no ha sido mencionado?

Esta es una teoría: Éxodo 12:1-28 nos da un panorama de lo que pasa en la Pascua (o la fiesta de los Panes sin levadura). Es una celebración de toda una semana, pero algunos eruditos dicen que duró ocho días en el tiempo de Jesús, con el día extra para tener la oportunidad de acabar toda la levadura en sus casas antes que el evento iniciara. Así que mientras están comiendo La Cena de la Pascua, puede ser que sea el primer día de la fiesta, en el que ellos comen el pan con levadura. Los griegos reflejan eso también, *azymos* es la palabra sin levadura y *artos* es pan con levadura. Jesús y sus discípulos están comiendo *artos*. Así que si no es *la* fiesta de Pascua, eso explica el porqué no han comido cordero; y la razón por la cual eso es importante es porque *Jesús* es el Cordero.

Cuatro días antes de la Pascua, cada familia elige su propio cordero para sacrificio. Lo traen a sus casas, viven con él, lo alimentan y lo inspeccionan de defectos —porque tiene que ser perfecto— luego en el día de la Preparación, lo sacrifican y se lo comen al caer el sol. Pintan con su sangre la entrada de las puertas de sus casas, arriba, al lado izquierdo y derecho de la puerta, para conmemorar lo que sus ancestros hicieron en Egipto cuando Dios "pasó por alto" sus casas y salvó sus vidas. El Domingo de Ramos es el único día que Jesús permite a la gente afirmarlo y aprobarlo públicamente como el Rey Mesías. Luego Él vive en Jerusalén, es cuestionado e inspeccionado y puesto a juicios e interrogatorios; y aun así lo encuentran sin mancha. El perfecto, sin mancha, Cordero sacrificado de nuestra Pascua. Y en el día de Preparación, Él es sacrificado. Él es el Cordero de Pascua.

VISTAZO DE DIOS

Jesús le dio a Judas la comunión, algo reservado solo para los verdaderos seguidores de Cristo. ¿Por qué? Mientras que nosotros no sabemos los motivos de Jesús, esto nos revela algo importante: El acto de tomar la Santa Cena no es algo mágico. No tiene poder para salvarnos. Similar a cuando el evangelio cae en oídos sordos y terreno rocoso; Jesús alimenta a un corazón de roca. Esto es un adelanto, al decirles que coman Su cuerpo y beban Su sangre en los elementos; ellos están de cierto modo comiendo el Cordero Sacrificado. Y por Su sangre nuestros pecados son cubiertos. Y por Su muerte nuestras vidas son perdonadas. Y por Su provisión podemos saber una cosa por seguro y para siempre: ¡Él es donde el júbilo está!

LUCAS 22; JUAN 13

La narración de Juan sobre la Última Cena incluye un detalle que ninguno de los otros evangelios menciona, el lavado de los pies de los discípulos por Jesús. Es el trabajo de un siervo o de un esclavo lavar los pies sucios y gastados por el uso de sandalias. Pedro sabe lo humilde que esto es, así que trata de rechazarlo, pero Jesús lo hace de todas formas.

Juan dice que Satanás puso en el corazón de Judas el traicionar a Jesús y que Satanás entró en él. Aun así, Jesús confía en el plan del Padre; no trata de subyugar a Judas mientras tiene la oportunidad. El mal debe desarrollar su plan, pero lo que el enemigo trata para mal, Dios lo usa para el bien de Su gente. Así que Jesús sirve incluso a aquel que sabe que lo traicionará. Entonces Él les da un mandamiento nuevo: les dice que se amen los unos a los otros como Él los ha amado a ellos. Siempre ha estado diciendo esto, entonces ¿cómo es esto nuevo? Está poniendo el listón más alto, haciéndolo sobre la disposición de dar la vida por tus hermanos y hermanas en la fe. La elección del momento es irónico porque en la narración de Mateo, Jesús dice que todos ellos le darán la espalda y que Pedro lo negará. Satanás demandó (que en el griego es más como una súplica torturadora) poner a prueba a Pedro. Jesús sabe que la prueba ayudará a equipar a Pedro para todas las cosas que Dios tiene preparadas para él, por lo que Jesús consuela a Pedro: "Satanás va por ti. Pero yo he orado para que tu fe sea fortalecida". Las pruebas producen cosas en nosotros a las que no podríamos acceder de otra manera y dado que Dios tiene grandes cosas preparadas para Pedro en la Iglesia primitiva, su carácter tiene que ser desarrollado para ese nivel.

Jesús les recuerda que siempre les ha provisto con todo lo que necesitan, entonces les da nuevas instrucciones: agarrar una espada. ¿Van ellos a derrotar Roma finalmente? No, ese nunca ha sido el plan. Hay tres perspectivas principales acerca de a lo que Jesús se refiere: (1) Está hablando de estar listos espiritualmente, por lo que cuando los discípulos le muestran espadas reales, Él se muestra contrario a sus espadas. (2) Les está dando la oportunidad de defenderse físicamente a ellos mismos contra atacadores, incluso si ellos no pueden ir a la ofensiva; o (3) Sabe que necesitarán una causa legal para arrestarle, por lo que organiza a sus discípulos para que tengan una "prueba" que son unos insurrectos.

Cuando ellos van al jardín de Getsemaní a orar, Jesús le pide al Padre por lo que quiere y reconoce que el Padre tiene el poder de hacerlo, pero se rinde a la voluntad del Padre. Jesús es completamente Dios y completamente hombre. No es Su divinidad la que quiere evitar la cruz, es Su humanidad. La voluntad de Su divinidad está perfectamente alineada con la voluntad del Padre, pero Su humanidad vence la tentación sometiéndose a la voluntad del Padre. Su humanidad se somete a Su divinidad, al igual que nuestra humanidad debe someterse a Su divinidad.

Está tan afligido y triste que suda sangre (hematidrosis). Mientras tanto, los discípulos siguen quedándose dormidos. Él los invita a Su dolor, incluso sabiendo que están a unos momentos de darle la espalda. Ve a las autoridades caminando a través del valle con sus antorchas. No es una sorpresa. Pedro saca la espada y le corta la oreja a un soldado, pero Jesús lo detiene y sana al hombre.

En la narración de Juan, los soldados están buscando a Jesús de Nazaret y cuando Él dice: "Yo soy", ellos se caen al suelo. Esto no fue voluntario; ellos no están allí para adorarlo. Esto parece como una respuesta involuntaria a la revelación de Su deidad. Algún día cada rodilla se doblará en el nombre de Jesús (Filipenses 2:10-11) y esto es una señal de ese día. Ellos llevan a Jesús a la casa del Sumo Sacerdote, y Pedro los sigue. Mientras los espera en el patio, la gente lo asocia con Jesús; y él lo niega tres veces. Entonces el gallo canta. Cuando Jesús mira directamente a sus ojos, Pedro se va de allí para llorar. Aquellos que tenían a Jesús en custodia le vendan los ojos, lo golpean y se burlan de Él. Jesús pasa por seis juicios en ocho horas. Tres juicios religiosos delante de los judíos y tres civiles ante los romanos. Y la mayoría de ellos son llevados a cabo ilegalmente.

VISTAZO DE DIOS

Getsemaní significa "prensa de oliva". Es donde las olivas se machacan para producir su fruto más valioso: aceite. En las Escrituras, el aceite a menudo representa al Espíritu Santo. Una prensa de oliva es donde el machacamiento de Jesús empieza; y es, a través de este proceso que nosotros recibimos lo que Él dice es lo más valioso para nosotros: El Espíritu Santo, la presencia de Dios morando en Sus hijos para siempre. Él nunca nos deja y ¡Él es donde el júbilo está!

JUAN 14–17

Jesús se está yendo y ellos no podrán seguirlo inmediatamente, pero lo seguirán eventual y eternamente. Ayer nos dijo a donde se está dirigiendo: "Pero de ahora en adelante el Hijo del hombre estará sentado a la derecha del Dios Todopoderoso" (Lucas 22:69). Él preparará una habitación para ellos en la casa de Su Padre, lo cual, en la cultura judía, implica que ellos son familia ahora. Dice que Él es el camino, la verdad y la vida, nadie puede ser el puente entre la humanidad y Dios Padre excepto por Jesús, quien es completamente Dios y completamente hombre. Cuando la gente declara que Jesús es solo un buen profeta o un buen maestro de moralidad, es porque seguro no saben que dijo esto. Porque si estas cosas *no son* verdad, una de dos: O está loco o está mintiendo, lo que significa que no es un buen maestro moral.

Dice que ellos harán obras mayores que Él. La palabra *mayores* significa "más", por lo que esto podría decir: "Continuarán haciendo cosas poderosas y obras milagrosas de Dios incluso después que me haya ido". Y les dará todo lo que pidan en Su Nombre, en el contexto de andar en Su poder y voluntad. Para que una petición sea hecha en Su nombre significa: que está hecha en conformidad con Su carácter y voluntad. Él generosamente ha construido una válvula de seguridad en esta promesa, dirá sí a todo lo que corresponda con Su voluntad y glorifique Su nombre y afortunadamente, dirá no a todo lo que no corresponda. Esto significa que no tenemos que saber qué es lo mejor antes de orar, simplemente podemos pedir y confiar que ¡Él hará lo que es lo mejor!

Promete Su Espíritu a todo aquel que cree en Él. Esto les sucederá a los discípulos en unos cincuenta días. Dios el Espíritu siempre ha existido. En el Antiguo Testamento, le dio poder a gente para tareas específicas y después se iba, pero la muerte de Jesús lleva a la siguiente parte del plan de Dios: el Espíritu morando en ellos. Los bendecirá de varias formas. Él es el recordatorio, ayudándonos a recordar lo que Jesús ha dicho y hecho. Es un foco de atención que brilla en Jesús. Mientras que a menudo se le asocia con cosas misteriosas como señales, maravillas y lenguas, estas son solo un puñado de maneras con las que Él señala a Jesús. Donde sea que Jesús está siendo predicado, el Espíritu Santo está activo, incluso si no es mencionado. Nos guía a la verdad, nos condena de pecado y afirma que pertenecemos al Padre. Está presente exclusivamente con los seguidores de Cristo. El mundo no lo tiene. Trabaja entre ellos, pero Su relación con el mundo es diferente.

Jesús ocupa mucho del capítulo 15 en una imagen: Él es la viña y nosotros somos las ramas y Dios es glorificado cuando damos fruto. Fuerza a los discípulos a comprometerse con lo que está haciendo para dar fruto ¡los guiará a su júbilo! Sabe que necesitarán este recordatorio, porque tiempos duros están por venir. Les promete pruebas y persecución, pero uno de sus mayores consuelos es que Él es quien los escogió y designó. Sabiendo todas sus fortalezas y debilidades, todos sus temores y fracasos, aún así los escogió. Ora para que ellos se mantengan cuando el mundo los persiga y dado que es Dios quien inició esto en ellos y es su fuente, su esperanza está segura.

El capítulo 17 es la Oración sacerdotal, donde ora por todos los creyentes, incluyéndote. Ora por los hijos espirituales de Sus apóstoles, por unidad entre nosotros y para que el Padre sea glorificado. ¡La gloria de Dios es el propósito que compartimos!

VISTAZO DE DIOS

Jesús sigue reiterando del júbilo y la paz que tiene para nosotros. "No se angustien. Confíen en Dios, y confíen también en mí" (14:1). "La paz les dejo; mi paz les doy. Yo no se la doy a ustedes como la da el mundo. No se angustien ni se acobarden" (14:27). "Les he dicho esto para que tengan mi alegría y así su alegría sea completa" (15:11). "Yo les he dicho estas cosas para que en mí hallen paz. En este mundo afrontarán aflicciones, pero ¡anímense! Yo he vencido al mundo" (16:33). "Lo mismo les pasa a ustedes: Ahora están tristes, pero cuando vuelva a verlos se alegrarán, y nadie les va a quitar esa alegría. En aquel día ya no me preguntarán nada" (16:22-23). La plenitud de júbilo que viene de Su presencia nos dejará sin necesidad de querer nada. Cuán completa es mi alegría que no puedo pensar ¡en una simple cosa que pedir! Tenemos plenitud de júbilo, para siempre, porque ¡Él es donde el júbilo está!

MATEO 27; MARCOS 15

Han declarado a Jesús culpable en tres juicios religiosos. El próximo paso es presentarlo al gobernador romano, Poncio Pilatos, porque solo Roma puede dar la pena de muerte. Lo llevan de juicios religiosos a un juicio civil. Frente a Pilatos, la gente lo culpa de asegurar ser un rey, porque eso es una amenaza para las autoridades romanas. En el recuento de Lucas, dicen que les prohibió pagar los impuestos al César, pero sabemos que es una mentira (Lucas 20:20-26). Pilatos le pregunta sobre ser un rey y en el recuento de Juan, Jesús explica que Su reino no es de este mundo porque si no, Sus seguidores estarían luchando. No está allí para luchar, sino para decir la verdad. Entonces Pilatos responde con una pregunta que siempre ha sido una respuesta popular al evangelio: "¿Qué es verdad?".

En el recuento de Lucas, parece que Pilatos intenta evitar hacer un juicio, entonces manda a Jesús al rey Herodes, una autoridad más alta. El rey y sus soldados hieren y avergüenzan a Jesús, poniendo un manto morado y una corona de espinas, burlándose de Su realeza; luego lo devuelven a Pilatos, probablemente porque los crímenes fueron cometidos en Jerusalén. Entonces es requerido que Pilatos haga un juicio. Pero, antes que llevaran a Jesús con él la primera vez, la esposa de Pilatos tuvo una pesadilla acerca de Él. Era tan terrible que pide a Pilatos que deje a Jesús en paz.

Pilatos declara a Jesús inocente pero ofrece una opción a la gente: "Puedo poner a Jesús o a Barrabás en libertad. ¿A quién escogen?". Barrabás es un convicto que cometió múltiples crímenes, incluido robo, insurrección y asesinato. La gente eligió poner a Barrabás en libertad. ¿Recuerdas el día del Perdón (Levítico 16:6-10), cuando sacrifican una cabra como una ofrenda por el pecado y la otra es puesta en libertad en la naturaleza? Esto es una imagen de eso y también es una imagen de nosotros. Somos Barrabás, puestos en libertad porque Cristo es la ofrenda por el pecado. La gente demanda que Jesús sea crucificado. Pilatos intenta eludir la responsabilidad y lo entrega a la gente, pero no importa qué tan desdeñoso sea o cuánto lave sus manos, la pasividad no es igual a la inocencia. Mientras la gente responde, dice la verdad sin querer, que es la única esperanza de todos: "¡Que su sangre caiga sobre nosotros y sobre nuestros hijos!" (Mateo 27:25). No se dan cuenta, pero esa es la única esperanza para cualquiera de nosotros, que la sangre de Su sacrificio cubra nuestros pecados.

Dios es quien pone gobernantes en sus posiciones de poder (Juan 19:11). Él es soberano sobre cada juicio que Jesús enfrenta y cada gobernante que emite un veredicto e incluso el veredicto que resulta en la muerte de Cristo. La cruz siempre ha sido parte del plan (Apocalipsis 13:8). Pero con tanta atención que Dios pone a los detalles, ¿por qué son solo seis juicios en vez de siete? Si a Dios le encantan los números y el simbolismo tanto como parece, ¿por qué se detiene un número antes de la perfección y la terminación? Las Escrituras no nos lo dicen, pero quizás después de tres juicios religiosos donde lo declaran culpable y tres juicios civiles donde lo declaran inocente, el séptimo veredicto y final es aquel dado por Dios el Padre, afirmando y aprobando el trabajo terminado de Cristo en la cruz, Su Hijo amado, con quien está muy complacido. El veredicto perfecto y completo es dado por el único Juez justo.

Mientras todos los juicios se llevan a cabo, Judas se da cuenta de la magnitud de lo que ha hecho en entregar a un hombre inocente. Siente que no puede vivir con el peso de esa culpa, entonces tira el dinero de vuelta al templo. Los sacerdotes lo usan para comprar un campo que sirve como un cementerio. Judas muere por suicidio. Mateo dice que Judas cambió de idea, pero una idea cambiada es diferente a un corazón cambiado. La tristeza mundana es diferente al arrepentimiento y a la tristeza divina. La tristeza mundana no tiene esperanza. Y ahí es donde Judas se encontraba.

VISTAZO DE DIOS

Jesús demuestra gran humildad mientras Se somete a los planes del Padre, recibiendo falsas acusaciones, burlas y el rechazo de la gente a quien ama tanto, la gente por quien lloró hace poco. Y nosotros le hemos hecho esto tanto como Judas, tanto como Pilatos, tanto como las multitudes. Y aún así, Él nos cubre con la sangre de Su sacrificio, trayéndonos la paz y la esperanza que prometió antes que todo esto empezara. Y aun así y siempre, ¡Él es donde el júbilo está!

LUCAS 23; JUAN 18-19

Han juzgado, se han burlado, han golpeado y han coronado con espinas a Jesús y luego en Su camino a la cruz, Pilatos manda que lo azoten. La regla judía dice que se puede azotar a una persona solo treinta y nueve veces, pero Pilatos es un gobernador romano y esas reglas no aplican a Roma, entonces no sabemos cuántas veces lo habrán golpeado. Isaías 52:14 dice que es golpeado más allá del reconocimiento humano, lo que significa que tiene más que algunos cortes y un hilo de sangre como vemos en muchas representaciones, que parecen ser una burla en comparación con lo que realmente padeció. Esta golpiza deshace Su cuerpo totalmente.

Está tan débil que Simón tiene que llevar Su viga, la pieza que va detrás de los brazos. Esto probablemente es todo lo que cargaba, porque la madera estaba escasa en Israel, entonces los romanos reutilizaban los postes, que podía ser un tronco sin hojas al lado de la carretera. Crucificaban personas en las calles principales que llevaban hacia dentro de la ciudad para que sirviera como una advertencia para quienes llegaban de visitantes para que no desafiaran a Roma. Es probable que Jesús haya sido crucificado al nivel de la calle, ojo a ojo con las personas que pasaban por ahí. De hecho, queda suficientemente cerca como para hablar con los espectadores en un tiempo cuando apenas tenía aliento en Sus pulmones debido a la tortura. Esto ocurre en Gólgota ("El Lugar de la Calavera", *Calvario* en latín). Algunos dicen que el nombre describe cualquier lugar de la muerte, mientras otros dicen que se refiere a una colina que parece un cráneo y otros creen que este puede ser el sitio que está adyacente a la Tumba del Jardín. Otros dicen que fue crucificado en el monte de los Olivos, al este de Jerusalén y aun otros dicen que fue en el lado oeste de la ciudad, marcado por la Iglesia del Sepulcro Sagrado. La Tumba del Jardín y la Iglesia del Sepulcro Sagrado están en el monte Moriá. La colina donde Abraham ofreció a Isaac como un sacrificio, un presagio de este evento dos mil años después, cuando Dios proveyó el sacrificio verdadero, Su Hijo.

Los soldados echaron suertes sobre Su ropa, cumpliendo la profecía. Él no solo pide al Padre que perdone a quienes lo crucifican, sino también pasa sus momentos finales invitando a los pecadores a entrar al reino. Dos criminales están crucificados a Su lado, uno se burla de Él, pero uno lo aclama como Rey y le pide que lo recuerde cuando llegue a Su reino. Y Jesús dice: "Este es el día. Te veré allá". Este hombre pasó su vida en pecado pero acude a Cristo en el último momento posible y Jesús dice: "Eres bienvenido en Mi reino. Tienes una silla en la mesa también".

Roma realizó crucifixiones por casi mil años y es posible que cambiaran los métodos con el tiempo, a veces amarrando extremidades y a veces clavándolas. No sabemos el proceso exacto que usaron con Jesús, pero Lucas 24:39 dice que hay clavos en Sus manos y pies. Mientras colgaba en la cruz, cita la primera línea del salmo 22: "Dios mío, Dios mío, ¿por qué me has abandonado?" en referencia a un salmo sobre el Mesías e identificándose como tal (ver día 125).

Entrega Su espíritu a las manos del Padre y grita: "Todo se ha cumplido". Informándonos que no podemos añadir nada a Su trabajo salvador. Cuando llegan a verificar que está muerto, perforan Su costado y se derraman sangre y agua, que muchas veces indica un ataque al corazón.

El sol se pone y el día nuevo está por empezar, uno cuando los judíos no pueden trabajar, entonces, lo quitan de la cruz rápidamente. Un hombre rico llamado José pide Su cuerpo y lo lleva a su propia tumba, luego José, Nicodemo y algunas mujeres lo envuelven y lo consagran; luego ruedan la roca sobre la entrada de la tumba. Estas tumbas muchas veces son como cuevas y usan una roca grande para sellar la boca de la cueva.

VISTAZO DE DIOS

Dios hace cosas milagrosas en cada recuento del evangelio que apenas llegan a ser una frase. En Mateo 27:52-53, hay un gran terremoto y las personas que están muertas y enterradas de repente se levantan y caminan por la ciudad. ¡Él resucita lo muerto a la vida! En Juan, Pilatos profetiza sin querer, escribiendo que Jesús es el Rey de los judíos. Y Mateo, Marcos y Lucas dicen que el cielo se oscurece al mediodía y en el templo, la cortina se desgarra de arriba hasta abajo, del cielo al mundo, indicando que es un acto de Dios, abriendo Su presencia a Su gente en una manera que no habían tenido acceso antes. ¡Aleluya y gracias a Dios! ¡Él es dónde el júbilo está!

MATEO 28; MARCOS 16

Aproximadamente tres días han pasado desde que Jesús fue crucificado y ahora es el periodo antes del amanecer de la mañana del domingo. Otro terremoto ocurre de manera simultánea con la aparición de un ángel y parece que trabajan juntos para quitar la roca. Los ángeles siempre aparecen en la forma de varones humanos, por lo cual el Evangelio de Marcos se refiere al ángel cómo un hombre joven. Con mayor frecuencia, visten de blanco y aunque no tienen alas o halo, muchas veces son descritos como radiantes o "como un relámpago". Los ángeles pueden ser aterradores; cuando los guardias lo ven, se quedan catatónicos.

María Magdalena, otra María, Juana y Salomé van a visitar la tumba. (Algunos evangelios señalan dos ángeles y algunos evangelios solo señalan a María Magdalena, pero como hemos visto, los autores cuentan la parte de la historia que arroja luz sobre el punto que quieren enfatizar.) Cuando las mujeres llegan, el ángel les dice que no tengan miedo. Es posible que tengas una nota en tu Biblia que dice que los manuscritos más antiguos del Evangelio de Marcos terminan con la resurrección de Cristo en el verso 8. Mucho de lo que dicen los versos 9 al 20 se puede encontrar en otro lugar de la Escritura, entonces abordaremos esas partes cuando lleguemos ahí. Pero para las partes cuestionables que aparecen aquí, vamos a dejar que las Escrituras susurren.

El ángel les dice a las mujeres que Jesús ha resucitado de la muerte, les invita a ver la tumba vacía y les dice que corran la voz, aunque parece que todavía no entienden completamente. La cronología de los cuatro recuentos de los evangelios no está clara, pero a grandes rasgos la descripción parece indicar que las mujeres se presentan, ven al ángel y la tumba vacía, salen y les dicen a los discípulos; Pedro y Juan corren a la tumba para verificar y luego María regresa y otras mujeres la acompañan más tarde. Mientras tanto, los guardias salen para decir a las autoridades lo que han visto. Los ancianos les sobornan para decir que Su cuerpo fue robado por Sus discípulos. Pedro y Juan ven las telas de entierro de lino dobladas y acomodadas a un lado. Vale la pena resaltar esto porque los ladrones no doblan la ropa, entonces es una de las primeras pistas que destaca que Jesús ha resucitado de la muerte.

Mientras tanto, María está llorando afuera, probablemente tratando con una mezcla de emociones. Mira en la tumba y ve a dos ángeles sentados donde el cuerpo de Jesús había estado, uno a la cabeza, uno a los pies. Esto corresponde con la descripción del propiciatorio, la cubierta del arca del pacto, donde la presencia de Dios residía en el templo. El propiciatorio tenía dos querubines, uno en cada borde. En Éxodo 25:22 Dios dijo a los israelitas: "Yo me reuniré allí contigo en medio de los dos querubines que están sobre el arca del pacto". Y allí entre esos dos ángeles, la presencia de Dios ha sido manifestada no solo en la muerte de Su Hijo, sino también en la resurrección de Su Hijo.

Cuando María se da vuelta, está en la oscuridad de la tumba. Puede ser que todavía esté oscuro afuera, o quizás el sol esté empezando a salir y ella ve un hombre afuera de la tumba. Asume que Él es el jardinero. En esta época, la mayoría de los hombres solo tenía una túnica que usaban todos los días, por eso es fácil reconocerlos. Pero Jesús ya no tenía Su túnica, los soldados echaron suertes por ella. Aquí está de pie con Su ropa nueva, con el sol iluminándolo como luz de fondo y María tiene lágrimas en los ojos y no hay forma que sepa que el hombre que piensa es el jardinero es realmente Cristo resucitado de pie frente a ella.

Pero Él dice su nombre y de repente ella lo sabe. Cae a Sus pies y lo adora. No es una aparición o un fantasma, ella está tocando Su cuerpo verdadero y resucitado. Si alguien hubiera inventado esta historia, habría elegido un testigo más confiable que una mujer, porque en esta cultura a las mujeres no se les permitía testificar en un tribunal. Pero Jesús siempre ha ido a los rechazados, los marginados, los considerados "menos". Es una jugada típica de Jesús hacer Su primera revelación después de resucitado, a una mujer que antes había estado poseída por un demonio.

VISTAZO DE DIOS

Jesús le dice a María que lo haga saber a Sus hermanos, los discípulos, que Él está vivo. La última vez que los vimos a todos juntos, les dijo que todos caerían debido a Él. Y lo hicieron, fue en el momento de Su necesidad más profunda. Pero a pesar de sus traiciones, todavía los llama Sus hermanos y no puede esperar para verlos. ¡Qué amor y perdón tan grande tiene por los pecadores en Su familia! ¡Él es donde el júbilo está!

LUCAS 24; JUAN 20-21

Los seguidores de Jesús están inquietos por los últimos acontecimientos. El domingo —día de la resurrección— dos de ellos están haciendo el viaje de once kilómetros desde Jerusalén hacia Emaús y se encuentran con Jesús, pero Dios les impide reconocerlo. Tal vez Su cuerpo resucitado es en cierto modo diferente, o tal vez es porque Su vieja túnica y turbante, que cubren la mayor parte del cuerpo de un hombre, han sido reemplazados con nuevas ropas y el cuerpo que fue completamente destruido hace unos días ha sanado milagrosamente.

Él les pregunta de qué están hablando. Le dicen: "¿De qué están hablando *todos*?", y le explican la resurrección. Jesús les dice que todo esto era necesario y les explica toda la historia desde el principio. A medida que se acercan a Emaús, lo convencen de que se quede a cenar y cuando bendice la comida, sus ojos se abren y lo reconocen. Le encanta sorprender a la gente— primero a María, ahora a estos chicos. Tan pronto como lo reconocen, ¡desaparece! Vuelven a Jerusalén para contarles esto a los discípulos y mientras están hablando, Jesús aparece en la habitación a pesar de que las puertas están cerradas. Creen que es un fantasma, así que les muestra sus heridas e incluso come pescado. Les explica que todo el Antiguo Testamento es acerca de Él. No podían verlo entonces, pero ahora está claro. Tomás no estaba allí, así que cuando le llega la noticia, dice: "Muéstrame y lo creeré". Lo hemos bautizado como Tomás el dudoso, pero Jesús nunca lo llamó así. Todos los discípulos dudaron hasta que vieron a Jesús con sus propios ojos. Jesús nunca avergonzó a Tomás por cuestionar las cosas, en vez de eso lo encontró en sus dudas y preguntas. Luego nos bendice a todos: "Dichosos los que no han visto y sin embargo creen".

Ayer, el ángel dijo que Jesús iría antes que los discípulos a Galilea y es momento para que eso suceda. Quizás Dios les dio estas instrucciones para mantenerlos a salvo de las autoridades de Jerusalén que seguramente estaban tratando de llegar al fondo del asunto. Una noche, están pescando en el mar de Galilea y no consiguen pescar nada. Al salir el sol, alguien llama desde la orilla: "Muchachos, ¿no tienen algo de comer?". Responden que no y Jesús les dice: "Tiren la red a la derecha de la barca". Lo hacen y sus redes acaban repletas de peces. Fue lo mismo que hizo el día que los escogió (Lucas 5:1-11); parece que estuviera bromeando con sus amigos al hacer referencia al comienzo de su relación. Cuando levantan la red y se rompe, se dan cuenta de quién es el hombre. Pedro salta al agua y nada hasta la orilla para encontrarse con él.

Capturaron ciento cincuenta y tres peces. Los estudiosos dicen que esas son todas las especies de peces que existen en el mar de Galilea, lo que indica que capturaron uno de cada tipo. Cuando Jesús llenó sus redes en Lucas 5, dijo que de ahora en adelante, los haría pescadores de hombres; estos ciento cincuenta y tres peces sirven como un recordatorio de que pescarán gente de todas las naciones, que la red del evangelio atraerá peces de todo tipo.

Jesús les prepara el desayuno alrededor de una hoguera, como en la que estaba Pedro cuando lo negó. Tienen un hermoso momento de restauración. Jesús le pregunta a Pedro tres veces si lo ama, para emparejar las tres veces que Pedro lo negó. Las respuestas de Pedro indican que quizás siente vergüenza o inseguridad, pero Jesús le asigna una tarea de gran responsabilidad: "Te pongo a cargo de todo esto ahora. Cuídalo bien". Le recuerda a Pedro, al igual que a todos sus seguidores al final de cada evangelio, que Su evangelio debe llegar a todas las naciones. Cuando le dice a Pedro cómo morirá —que también será crucificado—, Pedro empieza a comparar su misión con la de Juan. Jesús le recuerda a Pedro que siga su camino: apacentar ovejas y seguir a Cristo. Unas semanas más tarde, cuarenta días después de Su resurrección, Jesús asciende al cielo desde el monte de los Olivos.

VISTAZO DE DIOS

Los hombres que iban de camino a Emaús dicen: "¿No ardía nuestro corazón mientras conversaba con nosotros en el camino y nos explicaba las Escrituras?" (Lucas 24:32). Hablar con Dios, abrir las Escrituras... ¡eso es orar y estudiar la Biblia! Eso es lo que estamos haciendo aquí. Esas dos cosas encienden sus corazones *porque Dios está en ellos*. ¡Dios es el que hace que Su palabra cobre vida! Dios es el que hace que nuestra relación con Él sea tan rica y hermosa. No es *nada* sin Él, es una triste y seca caminata de once kilómetros a través del desierto. Pero con Él, nuestros corazones arden en nuestro interior. Que puedas sentirlo, saberlo y vivirlo. ¡Él es donde el júbilo está!

HECHOS 1–3

Lucas escribió el libro de los Hechos de los Apóstoles para grabar los eventos que pasaron después de la vida de Cristo, cuando el evangelio se estaba extendiendo a todas las naciones. Jesús se queda en la tierra por cuarenta días después de la resurrección y les dice a los apóstoles que se queden en Jerusalén hasta que el Espíritu Santo los visite. La siguiente fase del plan de Dios está a punto de ser implementada. Al igual que cuando Dios: el Hijo, vino a vivir con Su pueblo, ahora Dios: el Espíritu, vendrá a MORAR *en* Su pueblo. Será un nuevo tipo de bautismo. Los discípulos le preguntan: "Ahora que has resucitado de entre los muertos, derrocarás a Roma, ¿verdad?". Jesús dice: "Están haciendo las preguntas equivocadas, no hay cambio de poder político. Lo único que debe preocuparles es cuándo vendrá el Espíritu a morar en ustedes cuando yo me haya ido, Él es el que los equipará para llevar el evangelio de aquí al mundo entero".

Cuarenta días después de Su resurrección, Jesús asciende al cielo desde el monte de los Olivos. Entonces los discípulos van al aposento alto, que se convirtió en su cuartel general. Los apóstoles y los discípulos se reúnen regularmente para orar junto a la mamá y hermanos de Jesús, quienes tuvieron un cambio de corazón. Quedaban once apóstoles, así que Matías, quien es un discípulo que ha caminado con ellos durante los últimos tres años, reemplaza a Judas.

Una semana después, la fiesta de Pentecostés se estaba celebrando. Todos los discípulos estaban reunidos, posiblemente en el templo, la morada de Dios. De repente, un viento fuerte sopló llenando el lugar y Hechos 2:3 dice: "Se les aparecieron entonces unas lenguas como de fuego que se repartieron y se posaron sobre cada uno de ellos". El fuego representa la presencia y el poder de Dios, pero ¿Qué quiere decir que las "lenguas se repartieron y se posaron sobre cada uno de ellos"?. Recuerdan la Torre de Babel, cuando las personas pecaron contra Dios y Él dividió los idiomas, la misma palabra se usa para lenguas. Estas lenguas o idiomas se posan sobre sus cabezas como fuego.

Ahora, los discípulos están llenos del Espíritu Santo, que les da poder para que sus palabras se entiendan en idiomas que ellos ni siquiera pueden hablar. El versículo 5 nos muestra por qué esto es tan importante, ya que muchos judíos devotos de diferentes naciones están en Jerusalén para el festival de Pentecostés y todos ellos pueden escuchar a los discípulos galileos hablar sus lenguas maternas. Entonces los discípulos están hablando arameo, pero se les está escuchando hablar en latín y otros idiomas. Los creyentes extranjeros están impresionados, pero algunas de las personas locales no entienden lo que está sucediendo, ya que entienden el idioma local y no pueden ver el milagro, ¡pero Pedro interviene y les dice que esta es la consumación de la profecía de Joel!

Así como Dios dividió los idiomas en Babel, así mismo deshace lo que había hecho, trayendo unidad por el poder de Su Espíritu. *Así* es como el evangelio comienza a extenderse a todas las naciones, por el poder milagroso del Dios que inventó los idiomas y que los conoce a todos. En este caso, *hablar en lenguas* significa "hablar en lenguas humanas". No está lleno de caos y confusión, sino todo lo contrario, brinda claridad, comprensión y unidad. Hay otros escenarios que veremos en el futuro, pero aquí no hay traductor, es solo el evangelio para que todos lo escuchen y entiendan, aunque algunos no crean lo que ven.

Pedro se dirige a ellos y predica el evangelio, explicando que el plan de redención de Dios incluye la crucifixión y resurrección de Jesús, también predica sobre el arrepentimiento, tal como Juan el Bautista y Jesús lo hicieron. Ese día, tres mil personas se arrepintieron y se bautizaron. En ese sitio, hay ciento veinticinco mikvas, que son baños de purificación ritual que los judíos usaban regularmente. Dios sigue salvando gente todos los días mientras los apóstoles siguen aplicando lo que aprendieron de Jesús. Los creyentes comen y oran juntos, compartiendo sus vidas sacrificadamente todos los días.

En el capítulo 3, Pedro y Juan sanan a un hombre que estaba cojo y que solamente estaba pidiendo dinero, por supuesto, ellos le dan todo el crédito de esta curación a Jesús y sirve como plataforma para el siguiente sermón de Pedro, quien usualmente cita bastante las Escrituras en sus sermones. ¡Él sabe que no puedes alimentar a las ovejas con algo que no tienes!

VISTAZO DE DIOS

Es muy raro que Dios haga algo exactamente como pensamos que lo haría. Incluso con Su promesa reiterada de enviar al Espíritu Santo, probablemente nunca hubiéramos imaginado un tornado al interior de un edificio, hologramas de fuego y una convención de idiomas. Sus caminos son mucho mejores que los nuestros, pero aun así, tiene la amabilidad de compartir ocasionalmente fragmentos de Sus grandes planes con nuestros cerebros pequeñitos y es tan paciente con nosotros cuando lo malinterpretamos. Él tiene las mejores ideas y el corazón más amable, ¡y es donde el júbilo está!

HECHOS 4-6

Pedro y Juan sanan a un hombre lisiado, luego aprovechan esa oportunidad para predicar el evangelio. Pero trae más oposición. Las acciones de Jesús aumentaron las tensiones locales y la opresión de Sus seguidores. Pedro y otros son encarcelados por predicar, pero siguen predicando y cinco mil personas se arrepienten y siguen a Jesús. Los líderes les preguntan a Pedro y a Juan de dónde obtuvieron tal poder y autoridad. Pedro dice: "Jesús. Ya saben aquel hombre que mataron. Por cierto, no hay otro nombre por el cual pueden salvarse las personas". Los líderes están perplejos... tienen a dos hombres sin educación que hablan con sabiduría y autoridad, más un hombre que era cojo sanado, los tres dicen que Jesús; quien ha desaparecido misteriosamente es el responsable de todo esto. Los dejan ir pero les dicen que dejen de hablar de Jesús. Pedro dice: "No". Cuando se encuentran con los otros discípulos, incluso oran para ser *más* audaces. Solo quieren un descanso de toda esta persecución para predicar más el evangelio, no por comodidad y tranquilidad y Dios dice "sí" a su oración.

A medida que aumentan sus pruebas, Bernabé vende algunas tierras para que los apóstoles puedan proveer a los miembros necesitados de la iglesia. Ananías y Safira quieren verse tan generosos como Bernabé, por lo que venden un terreno y dan parte del dinero a la iglesia, pero actúan como si lo hubieran dado todo. El Espíritu le da discernimiento a Pedro al respecto; él dice que si no hubieran vendido el campo o incluso si hubieran guardado el dinero, no habría problema. Son libres de hacer lo que quieran con sus cosas, pero no son libres de mentirle a Dios. Al fingir generosidad, sus corazones se revelan. Pedro proféticamente le pregunta a Ananías sobre esto y muere. Safira repite la mentira y también muere. Esta sección se concreta por la actividad del Espíritu. Pedro no ordena su muerte; él la está *comunicando*. La muerte y el juicio son lo que todos, como pecadores merecemos, así que esto no es injusto.

Los extraños están intrigados por todo lo que ven que sucede con los seguidores de Cristo, pero también parecen temerosos. Quieren ser parte de las curaciones y la comunidad, pero probablemente temen el juicio de Ananías y Safira. Sin embargo, las personas siguen adentrándose y probando cosas. Incluso hay un rumor local que dice que la sombra de Pedro cura a las personas, pero el texto nunca lo confirma ni lo niega.

Las autoridades se ponen celosas de su poder, valentía y comunidad. Los arrestan de nuevo, pero Dios envía un ángel para abrir las puertas, así que regresan al templo para hablar nuevamente sobre Jesús. Mientras tanto, las autoridades piden verlos, pero los carceleros no los encuentran hasta que alguien les avisa. Los apóstoles no se retractan de su mensaje, uno que hace que los líderes religiosos se vean mal ante la gente local. Pero un fariseo llamado Gamaliel dice: "Hemos visto esto antes con otros dos sujetos. ¿Recuerdan? Se les va a olvidar. Y si no es así, es posible que deseemos prestar atención, porque tal vez sea cierto". Los líderes golpean a los apóstoles y los envían a casa y a los apóstoles les alegra que se les permita sufrir por el evangelio.

A medida que la iglesia atraviesa por más divisiones culturales, aprenden lecciones difíciles sobre trabajar por la unidad. Las viudas helénicas no están siendo atendidas, por lo que los apóstoles encuentran una solución que les permite continuar enfocándose en la predicación. Delegan el cuidado de las viudas a siete hombres sabios y piadosos. Uno de ellos es Esteban, quien, como Jesús y los apóstoles, puede hacer señales y maravillas. Todo va bien hasta que se encuentra con judíos de una sinagoga que no cree en Jesús. Cambian sus palabras en una prueba ante el concilio, pero cuando el concilio lo mira, él tiene el resplandor que los ángeles tienen cuando aparecen en la tierra, el resplandor que proviene de estar en la presencia de Dios.

VISTAZO DE DIOS

"De hecho, en ningún otro hay salvación, porque no hay bajo el cielo otro nombre dado a los hombres mediante el cual podamos ser salvos" (4:12). Pedro no está poniendo énfasis en el nombre de Jesús aquí. En la cultura judía, tu nombre es una forma abreviada de resumirte como persona, tu carácter, tu voluntad. El poder de la salvación no está en la palabra *Jesús*; está en la persona de Jesús. Está mostrando cuán específico es el evangelio. La gente suele decir que el cristianismo es muy exclusivo. Pero el evangelio no es exclusivo; es solo específico. Él es nuestra única esperanza de salvación. ¡Él está donde está el rescate y Él es donde el júbilo está!

HECHOS 7–8

Esteban ha sido acusado falsamente por judíos incrédulos y está en juicio ante el Sanedrín, un consejo de gobierno, como la Corte Suprema. En la declaración para su defensa, no dice nada acerca de sí mismo por cincuenta y tres versículos. En cambio, da una sinopsis de la historia del evangelio: Dios busca a Su gente, quienes siguen rechazándolo. Ellos matan a los profetas que Él envía a hablarles sobre la verdad. Han matado al Justo del que hablaron los profetas. Mientras relata las maneras horribles en las que la gente de Dios ha actuado en el pasado, es probable que el Sanedrín reconozca las malas acciones de sus antepasados, pero no se da cuenta que está alcanzando un punto culminante donde la mayor carga de maldad es de la que son legalmente responsables, rechazando la búsqueda de Dios al matar a Su Hijo.

Ellos están furiosos, pero Esteban está en paz. Dios abre la cortina de la eternidad y le da un vistazo del cielo. él ve a Jesús de pie a la derecha del Padre. En cualquier otro lugar de las Escrituras dice que Él está sentado a la derecha del Padre, entonces ¿por qué está de pie? Los estudiosos dicen que Jesús puede estar levantándose para ser su abogado y testificar ante el gran Juez en su nombre o para saludarlo y dar la bienvenida a Esteban a la nueva vida. O ambos. Su trabajo está terminado, pero Jesús no se ha desentendido. Él está prestando atención. Él está involucrado y comprometido. Él está orando por nosotros (Romanos 8:34) y nos está echando porras.

Esteban le dice al Sanedrín lo que ve, pero ellos le gritan y lo atacan. Una vez fuera de las puertas de la ciudad, ellos pueden promulgar la pena de muerte. Cuando el Sanedrín sale de lo que ahora se conoce como la Puerta de Esteban, se quitan las capas para apedrearlo y las ponen a los pies de Saulo. Él puede ser un miembro del Sanedrín, pero aunque no lo sea, es un líder poderoso entre los judíos. Es casi seguro que haya escuchado a Esteban predicar el mensaje de Cristo hace un momento y ahora se queda inmóvil, aprobando que Esteban se convierta en el primer mártir de la iglesia. Saulo tiene un pie en cada campamento enemigo: es un fariseo que rechaza a Jesús y un ciudadano romano. Su doble nacionalidad lo coloca en una posición privilegiada.

Saulo es su nombre hebreo, pero los romanos hablan principalmente latín, por lo que lo llaman Pablo.

La muerte de Esteban intensifica la persecución de cristianos. Saulo empieza a ir de puerta en puerta en Jerusalén, arrastrando a los cristianos desde sus hogares y arrojándolos en prisión, por lo que todos los cristianos de Jerusalén huyen, con excepción de los apóstoles. Cuando Felipe huye, va a Samaria. Jesús le ordenó que llevara el evangelio a Samaria, aún cuando los judíos y los samaritanos se odiaran entre sí. Felipe predica y realiza señales, la gente le comienza a creer. Cuando los apóstoles oyen que los samaritanos se están arrepintiendo, envían a Pedro y a Juan para asegurarse que todo vaya bien. Pedro y Juan se dan cuenta que los samaritanos han sido bautizados por agua, pero no han oído hablar del Espíritu Santo ni lo han recibido. Hay quienes dicen que esto se debe a que los apóstoles necesitan ver que esto suceda, para que puedan confirmar que el Espíritu Santo está trabajando activamente en los samaritanos, de otra manera podrían verse tentados a descartarlo.

El poder y el mensaje de los apóstoles llaman la atención de Simón el mago, quien parece trabajar a través de intervención demoníaca. Él nota la diferencia entre su magia y los milagros de Dios, pero parece que quiere más al poder que a lo que quiere rendirse, Felipe lo reprende. Tratar de acceder al poder de Dios y no a la persona de Dios es idolatría egoísta.

Un ángel envía a Felipe al desierto, donde se encuentra con un funcionario de Etiopía quien está confundido por las palabras de Isaías. Está leyendo lo que algunos judíos llaman el "capítulo prohibido". A partir de ahí, Felipe le explica el evangelio y el funcionario finalmente lo comprende. ¡Va de confusión a alegría! Él pide ser bautizado y cuando están saliendo del agua, Felipe desaparece (posiblemente por teletransportación del Espíritu Santo) y aparece en la costa.

VISTAZO DE DIOS

Lo que el enemigo utiliza para el mal, Dios lo usa para el bien. Cuando el Sanedrín asesinó a Esteban, intentaban detener la difusión del evangelio, pero ocurrió exactamente lo contrario. Los creyentes en Jerusalén se dispersan y se llevan el evangelio con ellos. Están huyendo de la persecución en Jerusalén, pero no corren y se esconden, ¡se van y lo cuentan! "Los que se habían dispersado predicaban la palabra por dondequiera que iban" (8:4). Su miedo a la persecución no los detiene. Saben que Dios cumplirá Su misión a través de ellos. ¡Él es donde el júbilo está!

HECHOS 9–10

Hoy Saulo persigue a cualquiera que pertenezca al "Camino", que es como se refieren a la iglesia. Él obtiene permiso del Sumo Sacerdote para localizar a los seguidores de Cristo y extraditarlos a Jerusalén para castigarlos. Pero Dios tiene un plan diferente.

Cuando se dirige al norte de la ciudad hacia Damasco, un rayo sagrado (o algo así) lo tira al suelo. Él y sus hombres escuchan una voz del cielo que pregunta: "Saulo, Saulo, ¿por qué me persigues?". Jesús está en el cielo, a la diestra del Padre, entonces, ¿cómo es que Saulo puede perseguirlo? Jesús se ha unido a la iglesia. Mientras la iglesia es perseguida, Jesús lo siente; Él se incorpora en el dolor de Su pueblo. Se identifica con Saulo y lo envía a Damasco. La experiencia deja a Saulo ciego. Él ayuna durante tres días, luego Dios le da una visión a un creyente local llamado Ananías y le dice dónde encontrar a Saulo. Ananías dice: "Señor, he oído mucho acerca de este hombre y cuánto mal ha hecho a tus santos en Jerusalén" (9:13). ¿No es verdad que los santos están muertos? ¿Cómo es que Saulo está dañando a los muertos? No los está dañando. Las Escrituras identifican repetidamente a todos los creyentes como santos, vivos o muertos. Esto aparece en toda la Escritura, incluso en el Antiguo Testamento; es una doctrina llamada la santidad del creyente.

Dios explica el plan a Ananías: "Le he dado una visión a Saulo; él te está esperando. Ve a orar para que reciba su vista". ¿Por qué Dios hace esto en lugar de solo sanar a Saulo? Dios quiere que Su pueblo se involucre en Su proceso; tenemos la alegría de ser parte de Su plan de redención. Ananías ora y Saulo recupera la vista, se llena del Espíritu, se bautiza y comienza a declarar a Jesús como Señor. Esto provoca escepticismo en los creyentes locales, que planean matarlo, pero los seguidores de Saulo lo salvan. Él regresa a Jerusalén, pero los discípulos de ahí también son escépticos de su cambio, excepto Bernabé. Él responde por Saulo, quien comienza a predicar localmente pero luego recibe amenazas de otros que no le creen. Los apóstoles lo envían a su ciudad natal, Tarso, hasta que las cosas se calmen.

La persecución y amenazas de muerte para la iglesia van en aumento, sin embargo, al mismo tiempo experimenta un aumento de paz, consuelo y temor al Señor. Están recordando lo que dijo Jesús, están viviendo su paz y su enfoque principal. ¿Por qué no se les olvidan cosas como lo hicieron sus antepasados? ¿Por qué las cosas son tan diferentes ahora? Esta es la obra de Dios el Espíritu mientras mora en los creyentes. ¡Él es el recordatorio! No solo viven en paz, sino que viven en el poder. Pedro sana a la gente e incluso resucita a una mujer de entre los muertos.

Un día tiene una extraña visión de una sábana con animales y una voz dice que los mate y se los coma. Está confundido, así que Dios le repite el mensaje dos veces. Dios está declarando todos los alimentos comestibles. Jesús hizo esto en Marcos 7:19 y Dios lo repite aquí. Esta escena puede ser confusa porque parece que está diciendo que algunas leyes del Antiguo Testamento ya no aplican. Entonces, ¿cómo sabemos cuáles ignorar? Dios dio tres tipos de leyes: civil, ceremonial y moral (ver Día 50). Pedro se encuentra en la incómoda fase de transición donde Jesús acaba de cumplir las leyes ceremoniales, por lo que se resiste a lo que Dios le dice porque va en contra de lo que siempre ha estado vigente. Pero es importante para él entenderlo, porque hay un mayor propósito detrás de lo que está sucediendo. Un centurión romano llamado Cornelio tiene una visión que le indica enviar sirvientes a ver a Pedro. Llegan justo después de su visión. Él va a visitar a Cornelio, que tiene una casa llena de personas esperando a Pedro. Pedro dice que los judíos fruncen el ceño al asociarse con extranjeros, pero Dios ha estado corrigiendo su pensamiento. Ahora ve que en la familia de Dios hay *diversidad* racial, no división. Él predica el evangelio y todos creen. El Espíritu verifica su conversión y se bautizan.

VISTAZO DE DIOS

Dios es soberano sobre la salvación de Su pueblo. La historia de Saulo es evidencia que cuando Dios quiere a alguien, esa persona ya es Suya. Si has orado por amigos o familiares que han rechazado el evangelio, anímate: Dios tiene la última palabra. Saulo no estaba persiguiendo a Dios; se estaba rebelando activamente contra Él. Pero aún así, fue capturado por el Dios del universo y atrapado en la historia de redención más grande que el corazón humano haya conocido. ¡Él está donde hay júbilo!

HECHOS 11–12

Cuando Pedro regresa a Jerusalén, el problema está evolucionando. Todos han escuchado lo que pasó con los gentiles en Cesarea. Se supone que los judíos no deben asociarse con extranjeros. Dios corrigió la mentalidad de Pedro sobre esto, pero los seguidores de Cristo que estaban en Jerusalén no estaban al tanto de su visión. Un grupo al que muchos creyentes se refieren como al partido de la circuncisión confronta a Pedro acerca de esto, diciendo que los extranjeros que se comprometen a seguir a un Mesías judío, deberían tener que convertirse al judaísmo y ser circuncidados. Ser apartados ha sido una parte importante de su cultura. Cada vez que los extranjeros han seguido a YHWH, se han integrado al judaísmo. Ahora que el Mesías ha venido y ha dicho que el evangelio iría a todas partes, saben que muchos extranjeros se convertirán y quieren proteger su cultura.

Pedro les dice cómo Dios aprobó todo lo que hizo a través del Espíritu. Incluso señala a una enseñanza de Jesús que predijo esto. Jesús siempre dejaba caer pequeñas cápsulas de verdad durante el camino, cosas que no tenían sentido en el momento pero que Él sabía que necesitarían en el futuro. Pedro dice: "Si Dios los aprueba, ¿Quién soy yo para negarlos?". Los del partido de la circuncisión no solo concuerdan que Pedro está en lo correcto, sino que también glorifican a Dios por acoger a los forasteros. Este es un giro importante para la iglesia primitiva, es donde empezamos a ver que, más que cualquier otra cosa, el Espíritu Santo es la marca del pueblo de Dios, no la circuncisión. Él es el unificador de Su pueblo en todas las divisiones raciales y culturales.

En estos primeros días de la iglesia, las cosas pueden sentirse torpes. Hay ajustes que hacer, pero Dios los guía pacientemente a través de las transiciones. Mientras tratan de seguir el mandato de Jesús de esparcir el evangelio, necesitan obtener el sello de aprobación de Dios en cualquiera de las nuevas decisiones que tomen para verificar que sean las correctas. Es por eso por lo que necesitan ver la actividad del Espíritu, la evidencia obvia que Dios es el que está al frente de todo lo que es nuevo.

Algunos creyentes que abandonaron Jerusalén están predicando el evangelio, pero solo a los judíos. Otros les predican a los judíos que hablan griego, conocidos como los helenistas, quienes empiezan una iglesia en su ciudad, Antioquía, que está en Siria. Bernabé va para asegurarse que todo esté funcionando sin problemas, después trae a Saulo con él y se quedan ahí un año, enseñándolos y discipulándolos. La iglesia de Antioquía está prosperando e incluso mandando dinero de vuelta a Jerusalén para cuidar de los cristianos que están ahí durante una hambruna.

Después conocemos al nuevo rey Herodes. Herodes el Grande fue rey cuando Jesús nació. Herodes Antipas era rey cuando Él fue crucificado. Y ahora Herodes Agripa está en el trono. Es un gran perseguidor de los cristianos y asesina a Santiago, un apóstol que era parte del círculo íntimo de Jesús. Los judíos locales están encantados con esto y Herodes quiere que lo amen aún más, así que arresta a Pedro durante la Pascua.

La iglesia ora fervientemente por él. Pedro está encerrado con dos cadenas, entre dos soldados, vigilado por dos guardias. Durante la noche, un ángel lo golpea en el costado para despertarlo. Cuando se despierta, las cadenas se caen y caminan directamente a la salida mientras la puerta de hierro se abre enfrente de ellos. Él va a la casa de María (la mamá de Juan Marcos), en donde los discípulos tienen las puertas cerradas. Una vez dentro, susurra todo lo que había pasado, el miedo a la persecución es real, y les dice que se lo cuenten a los demás discípulos. Al siguiente día, los guardias saben que están en problemas porque Pedro ha desaparecido. Herodes ordena que los maten, después va a reunirse con los gobernantes de Tiro y Sidón. Está enojado con ellos, así que ellos lo adulan y lo alaban como un dios. Inmediatamente un ángel del Señor lo mata porque recibió la gloria que solo pertenece a Dios. Después de su muerte, la iglesia continúa prosperando y creciendo; y Saulo y Bernabé regresan a Antioquía desde Jerusalén, pero esta vez Juan Marcos va con ellos.

VISTAZO DE DIOS

"¡Así que también a los gentiles les ha concedido Dios el arrepentimiento para vida!" (11:18). La palabra *concedido* en latín significa *"dado"*. Dios ha *dado* arrepentimiento a los gentiles. Es fácil pensar en el arrepentimiento como algo que ofrecemos a Dios, pero este versículo dice que es algo que Él nos da. Él es quien inicia nuestro arrepentimiento. Qué increíble regalo, se nos han dado ojos para ver, oídos para escuchar y un corazón para conocer la verdad y rendirse a ella. ¡Él es donde el júbilo está!

HECHOS 13–14

La iglesia de Antioquía es dirigida por un grupo de rebeldes y antiguos enemigos. Juntos alaban a Dios y ayunan cuando el Espíritu Santo les dirige. Él designa a Bernabé y Saulo como misioneros y así que ¡los dos embarcan en su primer viaje misionero! Su primera parada es Chipre. Juan Marcos se une a Saulo y mientras predican durante su trayecto por la isla, el gobernador los escucha y los manda llamar, está acompañado por un mago que se hace pasar por profeta y que confía en el poder del enemigo. El gobernador empieza a creer el evangelio, pero el mago lo quiere disuadir y es por esto por lo que Saulo lo llama hijo del diablo y declara una ceguera temporal sobre el mago. Lo que termina de convencer al gobernador. Esta es la primera vez que las Escrituras usan el otro nombre de Saulo, Pablo. Este es el nombre principal que a partir de este momento usa, porque aquí es donde la propagación del evangelio aumenta su alcance a los gentiles, eso explica el que use la versión gentil de su nombre. Él se adapta a la cultura en la que se encuentra, haciendo sacrificios para eliminar cualquier causa de tropiezo que pueda encontrarse en el camino.

Para la segunda parada, el Espíritu Santo manda a Pablo y a Bernabé a una Antioquía distinta, en Turquía, pero Juan Marcos regresa a Jerusalén. Escuchan la predicación en la sinagoga y luego los líderes les piden palabras de aliento. La versión de aliento de Pablo se basa en lo que Jesús ha hecho por ellos: "Por tanto, hermanos, sepan que por medio de Jesús se les anuncia a ustedes el perdón de los pecados. Ustedes no pudieron ser justificados de esos pecados por la ley de Moisés, pero todo el que cree es justificado por medio de Jesús" (13:38-39). En un cuarto lleno de judíos respetuosos de la ley y extranjeros devotos, Pablo dice que la ley no es donde se encuentra su esperanza, Cristo es su esperanza. Los presentes les piden regresar la próxima semana y al regresar casi toda la ciudad se hace presente; pero no les va tan bien. Los judíos que no son seguidores de Cristo demuestran desprecio hacia los gentiles. Pablo les dice que así tenía que suceder. A los judíos se les tenía que presentar el evangelio y rechazarlo para que se les pudiera presentar a los gentiles. Dios tiene un plan detallado y un tiempo determinado para todo. Todos los que han sido destinados a la vida eterna abrazan la fe (13:48) y Dios ha llamado a tantos que entonces comienza un avivamiento en esa zona, principalmente entre los gentiles.

La tercera parada es Iconio. Muchos judíos y griegos creyeron en el evangelio ahí, pero una vez más, tuvieron problemas por los no creyentes, quienes trabajan activamente en contra de Pablo y Bernabé. ¿Y que hacen Pablo y Bernabé al respecto? Se quedan más tiempo. Pero cuando se dan cuenta que las personas los quieren apedrear, se van. La cuarta parada es Listra. Cuando Pablo sana a un hombre lisiado, las personas empiezan a alabarlo a él y a Bernabé. A los dos les da un ataque e intentan poner alto a estas alabanzas, pero las personas quieren ofrecer sacrificios para ellos. Mientras tanto, los judíos de las paradas dos y tres, han seguido a Pablo y a Bernabé en su trayecto a la parada número cuatro. Ellos congregan a los pobladores de Listra y apedrean a Pablo y arrastran su cuerpo fuera del pueblo porque piensan que lo han asesinado. Estas son las mismas personas que querían ofrecerle sacrificios hace poco. Después de haber sido apedreado, los discípulos se reúnen alrededor de Pablo y él se levanta y regresa a la ciudad. Al día siguiente se dirigen a la parada número cinco, Derbe, donde predican el evangelio y después deciden regresar a los tres pueblos donde los querían asesinar. No regresan con el propósito de buscar venganza o ni siquiera a intentar cambiar la forma de pensar de sus enemigos; regresan para fortalecer y animar a los creyentes de esos pueblos. Ellos nombran a líderes en las iglesias de esos pueblos, oran, ayunan, y encomiendan los dirigentes a Dios. Hacen unas cuantas paradas más, antes de regresar a la primer Antioquía, la que está en Siria. ¡para reportar todo lo acontecido y como Dios abrió los corazones de los gentiles para creer!

VISTAZO DE DIOS

"En épocas pasadas Él permitió que todas las naciones siguieran su propio camino. Sin embargo, no ha dejado de dar testimonio de sí mismo haciendo el bien, dándoles lluvias del cielo y estaciones fructíferas, proporcionándoles comida y alegría de corazón" (14:16-17). La palabra griega que significa *permitir* frecuentemente se traduce como "sufrir". Dios sufrió el que todas las naciones caminaran como quisieran. Y a pesar del rechazo total que le causa heridas, Él se hace presente ante ellos por medio de Sus bendiciones —lluvia y cosecha y comida y alegría. Qué Dios tan generoso, usando Su bondad y gracia como el método de darse a conocer incluso entre sus enemigos. ¡Él es donde el júbilo está!

SANTIAGO 1–5

Este libro fue escrito por el medio hermano de Jesús, quien solía burlarse de Él. Muestra el increíble cambio de corazón que experimentó Santiago, porque comienza con el autor que se llama a sí mismo "un siervo de Dios y del Señor Jesucristo". El autor en realidad se llama *Jacobo*. El nombre fue mal traducido y de alguna manera se quedó. Jacobo escribe a la iglesia que está fuera de Israel. Es *vital* recordar que esto es dirigido a los creyentes. Fuera de contexto, este libro suena como una lista de cosas que debemos de hacer para ganar la aprobación de Dios, en lugar de cosas que sirven como puntos de referencia para conocerlo mejor.

La iglesia está enfrentando pruebas, pero Jacobo dice que la paciencia se desarrolla en esas pruebas y la paciencia es parte de ser completo. La totalidad o el cumplimiento, es el concepto detrás de la palabra *perfecto* que a menudo aparece en este libro. Solo Dios puede traer ese tipo de totalidad. No mucho después de esto, Jacobo muere como mártir; así que no solo sabe de qué está hablando, sino que también lo vive. Él dice que le pidamos sabiduría a Dios y que esta ¡es una oración a la que siempre recibiremos un "sí"!. La verdadera sabiduría es el conocimiento de Dios y es una de las herramientas que usamos para remodelar nuestras vidas fracturadas y restaurarlas en su totalidad: es cómo perseveramos en las pruebas, resistimos la tentación, manejamos las riquezas y las bendiciones y caminamos con humildad y fe.

Jacobo habla repetidamente sobre el desafío de domesticar la lengua. Él lo sabe bien, ya que alguna vez usó su lengua para burlarse de Jesús. Pero ahora que ha tenido un cambio de corazón él sabe que el cambio de corazón se muestra en cómo hablamos. Es fácil mentirnos a nosotros mismos sobre nuestros motivos (lo podemos ver en los versículos 1:22 y 1:26), pero nuestras acciones revelan lo que hay en nuestros corazones. Y si nuestros corazones realmente confían y creen en Jesús, entonces obedeceremos Sus enseñanzas. ¡Ninguno de nosotros está donde queremos estar, pero Dios nos adoptó en medio de nuestro pecado y está comprometido a santificarnos!

¿Qué quiere decir Jacobo cuando dice en 2:24: "Como pueden ver, a una persona se la declara justa por las obras, y no solo por la fe"? (2:24). *Declara justa* significa "probar o demostrar". Este versículo esencialmente dice: "Las obras de una persona demuestran o prueban lo que sucede en su corazón". Esto se trata de lo que otras personas ven, no de lo que Dios ve. Porque como hemos visto repetidamente, Dios ve el corazón. Los humanos son los que deben demostrarlo. Esto es especialmente importante para la iglesia, mientras vive bajo la opresión y experimentan nuevas conversiones. Mucha gente dice creer, pero no muestra evidencia de tener un nuevo corazón, así que Jacobo aborda esto directamente. Cuando el Espíritu Santo no está descendiendo de manera considerable y obvia, la única evidencia que alguien es un verdadero creyente es cuando lo prueban con sus acciones, lo que los "declara justos" ante los demás.

Jacobo dice que la sabiduría es pura, pacífica, gentil, abierta a la razón, llena de misericordia, llena de buenos frutos, imparcial y sincera. Los capítulos 3 y 4 están relacionados con la idea de ser un pacificador, alguien que entra en el caos y trae la paz de Cristo. El mundo y la iglesia están llenos de peleas y divisiones; y el capítulo 4 dice que traemos paz a esas situaciones al estar contentos y humildes, al priorizar las cosas de Dios en nuestras vidas. El capítulo 5 nos da más ejemplos de vivir en la totalidad de la sabiduría de Dios y nos conecta nuevamente a priorizar las cosas de Dios en nuestras vidas. Si lo hacemos, manejaremos nuestra riqueza de una manera que honre a Dios, nuestro sufrimiento de una manera que honre a Dios e incluso nuestros pecados de una manera que honre a Dios.

VISTAZO DE DIOS

Nadie deja este libro con la sensación que están haciendo todo perfectamente bien. Señala nuestros puntos ciegos y nuestros puntos débiles. Pero recordemos, es bueno para nosotros volver a estar en el punto de partida. No para que podamos sentirnos como un fracaso, sino para que podamos quitar nuestros ojos de nosotros mismos y volver a ponerlos en Él, donde abunda la gracia y la misericordia. Y así es como Jacobo termina este libro. Él dice: "Eres un pecador. No intentes esconderlo. ¡Prende tu luz y pide ayuda! Dile a otras personas dónde luchas: ellos también son luchadores y pecadores. Juntos, pueden pedirle a Dios que los ayude, porque lo hará. ¡No estás solo en esto!". Incluso señala a Elías, un humano tal como nosotros, como ejemplo de lo que es posible cuando los pecadores buscan a Dios. ¡Así que acerquémonos! ¡Él es donde el júbilo está!

HECHOS 15-16

Hombres provenientes de Jerusalén vienen a Antioquía a enseñar acerca de la circuncisión, provocando caos otra vez. Pablo y Bernabé van a Jerusalén con la esperanza de parar este desacuerdo de una vez por todas. Los fariseos están detrás de todo esto, a pesar de que también son seguidores de Cristo. Mientras están discutiendo, Pedro dice: "¿Se recuerdan cuando Dios me usó a mí, que soy judío para predicarle a los gentiles? Y esas personas recibieron al Espíritu Santo sin circuncidarse. Dios no hace ninguna diferencia entre nosotros. Cuando ustedes les dicen que Él requiere que se circunciden, están poniéndoles un peso que nadie puede cargar y además están poniendo a Dios a prueba. Él fue bastante claro. Todos los que obtienen la salvación son salvos únicamente por Su gracia, no por seguir cumpliendo con la ley".

Después de esto Santiago dice: Simeón reportó lo mismo que Pedro. Pero esto no es una idea nueva, Amós profetizó que esto sucedería hace ochocientos años. Dios llama a los gentiles por Su nombre y su relación con Dios está intacta. Así que solo preocupémonos por las cosas que interrumpen la armonía de nuestra relación. Nuestro código de conducta debe estar enfocado en crear unidad en la familia de Cristo. Averigüemos cómo hacer eso. Ellos hicieron una reunión llamada el Concilio de Jerusalén para decidir qué van a requerir a los gentiles. Esta lista no es para obtener la salvación. Más bien es una lista que ayudaría a que haya menos confusiones para cuando la Iglesia se llene con personas de diferentes culturas. Ellos enumeraron los asuntos no negociables: comer cosas sacrificadas u ofrecidas a ídolos, comer sangre (adiós moronga), comer animales estrangulados y la inmoralidad sexual. Las culturas de los gentiles hacen estas cosas y algunas veces hasta las hacen para adorar, así que es importante dejar de hacerlas. Los nuevos convertidos únicamente deben desechar las cosas de su cultura que entran en conflicto con Cristo y la unidad de Su Cuerpo. Y la única cultura que ellos deben adoptar es la cultura de Cristo y Su reino, no la del judaísmo. El Espíritu Santo no nos transforma en seres idénticos; Él nos unifica. Y cuando la Iglesia lee esta carta del Concilio de Jerusalén, ¡se quedan asombrados!

Pablo y Bernabé planean ir a visitar las iglesias a las que fueron en su primer viaje, Bernabé quiere que Juan Marcos los acompañe, pero algo pasó en el primer viaje que hizo que Juan Marcos no lo terminara (Hechos 13:13), así que Pablo ya no le tiene confianza y se niega a viajar con él. Aún así, Dios usa esta división para crear más viajes misioneros.

En Listra, Pablo y Silas conocen a Timoteo, quien resulta ser mitad judío y mitad griego. Pablo lo invita a que se una a ellos y hace que se circuncide. Pablo sabe que Timoteo va a predicar a los judíos que rechazan a las personas que no están circuncidadas, así que Pablo se está adelantando a los hechos para que no exista algo que pueda desacreditar el mensaje de Timoteo. Todos sus pasos están dirigidos cuidadosamente por el Espíritu Santo y visiones. En Filipos, conocen a Lidia y Dios "abre su corazón para poner atención a lo que dice Pablo" (16:14). Dios hace que se interese y sea receptiva al mensaje, lo que produce un efecto dominó en su familia, todos se bautizan ese mismo día.

Una joven poseída que además es esclava de los poderes del demonio que la posee, interrumpe su mensaje gritando que ellos sirven al Dios Soberano. Para una comunidad de personas que no conocen quién es YHWH, esto casi suena a que ellos adoran a Zeus. Pablo le ordena al demonio que salga de ella, luego los amos de la joven los arrestan y los acusan de alterar la paz. Los golpean y los meten a la cárcel. Pero ni siquiera desperdician su sentencia de prisión. Cuando un terremoto abre las puertas, los prisioneros están tan cautivados por su mensaje que se quedan allí. El carcelero entra en pánico, pensando que todos se escaparon, pero Pablo lo tranquiliza. Cuando el carcelero pregunta cómo puede ser salvo, ellos le contestan: "Cree en el Señor Jesús". Esto hace eco a lo que Jesús dijo en Juan 6:28-29. Por un lado, esto suena liberador, no hay que pensar en un montón de leyes! Pero, por otro lado, ¡creer suena a veces más difícil! ¿Alguna vez has intentado convencerte a ti mismo de creer algo? Afortunadamente, Dios abre los corazones para que crean, así como lo hizo con Lidia. La familia del carcelero cree y son bautizados, luego Pablo y Silas regresan a la prisión. Ellos sacrificaron su libertad por la vida del carcelero, él hubiera sido asesinado si hubieran desaparecido. Luego de eso el magistrado libera y ¡hasta les pide perdón!

VISTAZO DE DIOS

Dios limpia nuestro corazón a través de la fe (15:9). Él usa la fe así como el joyero usa el horno— es como el fuego purificador que desinfecta nuestros corazones y nos refina. La presencia de una fe inclinada hacia Dios en tu corazón saca todo lo que se necesita ir. ¡Gracias a Dios! Él es el agente activo que hace eso y ¡Él es donde el júbilo está!

GÁLATAS 1–3

Esta es la primera de las cartas de Pablo (se llaman "las epístolas" en griego) para una iglesia que fundó en su primer viaje misionero. Son gentiles, pero algunos creyentes judíos han tratado de forzar su cultura en ellos, específicamente la circuncisión. Pablo ha abordado esto por lo menos dos veces, no incluido el Concilio de Jerusalén, pero algunos judíos no están obedeciendo. Se conocen como judaizantes —son personas que combinan la gracia de Dios con el esfuerzo humano. Pablo está furioso con ellos y parece furioso con los gálatas por creerles.

La distorsión del evangelio resulta en un evangelio falso y Pablo declara el juicio de Dios en cualquiera persona que lo predique. Cuenta su propia historia para dar credibilidad a su argumento. Fue un judío ferviente, entusiasta a vivir las tradiciones de sus antepasados al punto de perseguir violentamente a aquellos quienes no estaban de acuerdo. Sin embargo, Dios lo escogió antes de nacer y en el momento perfecto, Dios lo llamó con gracia y le reveló a Cristo, entonces Pablo pasó tres años aprendiendo las Escrituras —por el Espíritu y la Palabra— antes que se encontrará con los apóstoles en Jerusalén. Dios dirigió sus pasos a predicar el evangelio a los gentiles. Menciona a Tito, un griego no circuncidado con ninguna conexión judía. Si los judíos en Jerusalén no insistieron en circuncidar a Tito, entonces Jerusalén obviamente no lo requiere. Sin embargo, algunas personas pensaban que el mensaje de Pablo necesitaba menos libertad y más leyes.

En cualquier caso, los apóstoles mandaron a Pablo con los gentiles y Pedro con los judíos. Pidieron a Pablo que no se olvidara de los pobres —probablemente una referencia a los judíos perseguidos en Jerusalén— aunque su ministerio era para los gentiles. Pablo estaba totalmente a favor de la inclusión. De hecho, en algún momento tuvo que llamarle la atención a Pedro. Pedro había estado comiendo con ambos judíos y gentiles, pero cuando Santiago mandó a gente para visitarlo, Pedro empezó a comer solo con judíos por su miedo al hombre y otros siguieron su ejemplo. Pablo tuvo que corregirlo públicamente para que los demás fueran corregidos también.

Pablo dice: "Soy judío y aún yo, sé que las acciones no salvan. Solo la fe en Cristo salva. Si yo tratara de ganar mi propia justicia, estaría rechazando Su muerte en la cruz. ¿Por qué Él necesitaría morir si pudiera hacer esto por mí mismo? Si puedo ganar mi propia justicia, ¡Él murió en vano!".

En el capítulo 3, declara: "Tienes al Espíritu. ¿Cómo pasó esto? ¿Hiciste alguna acción que lo convocó? ¿O Él vino a ti a través de la fe que Dios te concedió? Ahora que tienes al Espíritu, ¿por qué tratas de hacer algo para ganar la aprobación de Dios? ¡El Espíritu es el sello de aprobación de Dios!".

Después, resume una idea importante de manera sucinta, dos veces. "Sepan que los descendientes de Abraham son aquellos que viven por la fe" (3:7). Y, "Si ustedes pertenecen a Cristo, son la descendencia de Abraham y herederos según la promesa" (3:29). Está escribiendo esta carta a los gentiles. Aunque Dios tiene una relación única e irremplazable con la etnia israelí, los gentiles están considerados entre los descendientes de Abraham. Esta relación no depende de la etnia o la circuncisión; depende de la fe en Cristo y está disponible a cualquier persona de cualquier etnia, judío o gentil. Cuatrocientos treinta años antes que Dios le diera la ley a Moisés, Él prometió a Abraham que todas las naciones del mundo serían benditas a través de él. La salvación siempre ha sido sobre la fe en YHWH y siempre ha estado disponible para cualquiera persona que la tenga.

Pablo ha abordado su argumento desde cada ángulo, tratando de desmantelar cualquier contraargumento potencial antes que surja. Él cita su propia historia, la historia de Abraham, la guía de la Escritura y el Espíritu y las decisiones de los apóstoles, todo para hacer entender un punto: la Salvación es un regalo de Dios, solo por gracia, solo a través de la fe, solo en Cristo.

VISTAZO DE DIOS

Si la única manera de entrar al reino fuera a través de la circuncisión y solo los hombres fueron circuncidados, ¿cómo podrían entrar al reino las mujeres? Estas conversas nuevas podrían preguntarse lo mismo, sintiéndose desesperadas o ignoradas. Pablo enfatiza esta pregunta: "Ya no hay judío ni griego, esclavo ni libre, hombre ni mujer, sino que todos ustedes son uno solo en Cristo Jesús" (3:28). ¡Qué alivio tan increíble! Por Cristo, la puerta está abierta a todos. Y por el Espíritu, somos unidos sobre nuestras diferencias. ¡Él es dónde está el júbilo!

GÁLATAS 4–6

Hoy el apóstol Pablo abre con buenas noticias: Como hijos de Dios somos coherederos con Cristo y como coherederos, ¡heredamos todo! Pero, sobre todo, heredamos el Espíritu del Hijo (que es, el Espíritu Santo). La presencia del Espíritu en nosotros nos permite llamar a Dios nuestro Padre; aquellos sin el Espíritu no tienen a Dios como su Padre. Como nosotros tenemos tal estatus como hijos de Dios llenos de Dios, es ridículo volver atrás a ser un esclavo— y eso es lo que pasa cuando tratamos de confiar en la ley; nos esclaviza. Pablo les suplica que no regresen a sus viejas costumbres. Estos son gentiles cuyo pasado no incluye la ley, pero ellos estaban esclavizados por otras cosas. Específicamente, ellos adoraban y buscaban la guía de cosas que no eran Dios, como el sol, la luna, las estrellas y planetas en su cultura de astrología.

Su observancia de días, meses, estaciones y años (4:10) puede referirse a la astrología; Pablo llama a estos conceptos "Los principios elementales débiles e inútiles del mundo," que se traduce como "espíritus elementales" en otras partes de las Escrituras, posiblemente indicando la intervención de fuerzas demoníacas. Otros dicen que se refiere a los días de fiesta y festivales judíos, que no eran parte de su cultura ya que ellos eran gentiles. No está diciendo que es malo celebrar estos eventos — aun siendo gentiles— a lo que se refiere es que Dios no requiere esto de ellos. Si Pablo lo estuviera prohibiendo, él estaría volteando la ley sobre ellos; requerir y prohibir son solamente diferentes clases de leyes. Pablo muestra esto más tarde cuando dice: "En Cristo Jesús de nada vale estar o no estar circuncidados; lo que vale es la fe que actúa mediante el amor" (5:6).

Cuando Pablo predicó para ellos por primera vez fue por causa de una enfermedad física, que probablemente tenía que ver con sus ojos basándose en esta información: dice que ellos se hubieran sacado los ojos y se los hubieran dado a él (4:15). Les escribe con letras grandes —que lo más seguro quiere decir caracteres grandes ya que esta carta es bastante breve en comparación con sus otras cartas (6:11). Dice: "yo llevo en mi cuerpo las cicatrices de Jesús" (6:17). Quizá está hablando de las cicatrices de sus palizas, pero quizás eran sus ojos, una memoria constante por el resto de su vida de su encuentro con Jesús, que lo tuvo ciego temporalmente y toda su vida cambió. Este problema con su vista también puede ser su "aguijón en mi carne" en 2 Corintios 12:1-10.

Él utiliza un lenguaje intenso para decir que, si ellos dependen de las obras en todo, se han perdido del evangelio y se han perdido a Cristo: "Aquellos de entre ustedes que tratan de ser justificados por la ley han roto con Cristo" (5:4). Él no está diciendo que perderán su salvación —está diciendo que claramente no captan el evangelio. Al final de ese versículo dice: "han caído de la gracia". *Gracia* significa "favor inmerecido"— es cuando obtenemos lo que no merecemos. La expresión "caído de mi gracia" a menudo se utiliza mal, como una manera de decir que alguien ha caído en pecado. Pero el apóstol Pablo nos enseña que el caer de la gracia, es más cómo caer en justicia propia (que, para ser honestos, también es pecado), haciendo un esfuerzo en ganar algo que se nos ha otorgado libremente.

Él dice que nuestra libertad no termina en nosotros. No es un pase para vivir por nosotros mismos y pecar todo lo que queramos. Libertad es una oportunidad para magnificar el carácter de Dios y modelar Su amor al mundo que nos rodea. Nosotros obtenemos esta libertad primeramente porque el Espíritu vive en nosotros y solamente una cosa que Él quiere hacer: Magnificar a Dios —que es lo que el Espíritu hace en nosotros, produciendo su fruto en nosotros. Y el apóstol Pablo nos enseña como el fruto del Espíritu se ve con este ejemplo: Si otro cristiano está atrapado en patrones de pecado y no puede liberarse, ayuda apoyando con mansedumbre. No te vuelvas arrogante ayudando, porque la próxima semana, esta persona podrías ser tú. Comparte con aquellos que enseñan y no te canses de hacer el bien— especialmente a otros creyentes. Les hace recordar lo que parece ser una familia.

VISTAZO DE DIOS

Cuando Dios nos puso como árboles en Su jardín, el Espíritu empezó a trabajar en nosotros, produciendo fruto del Espíritu en nosotros. Esta palabra *fruto* en 5:22 es singular —es un fruto con nueve características. Cuando estas características empiezan a aparecer en nosotros, esa es Su firma. ¿Puedes ver en tu vida un crecimiento de amor, gozo, paz, paciencia, benignidad, bondad, fidelidad, mansedumbre, dominio propio? Si es así, dale gracias a Él por esto. Esa es Su obra. ¡Él obtiene la gloria y tú obtienes júbilo, porque Él es donde el júbilo está!

HECHOS 17

Pablo y Silas se dirigían a Tesalónica, allí se quedaron con Jasón. Pablo regresó por tres días a la sinagoga para dialogar con la gente sobre las Escrituras y demostrándoles cómo Jesús es el Mesías del que escribieron los profetas. Pablo no se limitó a dar su testimonio personal —y eso que tenía una historia increíble —, sino que compartió lo que las Escrituras decían sobre quién era Cristo. Las historias personales son conmovedoras, pero Pablo sabe que cualquiera con una historia diferente podría rechazar sus experiencias subjetivas, por eso adoptó un enfoque objetivo y lógico, basado en hechos y no en sentimientos, dejando que las Escrituras hablaran por sí mismas.

Como de costumbre, el público está dividido, algunos creen y otros no. Los judíos incrédulos se unen, arman una turba y van a casa de Jasón en busca de Pablo y Silas, pero como no los encontraron, arrastraron a Jasón y algunos otros fuera de la casa y los llevaron ante las autoridades. Dicen que la iglesia se estaba rebelando contra los decretos del emperador, que en aquel entonces era César; entonces Jasón pagó una fianza para todos y las autoridades les permiten volver a casa. Es probable que este dinero sea una señal de compromiso, de la misma manera que la fianza es una forma de garantizar que volverás a presentarte ante el tribunal, así el dinero de Jasón promete que Pablo y Silas se irán de la ciudad.

Se marchan en medio de la noche y se dirigen a Berea. Primera parada: la sinagoga. Pablo testifica sobre Jesús y los que allí estaban no creyeron por creer, sino que cada día abrían sus pergaminos y constataban lo que él decía con las Escrituras. Caminan en sabiduría y humildad, eran receptivos… pero no a cualquier cosa, solo a la verdad, gracias a esto, muchos de ellos creyeron en Jesús. Cuando esta noticia llega a oídos de los judíos de Tesalónica, se dirigen hacia Berea para hacer que Pablo dejara de predicar, así que recoge sus cosas para irse, pero Silas y Timoteo se quedan.

Cuando Pablo llega a Atenas, envía un mensaje diciendo que necesitaba a Silas y a Timoteo, es probable que Lucas estuviera con él, pero no lo sabemos con seguridad. Atenas está llena de idolatría; la población adoraba muchísimas cosas diferentes, en parte porque está abierta a diferentes ideas y filosofías. Están rodeados de diferentes opciones religiosas y les encanta escuchar nuevas ideas. De hecho, muchas de las personas prominentes con las que Pablo se encuentra son buscadores profesionales, siempre están al tanto de las últimas novedades, las cuales cambiaban constantemente. Les encanta buscar, pero no encontrar; prefieren seguir buscando. Esto es territorio desconocido para Pablo, pues esta acostumbrado a hablar con judíos y gentiles que entienden algo de las escrituras hebreas, pero los atenienses no estaban en la misma página. Aun así, están intrigados por su mensaje, no porque tengan convicción de su pecado o porque les conmoviera la gran misericordia de Dios, sino porque es una idea nueva que aún no han escuchado.

Pablo es una persona instruida y sabe cuándo sacar partido de ello, por eso empleaba un lenguaje culto que ellos entienden, igual que Jesús usó analogías del campo cuando hablaba con agricultores y pescadores. Pablo cita a filósofos y poetas con los que estaban familiarizados y puntualizó que les falta algo, porque en medio de toda su parafernalia religiosa, tenían un altar dedicado a un dios desconocido. Les dice: "Conozco al Dios que les falta. Pero no es uno fabricado por ustedes como el resto de sus ídolos y sus altares. De hecho, fue él quien los creó. Y cuando lo hizo, fue intencional con cada detalle, incluyendo la hora y el lugar de su nacimiento; y lo hizo todo para que lo encontraran. Vuélvanse a Él, algún día juzgará la tierra a través de Aquel que resucitó de entre los muertos". Algunos de ellos se burlaron cuando oyeron la idea de la resurrección, pero otros creyeron, incluidos Dionisio y Damaris.

VISTAZO DE DIOS

"Puesto que en Él vivimos, nos movemos y existimos" (17:28). Aquí, Pablo recupera la cita de un poeta griego y la usa en su predicación sobre Dios, porque habla de quién es Dios verdaderamente. En el fondo, la única verdad es la verdad de Dios. Todo lo que es verdadero nos lleva a Él, el autor de la Verdad: el camino, la verdad y la vida. Y eso es lo que dice este versículo: "en Él vivimos", Él es vida, "nos movemos", Él es camino y "existimos". Él es la verdad en lo íntimo de nuestro ser. ¡Y Él es donde el júbilo está!

1 TESALONICENSES 1–5; 2 TESALONICENSES 1–3

Pablo escribió dos cartas a la Iglesia de Tesalónica. En ellas menciona las maneras diferentes de como demostrar a través de sus vidas que Dios los ha escogido para ser parte de Su familia: (a) Recibieron el evangelio con todo su corazón y el Espíritu Santo vino a ellos. (b) Empezaron a difundir la palabra a otras personas, tomando lo que aprendieron de Pablo y discipulando a los macedonios en ella; y (c) se volvieron de su idolatría a la adoración del único Dios verdadero. Sobretodo, recibieron, vivieron y compartieron el evangelio.

Él narra la historia de cómo se conocieron. A pesar de la oposición, vino a Tesalónica para compartir el evangelio con ellos, no para ser famoso, poderoso o hacerse rico. Los apóstoles tenían derecho de demandar que la iglesia cuidara de ellos, pero ellos no usaron este derecho. Ellos trabajaron horas extras para compartir el evangelio y sus vidas. Por cómo ellos vivían el evangelio, vino la persecución. Las dificultades no deberían sorprender a los seguidores de Cristo.

Pablo envió a Timoteo para ver cómo estaban y regresó con noticias alentadoras, que entusiasmaron a Pablo para ir a visitarlos, por lo que él oró para que Dios abriera esa puerta. Hasta ahora, Satanás le había puesto trabas. Algunos eruditos dicen que esto se refiere a lo que sucedió la última vez que estuvo allí; quizás se le había prohibido volver. Él los ama y los llama "su corona de gloria" delante de Dios. Algunos eruditos dicen que estas son las coronas que pondremos a Sus pies, aquellos a quienes hemos llevado a Él y que hemos edificado en Él. Incluso sus antepasados, quienes creyeron en la promesa, aunque nunca escucharon acerca de Jesús, fueron salvados por Él a través de la fe en la promesa de Dios (4:14). Las personas en el Antiguo Testamento fueron salvadas por fe, no por obras, de la misma manera que nosotros que vivimos después que Cristo muriera.

Él dice que debemos de mantener vidas honorables y puras, incluso con cosas que son culturalmente deshonrosas, como el sexo, porque esa es la voluntad de Dios. Es uno de los pocos lugares donde la voluntad de Dios se declara claramente. "La voluntad de

Dios es que ustedes sean santificados, que se aparten de toda inmoralidad sexual, que cada uno de ustedes sepa tener su propio cuerpo en santidad y honor, y no en pasiones desordenadas, como la gente que no conoce a Dios" (4:3-5). La voluntad de Dios es que seamos santificados ("hechos limpios"). Y Dios mismo es quien nos santifica (5:23). Otra declaración de Su voluntad dice: "Estén siempre gozosos. Oren sin cesar. Den gracias a Dios en todo, porque esta es su voluntad para ustedes en Cristo Jesús" (5:16-18).

Después de la primera carta de Pablo, las cosas empeoraron. Sometidos a más persecución, con falsos profetas difundiendo mentiras y afirmando que sus falsos mensajes provienen de Pablo, probablemente al falsificar una carta. Ellos están asustados y confundidos, por lo que Pablo escribe su segunda carta para ayudar a aclarar la situación.

Les dice que Dios les dará alivio y que pueden confiar que juzgará a sus perseguidores, quienes sufrirán eterna destrucción (1:9). Él afronta la mentira de los falsos profetas. Ellos dicen que Jesús ya ha regresado y que ellos han sido olvidados y abandonados por Él, pero Pablo dice que, si esto hubiera pasado, lo hubiéramos sabido. Habrá una gran rebelión en contra de Dios, dirigida por "el hombre de pecado", quien intentará tomar control del templo de Dios. Esta frase tiene muchas maneras de ser interpretada, no se refiere necesariamente al templo en Jerusalén (que fue destruido el año 70 d. C. después que esta carta fuera escrita). Podría ser un templo pagano o una posición de liderazgo de la iglesia. En cualquier caso, Pablo dice que no tienen nada de qué preocuparse, porque Jesús lo detendrá con el aliento de Su boca y Dios protegerá a Sus hijos de Satanás y de sus mentiras. Y para aquellos que no quieren tener nada que ver con Dios, Él, final y eternamente les dará lo que ellos quieren. Ellos rechazaron la verdad y Dios los entregó a la mentira.

VISTAZO DE DIOS

Pablo le da a Dios consistentemente el crédito por las buenas obras de Su gente. Él le pide a Dios que haga crecer su amor por Él, que establezca sus corazones en santidad, para que sean dignos de Su llamado y que sean llenos de toda determinación para lo bueno, para cada trabajo de fe. Él le agradece a Dios —no a ellos— por su crecimiento en fe y amor y por elegirlos y santificarlos. Él le da crédito a Dios como el iniciador de la fe y el amor. ¡Mira *todo* lo que Él está haciendo! Dios hace todo lo que Él requiere. ¡Él es donde el júbilo está!

HECHOS 18–19

Hoy iremos de regreso al segundo viaje misionero de Pablo. En Corinto Pablo conoció a Aquila y a Priscila (los llamaremos "A y P"), un matrimonio que acababa de mudarse de Italia porque los judíos estaban siendo expulsados de Roma. Ellos trabajan fabricando tiendas de campaña al igual que Pablo. Pablo sacudió su túnica ante los judíos de Corinto. Jesús había dicho a los apóstoles que se sacudieran el polvo de sus pies en las ciudades donde los rechacen (Mateo 10:14), y Nehemías sacudió su túnica por una razón muy semejante (Nehemías 5:13). Pablo les predica el evangelio y ellos lo rechazaron, pero mientras está en Corinto, decidió predicar a los gentiles. Esto fue solo en este lugar específicamente, no está descartando a todos los judíos en general; en realidad, al final del capítulo, los judíos aceptaron a Cristo. En una visión, Dios anima a Pablo a seguir adelante. Él lo protegerá y su trabajo será fructífero, porque Dios tiene planes de salvar a mucha gente ahí. Como Pablo se queda año y medio predicando el evangelio, eventualmente los judíos lugareños levantan una acusación en su contra, pero el gobernador la rechaza y deja ir a Pablo. Dios lo protege tal como se lo prometió.

Después de partir de Corinto, Pablo se corta el pelo, probablemente porque mantuvo el voto nazareno mientras vivía en una ciudad conocida por su forma de vida mundana. Lo distingue como alguien que toma muy en serio las cosas de Dios. Luego él deja a "A y P" en Éfeso, donde conocen a Apolos, un maestro convincente y muy preciso a pesar de ni siquiera tener el Espíritu Santo. Ellos le explican las cosas, expandiendo su teología un poco más y se convierte en un gran personaje para la iglesia primitiva. Apolos se dirige a Corinto y Pablo regresa a Éfeso, donde conoce a otros que no tienen conocimiento del Espíritu. Ellos fueron bautizados por JB antes que Jesús iniciara su ministerio público y probablemente salieron del área poco después. Cuando ellos escuchan acerca de Jesús y del Espíritu se les unen. Se llenan del Espíritu y comienzan a profetizar y a hablar en lenguas; es difícil decir cómo se usaron las lenguas en específico porque el texto no nos da muchos detalles.

Los sermones de Pablo son persuasivos, pero eventualmente es rechazado por aquellos que escucharon el evangelio repetidamente pero no se rinden ante él. Viendo su resistencia, se va a enseñar a un edificio diferente, uno que tiene un espacio más cultural en donde la gente no religiosa se reúne, la escuela de Tirano. Pablo enseña ahí diariamente por dos años. Éfeso es una ciudad importante para negocios y viajes, de tal manera que la gente que pasaba por allí escuchaban sus enseñanzas y se las llevan a casa y así la Palabra se extiende a través de Asia.

Dios hace cosas milagrosas y únicas a través de su ministerio. Incluso la gente es sanada por los pañuelos de Pablo. Todo esto es tan único que aún las Escrituras resaltan cuán raro es esto. Pero el poder hambriento quiere ser partícipe en la acción. Los exorcistas del lugar comienzan a imitar lo que ven hacer a Pablo, tratando el nombre de Jesús como un hechizo. Pero no hay poder en la *palabra* Jesús; hay poder en la *persona* de Jesús. Cuando los demonios demuestran ser más poderosos que los magos y Jesús demuestra ser más poderoso que los demonios, la gente comienza a arrepentirse y a renunciar a la idolatría. De hecho, un platero se pone nervioso al ver que su sustento estaba en juego porqué el se dedica a fabricar estatuas de dioses falsos. Lo que es más, su cultura está construida en base a la diosa griega Artemisa, un ídolo. Este incita al sindicato local de plateros a iniciar un gran alboroto y empiezan los disturbios.

El secretario del pueblo sabe que, si no se calman, Roma tendrá que intervenir, así que les dice: "todos sabemos que Artemisa tiene el control. Nosotros tenemos su estatua y su santo meteoro. Así que relájense".

VISTAZO DE DIOS

Dios es soberano del tiempo y cada detalle. Si Pablo no hubiera sido un fabricante de tiendas de campaña, y si "A y P" no hubieran sido forzados a salir de Roma, nunca se hubieran conocido y unido y nunca hubieran ido con él a Éfeso, en donde eventualmente conocieron a Apolos. ¡La iglesia primitiva es construida a través de Apolos! Si los judíos en la sinagoga en Éfeso no hubieran sido necios, Pablo no se hubiera mudado a un nuevo lugar, en donde la gente de todo del mundo escucharía acerca de Jesús. Así es como el evangelio se extiende por Asia. Desde trabajo, al tiempo preciso y al rechazo. Dios tiene Sus manos en todo y es así como Él "dispone todas las cosas para el bien de quienes lo aman" (Romanos 8:28) Él siempre está trabajando por nuestro bienestar y ¡Él es donde el júbilo está!

1 CORINTIOS 1-4

Pablo vivió en Corinto durante dieciocho meses y de vez en cuando se mantiene pendiente de ellos enviándoles cartas como esta, en respuesta a lo que ha escuchado. Antes de escribir la primera carta a los Corintios, escribió una carta la cual nunca hemos encontrado. Hace el seguimiento con esta carta haciendo referencia a algunos problemas que han causado molestias sobre los cuales ha escuchado, como también algunas preguntas que ellos tienen.

Empieza animándolos, diciéndoles que Jesús los sostendrá hasta el final y los hará libres de culpa. Dios es quien los ha llamado a ser parte de Su familia y Él será quien los mantendrá así. Lo que Dios inicia, lo sostendrá y lo cumplirá. Pablo tiene que hacer algunas llamadas de atención y sabe que cuando estás a punto de ser confrontado con tu pecado, es bueno que te recuerden que nada de esto cambia cómo Dios te ve o que tampoco cambia tu posición como Su hijo amado. El primer problema al que hace referencia es la adoración a su líder. Están divididos porque tienen líderes preferidos en la iglesia. Pero sus líderes no murieron por ellos. Todo lo que hace Pablo es plantar la semilla, él no tiene el poder de hacerla crecer. ¡Dios es quien da ese crecimiento! Pablo ni siquiera realiza bautismos. No minimiza la importancia del bautismo, solo hace referencia a que es secundario a predicar el evangelio.

El evangelio no tiene ningún sentido para aquellos que no creen en él —es una tontería. Los judíos buscaban señales y los griegos (como aquellos que conocimos en Atenas) buscaban sabiduría, pero todo lo que Pablo podía brindarles era el evangelio de Jesucristo. Para los judíos, Pablo les estaba dando un giro a las cosas y para los griegos, él simplemente estaba loco. Es tan fácil descartar el evangelio, pero para aquellos que creen en él, es el poder que les permite hacer todo lo que hacen. De alguna manera los incultos, los corintios de clase baja lo entendían. Dios los escogió de manera intencional porque ellos entienden lo que significa estar en el punto de partida, en pobreza espiritual. Ellos no están bajo la ilusión de tener algo que ofrecer a Dios, a diferencia de los fariseos y de los estudiados griegos. Debido a esto, ellos ganaron la justicia y la sabiduría de Cristo. Por lo tanto, no necesitan presumir del maestro al que sigan, incluyéndolo a él. ¡Ellos deben enorgullecerse en la obra terminada por Cristo!

Pablo quiere ayudar a aquellos a quienes se les ha dado la sabiduría de Dios a crecer en ella por medio de la comunicación con el Espíritu, quien imparte sabiduría. Una de las principales maneras de comunicarse con el Espíritu, es a través de la lectura de las Escrituras, porque Él la escribió. Al igual que Dios el Espíritu conoce la mente de Dios y como nuestro maestro Él nos ayuda a comprender los pensamientos de Dios. Pablo se refiere a esta clase de conexión y acceso como el equivalente a "tener la mente de Cristo". Pablo desea enseñarles cosas más profundas, sin embargo sus actos prueban que no están listos para ello. Primero tienen que aprender a vivir lo que saben. Tratar de enseñarles más ahora sería cruel, abrumador y sin fruto. Él confía en que Dios continuará haciéndolos crecer porque Él termina lo que comienza.

Pablo habla acerca de lo que es el juicio y quien juzga a quien, lo cual puede ser confuso si olvidamos el contexto. Está hablando de lo que significa ser un líder cristiano. Los líderes son servidores de las personas, pero ellos son ante todo responsables ante Dios. Él no busca su aprobación ni trata de sentirse bien consigo mismo; él está buscando la aprobación de Dios. Es un camino difícil: no gana mucho dinero, no duerme mucho y la gente habla mal de él, pero lo hace porque los ama y ellos aman a Dios. No quiere tener que reprenderlos cuando los visite; quiere venir con gentileza y amor, pero hará lo que sea mejor para ellos, lo que sea que necesiten en ese momento.

VISTAZO DE DIOS

Pablo describe tres cosas que nos son dadas en Cristo: "justificación, santificación y redención" (1:30). Estas señalan diferentes etapas en nuestra vida. El pasado: Hemos sido declarados justos. El presente: la santificación es el proceso continuo a través del cual estamos limpios. El futuro: Jesús dijo que nuestra redención se está acercando (Lucas 21:28); esperamos ansiosamente la redención de nuestros cuerpos (Romanos 8:23). Tu pasado, presente y futuro son manejados por Cristo Jesús. No hay una etapa en la historia de tu vida en la que Él no esté activo. Está trabajando en todo eso para llevarnos a la plenitud de la relación con Él mismo. Él tiene tu pasado, presente y futuro. Él está en todo esto, y ¡Él es donde el júbilo está!

1 CORINTIOS 5–8

Los corintios se dedican al libertinaje, utilizando la gracia de Dios como excusa. La libertad en Cristo no es libertad para pecar, significa que ya no estamos esclavizados al pecado; ¡tenemos al Espíritu para ayudarnos a obedecer a Dios! La gracia es un elemento del cambio, es el favor de Dios que nos ayude a caminar según Sus maneras. Cualquier cosa que nos permita continuar en pecado, sin control y sin preocupaciones no es gracia, es ira pasiva. Pablo dice que *huyan* de la inmoralidad sexual. El pecado sexual deshonra a las personas al disociar su cuerpo de su alma, usándolos para nuestro propio placer. Él aborda esto en el capítulo 6 con palabras aún más pesadas. Él dice que si eres creyente, tienes el Espíritu de Dios viviendo dentro de ti, y el forzar a Dios a situaciones en las que Él no quiere estar, es una forma de abuso.

Él le dice a la iglesia cómo responder a aquellos en la iglesia que activamente se rebelan contra el llamado de Dios a la integridad sexual, no aquellos que luchan por obedecer, sino aquellos que se niegan. Hay una gran diferencia. La rebelión y el arrepentimiento se mueven en direcciones opuestas; cuando se trata del pecado no hay tal cosa como quedarse quieto. Se supone que deben juzgar a los que pertenecen a la iglesia. Él no quiere decir que la iglesia tome el lugar de Dios como el juez final, determinando el destino del alma de esa persona. Él está diciendo que actúen como inspectores de frutas y personas que hablan francamente. Si un seguidor de Cristo está en evidente rebelión contra Dios, diríjanse a él; si continúan revelándose, "entréguenlos a Satanás para la destrucción de la carne". ¿Por qué? "Para que su espíritu pueda ser salvado en el día del Señor". Esto tiene la intención de traer arrepentimiento al permitirles tocar fondo. La restauración siempre es el objetivo. Sin embargo, la respuesta es diferente para las personas fuera de la iglesia que no profesan amar a Dios. ¿Por qué vivir sus vidas de acuerdo con las leyes de un Dios al que no aman o que ni creen en Él?

Luego, Pablo no prohíbe demandas judiciales contra otros creyentes; solo dice que hay una mejor manera de manejar las disputas: encuentra a alguien en la iglesia lo suficientemente sabio como para hacer las paces en medio del caos. Si no puedes encontrar a esa persona, es mejor aceptar que estás equivocado en lugar de luchar por lo que es tuyo. También enumera los tipos de personas que no heredarán el reino; todos hemos estado en esta lista al menos una vez. Pablo dice que así éramos: personas cuyas identidades estaban enraizadas en el pecado; pero ahora no solo somos pecadores, somos santos que pecan. ¡Somos hijos de Dios que llevamos Su nombre y Su Espíritu! ¡Él cambia nuestra identidad!

Cuando Pablo habla sobre el matrimonio, la soltería, la viudez y el divorcio, distingue entre su opinión y la instrucción de Dios. Él cree que sus opiniones son respaldadas por el Espíritu Santo, pero es lo suficientemente humilde como para ser franco. Tanto el matrimonio como la soltería son regalos dados por Dios y el que nos da el regalo es el que elige qué regalar. En el matrimonio, no eres dueño de tu propio cuerpo; esta unidad refleja lo que sucede en nuestra relación con Cristo. Para aquellos casados con incrédulos, Pablo dice que se mantengan hasta el fin para que la esposa incrédula y los hijos puedan ser apartados para vivir en un espacio donde Dios es honrado y considerado. Él dice: "No sabemos cómo resultará, ¡pero pruébalo!". En opinión de Pablo, el matrimonio es bueno pero la soltería es mejor. Encontramos libertad al aceptar las situaciones que Dios nos ha dado. Si en algún momento nos da algo diferente, lo aceptaremos también. No nos aferramos a nada. Esto nos libera para centrarnos en las cosas eternas.

Finalmente, hay nuevos creyentes que todavía adoran ídolos y están comiendo alimentos que han sacrificado en adoración a esos ídolos. Los creyentes con experiencia comen la misma comida pero con un objetivo y una perspectiva diferentes. Eso significa que los nuevos creyentes podrían malinterpretar sus motivos y verlo como un respaldo a la idolatría. Pablo les dice a los creyentes con experiencia: "Tienes razón, pero tener la razón te ha hecho arrogante. Puede que no estés pecando al comer la comida, pero estás pecando al no amar a tu hermano mientras comes la comida".

VISTAZO DE DIOS

"Para nosotros no hay más que un solo Dios, el Padre, de quien todo procede y para el cual vivimos; y no hay más que un solo Señor, es decir, Jesucristo, por quien todo existe y por medio del cual vivimos" (8:6). Todas las cosas son de Él, a través de Él y para Él. Él comienza todo, lo sostiene y lo completa todo y todo apunta de regreso a Él. Él es la fuente, el suministro y el objetivo. ¡Y Él es donde el júbilo está!

1 CORINTIOS 9–11

Algunos corintios desacreditaron a Pablo y se rehusaron a verlo como apóstol, ya que él no recibía dinero de parte de ellos. Pero él decía: "Un sueldo no es lo que me hace un apóstol. Yo soy un apóstol porque es Dios quien me designó a serlo". Pablo tiene todo el derecho de recibir soporte de parte de ellos, pero decide negarse a este derecho para que ellos no duden de sus motivos, pero eso fue contraproducente. Esencialmente dice: "Ustedes no me contrataron, por lo tanto, tampoco me pueden despedir. Sin importar esto, voy a predicar el evangelio". Pablo restringe su propia libertad por el bien de todos.

El pueblo de Dios siempre ha luchado con la idolatría a pesar de Su presencia, Su protección y Su provisión. La idolatría muy a menudo los lleva al pecado sexual. En Números 25:1-9, Dios trae juicio divino al pueblo que se rebeló contra Él en ese aspecto. Pablo los incita a alejarse del pecado sexual, como también de andar quejándose y querer poner a prueba a Dios. Ya sea que nuestros pecados sean sutiles o drásticos, ellos representan autoidolatría; estos atentan derrocar a Dios y a posicionarnos en Su lugar, todos nosotros somos capaces de cometer estos pecados, por lo que tenemos que permanecer humildes y en guardia contra ellos. Si alguien piensa que está sobre estos pecados, está demostrando el mismo tipo de arrogancia que es la esencia de este pecado —un elevado punto de vista de uno mismo. La tentación vendrá sobre todos, pero cuando aparezca, también lo hará el poder dado por Dios para resistirla.

Luego Pablo aborda nuevamente la ofrenda de comida para los ídolos, exponiendo más aquí, ya que él está hablando sobre la idolatría. Los corintios van a templos paganos, se quedan ahí después de los sacrificios y se comen la comida. Es una trampa potencial para ellos y el primer paso para la idolatría, porque las falsas religiones no solo son ideas inventadas, los dioses paganos son demonios. ¿Pero qué pasa si ellos están comiendo la comida del sacrificio a los ídolos en la casa de alguien y no en el templo? Pablo dice: "Si nadie menciona de dónde viene, entonces cómanselos. Pero si te dicen y aun así te los comes, entonces van a pensar que estás de acuerdo con la idolatría, por lo tanto, tienes que rehusarte a comerlos". En el escenario del templo el problema es la idolatría y en el escenario de la casa, el problema es lo que las personas van a pensar. El problema no es la comida en sí. Estos son escenarios específicos en Corintios, pero potencialmente tienen una aplicación más amplia.

Pablo aborda algunos temas delicados en el capítulo 11. Pero no eran tan delicados por la cultura. Él compara el matrimonio a nuestra relación con Dios y con la iglesia. Es bueno recordar que Pablo continuamente dejaba a un lado su libertad y no peleaba por sus propios derechos por lo que dejaba que su propia humildad sentara la base para compartir el evangelio. El recordar el carácter de Pablo y de Dios nos ayudará a ver esto de una manera correcta. Descomprime la estructura de autoridad del matrimonio, muy parecida a la estructura de autoridad de la Trinidad. Cualquier cosa sin cabeza no tiene vida. *Gloria* significa "dar una opinión correcta de algo" y Pablo dice que esto es lo que está sucediendo con los hombres como la cabeza. Las mujeres están hechas a imagen de Dios, dándoles el mismo valor que los hombres; pero valores y roles son dos cosas diferentes. No está desacreditando o degradando a la mujer, hombre y mujer son mutuamente dependientes. En la cultura romana, los hombres paganos que oran en templos paganos cubren sus cabezas, por lo que él dice que sean apartados. Las mujeres casadas, típicamente usan velos para cubrirse sus cabezas, muy similar a usar un anillo de matrimonio, pero algunas mujeres se quitan el velo, lo que aquí trae una problemática por el abundante pecado sexual.

Las iglesias a menudo se reúnen en casa de los ricos, pero los pobres tienen que trabajar largas horas y a la hora que llegan, toda la comida ya se ha terminado. Jesús dice que comamos el pan y bebamos de la copa en memoria de Él, pero al parecer ellos están comiendo y bebiendo, pero se han olvidado de Él y de Su mandamiento de amarnos unos a otros. Ellos deben examinarse antes de tomar la Santa Cena. ¿Realmente entienden que esto se trata de la unidad de Su cuerpo de quienes participan en Su cuerpo?

VISTAZO DE DIOS

Dios no deja que seamos tentados más allá del poder que Él nos da para resistir (10:12-13), en otras palabras, cuando Satanás nos tienta, Dios nos da la fuerza para decir no, por lo tanto, apóyate en Su fuerza. Esto no se trata de tener fuerza propia; se trata de confiar que Él nos provee con lo que necesitamos para obedecerlo. Él es nuestra escotilla de escape en cada tentación. ¡Él es donde está el júbilo!

1 CORINTIOS 12–14

Pablo aborda los problemas que experimenta la iglesia de Corinto en sus reuniones, comenzando con la falta de información sobre los dones del Espíritu. Un malentendido común sobre los dones espirituales es que son como una evaluación de personalidad. Pero ya que estos dones son dados por el Espíritu, solamente se manifiestan cuando habitamos en el Espíritu. Nuestros dones naturales también pueden beneficiar a la iglesia, pero difieren de nuestros dones sobrenaturales. Una buena manera de conocer tus dones espirituales es preguntarles a otros cómo tu presencia edifica la iglesia. También podemos pedirle a Dios que nos conceda dones que no tenemos, lo que significa que nuestros dones pueden cambiar con el tiempo, Dios es quien da esos dones, y el dador es quien elige qué dar.

Algunos creen que los dones que son signo de la morada del Espíritu fueron usados solamente en el primer siglo para dar validez a la obra de Dios en la iglesia primitiva. Esto se llama cesacionismo. Otros creen que estos dones todavía se encuentran vivos y vigentes, aunque existen creencias matizadas sobre cómo se deben usar ciertos dones. Esto se llama continuismo. Esta lista de dones no es exhaustiva; otros se enumeran en Romanos 12:6-8, Efesios 4:11-16 y 1 Pedro 4:10-11. Sin embargo, Pablo pareciera dar una clasificación, refiriéndose a los "mejores dones". Los corintios estaban obsesionados principalmente con las lenguas. Pablo lo menciona como el último don en su aparente jerarquía. Los alienta a usar sus dones con amor como motivación. De lo contrario, todas sus buenas acciones se multiplican por cero o incluso son *perjudiciales* para el cuerpo. Describe el amor y dice que durará más que todo, incluso más que la fe y la esperanza. Cuando nuestra fe se manifiesta, la fe no necesitará existir, se demostrará. Y cuando se cumplan nuestras esperanzas, ya no tendremos que esperar por tales cosas, pues serán realidades. Estaremos sin fe y sin esperanza. Pero el amor permanecerá.

Algunos dicen que Pablo también hace referencia a un "lenguaje de oración", ya que parece estar dirigido a Dios, no a otros y parece ser incomprensible, mientras que los idiomas en Hechos 2 se entendieron claramente. Él quiere que todos hablen en lenguas, pero prefiere aún más que profeticen, ya que la profecía tiene mayor valor para la iglesia. También da instrucciones sobre los intérpretes; algunos creen que son personas bilingües que pueden verificar el mensaje y otros creen que son personas a las que Dios les ha revelado el mensaje. Pablo habla en lenguas más que nadie, lo cual pudiera significar que sepa más idiomas que otros, pero dice que la profecía es su preferencia. Moisés dijo algo similar en Números 11:29.

Hay debate sobre los versículos finales de este capítulo. Algunos dicen que este pasaje significa que a las mujeres no se les debe permitir hablar en lenguas o profetizar en la iglesia, pero en 1 Corintios 11:5 y 11:13, Pablo dijo que las mujeres sí pueden profetizar y orar en la iglesia, por lo tanto, esto no se puede prohibir. Algunos dicen que sus palabras se aplican a todas las iglesias y otros dicen que está abordando problemas específicos en Corinto, posiblemente relacionados con su cultura greco-romana. Es posible que a las mujeres solo se les permitía estar en la parte de *afuera* del área de reunión y que tuvieran que llamar a sus esposos para preguntarles sobre lo que se estaba hablando. Si eso es lo que estaba sucediendo, pueden ver cómo esto causaba interrupciones. Entonces Pablo quiere que se esperen para hacer sus preguntas más tarde; sería como pedirle a la gente que no hable por teléfono mientras están en la iglesia. Las mujeres corintias tampoco tratan a sus esposos con honor y respeto, algo que Dios llama a ambas partes a hacer, por lo que Pablo también habla de eso. Cuando consideramos todo lo que dice sobre las mujeres en la iglesia, sus palabras parecen dirigirse con mayor énfasis hacia la paz y la unidad que a la prohibición de que las mujeres hablen. En otra parte de la Escritura, él reafirma los dones de las mujeres al servir a la iglesia. Priscila es una de las fundadoras de esta iglesia en particular y Pablo la afianza como su colaboradora (Romanos 16:3).

VISTAZO DE DIOS

Dios ama la diversidad y obra en nosotros y a través de nosotros para mostrar más ángulos, texturas y colores de Su gloria. Y porque Él es eficiente, esto no solamente lo glorifica a Él, sino que también nos beneficiamos. A través de la obra de Dios en nosotros, mejoramos la vida de los demás. Él no está construyendo un reino unidimensional donde todos nos vemos y actuamos igual. Dios da a la diversidad de Su cuerpo dones únicos para que se los podamos ofrecer de vuelta y conecta todos esos dones de manera ordenada, como solo Él puede hacerlo. ¡Él es donde el júbilo está!

1 CORINTIOS 15–16

Algunos corintios no creen en la resurrección de nadie, así como los saduceos. Pablo los confronta con evidencia de que Jesús resucitó, incluyendo quinientos testigos oculares, muchos de los cuales todavía están vivos en ese momento. Es como si Pablo estuviera diciendo: "¡Si no me creen, vayan a preguntarles!". La resurrección de Cristo es lo más importante acerca de nuestra fe. Si Jesús no tenía la victoria sobre la muerte, estaríamos sin esperanza. Pero como la tuvo, esa esperanza impregna cada área de nuestras vidas. El tiempo revelará si realmente creemos y tenemos esa esperanza. Si Dios nos ha dado nuevos corazones, entonces nos ha dado Su Espíritu y Su Espíritu nos recuerda la verdad y nos sella para el día de la redención. Entonces, si realmente pertenecemos a Dios, Él terminará lo que comenzó en nosotros. Pero aquellos que solo *afirman* la verdad sin que esté arraigada es creer en vano, como el suelo rocoso y el suelo espinoso (Marcos 4:1-20).

Si Jesús no fue resucitado de la muerte, todavía estamos esclavizados al pecado y no hay vida después de la muerte, ni tampoco esperanza. Pero la resurrección de Cristo trae una esperanza, que Pablo compara con las primicias. Esto es una reseña a la fiesta de las Primicias (Levítico 23:10), donde se alaba a Dios por la primera cosecha de la temporada, porque representa que habrá una cosecha aún mayor en el futuro y confían en que vendrán más. De la misma manera, la resurrección de Jesús presagia la resurrección de todos los hijos de Dios a la vida eterna. Adán trajo la muerte, pero Jesús ("el segundo Adán" o "el último Adán") trae la vida. Pondrá a todos sus enemigos bajo sus pies, destruirá la muerte misma y reinará para siempre.

La referencia de Pablo a ser bautizado por los muertos puede ser errónea si no tratamos esto de acuerdo con las reglas de interpretación de las Escrituras: (a) Esto es descriptivo, no prescriptivo y Pablo nunca lo respalda; (b) como no se hace referencia a esto en ningún otro lugar de las Escrituras, no gritamos donde las Escrituras susurran; y (c) no está claro lo que está sucediendo y nosotros no construimos una doctrina o una práctica en torno a algo que no está claro. Algunos dicen que están lavando cadáveres como una especie de bautismo; otros dicen que los vivos sirven como sustitutos del bautismo para los muertos. De cualquier manera, Pablo sostiene su punto: "Si no crees en la resurrección, ¿por qué haces eso?".

Los corintios que no creen en la vida después de la muerte, andan deambulando hacia el pecado. Uno de los efectos secundarios que impacta negativamente el no creer en la resurrección, es que las personas sienten que sus acciones no importan. Pablo dice: "No se engañen a ustedes mismos. Esta vida no es todo lo que hay". Para ayudarlos, Pablo describe sus cuerpos de resurrección, pero sin pintar una imagen completa: son poderosos, glorificados, imperecederos, distintos. Nuestros cuerpos de resurrección son más gloriosos que nuestros cuerpos terrenales, porque la imagen de Dios no está contaminada por nuestra naturaleza pecaminosa.

Pablo pidió a las iglesias que colectaran dinero para apoyar a los creyentes oprimidos en Jerusalén. Como Pablo les pide que colecten este dinero el primer día de cada semana, algunos eruditos dicen que esto indica que la iglesia ahora se reúne los domingos para conmemorar el día de la resurrección, en lugar del tradicional día de reunión judía (el sábado, el Sabbat).

Pablo irá de visita cuando termine su tiempo en Éfeso, pero quiere quedarse por un tiempo ya que hay muchos enemigos del evangelio allí. Mientras tanto, está enviando a Timoteo quien tiene dos desventajas. Primero, él es el aprendiz de Pablo y la tensión entre Pablo y Corinto significa que podrían resistirse a Timoteo. Segundo, es joven. Pero Pablo dice que se le ofrezca honor y ayuda. Pablo también quiere que Apolos los visite, pero él probablemente se resiste debido a dicha tensión.

VISTAZO DE DIOS

Pablo tiene una visión correcta de sí mismo y de Dios. Él no merece servir a Dios como un apóstol, pero este escenario revela la gran misericordia de Dios. No castiga a Pablo por su pasado tan malvado; en cambio, le da un papel vital en la construcción de la iglesia. La indignidad de Pablo no es la que toma la decisión; es el llamado de Dios quien toma el control. Pablo aprovecha la oportunidad de servir al reino y ve a Dios trabajando a través de él: "He trabajado con más tesón que todos ellos, aunque no yo, sino la gracia de Dios que está conmigo" (15:10). Pablo sabe que sus buenas obras fueron hechas por un esfuerzo impulsado por la gracia, no por el esfuerzo impulsado por sí mismo. Dios es la fuente, el suministro y la meta. ¡Y Él es donde el júbilo está!

2 CORINTIOS 1–4

En la última carta de Pablo a los Corintios, él prometió visitarlos, les pidió recolectar dinero para los creyentes necesitados en Jerusalén y confrontó muchos de sus patrones de pecado y creencias erróneas. Después de esa carta, algunas personas se arrepintieron de cosas que él abordó, mientras que otros se rebelaron aún más. Para algunos que se rebelaron, Dios usó la visita posterior de Pablo para cambiar sus corazones hacia Él. Pablo escribe esta carta en respuesta a la situación.

Pablo y sus compañeros de viaje sufrieron muchas pruebas en Asia y perdieron la esperanza de la vida misma. Pero Dios los sostiene y Pablo espera que Dios continúe haciéndolo. Él les pidió que oraran por él y ahora dice que sus oraciones sí ayudaron. Las oraciones no son algo insignificante; estas nos acercan a Dios y alientan a los creyentes. Aunque no pudo visitarlos cuando lo planeó, no fue porque no quisiera hacerlo. Sabía que su última carta causó tensión, y probablemente quiso dar tiempo para que el Espíritu trabajara en sus corazones en lugar de acudir a ellos en medio de sentimientos heridos y aflicción. Él quería que incluso los pecadores se sintieran amados y consolados para que Satanás no pudiera usarlo como una oportunidad para la división. Él quiere belleza y unidad, aunque Cristo pueda ser divisivo. Pablo dice que los cristianos son como el perfume de Dios: nosotros somos la botella, Cristo es el perfume. A algunas personas no les gusta la fragancia de Cristo; se cubrirán la nariz y saldrán de la habitación. ¡Pero otros lo querrán para ellos mismos!

Otros oradores han comenzado a venir a la iglesia, son ricos y llamativos y vienen con cartas de recomendación. Los corintios no tan ricos están impresionados. Algunos miembros de la iglesia cuestionan la legitimidad de Pablo como apóstol. Él ama a los lugareños y no quiere que los falsos maestros los desvíen, por lo que tiene que refutar las falsas afirmaciones de su insuficiencia y defenderse. Él les dice: "¡Ustedes son mi carta de recomendación! Yo planté esta iglesia". Pero incluso entonces, se apresura a señalar que todo su valor y su única capacidad proviene de Dios. Mediante el poder de Dios, Pablo trae el ministerio de la vida, que es mucho más glorioso que la ley, el ministerio de la muerte. La ley no puede resolver el pecado, solo puede nombrarlo. El ministerio de la muerte fue glorioso y necesario por derecho propio, pero el ministerio de la vida y la gracia lo supera con creces. Pero Pablo sabe que algunos no se conectarán con él, no importa cuán poderosas y audaces sean sus palabras, porque sus corazones están cubiertos con un velo que solo Dios puede remover. Algunas personas, posiblemente otros oradores itinerantes, no entienden lo que Pablo está haciendo y no creen en el evangelio. Pablo dice que sus ojos están velados a la verdad. Satanás los ha cegado a la gloria de Cristo; Satanás se conoce aquí como el "dios de este mundo", pero eso no significa que él esté a cargo del mundo. Hemos visto en varias ocasiones que él está absolutamente sujeto a la autoridad de Dios. Esto probablemente apunta al hecho de que el mundo sigue sus caminos. Él tiene cierto nivel de poder aquí, pero solo si es aplicado para lograr la voluntad suprema de Dios.

Quienes tienen a Cristo tienen una luz en ellos que Dios hace brillar en sus corazones. Y esa luz vive en vasijas frágiles, en cuerpos humanos, pero la luz no se puede destruir. Muchas cosas podrán dañar el recipiente, pero la luz permanecerá intacta. De hecho, cada rajadura y grieta en tal recipiente, es otra forma de propagación de esa luz. Pablo y sus compañeros de viaje están siendo torturados físicamente, pero la luz se derrama a su alrededor: prisioneros, guardias de la cárcel, gobernadores, judíos y gentiles. Él no puede evitar hablar de lo que cree; y si esto termina siendo la muerte de ellos, será para la vida de los demás. Su cuerpo está siendo destruido en la persecución, pero su espíritu se está renovando mientras mira más allá de las aflicciones hacia lo eterno.

VISTAZO DE DIOS

"Porque Dios, ordenó que la luz resplandeciera en las tinieblas, hizo brillar Su luz en nuestro corazón para que conociéramos la gloria de Dios que resplandece en el rostro de Cristo" (4:6). Dios brilló en nuestros corazones oscuros, nuestros corazones de piedra y nos dio nuevos corazones de carne. Los empapó con Su luz, que Pablo llama "el conocimiento de la gloria de Dios en el rostro de Cristo". *El conocimiento de la gloria de Dios* significa "conocer y ver a Dios correctamente", verlo en el rostro de Cristo. ¿Estás creciendo en el conocimiento de la gloria de Dios al contemplarlo? ¡Él es donde el júbilo está!

2 CORINTIOS 5–9

Ayer Pablo comparó nuestros cuerpos con vasijas de barro y hoy, en su tercera carta a los Corintios, los compara con tiendas de campaña. Estas tiendas necesitan una mansión eterna que las revista, nuestros cuerpos resucitados, porque nuestras tiendas sufren las inclemencias del tiempo y los ataques. Dios dice que eso sucederá algún día. De hecho, dentro de las tiendas vive el Creador de la mansión: el Espíritu. ¡Y Él nos está preparando para esa mansión!

En medio de las pruebas, Pablo no desea la muerte, sino la vida eterna. Él estará, ya sea vivo aquí o vivo con Cristo, porque para los que tienen el Espíritu, la muerte no existe. Hay algunos puntos de vista con respecto a la línea de tiempo de la vida de una persona, pero este es el más importante: Pablo y todos los creyentes que mueran antes del regreso de Cristo (lo cual podría incluirnos a nosotros algún día), vivirán en un estado de "desnudez" (5:4), sus espíritus son inmateriales y están con Dios, pero aun no se les ha dado cuerpos resucitados, porque eso no sucederá hasta que Jesús regrese a la Tierra. Por ahora, Pablo está "ausente de este cuerpo y viviendo junto al Señor". Su cuerpo ya no es una tienda, pero no obtendrá el cuerpo que llevará en la mansión hasta después que Cristo regrese. Mientras tanto, su espíritu está con Dios en el cielo. Todos compareceremos ante el juez, quien en este caso es el propio Jesús. El Padre le ha delegado el juicio. Muchos eruditos dicen que este juicio en concreto es acerca de las recompensas que Dios dará a los creyentes basados en las vidas que tuvieron. No hay mayor recompensa que el propio Jesús, así que cualquier cosa que recibamos será como si nada en comparación a eso. Las palabras de Pablo deberían hacernos reflexionar, pero estas siempre deberían dirigirnos hacia Jesús y no hacia nosotros mismos. Si estamos demasiado ocupados teniendo miedo, perderemos de vista nuestra vocación: ser ministros de la reconciliación. Dios nos reconcilió consigo mismo a través de Cristo, Él acabó con la enemistad que había entre nosotros y es nuestro trabajo dirigir a otros hacia la reconciliación.

Les insta a recibir su mensaje con el corazón abierto. Si nuestros corazones aman lo correcto, no caeremos en la trampa de amar lo incorrecto. Si amamos a Cristo por encima de todo, será más fácil seguir sus instrucciones: "No formen yunta con los incrédulos". Pablo les da esto como una advertencia para aquellos que aún no están casados y lo compara con unirse al enemigo. Estas palabras son probablemente difíciles de escuchar para muchos de sus lectores, especialmente en una cultura mundana. Pero Dios usó las amonestaciones de Pablo para producir tristeza y arrepentimiento en ellos. La tristeza que proviene de Dios, como la que tuvo Pedro, produce arrepentimiento y vida. Mientras que la tristeza mundana, como la que tuvo Judas, conduce a la muerte.

Pablo pidió a todas las iglesias que recolectaran dinero cada domingo como fondo de ayuda para los cristianos de Jerusalén. La iglesia de Macedonia fue abundantemente generosa, pero los corintios lo olvidaron o lo ignoraron. Pablo los insta a ser generosos. Dios fue generoso con ellos, Jesús se hizo pobre para que pudieran obtener riqueza espiritual. Y ahora, comparando, también tienen riqueza física, la cual él los anima a compartir con otros creyentes que tienen necesidad. No les obliga a dar, pero dice que los que dan serán bendecidos a cambio y posiblemente con algo aún mejor y más duradero que el dinero. Dios proveerá todo lo que necesiten ya sea financiero o espiritual. De hecho, Dios está interesado en dar a la gente que da: "Ustedes serán enriquecidos en todo sentido para que en toda ocasión puedan ser generosos y para que por medio de nosotros la generosidad de ustedes resulte en acciones de gracias a Dios". Somos bendecidos para bendecir, para que Dios sea alabado. ¡Somos transmisores de Su provisión y alabanza!

VISTAZO DE DIOS

En sus pruebas extremas, hay una cosa de la que no dejan de hablar: ¡su persistente júbilo! Estaban, "aparentemente tristes, pero siempre alegres" (6:10). Pablo dice: "En medio de todas nuestras aflicciones se desborda mi alegría" (7:4). Y "En medio de las pruebas más difíciles, su desbordante alegría y su extrema pobreza abundaron en rica generosidad" (8:2). Las pruebas tienen una forma de revelar lo que importa, no solo *para nosotros* sino *a través de* nosotros. El mundo y sus pruebas pueden agrietar nuestras vasijas de barro, pero así es como sale la luz. En todas nuestras pruebas, tenemos la luz y tenemos el júbilo, porque ¡Él es donde el júbilo está!

2 CORINTIOS 10–13

Pablo planea visitar Corinto de nuevo y quiere que primero lidien con su pecado para no verse obligado a tener conversaciones difíciles. A la luz de todas las mentiras que han estado circulando sobre él, dice que no se defenderá con armas terrenales, sino que hará guerra espiritual a través de la oración, la fe, la verdad y la obediencia. A través del poder del Espíritu, sacará la verdad a la luz, castigará la desobediencia y derribará las mentiras del enemigo sobre él y su ministerio. Espera que esto les cambie y que como resultado su fe crezca, porque cuando la fe de una persona crece, la difusión del evangelio crece. A medida que los creyentes crecen en lo profundo, el evangelio crece a lo ancho.

Luego, mientras habla con la iglesia más perversa y llena de corrupción de las Escrituras, Pablo dice que quiere presentarlos como "una vírgen pura" para Cristo. El evangelio de Cristo toma a los pecadores y los limpia. Aunque mientras tanto, hay muchos que intentan atraerlos con ideas perversas y distorsionadas del evangelio. Pablo está molesto por ello y dice: "No soy tan impresionante como los oradores populares, pero estoy predicando un mensaje mejor. Puedo sonar arrogante, pero no tiene nada que ver conmigo; ¡es porque yo predico la verdad! ¡Estos llamados 'superapóstoles' son sirvientes de Satanás!"

Pablo se ha esforzado mucho en demostrar sus intenciones a los corintios, de hecho, son otras iglesias las que lo apoyan económicamente para poder ministrarles gratis. Por el contrario, los superapóstoles se están aprovechando de ellos, tomando su dinero y abusando espiritualmente de ellos mientras les mienten. Entretanto, la lista de cosas que Pablo ha soportado es sorprendente. Está viviendo plenamente comprometido con el evangelio de Cristo y su vida parece una tragedia. Los superapóstoles usaron esto en su contra, básicamente diciendo: "No quieres ser como ese tipo, ¿verdad?". Pero Pablo continúa abrazando todo aquello a lo que Dios le ha llamado, lo cual incluye palizas, encarcelamientos, experiencias cercanas a la muerte, azotes, apedreamientos, naufragios, peligros, robos, trabajo duro, dificultades, insomnio, hambre, sed, congelación, riesgos y tortura. Pero lo que cierra su lista es su persistente amor y dolor por la gente a la que ministra.

Luego cuenta una historia personal de una visión de hace catorce años, diez años después de su experiencia de conversión de camino a Damasco. No sabe si esta visión o revelación ocurrió en el campo espiritual o si fue física. En la visión, él fue al cielo. Lo llama "el tercer cielo", lo cual refleja el lenguaje cultural y el punto de vista de la época: el primer cielo es donde vuelan los pájaros, el segundo cielo es donde están las estrellas y el tercer cielo es donde habita Dios. "Escuchó cosas indecibles que a los humanos no se nos permite expresar". Algunos dicen que esto significa que tiene prohibido decir lo que escuchó, pero otros dicen que no hay palabras para describirlo. Con este increíble don viene una prueba de por vida, la llama "una espina clavada en el cuerpo" y "mensajero de Satanás" (ver Día 329). Dios permite esto para que no se vuelva orgulloso. Está cambiando la comodidad física por un mayor conocimiento de Dios. Tres veces le ruega a Dios que se lo quite, pero Dios responde a su oración con un "no". No le quitará la espina, pero derramará la gracia para sostenerlo en esta prueba de por vida. La debilidad de Pablo es un gran lienzo que refleja la fortaleza de Dios.

Pablo les recuerda su próxima visita y dice que no quiere tener que reprender a nadie. Quiere ver una transformación en ellos. Dice: "Examínense para ver si están en la fe; pruébense a sí mismos. ¿No se dan cuenta de que Cristo Jesús está en ustedes? ¡A menos que fracasen en la prueba!" (13:5). Una prueba implica un resultado. Pablo quiere decir que podemos *saber* si tenemos una relación con Dios. Esta es la pregunta más importante que podemos hacernos.

VISTAZO DE DIOS

"Por lo tanto, gustosamente haré más bien alarde de mis debilidades, para que permanezca sobre mí el poder de Cristo" (12:9). La frase: "para que" en este contexto, tiene un gran significado. Pablo hará alarde de sus debilidades *para poder* acceder al poder de Cristo. ¡Solo hablar de que Cristo es suficiente nos fortalece para soportar las pruebas! Alabarlo nos fortalece. Bendito sea el nombre del Señor. ¡Él es donde el júbilo está!

ROMANOS 1-3

Hace unos años, el gobernador de Roma desterró a los judíos de Italia. Se les permitió regresar, pero ahora la iglesia es radicalmente diferente. Los gentiles han debilitado la cultura judía, lo cual ha causado mucha división y frustración. Pablo ha visto este problema en todos lados, para abordarlo le escribe a este nuevo grupo de personas y como siempre, el evangelio es su solución. Dirige su carta a todos aquellos amados por Dios que están en Roma, quienes han sido llamados a ser santos —todo seguidor de Cristo en cada cultura y etnia— y dice que Cristo les da a todos los dones de gracia, obediencia, fe y apostolado.

Pablo predica el evangelio a cualquiera que lo escuche y confía en que salvará a todos los que lo crean. Todos necesitan escucharlo porque todos nacen en un mundo caído. Algunos incluso ya han aceptado la caída con resignación. Dios ha mostrado claramente la verdad, que hay un Creador a cargo de todo esto, pero ellos la ignoran y viven la vida con sus propias condiciones, ocultando la verdad. Conocen a Dios, pero no le honran ni le dan las gracias. Su falta de humildad y gratitud se suman a la dureza de sus corazones, lo cual les ha hecho caer en la incredulidad y en la desobediencia. En lugar de adorar al Creador, adoran las cosas que Él hizo —humanos y animales— distorsionando la adoración, la sexualidad y la creación. La respuesta de Dios es hacer nada. No les concede arrepentimiento, ellos no sienten culpa por sus acciones, de hecho, las celebran. Esta es la ira pasiva de Dios. Permite que la gente siga con su pecado descontrolado.

Aunque los creyentes en Cristo nunca experimentarán la ira de Dios en ninguna de sus formas —pasiva o activa— es importante recordar que todos hemos estado o estamos en la lista que aparece en 1:29-30. Merecemos la muerte y la separación de Dios, pero Él nos ofrece Su gracia en lugar de eso. Recordarlo nos mantiene humildes. No podemos enorgullecernos como si hubiéramos hecho algo para ganarnos la gracia; eso es legalismo y moralismo. Pablo dice: "Cuando juzgas a los demás, actúas como si no hicieras estas cosas también, ¡pero las haces! Así que no abuses de la bondad de Dios que no te entrega a tus pecados. Su gracia no es un pase libre para pecar; es un agente de cambio. Si lo desaprovechas, demuestras que no tienes un nuevo corazón después de todo, en cuyo caso el mismo juicio vendrá para ti". Este mensaje probablemente se dirige principalmente a sus lectores judíos que confían en que la ley y el antiguo pacto les permitan tener una buena relación con Dios. Probablemente es fácil para ellos mirar a los gentiles con desdén. Por eso Pablo dice: "ya seas judío o gentil, verás el justo juicio de Dios según tu corazón".

Cuando Pablo habla de obedecer la ley, probablemente se refiere a las seiscientas trece leyes del Antiguo Testamento, que Jesús resumió como leyes verticales y leyes horizontales: amar a Dios y amar al prójimo. Pablo dice que los gentiles, que ni siquiera tienen estas seiscientas trece leyes, están demostrando con sus acciones que aman y honran a Dios, y que ese tipo de amor solo viene de un corazón transformado. Asume que sus oyentes judíos podrían preguntarse: "*¿De qué sirve tener la ley si no la necesitas para conocer y amar a Dios?*". Pablo dice: "La ley nos reveló a Dios y nos hizo portadores de la promesa y el pacto. Reveló que necesitábamos que Dios nos rescatara. ¡Nos muestra muchísimas cosas sobre Dios y sobre nosotros mismos!". Luego se imagina a sus lectores judíos preguntando: "¿Hay alguna ventaja en ser judío en lugar de un gentil?". Dice: "No, no la hay. Ser judío no te protege del justo juicio de Dios. Todos estamos bajo la maldición del pecado y necesitamos que Dios nos rescate y Jesús es el único Salvador para todas las etnias. Su gran regalo de fe y salvación se encuentra junto a un corazón cambiado que nos hace *querer* obedecer y honrar a Dios y Su ley".

VISTAZO DE DIOS

"Pues todos han pecado y están privados de la gloria de Dios, pero por su gracia son justificados gratuitamente mediante la redención que Cristo Jesús efectuó" (3:23-24). *Todas* estas cosas son regalos: la gracia, la fe, la justificación, la redención. ¡Él da los mejores regalos! Todo lo que necesitamos y todo lo que no sabíamos que necesitábamos. Él lo da todo. ¡Él es donde el júbilo está!

ROMANOS 4-7

La iglesia en Roma es diversa, pero la carta de Pablo se dirige primordialmente a asuntos pertinentes a los cristianos de la identidad étnica judía. Pablo abre su carta dando continuación a su punto de ayer: "Abraham fue el primer judío y aún así fue declarado justo por su fe en YHWH, no porque haya guardado la ley. De hecho, ¡la ley ni siquiera existía hasta 430 años después! ¿Entonces cómo fue que recibió su fe salvadora? ¿Por ser circuncidado? No, su fe le precedió a su circuncisión. Si es que tuvo que hacer algo para recibir la fe, entonces no era un regalo gratuito, sino que era algo que se tenía que ganar. Entonces, si recibió rectitud y fe como un hombre incircunciso, entonces lo mismo le puede suceder a los gentiles". Él quiere que adopten a los gentiles como si fuesen descendientes de Abraham, como familia de Dios. Aunque Jesús aún no había nacido, y Abraham no conocía los detalles (la encarnación, crucifixión y resurrección de Jesús), él respondió de acuerdo con lo que sabía de YHWH. Y de acuerdo con YHWH, quien existe fuera del tiempo, aunque Jesús aún no nacía cuando Abraham murió, Jesús ya había muerto en la cruz antes que el mundo fuera creado. Este siempre fue el plan.

El hecho de ser justificado (declarado justo) en Cristo termina la hostilidad entre Dios y nosotros. Nuestro pecado es el problema, pero cuando nuestros pecados son cubiertos —pasado, presente, y futuro— tenemos buen estatus con el Padre. Y por eso, podemos regocijarnos aún en nuestros sufrimientos. El sufrimiento produce resistencia, la cual vamos a necesitar porque el sufrimiento siempre dura más de lo que quisiéramos. Si nunca tuviéramos que sufrir, seríamos insufribles. Pero mientras sufrimos, Dios desarrolla carácter en nosotros, lo cual nos lleva a la esperanza —y no solo esperanza en lo que sea, sino esperanza en la gloria de Dios. Dios se glorifica y manifiesta en nuestro sufrimiento. Podemos confiar en Dios con nuestro sufrimiento, así como también podemos confiar en Él con nuestro pecado.

Jesús vino para corregir lo que fue destruido por los enemigos de Dios y puesto en marcha por Adán, quién consignó a la muerte a todos. Jesús, el segundo Adán, vino a traer vida. No parece ser posible que un hombre pueda lograr esto, pero no es un intercambio de uno a uno. Un hombre imperfecto podría morir para pagar por sus propios pecados, pero ¿qué tal un Dios-Hombre perfecto? ¿Cuántos humanos pecaminosos pueden ser cubiertos por la sangre de un Dios perfecto? Todos los que lo acepten. "Así también por la obediencia de uno los muchos serán constituidos justos". ¡Muchos! ¡Tú eres uno de los muchos! Y porque Su sangre te cubre, no puedes pecar y salirte de ella. "Pero donde el pecado abundó, sobreabundó la gracia" (5:20). En otras palabras, si tu pecado es un valle y Su gracia es una montaña, podrías empujar la montaña dentro del valle y seguiría siendo una montaña. Pero Su gracia no es razón para seguir en pecado. Podemos batallar, pero no seguimos esclavizados a esa batalla. Por medio del poder del Espíritu en nosotros, continuamente estamos matando a nuestro viejo yo. Tal vez sea fácil volver a caer a nuestros viejos patrones, pero el pecado no vale la pena: "¿Qué fruto cosechaban entonces? ¡Cosas que ahora los avergüenzan". El fruto del pecado trae vergüenza. En cambio, el fruto de la rectitud es santificación y vida eterna.

Todo esto puede hacernos creer que Pablo odia la ley, pero él dice que es útil, pues le enseñó lo que es el pecado. Necesitamos saber que somos pecadores con la necesidad de un Salvador. Pero como pecadores, queremos sobrepasar los límites y las leyes. Así como la ley nos ayuda, la ley también provoca nuestro orgullo. Es por esto por lo que la ley no puede ser un fin en sí misma, invita a más problemas que las que jamás va a poder resolver.

Pablo vive en una batalla entre el viejo y el nuevo hombre, entre la carne y el Espíritu. En esas circunstancias él ve más allá de los deseos superficiales para ver lo que su corazón, no su carne, en realidad quiere. ¿Cuál es su verdadero deseo, el que durará? El otro deseo será infructuoso y producirá vergüenza. Él escarba hasta lo profundo para encontrar lo que está en su ser interior, la parte de él que se deleita en Dios.

VISTAZO DE DIOS

Jesús nuestro Señor fue "a la muerte por nuestros pecados, y resucitó para nuestra justificación" (4:25). ¡La muerte de Cristo, no nuestras obras, no solo nos salva, sino que nuestros pecados no son contados en contra nuestra! Recibimos gracia y misericordia. Recibimos perdón y adopción. ¡Se nos borraron nuestros pecados y nuestras vidas se restauraron! No solo la ausencia de un castigo sino también la presencia de bendición. ¡Cuán precioso Salvador! ¡Él es donde el júbilo está!

ROMANOS 8–10

¡Los que han recibido liberación por medio de Cristo nunca serán condenados! El nuevo Espíritu que hemos recibido combate contra nuestra naturaleza pecaminosa, así es que debemos enfocar nuestra mente hacia las cosas del Espíritu, escogiendo con sabiduría las cosas que pensamos, porque nuestros pensamientos se convierten en acciones. El Espíritu nos da autoridad sobre esto, pero los perdidos son incapaces de pelear contra el pecado con otra cosa que no sea más pecado. Ellos luchan la glotonería con vanidad, o el temor con control, pero aún así el pecado triunfa. No es victoria y no es libertad. Pero los hijos de Dios tienen Su Espíritu como símbolo de nuestra adopción en Su familia. Y no solo somos hijos de Dios, pero ¡también somos coherederos con Jesús!

Mientras tanto, vivimos en un mundo quebrado que siente anhelo por la redención. El Espíritu nos ayuda y ora por nosotros mientras esperamos, siempre orando por las cosas que se alinean con la voluntad de Dios Padre, esto significa que Sus peticiones siempre se cumplirán. Los siguientes versículos nos dicen cómo nos convertimos en creyentes y cómo llegamos a heredar la gran bondad de Dios: Él nos conoció de antemano, nos predestinó a ser Sus hijos, nos llamó, nos justificó y nos glorificó. Y ya que Dios ha hecho toda esta obra en nuestras vidas, nada ni nadie puede oponerse a esta. Jesús también está orando por nosotros. En Él, somos más que vencedores contra angustia, persecución y peligro. ¿Cómo es uno *más* que vencedor? Transformando tus enemigos en tus servidores, haciendo que lo que trató de destruirte te sirva, que es exactamente lo que Dios dice que Él hace por Sus hijos (8:28).

Pablo desea que todos conozcan este tipo de libertad y amor. Él siente aflicción por los judíos que no creen en Jesús. Ellos tienen todo lo que los dirige hacia Jesús: pacto, patriarcas, leyes; pero no pueden ver o creer. Ser judío por etnicidad no es lo mismo a ser hijo de Abraham. Esto es probablemente un concepto difícil de entender para los lectores judíos, por lo que lo comparan con otras dos historias con las que ellos están familiarizados: (1) Abraham tuvo primero a Ismael, pero la promesa de Dios cayó sobre Isaac; y (2) Esaú nació primero y debió de haber recibido la herencia, pero por medio de una serie de eventos fue entregada a Jacobo, el segundo hijo. Las promesas de Dios no han fallado, solo se distribuyen de manera distinta a lo que la gente espera. Como con la salvación, nada de esto se basa en lo que ellos hayan hecho, Dios declaró Su plan antes que nacieran.

Él sabe que será difícil para sus lectores y dice: "Dios no está siendo malo o injusto". Él es incapaz de hacer injusticias. Mientras que cuestionamos las acciones de Dios, la realidad es que somos solo barro y Él es el alfarero. Él puede hacer lo que le plazca con nosotros. Al fin de cuentas Él nos creó. Nadie merece nada de Él excepto castigo, muerte y separación. El hecho que Él escogió adoptarnos a cualquiera de nosotros en Su familia es asombroso. Eso demuestra Su gran misericordia y bondad. Y para los que no son adoptados en Su familia, Su ira y poder son manifestados. Dios parece deleitarse en hacer lo inesperado, llamando personas a Su familia que fueron antes marginados, llamándolos "amados".

Algunos gentiles que ni siquiera tienen la ley, han sido adoptados a la familia de Dios, mientras que judíos que han pasado sus vidas enteras intentando cumplirla a la perfección, no han sido adoptados. Ellos obedecen la ley con el objetivo de alcanzar la justicia propia, lo que nunca funciona. Sin embargo, Pablo les recuerda la promesa de Dios por medio del profeta Isaías: Él preservará un remanente de Israel, quien amará y seguirá a Jesús, no a la ley. Pablo anhela que conozcan a Dios, no solo a Sus leyes. Son celosos, tal como lo fue Pablo en sus días como terrorista, pero su celo no se basa en conocer a Dios. El celo sin conocimiento es peligroso. Él quiere que se den cuenta que la salvación es rendirse y totalmente depender de lo que Cristo ha hecho y está disponible para cualquier etnicidad. Por esto, Pablo les implora esparcir el conocimiento de Dios.

VISTAZO DE DIOS

Pablo dice que debemos compartir el evangelio porque las personas que Dios va a adoptar a su familia tienen que escuchar las buenas nuevas. Debemos ir, compartir y hablar. Pablo modela esto de buena manera, yendo de país en país, soportando persecución y escribiendo cartas a aquellos que lo aman y a aquellos que no están de acuerdo con él, para difundir el conocimiento de Dios y la esperanza del evangelio. Y Dios le puede dar a las personas oídos para escuchar, así es que debemos de ser las bocas que lo anuncien. Corre la voz, diciéndoles que ¡Él es donde el júbilo está!

ROMANOS 11–13

Pablo se ha concentrado en propagar el evangelio a los gentiles así que él aborda la pregunta que puede que exista acerca de la etnicidad de Israel: ¿Dios los ha descartado? ¡No! Los elegidos de entre los israelitas han sido preservados como un remanente, así como Dios hizo en los días de Elías. Aquellos quienes conocen a Dios van a ser preservados pero esa división cae a lo largo de las líneas de fe y no las líneas étnicas. Dios nunca ha rechazado Su elección en el pasado y eso continúa en el presente. Ellos han sido escogidos por gracia, pero unos la recibieron y otros no. Y porque Dios quiere Su reino lleno y diverso, el rechazo de ellos es una oportunidad de propagar el evangelio a los gentiles. Pero incluso eso sigue siendo una oportunidad para atraer al Israel étnico hacia Dios.

En Juan 15:1-11 Jesús dice que Él es la vid y nosotros las ramas y Pablo continúa con esta metáfora. Las ramas originales son de etnia israelí: aquellos quienes han rechazado a Cristo y probado ser ramas secas, como Judas, fueron recortados. En la vacante, Dios el labrador, injertó ramas silvestres, los gentiles, haciendo la vid frondosa y llena. Pero Pablo dice: "No se jacten acerca de esto. No se injertaron ustedes mismos para obtener esto. Ustedes están aquí por la bondad del labrador". La severidad de Dios es mostrada con aquellos quienes son cortados y Su bondad es mostrada con aquellos quienes han sido injertados. Esta metáfora suena como que es posible perder nuestra salvación, pero este no es el caso. Considera a Judas, él tuvo la apariencia de ser un seguidor de Jesús, pero su corazón no estaba ahí. Dios ve los corazones y sabe quien cree de verdad y Él juzga basado en esa realidad, cortando a los impostores. Los teólogos usan dos frases para ayudar a distinguir y aclarar esto: la *iglesia visible* y *la iglesia invisible*. Judas era parte de la iglesia visible, que puede ser vista por ojos humanos. Pero él fue cortado de la vid ya que él no creía verdaderamente. La perseverancia en la fe es lo que revela nuestros corazones con el tiempo. Así que nunca es tarde para quien ha sido cortado, para ¡nuevamente ser injertado en la vid!.

El plan de Dios es para que muchos judíos lo resistan hasta que todos los gentiles sean alcanzados y entonces la dureza de los judíos será traída a su fin; y Él les mostrará más misericordia. Él no ofrece detalles de cuándo o cómo esto ocurrirá, pero dice que los judíos continuarán siendo salvos. Hay varias perspectivas de lo que significa que "todo Israel" será salvo (11:26). Algunos dicen que esto se refiere a todos los creyentes, tanto judíos como gentiles, otros dicen que es para todo el pueblo judío, de todos los tiempos; pero la mayoría dice que se refiere a un vasto número de judíos de algún momento en el futuro cuando Dios traiga la dureza parcial a su fin. Porque confiamos en Él, podemos ofrecernos a nosotros mismos y nuestras vidas a Él; resistan ser atrapados en la corriente de la cultura y busquen Su gloria, así es como discernimos Su voluntad. Y como parte de la familia diversa de Dios somos tanto dependientes como interdependientes de Dios.

Dios es soberano sobre autoridades. Aún sobre las autoridades diabólicas las cuales desafían Sus caminos. Él está trabajando en Su plan, torciendo su maldad sobre sus propias cabezas mientras preserva a Su pueblo. No importa quien esté encargado, Dios es confiable. Las autoridades están trabajando la bondad de Dios hacia Sus hijos a largo plazo. Como personas que confiamos en Dios deberíamos estar sujetos a las autoridades, aunque no nos guste o no las respetemos (Tito 3:1, 1 Pedro 2:13). Dios no da mandamientos acerca de cómo sentirse acerca de sus posiciones, solamente de cómo *actuar* hacia esas posiciones. En un cuerpo tan diverso como esta iglesia en Roma —hablando de judíos, gentiles, fariseos y ex paganos— seguramente hay muchas opiniones acerca de las autoridades locales. Así que Pablo les recuerda la ley superior: "Ama a tu prójimo como a ti mismo", lo cual hace eco a las palabras de Cristo (Juan 13:34). ¡El tiempo de complacencia ha terminado, es tiempo de destruir las obras de la oscuridad y caminar en la luz!

VISTAZO DE DIOS

"¡Qué profundas son las riquezas, de la sabiduría y del conocimiento de Dios! ¡Qué indescifrables sus juicios e impenetrables Sus caminos!" (11:33). Un dios que solo puede caber dentro de nuestros diminutos cerebros no es para nada un dios. Nuestro Dios es inescrutable. En medio de Su generosidad Él se hace conocer. Siempre podemos conocerlo mejor, sin embargo, nunca podremos sondear Sus profundidades. ¡Cuán glorioso misterio! ¡Él es donde el júbilo está!

ROMANOS 14–16

Pablo nos recuerda que hay espacio para las diferentes opiniones y preferencias en el cuerpo de Cristo. Las disputas pueden provocar sentimientos de superioridad e inferioridad, incitan a nuestra carne y promueven orgullo trayendo más división que unidad. Cada uno de nosotros deberíamos seguir la guía del Espíritu en nuestras propias convicciones mientras seguimos confiando en que Él también guía a otros. Si ellos están en diferentes partes del caminar, Dios también es soberano sobre sus pasos. Él es quien defiende y sostiene nuestra obediencia. Cuando se trata de las cosas no esenciales de la vida, incluyendo las religiosas, Pablo dice que es mejor aceptar estar en desacuerdo que discutir por nuestro punto. En el momento en que debemos de estar preocupados por las acciones de otro creyente es cuando nuestras acciones lo hacen tropezar. Si tenemos que establecer derechos y preferencias para ellos, no importa; el amor es una buena razón para hacernos retornar. La paz no ocurre naturalmente tenemos que buscarla activamente soltándonos de la carne y comprometiéndonos con el Espíritu. Además de buscar paz, debemos apuntar a la edificación mutua.

Cuando Pablo dice: "Así que la convicción que tengas tú al respecto, mantenla como algo entre Dios y tú" (14:22). No es un llamado a tener secretos con nuestra fe. La palabra *mantenla* significa "sostener firmemente". Este es un llamado a sostener firmemente la fe en Dios para vivir nuestras convicciones dejando que nuestra fe aparezca en todo. Nuestra fe debe ser personal pero nunca privada.

El Antiguo Testamento existe para instruirnos, alentarnos y darnos esperanza: "todo lo que se escribió en el pasado se escribió para enseñarnos, a fin de que, alentados por las Escrituras, perseveremos en mantener nuestra esperanza" (15:4). Las Escrituras en Hebreos, Génesis y Malaquías están llenas de instrucción, ánimo y esperanza. Pablo reitera el interés de Dios en nuestra desesperanza en 15:13: "Que el Dios de la esperanza los llene de toda alegría y paz a ustedes que creen en él, para que rebosen de esperanza por el poder del Espíritu Santo". El Espíritu también nos brinda esperanza, lo cual tiene sentido porque Él escribió las Escrituras.

El Antiguo Testamento también contiene la promesa de Dios de salvar a los gentiles. Él siempre ha querido una familia diversa así que Pablo los anima de nuevo a vivir en armonía entre ellos. Armonía significa que la gente canta en diferentes notas, no en las mismas. Una sinfonía es muy bonita porque la gente toca diferentes instrumentos y diferentes partes, pero de una manera se juntan para revelar una bella canción. Nuestra armonía no solamente debe estar entre nosotros, pero también con Jesús y nuestra canción nos dirige a glorificar a Dios.

Pablo también quiere que ellos se den instrucción pacíficamente. Esto es "edificación mutua" y ocurre cuando nosotros nos proponemos a crecer en sabiduría y nos rodeamos con gente sabia. Podemos aprender no solamente de lo que Dios nos enseña, pero de lo que Él le enseña otras personas también. Pablo empieza a finalizar su carta a la iglesia romana dejándoles saber que él los ama y que él se dirige a Jerusalén para entregar el soporte financiero que ha recolectado en las iglesias. Pero espera visitarlos pronto de camino a España.

La carta de Pablo es probablemente entregada por Febe, él les dice que la reciban como sierva de la iglesia y que le den lo que ella necesita. La palabra usada para *siervo* es *diakonos* o también traducido como *diácono*. Así que Febe era como un diácono en una de las iglesias cerca de Atenas. Pablo enlista otros hombres y mujeres para que los saluden, incluyendo a Aquila y Priscila de quienes dice, arriesgaron sus vidas por él, probablemente durante las protestas en Éfeso.

Finalmente, él les advierte acerca de la gente que no sirve o ayuda a la iglesia, gente que "engañan los corazones de los ingenuos". Esta corta frase apunta a lo que sabemos informa a nuestros corazones. El conocimiento ayuda a protegernos de la decepción.

VISTAZO DE DIOS

"Muy pronto el Dios de paz aplastará a Satanás bajo los pies de ustedes" (16:20). Para traer paz a cualquier situación no puedes ignorar el caos, tienes que enfrentarlo. Dios enfrenta el caos de Satanás aplastándolo. Nosotros somos partícipes de la batalla que Dios ganó. Dios aplasta a Satán bajo nuestros pies. Él aplasta y Él es quien nos fortalece (16:25), haciéndonos fuertes, moviendo nuestros pies y aplastando al enemigo. ¡Él es donde el júbilo está!

HECHOS 20-23

Pablo continúa predicando por Europa y Asia, dirigiéndose hacia Jerusalén para entregar el apoyo financiero. Mientras está predicando en Troas, un hombre llamado Eutico se queda dormido y se desploma cayendo tres pisos hasta su muerte. Pablo lo resucita y sigue predicando hasta el amanecer, antes de partir de nuevo. El Espíritu le sigue recordando a Pablo que le esperan encarcelamiento y aflicción. Pero Dios es quien le dio este ministerio, por eso Pablo lo recibe aunque venga con persecución y pruebas. Él espera morir pronto. En su parada en Tiro, Pablo recibe un mensaje extraño de la gente. Hechos 20:22 dice que el Espíritu está dirigiendo a Pablo a Jerusalén, pero en 21:4 dice: "Y ahora tengan en cuenta que voy a Jerusalén obligado por el Espíritu, sin saber lo que allí me espera". ¿El Espíritu se está contradiciendo a Sí mismo? Los eruditos dicen que probablemente el Espíritu Santo ha revelado a otros lo que Él le reveló a Pablo: que las cosas no irán bien para él en Jerusalén. Sin embargo, la gente recibe esto como una advertencia, no un hecho, así que tratan de impedir que vaya. Pablo, por otra parte, probablemente lo ve como una confirmación de lo que Dios ya ha revelado.

Ellos se detienen en Cesarea donde viven Felipe y sus cuatro hijas solteras profetisas. Son visitados por el profeta Ágabo, que hace un acto de señales mostrándole a Pablo cómo será tomado prisionero y entregado a los gentiles en Jerusalén. Le ruegan a Pablo que no vaya, pero esto solo sirve como una confirmación más. Él sabe que no puede escapar del plan de Dios, se dirige a Jerusalén. Poco después que llegan, Jacobo (Santiago) les da buenas noticias: hay muchos judíos creyentes allí; y malas noticias: los rumores sobre Pablo están comprometiendo su reputación. Como el Consejo de Jerusalén estableció que los gentiles no tienen que convertirse al judaísmo ni obedecer las leyes judías, la gente dice que Pablo les dijo a los judíos que también ignoren esas leyes. Jacobo tiene una idea para ayudar a Pablo a poner las cosas en orden: hay cuatro hombres que están bajo un voto (probablemente el voto nazareo), y si Pablo se les une a ese voto, mostrará que no se opone a que los judíos mantengan las tradiciones judías.

Pablo siempre ha estado dispuesto a renunciar a sus derechos para promover el evangelio y aquí lo hace de nuevo. Pero entonces algunos judíos esparcen rumores diciendo que trajo a un gentil al templo, profanándolo, un acto que se castiga con la muerte. Se amotinaron y lo golpearon. Un líder local lo arresta porque lo ha confundido con alguien más, pero cuando se da cuenta que Pablo es un educado ciudadano romano, le deja hablar con el pueblo. Pablo habla en hebreo, relatando su historia. Están escuchando hasta que dice que Dios le dijo que compartiera el evangelio con los gentiles, entonces exigen que lo maten. El líder quiere azotarlo pero no pueden porque es un ciudadano romano, así que en lugar de eso lo interrogan. Mientras está hablando, accidentalmente le falta el respeto a los sumos sacerdotes y se disculpa, practicando lo que predicó en sus cartas.

Se da cuenta que una parte de la multitud son fariseos y la otra parte son saduceos, grupos que no están de acuerdo con la resurrección de los muertos. Pablo elabora su respuesta de una manera que quita la atención de sus problemas contra él y pone la atención en sus problemas de un grupo contra el otro. Los fariseos se ponen de su lado y Pablo es encarcelado otra noche. Dios le dice: "No morirás aquí. Primero tienes que contarle a Roma acerca de mí". Mientras tanto, un equipo de personas se pone en huelga de hambre hasta que alguien mate a Pablo. Su sobrino le avisa e informa al estrado, quien ordena a casi la mitad del ejército de Jerusalén que lleve a Pablo ante el gobernador Félix en Cesarea.

VISTAZO DE DIOS

Dios alineó todo desde antes que Pablo naciera, tal como Él dijo, dispone todas las cosas para que el evangelio avance. Para que Pablo sea arrestado y sobreviva, debe tener doble ciudadanía, hablar hebreo y griego, ser un fariseo conocedor, e incluso ser confundido con un egipcio. Puede que esté en prisión, pero su ministerio no ha sido frustrado. No ha terminado de predicar el evangelio. Y Dios siempre ha estado en cada detalle. Él tiene un poder infinito, tiene una capacidad de atención infinita y puede manejar todo tipo de complejidad y matices imaginables. Dios no solo está en el gran esquema de las cosas; Él también está en el pequeño esquema de las cosas. Y en todos los esquemas de todas las cosas, ¡Él es donde el júbilo está!

HECHOS 24-26

Hoy continuamos cinco días después que Pablo fue entregado al gobernador Félix en Cesarea. Miembros de las autoridades de Jerusalén han venido a hablar con Félix acerca de Pablo. Sus abogado y portavoz comienzan halagando a Félix antes de acusar a Pablo de comenzar revueltas y de profanar el templo —cosas que él no hizo. Pablo se defiende con la verdad. Él se esmera en vivir con integridad y honrar a YHWH haciendo todo lo que está escrito en la Ley y los Profetas (en el Antiguo Testamento). Félix posiblemente está familiarizado con el cristianismo o como le llama Pablo, "El Camino" porque vive en Cesarea rodeado de prominentes evangelistas como Felipe. Quiere escuchar más de Pablo, por lo que les dice a los miembros de las autoridades de Jerusalén que tomará una decisión más tarde y los envía de vuelta a su hogar. Les dice a los soldados que mantengan a Pablo en prisión pero que lo traten bien. En estos días no es requerido que la prisión cuide de ti; sino, que dependes de familiares y amigos para esto y muchas veces los guardias no les permiten hacer esto.

Félix continúa llamando a Pablo para que le hable del Camino pero nunca es suficiente para él. Además, tiene esperanza que Pablo lo soborne para salir de prisión; pero Pablo mantiene su integridad compartiendo el evangelio y siguiendo las reglas. Luego de dos años, Félix deja su puesto inesperadamente. La historia dice que fue expulsado del poder porque no lograba mantener la paz entre judíos y gentiles. Para no empeorar la situación con los judíos, deja a Pablo prisionero. Festo es sucesor de Félix y una de las primeras cosas que aborda al asumir el puesto es la situación de Pablo. Mientras está en Jerusalén las autoridades le dicen: "Tráenos a Pablo para poder lidiar con esto". Ellos traman otro plan para matarlo. Pero en vez, Festo les dice que vengan a Cesarea. Cuando ellos vienen y presentan su caso en contra de Pablo, él mantiene que no ha roto ninguna ley —de judíos ni de romanos. Festo quiere mantener la paz con los judíos y no quiere ser expulsado del poder como Félix, por lo que ofrece llevar a Pablo de regreso a Jerusalén para ser enjuiciado. En cambio, como ciudadano romano, Pablo opta por apelar a César. Él quiere ser elevado a un tribunal supremo, que en teoría estaría más a su favor. Festo está de acuerdo.

Unos días más tarde, el rey Herodes Agripa II viene al pueblo. Mientras el gobernador Festo y el rey Agripa conversan, Festo le cuenta la historia completa y Agripa pide escuchar el lado de la historia de Pablo. Cuando traen a Pablo ante Agripa y otros líderes prominentes, Festo lo presenta diciendo: "Todos quieren que muera pero no pienso que él ha hecho nada incorrecto. ¿Qué debo hacer?". Esto es reminiscente de los juicios de Jesús. Pablo comienza pidiéndole al rey que sea paciente con él mientras cuenta su historia de sus días de perseguidor, seguido de su conversión. Festo interrumpe y dice que Pablo está perdiendo la cabeza. Pablo acaba de dar una hermosa explicación del evangelio pero Festo no lo capta. Como Pablo escribió en 1 Corintios 1:18: "El mensaje de la cruz es una locura para los que se pierden".

Pablo dice: "No estoy loco. Y el rey lo sabe también. ¿Crees todo esto, verdad, rey Agripa?". Probablemente Agripa se siente bajo la mira y dice: "Pablo, no estoy listo para convertirme todavía. Dame más tiempo". Y Pablo dice: "El tiempo que sea necesario. Quiero que todos los que están aquí conozcan al Dios que yo conozco y amen al Dios que yo amo— mi única esperanza es que no terminen también en prisión". Ellos concluyen y privadamente los líderes están de acuerdo que Pablo es inocente y que de no haber él apelado a César, el rey Agripa lo habría liberado.

VISTAZO DE DIOS

"Pero Dios me ha ayudado hasta hoy" (26:22). Aún en lo que parece el peor momento, Dios está dirigiendo las pasos de Pablo conforme a Su plan. Ha pasado juicio tras juicio, acusaciones falsas, difamación, interrogatorios con torturas, palizas, naufragios y encarcelamiento —y aún en todo esto, ve la ayuda de Dios en cada paso del camino. Pablo tiene sus ojos fijos en la eternidad y su corazón establecido en la gloria de Dios y la ayuda luce muy diferente con esa perspectiva que si él estuviera buscando su propio beneficio. Él rehúsa cambiar lo temporal por lo eterno. Aún cuando el camino sea duro y solitario y frustrante, Dios lo equipa con todo lo que él necesita. Dios es quien nos ayuda y, ¡Él es donde el júbilo está!

HECHOS 27–28

Ayer Pablo se defendió frente al rey Agripa y al gobernador Félix y hoy iniciamos con los resultados del juicio, donde él es llevado a Roma para apelar al César. Lo llevan por mar y las autoridades permiten que sus amigos viajen con él, incluyendo al narrador, Lucas. Este es un barco con velas y anclas, no un pequeño bote de pesca; hay casi trescientas personas a bordo. El viaje está tomando más tiempo de lo habitual porque golpean vientos ásperos de otoño y tienen que desviarse. En esta época del año, la mayoría de las expediciones de envío son detenidas debido al mal tiempo. Pablo tiene un mal presentimiento acerca de eso y dice: "Si continuamos, probablemente terminaremos perdiendo suministros y compañeros de barco". No tenemos ninguna evidencia que este sea un mensaje de Dios; Pablo podría estar hablando por experiencia. De cualquier manera, no lo escuchan. Llega una tormenta y comienzan a lanzar carga por la borda, que probablemente incluye exportaciones como el trigo. Luego tiran herramientas y tal vez incluso partes del barco por la borda. Se sienten desesperados y no han comido en días. Pablo dice: "Me hubiera gustado que tomaran en serio mis palabras. Pero espero que ahora que me han visto dar buenos consejos, me escuchen, especialmente porque tengo un mensaje de un ángel. Él dice que perderemos el barco, pero todos viviremos. ¡Así que anímense!".

Después de dos semanas, se están acercando a tierra. Comienzan a hacer preparativos para ir a la costa arrojando anclas desde un bote, pero Pablo dice que mejor se queden en el barco grande. Lo escuchan y liberan el bote. Al día siguiente naufragan en la isla de Malta. Los soldados planean matar a los prisioneros antes de que puedan escapar, pero Dios ha prometido que nadie morirá y Él frustra su plan a través de la compasión del guardia de Pablo, Julio. Y tal como Dios prometió, todos sobreviven. Los malteses son hospitalarios y se aseguran de que todos sean atendidos. Mientras Pablo está encendiendo un fuego, una serpiente se aferra a su mano. Los lugareños están inmersos en la mitología griega y ven esto como una señal de que él es malvado, un asesino, de hecho. No, están equivocados. Dicen que la diosa griega Justicia se está asegurando que no salga impune. Mientras tanto, Pablo demuestra la supremacía de YHVH al sacudirse la serpiente. Como no muestra síntomas, ellos deciden que es un dios. Es invitado a quedarse en la casa del funcionario principal y mientras está allí cura al padre del hombre. Esto inicia un efecto dominó con otras personas enfermas en la isla y Pablo continúa sanando a todos.

Después de unos tres meses, cuando pasó lo peor del invierno, zarparon hacia Roma, donde fueron recibidos por amigos. Pablo consigue quedarse en su propia celda, solo él y su soldado. Debido a su alto estatus como prisionero, parece que se le otorgan más libertades que a otros presos. Él convoca a una reunión de los líderes judíos locales en Roma y explica su situación. Ellos dicen: "No hemos escuchado nada negativo sobre usted, pero hemos escuchado cosas malas sobre los seguidores de Jesús". Planean que él celebre un seminario para informarles sobre todo y muchas personas se presentan en su celda de la prisión para escuchar la verdad. Él habla desde la mañana hasta la noche. Algunos le creen y otros no, porque no depende de qué tan bien hagamos nuestro argumento o presentemos los hechos; el Espíritu tiene que abrir corazones para escuchar la verdad. Pablo les señala eso y les dice: "Esto es exactamente lo que Isaías profetizó".

Después de tratar de compartir el mensaje con los judíos y de ser rechazado en su mayoría, Pablo continúa compartiendo el mensaje con los gentiles. Aunque principalmente ha sido llamado a ministrar a los gentiles, siempre comienza con los judíos.

VISTAZO DE DIOS

Dios proveyó a Pablo al nombrar a Julio como su centurión, el que eventualmente vendría a escucharlo e incluso le perdonaría la vida. Después de ver a Dios hablar con Pablo y a través de él; y después de ver a Pablo animar humildemente a sus enemigos en el barco, sobrevivir a una mordedura de serpiente y curar a la gente durante tres meses en Malta, probablemente no podría negar la verdad. Quizás Dios asignó a Julio para ser el centurión de Pablo no solo por el bien de Pablo, sino también por el bien de Julio. Dios cruza las líneas enemigas para mostrar misericordia y salvar a los que se le oponen. Ahí es donde Él nos encontró a todos. ¡Él es dónde el júbilo está!

COLOSENSES 1–4; FILEMÓN 1

Pablo escribió las dos cartas que leímos hoy mientras estaba en prisión (probablemente en Roma). La primera carta es para una Iglesia en Colosas, que aunque Pablo no conoce, sabe acerca de los problemas que estaban teniendo por los comentarios de un amigo quien también era uno de los líderes de la iglesia. Pablo quería que ellos conocieran y amaran a Dios con sus mentes y que por el poder del Espíritu Santo, su conocimiento y amor a Dios produjera fruto en sus vidas.

Colosenses 1:24 dice: "Ahora me alegro en medio de mis sufrimientos por ustedes, y voy completando en mí mismo lo que falta de las aflicciones de Cristo, en favor de su cuerpo, que es la iglesia". Debido a que no hay nada que falte en lo que Jesús hizo en la cruz (Juan 19:30), la mayoría de los estudiosos piensan que Pablo se refiere a que sus sufrimientos son parte necesaria para cumplir con su llamado de esparcir el evangelio de Cristo.

Mientras más profundicen en conocer a Cristo, menos serán descarriados por dos engaños principalmente: (1) filosofías locales y adoración a ídolos, y (2) leyes y tradiciones judías, que no aplican a ellos como gentiles. Pablo dice: "Ustedes no necesitan ser circuncidados. Sus corazones fueron circuncidados en Cristo. Ustedes estaban muertos y Dios los revivió y perdonó sus pecados. ¡Esa es toda la evidencia que necesitan!". Es una advertencia en contra de participar en prácticas religiosas y espirituales que no estén conectadas a Jesús, especialmente porque algunas de esas cosas tienen conexiones demoníacas.

Cuando ellos murieron a esas cosas, fueron resucitados a una nueva vida en Cristo. Pablo les manda a desconectarse de las cosas terrenales: inmoralidad sexual, impureza, bajas pasiones, malos deseos, avaricia, idolatría, enojo, ira, malicia, calumnia, lenguaje obsceno y mentiras. En vez de eso, les recuerda que son hijos de Dios y los llama a que se comprometan con las cosas que provienen de Dios: compasión, amabilidad, humildad, mansedumbre, paciencia, dominio propio, perdón, amor, paz, agradecimiento y palabras de Cristo. Esto impactará cómo viven en sus casas. En esta cultura, el hombre es el rey de su dominio y todos los demás son menospreciados. Pero Pablo les dice a los esposos que sean amorosos y amables y les recuerda a los padres que no desanimen a sus hijos. Llama a los sirvientes a actuar con honor y a sus patrones a tratarlos con honor. El servicio de servidumbre fue diseñado como un contrato mutuamente benéfico en donde alguien podía pagar su deuda y tener cubiertas sus necesidades; sin embargo algunos patrones abusaban de estos acuerdos, y Pablo quiere asegurarse que aquellos que sean seguidores de Jesús traten a todos con dignidad y honor sin importar su posición.

En su carta a Filemón, Pablo escribe en nombre de Onésimo, quien era como un hijo para él. Onésimo había sido un sirviente o esclavo de Filemón hasta que le robó a Filemón y escapó. Pero Onésimo se convirtió al cristianismo y se volvió asistente de Pablo. A pesar de que a Pablo le encantaría mantener a Onésimo cerca de él, sabe que lo mejor que puede hacer es enviarlo de regreso con Filemón, con el objetivo que haya una restauración entre ellos, rogándole que reciba a Onésimo de regreso no como un esclavo, sino que como uno igual a él— un hermano en Cristo. Además, Pablo ofrece pagar cualquier deuda pendiente que Onésimo tenga, justo como Cristo hizo con nuestras deudas.

VISTAZO DE DIOS

Colosenses 1:15-20 es una hermosa descripción de Cristo.

"Él es la imagen del Dios invisible". Si nosotros queremos ver cómo es el Padre, miremos a Cristo; Él revela a Dios.

—"El primogénito de toda creación". La palabra *primogénito* es una declaración de Su autoridad sobre toda creación, no una indicación de que Él fue creado; Él siempre ha existido.

"Por medio de Él todas las cosas fueron creadas, en el cielo y en la tierra, visibles e invisibles, sean tronos, poderes, principados o autoridades, todo ha sido creado por medio de Él y para Él". Él hizo todo y todo sirve para Sus propósitos.

"Él es anterior a todas las cosas, que por medio de él forman un todo coherente". No es únicamente que Él hizo todo sino que también lo sostiene todo.

"Él es la cabeza del cuerpo, que es la iglesia. Él es el principio, el primogénito de la resurrección, para ser en todo el primero". Jesús gobierna sobre todo, aún sobre la muerte. No hay un solo átomo en toda la creación sobre el cual Él no reine.

"Porque a Dios le agradó habitar en él con toda su plenitud". Él es Dios. Completamente.

"Y por medio de Él para reconciliar consigo mismo todas las cosas, tanto las que están en la tierra como las que están en el cielo, haciendo la paz mediante la sangre que derramó en la cruz". Jesús entregó la plenitud de Su deidad en la cruz y el impacto resuena a través de toda Su creación, trayendo restauración a todas las cosas. ¡Él es donde el júbilo está!

EFESIOS 1–6

Los estudiosos dicen que Pablo pudo haber escrito esto como una carta masiva a muchas iglesias en el área, lo que podría ser la razón por la cual no aborda ningún problema específico, sino que ofrece estímulo general y proyección de visión. Pablo les recuerda que fueron elegidos por Dios antes que hiciera el mundo y que la reconciliación siempre ha sido Su plan, incluso antes que las cosas se desmoronaran. Dios dio a Sus hijos una herencia con Cristo y el Espíritu selló el trato. Pablo da una visión general del pasado, presente y futuro de cada creyente. Estábamos muertos en nuestros pecados, esclavos de nuestra carne, haciendo lo que queríamos. Por naturaleza, éramos hijos de la ira, como todos los demás. No éramos especialmente buenos ni con moral, pero Dios intervino y nos dio vida en Cristo, resucitándonos de la muerte. Y ese no es el final de Su bondad con nosotros; es solo el comienzo. ¡Seguirá siendo bondadoso con nosotros para siempre!

Algunos de los dones que nos da son gracia, salvación y fe: "Por que por gracia ustedes han sido salvados mediante la fe; esto no procede de ustedes, sino que es el regalo de Dios, no por obras, para que nadie se jacte" (2:8-9). Y ahora, estamos viviendo las buenas obras que Dios preparó de antemano para nosotros. Dios no es un Creador casual; es intencional y reflexivo. Puso propósito y amor en su diseño y nuestras buenas obras son parte de lo que planeó para nosotros. Para los gentiles, el recordatorio es aún más intenso. Pablo básicamente les dice: "No solo estaban alejados de Dios por sus pecados, sino que ni siquiera estaban cerca de las promesas de Su pacto. Al pueblo de Dios ni siquiera se les permitía acercárseles. Mostró gran misericordia al venir a buscarlos". Los judíos también han escuchado este recordatorio durante milenios. Cuando Dios acercó a ambos grupos de personas, hizo dos actos simultáneos de reconciliación: Reconcilió a Sus hijos consigo mismo y a Sus hijos entre sí, "matando la hostilidad".

Que Dios incluyera a los gentiles fue impactante tanto para los judíos como para los gentiles, a pesar de que Dios lo mencionó en todo el Antiguo Testamento. Pablo sabe que es un misterio que Dios haya elegido a alguien, incluyéndose a sí mismo. Los insta a ser humildes y a usar sus dones para servir a la iglesia. Servir les ayudará a madurar en la fe. Los llama a vivir de manera diferente y da ejemplos de las formas en que el Espíritu de Dios nos transforma. Las palabras son un área importante donde vemos que eso ocurre cuando hacemos eco de la bondad, de un corazón noble, del perdón y del agradecimiento. Incluso hace una conexión interesante entre ofrecer acción de gracias y evitar el pecado sexual. La gratitud nos ayuda a ver a Dios correctamente, cuando vemos a Dios, amamos más a Dios; y cuando amamos más a Dios, nuestros corazones se alejan del pecado; ¡ya no tiene poder sobre nosotros como lo tuvo antes!

Explica el gran llamado de ambas partes en el matrimonio. La esposa tiene el papel de confiar en el esposo y dejar que la cuide, lo cual es un desafío. Pero la mayoría de las personas están de acuerdo en que el esposo tiene el papel más difícil: está llamado a amar a su esposa como Cristo ama a la iglesia. Cristo murió por la iglesia y trabajó para ayudarla a florecer, para edificarla, para bendecirla. Fue paciente con ella. Perdió el sueño por ella y oró por ella, incluso cuando ella lo trataba mal. Este es un llamado de mucho peso, pero el Espíritu nos equipa con lo que necesitamos. Pablo les da instrucciones similares a los niños y a los sirvientes acerca de confiar en aquellos que tienen autoridad sobre ellos, luego les dice a los padres y a los patrones: "Sean alguien en quien sea fácil confiar".

VISTAZO DE DIOS

Tenemos enemigos reales que son invisibles. Dios nos ha equipado contra ellos, pero dejó un hueco en nuestra armadura en un lugar vital: nuestras espaldas están completamente expuestas. En batallas antiguas, los arqueros se paraban uno detrás del otro para poder ver los puntos ciegos y proteger los puntos débiles del otro. Dios nunca tuvo la intención de que caminemos o peleemos solos. Nos necesitamos el uno al otro. En la armadura, cada elemento es defensivo excepto uno: la Palabra de Dios. Es nuestra única arma contra el enemigo. Es un arma adecuada porque la palabra satanás significa "acusador". Él lucha con mentiras y nosotros luchamos con la verdad. El estar en la Palabra de Dios hoy, te fortalece para otro día de lucha contra las mentiras de la carne y el enemigo. Por cada batalla, nos da el uno al otro y nos da a Sí mismo. Y durante y después de cada batalla, recordemos que ¡Él es donde el júbilo está!

FILIPENSES 1–4

Pablo escribe una carta de aliento a la iglesia en Filipos; probablemente incluye a Lidia y a su familia, a su antiguo carcelero y a su familia y a la niña endemoniada que sanó. Él plantó esta iglesia y la vio crecer; y está seguro de que Dios terminará lo que comenzó en ellos. "El que comenzó tan buena obra en ustedes la irá perfeccionando hasta el día de Cristo Jesús" (1:6). "Lleven a cabo su salvación con temor y temblor, pues Dios es quien produce en ustedes tanto el querer como el hacer para que se cumpla su buena voluntad" (2:12-13). Dios es quien hace buenas obras a través de ellos e incluso crea en ellos el deseo de hacer esas cosas. Su encargo a "llevar a cabo su propia salvación" no es un llamamiento para descubrir cómo salvarse a sí mismos; si pudiéramos hacerlo, no necesitaríamos un Salvador. El contexto ayuda a aclarar que nuestras vidas deben demostrar la gratitud y admiración que sentimos hacia Dios por salvarnos. Esto es una señal al proceso de santificación, donde Dios trabaja en nosotros para conformarnos a la imagen de Su Hijo.

Pablo está en prisión mientras escribe. Los filipenses saben cómo reacciona a la prisión, porque cuando lo encarcelaron, compartió el evangelio con su audiencia cautiva. Él sabe que sus pruebas tienen un propósito. No sabe lo que sucederá, pero tiene esperanza y se entrega. Dice: "Prefiero pasar por encima de la muerte al otro reino y estar con Jesús ahora mismo. Por otro lado, quizá sea mejor para ustedes si me quedo un poco más, así que eso es probablemente lo que tiene reservado". Los alienta a ser fuertes frente a la persecución también y a no asustarse por ella, pues tenemos otorgado el sufrimiento. Debemos vivir en armonía en medio del sufrimiento. Esto es importante, porque el sufrimiento puede sacar lo peor de nosotros. Así que Pablo les recuerda que consideren a los demás como superiores a ellos mismos; no como iguales, sino *mejores*, y velen por los intereses de los demás, como lo hizo Jesús.

Les advierte sobre las personas que insisten en la circuncisión, porque le agregan al evangelio. Él dice: "Como judío, estoy circuncidado, pero no tiene ningún impacto en mi relación con Dios. De hecho, toda mi lista de credenciales no significa absolutamente nada en comparación con conocer a Jesús. Todo por lo que trabajé tan duro y todo lo que me dieron en mi privilegio, es basura". La palabra que Pablo usa para *basura* sería una maldición en el lenguaje moderno; así es como él ve lo que el mundo valora en comparación con el valor superior de conocer a Jesús.

Hay una brecha entre dos mujeres que han colaborado con él en el ministerio y quiere ayudar a restablecer la relación. Les dice que se regocijen y que sean razonables, que oren y sean pacíficas. Esto va unido en una sola corriente de pensamiento. El regocijo marca el ritmo: arquea nuestros corazones hacia Dios y hacia Su bondad. Cuando ese es nuestro enfoque, podemos responder razonablemente. Otra traducción que se usa aquí es la palabra *gentileza*. Cuando somos conscientes de la cercanía del Señor, no luchamos por las cosas, porque confiamos en que Él trabajará en nuestro nombre. La paz que viene por confiar en Él y por recordar Su cercanía, actuará como un guardaespaldas en la puerta de nuestros corazones y mentes. Francamente, solo una cosa importa. Pablo dice: "Si soy rico o pobre, o independientemente de los desafíos o bendiciones que enfrente, con Cristo, puedo soportar todas las cosas". Les agradece por suplir sus necesidades en prisión. En repetidas ocasiones fueron generosos con Pablo de maneras que otras iglesias no lo hicieron, por lo que les recuerda: "Así como ustedes han proveído para mí, Dios está proveyendo para ustedes".

VISTAZO DE DIOS

"Por último hermanos, consideren bien todo lo verdadero, todo lo respetable, todo lo justo, todo lo puro, todo lo amable, todo lo digno de admiración, en fin, todo lo que sea excelente o merezca elogio" (4:8). La mayoría de nuestros miedos no pasan por estos filtros; se detienen a la primera. *¿Es esto cierto?* Pero el evangelio de Cristo pasa por cada filtro: verdadero, respetable, justo, puro, amable, digno de admiración, excelente, digno de alabanza. Es todo esto y más. En lo que fijemos nuestras mentes, aparece en nuestros corazones y en nuestras acciones, dando fruto en cosas como regocijo, gentileza, oración y paz. Dios es todas esas cosas hermosas y al fijar nuestros ojos y mentes en quién es Él, nuestros pensamientos se llenan de belleza. ¡Él es donde el júbilo está!

1 TIMOTEO 1–6

Hoy y mañana, Pablo está escribiendo cartas a los nuevos líderes de iglesias que son relativamente jóvenes. Es útil observar qué información comparte con ambos líderes y qué es específico para un solo líder. Eso nos ayuda a discernir qué instrucciones y consejos son universales para todas las iglesias.

Timoteo es un líder en la iglesia en Éfeso, la cual Pablo plantó. Los efesios están tan inmersos en su cultura de adoración pagana que Timoteo tiene una gran lucha entre sus manos en cuanto a la buena doctrina y práctica ordenada. Son orgullosos y se niegan a aprender, y para empeorar las cosas ¡quieren ser maestros y líderes! Pero todavía hay esperanza para estos pecadores. Después de todo, Dios salvó a Pablo. Su historia es un lienzo en el que brillan la misericordia y la paciencia de Dios. Y esa es su esperanza para los dos hombres que le entrega a Satanás aquí, como en 1 Corintios 5:5; Pablo siempre tiene como objetivo la restauración y al arrepentimiento.

Él quiere que sean dignos y respetables, ayudarlos a evitar la persecución y que sean encantadores con los ajenos, atrayendo desconocidos a la fe en vez de rechazarlos. Sus hombres son orgullosos y propensos a pelear, sus mujeres son llamativas, arrogantes y escandalosas, por lo que les dice que se corrijan. Sus declaraciones hacia las mujeres son complejas, pero vale la pena señalar que aquí *silencio* significa "quietud"; es más una postura que un sonido; el énfasis está en la humildad. Esto se posiciona como lo opuesto a ejercer autoridad sobre los hombres. El griego para *tener autoridad* solo es usado en esta referencia, por lo que no tenemos punto de comparación. Las perspectivas sobre lo que las Escrituras enseñan aquí son amplias y variadas: (a) Las mujeres pueden servir en todos los roles, (b) las mujeres pueden servir en la mayoría de los roles siempre que sirvan bajo una autoridad masculina, (c) está bien que las mujeres enseñen acerca de Dios, siempre y cuando sea fuera de la iglesia, (d) pueden enseñar en la iglesia pero no los domingos, etc. Incluso entre las personas llenas del Espíritu, es difícil llegar a un acuerdo general sobre lo que las Escrituras quieren decir aquí y si aplica universalmente o no. La interpretación principal de 2:15 es que Cristo nació de una mujer y así es como la salvación vino al mundo. Pero los estudiosos coinciden en que Pablo no está diciendo que a las mujeres se les conceda vida eterna por tener bebés. Eso sería contradictorio con todo lo demás que dice sobre cómo se nos concede la salvación.

La lista de calificaciones para los ancianos apunta a las cualidades del carácter más que al conjunto de habilidades. La única habilidad es "capaz de enseñar". Luego se dirige a los diáconos, término de género neutral que significa "sirviente". Pablo parece establecer esto como un papel en la iglesia bajo el liderazgo de los ancianos. Los requisitos son altos, pero no tanto como para los ancianos.

Los efesios están acostumbrados a adorar a múltiples dioses, por lo que les es normal agregar algo más a su adoración a Jesús. Son propensos a creer cualquier clase de enseñanza falsa, ya sea descaradamente malvada como una religión pagana, o si está vestida con un disfraz de Jesús, pero en realidad para ellos es solo la ley envuelta de otra manera. Algunos falsos maestros les están ordenando que eviten toda una lista de cosas, pero Pablo dice que si ellos tienen algo por lo cual puedan alabar a Dios legítimamente, son libres de hacerlo. Esto no es un llamado a vivir en abandono; debemos entrenarnos intencionalmente para vivir con devoción.

Cuando Pablo dice que Dios es el Salvador de todas las personas (4:10), esto no significa que todos estén salvados. Si fuera así, ¿por qué Pablo arriesga su vida para compartir el evangelio? La mayoría de los estudiosos creen que este versículo dice: "Dios salvará a personas de todos los grupos, y más específicamente, la gente que salvará es aquella que cree en Él".

Pablo continúa ayudando a Timoteo a caminar con humildad, mientras crea orden en la iglesia, estableciendo límites y procesos. Él dice que el dinero es una bendición que debe usarse para honrar a Dios, quien quiere que nos deleitemos en las cosas que nos da. El dinero no es el problema; sino *el amor al dinero*. Pablo no condena sus riquezas ni les ordena a deshacerse de ellas. En cambio dice: "Sujétenlas sin apretarlas y mírenlas correctamente. No son lo suficientemente resistentes como para que pongan ahí sus esperanzas".

VISTAZO DE DIOS

"Es cierto que con la verdadera religión se obtienen grandes ganancias, porque nada trajimos a este mundo, y nada podemos llevarnos" (6:6-7). Ser piadoso y estar satisfecho es la mejor combinación imaginable. Esto también sirve para recordarnos que nuestra obediencia a Dios no es un boleto de reclamo para nuestros deseos. ¿Es suficiente la piedad para tu contentamiento? ¿Conocer a Cristo es suficiente para tu gozo? Las Escrituras dicen que es verdad, así que procuremos que nuestros corazones hagan eco de esto ¡Él es donde el júbilo está!

TITO 1–3

Pablo escribe esta carta a su amigo y colaborador, quien ha sido asignado al ministerio en la isla griega de Creta. La gente de allí tiene una cultura desafiante que va en contra de las enseñanzas de Cristo y todo esto es reforzado por los líderes locales en una batalla por el poder. Pablo le recuerda a Tito que lo colocó sobre la iglesia en Creta para que todo funcione sin problemas. Pero cuando te encuentras en una iglesia relativamente nueva con un montón de malos líderes y falsos maestros, no es una tarea fácil. Tito tiene muchos de los mismos problemas que Timoteo enfrentó ayer, por lo que hay cierta coincidencia en el consejo de Pablo. Es interesante observar qué consejo aparece en ambos libros, porque nos ayuda a entender qué cosas son situacionales y cuáles son universales.

Él le da a Tito pautas para elegir ancianos, la gente que gobernará la iglesia, sus líderes, y sus decisiones. Es vital que ellos reflejen a Cristo no solo en su doctrina, sino también en sus vidas, porque las personas buscarán orientación y verdad. Ellos también tienen que estar dispuestos a corregir a aquellos en la iglesia que enseñan mala doctrina. Ese es un gran problema en la iglesia en Creta. Hay muchos falsos maestros, especialmente entre los judíos ¨partidarios de la circuncisión¨ como los llama Pablo en 1:10. Y algunos de los cretenses locales son tontos, vulgares y se dedican al libertinaje; sus vidas prueban que en realidad no aman a Dios. Entonces, Pablo le dice a Tito que reprenda a los miembros de la iglesia que actúan así, porque si una persona realmente *recibe* una reprimenda, su fe aumenta y su doctrina se refina.

Pablo demuestra cómo se ve la piedad y la buena doctrina en una cultura pagana. Da un amplia orientación a diferentes grupos de personas en la iglesia, principalmente abordando áreas donde pueden tener dificultades. Aunque separa a las personas por edad y sexo, no está haciendo una división sino una distinción. Su consejo es de naturaleza general, porque el mayor propósito es señalarlos hacia lo que parece honrar a Dios en la institución más básica, la familia. Él quiere que sus vidas sean apartadas a los ojos de los forasteros. Les dice que adornen la doctrina de Dios, que presenten su fe como hermosa para el mundo, porque Dios derramó gracia sobre ellos, y la gracia lo cambia todo. La gracia es un agente de cambio. La gracia de Dios les trajo la salvación, y los entrenó para renunciar al pecado y la pasión mundana, los entrenó para ser rectos y piadosos, incluso en una cultura malvada. La gracia de Dios les recuerda que esperen la esperanza del regreso de Cristo, porque Cristo está en el proceso de purificarlos para sí mismo.

Pablo lleva su mensaje fuera del hogar y lo lleva a la cultura inmediata y al ámbito más amplio de la política y los líderes. Esta es otra área donde la iglesia necesita destacarse demostrando humilde sumisión. Nuestra humildad tiene su mayor oportunidad de aparecer cuando no estamos de acuerdo con alguien. Y en esas circunstancias, debemos tratar de no hablar mal de nadie, evitar peleas, ser gentiles y mostrar una cortesía perfecta hacia todas las personas. Hacemos eso recordando que "nosotros mismos fuimos una vez necios, desobedientes, extraviados, esclavos de diversas pasiones y placeres, pasando nuestros días en malicia y envidia, odiados por los demás y odiando a los demás" (3:3). Pablo enriquece nuestra humildad al recordarnos que no fuimos nosotros los que llegamos a donde estamos hoy; fue enteramente la bondad y la amorosa amabilidad de Dios nuestro Salvador. Si creemos en eso, debemos tener cuidado de vivir en lo que creemos. Debemos aspirar por humildad y paz y reprender a quienes no lo hacen.

VISTAZO DE DIOS

Dios nos prometió vida eterna "antes que comenzaran los siglos y en el momento apropiado manifestado en Su palabra" (1:2-3). El evangelio de nuestra salvación ha estado en los labios de nuestro Dios eterno desde antes que empezaran los siglos. Nada ha arruinado Su plan ni lo ha retrasado. Y en el momento adecuado, lo puso todo en acción. Él creó el mundo, nos llevó a través de la caída y envió a Su Hijo a la tierra para vivir como un humano divino que moriría por los pecados de la humanidad caída para que pudiéramos ser rescatados y resucitados en una perfección y una posición que nunca hubiéramos tenido por nuestra cuenta. No somos solo Su creación, sino Sus hijos, Sus herederos. ¡Alabado seas Señor! ¡Él es donde el júbilo está!

1 PEDRO 1–5

Los creyentes gentiles son la audiencia primaria en esta carta de Pedro. Roma todavía tiene el control y Nerón, un perseguidor de cristianos famoso, probablemente es emperador. El imperio de Roma es tan malvado que Pedro lo apoda Babilonia, que fue un imperio malvado del Antiguo Testamento. Roma es Babilonia 2.0 y la iglesia está bajo una persecución severa en una cultura que está abiertamente rebelándose contra Dios y Su reino. Pedro les escribe para animarlos, recordándoles que Dios los ha escogido. Probablemente se sienten olvidados o traicionados por Dios, pero Pedro les dice: "Dios causó su renacimiento. Y los está sosteniendo por siempre. Estas pruebas no son Su rechazo hacia ustedes —más los está purificando. Parece que los están debilitando, pero estas pruebas en realidad están fortaleciendo su fe. Los profetas soportaron esto y era con un propósito".

Por su identidad como hijos de Dios, Pedro les recuerda que estén atentos a las cosas de Dios, que vivan completamente a lo que viene adelante —no por lo que está sucediendo actualmente— y que sean santos, que significa ser "apartados". Él quiere que maduren en su fe, porque tienen un llamado grande: Son un sacerdocio santo. Pero ¿cómo es posible? No son levitas —ni siquiera son judíos. ¡Son gentiles! Pedro está señalando a una doctrina llamada el sacerdocio del creyente, estableciendo que cada creyente es un sacerdote y que cada creyente puede acercarse a Dios directamente porque Cristo es el único mediador que necesitamos.

Él quiere que su conducta honorable llame la atención de la gente, pero no solo los orienta a buenas morales, les incita a confiar en Dios cuando el mundo es desquiciado y de ser bondadoso con sus perseguidores. Él dice: "En tu sufrimiento, recuerda a Dios —te ayudará a mostrar Su valor a los que te rodean y fortalecerá tu alma". Después extiende la perspectiva acerca de someterse a la autoridad, aplicándolo a otras áreas, como Pablo lo hizo en sus cartas. Pedro anima a las mujeres sobre su apariencia: "No hay nada malo con tener ropa o cabello bonitos, pero espero que sepan que ese no es el punto. Lo que Dios quiere que la gente note en ustedes es su alma hermosa. Dejen que la gente vea lo que es confiar en Dios durante las pruebas. ¡La mujer que tiene paz en su corazón, demuestra a Dios como glorioso!". Cuando Pedro alaba a un espíritu apacible y tranquilo, está señalando a la postura del corazón, no a enumeración de palabras. Después les dice a los esposos que sean amables con sus esposas y describe a las mujeres como un vaso más frágil. Algunos toman esto como ofensa, pero ciertamente fue un alivio para sus lectores. No es un término irrespetuoso, la frase se refiere a la porcelana. Les dice a los esposos que sean tiernos y cuidadosos, no agresivos, egoístas, o desordenados. Atribuye valor a las mujeres y les dice a los esposos que Dios los hará responsables de como tratan a sus esposas. Esto es revolucionario porque la mujeres en estos días eran tratadas como propiedad.

Cuando Pedro dice: "la cual simboliza el bautismo que ahora los salva también a ustedes" (3:21), él continúa aclarando qué es lo que quiere decir cuando dice *bautismo:* "No despojándose de suciedad en el cuerpo más bien clamando a Dios por una buena conciencia, a través de la resurrección de Jesucristo". Se está refiriendo a la experiencia de conversión —el bautismo del Espíritu, en donde somos levantados a una nueva vida juntamente con Cristo. En 4:6 dice: "Por esto también se les predicó el evangelio aun a los muertos". La mayoría de los estudiosos dicen que esto se refiere a los creyentes que estaban vivos en el pasado y oyeron el evangelio, pero han muerto. Pedro dice que ya no tienen un cuerpo de carne, pero están vivos en el espíritu, como lo es Dios. De todos modos, el punto de Pedro aquí es que el sufrimiento no es excusa para la desobediencia —todavía podemos hacer lo bueno y honrar al Guardián de nuestras almas durante las pruebas.

VISTAZO DE DIOS

En la despedida de Pedro a estos cristianos que sufren, les dice: "Y, después de que ustedes hayan sufrido un poco de tiempo, Dios mismo, el Dios de toda gracia que los llamó a su gloria eterna en Cristo, los restaurará y los hará fuertes, firmes y estables" (5:10). Básicamente les recuerda: "Ninguno de estos sufrimientos es eterno. Es pasajero. Y nada de esto es señal que Dios te ha rechazado u olvidado. Él te ha llamado a Su eterna gloria y Él será quien te rescate de todo esto. Presta atención para que Él te restaure, confirme, fortalezca y establezca". Ya sea que eso pase ahora o en la eternidad, Él no fallará. ¡Él es donde el júbilo está!

HEBREOS 1–6

No sabemos quién escribió este libro o a quienes les fue escrito. Teorías fidedignas de su autoría incluyen a Pablo, Lucas, Bernabé y Apolos. A menudo hace referencia al Antiguo Testamento y pareciera ser dirigido a judeocristianos. Desde el comienzo se enfoca en la supremacía de Cristo: Jesús creó el mundo, Él es el resplandor de la gloria de Dios, Él es la imagen misma del Padre. Él sostiene todas las cosas en todo tiempo, Él nos purifica de nuestros pecados, Él está sentado a la diestra del Padre. La tierra y los cielos perecerán algún día—. Y a pesar de que Sus dos hogares fueron removidos y renovados, Jesús permanece siendo Él mismo para siempre.

El autor les dice a sus lectores que no dejen que todo esto se les escape. Dios el Hijo vino al mundo a vivir como humano y Dios el Padre sometió todo al Hijo, quien creó todo siguiendo la orden del Padre. Podría parecer que no todo está sujeto a Él, pero algún día veremos Su autoridad y control revelado completamente. Una de las maneras en las que lo veremos será en como trata con Satanás. Jesús murió para "Por tanto, ya que ellos son de carne y hueso, él también compartió esa naturaleza humana para anular, mediante la muerte, al que tiene el dominio de la muerte —es decir, al diablo—" (2:14). Hay dos cosas que valen la pena mencionar aquí (1) La palabra usada para *"anular"* significa "quedar sin poder" y significa *detener* más que *aniquilar* y (2) Dios tiene todo el control sobre la vida y muerte pero le da a Satanás cierto poder cuando sirve a Sus propósitos, pero Él siempre lo tiene con correa corta. Y por la supremacía de Cristo sobre todas las cosas, somos liberados del miedo a la muerte.

El Hijo ha cumplido perfectamente el rol que el Padre le asignó, que incluye construir el templo de Dios, Su iglesia —¡y él habita en nosotros! El autor nos urge a permanecer firmes en la fe, porque si lo hacemos es evidencia que Él realmente habita en nosotros "porque somos hechos partícipes con Cristo, siempre y cuando nos mantengamos firme nuestra confianza del principio hasta el fin". Aquellos que realmente conocen a Dios continúan creyendo en Él. Aquellos que se alejan de Él nunca lo conocieron, ellos no tienen corazones nuevos; tienen corazones de incredulidad que han sido endurecidos por las mentiras del pecado. El autor ruega a sus oyentes a prestar atención a sus corazones, para ver en qué dirección se mueven. ¿Se están suavizando o se están endureciendo por el pecado? Según 4:2, solo porque oigamos y estemos de acuerdo con la verdad no quiere decir que lo creamos en nuestro corazón.

En este punto en su relación con Dios ellos ya deberían ser maestros, pero aun siguen trabajando en lo básico. No han crecido en discernimiento— apenas pueden diferenciar el bien del mal. Ellos tienen que ser entrenados y practicar lo que están aprendiendo. Dice: "Comencemos por aprender a caminar. Ya hemos establecido el fundamento. Ya sabes acerca del arrepentimiento, bautismo, resurrección y juicio eterno —ya tienes lo básico. Ahora hay que construir sobre esos fundamentos para que realmente puedan crecer como creyentes".

El capítulo 6 a sido un tema de mucho debate y confusión, porque parece que dice que una persona puede perder su salvación sin tener la oportunidad de arrepentirse y volver a Cristo. Sin embargo, la persona que se aleja es una persona que *no* conoce a Jesús. Ha experimentado a Jesús, como lo hizo Judas y tal vez hasta afirmó su creencia en Jesús, pero su corazón no ha sido transformado. Es como la tierra que recibió mucha lluvia buena pero aún produce espinos y no produce fruto provechoso. Esta persona no tiene un corazón nuevo. El autor dice: "En cuanto a ustedes, queridos hermanos, aunque nos expresamos así, estamos seguros de que les espera lo mejor, es decir, lo que atañe a la salvación" (6:9). El autor hace una clara distinción en que los versículos anteriores *no* se refieren a que una persona pueda perder su salvación, sino acerca de una persona que jamás fue salva. Y para ellos, no hay ningún otro lugar en donde encontrar la salvación; Cristo ya ha sido sacrificado y su sacrificio fue final —así que es Jesús o nada. Sin embargo, el creyente puede tener la certeza de su confianza en Jesús— ¡una esperanza que ancla nuestras almas!

VISTAZO DE DIOS

Dios trata gentilmente con el ignorante y el rebelde, la persona desinformada que no sabe y la persona que se ha alejado por accidente. Todos quedamos cortos algunas veces. A Él no le sorprende cuando somos ignorantes y rebeldes —Él lo tomó en cuenta. Es gentil con nosotros, pacientemente nos atrae, nos enseña y nos ama. ¡Qué alivio! ¡Él es donde el júbilo está!

HEBREOS 7–10

El autor compara a Jesús con el sacerdote Melquisedec del Antiguo Testamento. Los sacerdotes durante el antiguo pacto eran descendientes de Leví, pero Melquisedec no lo era porqué el precedió a los levitas por quinientos años. Como un sacerdote no-levítico, Melquisedec establece un precedente para Jesús como sacerdote, ya que Jesús tampoco es descendiente de Leví. Jesús obtiene su autoridad sacerdotal basado en el hecho que Él es eterno. La antigua ley era buena bajo el antiguo sistema sacerdotal, pero ahora tenemos un nuevo sacerdote y un nuevo sistema. Jesús es nuestro sumo sacerdote y este nuevo pacto es infinitamente mejor. "Él no tiene necesidad como esos otros sacerdotes de ofrecer sacrificios diariamente, primero por Sus propios pecados y luego por los de las personas, ya que Él lo hizo de una vez por todas cuando se ofreció a Sí mismo". Jesús ofreció el sacrificio final por nuestros pecados; ya no hay necesidad de un sistema de sacrificios. ¡Él lo terminó una vez y para siempre!

Después de pagar por nuestros pecados, Él se sentó a la mano derecha de Dios. Los sacerdotes no se sientan, hay mucho trabajo que hacer. Pero Él está sentado porque el trabajo está hecho. El antiguo pacto también tenía algunas limitaciones importantes, principalmente, no podía cambiar los corazones. Podía revelar el pecado, pero no podía hacer que una persona dejara de amar el pecado. Pero el nuevo pacto está escrito en nuestros corazones, alcanzándonos en todos los niveles. Hace que el antiguo pacto sea obsoleto. No necesitas tener leyes que te digan que hagas algo si tu corazón *quiere* hacerlo. Lo haces de todas maneras porque estás motivado por el amor, no por la ley. "Él reemplaza lo primero para establecer lo segundo". Esto es difícil para los judíos cristianos; la ley no es solo una preferencia o un hábito o incluso una creencia; es toda su cultura e identidad.

El nuevo pacto no reemplaza la sangre; todavía debe haber reconciliación por los pecados. Si no se derrama sangre, los pecados no son perdonados. Pero ahora tenemos la sangre de un sacrificio perfecto, la sangre de Cristo. Al ser el sacrificio perfecto, Él solo tiene que ser sacrificado una vez. Por eso el autor sigue repitiendo la frase "una vez y para siempre". Volverá otra vez, no para ser sacrificado de nuevo sino para ser *celebrado*. "Cristo, habiendo sido ofrecido una vez para cargar con los pecados de muchos, aparecerá una segunda vez, no para lidiar con el pecado sino para salvar a aquellos que lo esperan ansiosamente".

El sistema de sacrificios proporcionó una solución temporal a un problema permanente, pero la muerte de Cristo resolvió el problema de una vez por todas. El Espíritu da testimonio de que nuestros corazones han cambiado bajo el nuevo pacto. Y como nuestros pecados ya han sido pagados, Dios no está aceptando ningún pago. No existen otras soluciones. Si ignoramos lo que sabemos de Cristo y buscamos que alguien o cualquier otra cosa pague por nuestros pecados, nos juzgamos a nosotros mismos porque estamos ignorando la verdad.

Él los llama a resistir porque la resistencia es la prueba de nuestra fe. Es lo que revela el estado de nuestros corazones, si realmente creemos. Él nos anima a seguir reuniéndonos, motivándonos mutuamente a caminar en el amor y las buenas obras, recordando todo el tiempo que Jesús va a regresar.

VISTAZO DE DIOS

Dos aspectos diferentes de la lectura de hoy encajan perfectamente. El autor describe el lugar donde Dios habitaba en el templo antes que Él estableciera residencia en Su gente. Mientras que la presencia de Dios está en todo lugar, Su presencia se concentraba especialmente en un lugar del templo llamado El Lugar Santísimo, que estaba separado por una cortina. Pero cuando Jesús murió, la cortina del templo se partió de arriba a abajo (Mateo 27:51). Esos eventos simultáneos indicaron un cambio de locación; la morada de Dios ya no estaría en el templo, y no mucho después de esto, el Espíritu de Dios vino a morar en Su gente. Así es como nuestros corazones pueden cambiar: ¡por la presencia de Su Espíritu en nosotros! Vemos otra capa de esta historia en 10:19-22, "Puesto que tenemos la confianza de entrar en los lugares santos a través de la sangre de Jesús, por el camino nuevo y vivo que nos abrió a través de la cortina, es decir, a través de su carne, y como que tenemos un gran sacerdote sobre la casa de Dios, acerquémonos con un corazón sincero, en plena certidumbre de fe". La cortina era Su carne. Su carne se rasgó, del cielo a la tierra, para abrir el camino para que nos uniéramos al Padre. Él nos deja acercarnos, así que acerquémonos. ¡Él es donde el júbilo está!

HEBREOS 11–13

Hebreos 11 es conocido como el Salón de la Fama de la Fe o el Salón de la Fe. El autor abre definiendo lo que es la fe: "Ahora bien, la fe es la garantía de lo que se espera, la certeza de lo que no se ve". La fe no es un sentimiento vago centrado en nada. La fe no es buena vibra o energía positiva. La fe tiene un objeto definido. La fe cristiana es fe en Cristo. Es a quien nuestra fe espera y está convencido de Él. Es a quien nuestra fe señala y descansa plenamente. La gente del Antiguo Testamento también fue salvada por fe. "Gracias a ella fueron aprobados los antiguos". Las generaciones anteriores fueron elogiadas por su fe en Cristo, a pesar de que no sabían Su nombre. Conocieron a YHWH, el único Dios verdadero y Jesús es Dios. Los siguientes versículos nos guían por el salón, comenzando con Abel y llevándonos a través de las historias del Antiguo Testamento. Habla de las cosas increíbles que recibieron y de las cosas horribles que soportaron. La fe en Dios no es solo una fe que cree que nos bendecirá con lo que queremos, sino que también es lo que nos permite soportar pruebas y rechazo. Algunas de estas personas cerraron las bocas de leones, pero algunas otras fueron cortadas en dos.

Estas grandes personas de fe no recibieron lo prometido. Esperaban en el Mesías pero murieron antes que naciera. Cuando vino, se cumplió la promesa para ellos; simplemente no lo vieron. Estas personas testifican del hecho que Dios es verdadero y Jesús vale la pena. Ahora lo saben completamente, porque están en Su presencia. Con sus ejemplos de caminar en fe, nos llama a deshacernos de lo que nos agobia y fijar nuestro enfoque en la meta. Como Dios nos llama Sus hijos, a veces tendremos que soportar Su disciplina, porque todo buen padre disciplina a sus hijos. Su disciplina está destinada a sanarnos y entrenarnos, no a castigarnos.

Él los alienta a caminar en unidad y santidad, a luchar contra la amargura, la inmoralidad sexual y la impulsividad. En 12:17 utiliza a Esaú como punto de referencia, diciendo: "Después, como ya saben, cuando quiso heredar esa bendición, fue rechazado: No se le dio lugar para el arrepentimiento, aunque con lágrimas buscó la bendición". Esto no dice que Esaú quería arrepentirse y Dios no lo perdonaría. Después de todo,

Pedro cometió pecados mucho más graves contra Jesús y Jesús *lo buscó* para perdonarlo. Entonces, ¿qué significa esto? *Arrepentirse* significa "volver". Esaú no podía volver y cambiar las cosas, a pesar de que realmente quería hacerlo. No podía deshacer la venta de su derecho de nacimiento. No pudo recuperar la bendición. Esta sección no está aquí para decir que Dios nunca nos perdonará por nuestros pecados, si lo fuera, ¿por qué habría de hablarse sobre Jesús pagando por nuestros pecados? Está aquí para recordarnos que el pecado tiene consecuencias. El autor implora a sus lectores a que tomen el pecado en serio, porque algunas de sus consecuencias pueden marcarte de por vida, aunque no te marquen por la eternidad.

Las cosas que traen una sonrisa al rostro de Dios incluyen amarse bien, ser amables con extraños, cuidar de los necesitados, honrar la pureza del matrimonio, la complacencia, honrar a nuestros líderes, hacer el bien, compartir y aferrarse a una doctrina firme en nuestras creencias. Pero en cuanto a la tierra, todo esto será sacudido algún día, tanto la tierra como el cielo, "pues aquí no tenemos una ciudad permanente, sino que buscamos la ciudad venidera". ¡Esta es una referencia a la nueva Jerusalén!

Él concluye con una hermosa bendición: "El Dios que da la paz levantó de entre los muertos al gran Pastor de las ovejas, a nuestro Señor Jesús, por la sangre del pacto eterno. Que él los capacite en todo lo bueno para hacer su voluntad. Y que, por medio de Jesucristo, Dios cumpla en nosotros lo que le agrada. A él sea la gloria por los siglos de los siglos. Amén" (13:20-21). Él sigue ese llamado a hacer la voluntad de Dios con el recordatorio que Dios no solo nos ha dado todo lo que necesitamos para hacer Su voluntad, sino que está trabajando en nosotros para lograrlo. ¡Qué alivio! ¡A Dios sea la gloria!

VISTAZO DE DIOS

"...cualquiera que se acerca a Dios tiene que creer que él existe y que recompensa a quienes lo buscan" (11:6). Dios es un recompensador de aquellos que lo buscan. Si lo estás buscando, la mejor recompensa que podrías obtener es más de Él. Nada es mejor y nada dura más y nada te lo puede quitar. ¡Él es el Recompensador y la recompensa, y Él es donde el júbilo está!

2 TIMOTEO 1–4

Pablo está en una prisión romana, probablemente por segunda vez, en espera de juicio y esperando su ejecución. Como mentor de Timoteo, le escribe para darle instrucciones finales, pero también posiblemente porque se siente solo. Ha sido abandonado por muchas personas porque sigue aterrizando en prisión. Le recuerda a Timoteo que, si no participamos activamente en el don de nuestra fe, terminaremos teniendo miedo. Debido a que Dios nos ha otorgado fe, tenemos acceso al poder, el amor y el autocontrol a través de Su Espíritu. Es probable que Pablo se preocupe porque Timoteo se retracte de hablar con la verdad debido a las consecuencias que Pablo ha experimentado, por lo que lo reta: "No dejes que esto te detenga. No te avergüences del evangelio ni de los resultados de predicarlo. Vale la pena". Invita a Timoteo a este sufrimiento: es lo que Dios ha planeado para ellos todo el tiempo.

Su uso repetido de la palabra *guardia* demuestra cómo Dios trabaja en nosotros. Él dice: "estoy seguro de que tiene poder para guardar hasta aquel día lo que le he confiado" (1:12). Luego sigue con: "Con el poder del Espíritu Santo que vive en nosotros, cuida la preciosa enseñanza que se te ha confiado" (1:14). Dios está trabajando en nosotros y a través de nosotros para lograr lo que nos ha prometido y para nosotros. Dios nos está protegiendo y mientras su Espíritu obra en nosotros, también nos compromete en ese proceso. Él alienta a Timoteo a profundizar aún más, a hacer el trabajo duro de difundir el evangelio y no sorprenderse cuando sea un desafío. Está dispuesto a soportar lo que sea necesario para que el evangelio llegue a aquellos que lo creerán y quiere impresionar esta misma urgencia en Timoteo: no abandones el evangelio, pase lo que pase.

Los maestros falsos siguen mintiendo acerca de la resurrección y están ganando influencia. Pablo nunca ha tenido problemas para corregirlos, pero no quiere que Timoteo pierda el tiempo en argumentos infructuosos. Quizás Timoteo, que todavía es joven y apasionado, se inclina a debatir y Pablo siente la necesidad de contenerlo. Él dice: "Huye de las malas pasiones de la juventud, y esmérate en seguir la justicia, la fe, el amor y la paz, junto con los que invocan al Señor con un corazón limpio. No tengas nada que ver con discusiones necias y sin sentido, pues ya sabes que terminan en pleitos" (2:22-23). No solo le dice de qué huir, sino a qué huir: perseguir las cosas del Espíritu. Sé gentil con la corrección. No pongas obstáculos en el camino para las personas. Nuestra esperanza no es hacer un gran punto o ganar la discusión; ¡nuestra esperanza es que Dios les conceda arrepentimiento y los libere de las garras de Satanás! Le dice a Timoteo que evite ciertos tipos de personas, incluidas aquellas que afirman creer pero no demuestran una relación real con Jesús. En Éfeso, algunas de estas personas buscan mujeres vulnerables que carecen de discernimiento, las seducen y les cobran dinero por enseñarles mentiras.

Nos dice qué podemos esperar cuando seguimos a Jesús: "Todos los que deseen vivir una vida santa en Cristo Jesús serán perseguidos". Pero las Escrituras nos hacen sabios en medio de las pruebas, nos mantienen a flote. Él dice que predique la Palabra con paciencia, porque las personas están cada vez más inclinadas a descartarla. Pablo sabe que sus días están llegando a su fin y quiere que Timoteo lo visite. Le pide que traiga a Juan Marcos con él, el hombre con el que tuvo un fuerte desacuerdo en su primer viaje misionero (Hechos 13:13). Dios finalmente ha traído la restauración. Pablo cierra advirtiendo a Timoteo sobre las personas que podrían ser una trampa para él, pero él dice que pase lo que pase Dios lo rescatará. A veces el rescate parece la muerte. "El Señor me librará de todo mal y me preservará para Su reino celestial" (4:18). Y Él lo hizo.

VISTAZO DE DIOS

"Toda la Escritura es inspirada por Dios y útil para enseñar, para reprender, para corregir y para instruir en la justicia, a fin de que el siervo de Dios esté enteramente capacitado para toda buena obra" (3:16-17). Dios inspiró las palabras que leemos hoy. Nos las dio por una variedad de razones: para reprendernos cuando estamos pecando, para corregirnos cuando tomamos decisiones incorrectas y para entrenarnos en la justicia, para que podamos convertirnos en personas que necesitan menos reprobación y corrección, para que estemos completos y equipados para cada buen trabajo que Él ha preparado para nosotros. Su Palabra es un regalo de gracia y sabiduría. Conocer Su carácter sería imposible sin Su Palabra o Su Espíritu, que fue quien inspiró Su Palabra. ¡Él es donde el júbilo está!

2 PEDRO 1–3; JUDAS 1

Estos dos libros tratan con líderes en la Iglesia que están tratando de parar las mentiras de falsos maestros. Pedro vive en Roma bajo la tiranía del gobernador Nerón; sabe que morirá pronto. Él escribe esta carta para que sea pasada de iglesia en iglesia, recordando a la gente a mantenerse firmes en la verdad. En medio de la persecución, él dice que Dios les ha dado todo lo que necesitan para la vida y la piedad. Por este poder, sus vidas deberían parecer diferentes que a su cultura. Él quiere que ellos sean fructíferos y efectivos en su conocimiento de Dios. Pero si no lo son, entonces deben de estar viviendo una mentira.

Los falsos maestros acusan a los líderes de la iglesia de mentir, por lo que Pedro defiende el evangelio: No es un mito, nadie se lo ha inventado, ni los apóstoles ni tampoco los escritores de las Escrituras hebreas, las Escrituras son la Palabra de Dios, escrita bajo la guía del Espíritu. Los falsos profetas están intentando hacer que las personas confíen en sus propias palabras sobre Dios en lugar de en las Escrituras. Ellos declaran saber cuando Jesús volverá, a pesar de que Jesús dijo que ¡nadie lo sabe! Pedro dice que hay que confiar en la Palabra escrita de Dios en lugar de en las palabras de los falsos maestros. Aquellos que mienten acerca de la Palabra de Dios serán presentados a juicio. Incluso los ángeles trajeron juicio sobre ellos mismos cuando pecaron en contra de Dios, por no mencionar a las personas en la tierra durante el diluvio y en Sodoma y Gomorra. Dios trajo juicio sobre ellos mientras salvaba al justo.

Pedro se dirige a los burlones que siguen sus propios deseos pecaminosos y se burlan del regreso de Jesús. Él dice: "mira a tu alrededor, alguien creó esto. Él lo destruyó una vez con agua, después lo restauró. Algún día, Él volverá y esta vez, lo destruirá con fuego. Quizás te preguntes porqué Él no ha venido todavía, pero Su tiempo es diferente al nuestro. Él se está tomando todo este tiempo porque está siendo paciente con nosotros. Él nos está dando tiempo para arrepentirnos. Él vendrá cuando menos esperas, y todo esto será consumido en fuego, cielo y tierra. Pero Sus hijos serán preservados del juicio y vivirán con Él en el cielo nuevo y la tierra nueva".

Él dice que las cartas de Pablo son difíciles de entender algunas veces, gente ignorante e inestable las tergiversan y las sacan fuera de contexto. Pero no es una sorpresa, porque también han hecho esto con otras Escrituras. Pedro, que estaba en el círculo íntimo de Jesús, se refiere a las cartas de Pablo como escrituras. Esto es una de las razones por la que las cartas de Pablo están en la Biblia. Al poco tiempo de escribir esta carta, Pedro muere crucificado, justo como Jesús dijo (Juan 21:18-19).

Es casi seguro que el libro de Judas fuera escrito por uno de los hermanos de Jesús (también llamado Judá y Judas, esto lo vemos en Mateo 13:55). Él les dice a los creyentes que han sido llamados por Dios y guardados en Cristo, les advierte sobre falsos maestros y les dice que nada de esto sorprende a Dios. De hecho, incluso la presencia de falsos maestros es de algún modo parte del plan de Dios. Él relata las historias de Dios castigando a las personas malvadas y guardando al justo; el escape de Egipto, los ángeles caídos, Sodoma y Gomorra. Los falsos maestros piensan que no verán el juicio de Dios, pero Judas dice que Dios los castigará, como a todos los otros, con fuego eterno. Él menciona una historia de otro antiguo libro judío, el Libro de Enoc, el cual dice que Satanás y el arcángel Miguel lucharon por el cuerpo de Moisés. Algunos dicen que Satanás planeaba habitar el cuerpo de Moisés, como un lobo vestido de oveja y así dañar el mensaje de Dios. Pero esta historia paralela solo ilustra lo que Judas quiere que sepamos: Un arcángel no pronunció juicio sobre el enemigo: él invocó la autoridad del Señor para reprenderlo. Estos falsos maestros estaban haciendo lo contrario, pronunciando juicio en su propia autoridad y negando la autoridad de Cristo. Él le dice a la iglesia que no teman, que se mantengan en el amor de Dios porque Dios los está guardando en Su amor. Como siempre, Él está trabajando en nosotros y a través nuestro para hacer lo que Él ha prometido para nosotros y por nosotros.

VISTAZO DE DIOS

Judas dice que Jesús rescató a los israelitas de Egipto. A pesar de que Él aún no había nacido como humano, Jesús siempre ha existido. Él se mostró repetidamente en el Antiguo Testamento, haciendo cosas milagrosas para salvar a Su gente. Él siempre ha estado viniendo a la tierra y rescatando a Su gente. Entonces, ahora y siempre, ¡Él es donde el júbilo está!

1 JUAN 1-5

La mayoría de los eruditos creen que esta carta fue escrita por el apóstol Juan, pero él está menos preocupado en que sus lectores sepan quién es él y más preocupado con que ellos conozcan quién es Jesús. Los falsos maestros están causando división en la iglesia y divulgando mentiras sobre Jesús. Juan no pierde el tiempo con saludos, sino que se va derecho al asunto: Jesús siempre ha existido, Él es verdaderamente Dios. Nosotros lo vimos y lo tocamos, Él fue verdaderamente humano. Este Dios-Hombre dijo que Dios es luz, totalmente desprovisto de tinieblas, por lo que andar con Él significa que nosotros andamos en la luz. Edificamos comunidades con otros que están en la luz. Podemos confesar nuestros pecados en la luz y esto realmente enriquece nuestra unidad, mientras que la oscuridad y el encubrimiento boicotea una comunidad sana. Y Jesús nos trae libertad en nuestra relación con el Padre, porque Él pagó por nuestros pecados e intercede por nosotros. Nuestra relación con Jesús también cambia nuestra relación con el pecado, Él no solo nos liberó del *castigo* de nuestros pecados; Él también nos liberó de las *ataduras* de nuestros pecados, capacitándonos para andar en verdad. Amar a Jesús echa fuera nuestro amor por cosas mundanas.

Habrá falsos mesías, que posiblemente vengan desde adentro de la iglesia. Habrá división en la iglesia y algunos abandonarán la fe, pero esto sirve para revelar que ellos nunca creyeron verdaderamente. Por otro lado, aquellos que creen verdaderamente, perseverarán en la fe, incluso en medio de la presencia de falsos maestros. La presencia del Espíritu Santo en sus vidas es evidencia que ellos conocen y siguen la verdad, por lo que Él los llama a permanecer en la verdad. A pesar de lo que los falsos maestros dicen, Jesús no ha regresado todavía. Pero cuando Él venga, seremos transformados. No seremos espíritus incorpóreos como las personas que están ahora en el cielo. Viviremos en el cielo nuevo y en la tierra nueva en nuestros nuevos cuerpos. Pero nuestro enfoque no es solo sobre llegar a vivir con Él en la eternidad; es sobre vivir con Él ahora y caminar en rectitud ahora.

Juan sabe que algunos lectores se asustarán por sus palabras, por lo que los consuela con recordatorios como que Dios es más grande que ningún temor o condenación que ellos sientan en sus corazones. Con respecto a otros, es difícil saber si ellos están en la verdad, por lo que él les da una prueba de fuego: si el Espíritu Santo está obrando en una persona, ellos afirmarán que Jesús es completamente Dios y completamente hombre. Confesar a Jesús como Dios es una señal de nuestra unidad con Él y nuestra unidad con Él es evidencia de que Él nos ama. Él mismo no se uniría a alguien a quien no ama, por lo que Él debe de amarnos porque Él habita con nosotros. Su permanencia con nosotros es como el amor se hace perfecto, dándonos seguridad de que somos suyos. Esta confianza empieza a mostrarse en la manera en la que vivimos nuestras vidas. Podemos vivir sin temor porque Él habita en nosotros en perfecto amor. ¿A qué le podemos temer? Él habita con nosotros ahora y para siempre y ¡Él ya ha recibido nuestro castigo! Por Él ya hemos vencido al mundo, podemos resistir al pecado y a la tentación, ya no estamos en esclavitud y podemos amar como Jesús ama, incluso cuando somos tratados con desprecio como Él lo fue.

La ley judía demanda dos testigos para testificar en nombre de una persona, pero Juan ofrece tres: el Espíritu, el agua, y la sangre. El Espíritu afirma a Jesús. Es casi seguro que el agua hace referencia al bautismo de Jesús, cuando Dios Padre dijo que Jesús es Su hijo amado. Es casi seguro que la sangre hace referencia a Su muerte y resurrección. Vencer la tumba habla por sí mismo. Y porque Él ha vencido la muerte, Él posee las llaves de la vida eterna. Él es el único que se levanta como la línea de demarcación entre la vida y la muerte. Juan quiere que los creyentes estén seguros de su fe y que sepan que es real. Toda esta charla sobre amor, obediencia, verdad, luz, y vida, es para ayudarnos a ganar confianza, no solo en lo que creemos sino en quién es Él y en saber que somos Suyos.

VISTAZO DE DIOS

"En esto consiste el amor: no en que nosotros hayamos amado a Dios, sino en que Él nos amó y envió a Su Hijo para que fuera ofrecido como sacrificio por el perdón de nuestros pecados" (4:10). El Padre puso todo esto en marcha, mientras nosotros estábamos todavía en rebelión en contra Suya. "Nosotros amamos porque Él nos amó primero" (4:19). Su amor fue el catalizador para nuestro amor. La única razón por la que podemos amarlo es porque todo esto fue idea Suya. Nosotros nunca hubiéramos salido en Su busca, pero Él nos amó y buscó la manera para que nosotros habitáramos con Él para siempre. ¡Él es donde el júbilo está.

2 JUAN 1; 3 JUAN 1

Estos dos libros están escritos por alguien que se refiere a sí mismo como "el anciano", que es una forma común de referirse a un líder pastoral en la iglesia; la mayoría de los eruditos creen que es el apóstol Juan.

Segunda de Juan está dirigida a "la señora elegida". ¿Cuál señora? Podría ser una persona, pero cuando Juan usa la palabra *ustedes* en este libro es generalmente en forma plural. Por lo que la mayoría de los eruditos han llegado a la conclusión que "la señora elegida" es su forma de dirigirse a una iglesia específica, la novia de Cristo, la elegida de Dios. Él comienza diciendo que él ama a la iglesia y a su gente y que todas las personas que aman la verdad, aman a la iglesia y a su gente. Esto es difícil, porque la iglesia está formada por pecadores. Pero Dios, continuamente derrama gracia para ayudarnos a sanar heridas, llenar vacíos y restaurar lo que está roto, igual que con Pablo y Juan Marcos. Él está comprometido a la unidad de Su iglesia, por lo que Él nos envía al Espíritu como nuestro Ayudador teniendo como objetivo alcanzar la unidad y la verdad. De hecho, estos son los focos de atención de Juan: amor y verdad. El amor sin verdad es necio y la verdad sin amor es arrogante, pero la verdad y el amor proveen el equilibrio perfecto que Cristo demostró. Nosotros vivimos esto haciendo lo que Jesús dice, obedeciendo sus mandamientos. Si realmente creemos que lo que Jesús dice es verdad, entonces el amor lo vive al máximo. La verdad y el amor encajan de una manera preciosa.

Amor no significa abrir tus puertas ampliamente a todo el mundo. Juan nos dice que discernamos y prestemos atención, porque hay algunas personas a las que deberías cerrar tus puertas. Como 1 Juan, esta carta está escrita para animar y dirigir a la iglesia en medio de las mentiras de los falsos maestros. Este problema está extendido y es persistente. Juan repite el tema común: (a) la advertencia de estar atentos y permanecer y no dejarnos llevar por mal camino y (b) el ánimo de que aquellos que pertenecen a Cristo permanecerán y no se dejarán llevar por mal camino. Esto nos recuerda lo que leímos ayer. "Aunque salieron de entre nosotros, en realidad no eran de los nuestros; si lo hubieran sido, se habrían quedado con nosotros. Su salida sirvió para comprobar que ninguno de ellos era de los nuestros" (1 Juan 2:19). Aquellos que están en Cristo *perseverarán* en la fe.

El enemigo ama acampar en la iglesia e intenta engañar a sus miembros y líderes, por lo que Juan insta a la iglesia a permanecer fuerte, a estar atentos a la doctrina que es inconsistente con lo que Cristo y la Escritura enseñan. Con el fin de hacer esto, tienes que saber lo que Cristo y la Escritura enseñan.

La tercera carta de Juan está escrita para un creyente llamado Gayo. No sabemos nada sobre él excepto que él era probablemente parte de la iglesia a la que Juan se dirigió en 2 Juan. Aparentemente, estas tres cartas llegaron a su destino en un paquete, que es el cómo y el porqué se mantuvieron juntas. Juan anima a Gayo, diciéndole que él está escuchando buenas cosas sobre él. Algunas personas de su iglesia visitaron a Juan y le dijeron que Gayo los había apoyado y edificado. Juan le dice que persevere, que los apoye en la manera que es digna de Dios, porque esto es la obra del reino. Aunque él no está haciendo el trabajo por sí mismo, él está contribuyendo de tal manera que lo hace posible. Entonces Juan advierte a Gayo sobre Diótrefes, quien está intentando tener autoridad en la iglesia. Juan tratará con él personalmente cuando llegue allí, pero él quiere que Gayo sea consciente del problema para que las cosas no se pongan fuera de control antes que él llegue. Mientras tanto, él les dice que imiten a aquellos que muestran el carácter y la bondad de Dios al mundo que está alrededor de ellos.

VISTAZO DE DIOS

Juan dice que aquellos que no confiesen a Jesús como Señor son anticristos, o sea en contra de Cristo. Jesús dijo: "El que no está de Mi parte está contra mí" (Mateo 12:30). En un sentido técnico, cualquier no creyente, cualquiera que niega que Jesús es Dios, es un anticristo. Jesús es la línea de demarcación entre la verdad y las mentiras. Él es la línea de demarcación entre la vida y la muerte. Él dijo: "Yo soy el camino, la verdad, y la vida. Nadie llega al Padre sino por mí" (Juan 14:6). Pero las buenas noticias y la esperanza del evangelio es que Dios se extiende a través de esa línea al territorio enemigo y rescata a aquellos que se oponen a Él y los pone dentro de Su familia. Nosotros somos evidencia de ello. Todavía hay esperanza para todos aquellos que están en el otro campamento. Que lleguen a conocer y creer que Jesús es el camino, la verdad y la vida, y que ¡Él es donde el júbilo está!

APOCALIPSIS 1–5

Juan, probablemente el apóstol, escribió el libro de Apocalipsis desde la isla de Patmos, desde una pequeña prisión en la isla así como la de Alcatraz. La historia de la iglesia nos dice que Roma trató de quemar a Juan vivo en aceite, pero él sobrevivió. Ya que no encontraron la manera de cómo matarlo, lo exiliaron a Patmos. Su carta es una revelación singular, no plural, y es la revelación de Jesús. Unos dicen que esto significa que revela *más* de Jesús, otros dicen que Jesús es el que está *haciendo* la revelación; incluso otros dicen que podría ser ambos, porque si Jesús está revelando algo a su pueblo, es Él mismo. Hay una bendición prometida a quienes leen este libro en voz alta y prestan atención. Esta es la primera de siete declaraciones de "dichoso es" conocidas como las bienaventuranzas del Apocalipsis.

A las enseñanzas y a la cultura judía les encanta los números y símbolos. Mientras que este libro tiene mucho que ofrecer a lectores modernos, la mayoría de los eruditos advierte en contra de tratar de usar números para revelar información secreta acerca del futuro. El propósito declarado de este libro es el *revelar* algo. Cuando estás tratando de revelarle algo a tu lector, no lo ocultas ni lo entierras en código. Esto significa que no hay presión en descifrar cómo y cuándo será el fin del mundo. La escatología (el punto de vista de una persona acerca del fin de los tiempos) tiene importancia, pero personas temerosas de Dios, que exaltan a Cristo y que están llenas del Espíritu tienen diferentes puntos de vista. Ya que la escatología no es fundamental para nuestro entendimiento de quién es Dios, es prudente sujetarlo con la mano abierta. De hecho ayuda que algo de esto siga siendo un misterio; de lo contrario nos puede llevar al temor y al control.

Juan tiene una visión de Jesús quien le dice que escriba una carta a siete iglesias. Algunas han caído en pecado, otras padecen de persecución, y otras están prosperando. Él les habla sobre sus circunstancias individuales, ofreciendo advertencia, ánimo, y esperanza. Estas iglesias están representadas por un candelabro con siete velas, como la menorá del templo y Jesús está en el medio de los candelabros, en medio de la iglesia. En el judaísmo y en las Escrituras, hay mucho simbolismo en los números tres, siete, diez, y doce; cada cual a su modo, estos números simbolizan perfección y cumplimiento. Hoy, cuatro veces nos encontramos con los "siete espíritus de Dios". Unos dicen que esta es una manera de simbolizar la integridad y perfección del Espíritu de Dios; y otros dicen que apunta a las diferentes características del Espíritu de Dios, quizás como vemos en Isaías 11:2: "El Espíritu *del Señor* reposará sobre él: Espíritu de *sabiduría* y *entendimiento*, Espíritu de *consejo* y de *poder*, espíritu de *conocimiento* y de *temor del Señor*".

Juan le da a cada iglesia adecuadas reprensiones o aliento. Pero a todas las iglesias, Jesús les menciona escuchar, obedecer y vencer. Dado el contexto, ¿qué piensan que Él quiere decir por "vencer"? Esto no es un llamado a derrotar a Roma; es un llamado a perseverar en la fe, a vencer las tentaciones de este mundo, ya sea tentaciones de perseguir los placeres terrenales o escapar dificultades y persecución. Ser un vencedor es amar mejor. Ser un vencedor es seguir amando a Dios, independientemente de lo que la vida nos traiga, bendiciones o dificultades.

Juan recibe un vistazo de la sala del trono de Dios. Su trono está rodeado por veinticuatro ancianos. Algunos eruditos dicen que esto es literal y que estos son los doce apóstoles más los doce hijos de Israel; otros dicen que es simbólico y que indica que Dios está rodeado por *todo* Su pueblo, con las doce tribus representando la familia del antiguo pacto y los doce discípulos representando la familia del nuevo pacto. Dios sujeta un rollo conteniendo Su propósito para la humanidad; está sellado con siete sellos que nadie puede abrir. Juan está desesperado hasta que Jesús, el Cordero de Dios se aparece y toma el rollo. Entonces, todos caen a adorarlo a Él.

VISTAZO DE DIOS

Jesús dice: "No tengas miedo. Yo soy el Primero y el Último, y el que vive. Estuve muerto, pero ahora vivo por los siglos de los siglos, y tengo las llaves de la muerte y del infierno" (1:17-18). Este libro puede ser aterrador, pero algunas de las primeras palabras de Jesús son: "No tengas miedo". Luego, él nos dice quién es Él. Si primeramente reconocemos quién es Cristo, entonces podemos entender y ver correctamente lo que Él hará en este libro. Quién es Él, precede todo, y quién es Él, sostiene todo. Caminamos a través de este libro con el Rey de Gloria a nuestro lado. Y ¡Él es donde el júbilo está!

APOCALIPSIS 6-11

Hoy, Jesús rompe los sellos del pergamino del Padre, uno por uno. Los primeros cuatro sellos nos dan cuatro caballos y cuatro jinetes, comúnmente conocidos como los cuatro jinetes del apocalipsis, por cierto *apocalypse* significa *revelación* en griego. Estos son enemigos de Dios; traen muerte, enfermedad y destrucción. Pero aun así, ellos solamente operan bajo Su jurisdicción: ellos salen cuando Su serafín da la orden y cualquier autoridad que ellos tienen es solo dada temporalmente con el propósito de cumplir el juicio de Dios en la tierra. Ellos nunca están en control y el reino de Dios nunca está en duda. Los últimos tres sellos corresponden al pueblo de Dios: los mártires, el gran día del Señor, y los ciento cuarenta y cuatro mil. Este número es probablemente simbólico, representando una multitud mucho mayor. Unos dicen que son el remanente de los judíos y otros dicen que representan a todos los creyentes de todos los tiempos.

El silencio en el cielo es seguido por las oraciones del pueblo de Dios; luego, los siete ángeles tocan siete trompetas. Las primeras cuatro trompetas traen desastre a la tierra y a los cielos. Al sonar la quinta trompeta, una estrella cae del cielo; esto puede referirse a la caída de Satanás (Isaías 14:12; Lucas 10:18). Él parece dirigir un ataque de langostas, las cuales son probablemente simbólicas; las langostas son usualmente una referencia a ejércitos. Pero a estas langostas no se les permite matar a ninguno de los hijos de Dios. La sexta trompeta trae una plaga y más muerte, pero nada de esto produce arrepentimiento. Cuando otro ángel se presenta con otro rollo, él pone un pie sobre la tierra y un pie en el mar; y levanta al cielo su puño y luego declara la soberanía de Dios sobre estos tres reinos. Él dice que la séptima trompeta sonará cuando el misterio de Dios se cumpla, que unos dicen es el regreso de Jesús y el inicio de Su reino. Otros creen que es la reunión del remanente de Israel después de la inclusión de los gentiles. Dios hace que Juan se coma el rollo y que se prepare a profetizar a las naciones.

Aquí hay una nota importante: en el 70 d. C., Roma destruyó el segundo templo y nunca ha sido reconstruido. Algunos judíos dicen que es imposible reconstruirlo ya que ellos han perdido el arca del Pacto. Muchos cristianos creen que no es necesario reconstruirlo porque ahora el Espíritu de Dios habita en su pueblo, no en un edificio. A causa de este evento, hay un debate sobre el significado del capítulo 11, que incluye una visión del templo y su destrucción. Unos dicen que este libro fue escrito a mediados de los 60, antes de la destrucción del templo y creen que Juan profetizó lo que pasó en el 70. Otros creen que fue escrito al principio de los 90 y que profetiza acerca de un futuro templo literal. Incluso, otros piensan este templo es simbólico y que representa la morada actual de Dios, Su pueblo. Cuando Dios dice que Su ciudad santa será pisoteada por tres años y medio, esas mismas teorías se aplican: Ya sucedió literalmente en el año 70; pasará algún día literalmente, o le pasará a Su pueblo simbólicamente.

Aquí aparecen dos testigos, que son llamados candelabros y olivos. Ya que las iglesias eran los candelabros antes en esta visión, unos creen que los candelabros representan el testigo fiel de la iglesia en los últimos tiempos. Algunos los comparan con Moisés y con Elías porque traen sangre y fuego. Unos los comparan con Josué el Sumo Sacerdote y a Zorobabel, el líder del pueblo. De cualquier manera, Dios le da a Su pueblo poder en medio de la tragedia. Cuando el enemigo parece estar ganando, Dios prueba que Él no puede ser derrotado. Él sostiene a Su ungido.

VISTAZO DE DIOS

Cuando el séptimo ángel toca su trompeta, las cosas cambian. "El reino del mundo ha pasado a ser de nuestro Señor y de Su Cristo, y Él reinará por los siglos de los siglos" (11:15). Apocalipsis no necesariamente ocurre en tiempo cronológico, así que todavía no hemos pasado la muerte y destrucción. Pero aquí Dios nos deja recuperar el aliento con un recordatorio: Jesús reina soberano sobre todo esto, y ¡Su reino no tiene fin! Los tiempos finales son una fracción de la historia, son solamente el principio. Muchas personas que hablan del regreso de Cristo terminan temiéndole más que esperarlo, pero el reino de Dios no es para la gente que le tienen miedo al infierno y al dolor; ¡el reino de Dios es para la gente que ama a Dios! Esperemos ansiosamente Su regreso, sabiendo y creyendo que ¡Él es donde el júbilo está!

APOCALIPSIS 12–18

La visión de Juan está llena de señales y simbolismo; muchas de estas cosas no son literales. La audiencia original tal vez no estaba confundida por esto. Es probable que veían esta visión por medio del lente de la historia de Israel.

Una mujer da a luz a un niño que reinará en la nación, pero a una bestia no le gusta esto e intenta ponerle un alto. Ella vive en el desierto, donde Dios cuida de ella. Muchos eruditos dicen que la mujer es Israel, el dragón es Lucifer y las estrellas que son arrojadas por la cola del dragón son los ángeles que se unieron a él. Comienza una guerra en el cielo entre los ángeles elegidos y los ángeles de Satanás; los ángeles elegidos ganan, así que Lucifer y sus ángeles son expulsados. Como no se pueden quedar en el cielo, planean un ataque en la tierra, pero Dios protege a Israel milagrosamente. Frustrados nuevamente, los ángeles de Satanás van a atacar a los otros hijos de Dios; es probable que los lectores de Juan ven esto como una referencia a los gentiles, la iglesia en general, o el remanente de Israel.

Una bestia marina con siete cabezas y diez cuernos, representando naciones y líderes. Todos aman a la bestia. Para los lectores de Juan, esto obviamente señala a Roma, a quien todos adoran excepto por los hijos de Dios. Esto es también una escena retrospectiva de cuando Daniel y sus amigos vivían en Babilonia y el rey Nabucodonosor demanda ser adorado. Juan les recuerda que la forma de vencer es permanecer en la fe a pesar de la persecución.

Luego, una bestia terrenal, hace intentos poderosos para falsificar a Dios y Sus caminos: se parece a un cordero, finge su propia resurrección y hace que la gente se marque sus propias frentes y sus manos. Esta es una falsificación de Jesús, Su resurrección y las filacterias de Deuteronomio 6:4-8, las cuales los judíos se ponen en el mismo lugar. La bestia falsifica esto con su propio nombre. En hebreo, cada letra tiene un número asignado. El nombre de la bestia se deletrea con 666, lo cual también deletrea el nombre de Nerón, el emperador Romano. Los lectores de Juan probablemente veían a Roma como si fuera una segunda Babilonia (1 Pedro 5:13) y las marcas de la frente y la mano simbolizan a quién perteneces: ¿Estás marcado con el nombre de Dios o el de Roma?

Tres ángeles traen tres mensajes: (1) Alaba a Dios porque viene el día del juicio, (2) ha caído Babilonia, y (3) aquellos que alaban a la bestia en lugar de Dios recibirán el juicio de Dios y el castigo eterno. A pesar de los ataques de la bestia, Dios tiene la última palabra. Jesús ejecuta justicia y venganza en la tierra, con la ayuda de los ángeles desde el templo en el cielo. Unos dicen que el templo terrenal era una réplica del templo celestial; y unos dicen que la palabra templo solo se refiere a la morada de Dios en general. Siete ángeles aparecen cargando siete copas de la ira de Dios (plagas). Cuando los ejércitos del mundo se reúnen en Armagedón, el último ángel derrama su copa de tragedias y Dios hace que Babilonia/Roma se tome la copa de Su ira. Una mujer monta a la bestia (probablemente una referencia a Roma y Nerón), y tortura al pueblo de Dios. Mientras esto le sucedió a Nerón, unos dicen que estos versículos tienen implicaciones en el futuro; independientemente, seguimos firmes en la bondad de Dios, Su sabiduría, y Su poder. La mujer y la bestia tienen poder siempre y cuando Dios lo permita y solo de maneras que les sirvan a Sus propósitos. Otro ángel declara que el reinado de Babilonia/Roma ha terminado. El pueblo de Dios se regocija, excepto aquellos que amaban a Babilonia/Roma y se beneficiaron de su gemido malvado, porque no pueden ganar dinero al intercambiar cosas, incluyendo almas humanas, una referencia a los esclavos, quienes eran un estimado de cincuenta por ciento de la población de Roma.

VISTAZO DE DIOS

Babilonia le hace guerra a Dios y a Su pueblo; y "el Cordero los vencerá, porque es Señor de señores y Rey de reyes, y los que están con Él son Sus llamados, escogidos y Sus fieles" (17:14). Somos llamados y escogidos y fieles. Y estamos con Él, pero Él es quien vence. ¿Cómo es que el Cordero derrota a la bestia de siete cabezas? Entregando Su vida. Cuando primero vemos al Cordero en Apocalipsis 5:6, este ha sido sacrificado y Su muerte es la que nos garantiza nuestra victoria. "Ellos lo han vencido por medio de la sangre del Cordero y por el mensaje del cual dieron testimonio; no valoraron tanto su vida como para evitar la muerte" (12:11). Testificamos de Jesús y de Su muerte y resurrección. Su victoria sobre la muerte y la oscuridad fue Su victoria sobre todos los enemigos de la luz y la vida. Él es nuestro vencedor, y ¡Él es donde el júbilo está!

APOCALIPSIS 19–22

Después de la victoria masiva de Dios ayer, ¡hoy, el cielo estalla en una fiesta! Las multitudes en el cielo alaban a Dios, entonces es hora para las bodas del Cordero y Su novia: Cristo y la iglesia, quien está vestida en pureza, de lino blanco y fino. El ángel que ha estado guiando a Juan a través de estas visiones le pide que escriba que aquellos que han sido invitados a la cena de las bodas del Cordero serán bendecidos. Y esta es una gran bendición porque *ellos son la novia*. Entonces Juan cae a los pies del ángel, pero el ángel rechaza su adoración porque es solo un siervo de Dios y no es digno de adoración.

Jesús aparece en un caballo blanco y está usando un manto bañado en sangre. Le siguen los ejércitos del cielo, que generalmente se refieren a los ángeles, pero aquí probablemente se refiere al pueblo de Dios, porque aclara que están usando la misma ropa que antes. Una espada sale de Su boca; esto tiene ecos de la armadura de Dios, donde la Palabra de Dios es nuestra espada (Efesios 6:17). Su palabra es Su arma; Él trae justicia a través de Su Palabra y es victorioso sobre Sus enemigos. En cuanto a los ejércitos del cielo detrás de Él, parece que no hacemos nada. Él gana por Su cuenta y rápido.

El capítulo 20 tiene una sección conocida como el Milenio. Las opiniones varían sobre si esto es simbólico o si es un número literal y preciso. Las opiniones también varían sobre si se establece en el pasado, presente o futuro. En conjunción con el milenio, Satanás está atado temporalmente en el pozo sin fondo. Tu punto de vista sobre el milenio también determina cómo ves las ataduras de Satanás y las resurrecciones descritas aquí. Satanás eventualmente sufrirá una derrota total en tormento eterno, junto con los otros miembros de su trinidad falsificada: la bestia y el falso profeta. Si bien parece que todos serán juzgados por sus obras, aquellos cuyos nombres están en el Libro de la Vida del Cordero serán perdonados porque sus pecados están cubiertos por Cristo, el Cordero. Él ha escrito nuestros nombres en las páginas de la Vida (Lucas 10:20, Filipenses 4:3). El lago de fuego está reservado para cualquiera cuyo nombre no esté en el Libro de la Vida.

Después de esto, el cielo y la tierra dejan de existir. Ambos han sido empañados por el pecado, ya sea por humanos o por ángeles, por lo que deben ser renovados. Los eruditos discrepan sobre si el cielo y la tierra serán un material completamente nuevo o si las versiones antiguas serán purgadas, como con fuego y restauradas. Cuando regresa y los renueva a ambos, el cielo nuevo desciende y se funde con la tierra nueva. Nuestros espíritus incorpóreos (en el viejo cielo) serán reencarnados y viviremos en la nueva morada de Dios y Su pueblo (1 Juan 3:2-3). Él lo llama la nueva Jerusalén y es sorprendente. Es un cubo de oro y cada lado tiene aproximadamente mil cuatrocientas millas cúbicas de largo y está decorado con joyas preciosas. No hay templo, porque Dios mismo es nuestro templo. Las puertas nunca están cerradas y siempre es de día, porque Dios es la luz. Hay agua gratis para los sedientos; esto apunta a Jesús (Isaías 55:1-3, Juan 4:13-14, 1 Corintios 10:4). Pero aquellos que rechazan el agua de vida eterna de Jesús obtendrán una eternidad de lo que anhelan: la total falta de agua. El río de la vida fluye desde el trono y a través de la ciudad y el Árbol de la Vida crece a ambos lados del río. Todo lo que Adán y Eva rompieron para conseguirlo está justo allí para tomarlo, durante todo el año. No está prohibido y no hay maldiciones adjuntas.

El ángel dice que corra la voz: la gente necesita saber que Jesús realmente regresará, que el juicio realmente está sucediendo y la bendición gratuita de conocer a Dios y vivir con Él por toda la eternidad realmente nos espera. La última de las siete bienaventuranzas del Apocalipsis dice: "Dichosos los que lavan sus ropas para tener derecho al árbol de la vida y para poder entrar por las puertas de la ciudad" (22:14). Nuestras vestiduras están hechas puras por la sangre del Cordero. ¡Nuestras necesidades han sido satisfechas y nuestra unidad es restaurada por Su muerte y resurrección!

VISTAZO DE DIOS

Jesús dice tres veces que volverá pronto. Conociendo el increíble y glorioso futuro que nos espera, Juan dice que los hijos de Dios se unirán al Espíritu y le rogarán a Cristo que regrese. Entonces, cuando Jesús dice: "Seguramente vendré pronto", Juan dirige la respuesta: "Amén. ¡Ven, Señor Jesús! Así que confiamos en la promesa de Jesús y hacemos eco de nuestra oración, "Amén. ¡Ven, Señor Jesús! ¡Tú eres dónde el júbilo está!

RECONOCIMIENTOS

Este libro representa el amor, la sabiduría y las oraciones de algunas de las mejores personas que conozco. Dios me ha rodeado generosamente de familiares, amigos, mentores y colaboradores que han dado su tiempo a esto, y sería negligente si no mencionara a estos santos (todos los cuales señalarían, por supuesto, humildemente a Dios como la fuente de sus aportaciones).

Aquellos que han sido formativos en mi amor a Dios y a su Palabra

Mis padres: los quiero eternamente. Estas páginas están saturadas de su sabiduría.

Judy Scheuch, quien me enseñó a estudiar la Biblia.

Kemper Crabb, quien me mostró cuánto tenía (y tengo) que aprender.

Lee McDerment, quien me enseñó a amar la Biblia y me desafió a leerla toda por primera vez.

Equipo de TBR y personal de D-Group

Es imposible reconocer o agradecer suficientemente su compromiso. Han trabajado incansablemente para llevar este proyecto a buen término. Dios se glorifica en ustedes.

Callie Summers, Courtney Vaughan, Allison Congden, Joelle Wenrich, Rachel Mantooth, Jacqueline Terrel, Sarah Yocum, Morgan Young, Brittney Murray, Brian Shakley, Landon Wade

Equipo de apoyo

Sus oraciones y ánimo me han mantenido a flote durante los quince meses de soledad que he estado trabajando en este proyecto.

Sonya Higgs, Cherie Duffey, Natalie y Mike McGuire (y Maddy y Sophie), Meg Roe, Candice Romo, Tiffany Clutts, Lauren Swaim, Lauren Gachkar, D-Group, Meredith Land Moore, Dana Crawford, Grant Skeldon, Jon Pendergrass, Erin Moon, TBR Patreon Family, Year of the Bible, Nick Hall

Equipo de recursos

Su ayuda analizando preguntas y resolviendo problemas se extiende mucho más allá de mí misma.

Mike West, Chris Crawford, Mark Walz, Capellán (CPT) Warwick Fuller

He usado otros recursos para mi investigación que me han sido útiles, entre ellos las Biblias de estudio ESV Study Bible, FaithLife Study Bible, Blue Letter Bible y Bible Project.

Equipo editorial

Les preocupa que las personas conozcan y amen la Palabra de Dios. ¡Doy gracias por estar en este equipo con ustedes!

A Lisa Jackson de Alive Literary Agency, por encontrarme tres años antes de tiempo (*i. e.*, en el momento perfecto).

A Jeff Braun de Bethany House Publishers, por creer en esto desde el principio.

A Hannah Ahlfield, mi editora, por «cada jota y cada tilde».

A Deirdre Thompson, Holly Maxwell, Kate Deppe, Stephanie Smith, Mycah McKeown, Paul Higdon, Kristen Larson y a todos los demás que trabajaron mucho para que este libro se hiciera realidad.

Acerca de la autora

El celo de Tara-Leigh Cobble por la alfabetización bíblica la llevó a crear y desarrollar una red internacional de estudios bíblicos llamada D-Group (Grupo de discipulado). Cada semana, cientos de hombres y mujeres se reúnen en grupos de discipulado *online* y en casas e iglesias de todo el mundo para estudiar la Escritura.

Tara-Leigh también escribe y presenta un pódcast diario llamado *The Bible Recap* que pretende ayudar a los oyentes a leer y entender la Biblia en un año. En sus primeros dieciocho meses, este pódcast ha tenido más de veinticinco millones de descargas, y más de veinte mil iglesias de todo el mundo han participado en su plan de lectura para conocer y amar mejor a Dios. Recientemente ha puesto en marcha un programa de radio diario llamado *The God Shot*, en el que enseña pasajes de la Escritura versículo por versículo.

Tara-Leigh se dirige a una gran variedad de audiencias, y periódicamente conduce viajes de enseñanza por Israel porque le encanta ver el formidable impacto que tiene la historia de la Escritura en quienes la experimentan de primera mano.

Le encanta el agua con gas y los días de veintidós grados y un cincuenta y cinco por ciento de humedad, y piensa que cualquier comida sabe mejor al aire libre. Vive en una casa de cemento en los cielos de Dallas, Texas, y no tiene mascotas, niños ni nada que pueda morirse si se olvida de alimentarlo.

Para más información sobre Tara-Leigh y su ministerio, puedes visitarla en línea a:

Páginas web: taraleighcobble.com | thebiblerecap.com | mydgroup.org
Redes sociales: @taraleighcobble | @thebiblerecap | @mydgroup

¿HAS LEÍDO ALGO BRILLANTE Y QUIERES CONTÁRSELO AL MUNDO?

Ayuda a otros lectores a encontrar este libro:

- Publica una reseña en nuestra página de Facebook @VidaEditorial

- Publica una foto en tu cuenta de redes sociales y comparte por qué te agradó.

- Manda un mensaje a un amigo a quien también le gustaría, o mejor, regálale una copia.

¡Déjanos una reseña si te gustó el libro! ¡Es una buena manera de ayudar a los autores y de mostrar tu aprecio!

 Visítanos en
EditorialVida.com
y síguenos en
nuestras redes sociales.